EU行政法研究

金 重 權

法 文 社

EU
Administrative Law

Kim, Jung-Kwon
Professor of Law
School of Law, Chung-Ang University

2018
Bobmuns Sa
Paju Bookcity, Korea

머 리 말

유럽화로 인해 독일을 비롯한 유럽의 공법학은 새로운 도전과 요청에 직면하고 있다. 유럽화 주제는 특히 독일 공법학에서 가히 애창곡에 해당할 정도이고, 그리하여 독일 공법학의 두 번째 국면으로 여겨진다. EU가 일종의 법공동체(Rechtsgemeinschaft)이어서 EU행정법은 각국의 행정법의 전개에서 전범으로 일종의 행정법의 글로벌 스탠다드에 해당한다. EU행정법의 논의에서 주된 쟁점은 그것의 회원국 법질서에 대한 관계의 문제이고, 그것이 핵심이다. EU의 출범으로 유럽화가 적극적으로 진전됨에 따라 각 회원국의 행정법영역은 EU법적 침투로 인해 상대적으로 안정적인 헌법적 상황과 비교해서 각 회원국의 고유함이 상실될 정도이다. 그리하여 일찍이 Otto Mayer가 "헌법은 사라져도, 행정법은 남는다."(Vefassungsrecht vergeht, Verwaltungsrecht besteht)라고 확언하였던, 행정법의 독자성 명제는 유럽화로 인해 다른 차원에서 도전을 받고 있다. 회원국 행정법의 고유함은 EU법의 우위의 원칙, 등가성의 원칙 그리고 효과성의 원칙으로 인해 갈수록 설자리가 줄어들고 있다. 이런 상황에서 이제는 오히려 Otto Mayer의 언명은 역전되어, "행정법은 사라지고, 헌법은 남는다."는 명제가 더 주효할 정도이다.

우리의 경우 EU법 및 EU행정법에 관한 논의는 그리 활발하지 않다. 법질서의 구조가 단선적이지 않고, 국제법적 이슈와 결부되어 있을 뿐만 아니라, 일종의 낮은 단계의 국가연합에 해당하는 EU 자체가 매우 복잡한 메커니즘으로 작동하고 있기에, EU법 및 EU행정법에 대한 접근이 쉽지 않다. 이에 더해 그것이 우리 행정법과 무관한 외국법으로 여겨져 EU

행정법에 관한 논의는 여전히 주변부적 주제에 머물고 있다.

행정법의 유럽화 문제는 시대적 화두인 동시에, 행정법의 새로운 개혁을 위한 動因이 된다. 독일의 경우에도 상대적으로 낙후된 것으로 여겨지는 그들의 국가책임법 분야와 비교해서 EU법이 혁신적이라고 지적된다. 국가작용의 범국가성이 낯설지 않고, FTA체제로 이제 내외국법의 경계가 무너진 변화된 상황에서 국내공법으로서의 전통적인 이해를 바탕으로 오로지 국내적 시각에서 행정법을 접근하는 것은 시대에 맞지 않거니와 자칫 국가적 손실을 가져다줄 수 있다. 법은 만들어지고 난 뒤 돌아서서 개정의 필요성을 도모해야 하듯이, 늘 새로운 접근이 강구되어야 한다. "Comparativa est omnis investigatio"(Nicolaus von Cues): 모든 연구는 비교이다." 일본을 통해 공공법제는 물론 공법학을 이식받은 우리로서는 하루바삐 전 시대에 형성된 공법학의 기본틀을 타파해야 함에도 불구하고 안타깝게도 그렇게 되지 못하고 있다. 유럽화를 통해 각국의 행정법이 급속도로 동조화되어 나름 글로벌 스탠다드가 만들어지고 있는 상황에서 EU행정법의 이해는 우리 행정법을 拔本的으로 개혁할 수 있는 귀중한 착안점이 된다. 새로운 문제인식은 부단히 비교를 통해서 얻어질 수 있기 때문이다. 즉, 유럽화로 독일 공법학이 새로운 도전에 처해 있듯이, EU행정법은 우리 행정법학의 지반을 拔本的으로 변화시킬 수 있는 결정적인 외생인자가 된다. EU행정법을 공부해야 할 이유가 여기에 있다.

개인적으로 독일 문헌을 접하면서 언제부터인지 유럽화의 문제를 빼고 그들의 논의를 접근하는 것이 매우 곤혹스럽게 느껴져 공부를 시작하여 그동안 나름 여러 편의 글을 발표하였다. 국내에 EU법을 소개한 책은 여러 책이 있지만, EU행정법을 본격적으로 다룬 단행본은 아직 없기에, 기왕에 연구한 내용을 바탕으로 EU행정법을 정리하고 심화하였다. 하지만 작업을 진행하면서, 나날이 광폭적으로 전개되는 EU행정법의 전체 내용을 제대로 이해하고 전달하기에는 좀더 시간이 필요하고, 개인적으로도 淺學菲才함을 절실히 느꼈다. 그럼에도 불구하고 현재의 연구수준이나마 정리하지 않으면 EU행정법에 관한 현재의 논의현황을 따라가지 못하여 자칫 연구의 끈을 놓칠 수도 있겠다는 걱정이 앞서서 많은 부족함을 뒤로 하고 작업을 완수하였다. 이번 작업을 통해 우리 행정법의 현주소를 객관적으로 볼 수 있는 기회를 가진 것이 개인적으로 소중한 큰 기쁨이었다. 이번 출간을 계기로 EU행정법에 관한 연구를 평생의 연구과제로 삼아 정진하고자 한다. 여러 가지 점에서 많이 아쉽지만, 이 책의 출간을 계기로 EU행정법에 관한 학문적 관심이 제고되어 우리 행정법과 공법을 혁명적으로 바꾸는 자양분이 배양되길 기대하여 본다.

법학은 물론, 행정법과 공법에 대한 완벽한 無知의 상태에서 지금 이 자리에 오기까지 어느 곳에서나 정말 많은 분들의 도움을 받았다. 학문적으로나 학문외적으로나 과분한 행운이라 늘 여긴다. 특히 金南辰 선생님과의 만남 및 자극이 없었다면 지금의 나는 존재하지 않는다. 보장국가론과 같이 늘 새로운 주제를 통해 학계를 진작시켜 주시는 선생님을 통해 학문이란 비교를 통한 새로움의 추구라는 것을 마음에 새겼다. 선생님께서 그리하시듯이, 항상 기왕의 접근에서 벗어나 치열한 문제의식으로 기왕의 통념을 대하여, 관헌국가적 행정법을 민주적 법치국가원리에 입각한 현대화된 행정법으로 바꾸고자 노력하겠다.

교수로서의 제도상의 전체 일정 가운데 어느새 3분의 2가 지났다. 갈수록 모르는 것투성이고, 기대에 미치지 못하는 더딘 현실변화에 늘 몸과 마음이 편치 않음에도 불구하고, 지금까지 비교적 큰 어려움 없이 순탄하게 연구자의 삶을 지내왔다. 이런 행운은 언제나 사사롭게 기쁨은 배가, 어려움은 반감시켜 준 가족(어머니, 경수, 지연, 준형)이 있기에 가능하였다. 한없는 사랑과 고마움을 전한다.

EU의 모토인 '다양성 속에서의 통합(조화)'(In varietate concordia)이
이 땅에서도 조속히 실현되길 고대하면서

2018년 2월
金 重 權

이 저서는 2014년도 정부(교육부)의 재원으로 한국연구재단의 지원을 받아 수행된 연구임(NRF-2014S1A6A4A02025802)

"This work was supported by the National Research Foundation of Korean Grant funded by the Korean Government(NRF-2014S1A6A4A02025802)"

차　　례

제1장

EU행정법의 형성과 전개

제 1 장

EU행정법의 형성과 전개

제 1 절 EU행정법의 형성

I. 공법학의 새로운 도전과 요청으로서의 유럽화

유럽국가의 법질서의 유럽화는 이 시대의 법발전의 특징적인 징표이다. 일찍이 1993년에 개최된 독일 국법학회 마인쯔 대회에서 "독일 행정법과 유럽 행정법"을 주제로 다루었듯이,[1] 유럽화 주제는 특히 독일 행정법학과 행정법실무에서 가히 애창곡에 해당할 정도이다.[2] 일찍이 Wahl 교수가 유럽화에 따른 변화상을 독일 공법학의 두 번째 국면의 전개로

1) VVDStRL 53(1994), S.154ff., 202ff.

2) (EU법의 영향에 초점을 맞춘) "유럽화" 주제를 체계적으로 포착하기 위하여, 일찍이 D. H. Scheuing 교수는 회원국 행정법에 대한 두 종류의 공세, 즉 도구화(Instrumentalisierung)와 새로운 방향설정(Umorientierung)을 구분하여 논하였다. 여기서 전자는 EU법의 행정적 집행을 위하여 독일 행정법에 대해 법기술적으로 책무를 지운다는 형식적 측면을 의미하고, 반면 후자는 EU법을 통한 새로운 내용(가령 사람과 물자의 자유통행 등)의 의도된 전달이라는 실체적 측면을 의미한다. 각기 형식적 유럽화와 실체적 유럽화에 비견되는 이들은 상호 배척하지 않고, 교호적 보완을 행하며, 아울러 부분적 겹침도 지닌다. 유럽화에 따라 공히 회원국의 법의 조화가 관건이 된다. Ders., Europarechtliche Impluse für innovative Ansätze im deutschen Verwaltungsrecht, in: Hoffmann-Riem/Schmidt-Aßman(Hrsg.), Innovation und Flexibilität des Verwaltungshandelns, 1994, S.289 (298ff.).

표현하였고,[3] 심지어 Battis 교수는 '구체화된 헌법으로서의 행정법'이라는 Frinz Werner의 명제를 빌어 '구체화된 공동체법으로서의 행정법'의 제명으로 관련 논의를 전개하였다.[4]

일찍이 Jürgen Schwarze 교수가 1988년에 '유럽행정법'(Europäisches Verwaltungsrecht)의 제명으로 두 권의 저서를 출간한 이래로,[5] 독일에서는 EU행정법이 독립된 법분야로 인정받고 있다. Jürgen Schwarze 교수의 勞作을 통해, 그동안 개관하기 어려운 법적 대상과 매우 분화된 판례의 전개를 처음으로 정리할 수 있게 되었으며, 산재된 법영역의 나름의 법칙성을 인식할 수 있게 되었다.[6] 그런데 EU행정법론은 다음과 같은 근본적인 물음에 봉착한다: 무엇이 정말 EU행정법인가? EU행정법에서 어떠한 발전경향이 확인할 수 있거나 예상할 수 있는가? EU행정법의 상이한 법제도는 어떤 체계적 구조를 지니는가?

EU행정법은 각국의 행정법의 전개에서 전범으로서 일종의 행정법의 글로벌 스탠다드에 해당한다. 그 결과 유럽화로 인해 독일을 비롯한 유럽의 공법학은 새로운 도전과 요청에 처해 있다. 회원국 행정법의 개개의 규율이나 규율범위만이 아니라, 기본구조와 원칙과 관련해서도 EU법은 직접적으로 영향을 미치고 있다. 그로 인해 회원국법이 EU법으로 대체되는 식으로 회원국의 규범적 상태가 바뀔 뿐만 아니라, 회원국 행정법에 새로운 법적 사고와 원칙이 차츰차츰 자리를 잡고 있다. 가령 독일

---

3) Ders., Die zweite Phase des Öffentlichen Rechts in Deutschland, Der Staat 38(1999), S.495(496ff.). 그는 1949년 기본법 제정 이후의 변화상을 독일 공법학의 첫 번째 국면의 전개로 표현하였다.

4) Ders., Verwaltungsrecht als konkretisiertes Gemeinschaftsrecht, DÖV 2001, 988ff.

5) Ders., Europäisches Verwaltungsrecht Ⅰ, Ⅱ, 1988. Schwarze 교수는 이미 1982년에 공저의 형식으로 EU행정법의 현황을 파악한 바가 있다(Ders., Europäisches Verwaltungsrecht im Werden, 1982).

6) Schwarze 교수의 이런 선구자적 업적은 20년이 지난 지금에도 난해한 법적 대상을 체계적으로 파악하고 정리하기 위해 필수적인 바탕이 되고 있다고 Danwitz는 평가하고 있다. Ders., Europäisches Verwaltungsrecht, 2008, S.1.

행정법의 경우 전통적으로 절차하자 전반, 특히 환경영향평가상의 하자와 관련해서 다른 회원국가에 비하면 상대적으로 낮은 의미를 부여하였는데, 유럽화의 압력으로 종전의 입장에서 새롭게 방향으로 수정할 수밖에 없었다. 물론 독일 행정법으로서는 EU에서의 자국의 선도적 위상에 바탕을 두고서 EU법의 형성에 지대한 영향을 미칠 기회를 가지게 되었다.

글로벌 스탠다드라는 측면에서 유럽화 문제는 우리 행정법학의 지반도 拔本的으로 변화시킬 수 있는 결정적인 外生因子이다. 하지만 최근 EU법에 대한 연구가 과거보다 활발한 것은 사실이지만, 다른 법분야에서의 연구성과와 비교하면 유럽화는 여전히 주변부적 주제에 머물고 있다.[7] 유럽화가 독일 공법학의 두 번째 국면을 위한 출발점으로 여겨지는 것을 무색하게 할 정도이다. 우리 행정법의 개혁의 동인과 착안점을 발견할 수 있는 원천임에도 불구하고, 국내 연구가 이렇게 미진한 것과 관련해서 그 원인을 찾자면, 일종의 국가연합으로서의 위상에 따른 매우 복잡한 조직 및 의사결정구조가 EU법에 대한 접근을 어렵게 하는 것이 결정적인 요인으로 여겨진다.[8]

---

7) 참고문헌: 김남진, “EU행정법개관”, 대한민국학술원통신 제248호(2014.3.1), 2면 이하. 그 밖의 참고문헌: 홍준형, 유럽통합과 독일행정법의 변화, 행정법연구 제12호(2004. 하반기) (2004.10), 215면 이하; 서정범/박병욱(역), EU경찰법, 2017; 정남철, “EU계획법의 현황 및 법적 쟁점”, 토지공법연구 제37집 제1호(2007.8), 439면 이하; “EU법에 있어서 재산권보장의 의미와 한계: EU(EU) 기본권헌장 및 유럽헌법 초안의 해석을 중심으로”, 토지공법연구 제43집 제1호(2009.2), 379면 이하; 문병효, “최근 독일행정법의 변화와 시사점: 유럽화, 민영화, 규제완화를 중심으로”, 고려법학 제52호(2008.4), 213면 이하; 장경원, “EU 행정법상 비례원칙: 그 적용과 기능을 중심으로”, 행정법연구 제34호(2012.12), 27면 이하; “EU법상 좋은 행정의 의미”, 행정법연구 제25호(2010.12), 273면 이하; “EU 행정법상의 재량에 관한 연구”, 행정법연구 23호(2009.4), 41면 이하; 장경원, “독일 맥주순수령 판결을 통해 본 유럽과 독일의 경제행정법”, 행정판례연구 제12집(2007.6), 304면 이하; “EU행정법상 정보공개제도: EU 옴부즈맨의 역할을 중심으로”, 행정법연구 제21호(2008.8), 75면 이하; “EU행정법의 작동원리로서 보충성의 원칙”, 행정법연구 제17호(2007.5), 313면 이하.

8) 가령 EU각료이사회(Rat der Europäischen Union(Rat); Council of the European Union(Council of Ministers, Council); Conseil des ministres), 유럽이사회(Europäischer Rat; European Council)와 유럽평의회(Europarat)가 각기 독립되게 활동하는 것이 그 좋은 예이다.

EU가 일종의 법공동체(Rechtsgemeinschaft)이고, EU법을 통한 EU행정법의 구축은 일종의 글로벌행정법의 구축에 다름 아니다. EU행정법의 논의에서 주된 쟁점은 그것의 회원국의 법질서에 대한 관계의 문제이고, 그것이 핵심이다. 따라서 부득불 어느 회원국의 입장에서 접근할 수밖에 없다. 우리 공법학에 대한 독일 공법학의 영향이 다른 회원국의 그것과 비교해서 상대적으로 크기에, EU행정법의 구축에 독일 행정법학이 강한 영향을 미치는 사실은 많은 점을 시사한다.[9] 따라서 이 책에서는 독일 공법학의 관점에서 접근하고자 한다. 다양성의 관점에서 이런 태도가 바람직한지의 문제는 당연히 제기될 수 있기에, 가능한 한 프랑스 등 다른 회원국에서의 논의도 적극 반영하고자 한다.[10] 그리고 행정법발전을 위한 착안점을 그곳에서 적극적으로 모색하고자 한다.

Ⅱ. 유럽연합(EU)의 전개과정

1. 조약의 전개과정

유럽공동체는 일찍이 1951년의 '유럽철강석탄공동체창설조약'(EGKSV), 1957년의 '유럽경제공동체창설조약'(EWGV)과 '유럽원자력공동체창설조약'

9) 김남진 선생님 역시 EU행정법을 공부해야 할 첫 번째 이유로 우리나라의 행정법(학)이 전통적으로 유럽, 특히 독일의 영향을 많이 받아왔는데, 독일의 행정법(학)이 현재 EU행정법의 큰 제약 하에 있다는 점을 든다. 아울러 장차 동북아시아에서도 평화와 번영을 누리기 위해서는 EU에 유사한 연대를 형성할 필요가 있다는 점을 든다. 동인, "EU행정법개관", 대한민국학술원통신 제248호(2014.3.1), 2면 이하.

10) 여기서의 논의는 필자가 기본적으로 EU행정법과 관련하여 기왕에 수행한 연구를 바탕으로 하여 후속 논의를 더하여 확대, 전개하였다: 김중권, "유럽화된 독일 행정절차법에 관한 연구, 2008; 독일 행정절차법의 유럽화에 관한 소고", 법조 제626호(2008.11); "유럽행정법상 행정소송을 통한 권리보호시스템에 관한 연구", 공법연구 제41집 제1호(2012.10.31), 311면 이하; "유럽행정법의 작용형식에 관한 小考", 지방자치와 행정법(홍정선 교수 정년기념논문집)(2016.2), 624면 이하; "독일 행정소송법에 대한 EU행정법의 영향에 관한 小考", 공법학연구 제17권 제2호(2016.5.31), 3면 이하; "행정의 국제화에 따른 범국가적 행정작용", 법조 통권 722호(2017.4.28), 193면 이하.

(EAGV)에 의해 성립하여, 나름의 고유한 권능과 고유한 법질서를 발전시켜 왔다.[11] 이를 토대로 EU(창설)조약(EU-Vertrag), 소위 마스트리트조약(Maastrichter Vertrag, 1992.2.7.)을 통해서 경제연합과 통화연합을 포함한 EU의 목표가 확정되었다.[12] 그리하여 EU의 출범에 따라 유럽경제공동체가 유럽공동체로 되었다. 이 밖에도 이를 통해서 공동의 대외·안보정책과 내국·법정책의 협력을 위한 근거가 마련되었다. 1997.10.2.의 암스테르담조약과 2001.2.26.의 니스조약을 통해서 공동체를 구축하는 데 있어서 지속적인 제도적, 내용적 진전이 이루어졌다. 그 후 리스본조약에 앞서 일종의 유럽헌법에 해당하는 유럽조약과 -유럽경제공동체창설조약이 명칭을 바꾼- 유럽공동체 창설조약(EGV)을 합쳐서 '유럽헌법을 위한 조약'(Vertrag über eine Verfassung für Europa)을 만들어서(2004.10.29.) 유럽통합의 새로운 국면을 전개하려는 시도되었지만, 2005년에 프랑스와 네덜란드에서 국민투표에서 부결되어 좌초되었다.[13]

종국적으로 기왕의 EU조약(EUV)을 개정하고, 유럽공동체창설조약은 EU운영(업무방식)조약(AEUV)[14]으로 개편하고, EU기본권헌장(GrCh)을 제정하는 것을 내용으로 하는 리스본조약이 2007년이 체결되었다. 이를 통해 EU의 초국가적 관할이 확대되고, 공동체의 기구들이 단계적으로 민주화되었다. 즉, EU에 대한 법인격부여, 민주주의의 강화(시민의 참가, 회원

11) 이들 세 공동체는 국제법적 조약에 바탕을 두었지만 국제법적 형상에 그치지 않고, 초국가적 기구에 해당하여 나름 시원적인 고권을 지녔다.

12) 마스트리트조약을 통해 유럽연합의 정치적 시스템인 '세 支柱 모델'(das Drei-Säule-Modell)이 구축되었다. '세 支柱(기둥) 모델'은 유럽연합을 공동체(EG), 공동외교안보정책(GASP), 경찰사법공조(PJZS)으로 구성하는 것을 내용으로 한다.

13) 이 조약과 관련해서 주목할 점은 동 조약은 이제까지와는 달리 전적으로 국가나 정부의 수반에 의해 성안되지 않고, -의회와 회원국, 유럽의회가 포함된- 특별위원회에서 성안되었다는 점이다. 유럽통합에서 새로운 미래지향적인 토대가 될 수 있음에도 불구하고, '헌법'이라는 명칭이 아직은 수용되기 어려운 현실에 가로막힌 것이라 할 수 있다.

14) AEUV: Vertrag über die Arbeitsweise der Europäischen Union(Treaty on the Functioning of the European Union).

국의회의 관여, 유럽의회의 권한확대 등), 유럽기본권의 더 확고한 보장, 기구개혁, EU와 회원국의 권한배분의 명확화, EU의 새로운 권한확대, EU로부터의 탈퇴규정의 도입 등이 강구되었다. 특히 EU 자체가 법인격을 가짐으로써, 종전에 EU의 정치적 체제를 표현할 때 사용된 '세 支柱(기둥) 모델'은 더 이상 적합하지 않게 되었다.[15]

독일 연방헌법재판소의 관점에서 보면,[16] EU조약의 역동적 전개에 좌우되는 유럽의 國家結合體(Staatenverbund)를 성립시킨다. 이런 국가결합체는 회원국에 의해서 떠받쳐지는데, 아울러 그 회원국들의 국내적 정체성도 존중한다. 그것은 超國家的 組織體(supernationale organisation)로서 유럽연합에서의 독일과 관계를 맺지만, 독일을 유럽국가(europäischer Staat)에 대해 그 일부로 속하게 만들지는 않는다. EU조약을 통해서 통상의 국제조약과는 구별되게 공동체법으로써 超國家的 法秩序가 만들어졌다.[17] 이런 법질서의 여러 규범은 발효하면서 회원국의 법질서의 구성부분이 될 수 있으며, 경우에 따라서는 회원국의 행정청과 법원에 의해 적용되어야 한다. 여기서 EU최고재판소(EuGH; CJEU)는[18] 유럽공동체를 법공동체(Rechtsgemeinschaft)로 특징을 지우고 그에 의거해서 구체적인 법질서를 형성·발전시키고 있다.[19]

---

15) 그런데 좌초된 유럽헌법조약의 내용을 많이 담으면서도 오해유발한 표현을 제거하였음에도 불구하고 리스본조약의 회원국 국내 비준은 더디게 행해져 2009.12.1.에야 비로소 발효하였다. 독일에서도 마스트리트조약에서와 마찬가지로 헌법적 의문이 제기되어 연방헌법재판소의 판단을 기다린 다음에 비로소 비준되었다. 독일 연방헌법재판소는 양 조약의 합헌성은 시인했지만, 동시에 헌법적 한계를 강조하였다. Vgl. BVerfGE 89, 155(마스트리트조약.). BVerfGE 123, 267(리스본조약).

16) BVerfGE 89, 155(181ff.).

17) 그것의 法源性에 관해서는 vgl. *Nettesheim*, Normenhierarchien im EU-Recht, EuR 2006, 737; *Wolker*, Die Normenhierarchie im Unionsrecht in der Praxis, EuR 2007, 32.

18) 통상 문헌에서는 '유럽사법재판소'로 옮기는데, 사법재판소라는 것이 중복적 의미로 여겨져 여기서는 EU최고재판소로 옮긴다.

19) EuGH, Slg. 1990, I-3365-NJW 1991, 2409(2410); *Zuleeg*, Die Europaische Gemeinschaft als Rechtsgemeinschaft, NJW 1994, 545; *Burgi*, Verwaltungsprozeß und Europarecht, 1996, S.1ff., 3ff., 4ff..

2. 유럽화에 따른 회원국, 특히 독일의 헌법개정

이런 EU질서의 변화에 따라 독일에서는 국제기구에 고권(자주권)을 이양시킬 연방의 권능(기본법 제24조 제1항)이[20] 유럽공동체를 위한 우선적인 헌법적 근거가 되었다.[21] 그 뒤 마스트리트조약이 계기가 된 유럽연합에로의 진전과 관련해서 1992.12.21.의 개헌[22]을 통해서, 독일 헌법과 유럽법간의 새로운 연결부분으로 기본법 제23조가[23] 새로이 만들어졌다.

동 조항을 통해 독일이 EU의 발전과 전개에 함께 영향을 미친다는 점과 아울러 동시에 독일적 관점에서 유럽통합의 한계가 있다는 점이 표현된다. 독일 입법자는 EU차원에서의 조약상을 규율에 대해 이들이 기본법 제24조 제1항에 합치하는 경우에만 동의할 수 있다. 이에 반하는 독일의

---

20) 독일 기본법 제24조 ① 연방은 법률에 의해서 고권을 국제기구에 이양할 수 있다.

21) 이에 관해서는 *Stern*, Das Staatsrecht der Bundesrepublik Deutschland, Bd. I, 2. Aufl., 1984, S.512ff. 다른 유럽국가의 법질서에 관해서는 vgl. *Schroeder*, in: Depenheuer/Dogan/Can(Hrsg.), Deutsch-Turkisches Forum fur Staatsrechtslehre, Bd.3, 2006, S.115ff., und *Sachs*, ebda, S.55ff.

22) BGBl I 2086.

23) 독일 기본법 제23조 ① 통합유럽을 실현하기 위하여 독일연방공화국은, 민주적 · 법치국가적 · 사회적 및 연방주의적 원칙들과 보충성의 원칙을 존중하고 기본법과 본질적으로 같은 기본권보호를 보장하는 유럽연합이 발전하는 데에 협력한다. 연방은 이를 위해 연방참사원의 동의를 얻어 법률에 의하여 고권을 이양할 수 있다. 유럽연합의 설립에 관하여, 그리고 기본법을 내용상 개정 또는 보충하거나 그러한 개정 및 보충을 가능하게 하는 조약상 근거 및 이에 준하는 규정의 개정에 관하여는 제79조 제2항과 제3항이 적용된다. ① a 연방의회와 연방참사원은 유럽연합의 입법행위가 보충성의 원칙을 위반하는 경우 EU최고재판소에 소를 제기할 권리를 갖는다. 연방의회는 재적의원 4분의 1의 신청이 있으면, 위 소를 제기하여야 한다. 유럽연합조약에 의하여 연방의회 및 연방참사원에 부여된 권리를 행사하기 위하여, 연방참사원의 동의를 필요로 하는 법률에 의하여 제42조 제2항 제1문과 제52조 제3항 제1문의 예외가 허용될 수 있다. ② 유럽연합의 사무에서 연방의회와 - 연방참사원에 의해 - 주는 협력한다. 연방정부는 연방의화와 연방참사원에 대해 포괄적으로 가능한 조속하게 보고하여야 한다. ③ 연방정부는 유럽연합의 법제정행위에 협력하기 전에 연방의회에 견해표명의 기회를 부여한다. 연방정부는 협의시에 연방의회의 견해표명을 고려한다. 자세한 것은 법률이 정한다.

동의법률은 위헌이고 무효가 될 것이다. 다른 한편 EU의 기관 등은 그들에게 부여된 개별수권의 범주에서 활동하여야 하는데, 그 범주에서 벗어나거나 넘은 EU의 행위는 EU법을 위반한 것이 된다. EU의 행위가 EU조약과 일치하는지 여부가 문제되기에 그 일치성 여부는 당연히 EU최고재판소에 의해 심사되고 확인된다.

Ⅲ. EU행정법의 의의

EU행정법(Europäisches Verwaltungsrecht)이라 표현되는 법영역의 대상이 무엇인지에 관해서는 불확실성이 해소되지 않고 있다.[24] 이런 불확실성은 기능적인 뒤섞임과 다양한 상호관련성에서 비롯된다. EU의 행정법이 성립과 발전의 역사를 위해 자연적으로 각 회원국의 행정법의 법제도를 강한 계수가 있었다. 원래의 6개국 공동체의 대강조건의 차원에서는 프랑스 행정법이 공동체 및 EU의 행정법의 형성에 특히 중요한 역할을 하였다.[25] EU질서 및 특히 행정법의 불문의 법제도를 전개하기 위해서 회원국법의 의의가 여전히 주목할 만하지만, 1980년대 말부터 상위의 공동체법이 회원국법에 대해 영향을 미치기 시작하였다.[26]

전체적으로 근본적으로 구분되어야 할 다음의 세 가지 법영역이 EU행정법에 속한다.[27]

---

24) EU법은 행정법의 총칙부분을 두고 있지 않다. 그렇지만 EU법의 분야 및 그것의 적용에 국한될 수밖에 없을 규율을 포착하는 것이 법적으로 가능할 것이다. 그러나 아직 그 시간이 숙성되지 않을 수도 있다. 공통의 포괄적인 법칙, 원칙 그리고 개념을 발전시키는 것이 판례, 학설 특히 EU최고재판소의 임무이다.

25) *Danwitz*, Verwaltungsrechtliches System und Europäische Integration, 1996, S.150f.

26) EU조약(EUV)이 성립한(1992.2.7.) 이후 그것이 유럽공동체조약(EGV)을 대체하고 승계한 이상, 이하에서는 특별한 경우가 아니라면 공동체를 대신하여 유럽연합을 EU이라 표현한다.

27) 여기서 EU행정법이 회원국의 전체 행정법의 체제에서 어떻게 자리매김할 것인지 문제가 될 수 있다. 독일의 경우 종래 연방법과 주법에 바탕을 둔 이단계적 행정법 체

첫 번째로 회원국의 행정법질서가 EU행정법의 일부로 될 수 있다. 즉, 회원국의 행정법질서가 소위 他者執行(indirekter Vollzug)에서 행정적 시행을 위한 규범적 근거로서 기능하고,[28] 이에 더해서 법적 표상의 장소가 되기 때문이다.[29]

두 번째로 EU기관(Die Organe der EU)이[30] EU법을 집행하는 데 있어서 소위 自己執行(direkter Vollzug)을 위한 법적 근거와 규준규범으로서 이바지하는 법규정 및 법원칙이 존재하는데, 이것이 EU행정법의 일부로서 EU고유(자체)행정법(Eigenverwaltungsrecht)이다.[31]

세 번째로 회원국이 실체적 EU법을 행정적으로 시행함에 있어서 자국의 행정법을 EU법에 합치하게 적용하여야 할 때 EU법의 규율 및 원칙을 고려해야 하는데, 이들 규율과 원칙이 소위 EU공동행정법(Gemeinschaftsverwaltungsrecht)으로서 EU행정법의 범주에 들어간다.[32] 한편 공동의 분업적 임무이행을 위하여 회원국의 행정주체와 EU의 행정주체가 협력하는 법이 소위 EU협력행정법(Kooperationsverwaltungsrecht)이나 EU결합행정법(Verbundsverwaltungsrecht)이라고 한다.

결론적으로 EU행정법은 회원국 자체 행정법은 물론, EU고유행정법, EU공동행정법 및 EU협력행정법의 범주를 포괄하는 상위개념에 해당한다.[33]

제이었는데, 이제는 EU법이 추가되어 3단계적 행정법 체제가 구축되었다고 한다. *Maurer/Waldhoff*, Allgemeines. Verwaltungsrecht, 19.Aufl., 2017, §2 Rn.45.

28) *Schmidt-Aßmann*, Deutsches und Europäisches Verwaltungsrecht, DVBl. 1993, S.924(927f.).

29) 이 글에서는 회원국 자체 행정법에 관한 논의는 생략하기로 한다. 그 대강은 특히 *Danwitz*, Europäisches Verwaltungsrecht, 2008, S.11ff. 그런데 유럽화를 기화로 EU 회원국의 법질서가 급속하게 동조화경향을 보이고 있는 점은 많은 것을 시사한다.

30) 이에는 유럽의회, 유럽이사회(유럽수뇌이사회, EU정상회의, Europäischer Rat; European Council), EU각료이사회(Rat), EU집행이사회(집행위원회), EU최고재판소(EuGH, ECJ), EU중앙은행, 심계원(Rechnungshof)이 해당한다(EU조약 제13조 제1항).

31) *Schmidt-Aßmann*, Deutsches und Europäisches Verwaltungsrecht, S.924(925f.).

32) *Schmidt-Aßmann*, Deutsches und Europäisches Verwaltungsrecht, S.924(926).

33) *Danwitz*, Europäisches Verwaltungsrecht, S.6.

Ⅳ. EU행정법의 전개양상

이에 더해 EU행정법의 이해를 위해 중요한 점은, 법관법적 원칙과 규범적 규정상의 현재 상태를 흡사 과정적 전개의 순간포착으로 파악하는 것이다. EU행정법의 이런 특징적인 발전적 특징은 조약법적 근거에서 그것의 첫 번째 선언을 발견한다. EU법을 유럽연합이 직접적으로 집행하는 것은 EU정책의 비교적 적은 영역에서만 인정한다. EU창설조약의 구조원칙으로서 헌법적 의의를 넘어서 회원국의 조직상의 절차상의 자율은 이런 계속성에 의거해서 EU행정법을 발전시키는 지속적 인자가 되었다. 이에 반해 지금까지 형성된 EU고유행정법의 여러 법제도와 EU행정법의 광범한 – 법관법적으로 만들어진 – 원칙이 지속적인 발전에 의거하여 성립하였고, 그리하여 그 본질에서 발전지향적 특징을 지닌다.[34)]

실체적 EU법을 시행하기 위한 공동행정법적 요청을 법관법적으로 만드는 것은 통합에 특유한 목표설정을 그 특징으로 한다. 이것이 EU행정법의 토대를 형성하고 동시에 윤곽과 한계를 정한다. 하지만 EU행정법의 이런 특별한 통합정책적 목표지향을 EU고유행정법의 차원에서는 확인할 수 없다. 그리하여 EU고유행정법의 법제도가 구분되게 만들어진다. 그래서 그것의 전개양상은 오히려 회원국의 행정법질서의 성립과 직접적으로 비교하여야 한다. EU조약의 권한질서로 인해 EU고유행정법의 규범적 법규정은 분야에 특수한 규율에 국한되는 반면, 법관법적으로 전개된 원칙은 일반적 법원칙의 구체화에 바탕을 둔다. 그것은 구조적으로 일반적으로 언급되는 '행정법의 헌법구체화'의 명제에 비견될 수 있다.[35)]

---

34) *Danwitz*, Die Eigenverantwortung der Mitgliedstaaten für die Durchführung von Gemeinschaftsrecht, DVBl. 1998, S.421(423ff.).

35) *Schmidt-Aßmann*, Das allgemeine Verwaltungsrecht als Ordnungsidee, 2.Aufl., 2004, Kap.1 Rn.17ff.

EU고유행정법의 거의 개관 불가능한 법규정과 법원칙을 체계적으로 관통하기 위한 본질적인 사전조건이, 이런 상이한 성립요소의 교호적인 협력효과를 명백하게 만드는 것과, 이런 방식으로 EU고유행정법의 일반화가능한 법적 사고를 탐구하는 것이다. 전적으로 법관법적으로 성립한 EU공동행정법의 특징에도 불구하고, 법적 대상을 체계적으로 포착하고 관통할 필요성을 저평가해서는 아니 된다. 왜냐하면 이런 판례의 기조가 개별경우의 특수성과 EU법관철의 특수한 필요성(요청)에 부응한 소산이기 때문이다. 그리고 일반적인 법사고의 구체적 적용에 결코 국한되지 않기 때문이다.

제2절 법에서의 탈영토주의의 메커니즘[36)]

오늘날 고전적 영토국가의 모습은 강하게 씻겨 지고 있다. 법은 자신의 조종능력을 유지하기 위해 경우에 따라서는 경계(국경)을 넘어야 한다. 국가법은 이런 요구에 대해 항상 비판적으로 대하였다.[37)] 이런 상황에서 특히 오늘날 인터넷과 과거와 비할 수 없게 자유로워진 인적 교류 등으로 인해 전세계 문화와 제도는 갈수록 동조화의 경향을 보이고 있다. 자연 법의 탈경계화가 주제가 된다. '월경적'이라는 일반적 주제는 '공법의 탈영토주의화'(Entterritorialisierung des Öffentlichen Rechts)를 의미한다. 그것은 공법이 자신의 국내의 영토적 한계를 넘어섰다는 것을 나타낸다. '수출창고'로서의 공법학은 많은 주제영역의 부분으로서 공법

36) 이하는 Buchholtz의 글(Entterritorialisierung des Öffentlichen Rechts Legitimation "anerkennungsbasierter" Transnationalität in der EU, NVwZ 2016, 1353ff.)을 바탕으로 한 것이다.

37) 가령 2016년 독일 국가법학자대회는 국내법을 외부로부터 그리고 위로부터 재형성하는 것이 주제였다. *Mayer/Heinig/Lothar*(Hrsg.), Verfassung als Ordnungskonzept, VVDStRL 75, 2016.

이 국외 법질서로 "경계를 넘어서 영향을 미치는 것"을[38] 탐구한다. 현실에서 탈경계적 현상－즉, 글로벌화와 디지털화－의 결과로 말미암아, 영토국가는 이미 오래 전에 더 이상 통치(지배)권을 발휘하는 데 토대이자 연결점이 되지 못하였다. 자연스럽게 범국가적(transnational) 조종의 메커니즘이 전개되었다.

Ⅰ. 글로벌 거버넌스

'글로벌 거버넌스'(Global Governance) 개념은 점증하는 탈경계적 세계에서 '더 좋은 지배'(besseres Regieren)를 위한 모호한 개념이다. '글로벌 거버넌스'란 사회적 이슈에 관해 정치질서와 더불어 집합적으로 규율하는 형식의 총합체로 정의된다.[39] 그것의 목표상은 '세계사회'(Weltgesellschaft)이다.[40] 여기서 민주적 결정은 범국가적, 사회적 다수의 하부시스템에 의해 발해진다. 그것의 메커니즘은 '참여', '협상', 그리고 '정렬'이라는 '세 축'을 토대로 작동된다.[41] 그리고 규율은 "수평적인 네트워크"에서 행해지며, 규율이 행해지는 네트워크는 사회의 자기규율(자율), 협력적 규율, 그리고 국가적 규율을 요소로 한다.[42] 그렇지만 이런 종류의 '지배(REGIEREN)'란 결코 국가를 배제하고 절대적으로 민간만의 순수한 형식으로 행해지지는 않는다. 실제로 '정부가 없는 거버넌스'(Governance without government)는 강구할 가치가 없다. 여기서 '거버넌스'란 「모든

38) *Neumeyer*, Internationales Verwaltungsrecht, Bd.4. 1936, 169ff.
39) *Mayntz*, in: Benz/Dose(Hrsg.), Governance-Regieren in komplexen Regelsystemen, 2.Aufl. 2004, 37.
40) *Luhmann*, Die Weltgesellschaft, Archiv für Rechts- und Sozialphilosophie, 1971, 27ff.
41) *Ruffert*, Die Globalisierung als Herausforderung an das Öffentliche Recht, 2004, S.30.
42) *Boehme-Neßler*, Von der Euro-Krise zur globalen Demokratie, ZRP 2012, S.237 (238f.).

영역에 있어서의 국가문제를 관리하기 위한 경제적, 정치적, 행정적 기관의 권한행사로서 볼 수 있다. 거버넌스는 시민과 집단이 그들의 이익을 표현하고, 그들의 권리를 행사하며, 그들의 의무를 이행하고, 그들의 분쟁을 조정하는 기구와 과정 및 제도를 포함한다(UNDP, 1997). 경제적, 사회적 활동을 공법적으로 견제하는 것이 완전히 행해지지 않을 경우,[43] 개인의 이익과 공공복리적 이익이 막강한 경제적 특정이익에 대해 후위에 놓이면서 공동체 전체가 위태롭게 된다.[44] 그럼에도 불구하고, '글로벌 거버넌스'를 다루는 것이 불필요하다거나 학문적으로 그다지 흥미롭지 않은 것은 아니다.

'거버넌스'적 요소는 많은 곳에서 규율수단으로 판명되었다. 국가, 기업, NGO, 로비단체, 개개인은 범국가적 요청을 집단적으로 처리하기 위해서 네트워크에 더욱더 빈번하게 집결한다. 특히 그런 네트워크의 예를 금융분야에서 발견할 수 있다. 국제적 위상을 지닌 규율기구가 국가감독청과 무관하게 널리 활동하고 있다. 가령 바젤 은행감독위원회(BCBS)와 국제증권관리위원회기구(IOSCO)가 이에 속한다.[45] 글로벌 규율네트워크의 다른 예로 -공정거래위원회와 같은 경쟁행정청의 비공식적인 협력체인- 국제적 경쟁네트워크(ICN), 세계은행이 주관하는 '거버넌스 프로그램'을 들 수 있다.[46] 나아가 EU 역시 '좋은 거버넌스'(Good Governance)를 천명하고 있다. 이런 상황에서 2001.7.25. EU집행이사회(Kommission;

---

43) *Tomuschat*, Möglichkeiten und Grenzen der Globalisierung, in: Schwarze(Hrsg.), Globalisierung und Entstaatlichung des Rechts I, 2008, S.21(52).

44) *Bogdandy/Dann/Goldmann*, Völkerrecht als öffentliches Recht: Konturen eines rechtlichen Rahmens für Grobal Governance. Der Staat 49(2010), S.23(36).

45) 이 기구는 캐나다에서 비공식적으로 성립된 조직이었는데, 그 사이 105개국의 증권감독청이 가입하였다. 상세는 vgl. *Möllers*, Transnationale Behördenkooperation-Verfassungs- und völkerrechtliche Probleme transnationaler administrativer Standardsetzung, ZaöRV 2005, S.351(359f.).

46) 상세는 vgl. *Dolzer*, Good Governance: Neues transnationales Leitbild der Staatlichkeit?, ZaöRV 2004, S.535(536ff.).

European Commission)는[47] 역량을 증대시키고, 민주적 정당성을 견지하기 위해 '유럽의 지배구조'에 관한 백서를 발간하였다.[48] 그곳에서 '더 좋은 지배구조'를 위한 원칙으로, 개방성, 참여, 책임성, 효과성, 그리고 친밀성이 제시되었다.

요컨대 전체 국가시스템이 '거버넌스'의 원칙에 분명히 근접하고 있음은, 국내 의회, 지방자치단체, 사회분야의 대표자간에 상호 자문적, 대화적 문화가 확대되고 있는 사실에서 잘 드러낸다.[49]

Ⅱ. 수직적 · 유월적 효력

탈영토주의의 또 다른 메커니즘이 입헌주의화(Konstitutionalisierung)와 초국가주의화(Supranationalisierung)인데, 이는 수직적 · 유월적 효력(vertikale Überwirkungen)을 나타낸다. 국제법적 맥락에서 입헌주의화란, 기본적 가치에서의 합의에 근거하여 국제적 공동체를 통해 국제적 질서를 법률(규범)화하는 것을 말한다.[50] 다시 말해, 입헌주의화는 초국가적 차원에서 '공동체이익을 법적으로 응축(凝縮)시키는 것'을 야기한다.[51] 그렇지만 국내법에 대한 방사는 제한적이다. 왜냐하면 헌법질서(가령 독일

47) EU집행이사회(위원회)는 EU 회원국이 지명하고 유럽의회에서 인준을 받은 5년 임기의 위원으로 구성된, EU의 독립된 집행기관이자 초국가적 기관이다. 그것은 EU의 독립된 집행기관으로서 마치 국가의 행정부에 해당하지만, 가령 EU명령과 같은 EU법을 발의하는 권한처럼 그보다는 넓은 기능을 수행한다. 유엔과 같은 국제기구에서 EU를 대표하는 역할을 한다. 그리고 조약의 수호자(Hüterin der Verträge)로서 회원국에 의한 EU법의 준수를 감시하여 회원국을 상대로 EU최고재판소에 제소할 수 있다. 이사회의 위원은 결정에서 독립적인데, 자신의 출신국의 이익을 대변하는 것이 아니라 오로지 EU의 공동의 이익을 대변한다.

48) Weißbuch der Kommission „Europäisches Regieren", KOM(2001) 428 endg.

49) 'Good Governance'에 관한 상론은 김남진, Good Governance: 관념과 상황, 대한민국학술원통신 제294호(2018.1.1.), 4면 이하.

50) *Knauff*, Konstitutionalisierung im inner- und überstaatlichen Recht - Konvergenz oder Divergenz?, ZaöRV 2008, S.453(454).

51) *Ruffert*, Die Globalisierung als Herausforderung an das Öffentliche Recht, S.39.

기본법 제59조 제2항 제1문)[52]에 의해 국제법의 통용은 가령 의회의 동의(독일은 법률형식의 동의)를 요건으로 하기 때문이다. 국제법이라 하여 국내법에 대해 우위를 요구할 수 없다.[53] 그렇지만 헌법질서(우리 헌법 제6조, 독일 기본법 제59조 제2항)는 (헌법을 포함한) 국내법을 국제법친화적으로 해석할 것을 의무지운다고 할 수 있다.[54] 국경이 갈수록 원래의 의미를 상실해가는 상황에서 이처럼 국내법이 친국제법적 성격을 가지는 것은 자연스럽다.

초국가적 모델이 국가 법질서에 대해 영향을 미치는 메커니즘은 더 강력하다. 그 전형이 유럽통합과정이다. 비록 유럽연합이 주지하듯이 고전적 의미의 국가가 아님에도 불구하고, 그것은 확고한 제도적 구조를 지니고 있으며, －비록 한정적이지만－ 회원국과 연합시민에 대해 일종의 자국국가마냥 지배권을 행사하고 있다. 개별 회원국은 자신의 권한을 초국가적 차원으로 이양시키고, 해서 전통적인 이해에 의하면 자신의 주권을 버린 것이다. 국가의 쪽에서 보면 법질서의 개방이 행해진 셈이다.

최근에는 초국가화의 '흡입'에서 소위 '일출효과'(spillover effect)가[55] 발생한다. 그러나 이것은 특히 정당성의 차원에서 문제가 되지 않으면, 유럽법적 강행규준을 넘어서 국내법질서의 '임의적' 적응에 해당한다. 그리하여 때때로 전통적인 국내법의 법제도가 수정되면서 제공되고 있다는 점은 만족스러운 효과이다.[56] 서비스경제에서 광범한 법개정을 위한 동

---

52) 독일 기본법 제59조 ② 연방의 정치적 관계를 규율하거나 연방의 입법사항과 관련이 있는 조약은 연방입법을 관할하는 단체가 연방법률의 형식으로 하는 동의나 협력을 필요로 한다. 행정협정에 대해서는 연방행정의 규정이 준용된다.

53) *Dederer*, Die Architektonik des europäischen Grundrechtsraums, ZaöRV 2006, S.575(616f.); *Schilling*, Deutscher Grundrechtsschutz, 2010, 210f.

54) Vgl. BVerfGE 111, 307-NJW 2004, 3407.

55) 일출(溢出)효과(spillover effect)는 가령 어떤 논에서 용출된 물이 넘쳐서 인근의 메마른 다른 논에까지 혜택이 전해지듯이, 특정 지역에 나타나는 현상이나 혜택이 흘러넘쳐 다른 지역에까지 퍼지거나 영향을 미치는 것을 나타낸다(네이버 지식백과 사전).

56) *Kahl*, 35 Jahre Verwaltungsverfahrensgesetz - 35 Jahre Europäisierung des Verwaltungsverfahrensrechts, NVwZ 2011, S.449(454). 독일 행정절차법의 35년간의 유

인(動因)으로 역할을 하는 서비스지침(DRL 2006/123/EG)에서 그렇게 관찰된다.[57] 그렇지만 구상은 조건부로만 '탈영토주의화의 메커니즘'으로 유용하다.

그런데 입헌주의화와 관련해서 '세계국가'(Weltstaat)의 사고는 현실적이지도 않을뿐더러, 바람직하지도 않다.[58] 나아가 근대국가가 성립하여 1세기 넘어 견지되어 온 '국가 구상'(Staatskonzept)이 곧바로 초국가적 차원으로 이행될 수 없다.[59] 그러나 초국가적 차원에서의 입헌주의화는 어느 정도로 달성되었다.[60] 이 점은 EU의 예에서 드러난다. 그렇지만 초국가성의 모델은 항상 현실적이지는 않다는 것이 판명된다. 결정의 차원간의 다수의 교착으로 인해 그것의 분명한 위계화가 적어도 더 이상 일관적으로 견지될 수 없기 때문이다.[61] 그 대신 다양한 차원에서 협력적 연결망을 필요로 한다. 해서 EU지침과 EU명령은 종종 완전한 규율을 형성하는 것을 포기하고 관할의 이유에서 부분적 조화나 최소한의 조화에 국한된다.[62] EU최고재판소와 독일 연방헌법재판소 역시 교호적 정렬이 불가피하다는 점을 인정하고, 상호 같은 눈높이에서 대화를 주고받는 상대방으로 여긴다.[63]

럽화를 평가하는 것을 내용으로 하는 이 글의 주요 내용은 다음의 문헌을 통해 접할 수 있다(이지희, 독일 행정절차법 35주년: 유럽지침과의 관계와 법정책학적 시각에서 본 독일행정절차법, 최신외국법제정보 2011년 제4호, 한국법제연구원, 47면 이하).

57) *Sauer*, Der Einzelne im europäischen Verwaltungsrecht, 2014, 317.

58) *Knauff*, ZaöRV 2008, S.453(458f.).

59) *Ruffert*, Die Globalisierung als Herausforderung an das Öffentliche Recht, 40.

60) *Knauff*, ZaöRV 2008, S.453(472f.).

61) *Di Fabio*, Nationales Arbeitsrecht im Spannungsfeld von Grundgesetz und Grundrechtecharta, RdA 2012, S.262(264).

62) *Fehling*, Perspektiven des Öffentlichen Wirtschaftsrechts, JZ 2016, S.540.

63) Vgl. *F. Kirchhof*, Kooperation zwischen nationalen und europäischen Gerichten, EuR 2014, 267ff. EU의 사법구조에 관해서는 후술할 EU행정구제시스템에서 살펴본다.

Ⅲ. 수평적 · 유월적 효력

추가적으로 –수평적 · 유월적 효력(Horizontale Überwirkungen)이라 간단히 표현할 수 있는– 탈영토주의화의 메커니즘이 관찰된다. 여기서는 범국가적 법효력(transnationale Rechtswirkungen)이 관건인데, 그것은 위로부터가 아니라, 측면에서 일어난다. 그런 유월적 효력은 국제적으로는 새삼스러운 것은 아니다. 가령 국적법, 성명법의 분야에서. 초국가적 연합법질서가 유월적 결정권한을 성립시키는 EU에서 그런 식으로 영토주의의 원칙을 붕괴시키는 현상은 매우 자주 일어난다.[64] 여기서는 수직적 재형성과 수평적 연결망구축간의 밀접한 접합이 분명해진다.[65] 그 중심에 법질서외의 결정의 '인정'(Anerkennung)이라는 EU법적 원칙이 있으며, 더불어 최소한의 조화에 의해 보완된다.

EU는 '다양성 속에서의 통합'(Einheit in der Vielfalt)이라는[66] 야심적인 모토를 표방한다. 그리하여 초국가적 조화(일치화)에 비하면, 인정방식의 접근은 '점잖고 부드러운' 통합방법에 해당한다. 왜냐하면 인정을 통해 '규율융합'을 완전한 일치화 없이 그리고 '회원국의 법적 다양성'은 유지하면서 달성하고자 하기 때문이다.[67] 인정원칙(Anerkennungsprinzip)은 이미 원래의 역내시장의 기능을 넘어서 자유의, 안전의, 그리고 법의 영역에 들어간다. 여기서 인정원칙은 상품과 서비스와 같은 기본적 자유의 생산요소에 더 이상 국한하지 않고, 다양한 규율대상을 지닌 전체 영역을 포착한다.[68] 그리하여 인정은 시민에 대해 (잠재적인) 자유를 제한하

64) 상론은 후술할 범국가적 행정행위에서 참조.

65) *Calliess*, Europäischer Binnenmarkt und europäische Demokratie, DVBl. 2007, S.336(337).

66) Europamotto: https://europa.eu/european-union/about-eu/symbols/motto_de.

67) *Schwarz*, Grundlinien der Anerkennung im Raum der Freiheit, der Sicherheit und des Rechts, 2016, S.3.

는 차원을 지닌다. 가령 구류명령의 수범자는 −인정원칙을 매개로 하여 − 유럽차원에서 다른 회원국 국가의 형벌권에 복종하게 될 위험에 놓인다. 인정메커니즘이란 잠재적으로 자유를 제한할 수 있다는 점을 논외로 하면, 인정원칙은 '자유로운 시장개방원칙'(liberales Marktöffnungsprinzip)에 해당할 것이다. 이 밖에 −인정원칙을 성립시키듯이− 분산적인 결정권한은 고전적으로 위계를 특징으로 하는 정당화사고와는 명백히 거리가 있다. 결론적으로 '수평적인 차원에서 민주주의적, 법치국가원리적 책임을 확고히 하기 위한 새로운 메커니즘을 필요로 한다.

---

68) Vgl. EU운영조약 제67조(구 공동체조약 제61조, 구 EU조약 제29조) [자유, 안전 그리고 법의 영역] ① 유럽연합은 자유와 안전과 법의 영역에 해당하는데, 여기서 기본권과 회원국의 다양한 법질서와 법적 전통이 고려된다. ② 유럽연합은 역내국경에서 사람이 통제를 받지 않는 것을 확고히 하고, 망명, 이주 그리고 역외국경에서의 통제의 분야에서 −회원국의 연대에 바탕을 두고서 제3국 국민에 대해 알맞은− 공동의 정책을 전개한다. 이런 명의의 목적을 위하여 국가가 없는 자는 제3국 국민과 동일하게 놓인다. ③ 유럽연합은 범죄, 인종차별주의, 외국인혐오에 대한 방지와 대처를 위한 조치를 통해, 경찰, 형사구제기관 그리고 다른 소관 행정청의 정렬과 협력을 통해, 형사법적 결정의 상호인정을 통해, 필요한 경우에는 형사법규정의 균일화를 통해 고도의 안전을 보장하는 데 영향을 미친다. ④ 유럽연합은 특히 민사사건에서의 司法的 결정과 非司法的 결정의 상호인정의 원칙을 통해 법에 대한 접근을 완화시킨다.

제2장

EU행정법의 기초

제 2 장

EU행정법의 기초

제 1 절 EU법질서의 구성원리

EU행정법의 법제도와 법원칙을 법관이 결정적으로 형성하고 윤곽을 설정하는 발전과정을 더 좋게 추체험할 수 있기 위해서는, EU법질서의 본질을 이루고 EU행정법의 내용적 형성을 위한 포괄적인 규준을 내포하는 기본원리를 상론하여야 한다.

Ⅰ. 제한적 수권의 원칙

EU의 관할을 성립시키는 것은 창설조약에서 제한적 수권의 원칙(Grundsatz der begrenzten Einzelermächtigung)에 의해 행해진다.[1] 이에 의해 소정의 관할이 회원국에 의한 조약체결의 방법으로 EU에 대해 주어진다. 이런 메커니즘의 기본사고는 기능적 통합의 구상으로 귀착하는데, 이 구상은 종전에 국가가 수행한 기능을 해체시키고 EU에 이전함으로써 연합적 처리를 가능하게 한다. 회원국의 관할을 회원국의 주권적

1) EuGH, 2/94, Slg. 1996, Ⅰ-1759(1789; Rn: 23-27)-EMRK-Beitritt; C-376/98, Slg. 2000, Ⅰ-8419(8524; Rn: 83).

전권한의 총체로부터 떼어 내어 EU에 이전함으로써, 연합적 수행을 위한 -회원국과 그 구성원에 대해 구속적 법적 행위를 발할- EU기관의 초국가적(supernational) 권능이 성립된다.[2] 유럽통합의 역사적 과정의 본질은 연합적 행사의 관할이전과 초국가적 결정권능의 성립을 이처럼 결합시키는 데 있다. 관할의 EU에 대한 이전은 일정한 임무의 처리를 위하여 특별한 작용권능을 지정(배속)하는 것으로 일어나기 때문에, EU의 관할을 해석함에 있어서 원칙적으로 이런 기능연계를 재구성하는 것이 관건이다.[3] 이런 기능연계를 보전하는 법원칙이 바로 제한적 수권의 원칙이다.[4]

EU조약 제5조(제한적 수권의 원칙, 보충성의 원칙과 비례의 원칙)에[5] 명시적으로 규정된 제한적 수권의 원칙은 회원국의 관할을 위한 추정법칙(Vermutungsregel)으로서 영향을 미친다. 제한적 수권의 원칙의 기본적인 법적 의의는 다음과 같다: 조약의 완전히 본질적인 측면에 해당한다. 회

---

2) 초국가적 작용권능의 본질에 관해서는 *Hans-Peter Ipsen*, Über Supranationalität, in: Ehmke/Kaiser/Kewenig/Meessen/Rüfner(Hrsg.), FS Ulrich Scheuner zum 70. Geburtstag, 1973, S.211ff.

3) 이런 재구성은 역사적 의미에서 문제가 없지 않거나 주관적인 이전사고를 탐구하는 것으로 여겨져야 한다. EU(공동체)권능을 문제지향적으로 지속적으로 발전시킬 필요성은 자명하게 여전하다.

4) *Calliess*, in: Calliess/Ruffert, EUV/AEUV, 5.Aufl., 2016, Art.5 EUV Rn.6ff.

5) EU조약 제5조(구 공동체조약 제5조) ① 연합의 권한의 경계를 나누기 위해 제한적 수권의 원칙이 통용된다. EU의 권한행사를 위해 보충성의 원칙과 비례의 원칙이 통용된다. ② 제한적 수권의 원칙에 의하면, 연합은 회원국이 조약에서 조약상의 목표를 실현하기 위해 이전한 권한의 한계 내에서만 활동한다. 조약에서 이전되지 않은 모든 권한은 회원국에 여전히 남아 있다. ③ 보충성의 원칙에 의해, 연합은 그에게 전속적인 관할에 속하지 아니 하는 분야에서는 다음의 경우에만 활동한다: 고려되는 회원국의 조치의 목표가 핵심적인 차원에서는 물론 지역적, 지방적 차원에서 충분하게 실현될 수 없고 오히려 그 범위나 효력으로 인해 연합의 차원에서 더 좋게 실현되어야 할 경우. EU의 기관은 보충성의 원칙 및 비례성의 원칙의 적용에 관한 프로토콜에 따라 보충성의 원칙을 적용한다. 국내 의회는 프로토콜에 규정된 절차에 따른 보충성의 원칙의 준수를 유의한다. ④ 비례성의 원칙에 의해, EU의 조치는 내용상으로 그리고 형식상으로 엽합헌법의 목표의 달성을 위해 필요한 정도를 초과하지 아니 한다. 연합의 기관은 보충성의 원칙 및 비례성의 원칙의 적용에 관한 프로토콜에 따라 비례성의 원칙을 적용한다.

원국은 EU기관이 그 자체 자명한 거의 윤곽이 있는 법칙을 고수한다는 조건하에서만 자신의 주권의 일부를 EU기관에 유리하게 포기한다. 그리하여 EU의 어느 기관도 조약을 통해 맡겨지지 않은 권능을 행사할 수는 없다.[6] 제한적 수권의 원칙은 회원국과 EU간의 단체권한을 배분하고 구분하는 데서 그것의 1차적 의의를 발휘한다.[7] 이와 불가분적으로 결부된 의의가 EU기관의 조직권한을 정하는 것과 수평적으로 관할을 정하는 것이다.

제한적 수권의 원칙의 이런 효력범위로 인해 그것은 EU법질서의 토대원리로서 EU의 고유한, 시스템특징을 나타내는데, 이런 특징은 －개개의 이전행위에 바탕을 두고 특수한 규율권능으로 집약된 법질서로서의－ EU의 특수성에 존재한다. 이런 구성요소를 유럽통합이 진전됨에 따라 고립되게 고찰될 수는 없지만, EU법이 원칙적으로 불완전한, 회원국의 법으로 파편적으로 만들어진 법질서라는 점은 여전하다.[8] 이런 원칙적인 고찰방법에 의하면 EU법은 보충적 법질서(Komplementär-rechtsordnung)의 성격을 지닌다. 그리하여 EU법을 회원국법질서로써 제한하는 기본적인 기능조건이 －제한적 수권의 원칙을 나타내는－ EU법의 자기제한보다 덜 강조된다. 이런 특별한 상황에서 분명해진 점은, EU법에서의 내적 모순의 부재와 시스템적 일치성의 물음은 회원국적으로 각인된 동질성의 요청에 의거해서 답해질 수 없다는 것이다.

Ⅱ. EU법질서의 자율

오늘날의 관점에서 EU법질서의 독립성, 즉 회원국의 법질서로부터의 비의존성은 자명한 것으로 여겨질 수 있다. '자율적 법원'으로부터 도출

6) EuGH, Rs. 7/56, Slg. 1957, 140(167f.)-Algera.
7) 그래서 EU조약 제5조 제1항에서 명문으로 인정되었다.
8) *Danwitz*, Europäisches Verwaltungsrecht, S.146.

된 법으로서의[9] EU법의 의의는 회원국법에 대한 EU법의 관계를 표현하는 데 국한되지 않는다. 성립, 존속 그리고 통용과 관련해서 EU법이 회원국법질서에 대해 비의존성을 지닌다는 점을 넘어서, EU법질서의 자율의 이해는 회원국의 힘에 대한 EU법의 필요한 자기주장을 위한 핵심적 의의를 발휘한다. 그에 따라 EU법질서가 회원국입법에 좌우되지 않는다는 EU법질서의 독립성이, EU법의 직접적 효과와 국내법에 대한 우위를 인정하기 위한 논증적 토대(바탕)로 기능한다.[10]

EU법질서의 자율(Autonomie)은 EU법질서의 기능성을 확고히 하기 위해 포기할 수 없는 토대이다.[11] 이런 상태는 특히 EU행정법을 위하여 교호적인 제한과 상호의존을 위한 보완을 필요로 한다. EU각료이사회(Rat)[12]와 민주적 정당성연계에서 공권력의 EU적, 회원국적 행사의 제한의 측면을 건너서, EU법질서를 회원국의 법질서로써 제한하는 것은 특히 EU법의 시행을 위한 회원국의 책임에 의해서 분명히 강조된다.[13] EU법이 아무런 규율을 담고 있지 않는 한, EU법의 시행을 보장하는 임무가 회원국에 대해 증대된다. 원칙적으로 조약법상으로 권한법상으로 조건이 된 이런 당초상황의 결과로, 여러 회원국에서의 개인의 법적 지위 역시 차별적으로 형성되어 있을 수 있다. 다시 말해, EU법의 통일적 통용이라는 것이 EU법의 시행의 실제적 결과가 차별적으로 귀결될 수 있다는 사

9) EuGH, Rs. 6/64, Slg. 1964, 1251(1270)-Costa/E.N.E.L.

10) EuGH, Rs. 26/62, Slg. 1963, 1(25)-van Grend&Loos.

11) *Danwitz*, Europäisches Verwaltungsrecht, S.147.

12) Rat der Europäischen Union(Rat); Council of the European Union(Council of Ministers, Council); Conseil des ministres. EU각료이사회는 유럽이사회(Europäischer Rat; European Council)와는 구별된다. 유럽이사회는 'EU정상회의'나 '유럽수뇌이사회'라고도 하는데, EU의 각 회원국의 정상들의 회의체이다. 입법권을 갖지 않으며, EU의 입법에도 참여하지 않지만, 입법의 방향 등을 제시하거나 각 회원국간의 타협을 발견한다든지 향후 EU의 발전을 위한 계기를 마련한다든지 하는 상위기관으로서의 나름의 역할을 한다. 또한 EU각료이사회는 후술할 유럽평의회(Europarat)와도 구분된다.

13) 회원국의 조직상의, 절차상의 자율의 원칙에 관해서는 EuGH, Rs. C-201/02, Slg. 2004, Ⅰ-723-Wells.

실과 저촉되지 아니 한다.

Ⅲ. EU법의 효력과 우위

1. EU법의 우위의 의의

(1) 우위의 내용과 그 근거

EU법과 회원국의 국내법은, 서로 구속적으로 병존하되, 분리된 양대 法圈域을 형성한다.[14] (이들의) 위계관계 및 대저 유럽공동법과 국내법간의 관계와 관련해서, EU최고재판소는 EU법이 결정적인 기준이 된다는 입장을 견지한다.[15] 즉, 일찍이 동 법원은 회원국 국내법에 대한 EU법의 優位(Vorrang)를 판결하였다. 비록 경쟁법이 경쟁문제를 규율하기 위한 수권을 EU조약상으로 성립시키긴 해도,[16] EU조약 그 자체에서 EU법의 우위를 위한 명시적 규율을 담고 있지 않다. 그렇지만 EU최고재판소는 그 자신이 자세히 기술한 독립된 자율적 EU법의 성격에서 EU법의 우위를 끄집어내어, EU법의 기능적합성을 위하여 그 우위가 불가피하다는 점에 바탕을 둔다. 즉, EU법의 '통일적 적용'이 'EU법질서의 기본요청'이라고 판시하였다.[17]

그런데 국제법의 영역에서는 사정이 다르다. 국제법의 경우 국제법적 조약의 시행의 종류와 방법 및 위계의 물음까지도 조약국가의 내국법에 맡겨진다. 국제법의 우위가 말해지기도 하지만, 그렇다고 하여 이것이 국제법주체의 무한적 구속을 의미하진 않는다. 즉, 국제법의 우위의 문제

14) EuGH, Slg. 1964, 1251(1269f.); BVerfGE 37, 271(277f.) – NJW 1974, 1697; BVerfGE 73, 339(368) – NJW 1987, 577.

15) 리딩판결로 EuGH, Slg. 1964, 1251(1269f.); 1970, 1125 Rn.3; EuGH, Slg. 1990, I-2433 Rn.20.

16) EU운영조약 제103조(구 공동체조약 제835조) 제2항 lit. e.

17) EuGH, Slg. 1964, 1251(1270); Slg. 1991, I-415 Rn.26; Slg. 1996, I-1029 Rn.33- NVwZ 1996, 677 L.

가, EU법에서의 해당 경우처럼, 규범충돌의 해결을 위한 메카니즘에 결코 해당하지 않는다.[18] 요컨대 통일된 EU법적 해결책이 모색되는 경우에는, EU법의 의의가 모든 회원국에서 동일하게 여겨지고 그리하여 차이점이 배제되어 있다는 점이, EU법과 국제법의 결정적인 차이점이다.[19]

EU법의 우위는 매우 넓게 미친다. 그것은 모든 회원국 국내법에 대해서, 모든 EU법에 주효하다. 그것은 제1차적 EU법, 제2차적 EU법에 공히 인정되고, 회원국 국내법의 모든 규범－형식적 법률이든, 법규명령이든, 조례이든, 행정규칙이든－에 대해서 영향을 미친다. 회원국의 국내 헌법조차 상위의 EU법에게 길을 비켜 주어야 한다. 이를 넘어서 EU최고재판소는, 국가의 개별행위에 대해서 이미 존속력이 발생하였다 하더라도 그것에 대해 (EU법의) 우위가 통용된다는 점을 분명히 하였다.[20]

끝으로 EU법은 나중에 발해진 회원국 국내법에 대해서도 관철된다. 즉, 신법우선의 법칙이 통용되지 않는다. 마찬가지로 국내법이 특별한 성격을 갖더라도 EU법에 저촉되는 한, 그것은 물러서야 한다. 즉, 특별법우선의 원칙도 마찬가지로 통용되지 않는다.[21] 요컨대 EU법의 우위는 전통적인 법해석의 원칙 가운데, 신법우선의 원칙, 특별법우선의 원칙(lex-posterior- und lex-specialis-Regel)을 배제하게 한다.

(2) EU법의 우위에 대한 독일 연방헌법재판소의 입장

EU최고재판소가 확정한 EU법의 우위는, 독일 판례상으로도 수용되었다. 독일 연방헌법재판소는 EU법의 적용우위가 기본법과 원칙적으로 일

---

18) Vgl. *Niedobitek*, Kollision zwischen EG-Recht und nationalem Recht, VerwArch 92(2001), S.58(67).

19) Vgl. EuGH, Slg. 1964, 1251(1270); *Jarass*, in: ders./Pieroth, GG, 6.Aufl., 2002, Art.23 Rn.32.

20) EuGH, Slg. 1999, I-2517 Rn.21-34 - NVwZ 1999, 977 L.

21) EuGH, Slg. 1964, 1251(1269f., 1271); 1978, 629 Rn.17f., 21, 23; Slg. 1998, I-6307 Rn.20f. 신법・특별법우선의 원칙에 관해서는 vgl. *Jarass*, Grundfragen der innerstaatlichen Bedeutung des EG-Rechts, 1994, S.1ff.

치한다고 여러 차례 확인하였다.[22] 나아가 EU법조약에 관한 동의법률상의 국내적인 '법적용명령'을 목표로 할 경우, EU법의 우위에 관한 논거는 더 강력한 국내법적 성격을 갖는다.[23] 하지만 이때 문제가 되는 것은, 일정한 EU의 규정과 관련한 적용이 아니라, EU조약에 따라 가능한 모든 규율의 적용이다. 그리하여 "독일의 배타적인 지배요구는 축소되고, 다른 원천으로부터 법의 직접적 통용과 적용가능성에 대해서 국가적 지배영역 안에서 여지가 주어진다."는 독일 연방헌법재판소의 판시가[24] 더 타당할 수도 있다고 주장되기도 한다.[25]

한편 EU법의 우위에 관한 논거상의 착안점과는 무관하게, 독일 연방헌법재판소는 나름대로 국내적 유보를 두기 위하여 우위원칙이 수용되는 데 있어서 나름의 한계를 제시하고, 이에 구별된 결과를 연계시켰다.[26] 즉, 우위원칙의 기조를 견지하되, 기본적인 국내의 헌법적 구조와 기본권 기준들이 EU법에 의해서 폐지되어선 아니 된다는 데 동 원칙의 수용상의 한계가 있다. 하지만 EU법의 우위의 한계를 이처럼 설정한 것과 달리, 그로부터 -EU행위에 대한 국내의 기본권보호와 관련해서든, 가능한 '벗어난 EU행위'에 관한 권한심사와 관련해서든-실제적으로 의미로운 결과가 생겨나지는 않았다.

독일 연방헌법재판소는, 바나나시장판결(Bananenmarkt-Entscheidung)에서 EU행위에 대한 자신의 기본권심사를 위한 더 좁은 한계를 다음과

---

22) BVerfGE 73, 339(375)- NVwZ 1987, 314 L; BVerfGE 75, 223(244) - NVwZ 1988, 621 L; BVerfGE 85, 191(204) - NJW 1992, 964.

23) Vgl. BVerfGE 31, 145(173f.)- NJW 1972, 1072 L; BVerfGE 75, 223(244) - NVwZ 1988, 621 L; BVerfGE 89, 155(190).

24) BVerfGE 37, 271(280) - NJW 1974, 1697; BVerfGE 58, 1(28)-NJW 1982, 507; BVerfGE 73, 339(374) - NVwZ 1987, 314 L.

25) *Jarass/Beljin*, Die Bedeutung von Vorrang und Durchführung des EG-Rechts für die nationale Rechtsetzung und Rechtsanwendung, NVwZ 2004, S.1(2).

26) BVerfGE 37, 271 - Solange I - NJW 1974, 1697; BVerfGE 73, 339 - Solange II- NVwZ 1987, 314 L; BVerfGE 89, 155.

같이 이중적 측면에서 제시하였다.[27)]

첫 번째로, 독일 연방헌법재판소는 EU차원에서 보장된 기본권보호가 기본법에 의해 무조건적으로 요구되는 기준을 일반적으로 보장하면 이에 충분하다고 강조한다. 기본권의 보호기준이 모든 개개경우에 일치하는 것은 요구되지 않는다.

두 번째로, 독일 연방헌법재판소는 특별한 허용요건을 정함으로써, 이를 통해 헌법소원심판과 법원의 헌법재판소에 대한 제청에 대해 허용성의 장애물을 높이 설정한다. 즉, Solange II－판결의 출현 이후, (EU최고재판소의 판례를 포함한) 유럽의 법발전이 필요한 기본권의 보호기준에 하회하였다는 이유가 제시되지 않은 경우에는 헌법소원심판과 법원의 헌법재판소에 대한 제청은 처음부터 허용되지 않는다고 하였다.[28)]

2. EU법의 우위의 양태(협의의 우위와 광의의 우위)

EU법적 우위는 두 가지 범주로 구분할 수 있다. 첫 번째로, 회원국 국내법과 EU법간에 충돌이 발생할 때, 우위원칙이 통용됨으로써 EU법이 회원국 국내법을 적용불가하게 만드는 방식이다. 여기서는 우위가 적용우위의 모습으로 가동되고, EU법의 직접적인 적용을 요건으로 하며, 회원국 국내법의 비적용을, 경우에 따라서는 EU법의 직접적 적용을 초래한다(후술). 이런 적용우위는 협의의 의미에서의 우위이라고도 할 수 있다.

27) BVerfGE 102, 147(164) - NJW 2000, 3124. 일반적 기준의 원용은 이미 다음의 판결에서 행해졌다. BVerfGE 89, 155(174f.) - NJW 1993, 3047. 동지의 입장으로 *Reich*, Brauchen wir eine Diskussion um ein Europäisches Kompetenzgericht?, EuZW 2002, 257ff. 그러나 일각에서는 독일 연방헌법재판소의 이런 입장이 유럽친화적이지(europafreundlich) 않다고 지적한다.

28) BVerfGE 102, 147(164) - NJW 2000, 3124; BVerfG, NJW 2001, 1267f. - NVwZ 2001, 669 L. 한편 *Nettesheim*, Die Zulässigkeit von Verfassungsbeschwerden und Richtervorlagen nach Art. 23 GG, NVwZ 2002, 932ff.는 이런 종합적 고찰방식은 실무적, 도그마틱적, 헌법이론적 관점에서 문제가 있는 것으로 판명되기에 구분된 심사프로그램으로 대체할 것을 주장한다.

여기서는 다음과 같은 물음이 문제된다. 즉, "두 가지의 서로 모순되는 법규범의 병존의 물음이다. 여기서 이들 양 법규범은 내국 법질서상으로 그 통용을 요구하는 바, 어떤 법규범은 조약에 담겨져 있거나 EU기관에 의해 발해지고, 다른 법규범은 국가기관에 의해 정해져 있다."[29] 그렇지만 EU법의 직접적 적용의 의무는 적용우위의 배타적인 법효과가 아니고, 회원국의 시행의무로부터도 도출된다.

한편 이런 식의 적용우위 말고도, 광의의 의미에서의 우위가 존재한다. 여기서는 규정된 법효과가 발생하지 않고, 또한 EU법의 직접적인 적용이 부여될 것을 조건으로도 하지 않는다. 그것은 EU법합치적 해석의 제도에서 분명해진다. 이 제도는 마찬가지로 EU법의 우위의 파생이다.[30] 그렇지만 EU법합치적 해석의 제도는 적용우위의 법효과(협의의 의미에서의 우위)를 발생시키지는 않는다. 왜냐하면 EU법합치적 해석은 국내의 해석법칙이 그것을 허용하는 한에 있어서 가동될 수 있기 때문이다.[31] 이에 더해서 EU법합치적 해석은 EU법의 직접적 적용을 조건으로 하지 않는다. 이는 EU최고재판소가 직접적 효과의 거부에 연계하여 회원국의 해석의무를 지적한 데서 비롯한다.[32] 그리하여 일부는 EU최고재판소의 판시 역시 이상의 광의의 우위와 협의의 우위간의 구분을 시사한다고 지적한다.[33]

---

29) EuGH, Slg. 1964, 1251(1285).

30) *Beljin*, Die Zusammenhänge zwischen dem Vorrang den Instituten der innerstaatlichen Beachtlichkeit und der Durchführung des Gemeinschaftsrechts, EuR 2002, 351(358f.).

31) EuGH, Slg. 1984, 1891 Rn.28; 1984, 1921 Rn.28.

32) EuGH, Slg. 1999, I-1103 Rn.47f.; EuGH, Slg. 1996, I-1281 Rn.21f.; EuGH, Slg. 1994, I-3325 Rn.25f.

33) *Beljin*, EuR 2002, S.351(355).

3. 협의의 EU법우위의 요건

i) EU법과 회원국 국내법의 해당 규범이 공히 효력을 발생하고, ii) EU법적 규범이 내국적으로 적용가능하며, iii) EU법과 국내법간에 충돌이 발생하여야만, 협의의 의미에서의 우위(적용우위)가 통용된다.

(1) EU법과 국내법의 유효성과 적용가능성

EU법의 우위는 먼저 EU법과 국내법의 유효성(통용력)을 요건으로 한다. EU법과(또는) 국내법의 규범이 당시의 고유한 법권역에서의 이유로 무효(nichtig)이거나 적용불가하면, EU법과 국내법간의 불일치를 해소할 필요가 없다. EU법의 문제의 규정과 관련해서는, 동 규정은 EU과 회원국간의 권한분배를 준수하면서 발해졌어야 한다. EU에게 단체권한(Verbandkompetenz)이 결여될 경우, EU이 자신의 권한을 초과하면, 이는 전체 EU법의, 또는 EU의 법적 행위의 개별행위가 무효라는 결과를 초래한다. 이것은 EU운영조약 제264조(무효화(취소)소송; 판결의 효력) 제1항과[34] 결합한 동 조약 제263조(무효화(취소)소송) 제2항("무권한", "무관할")으로부터[35] 생겨난다. 그렇지만 EU법의 권한합치성의 요건은 대개는 주어진다. 왜냐하면 EU의 규율권한은 널리 미치기 때문이다. 이 밖에 EU법은 기타의 이유－가령 중대한 절차하자로, 또는 1차적 EU법에 대한 2차적 EU법에 의한 실체적 위반으로－에서 무효가 되어서는 아니 된다.

그러나 우위를 위한 요건으로서 EU법의 권한합치성의 실제적 의의는 현저히 상대화된다. 왜냐하면 오로지 EU최고재판소만이 EU법이 무효인

---

34) EU운영조약 제264조(구 공동체조약 제231조) ① 소송이 이유가 있으면, EU최고재판소는 쟁송제기된 행위(작용)가 무효라고 판시한다.

35) EU운영조약 제263조(구 공동체조약 제230조) ② 이런 목적에 대해 EU최고재판소는, 회원국, 유럽의회, EU각료이사회(Rat), 또는 집행이사회가 무권한, 본질적인 절차규정의 위반, 조약이나 시행상 적용 법규범의 위반 또는 재량남용을 이유로 제기하는 소송에 대해 권한을 가진다.

지 여부를 확인할 수 있기 때문이다.[36] 이 점이 우위를 배제하는 무효성에 대해서 아무런 것도 변화시키지 않는다. 그러나 실은 국내 법적용자는 EU법을 EU최고재판소의 판결이 내리기까지는 유효한 것으로 다루어야 한다. 회원국으로서는, 비록 현행의 EU법이 EU 제1차법에 반하고 그래서 위법이라 하더라도, 동법을 시행할 의무를 갖는다. EU최고재판소가 법적 행위를 유효하지 않은 것으로 판시하지 않은 한, EU법적 행위의 적법성에 의문이 드는 경우라도, 그것의 시행을 간과하는 것이 회원국에게는 인정되지 않는다. 배척권한(Verwerfungszuständigkeit)은 전적으로 EU최고재판소에 대해서만 인정된다. 왜냐하면 EU법에 대해서는 그것이 배제될 때까지 효력의 우위가 부여되기 때문이다. 하지만 EU최고재판소의 판결까지 잠정적인 권리보호를 부여할 가능성은 (경우에 따라서는 의무가) 존재한다.[37]

위법한 EU 제2차법에 관한 이상의 판례는, (EU법위반의 국내법에서 국내 법원과 행정청이 심사의무와 비적용의무를 져야 한다는 의미에서) 적용우위와는 현격한 대조를 보인다. 하지만 EU법적 행위가 예외적으로 법적으로 존재하지 않을, 즉 "非行爲"(Nicht-Akt)로 분류되어야 할 때만, 그 사정이 다르다. 명백히 (EU법질서가 도저히 용인할 수 없을) 중대한 하자가 있는 법적 행위는, 원칙적인 효력(통용력)의 추정(Gültigkeitsvermutung) －공정력－에 반하여 아무런 법효과를 발생시키지 않는다.[38] 그런 드문 경우에는 회원국 국내기관은 그 법적 행위를 즉시 적용하지 않고 내버려 둘 수 있다.

36) EuGH, Slg. 2000, I-8419 Rn.60.
37) EuGH, Slg. 1990, I-2433; Slg. 1991, I-415; Slg. 1995, I-3761; 문제상황의 개관에 관해서는 *Beljin*, EG-Recht in der Fallbearbeitung, JuS 2002, 993ff.
38) EuGH, Slg. 1994, I-2629 Rn.48-50.

(2) EU법의 직접적 적용

그 밖에 협의의 의미에서의 우위는 EU법의 당해 규정이 회원국 국내적으로 (직접적으로) 적용가능할 때만 성립할 수 있다.[39] EU최고재판소는 '조약규정과 EU기관의 직접적 통용되는 법적 행위'를 우위에 선다고 분류하면서, 분명히 제2차법에 대해서만 이것을 판시하였다.[40] 하지만 제1차법이라고 하여 제2차법의 경우와 다르게 통용될 순 없다. 왜냐하면 EU법과 회원국 국내법의 적용간의 충돌은, EU법이 회원국을 위한 의무를 확정할 뿐만 아니라, 회원국에서의 법적용차원에 직접 도달하는 경우에만 생겨날 수 있기 때문이다. 그렇지만 그것은 회원국에게 알린 제1차법의 규범을 위해서만 실제적 의의를 갖는다. 왜냐하면 '시민'에게 알린 규범(가령 EU운영조약 제101조－제105조(구 공동체조약 제81조－제85조))상의 카르텔법)은 자동적으로 직접적으로 회원국에서 통용되기 때문이다. 끝으로 지적할 필요가 있는 점은, EU법은 국제법이 통용되는 경우보다 한층 더 간단하게 내국적으로 영향을 미친다는 것이다.

(3) EU법과 회원국 국내법간의 충돌의 존재－직접적, 혹은 간접적 충돌

EU법적 우위의 요건의 핵심은, EU법과 회원국 국내법사이에 충돌이 존재하는지 여부의 물음이다. 회원국 국내법의 적용이 EU법의 적용과 모순, 불일치에 처해야 한다. 따라서 먼저 확인되어야 할 점은, EU법이 회원국에게 유리한 명시적, 묵시적 유보를 결코 담고 있지 않아야만 한다. 만약 EU법이 회원국에게 유리한 명시적, 묵시적 유보를 담고 있으면, EU법의 위반은 결코 존재하지 않는다. 이유는 회원국이 EU법으로부터

---

39) *Jarass/Beljin*, NVwZ 2004, S.1(4); *Niedobitek*, VerwArch 92(2001), S.58(67) Fußn.56.

40) EuGH, Slg. 1978, 629 Rn.17f.

벗어날 가능성을 행사하기 때문이다.

한편 다른 측면에서 충돌을 두 가지로 구분할 필요가 있다:

ⅰ) EU법과 회원국법이 동일한 사안을 규율할 경우, 항상 우위의 물음이 제기된다. 이를 직접적 충돌이라고 말할 수 있다. 즉, EU법적 행위와 회원국 국내의 법적 행위가 사안의 동일한 물음이나 사안 전체를 위하여 구별된 법효과를 규정함으로 인해 양 규정의 동시적 적용이 논리적으로 불가능할 때, 직접적 충돌이 존재한다.[41] 유의하여야 할 점은, 충돌의 대상이 일반적·추상적 법규범만이 아니라, 구체적·개별적 법적 행위도 해당한다는 점이다. 충돌하는 EU규범이 어떤 사안을 적극적으로 규율한다는 점이 불충분하게 지적된 것은 필수적이지 않다. EU법적 행위로 인해 회원국 국내 법적 행위의 일정한 내용 또는 법적 행위의 발함 그 자체가 금지되는 곳에서도, 회원국 국내의 법적 행위나 그것의 발함이 EU법적 금지에 반하면, 직접적 충돌이 존재한다. 내용적 위반의 중요한 적용영역에 해당하는 것이, –EU운영조약 제18조(국적에 의거한 차별)의[42] 일반적인 차별금지처럼– EU법적 차별금지와, –EU운영조약 제34조(구 공동체조약 제28조)이하의 상품거래의 자유, EU운영조약 제49조(거주이전의 자유) 제1항 제1문상의[43] 거주이주의 자유, EU운영조약 제56조(서비스제공의 자유) 제1항상의[44] 서비스제공의 자유(Dienstleistungsfreiheit)처럼– 금지를 전제로 한 기본적 자유(Grundfreiheit)이다. 이 뿐만 아니라, 회원

41) *Niedobitek*, VerwArch 92(2001), S.58(73).

42) EU운영조약 제18조(구 공동체조약 제12조) ① 조약의 특별규정에 관계없이 조약의 적용영역에서는 국적을 이유로 한 차별은 금지된다. ② 유럽의회와 EU각료이사회(Rat)는 정식의 입법절차에 따라 그런 차별의 금지를 위한 규율을 발할 수 있다.

43) EU운영조약 제49조(구 공동체조약 제43조) ① 회원국국적자의 다른 회원국 영토에서의 자유로운 거주이전을 제한하는 것은 금지된다. 회원국의 영토에 거주하는 회원국소속자가 행정청의, 분사무소의, 자회사의 설립을 제한하는 것도 마찬가지이다.

44) EU운영조약 제56조(구 공동체조약 제49조) ① 다른 회원국에 서비스수급자로서 거주하는 회원국민을 위하여 연합내의 자유로운 서비스거래를 제한하는 것은 이하 규정에 따라 금지된다. ② 유럽의회와 각료이사회는 정식입법절차에 따라 이 장이 제3국의 국적을 가지고 연합에 거주하는 서비스제공자에도 적용되도록 결정을 내릴 수 있다.

국 국내규율의 발함 역시 그 내용에 상관없이 충돌을 초래할 수 있다. 그 같은 예에 해당하는 것이, EU운영조약 제108조 제3항의[45] 보조금감독절차의 위반인데, 규정된 절차를 사전에 지키지 않고서 기술적 규정을 발하는 것 역시 그렇다.[46]

ii) EU법의 우위가 직접적 충돌의 경우에 한하지 않는다는 점이 특히 강조되어야 한다. 왜냐하면 독일과 같은 연방국가에서는 연방법의 우위의 형상이 부분적으로 직접적 충돌의 경우에 한정하기 때문이다.[47] 간접적인 충돌은, 회원국 국내의 법적 행위로 인해 EU법의 유효성이 훼손되는 기타 모든 경우에 존재한다. 이것은 회원국 국내법의 다른 규율대상의 실체적 법적 행위에 의해서, 그리고 -회원국 국내규정에 의한 EU의 법적 의무의 시행을 방해하는 경우에는- 회원국 국내의 행정법과 소송법에 의해서도 발생할 수 있다. 유명한 예에 해당하는 것이, 행정절차법으로 인해 빚어진, EU법위반인 보조금의 반환요구에서의 규범충돌이다 (후술).

직접적, 간접적 충돌은 동일한 정도로 EU법의 우위를 발생시킨다. 그럼에도 불구하고 양 충돌의 양태를 구분하는 것은 중요하다. 왜냐하면 -이미 제시된 것처럼- 우위의 규준이 구별되게 집약적으로 발생하기 때문이다. 그렇지만 양 충돌의 종류의 구분은 불확실성을 띠며, 관련 규정의 해석에 맞춰 구별되게 발생할 수 있다.[48] 간접적 충돌의 특징은, 양

---

45) EU운영조약 제108조(구 공동체조약 제88조) ③ 보조금의 의도된 도입이나 전환 일체가 집행이사회로 하여금 그에 관해 의견을 표명할 수 있게 집행이사회에 즉시 통보된다. 집행이사회가 그런 계획이 제107조에 따라 역내시장과 불일치하다는 견해를 가지면, 집행이사회는 지체 없이 제2항에 규정된 절차를 개시한다. 관련 회원국은 집행이사회가 완결적 결정을 발하기 전에는 의도한 조치를 시행해서는 아니 된다.

46) 전자에 관해서는 EuGH, Slg. 1997, I-1591 Rn.22 - NVwZ 1998, 45. 후자에 관해서는 EuGH, Slg. 1996, I-2201 Rn.40ff. - NJW 1997, 1062 L.

47) 그래서 독일에서는 간접적 충돌이 우위의 표제가 아니라, 親聯邦的 행위의 표제하에 다루어진다. Vgl. *Pieroth*, in: Jarass/Pieroth, Art. 20 Rn.22f., Art. 30 Rn.2, Art.31 Rn.4.

48) *Niedobitek*, VerwArch 92(2001), S.58(73-76, 80); *Kadelbach*, Der Einfluß des

법적 행위가 전체적으로 동일한 사안을 포착하거나 하나의 사안의 동일한 물음을 규율하는 것이 아니라, 구별된(다른) 측면을 규율하는 것이다. 즉, 간접적 충돌의 경우 그 규율대상은 합동관계에 있지 아니 한다.

4. 협의의 EU법우위의 효력(효과)

(1) 적용우위의 의의와 그 범위

1) 적용우위의 의의

오늘날 인정되듯이, EU법의 우위는 통용(효력)우위로서가 아니라, 적용우위로서 효력을 미친다. 이는 충돌하는 회원국 국내규정이 사전의, 사후의 EU법규범으로 성립하였는지 여부에 상관없이 주효하다.[49] 이에 맞춰, EU법원은 EU법과 회원국 국내법이 충돌할 경우에 그 회원국 국내법의 무효를 판결할 권능을 갖지 않는다.[50] 다시 말해, '적용우위'가 의미하는 바는, 상위적 EU법이 (그와) 배치된 회원국 국내규정의 무효를 가져다주는 것이 아니라, (단지) EU법과의 충돌이 발생하는 한, 배치된 그 회원국 국내규정을 적용하지 않도록 강제한다는 것이다. 회원국 국내규범은 계속 통용되며, EU관련성이 없는 사안에 대해서는 적용된다.[51] 규범은 일부만 적용되지 않을 수도 있다. 적용할 수 없는 회원국 국내규정 대신에, 포섭이 가능한 EU법과 그 밖에 기타의 회원국 국내법이 적용된다.

비록 실제적인 결과상으로는 적용불가의 효과가 무효에 못하지 않지만, 그럼에도 불구하고 적용우위와 통용우위간의 구별은 매우 중요한다. 회원국 국내규범이 EU법에 위반함에도 불구하고, 그것은 회원국 국내적

EG-Rechts auf das nationale Allgemeine Verwaltungsrecht, in: Danwitz(Hrsg.), Auf dem Wege zu einer europäischen Staatlichkeit, 1993, S.131(133) Fußn.15.

49) 이를 분명히 한 것으로 EuGH, Slg. 1998, I-6307 Rn.18ff. - NJW 1999, 201.

50) EuGH, Slg. 1984, 483 Rn.6.

51) 적용우위의 넓은 이해에 관해서는 vgl. *Niedobitek*, VerwArch 92(2001), S.58(63-66).

으로는 변함없이 발효한 상태에 있다. 나아가 회원국의 법제정차원으로서는 (일부의) 적용불가의 규범을 변경할 의무를 진다. EU법에 배치된 회원국 국내법을 발효하지 않도록 만든 경우에는, －명확성의 이유에서 회원국 국내규정의 개정이 꼭 필요하다고 여기는 경우가 아니라면－ 이런 변경의무와 같은 것은 불필요할 것이다.[52)]

끝으로 적용우위는 통용우위보다 더 넓게 효과를 발휘한다. 왜냐하면 그것(적용우위)은 통용우위가 문제될 수밖에 없는 간접적 충돌까지 포함하기 때문이다. 더해서 그것(적용우위)은 법규범의 충돌에 국한하지 않고, 단순한 적용상의 충돌까지도 포함한다.

2) 적용우위의 범위

적용우위의 수범자와 관련해서, 회원국 국내법원만이 아니라, －게마인데와 기타의 지역단체의 행정청을 포함하여－ 행정청 역시 우위를 준수하여야 한다.[53)] 회원국의 법원과 행정청은 자국 국내법을 EU법의 합치성에서 심사하여야 하고, 충돌의 경우엔 적용하지 않도록 하고, 경우에 따라선 그 대신 직접 EU법을 적용하여야 한다. 이때 우위는 일반적으로 직권으로 준수되어야 하고, 단지 개인이 EU법을 주장하는 경우에 한하지 않는다. 비적용 및 직접적용의 의무처럼, 회원국 내국 기관은 직권으로 EU법합치적 해석의 의무를 따라야 한다. 이에 따르면, －회원국 국내법이 맞추어 해석되어야 할 규준이 되는－ EU법규정을 어느 누구도 별도로 원용할 필요가 없다. 이와 구분해야 할 물음이, 사안조사에서 회원국의 법에서 통용되는 當事者提出原則(partei-Beibringungsgrundsatz)이 직권조사원칙에 어느 정도로 후퇴하는지 하는 것이다.

---

52) *Niedobitek*, VerwArch 92(2001), S.58(65) Fußn.43.

53) EuGH, Slg. 1999, I-2517 Rn.30 - NJW 1999, 2355; EuGH, Slg. 1989, 1839 Rn.32.

(2) 적용우위의 내용

1) 회원국 국내법을 적용하지 아니 할 의무(국내법비적용의 의무), EU법의 직접적용의 의무

적용우위에서 맨 먼저 요구되는 것은, 회원국 국내법에 대해 그것이 EU법과 일치하는지 여부이다(심사의무). 양자가 불일치하다고 확인될 때, 적용우위로부터 생겨나는 것은 EU법의 통용과 적용이 충돌과는 무관하다는 점이다. 반면 회원국 국내법은 적용되지 아니 한다.[54] 이런 점에서 (회원국 국내법의) 배제의무, −좀 더 바람직하게 말하자면− 적용하지 아니 할 의무(비적용의무)라 말할 수 있다. −가령 내국의 헌법재판소에 배제권한을 설정하는 식으로− 통용력의 심사와 비적용을 일정한 기관에 유보시킨 내국 절차는 가동되지 못한다. 포섭이 가능한 EU법이 현존하는 한, 그 EU법은 −그것의 내용이 적합하다는 것을 조건으로 하여− 배제(배척)된 회원국 국내법을 대신하여 적용된다. 그 밖에는 남은(잔존한) 회원국 국내법이 가동된다.

그리하여 직접적으로 적용될 수 있는, 포섭이 가능한 EU법이 없더라도, 즉 적용불가의 회원국 국내법에 대신하여 무엇이 통용되어야 할지에 관하여 그 어떤 EU법규정도 적극적이고 분명한 언명을 발하지 않았더라도, 적용우위는 원칙적으로 주효하다. 따라서 적용우위에 따라, EU법은 ⅰ) 의문스러운 회원국 국내법만을 배척할 수 있거나, ⅱ) 동 회원국 국내법을 적용불가하게 만들고 추가로 스스로 직접적으로 적용에 도달할 수 있다.[55] 그리하여 EU법의 우위의 구체적 결과는 이런 두 가지의 가능성이 존재한다. 한편 EU법의 직접적용의 의무는, EU법의 우위뿐만 아니

54) EuGH, Slg. 1978, 629 Rn.17f., 21, 23; EuGH, Slg. 1997, I-1431 Rn.18 - EuZW 1997, 574.

55) EuGH, Slg. 2000, I-4941 Rn.38(Generalanwalt Saggio)에서는 이것이 대체효과와 배제효과로 표현되어 있다.

라, 상론할 회원국의 법적용의 시행의무에서도 비롯된다. 그래서 EU운영조약 제288조(연합법의 법적 행위) 제2항의 EU명령 규정이,[56] －EU명령규정과 회원국 국내규정간의 충돌을 요건으로 하지 않는 채－ 직접적으로 적용되어야 한다.

2) 회원국 국내법을 적용하지 아니 할 의무(국내법비적용의 의무)의 한계

그런데 회원국 국내법을 적용하지 아니 할 의무에 대해서는 어느 정도의 한계가 설정되어 있다. 비적용으로 인해 수인할 수 없는 법률상의 흠결(Gesetzeslücke)이 성립한다고 하면, EU법의 우위가 그대로 통용될 수는 없다. 이에 관해 EU최고재판소의 분명한 언명은 없지만, 동 법원은 다수의 판결에서, 특히 회원국이 EU집행이사회에 이의제기를 할 수 있다는 이유에서, 결코 수인할 수 없는 법률상의 흠결이란 성립하지 않는다고 입증하기 위하여 노력을 한다.[57]

회원국 국내법을 적용하지 아니 할 의무에 관한 그런 제한은 EU법의 관점으로부터도 중요하다. 어떤 규정이 없으면 아무런 결정이 내려질 수 없는 상황에서 그런 규정이 문제될 경우, EU법으로서는 EU법에 위반한 규정의 적용불가의 상황이 그것의 적용의 상황보다 더 도움이 되지 않는다. 왜냐하면 집행을 제지하는 규범이 없고서는 본안(실체)결정이 발해질 수 없을 것이어서, 그 집행을 제지하는 효과가 제거될 수 없을 것이기 때문이다. 수인할 수 없는 법률흠결의 개재에 대해서는, 다른 한편으로는 높은 요청이 설정되어야 할 수도 있다. EU최고재판소는 임박한 흠결을 그 사이 스스로 메우거나 －가령 EU법위반인 授益의 불법유치의 경우에

---

56) EU운영조약 제288조(구 공동체조약 제249조) ② 명령은 일반적으로 통용된다. 그것은 모든 부분에서 구속력이 있으며 직접 모든 회원국에 직접 통용된다.

57) EuGH, Slg. 1986, 89 Rn.16; Slg. 1995, I-673 Rn.17; Slg. 1996, I-2201 Rn.53 -NJW 1997, 1062 L.

불이익을 입은 사람이 동일한 수익을 수익자처럼 가지도록 요구함으로써 – 그런 흠결이 결코 일어나지 않도록 한다.[58)]

(3) 간접적 충돌의 경우에서의 우위의 문제

1) 우위원칙의 통용 여부

간접적 충돌의 경우에는 일반적으로 적용우위를 발생시키는 데 적합하지 않다고 종종 주장된다. 즉, EU법과 회원국 국내법이 동일한 대상을 적극적으로 규율하고, EU법이 그래서 대체규율을 마련하고 있을 때만, 적용우위가 주효하다고 한다.[59)] 그러나 이것은 가령 EU법위반의 보조금 결정의 취소를 위한 국내기한의 적용불가에 관한 EU최고재판소의 판례와 일치하지 아니 한다. 不當利得(Bereicherung)의 소멸에 따른 항변 역시 EU법적으로 요구된 반환요청을 실제로 불가능하게 만들 것이기에 고려되지 않을 수밖에 없을 것이다. 그리하여 EU최고재판소는 EU법위반을 위한 국가책임을 배제하는 국내 요건이란 적용될 수 없다고 판시하였다.[60)]

추가로, EU법이 무엇이 통용되어야 할지를 아무런 적극적인 언명을 발하지 않은, 직접적 충돌의 다수 경우가 존재한다. 그럼에도 불구하고 적용우위가 주효하다. 예가 되는 것이, EU법적으로 규정된 절차에 반해서 발해진 국내 기술적 규범의 적용불가이다.[61)] EU법적 차별금지는 부담부과의 경우에 背馳된 회원국 국내의 규범내용을 대체물 없이 제거한다.[62)] 그리하여 간접적 충돌의 경우라 하더라도, 적용우위를 발생시킬 수

---

58) EuGH, Slg. 1999, I-345 Rn.57 - EuZW 1999, 380.

59) *Streinz*, in: Isensee/Kirchhof(Hrsg.), HdbStR VII, 1992, §182 Rn.27; *Burgi*, Verwaltungsprozeß und Europarecht, 1996, S.23, 47.

60) 처음으로 EuGH, Slg. 1997, I-1591 Rn.27-38 - NVwZ 1998, 45. 두 번째로 EuGH, Slg. 1998, I-4767 Rn.36 - EuZW 1998, 603. 세 번째로 EuGH, Slg. 1996, I-1029 Rn.68, 71f. - NVwZ 1996, 677 L.

61) EuGH, Slg. 1996, I-2201 Rn.54 - NJW 1997, 1062 L; EuGH, Slg. 1998, I-3711 Rn.10 - NStZ 1999, 141; Slg. 2000, I-7535 Rn.44 - NJW 2001, 1847 L.

있다는 점은 정당하다.[63)]

2) 우위원칙의 통용범위

간접적 충돌에서 적용우위가 인정될 수 있다손 치더라도, 이런 우위는 직접적 충돌에서와 동일한 방법과 정도로 성립할 필요는 없다. 사실상 간접적 충돌의 경우에서의 우위는, 이것이 효과성과 등가성의 기준에 따라 요구되는 경우에만 주효하다.[64)] 하지만 이런 기준을 충돌개념의 (성립)징표로서 분류할지[65)] 아니면 간접적 충돌이 수용될 수 있는 한계로서 분류할지 여부는 불확실할지 모른다.[66)] 이로부터 실체적 차이점은 빚어지지 않는다. 이런 배경에서 EU최고재판소의 판례는 - EU법은 충돌할 경우에 항시 제한 없이 관철되어야 한다는- 이전의 판례로부터 종종 벗어나기도 한다. 그러나 실은 이는 오래 전부터 간접적 충돌에 관한 EU최고재판소의 판례의 기조, 즉 효과성이나 등가성이 견지되지 않는 경우에만 적용우위를 주효하게 한다는 입장에 부합하다고 하겠다. 직접적 충돌의 경우에 EU최고재판소 판례가 취하는 입장-EU법의 일반적, 제한 없는 우위에 관한 엄격한 태도-에도 아무런 변화가 일어나지 않았다. EU최고재판소는 이런 판례를 오늘날에도 항상 동원하고 있다.[67)]

한편 간접적 충돌의 분야에서의 판례의 경향을 견주어, 심지어 강화를 시사(암시)한다고 할 수 있다. EU최고재판소는 효과성과 등가성의 기준

---

62) *Niedobitek*, VerwArch 92(2001), S.58(68).

63) *Jarass/Beljin*, NVwZ 2004, S.1(5); *Niedobitek*, VerwArch 92(2001), S.58(76); *Kadelbach*, in: Danwitz(Hrsg.), Auf dem Wege zu einer europäischen Staatlichkeit, S.133f.

64) EuGH, Slg. 1976, 1989 Rn.5 최근의 다툼이 있는 판례로 EuGH, Slg. 1998, I-7141 Rn.18 - EuZW 1999, 256 L; Slg. 1999, I-579 Rn.25 - NVwZ 1999, 633.

65) 이런 방향으로 *Jarass*, Konflikte zwischen EG-Recht und nationalem Recht vor den Gerichten der Mitgliedstaaten, DVBl. 1995, S.954(960).

66) 이런 방향으로 *Schoch*, Die Europäisierung des verwaltungsgerichtlichen Rechtsschutzes, 2000, S.20.

67) EuGH, Slg. 1998, I-6307 Rn.20 - NJW 1999, 201; EuGH, Slg. 1993, I-4287 Rn.9.

을 간단히 언급하는 것이 아니라, 그것들에 내용을 채워 넣고, 회원국 국내법을 이에 맞춰 가늠하는 것으로 바뀌었다.[68] 다른 한편 EU최고재판소는 최근 판례에서 이런 저런 경우 회원국 국내의 절차법과 기타의 시행법에 대해서 어쩌면 결과적으로 많은 자제를 행사하였다.[69] 회원국 국내법에 대해서 이제까지 발생하고 지속된 영향미침에서 이런 판결의 기조가 바뀌지 않고 있다.

5. 회원국 국내 개별행위에 대한 EU법 우위의 문제

EU법의 적용우위는 존속력이 있는 행정행위까지도 미친다.[70] 이로써 EU최고재판소로서는, 종전의 판례기조를 버리지 않으며, 행정행위의 존속력에 대해서 의문점을 나타내지도 아니 한다. 전술한 바대로, 오래 전부터 직접적 충돌과 간접적 충돌에 관한 두 가지 분리된 판례라인이 존재한다. 간접적 충돌에서 개별행위에 대한 소의 범주에서 국내의 기간과 기간경과로 비롯된 존속력의 적용가능성이 문제될 때, 효과성과 (또는) 등가성이 침해되는지 여부와 그 침해의 정도가 바로미터이다. 그런데 EU최고재판소로서는, 해당 회원국 국내 기간규율과 존속력규율을 효과성과 등가성에 관한 EU법적 규준에 의거하여 가늠할 계기가 항상 존재하지는 않는다.

만약 EU최고재판소가 사건을 간접적 충돌이 아닌 직접적 충돌로 접근하면, 이런 식의 가늠이 없더라도 무방하다.[71] 이런 맥락에서, 동 법원

68) 판례의 전개에 관해서는 vgl. *Danwitz*, Die Eigenverantwortung der Mitgliedstaaten für die Durchführung von Gemeinschaftsrecht, DVBl. 1998, S.421(423ff.).

69) Vgl. *Schwarze*, Europäische Rahmenbedingungen für die Verwaltungsgerichtsbarkeit, NVwZ 2000, S.241(249).

70) EuGH, Slg. 1999, I-2517 Rn.29-33-NJW 1999, 2355. 이와 구별되어야 할 물음이, 모든 규범상의 충돌의 경우에 EU법위반인 규정에 의거한 행정행위가 과연 독일 행정절차법 제44조 제1항상의 무효에 해당하는지 여부이다. 그러나 독일 연방행정법원은 이를 부인하였다. BVerwG, NVwZ 2000, 1039.

71) *Jarass/Beljin*, NVwZ 2004, S.1(6); *Niedobitek*, VerwArch 92(2001), S.58(78f.).

은 당초의 법분쟁이 "행정행위의 법적 운명"과 무관하다고 강조하고, (EU의 법원에 소속된) 법률자문관(Genenalanwalt)의 고찰－이에 의하면 취소소송의 배제기한의 EU적 적법성이 문제되지 아니 한다－을 연계시켰다.[72] 이런 배경에서, 관련 절차에서 EU법과 국내의 존속력 규율간의 충돌의 물음이 제기되지 않았다. 충돌상황의 판단에서 존속력은, EU최고재판소가 EU법의 적용에 유리하게 후퇴시켰던 요소는 아니었다. 만약 사정이 달랐더라면, 판결은 아마도 마치 잘못 배달된 우편물인양, 종전의 판례에 들어가지 못하고 나중의 판결로 상대화되어 버렸을 것이다.

아무튼 우선적으로는 회원국의 절차적 자율과 우위와의 충돌이 문제되지 않는다. 왜냐하면 회원국의 자율의 물음은 오로지 간접적 충돌의 경우에만 제기되기 때문이다. EU최고재판소가 언제 그리고 어떤 이유로 직접적 충돌을 출발점으로 삼으며, 언제 그리고 어떤 이유로 간접적 충동의 경우를 받아들이는지의 물음은 전적으로 불확실하다. 직접 충돌로 분류하는 것과 구별되어야 할 것이, 과연 문제되는 것이 직접적 차별인지 아니면 간접적 차별인지 여부의 물음이다. 구별이 국적이 아닌 주소에 연계할 때는 간접적 차별에 해당한다.[73]

제 2 절 EU행정법의 法源

EU의 법질서는 다수의 법원(法源)으로 구성되는데,[74] 이들은 생성유

72) EuGH, Slg. 1999, I-2517 Rn.25, 40 - NJW 1999, 2355.

73) EuGH, Slg. 1999, I-2517 Rn.13f., 20f. - NVwZ 1999, 977 L.

74) 법이론적 문제제기를 위해서는, 일찍이 1929년에 Alf Ross가 수립한 법원의 정의가 주효하다. 그는 법원을 "무엇을 법으로 인식하게 하는 근거"(법인식근거로서의 법원)로 정하였다(ders., Theorie der Rechtsquellen, 1929, 291f.). 이런 의미에서는, 어떤 형식으로 나타나든 상관없이, 행위의 전범을 미리 정하며, 행정활동의 목표와 수단을 확정하고, 충돌에 관한 법적 결정을 정하는 모든 활동지시와 제 규준이 법원에 해당한다(*Ossenbühl*, in: Erichsen/Ehlers, Allg. VerwR, 12.Aufl., 2002, §5 Rn.6).

형, 통용범위, 구속효에 따라 상호간에 명확히 구별된다. 이것 뿐만 아니라 권리보호가능수단과 관련해서도 그러하다. 회원국가에 의해 만들어진 조약법 이외에도, 불문의 법원칙, 관습법, EU가 체결한 국제법적 조약 및 EU와 EU의 기관이 조약상의 수권에 따라 발한 파생적 법[75]이 병존한다. 법원론(法源論)의 임무는 여러 상이한 법과 법규범을 그들의 나름의 특성에 따라 기술하며, 설명하고, 체계적 상관관계에 넣는 것이다.[76] 즉, 법원론을 통해서 이러한 법규범의 다양성에 질서가 잡힌다. EU법상의 이런 '법원의 혼란상태(Rechtsquellenwirrwart)'[77]에서 조화로운 법원시스템을 형성하는 것이 EU法源論의 중심임무이다.[78] EU최고재판소는 그것의 존재를 전제하고 있다.

이런 중요사항에 일치할 수 있기 위해, EU법의 상이한 법원을 먼저 특성에서 파악하는 것과 법정립절차, 그때그때의 법규의 법적 효과와 권리보호와 같은 기준에 의거해서 시스템적 질서에 놓이게 만드는 것이 확실히 필요하다. EU법질서의 특별한 발전의 역동성 및 EU법 및 EU법의 발해진 법규의 거의 개관불가능한 정도의 규범홍수를 고려한, 즉 이것은 단지 첫 걸음에 해당한다. 더해서 상이한 법규를 −전체가 모순 없이 조화롭게 성립하도록− 상호 정렬하는 것이 요구된다. 그래서 동등한 위계의 법규간의 모순(불일치)를 해소시킬 수 있게 특히 상이한 분명한 위계질서 및 충돌법칙을 필요로 한다.

---

75) 이것은 EU조약법적으로 명시적으로 규정되어 있거나 유럽의 법정립실무의 파생물에 해당하는 다수의 법적 작용형식을 나타낸다.

76) 김중권, 행정법, 2016, 28면.

77) *P. Kirchhof*, Deutsches Verfassungsrecht und Europäisches Gemeinschaftsrecht, EuR Beih. 1/1991, S.11(21).

78) *Schroeder*, in: *Streinz*(Hrsg.), EUV/AEUV, 2.Aufl., 2012, Art.288 AEUV Rn.15ff.

Ⅰ. 제1차법

제1차법(Primärrecht)은 EU법질서 안에서 最高의 위계를 지닌 법규를 포함한다. 우선 창설조약 및 —이를 통해 EU창설조약이 수정되거나 보완되는— 회원국의 일련의 국제조약법상의 법적 행위가 제1차법의 법원이다. 제1차적 EU법은 이들을 넘어 특히 일반적 법원칙의 형태인 관습법이나 법관법의 형식으로도 성립할 수 있다. EU기본권 역시 유럽 제1차법의 구성요소이다. 제1차법은 EU의 법적인 기본질서를 구체화한다. 그리하여 기능적 의미에서 일종의 EU헌법(Unionsverfassungsrecht)적 성질이 인정될 수 있다.[79]

EU의 제1차법을 국가의 헌법과 성급하게 동일시하는 것은 곤란하다는 지적도 있고, '유럽을 위한 헌법'의 사고에 대한 이론적, 도그마티적 異論도 여전하지만, 상황은 어느 정도 일단락되었다. 이에 새로운 국가론적 개념을 구축하는 것이 불가피하다.[80] 하지만 제1차법이 결코 실질적 의미의 헌법만을 담고 있지는 않다는 점을 유의해야 한다. 오히려 독일 기본법의 헌법과는 달리 EU창설조약의 다수 규정이 기관의 작용을 위한 법적 대강질서는 물론, 구체적인 작용위임과 권능 역시 규율하고 있는 점에서, 실질적으로 보면 행정법에 해당한다고 할 수 있다.[81]

1. 성문의 제1차법: 제 EU조약

EU(창설)조약(Vertrag über die Europäische Union: EUV),[82] EU운영조

79) 특히 EU창설조약에 대해서는 EU최고재판소가 오래 전부터 헌법적 문건으로 명칭을 붙였다. EuGH, Rs. 294/83, Slg. 1986, 1339(1365; Rn.23).

80) *Oppermann/Classen/Nettesheim*, Europarecht, 5.Aufl., 2011, §9 Rn.4.

81) *Danwitz*, Europäisches Verwaltungsrecht, S.173. 여기서 유럽화로 인해 독일 공법학에서 가장 동요하는 법영역이 행정법분야인 것은 의당 당연한 귀결이다.

82) EU(창설)조약(EUV)은 정치적 체제인 유럽연합의 헌법에 해당하는데, 하지만 형식적

약(Vertrag über die Arbeitsweise der Europäischen Union: AEUV),[83] 유럽원자력공동체창설조약(EAGV)은 물론, 이외에 EU조약 제6조(기본권헌장과 유럽인권조약) 제1항에[84] 의해 이들 조약(EU조약과 EU운영조약)과 법적으로 동등한 EU기본권헌장(Charta der Grundrechte der Europäischen Union; GrCh)[85] 역시 제1차 EU법(primäres EU-Recht)에 속한다.[86] 마찬

으로는 유럽연합회원국간의 국제법적 조약에 해당한다. 동조약은 1992,2,7, 마스트리트에서 체결되어 원래의 조약을 마스트리트조약이라 부르기도 한다. 그 뒤 여러 차례, 즉 암스테르담조약(1997년), 니스조약(2001년), 리스본조약(2007년)에 의해 개정이 되었다. 동 조약은 전체 55개 조항으로 이루어져 있는데, 유럽연합의 민주주의적 제 원칙, 유럽연합의 기관, 공동의 대외정책에 관한 규정을 담고 있다.

83) EU운영조약(AEUV)은 EU(창설)조약과 마찬가지로 유럽조약의 기본조약으로 유럽연합의 헌법에 해당하며 형식적으로는 국제법적 조약에 해당한다. 동 조약은 1957년 로마에서 체결된 '유럽경제공동체창설조약'(EWG-Vertrag)이 그 원형이다. '유럽경제공동체창설조약'은 여러 차례 개정이 되었는데, 마스트리트조약(1992)을 통해 '유럽공동체창설조약'(EGV)으로 명칭을 바뀌었고, 리스본조약(2007년)을 통해 지금의 명칭으로 바뀌었다. EU조약과의 관계에서 과거에는 병립적이었지만, 지금은 보완적인 관계에서 전자를 구체화하는 의미를 갖는다. 그리하여 상대적으로 단출하게 유럽연합의 제도적 대강을 규율하는 EU조약과는 달리 EU운영조약은 전체 358개 조항으로 EU의 제 기관의 운영방식과 EU의 권한행사에 관한 상세한 규범적 대강을 규율하고 있다.

84) EU조약 제6조 ① 유럽연합은 2000.12.7.의 유럽연합기본권헌장(GrCh)에 규정된 권리, 자유 그리고 원칙을 인정한다; 기본권헌장과 제 조약은 법적으로 동등하다. 조약에서 확정된 연합의 관할(권한)은 기본권헌장 규정에 의해 결코 확대되지 아니 한다. 기본권헌장에 규정된 권리, 자유 그리고 원칙은 -그것의 해석과 적용을 규율하는- 기본권헌장 제7장의 일반 규정에 맞춰 그리고 기본권헌장에서 적시된 -이들 규정의 연원이 표시된- 설명서를 적절하게 고려하면서 해석된다.

85) EU기본권헌장(GrCh)은 EU의 영역에서의 기본권과 인권을 규정한다. 동 헌장은 유럽인권조약, 유럽사회헌장, 회원국 헌법, 국제인권선언, 유럽최고재판소의 판례를 목표로 한다. 원래 Roman Herzog 독일 대통령이 유럽회의(유럽미래회의)의 장을 맡은 2000년에 성안된 EU기본권헌장은 리스본조약(2007년)의 발효와 동시에 2009.12.1.부터 발효하였다. 전체 7장 54개의 조항으로 구성되어 있다. EU기본권헌장은 EU의 기관, 기구, 그리고 회원국에 대해서 단지 EU법의 시행과 관련해서 통용된다. EU기본권헌장에 규정된 기본권은 내용적으로 대체적으로 유럽의 기본권의 보호기준에 합치한다. 사실 유럽의 기본권기준은 이미 유럽인권협약과 회원국내 기본권목록에 표현되어 있다. 하지만 EU기본권헌장과 유럽인권조약과의 관계는 여전히 문제된다.

86) EuGH, Slg. 2010, I-7091 Rn.37; *Jarass*, Zum Verhältnis von Grundrechtecharta und sonstigem Recht, EuR 2013, 29ff.; EU최고재판소의 판례에서의 EU기본권헌장의 법적 구속성의 영향에 관해서는 *Sánchez*, CMLRev. 49 (2012), 1565ff.; *Weiß*, Grundrechtsschutz durch den EuGH: Tendenzen seit Lissabon, EuZW 2013, 287ff.

가지로 조약을 위해 작성된 부록과 프로토콜(EU조약 제51조,[87] Art. 207 EAGV) 및 개정조약과 신규회원국의 입회조약 역시 제1차법에 속한다. EU조약 제48조(조약의 개정)부터 제54조(인준)까지 성문의 제1차법의 개정절차를 규율하고 있다.[88]

EU조약을 통해서 통상의 국제조약과는 구별되게 EU법으로써 超國家的 法秩序가 만들어졌다.[89] 이런 법질서의 여러 규범은 발효하면서 회원국의 법질서의 구성부분이 될 수 있으며, 경우에 따라서는 회원국의 행정청과 법원에 의해 적용되어야 한다. 여기서 EU최고재판소는 EU를 법공동체로 특징을 지우고 그에 의거해서 구체적인 법효과를 도출한다.[90]

제1차법적 규정은 직접적으로 적용될 수 있다. 즉, 개인과 회원국 조직을 위한 권리와 의무를 성립시킬 수 있다. 구체화하는 제2차적 법적 행위나 회원국의 전환조치를 필요로 하지 않는다.[91] 그러나 이는 무조건적이고 더 이상의 전환을 필요로 하지 않는 제1차법적 규정－특히 차별금지와 EU시민에 관한 조약규정(EU운영조약 제18조 이하), EU운영조약의 기본자유(무역, 서비스제공, 거주, 자본거래, 근로자개방성), EU기본권헌장(GrCh)의 기본권 및 EU조약 제101조 이하의 경쟁법과 보조금법－에 대해서만 관련이 있다. 한편 EU운영조약 제216조(조약체결권) 이하에[92] 의

87) EU조약 제51조(구 공동체조약 제311조) [프로토콜, 부록] 제 조약의 프로토콜과 부록은 제 조약의 구성요소이다.

88) BVerfGE 123, 267, 384 ff. - NJW 2009, 2267 Rn.306 ff. 그러나 이로 인해 회원국의 주권(„souveräne Staatsgewalt")이 훼손되지는 않는다.

89) 그것의 法源性에 관해서는 vgl. *Nettesheim*, Normenhierarchien im EU-Recht, EuR 2006, 737ff.; *Wolker*, Die Normenhierarchie im Unionsrecht in der Praxis, EuR 2007, 32ff.

90) EuGHE 1990, I-3365-NJW 1991, 2409, 2410; *Zuleeg*, Die Europaische Gemeinschaft als Rechtsgemeinschaft, NJW 1994, 545ff.; *Burgi*, Verwaltungsprozeß und Europarecht, S.1ff., 3ff., 4ff.

91) EuGH, Rs. 26/62, EuGHE 1963, 1 Rn.9ff.-van Gend & Loos.

92) EU운영조약 제216조 ① (협정체결이) 조약에 규정되어 있거나 협정체결이 연합의 정책의 범주에서 조약상의 목표의 실현을 위하여 필요한 경우, 연합의 구속적 법적 행위에 규정되어 있는 경우 또는 공동 규정을 훼손하거나 그것의 적용영역을 변경시킬 수 있는 경우에는, 연합은 하나 또는 복수의 제3국이나 하나 또는 복수의 국제기구와 협

하면, EU은 회원국에 대해서도 효력을 갖는 국제법적 조약을 체결할 수 있다.[93] 이 경우 EU가 체결한 국제법적 조약은 제2차법에 대해서는 우선하지만,[94] 제1차법에 대해서는 그러하지 아니 한다(EU운영조약 제218조 제11조 참조).[95] 물론 분명하고 무조건적 의무부과를 담고 있는 한, 이는 시민과 회원국 국내행정청에 대해서도 직접적인 효력을 발휘할 수 있다.[96]

2. 불문의 제1차법

일찍이 EU최고재판소는 EU법규의 성립이 그것이 성문법원에 속하지 않는다는 사실에 의해 전적으로 배제되는 것은 아니라고 판시하였다.[97] 그 이래로 EU법규의 불문법원적 존재가 일반적으로 인정되었는데, 보다 자세히 말하면 이들은 제1차법에 속한다.[98] EU최고재판소(EuGH)와 EU1심법원(EuG)이 조약의 해석과 적용에서 법의 유지(Wahrung des Rechts)를 확고히 한다는 EU조약 제19조(유럽연합의 사법부)가[99] 이런 상황을 확

정(Übereinkunft)을 체결할 수 있다. ② 연합이 체결한 협정은 연합의 기관과 회원국을 구속한다.

93) 행정법을 위한 의의에 관해서는 vgl. *Hofmann/Rowe/Türk*, Administrative Law and Policy of the European Union, 2011, S.78ff.

94) 기초적인 것으로 EuGH, verb. Rs. 21-24/72, EuGHE 1972, 1219 Rn.5ff.- International Fruit Company.

95) *Herdegen*, Europarecht, 15.Aufl., 2013, §8 Rn.33.

96) EuGH, Rs.12/86, EuGH 1987, 3719 Rn.14 - Demirel.

97) EuGH, Rs.108/63, Slg. 1956, 1(15)-Merlini.

98) *Herdegen*, Europarecht, §9 Rn.169ff.

99) EU조약 제19조 ① 유럽연합의 사법부는 EU최고재판소, EU1심법원(EuG) 그리고 전문법원을 포함한다. 사법부는 제 조약의 해석과 적용에서 법의 유지를 확고히 한다. 연합법에 의해 파악된 영역에서의 효과적인 권리보호가 보장되도록, 회원국은 필요한 권리구제를 마련한다. ② EU최고재판소는 각 회원국의 법관으로 구성된다. 법관은 법률자문관(Generalanwalt)의 도움을 받는다. EU1심법원은 각 회원국의 적어도 일인의 법관으로 구성된다. EU최고재판소의 법관과 법률자문관과 EU1심법원의 법관으로서 -독립성의 보장을 제공하고, 유럽운영조약 제253조와 제254조의 요건을 충족한- 인격자가 선임되어야 한다. EU최고재판소의 법관과 법률자문관과 EU1심법원의 법관은 회원국의 정부에 의해 상호 합의의 방식으로 6년 임기로 임명된다. 퇴임한 법관과 법

인한다.

EU차원에서 민주적 정당성과 통제에서의 구조적 결합을 고려할 때 EU최고재판소가 행사하는 법적 통제는 특별한 의의를 갖는다. 그리하여 여기서 '법'은 제1차적, 제2차적 EU법은 물론, EU법의 일반적 법원칙, EU법적 관습법 그리고 EU가 체결한 제 조약을 포함한다. 반면 개별 회원국과 제3국이나 국제기구간의 조약, EU법의 통용범위 이외에서 회원국들간의 협약, EU기관의 비구속적인 권고나 견해표명은 여기의 법에 포함되지 않는다.

(1) 불문의 EU법의 형식과 효력

EU최고재판소의 법형성의 두 가지 방향이 구축되었다. 이는 유럽 행정(절차)법을 위하여 매우 중요하다: 먼저 시민을 보호하는 일반적 법원칙(allgemeine Rechtsgrundsätze)이 전개되었다.[100] EU기관과 회원국은 EU법의 집행에서 일반적 법원칙을 주의하여야 한다. 이 밖에 EU법의 효과적인 관철에 이바지하고 -회원국에 의한 EU법의 행정적 집행과 관련해서- 종종 연합행정법의 원칙으로서(Grundsätze des Unionsverwaltungsrechts)[101] 표현되는 제 원리가 전개되었다. 이 때 EU최고재판소는 효과성(유효성)

률자문관의 재임명은 허용된다. ③ EU최고재판소는 조약의 규준에 의하여 다음을 재판한다. a) 회원국, 그 기관, 자연인이나 법인이 제기한 소, b) 예비판정의 방식으로 개별회원국 법원의 신청에 기하여 연합법의 해석이나 기관의 활동의 효력, c) 조약에 규정된 다른 모든 경우.

100) "일반적 원칙"이란 표현에 오해의 여지가 있지만, 여기에는 일반적인 법원리 · 원칙을 포함하여 -원리 · 원칙에 대비된- (문헌과 판례를 통하여 세세한 데까지 구체화되고, 형성되고, 정비된) 일련의 법규칙(Regel)차원의 것(행정행위의 존속, 취소, 철회에 관한 원칙, 행정행위의 무효기준에 관한 원칙, 공권의 실효에 관한 원칙 등)까지도 종종 해당한다.

101) *Gärditz*, Die Verwaltungsdimension des Lissabon-Vertrags, DÖV 2010, S.453 (461); *Kahl*, Die Europäisierung des Verwaltungsrechts als Herausforderung an Systembildung und Kodifikationsidee, in: Axer/Grzeszick/Kahl/Mager/Reimer (Hrsg.), Das Europäische Verwaltungsrecht in der Konsolidierungsphase, DV Beih.10(2010), S.39(49, 59); *Ruffert*, in: Calliess/Ruffert, EUV/AEUV Art.197 AEUV Rn.11.

의 원칙(Grundsatz der Effektivität, Effektivitätsgebot)의 지배를 받는 EU 행정법은 시민을 보호하는 일반적 법원칙의 한계를 유의해야 한다는 점을 받아들인다.

시민을 보호하는 일반적 법원칙과 EU행정법은 제1차법으로부터 전개되었기 때문에, 이들은 EU법의 위계에서[102] −제2차법이 이런 불문의 제1차법을 경우에 따라서는 다르게 구체화할 수 있다는 점은 처음부터 배제됨이 없이− 제1차법의 위계를 갖는다. 법관에 의해 발견되거나 만들어진 불문의 EU법에 대해서도 EU법의 회원국 국내법에 대한 적용우위의 원칙이 통용된다. 그리하여 불문의 EU법은 회원국 국내실정법(행정절차법)에 대해서도 선행할 수 있다. 이것이 그런 실정법의 기본중요사항을 문제에 봉착하게 한다.

(2) EU법적 관습법

불문의 EU법의 법원으로 우선 관습법이 고려된다.[103] 관습법은 성립요건에서 장기 계속적인 관행이 있고 그것에 관한 관련자들의 법적 확신이 있어야 비로소 성립할 수 있다. EU법에서 관습법의 형성의 가능성은 극히 드물게 의문시되지만,[104] 예를 통해 그것의 존재를 입증하기란 쉽지 않다. 그런데 EU법에서 관습법의 중요성이 이처럼 낮은 이유를 보면, 처음부터 EU최고재판소가 EU법의 시스템에서의 흠결을 일반적 법원칙에 기하여 메우려고 하였다는 점이다.[105] EU최고재판소가 법관에 의한 법형성을 사실상으로 애호함으로써, 독립된 법원으로서의 관습법을 위한 여지는 처음부터 극히 좁았다.[106] 또한 EU기관과 회원국에서의 실무가 EU

---

102) *Tridimas*, General Principles of EU Law, 2.Aufl., 2006, S.50ff.

103) *Oppermann*/Classen/Nettesheim, Europarecht, 6.Aufl., 2014, §6 Rn.18; §9 Rn.29; *Schroeder*, in: Streinz(Hrsg.), EUV/AEUV, Art.288 AEUV Rn.18.

104) EuGH 역시 관습법의 존재를 가능하다고 여기는 것 같다. EuGH, Rs. 230/81, Slg. 1983, 235(288; Rn.44)-Luxembur/Parlament.

105) EuGH, Rs. 7/56, Slg. 1957, 83(118) - Algera.

조약 등에 대한 위반이 없는 경우에만 관습법으로 공고히 된다. 이에 맞춰 EU최고재판소는 법으로 통용되는 선례를 만드는 데 대해서 여러 차례 소극적 입장을 취하였는데, 그 이유는 논란이 되는 실무가 조약법에 위반된다는 것이다.[107)][108)]

(3) EU최고재판소에 의한 법관의 법형성의 정당성

권리보호임무를 수행하는 법관은 법적 다툼에서 법을 최종적으로 해석・구체화・적용할 임무를 지닌다. 해당 법적 규율이 없다거나, 현행 법적 규율이 흠결・불확정적・다의적이라거나 심지어 모순적이라거나, 외관상으론 해당되는 법적 규율이 대상 사안에는 적합하지 않다거나 하는 경우에, 법관은 난처하다. 이런 경우에 법적용은 단순한 포섭의 차원에서는 강구될 수가 없다. 오히려 법관 스스로 법적 규준을 발전시켜 법형성자로서 활동할 것이 요구된다. 이것이 법관에 의한 법형성(Rechtsfortbildung)이다.

제1차법에 의해 조성된 법질서가 회원국의 법질서에 대해서 독립성을 갖는다고 인정함으로써, 그 결과 성문법의 흠결을 메우기 위해 EU법은 법관에 의한 법형성에 의해 지속적으로 발전되어야 한다.[109)] 그래서 EU조약 제19조 제1항 제2문이 EU최고재판소에 대해 조약의 해석과 적용에

106) *Danwitz*, Europäisches Verwaltungsrecht, S.165. 과거에는 별다른 논란의 여지가 없었던 관습법은 오늘날에는 일부는 '법관법'에, 일부는 '행정법의 일반원칙'에 긴밀히 연계되어 있다. 이런 법상황을 분명히 나누기란 거의 불가능하거니와, 관습법 개념을 전체 불문법원을 위한 집합개념이나 상위개념으로 확장해서는 곤란하다.

107) EuGH, Rs. C-327/91, Slg. 1994, Ⅰ-361(3677; Rn.36) - Frankreich/Kommission; Rs. C-426/93, Slg. 1995, Ⅰ-3723(3750; Rn.21) - Deutschland/Rat.

108) 한편 우리의 경우에도 관습법의 성립가능성은 약화되고 있다. 문명화된 법질서에서 자연스럽게 합리성이 증대되는 변화된 상황의 결과, －대법원 2005.7.21. 선고 2002다13850전원합의체판결의 기조대로－ 이제는 전체 법질서에 반하지 않는 것으로서 합리적이고 분명한 이유가 있다고 여겨질 수 있는 것만이 법으로서, 관습법으로서도 인정을 받는다.

109) *Lenaerts/Gutiérrez-Fons*, CMLRev 47(2010), 1629(1631ff.).

서 법을 유지할 권한을 부여한다. 이것은 ―독일 연방헌법재판소에 의해서 원칙적으로 인정되듯이―[110] EU최고재판소에 대해 법형성을 맡기는 것을 시사한다. 만약 그렇지 않을 경우에는 법거부의 위험이 성립할 수 있을 것이다.[111] EU법은 본질적으로 많은 흠결을 지닐 수밖에 없기에 법관의 법형성이 고도로 필요하다. 그리하여 EU최고재판소는 그의 법형성의 권한을 다방면에서 사용하였는데, 이는 특히 제한된 개별수권의 원칙과 관련해서 많은 비판이 제기된다.

하지만 EU최고재판소에 의해 창설이래로 발견된 법은 그 사이 대부분 EU 총체(Acquis communautaire)의 최대의 구성요소가 되었고,[112] 그리하여 조약주체로서의 회원국에 의한 현행 EU법의 타당한 해석으로서 승인되었다: EU최고재판소 역시 EU기관으로서 제한적인 수권의 원칙에 구속됨에도 불구하고, EU최고재판소의 법형성적 판례가 EU조약 제5조(제한적 수권의 원칙, 보충성의 원칙과 비례의 원칙) 제1항과[113] 일치하는지의 물음은 제기되지 않는다. 따라서 가령 EU지침의 직접적 효력이나 EU의 권리 침해시에 회원국의 국가책임에 관한 EU최고재판소의 판례는 허용되지 않는 법형성에 해당한다고 더 이상 문제가 되지는 않는다.

---

110) BVerfGE 126, 286, 305f. - NJW 2010, 3422 Rn.62ff. 하지만 독일 연방헌법재판소는 EU최고재판소가 개별사건에 관한 법형성의 방법으로 충분한 정치적 근본결단을 내리거나 EU과 회원국간의 권한배분의 시스템을 구조적으로 변위할 경우를 위한 통제를 유보하고 있다.

111) 기초적인 것으로 EuGH, Rs. 7/56, 1957, 83, 118 - Algera; *Danwitz*, Europäisches Verwaltungsrecht, S.491ff.; *Tridimas*, General Principles of EU Law, 2.Aufl. 2006, S.17ff.

112) *Obler*, Herrschaft, Legitimation und Recht in der Europäischen Union, AöR 135(2010), S.153(169).

113) EU조약 제5조(구 공동체조약 제5조) ① 연합의 관할을 구분하는 데는 제한적 개별수권의 원칙이 통용된다. 연합의 권한을 행사하는 데는 보충성의 원칙과 비례의 원칙이 통용된다.

3. EU법질서의 구성요소로서의 (불문의) 일반적 법원칙

(1) EU법질서의 구성요소로서의 의의

회원국의 법질서에 대해 공통된 일반적 법원칙(allgemeine Rechtsgrundsätze)이 시민보호적인 불문의 일반적 법원칙을 위한 법인식원(법원)이다. 일반적 법원칙이 독일을 비롯한 모든 회원국에서 자명한 구성요소이듯이, 그것의 존재가 EU법질서의 특수한 현상은 아니다. 그리하여 EU최고재판소는 일반적 법원칙의 내용을 개별적으로 평가적 법비교를 통해서 확인한다.[114] 이 뿐만 아니라 국제적 조직체, 특히 유럽평의회(Europarat)의 구속적, 비구속적 법적 행위 역시 광의의 법원으로 고려된다. 이에 더해 －제1차법의 형성을 위한 '지렛대'나 '영감원'으로서 이바지할 수 있는－ 제2차법의 전체로부터 일반적 법원칙과 절차원칙이 추출될 수 있다.[115] 이 경우 이들은 일반적 법원칙, 기본권의 영역, 법치국가적 상태 그리고 '규정에 맞는 행정의 원칙' 내지 '좋은 행정의 원칙'(Grundsätze 'ordnungsgemäßer' bzw. 'guter Verwaltung')과 관련이 있다.

일반적 법원칙의 의의는 그때그때 법질서가 전체적으로 혹은 관련한 법영역에서 실현된 실정법화의 정도에 반비례한다. 성문법상의 흠결이 광범하면 광범할수록, 일반적 법원칙의 의의는 더욱더 크다.[116] 그렇지만 불문법으로서의 일반적 법원칙의 의의는 리스본조약(2007년)의 발효에 의해 후퇴하였다. 왜냐하면 EU조약 제6조 제1항이 EU기본권헌장(GrCh)

---

114) *Danwitz*, Europäisches Verwaltungsrecht, S.212ff.; *Tridimas*, General Principles of EU Law, S.20ff.; *Walter*, Rechtsfortbildung durch den EuGH, 2009, S.168ff.

115) 기초적인 것으로 *Treumer/Werlauf*, The leverage principle: secondary Community law as a lever for the developement of primary Community law, ELRev 28 (2003), 124ff.

116) 과거 법률적 규율이 부족하여 행정법일반이론은 전적으로 불문의 행정법의 일반원칙에 의해서 정해졌다. 이런 사정은 일부 일반원칙이 행정절차법 등 개별법에 성문화된 오늘날에도 여전하다.

을 구속적 제1차법으로 만들었기 때문이다.[117] 이런 상황의 변화로 인해 -조약상의 기본권목록의 결여를 일반적 법원칙으로서의 불문의 EU기본권을 인정하는 것으로 대체하였던- EU최고재판소의 기왕의 판결은,[118] 오늘날에는 단지 EU기본권헌장을 설명하기 위해 동원될 것이다.[119] 그렇지만 EU조약 제6조(기본권헌장과 유럽인권조약) 제3항은[120] EU기본권헌장과 유럽인권조약(Europäische Menschenrechtskonvention: EMRK)에[121] 근거를 둔 기본권 이외의 다른 (불문의) EU-기본권이[122] 존재할 수 있다는 점을 전제로 한다.[123]

(2) 일반적 법원칙의 특징

일반적 법원칙이란, 법질서의 기능성을 보장하기 위해 법관이 흠결을 메우고 법시스템상의 현재의 결함을 보정하는 데 도움을 주는 수단이다. 이런 배경에서 일반적 법원칙의 의의는 특히 최근의 생성한, 그리고 미확정의 법질서에서 고평가되어야 하는데, EU행정법이 이제까지 극히 부분적으로만 성문의 제1차법적, 제2차법적 규율에 바탕을 두고 있다는 점에서 그것은 남다른 위상을 지닌다. 사실 EU고유행정법의 여러 법제도와

117) *Knauff*, Ungeschriebenes Primärrecht, in: Müller-Graff/Schmahl/Skouris(Hrsg.), Europäisches Recht zwischen Bewährung und Wandel, FS Scheuing, 2011, S.127(138); *Ruffert*, Hat die Europäisierung des Verwaltungsrechts Methode?, in: Axer/Grzeszick/Kahl/Mager/Reimer(Hrsg.), Das Europäische Verwaltungsrecht in der Konsolidierungsphase, S.205(211).

118) 상세는 *Danwitz*, Europäisches Verwaltungsrecht, S.206ff.; *Walter*, Rechtsfortbildung durch den EuGH, S.92ff.

119) EuGH, Rs. C-277/11, NVwZ 2013, 59 Rn.82ff.

120) EU조약 제6조 ③ 인권과 기본적 자유를 보호하기 위한 유럽협정에서 보장되어 있는 것과 회원국의 공동의 헌법전통에서 비롯된 것과 같은 기본권은 일반적 원칙으로 연합법의 일부에 해당한다.

121) 이것의 정식명칭은 '인권과 기본적 자유를 보호하기 위한 조약'(Konvention zum Schutz der Menschenrechte und Grundfreiheiten)이다. BGBl 1952 II 685; 2002 II, 1054.

122) 이는 회원국의 공통된 헌법전통에서 생겨난다.

123) *Schwarze*, Zwischen Tradition und Zukunft: Die Rolle allgemeiner Rechtsgrundsätze im Recht der Europäischen Union, DVBl. 2011, S.721(722).

EU행정법의 원칙은 지속적인 발전의 토대에서 성립하였고, 그리하여 그 본질에서 강한 발전지향성을 그 특징으로 한다.

(3) 일반적 법원칙의 기능

오늘날 EU행정법에서 일반적 법원칙은 EU고유행정법의 구성요소로서의 기능과 회원국 국내 행정활동을 위한 규준규범으로서의 기능을 수행한다.

전자의 기능과 관련해서 일반적 법원칙은 EU고유행정법의 중요한 구성요소가 된다. 즉, EU기관이 준수해야 할 행정법적 규율에 속한다. 이런 점에서 그것은 제1차법과 제2차법의 규준 이외에 보충적으로 영향을 미친다. 그리하여 EU의 고유행정에 의한 EU법의 자기집행(direkter EU-Rechtsvollzug)에 대해서도 한계를 설정한다.[124)]

후자의 기능은 일반적 법원칙이 회원국 국내법질서에 의해 수긍되고, 구체적인 규정에 의해 규범적으로 포착되어야 한다는 데 있다. 가령 독일 행정법으로서는 특히 비례원칙과 신뢰보호의 원칙을 위해서 그러한데, 독일 규정의 집행에 이바지하는 회원국 국내 행정작용에 대해 이들 원칙을 적용하기 위해서 독일 행정법은 이들 원칙을 헌법적 바탕에서 준비해 둔다.[125)] 그럼에도 불구하고 EU최고재판소는 이미 Deutsche Milchkontor-판결을[126)] 시발로 하여 그런 상황의 경우에도 관련 회원국 국내 법원칙의 유럽적 준용이 통용된다는 것을 출발점으로 삼았다.[127)] 이

124) *Danwitz*, Europäisches Verwaltungsrecht, S.226ff.

125) 그래서 회원국 국내부처에 의한 실체적 EU법의 집행과 관련해서 규준규범상의 결손상태이나 메울 필요가 흠결이라고 말할 수는 없다.

126) 여기서 EU최고재판소는 한정공식(Soweit-Formel)이 원칙적으로 반환요구의 배제를 위하여 신뢰보호, 부당한 이득의 멸실, 기한의 경과 혹은 (행정이 의문스런 보조금을 부당하게 제공하였다는 점을 의식하였거나 중과실로 의식하지 못하였던) 상황과 같은 기준을 목표로 삼는 회원국 국내규정에 대해서도 통용된다고 판시하였다. EuGH, Slg. 1983, 2633(2669f. Tz.33).

127) 하지만 이런 착안점은 문제가 있다고 판명될 수 있다. 왜냐하면 EU법의 효과성원칙으로부터 EU충실의 의무화로부터 행정법과 행정절차법의 모든 규정이 원칙적으로

런 수단을 통해 EU최고재판소는 회원국 국내법을 위한 광범한 배척권을 행사할 수 있는 셈인데, 그것은 필요시에 법관에 의한 연역의 방법으로 실현될 수 있다. 요컨대 일반적 법원칙은 EU법의 적용영역에서 - 회원국 국내법에 대한 적용우위도 인정되는− 통일적인 기본권기준과 법치국가적 원리의 준수를 규정함으로써, 회원국에 의한 EU법의 타자집행(indirekter EU-Rechtsvollzug)을 일치화시킨다.[128)]

한편 EU최고재판소는 사안에 따라 일반적 법원칙의 적용에서 다소 구별된 입장을 취하곤 하는데, 가령 EU법위반 보조금지급에서의 반환과 관련해서 EU최고재판소는 독일 행정절차법 제48조상의 규율을 심대하게 수정하는 태도를 취하였다. 보조금감독절차법을 위반한 보조금승인을 보호할 가치가 있는 신뢰의 성립을 배제하는 상황 그 자체로 간주하였다.[129)]

(4) 공인된 일반적 법원칙

EU최고재판소가 법치국가원리에 따른 행정과 규정에 맞는 행정의 제원칙과 관련하여 인정한 일반적 법원칙이 매우 중요하다. 다음의 일반적 법원칙이 EU최고재판소의 판례를 통해 인정되었다.[130)] i) 제1차적, 제2차적 EU법에 대한 구속을 통한 행정의 적법성의 원칙, ii) 법적 안정성의 원칙, iii) 형식과 절차의 엄격성의 원칙, 특히 회원국과의 관계에서 행정관할의 준수의 원칙,[131)] iv) 특히 수익적 개별조치의 폐지에서 신뢰

도출될 수 있으며, 회원국 행정작용을 위한 규준으로 동원될 수 있기 때문이다.

128) Vgl. EuGH, verb. Rs. C-379/08, C-380/08, NVwZ 2010, 764 Rn.54ff. – Raffinerie Mediterranee.

129) EuGH, Slg. 1990, I-3437(3456 Rn.12) – BUG-Alutechnik; Slg. 1997, Ⅰ-1591 ff.- Alcan Ⅱ.

130) 참고문헌: *Bauer*, Recht auf eine gute Verwaltung, 2002, S.25ff.; *Classen*, Gute Verwaltung im Recht der Europäischen Union, 2008, S.265ff.; *Gornig/Trüe*, Die Rechtsprechung des EuGH und des EuG zum Europäischen Verwaltungsrecht, JZ 2000, 395ff, 403ff., 446ff.; *Scheuing*, in: Schwarze(Hrsg.), Bestand und Strukturen des Europäischen Verwaltungsrechts, 2008, S.45, 52ff.

보호의 원칙, v) 신의성실의 원칙, 개별적 특징(모순행위금지, 권리남용금지 등) 특히, 계약적 행정활동과 확약과 결부해서, vi) 명확성의 원칙,[132] vii) 공평원칙과 무기대등의 원칙, viii) 소관기관은 모든 관련 관점을 면밀히 불편부당하게 조사할 의무, ix) 이유제시의무, x) 행정절차에서 대리하고 조언할 가능성.

나아가 다음의 일반적 법원칙이 EU최고재판소의 판례에 의해 인정되었을 뿐만 아니라, '좋은 행정에 관한 기본권'(EU기본권헌장(GrCh) 제41조)의[133] 차원에서 '성문화'되었다: i) 청문권(제41조 제2항 lit. a),[134] ii) 문서접근권(제41조 제2항 lit. b, 제42조),[135] iii) 비례원칙(제52조 제1항 제2문),[136][137] iv) 사법통제의 원칙(제47조),[138] v) EU기관과 회원국의 위

131) EuG, Rs. T-183/07, EuGH 2009, II-3395 Rn.104ff.; *Schwarze*, Verfahren und Rechtsschutz im europäischen Wirtschaftsrecht, DVBl. 2010, S.1325(1328).

132) *Danwitz*, Europäisches Verwaltungsrecht, S.219f.

133) EU기본권헌장 제41조(좋은 행정에 관한 권리) ① 모든 사람은 자신의 용무가 EU의 기관, 기구, 그리고 기타 부처에 의해 공평하고, 적합하게 그리고 상당한 기간 내에 처리되는 데 대한 권리를 갖는다. ② 이상의 권리에는 특히 다음의 권리를 포함한다: a) 자신에 대해 불리한 개별적 조치가 발해지기 전에 청문을 받을 권리, b) 은밀성과 직업・업무상의 비밀의 정당한 이익을 유지하면서 자신과 관련한 문서에 접근할 권리. ③ 모든 사람은 EU이 그 조직과 직원이 직무활동을 하면서 야기한 손해를 -회원국의 법질서에 공통되는- 일반적 법원칙에 따라 배상하는 데 대해 청구권을 갖는다. ④ 모든 사람은 EU의 조직에 대해 조약상의 어느 하나의 언어로 이의를 제기할 수 있으며, 동일한 언어로 대답을 받아야 한다.

134) EuGH, Rs. C-277/11, NVwZ 2013, 59 Rn.82 ff.

135) EU기본권헌장 제42조(문서접근권) 연합시민 및 회원국에 거주하는 모든 자연인과 법인은, -문서를 사용한 주체의 형식에 상관 없이- 연합의 기관, 기구 그리고 기타 부처의 문서에 대한 접근권을 가진다.

136) EU기본권헌장 제52조(권리와 원칙의 효력범위와 해석) ① 이 헌장에서 인정된 권리와 자유의 행사에 대한 모든 제한은 법률상으로 규정되어 있어야 하며, 이들 권리와 자유의 본질(본지)을 유의하여야 한다. 제한은, 그것이 필요하고 연합에 의해 인정된 공공복리에 이바지하는 목표나 다른 사람의 권리와 자유의 보호의 필요성에 실제로 일치하는 경우에만 비례원칙을 준수하면서 행해질 수 있다.

137) 장경원, "EU 행정법상 비례원칙: 그 적용과 기능을 중심으로", 행정법연구 제34호(2012.12.), 27면 이하; *Arnauld*, Theorie und Methode des Grundrechtsschutzes in Europa - am Beispiel des Grundsatzes der Verhältnismäßigkeit, EuR Beih.1/2008, 41ff.; *Danwitz*, Europäisches Verwaltungsrecht, S.215ff.

138) EU기본권헌장 제47조(효과적인 권리구제와 불편부당한 법원에 대한 권리) 연합법에 의해 보장된 권리나 자유가 침해된 모든 사람은 동조에서 규정된 조건에 따라 법원

법한 행정활동으로 인한 손해배상청구권(제41조 제3항),[139] 이에 반해 EU법의 적용영역에서 회원국을 상대로 한 정보자유의 일반적 원칙과[140] 권리구제고지(불복고지)에 관한 권리는[141] 아직 EU최고재판소에 의해 불문의 일반적 법원칙으로 인정되지 않았다.

4. '좋은 행정에 관한 기본권'에 관한 再論

(1) EU기본권헌장(GrCh) 제41조의 의의

새로운 기본권으로서 '좋은 행정에 관한 기본권'(Grundrecht auf gute Verwaltung)은 EU기본권헌장(GrCh)의 개별기본권이다.[142] 이것은 최대의 학문적 관심을 유발하며, 아울러 직접적 적용영역을 넘어서 최대의 방사효(Ausstrahlungswirkung) 역시 그것에 인정된다.[143] 이 기본권을 이용해서 EU기본권헌장(GrCh)은 기본권보장의 수단을 갖는다. 우선 행정절차법의 개인보호적 법원칙이 기본권의 위계로 격상된다.[144] 그것의 준수는

에 효과적인 권리구제를 제기할 권리를 가진다. 모든 사람은, 자신의 사건이 독립적이고 불편부당하며, 법률에 의해 사전에 설립된 법원에 의해 공평한 절차에서 공개적으로 그리고 상당한 기간안에서 심리되는 데 대해 권리를 가진다. 모든 사람은 조언을 받을 수 있으며, 방어를 할 수 있고, 대리를 할 수 있다. 사법접근을 효과적으로 보장하는 데 필요하는 한, 충분한 수단을 행사할 수 없는 사람에 대해서는 소송부조(Prozesskostenhilfe)가 승인된다.

139) '좋은 행정에 관한 권리'의 구성요소로서의 EU운영조약 제340조 제2항(조약외적 책임의 범주에서 EU은 자신의 기관이나 직원이 직무행사에서 발생시킨 손해를 회원국의 법질서에 대해 공통된 일반적 법원칙에 따라 배상한다)을 채용하는 것의 의의에 관해서는 vgl. *U. Stelkens*, Staatshaftungsreform im Mehrebenensystem, DÖV 2005, S.770(772ff.).

140) 확정하지 않은 것으로 EuGH, Rs. C-353/99, EuGHE 2001, 9565 Rn.31 - Hautala. 그렇지만 유럽의회, 각료이사회 그리고 집행이사회의 문서에 관한 공중의 접근에 관한 EU명령(VO Nr. 1049/2001)에 의해 구체화되는 EU기본권헌장(GrCh) 제42조와 EU운영조약 제15조 제3항이 EU기관과 시설에 대해 통용된다.

141) 하지만 점점 더 회원국에 대해 제2차법적으로 의무가 지워지고 있다.

142) 상론: 장경원, "EU법상 좋은 행정의 의미", 행정법연구 제25호(2010.12), 273면 이하.

143) 동 규정은 유럽차원에서의 정당성과 권리보호상의 불충분성을 보완하는 셈인데, 독일적 전통에서는 매우 이례적인 규정이다. 왜냐하면 독일의 경우 광범한 사법통제가 가능하기에, 동 규정이 두드러지게 적용될 필요가 없기 때문이다.

144) *Fehling*, Europäisches Verwaltungsverfahren und Verwaltungsprozessrecht, in:

실체적 기본권에 대한 개입을 위한 정당화요건이다. 이 뿐만 아니라 – 직권적 시행이든 신청에 기한 시행이든 상관없이, 수익적 결정 또는 침익적 결정에 해당하든 상관없이, 행정절차를 매개로 관철될 실체적 권리가 존재하든 그렇지 않든 상관없이– 그것은 행정절차에서 시민의 관심사를 공평하게 취급할 것에 관한 독립적 시민권리가 될 것이다.

EU기본권헌장(GrCh) 제41조는 '올바른(richtig)' 의미의 '좋은(gut)' 행정결정에 관한 기본권을 보장하는 기본권으로도 이해된다. 그리고 그것은 이를 넘어서 서비스지향적, 시민친화적 행정실무에[145] 관한 독립된 권리로 여겨진다. 또한 EU기본권헌장 제41조를 행정을 상대로 한 보호가 아니라 행정에 의한 보호에 관한 시민기본권으로 여길 것이 제안되기도 한다.[146]

그리고 EU기본권헌장 제41조는 좋은 정부 및 좋은 거버넌스(good governance)와도[147] 연계되기도 하는데,[148] 이는 유럽인권조약(EGMR)의 판례에서도[149] 표현되기도 한다. EU기본권헌장 제41조가 –EU기본권헌

Terhechte(Hrsg.), Verwaltungsrecht der Europäischen Union, 2011, §12 Rn.8; *Hofmann/Rowe/Türk*, Administrative Law and Policy of the European Union, 2011, p.194; *Nieto-Garrido*, EPL 18(2012), p.373, 384; *Schmidt-Aßmann*, Der Verfahrensgedanke im deutschen und europäischen Verwaltungsrecht, in: Hoffmann-Riem/Schmidt-Aßman/Voßkuhle(Hrsg.), Grundlagen des Verwaltungsrechts II, 2008, §27 Rn.29.

145) 이런 행정실무는 행정절차의 전통적인 법치국가원리에 기반한, 단순한 규범집행 및 그에 표현된 공익의 관철로 끝나지 않는다. *Goerlich*, Good Governance und Gute Verwaltung, DÖV 2006, S.313(319ff.).

146) *Bourquain*, Die Förderung guten Verwaltungshandelns durch Kodizes, DVBl. 2008, 1224(1228).

147) 좋은 거버넌스 구상은 1980년대에 성립하였는데, 전제로서 정부나 행정의 활동의 기반에 대한 법적, 제도적 요청의 총체를 나타낸다. 통일적 개념정의는 없지만, 일반적으로 투명성, 효율성, 효과적인 부패와의 효과적인 투쟁, 참여, 책임성, 시장경제, 법치국가원리, 민주주의, 정의와 같은 개념이 그에 들어간다. *Goerlich*, DÖV 2006, S.313(315).

148) *Fehling*, in: Terhechte(Hrsg.), Verwaltungsrecht der Europäischen Union, §12 Rn.121.

149) EGMR, Urt. v. 15.9.2009 - 10373/05; Rn.51 - Moskal.

장의 다른 보장처럼 - 리스본조약(2007년)의 발효와 함께 제1차법이 되어 법적으로 구속력을 발생하게 된 이후에는, 여하튼 그것에 대해서는 객관적 보장의 본지 역시 인정된다.[150] EU기본권헌장(GrCh) 제41조는 오늘날 다른 제1차법, 특히 EU운영조약 제258조(조약위반절차) 이하, 제288조(연합법의 법적 행위) 이하, 제335조(회원국에서의 권리능력) 이하의 해석에서 고려되어야 한다.

(2) EU운영조약 제228조 등과의 연계성

EU기본권헌장 제41조는 일종의 옴부즈만에 해당하는 EU호민관제도(Institution des Europäischen Bürgerbeauftragten)와[151] 긴밀히 결합되어 있다. EU운영조약 제228조(호민관)에[152] 의하면 EU호민관은 EU의 기관이나 기구 기타 부처의 활동에서의 폐해(Missstände)를 조사할 권한을 갖는다. 즉, 통제대상은 '나쁜 행정(schlechte Verwaltung)'이다.[153] '나쁜 행정'이 무엇인지 서술하기 위한 시도에 따라, 제1대 EU호민관인 Jacob Söder-

150) *Schröder*, Das Recht auf gute Verwaltung bei mitgliedstaatlicher Durchführung des Unionsrechts, in: Sachs/Siekmann/Blanke/Dietlein/Nierhaus/Püttner(Hrsg.), Der grundrechtsgeprägte Verfassungsstaat, FS Stern II, 2012, S.933(934f.).

151) *Guckelberger*, Der Europäische Bürgerbeauftragte, 2003, S.104; *Haas*, Der Ombudsmann als Institution des Europäischen Verwaltungsrechts, 2012, S.257.

152) EU운영조약 제228조(구 공동체조약 제195조) ① 유럽의회에 의해 선출된 EU호민관(Europäischer Bürgerbeauftragter)은 연합의 기관, 기구 그리고 기타 부처의 활동에서(유럽최고재판소의 사법권행사는 예외로 한다) 연합의 모든 시민이나 회원국에 거주하는 모든 자연인·법인이 제기하는 소원을 받아들일 수 있다. 호민관은 위임의 범주에서 -자신에게 직접 제기되거나 유럽의회의 의원을 통해 제기된- 소원으로부터 또는 소원에 의거하여 정당한 조사를 한다; (그러나) 주장된 사안이 재판절차의 대상이거나 대상이었던 경우에는 그러하지 아니 한다. 호민관이 폐해(Missstand)를 확인하면 관련 기관, 기구나 기타 부처에 대해 자신에게 3개월 이내에 그들의 견해 표명을 전달할 것을 부여한다. 그 다음 호민관은 유럽의회와 관련 기관, 기구나 기타 부처에 보고서를 제출한다. 소원제기자는 이 조사의 결론에 대해 통지를 받는다. 호민관은 유럽의회에 매년 자신의 조사의 결과에 관한 보고서를 제출한다.

153) 그러나 '나쁜 행정'이란 개념은 구체화가 없으면 통제적도로서 통제하는 측이나 통제를 받는 측이나 실행하기 어렵다. 그래서 몇몇 국가에서는 그것보다 더 자세히 규율한다. 가령 영국의 경우에는 행정실책(실정)(maladministration)으로 표기한다.

mann이 '좋은 행정을 위한 전범(규격)(Kodex für gute Verwaltungspraxis)'을 만들었다.[154] 그것은 회원국에서의 판례와 입법 및 이제까지의 옴부즈만제도에 따라 '좋은 행정'을 만든 제 원칙을 일종의 법규적 방법으로 집약한 것이다.[155] 이 전범은 공표되었기에, EU기관은 물론 시민까지도 호민관이 어떤 행정행태를 '나쁜 행정'(전범위반)으로 보는지를 알 수 있다. EU호민관에 의한 질책을 받지 않기 위해서 EU기관이 처음부터 일정한 나쁜 행정행태를 배제한다는 점에서, 전범은 예방기능 역시 수행한다.

특히 '좋은 행정에 관한 기본권'이 Södermann의 노력에 의해 헌장에 채용되었기에, EU기본권헌장(GrCh) 제41조는 EU호민관의 전범의 '단축형'이라 여겨진다.[156] '좋은 행정'에 관한 EU기본권헌장(GrCh) 제41조는 EU호민관이 전개한 전범에 의해서 신뢰할만하게 해석된다. 그렇지만 전범이 존재한다고 하더라도, EU호민관이 고유한 결정례에 의거해서 좋은 행정에 관해 광범하게 구체화한다는 견지가 바뀌어서는 아니 된다.

(3) EU기본권헌장(GrCh) 제41조상의 의무자와 방사효

EU기본권헌장(GrCh) 제41조는 그 본문에 의하면 EU의 기관, 기구 및 기타 부처(Organe, Einrichtungen und sonstige Stellen der Union)에 대해서만 의무를 지우고, 회원국에 대해서는 의무를 지우지 않는다. 따라서 회원국이 EU법을 집행하거나 준수하여야 할 경우에도 동 조항상의 의무를 지지 않는다.[157] 동 조항의 적용범주가 그저 우연히 EU호민관의 통제

154) http://www.ombudsman.europa.eu/resources/code.faces.

155) 행정작용의 일반원칙(적법성, 비차별, 비례성), 행정절차상의 법치국가원리적 요청(절차투명성, 중립성, 청문권, 접근용이성, 이유제시의무, 불복고지의무), 시민에 대한 공무원의 일반적인 행위의무(친절, 서비스지향).

156) *Classen*, Gute Verwaltung im Recht der Europäischen Union, 2008, S.54ff.

157) EuGH, Urteil v. 17.6.2014, verb. Rechtssache. C-141/12 u. C-372/12 ; *Classen*, Gute Verwaltung im Recht der Europäischen Union, S.69ff.; *Grzeszick*, Das Grundrecht auf eine gute Verwaltung - Strukturen und Perspektiven des Charta-Grundrechts auf eine gute Verwaltung, EuR 2006, S.161(167); *Fehling*, Europäisches Verwaltungsverfahren und Verwaltungsprozessrecht, in: Terhechte

권한과 일치하는 것은 아니다.[158] 이런 제한은 성립역사에 의해서도 입증된다. 따라서 EU기본권헌장(GrCh) 제51조(적용범위) 제1항은,[159] 전체적으로 고유행정법의 기본권에 불과한 EU기본권헌장(GrCh) 제41조의 기본권이 통용될 경우에는 적용될 수 없다. EU기본권헌장(GrCh) 제41조가 회원국들을 직접적으로 구속하지 않는다고 하여, 그것이 EU법의 타자집행에서 회원국들은 EU최고재판소가 발전시킨 EU법의 불문의 법원칙에 구속되지는 않을 것이라는 사실을 의미하지는 않는다. 이런 구속은 EU기본권헌장(GrCh)의 발효이후에도 변함없이 성립한다.[160] 여하튼 일반적 법원칙을 이 기본권상으로 부분적으로 성문화하였다 하여 일반적 법원칙의 확장 및 지속적 발견이 저지되지는 않을 것이다.

이에 더해 EU기본권헌장(GrCh) 제41조는 '좋은 행정을 위한 전범'과 결합해서 '좋은 행정에 관한 권고'(Empfehlung CM/Rec(2007) 7 über gute Verwaltung)를 위한 자극제가 되었다. 그리하여 '좋은 행정에 관한 기본권'의 이념은 유럽평의회(Europarat)의 업무에도 들어가서 유럽인권조약(EMRK)의 판례에서도 표출되었다. '좋은 행정에 관한 기본권'의 사고는 −EU법의 적용범주를 넘어서− 모든 회원국의 내국법의 해석과 법형성을 위해서 중요한다. 그 결과 그것은 EU조약 제6조(기본권헌장과 유럽인권조약) 제3항상의[161] 불문의 기본권으로 인정된다. 그래서 회원국은 EU법의 적용범주에서 그것을 EU법의 일반적 법원칙으로 준수해야 한다.[162]

(Hrsg.), Verwaltungsrecht der Europäischen Union, §12 Rn.19.

158) Vgl. *Guckelberger*, Der Europäische Bürgerbeauftragte, S.101ff.

159) 유럽기본권헌장 제51조 ① 이 헌장은 연합의 기관, 기구 그리고 기타 부처에 대해서는 보충성의 원칙을 견지하면서 통용되고, 회원국에 대해서는 전적으로 연합법을 시행할 때 통용된다.

160) *Siegel*, Europäisierung des Öffentlichen Rechts, 2012, Rn.149.

161) EU조약 제6조 ③ 인권과 기본자유를 보호하기 위한 유럽조약(유럽인권조약(EMRK))에서 보장되어 있는 것과 회원국의 공동의 헌법전통에서 비롯된 것과 같은 기본권은 일반적 원칙으로 연합법의 일부에 해당한다.

162) 반론: *Schröder*, Das Recht auf gute Verwaltung bei mitgliedstaatlicher Durchführung des Unionsrechts in: Der grundrechtsgeprägte Verfassungsstaat,

(4) 개방적 대강적 기본권으로서의 EU기본권헌장(GrCh) 제41조

EU기본권헌장 제41조의 공식적 설명서에 의하면, 동조 제1항, 제2항은[163] '규정에 맞는 행정의 원칙'과 관련해서 EU최고재판소가 전개한 제 원칙을 법조문의 형식으로 규정한 것이다. 이런 목록은 '적합한' 절차의 개념과 결합되고, 이는 공평한 절차를 의미한다. EU기본권헌장 제41조 제2항에서 절차권을 설시하는 것이 완결적이지 않기에, 이 개념은 다른 절차적 권리를 기본권화하는 데 이바지할 수 있는 상위개념으로 여겨진다. 따라서 시민을 보호하는, 기타의 인정된 일반적 법원칙[164] 역시 공평한 행정절차에 관한 기본권의 부분요소에 해당한다.

Ⅱ. 제2차법과 제3차법

제1차법적 조약에서 개개 회원국은 EU기관에 대해 —자주적으로 행사할— 법정립권능을 맡겼다. 회원국법에 대한 EU법의 자율은 특히 EU기관에 의한 법정립의 독립적 절차 및 법효과의 자주적인 결정에 의해 실현된다. 이런 파생법의 법규가 EU 제2차법(Sekundärrecht)에 해당한다. 즉, 제2차법은 EU기관이 제1차법에 의거하여 발한 법적 행위로 구성되는데, 이에 해당하는 법적 행위로 EU운영조약 제288조(연합법의 법적 행위)는 EU명령(Verordnung), EU지침(Richtlinie), EU결정(Beschluss), EU권고(Empfehlungen) 그리고 EU견해표명(Stellungnahmen)을 규정하고 있다.[165]

EU운영조약 제291조(연합법의 시행)에[166] 의하면, 회원국은 마치 우리

FS Stern II, S.933, 939f.

163) 불편부당성, 접근용이성, 청문권, 진행절차에서의 문서열람, 이유제시의무.

164) 법적 안정성에 관한 권리. 신뢰보호보장에 관한 권리, 투명성의 원칙 등.

165) 이들을 우리법과 비교하면 EU명령은 형식적 법률, EU지침은 (독일에서의) 대강적 법률, 결정은 행정행위, 권고는 행정지도, 견해표명은 교시와 같은 비공식적 행위에 해당할 수 있다.

166) EU운영조약 제291조 ① 회원국은 EU의 구속적인 법적 행위를 시행하기 위해 필요한

의 시행령이나 시행규칙과 같은 시행조치를 할 수 있는데, 동조 제2항에 의거하여 EU의 집행이사회나 각료이사회(Rat)가 발하는 시행적 법적 행위(Durchführungsrechtsakte) 역시 흡사 EU 제3차법(Tertiärrecht)에 해당한다.

Ⅲ. 유럽평의회(Europarat)의 규율을 통한 EU행정법

1. 유럽평의회의 임무와 전개

이상의 EU규범과 함께, EU행정법의 형성과 발전에 대해 널리 영향을 미치는 것이, 유럽평의회의 규율이다.[167] 1949.5.5.에 벨기에, 덴마크, 프랑스, 아일랜드, 이탈리아, 룩셈부르크, 네덜란드, 노르웨이, 스웨덴, 영국에 의해 창설된 유럽평의회(Europarat)는[168] 포괄적인 유럽국제기구로서 일반적인 유럽적 물음에 관해 논의하는 공론장(Forum)이기도 한다.[169] '유럽평의회규약'(런던조약: ERS)은 경제사회적 발전을 증진하기 위한 회

제 조치를 내국법에 따라 취한다. ② EU의 구속적인 법적 행위를 시행하기 위한 통일적인 조건을 필요로 하면, 시행권능이 이런 법적 행위로써 집행이사회에 대해 또는 상응한 이유있는 특별한 경우와 EU조약 제24조와 제26조에 규정된 경우에는 EU각료이사회(Rat)에 대해 이전된다. ③ 제2항의 목적을 위하여 유럽의회와 EU각료이사회(Rat)는 정식의 입법절차에 의거하여 사전에 일반적인 규칙과 원칙(allgemeine Regeln und Grundsätze)을 명령에 의해 확정하는데, 회원국은 이에 따라 집행이사회에 의한 시행권능의 행사를 심사한다. ④ 시행의 법적 행위의 표제에서는 "시행"을 접두사로 붙인다.

167) 이에 관해서는 *Ehlers*, Die Einwirkungen des Rechts der Europäischen Gemeinschaften auf das Verwaltungsrecht, DVBl. 1991, 605ff.; *Schmidt-Aßmann*, Zur Europäisierung des allgemeinen Verwaltungsrechts, in: Badura/Scholz(Hrsg.), Wege und Verfahren des Verfassungslebens, FS Lerche zum 65. Geburtstag, 1993, S.513(515).

168) 영어로는 'Council of Europe', 프랑스어로는 'Conseil de l'Europe'에 해당하는데, 유럽평의회는 유럽정상회의(Europäischer Rat; European Council; Conseil européen)) 나 EU각료이사회(Rat der Europäischen Union(Rat); Council of the European Union(Council of Ministers, Council); Conseil des ministres)와는 구별된다.

169) 독일은 1950년에 가입하였고, 1989년까지 거의 모든 서유럽국가가 가입했고, 1990년 이후 동유럽국가가 모두 가입하여 현재 총회원국은 47개국이다.

원국의 일반적인 협력을 규정한다. '유럽평의회규약' 제1조 a항에 의하면, 유럽평의회는 (유럽의) 공동유산에 대한 이념과 원칙을 보호·증진하기 위한 회원국간의 긴밀한 연계를 조성하는 것과 회원국들의 경제적, 사회적 발전을 증진하는 것을 목표로 한다. 동조 b항에 의하면 이것은 특히 공동관심의 물음에 대한 자문을 통해, 협정체결을 통해, 법과 행정의 영역에서의 공동대처를 통해, 그리고 인권과 기본자유의 보호와 지속적 발전을 통해 행해진다. '유럽평의회규약' 제3조에서 유럽평의회의 공통된 가치바탕은, 모든 회원국은 법우위의 원칙과 모든 회원국민이 인권과 기본자유를 향유해야 한다는 원칙을 긍정해야 한다는 것이다. 유럽평의회 임무의 바탕은 회원국의 공통된 정치적 이념이다. 그것은 바로 서유럽적 전통의 민주주의와 법치주의를 공고히 하는 것이다.

유럽평의회는 유럽전역에 대한 민주화와 법치국가원리의 전달자로 여겨진다. 즉, 창설조약 및 유럽평의회의 권고가 범유럽적 법문화를 매개할 뿐만 아니라, EU법질서와 회원국 국내법질서에 대해 중요한 영향을 미쳤다. 따라서 유럽평의회는 제한적 개별수권의 원칙을 인정하지 않는다. '유럽평의회규약' 제1조 d항은 관할로부터의 방어만을 배제한다. 다만 유럽평의회의 법이 회원국 국내법에 영향을 미치는 한, 그것은 모든 국가적 활동과 관련이 있다. 유럽평의회 기관은 자신의 모든 조치가 유럽평의회의 공통가치에 바탕을 두어서 통일적 법정립의 필요성 역시 수긍케 하는 전체에 해당한다고 인식하고 있다.

2. 유럽평의회의 EU행정법(특히 행정절차법)에 대한 영향

그러나 유럽평의회가 자신의 임무를 전환하는 데 동원할 수 있는 수단은 강력하지 않다. 회원국을 상대로 직접적인 결정권한을 행사하지 못하고, 순전히 사실적인 조치(자문, 회의실시, 교육)이외에, 협력을 위한 제안을 제시할 수 있을 뿐이다. 더욱이 그 제안은 회원국 자체에 대해 직접적인 구속력을 갖지는 아니 한다.[170) 이는 소위 '유럽평의회협정'(Europaratsabkommen)과도 관련이 있다. 그리고 '유럽평의회협정' 조차 유럽평의회(Europarat)의 법적 행위가 아니라, －통상의 국제법적 조약으로서 － 조약당사자국가의 동의가 있어야 한다. 가장 유명한 유럽인권조약과 같은 협약, 유럽사회헌장(europäische Sozialcharta),[171) 유럽거주협정,[172) 데이터보호협약,[173) 혹은 법/직무구조에 관한 합의서가[174) 이에 해당한다.

유럽인권조약 및 그것에 의해 설립된 유럽인권재판소(Europäischer Gerichtshof für Menschenrechte: EGMR)는 유럽평의회의 두 번째 지주에 해당한다. 유럽인권재판소는 유럽평의회와 제도적, 재정적으로 긴밀히 연결되어 있다. 유럽인권조약 제50조에 의해 그것의 운영비용을 유럽평의회가 부담하며, 동 조약 제46조에 의해 그 판결의 집행이 유럽평의회의 장관위원회에 의해 감시된다. 그리하여 유럽평의회는 유럽인권조약의 조직규정과 결합해서 초국가적 조직의 착안점을 제시한다. 유럽인권조약(EMRK)은 '유럽공법질서의 헌법적 수단'(Verfassungsinstrument der europäischen öffentlichen Ordnung)으로도 표현된다.[175) 즉, 그것은 독일에서 직접적으로 통용되는 법에 해당한다. 그래서 그것은 인권보호를 위한 국제법적 조약으로서의 특별한 성격의 관점에서 해석되어야 한다. 이들 규정들은 구체적으로 적용가능하고 유효하다.[176)

유럽평의회와 EU는 상호 연계되어 있다.[177) EU운영조약 제220조(국

---

170) *Benoît-Rohmer/Klebes*, Recht des Europarates, 2006, S.17.
171) BGBl 1964 II 1261; 1965 II, 1122.
172) BGBl 1959 II 997.
173) BGBl 1985 II 539.
174) 이에 관해서는 *H. Jellinek*, Die Europaischen Übereinkommen über Amts- und Rechtshilfe, NVwZ 1982, 535ff.
175) EGMR, Urt. v. 7.7.2011 - 55721/07, Rn.141ff. - Al-Skeini u. a. (deutsch: NJW 2012, 283).
176) 판례상의 유럽인권조약(EMRK)에 관해서는 NJW 1991, 3079, 3081.

제조직과의 관계)로부터[178] 제도적 연계성이 도출되는데, 이에 의하면 EU는 유럽평의회(Europarat)와 목적에 적합한 협력을 수행한다.[179] 유럽인권조약(EMRK)에 대한 EU의 가입이 유럽인권조약 제59조 제2항과 결합하여 EU조약 제6조(기본권헌장과 유럽인권조약) 제2항에[180] 규정되어 있는데, 이에 의해서도 유럽평의회와 EU를 제도적으로 연계시키는 것이 가능하다. 이것 역시 EU최고재판소와 유럽인권조약의 관계를 변화시킬 것이다.[181] 추가로 모든 EU회원국이 동시에 유럽평의회와 유럽인권조약의 회원국이고 1990년이래로 유럽평의회의 사전 회원국자격이 EU가입의 요건으로 여겨지는 점에서, 제도적 연계가 존재한다. 또한 유럽평의회와 EU의 법질서는 실체법적으로 상호 연결되어 있다. 유럽인권조약과 관련해서 이런 점은 −유럽인권조약의 기본권이 EU법의 일부로 되게 한− EU조약 제6조 제3항에서[182] 비롯된다. 유럽인권조약상의 이들 권리는 EU법에 들어감으로써,[183] 이들 권리들은 EU기본권헌장(GrCh)의 의의를

177) 박정원, "유럽연합과 유럽평의회의 관계: 유럽 인권보호의 맥락에서", 한양법학 제31집(2010.8), 233-255면.

178) EU운영조약 제220조(구 공동체조약 제302조부터 제304조) ① 연합은 유엔의 기관 및 유엔특별기구, 유럽평의회, 유럽안보협력기구(OSZE), 경제개발협력기구(OECD)와 목적에 이바지하는 공동협력을 수행한다. 나아가 연합은 목적에 이바지하는 한, 다른 국제조직과의 관계를 유지한다. ② 외교안보정책을 위한 연합의 고위대표와 집행이사회의 고위대표는 본조를 시행할 책무를 진다.

179) 이것은 2007년 양해각서에서 더 구체화되었다. *Kloth*, EuR Beih. 2/2012, 155ff.

180) EU조약 제6조 ② 유럽연합은 인권과 기본자유를 보호하기 위한 유럽조약(유럽인권조약)에 가입한다. 이 가입이 조약에서 확정된 유럽연합의 관할을 변화시키지는 아니 한다.

181) *Pache/Rösch*, Die neue Grundrechtsordnung der EU nach dem Vertrag von Lissabon, EuR 2009, S.769(779ff.); *Obwexer*, Der Beitritt der EU zur EMRK: Rechtsgrundlagen, Rechtsfragen und Rechtsfolgen, EuR 2012, 115ff.

182) EU조약 제6조 ③ 인권과 기본적 자유를 보호하기 위한 유럽조약(유럽인권조약)에서 보장되어 있는 것과 회원국의 공동의 헌법전통에서 비롯된 것과 같은 기본권은 일반적 원칙으로 연합법의 일부에 해당한다.

183) *Kokott*, Der Grundrechtsschutz im europäischen Gemeinschaftsrecht, AöR 121(1996), S.600(602f.). 국내법에 대한 유럽인권조약의 관계에 관해서는 *Lippold*, Der Richter auf Probe im Lichte der Europäischen Menschenrechtskonvention, NJW 1991, S.2383(2386ff.). 유럽인권조약의 제 결정의 내국적 구속력에 관해서는

위해서도 공동결정적 역할을 한다.[184)]

이런 상황은 EU의 법치국가원리적 상태에 대해서도 영향을 미친다. 2007년 양해각서는 유럽평의회가 유럽에서의 권리, 법의 지배 그리고 민주주의의 기준점(bench · mark)로 남을 것이라고 지적했다. 따라서 EU창설의 바탕인, EU조약 제2조(유럽연합의 가치)상의[185)] 가치를 만든 것이 유럽평의회에 의해 전개한 법치국가원리적, 민주주의적 기준이다. 당연히 공통된 민주주의와 법치국가원리의 규준을 정의하고 탐문하는 데 있어서 유럽평의회의 주도권에 우위가 주어진다. 따라서 유럽평의회의 법적 행위 역시 －EU조약 제2조에서 언급한－ EU의 기본가치를 구체화하기 위한 법인식원(Rechtserkenntnisquellen)이 된다.

특히, 다음과 같은 요소에서 인권이 행정절차법의 형성에 영향을 미친다는 점이 드러난다: ⅰ) 절차에 의한 인권보호－절차에 의한 기본권보호, ⅱ) 절차재량에서도 자의금지, ⅲ) 공정한 절차에 관한 권리, ⅳ) 완전한 정보, 청문, 절차에서의 자신의 견해의 고려에 관한 관련인의 권리, ⅴ) 권리구제수단을 위한 상당한 기한, ⅵ) 절차의 장기적 지속으로 인한 '사실상의 결정(de-facto-Entscheidung)'의 금지. 여기서 공평한 절차에 관한 권리(Recht auf ein faires Verfahren)를 규정한 유럽인권조약 제6조가[186)] 핵심적 역할을 한다.

BVerfGE 111, 307(315ff.).

184) *Grabenwarter*, in: Tettinger/Stern, Grundrechte-Charta, III, 2006, Rn.3ff.

185) EU조약 제2조 인간존엄성의 존중, 자유, 민주주의, 평등, 법치국가적 상태(Rechtsstaatlichkeit), －소수에 속하는 사람의 권리를 포함한－ 인권의 보장이 유럽연합이 성립하는 데 토대가 된 가치이다. 이들 가치는 모든 회원국에 대해 -다원주의, 비차별, 관용, 정의, 연대성, 남녀평등을 특징으로 하는－ 사회에서 공통된다.

186) 유럽인권조약 제6조 ① 모든 사람은 자신의 민사법적 청구권과 의무와 관련한 분쟁이나 자신에 대한 형사소추에 관해서 독립적이고 공정하며 법률에 의해 성립한 법원에 의해 공평한 절차에서 공개적으로 상당한 기간내에 심리를 받을 권리를 가진다. 판결은 공표되어야 한다; 그러나 비공개가 민주사회에서의 도덕, 공공질서나 안보에 속하는 경우, 청소년의 이익이나 소송당사자의 사적 삶의 보호가 비공개를 요구하는 경우 또는 -법원이 무조건 필요하다고 여기는 것을 전제로 하여－ 특별한 사정하에서 공개심리가 권리구제의 이익을 훼손할 경우소송절차의 전체나 일부에서 언론과

3. 유럽평의회의 결의와 권고

(1) 일반론

이 밖에 행정절차법의 개개물음에 관한 결의(Entschließungen)와 유럽평의회(Europarat)의 권고(Empfehlungen)가[187] 유럽행정절차법을 위한 기준에 해당한다. 이들은 공동의 가치를 근거로 법통일화의 의미에서 개인보호를 위하여 가결되었다. 즉, 회원국에서의 공통된 최소기준을 만들기 위하여, 장관위원회(Ministerkomitee)가 행정청의 행위에 대한 개인보호에 관한 결의를 가결하였다.[188] 권고 자체는 회원국에 대해 비구속적이지만, 회원국이 장관위원회에 대해 보고할 의무의 근거가 될 수 있고 그로 인해 회원국의 권고합치적 행위가 가능하다. 따라서 권고가 회원국에 대해 완전히 비구속적이라 할 수 없다. 그래서 그것은 회원국에 대해 공통적인 일반적 법원칙을 탐문하기 위한 법인식원으로 인정될 수 있다.

유럽평의회 규약 제15조 b항에 따른 권고는 회원국의 정책과 법률을

일반공중은 배제될 수 있다. ② 형사소추된 모든 사람은 자신의 유죄가 법률에 의해 증명될 때까지 무죄로 여겨진다. ③ 피고에 해당하는 모든 사람은 적어도 다음의 권리를 가진다: a) 가능한 짧은 기간내에 알아들을 수 있는 언어로 자신에 대한 고소의 종류와 이유에 관한 모든 상세에 관해 통보를 받는 것. b) 자신을 방어하기 위한 충분한 시간과 기회를 가지는 것. c) 자기 스스로 방어하는 것, 선정한 변호인에 의해 보호를 받는 것, 또는 -자력이 부족할 때 권리구제를 위하여 필요한 경우에 - 무상으로 변호인의 조력을 받는 것. d) 원고측 증인에 문제를 제기하거나 제기하게 하는 것과 원고측 증인에 통용되는 것과 동일한 조건하에 피고측 증인(면책증인)의 소환과 심문을 성취하는 것. e) 법원의 심리용어를 이해하지 못하거나 말하지 못하는 경우에 통역사에 의한 무상의 도움을 받는 것.

187) 이들의 구속력에 관해서는 vgl. *Wittinger*, Der Europarat: Die Entwicklung seines Rechts und der "europäischen Verfassungswerte", 2005, S.202ff.

188) Entschließung Nr. (77) 31 vom 28. 9. 1977 (s. Dritter Teil B II Nr. 7). 이 결의는 후에 유럽이사회의 여러 회원국에서, 합당한 절차규율을 발하거나 절차를 합당하게 형성하는 계기가 되었다. 아울러 동구국가가 유럽이사회의 회원국이 된 후에는, 그곳에서도 합당한 노력이 강구되었다. Vgl. *Hill/Pitschas*, Europaisches Verwaltungsverfahrensrecht, 2004, S.13ff. 스페인의 경우에는 vgl. Mir Puigpelat, Das Verwaltungsverfahren in Spanien: Eine Einfuhrung, DÖV 2006, 841ff.

위한 지침을 수립한다. 비록 그것이 EU법시스템의 통일화를 목표로 하지만,[189] 최소한의 해결책만이 권고되는 것이 아니라, －평가적 법비교의 결과를 －회원국의 동의를 통해－ 국가적 권위로써 법규의 방식으로 집약하는, 갈고 다듬은 규율도 권고된다. 그리하여 권고는 시민보호를 위해 법이 적어도 수행해야 할 것에 관한 회원국의 공통적 확신을 공식적으로 표명한다. 그런 권고는 유럽평의회의 관할에 맞춰서 다양한 영역, 특히 법치행정에 대한 일반적 요청과도 관련이 있다.

(2) 행정법(행정절차법)에 대한 유럽평의회의 권고의 영향

유럽평의회의 권고에 의하면, 회원국의 행정절차법은 다음의 5 가지 원칙을 준수하여야 한다:[190] 청문청구권(Anspruch auf Gehör), 문서열람청구권(Anspruch auf Akteneinsicht), 행정절차에서 조언을 받고 대리시킬 수 있는 것에 관한 시민의 청구권, 행정행위의 이유제시의무, 불복고지에 관한 부가의무.

후속적으로 유럽평의회는 다음과 같은 행정절차적 의의를 담은 권고를 지속적으로 발하였다.

- 행정청의 재량행사에 관한 1980.3.11.자 권고 Nr. R[80]2 (§40 R.3)[191]: Dritter Teil B II Nr.8.
- 다수인과 관련한 행정절차에 관한 1987.9.17.자 권고 Nr. R[87]16[192]: Dritter Teil B II Nr.11.

---

189) *U. Stelkens*, Sicherung guter elektronischer Verwaltung durch "E-Citizen-Charters, in: Hill/Schliesky(Hrsg.), Innovationen im und durch Recht, 2010, S.127(131).

190) *U. Stelkens*, Europäisches Verwaltungsrecht, Europäisierung des Verwaltungsrechts und Internationales Verwaltungsrecht, in: Stelkens/Bonk/Sachs, VwVfG, 9.Aufl. 2018, Rn.27ff.

191) Vgl. *H. Jellinek*, Veröffentlichung von verwaltungsinternen Ermessensrichtlinien, NJW 1981, 2235ff.

192) 독일어판으로 NVwZ 1988, 708.

- 데이터보호영역에서의 권고, 예: 1987.9.17.자 경찰분야에서의 인적 데이터의 사용을 규율하는 것과 관련한 권고 Nr. R[87]16[193]: Dritter Teil B II Nr.14.
- 잠정적 권리보호에 관한 권고(1989.9.13.자 권고 Nr. R[89]8: Dritter Teil B II Nr. 12.
- 행정제재에 관한 권고(1991.2.13.자 권고 Nr. R[91]1: Dritter Teil B II Nr.13.
- 행정결정과 행정법원의 판결의 강제집행에 관한 권고(권고 Nr. R [2003]16(2003.9.9.): Dritter Teil B II Nr.20.
- 행정조치의 사법통제에 관한 권고(권고 Nr. R [2004]20(2004.12.15.): Dritter Teil B II Nr.21.

(3) 좋은 행정에 관한 권고

반면 좋은 행정(gute Verwaltung)에 관한 권고(CM/Rec(2007)7)는 행정절차법과 행정소송법에 관한 (유럽평의회의) 모든 종전 권고를 I장과 III장에서 새로이 하나의 Kodex로 집약하였다. 이 뿐만 아니라, 동 권고는 II장에서 행정결정의 원칙에 관한 규율(Regelungen über "Rules governing administrative decisions")도[194] 담고 있다. 동 권고 II장은 다음의 원칙을 담고 있다: 절차개시, 개별경우조치에서의 신청자와 관련인의 권리(신청권, 처리기간, 청문권, 과도하지 않은 수수료), 이유제시, 통지, 개별경우조치의 발효와 집행, 수익적 개별경우조치의 폐지의 일반적 원칙. 따라서 내용적으로 부분적으로 동 권고는 '좋은 행정에 관한 기본권'(Grundrecht auf gute Verwaltung)의 유럽적 구체화를 넘어선다.[195]

---

193) Vgl. *Wurst*, Europa 1992, JuS 1991, S.448(450).

194) 이것은 개별경우의 결정만이 아니라, 법정립적 행정활동도 포함한다. http://assembly.coe.int/Documents/AdoptedText/ta03/EREC1615.htm.

195) 일종의 옴부즈만에 해당하는 전술한 EU호민관제도와 긴밀히 결합되어 있다: 옴부즈만제도에 관한 권고(1615(2003)).

(4) 특히 독일 행정(절차)법을 위한 의의

유럽평의회의 권고는 회원국에 대해 직접적으로 구속력을 갖지 않지만, 기본법의 친(유럽)통합적 조항을 통해 지침으로서 독일법의 법형성과 해석에 영향을 미친다. 권고합치성은 일정한 해석결론을 위한 결정적인 논거가 될 수 있다. 왜냐하면 의심스러우면 독일법, 기본법의 해석에서 ―법률유보가 행정을 상대로 권리의 성립의 경우에는 통용되지 않아서― 법률이 시민보호적 유럽기준에 미흡하게 되는 것을 그대로 받아들여서는 아니 되기 때문이다.[196] 그 사이 유럽인권재판소(EGMR)의 최근 판례에[197] 바탕을 두고서 다음과 같은 추정이 성립하였다―법치행정을 위한 권고에 규정된 제 원칙들이 의심스러운 경우에는 유럽인권조약의 해석을 위하여 동원된다는, 즉 유럽인권재판소에 대해 '법인식원(法源)'으로서 이바지한다는 것이 그것이다.

동 권고의 내용은 영속적으로 유럽인권조약의 사실상으로 구속적인 구체화로 격상된다. 해서 권고에서 표방된 법치국가원리적 일정한 보장이 실제로 유럽인권조약의 기본권에 근거를 두고 있는지 여부는 더 이상 문제가 되지 않고, 단지 그런 보장이 예외적으로 이런 기본권의 표현이 결코 아닌지 여부만이 문제가 된다.[198]

한편 내용적 측면에서도, 독일의 경우 행정절차법을 제정하여 일정한 행정작용의 기준을 정립하였다고 하여 유럽평의회의 권고가 독일 행정절차법에서는 法源으로서 보충적으로 동원할 여지와 그 필요가 없다고 말할 수는 없다.[199] 특히 독일 행정절차법이 기본적으로 행정행위와 공법상

---

196) *U. Stelkens*, Europäische Rechtsakte als "Fundgruben" für allgemeine Grundsätze des deutschen Verwaltungsverfahrensrechts, ZEuS 2004, S.129(151ff.).

197) EGMR, Urt. v. 12.11.2008 - 34503/97, Rn.76ff. - Demir und Baykara (deutsch: AuR 2009, 169).

198) *U. Stelkens*, in: Hill/Schliesky (Hrsg.), Innovationen im und durch Recht, S.127 (133).

계약과 같은 법적 행위를 대상으로 하는 점에서, 동 권고는 동법의 적용범위(제9조 이하)에서 제외된 절차, 즉 사실행위가 실행되는 행정절차에서는 적용될 수 있다. 요컨대 전체적으로 독일 행정절차법의 존재가 유럽법적 法源을 바탕으로 시민보호적 절차권을 확대하는 데 대해서 차단효를 발휘하지는 못한다.[200)]

Ⅳ. 제 法源의 위계와 제2차적 EU법 간의 관계

모순이 없는 법질서의 핵심적인 요건이 法源의 분명한 위계질서이다. 개별사건의 결정에서 어떤 규범이 바탕이 되어야 할지가 법원의 位階論에서 가늠된다. EU법상으로 제1차법은 제2차법의 모든 법적 행위에 대해서 우위는 갖는다. 제1차법이 제2차법의 규준이 된다. EU최고재판소의 판례가 지속적으로 판시하듯이, 제1차법의 성질은 특히 그것이 EU의 법정립권의 근거, 대강 그리고 한계에 해당하는 점에 있다.[201)] 따라서 제2차법적 규율이 제1차법의 규준과 일치하지 않으면 그것은 위법하게 된다. 나아가 제1차법의 우위는 제1차법합치적 해석의 요청을 성립시킨다. 이에 따라 (제1차법으로부터) 파생된 법은 가능한 EU조약법 및 EU법의 일반적 법원칙과 일치하게 해석되어야 한다.[202)]

한편 동일한 법집서에 속하는 법적 행위 간에 모순이 있을 경우, 수

---

199) 한편 상응필요성을 부인하는 것으로 *Henneke/Ruffert*, in: Knack/Henneke, Verwaltungsverfahrensgesetz, 9.Aufl., 2010, Vor §1 Rn.62; *Scheuing*, in: Hoffmann-Riem/Schmidt-Aßmann, Innovation und Flexibilität des Verwaltungshandelns, S.289(291); *Schwarze*, Der Beitrag des Europarates zur Entwicklung von Rechtsschutz und Verfahrensgarantien im Verwaltungsrecht, EuGRZ 1993, S.377(381).

200) 이런 상황은 행정절차의 차원에서 나름의 글로벌 스탠다드가 형성될 수 있음을 시사한다. 이 점에서 우리의 행정절차법의 개혁을 다각도로 강구할 필요성이 있다.

201) EuGH, Rs. 26/78, Slg. 1978, 1771(1778; Rn.9) - Inami/Viola.

202) EuGH, Rs. C-314/89, Slg. 1991, Ⅰ-1647(1672; Rn.17)-Rauh; Rs. C-98/91, Slg. 1994, Ⅰ-223(252; Rn.9)-Herbrink.

직적 위계질서(vertikale rangordnung) 및 그와 결부된 규범통제는 고려되지 않는다. 그리고 일시적인 충동해결규율이 적용되어서는 아니 되고, 일반적인 충돌해결의 원칙이 통용된다: 신법우선의 원칙, 특별법우선의 원칙. 한편 일부 문헌에서는 신법우선의 원칙이 통용되기 위해서는 관련된 법적 행위가 동일한 기관과 절차에서 발해져야 한다고 주장된다.[203] 한편 제1차법인 EU조약과 EU운영조약간의 충돌이 존재하는지와 관련해서 기본적으로 해석의 방법으로 밝혀져야 하되, 유의할 점은 전자는 원칙적 성격을 더 많이 가지며, 후자는 구체적 성격을 더 많이 가진다. 제 조약에 대한 EU기본권헌장의 관계 역시 마찬가지이다. EU기본권헌장은 제 조약에 대해 하위도 상위도 아니고, 동위이다. 제2차법에 해당하는 EU명령과 EU지침은 대안적 수단으로 병립하기에 이들간에도 우위질서가 없다. 하지만 EU운영조약 제291조(연합법의 시행) 제2항에 의거하여 EU각료이사회(Rat)가 발한 시행적 법적 행위는 EU명령보다는 후위에 있다.

제1차법에 위반한 제2차법은 위법하여 무효가 되는데 다만 무효(취소) 판결이 내려지기 전에는 적법하고 유효한 것으로 추정된다(후술). 그런 제2차법의 위법성을 심사하고 배척하는 권한은 전적으로 EU최고재판소에 대해 인정되고, 우리의 공정력에 상응한 구속력이 인정되기에, EU의 행정기관은 제2차법이 제1차법과 일치하는지를 심사하여 경우에 따라서는 그것을 적용하지 않거나 배척할 수는 없다.

제 3 절 EU법집행의 시스템

현실적 효력을 전개하기 위하여 EU법은 행정주체 및 행정청에 의한

203) *Ruffert*, in: Calliess/Ruffert(Hrsg.), EUV/AEUV, Art. 288 AEUV Rn.13.

집행이 필요하다. EU는 법집행이 회원국의 임의에 맡겨지지 않아야만 기능할 수 있다. 그리하여 EU는 행정공동체(Verwaltungsgemeinschaft) 또는 행정결합체(Verwaltungsverbund)이기도 하다. EU의 행정활동은 EU행정법에 의해 조종되는데, EU역내에서의 행정을 규율하는 EU법의 일체의 성문, 불문의 규범이 EU행정법에 해당한다. EU법은 EU, EU회원국이나 이들 주체의 협력행정에 의해 집행된다. 조직상으로, 구조적으로 다차원적 행정(Mehrebenenverwaltung)이라 말할 수 있다. 분리원칙(Trennungsprinzip)에 따라 행정임무와 행정권한은 EU와 회원국으로 나뉜다. 이런 것이 EU와 회원국의 대표자에 의해 구성된 합의체형 위원회를 배제하지는 않는다. 실제로 결합체적 구조는 지속적으로 증가하고 있다. 그리하여 절차와 행정작용과 관련해서 분리원칙은 행정으로 하여금 공동협력하게 의무를 지우는 협력원칙(Kooperationsprinzip)에 의해 다양하게 보완되고 있다. 작용이 －EU의 행정이든 회원국의 행정이든－ 다수의 행정의 협력을 필요로 할 때, 이는 다단계적 행정이나 결합행정이라 표현할 수 있다. 현대의 특징이 고권주체와 민간간의 공동작업이다. 마찬가지로 EU법은 고권적 행정주체만이 아니라, 사인에 의해서 집행될 수도 있다.[204)]

여기서 EU이 스스로 활동에 나설 때 이 경우에는 EU고유행정법이 적용된다. 그런데 EU가 행동에 스스로 나서는 권한과 수단이 결여되어 있으므로, EU법은 압도적으로 개개 회원국에 의해 집행된다.[205)] 회원국에

---

204) 가령 EU는 80년대 이후 기술표준화와 규격화의 분야에서의 새로운 구상'을 추구하였는데, 이는 2008년의 새로운 입법프레임(VO 765/2008/EG, VO 764/2008/EG)을 통해 확대되고 심화되었다. EU운영조약 제114조(법일치화)에 의거한 EU의 표준화규정은 보호수준을 정하는 중요한 요청을 확정하는 데 국한되는데, 여기서 EU는 －CEN, CENELEC, ETSI와 같은－ 민간의 규격화조직의 도움을 활용하였다. 이렇게 만들어진 기술규격은 시험을 거친 다음 EU관보에 공표되고, 국내 규격화조직에 의해 국내 규격으로 바뀐다. 표준화된 유럽규격을 따르는 것은 구속적이지 않지만, 제품이 표준화된 규격에 합치하면 그 제품의 EU지침합치성은 추정된다.

205) 여기서 Ehlers 교수는 광범한 범위의 유럽적 중앙행정은 법정책적으로도 바람직하지 않을 것이라고 지적한다. Ders., in: Ehlers/Pünder(Hrsg.), Allgemeines Verwaltungsrecht, 15.Aufl., 2015, §5 Rn.33.

의한 EU법의 집행(EU공동행정법)은 한편으로는 회원국과 관련한 EU행정법을, 다른 한편으로는 회원국의 행정법을 지향한다. 그리고 이들 양 法源은 앞서가는 불가역적인 과정에서 상호 영향을 미치는데, 이 과정은 행정법학의 측면에서 지속적인 구상적 반주와 동조를 필요로 한다.

제3장

EU고유(자체)행정법

제 3 장

EU고유(자체)행정법

제 1 절 EU행정법의 작용형식의 체계[1)]

I. 행정의 작용형식에 관한 EU행정법의 이해

행정의 작용형식론은 우리는 물론, 독일의 일반행정법의 중심이다. 형식화사고(Formungsidee)와 체계사고(Systemidee)를 결합시킨 데 바탕을 두고 있는 행정작용형식론은 대륙법적 사고의 전형적인 특징이다.[2)] EU의 다른 회원국의 행정법질서를 보더라도 현황은 전체적으로 비슷하다. 세부적인 데서는 당연히 많은 차이점이 있지만, 다른 회원국에서도 행정의 작용형식이 행정법시스템의 중심에 있다.[3)]

EU법의 행정적 집행이라는 특별한 요청을 처리하게 하는 작용형식의

1) 이하는 김중권, "유럽행정법의 작용형식에 관한 小考", 지방자치와 행정법(홍정선 교수 정년 기념논문집), 2016.2., 624면 이하 참조. 여기서 다룬 내용은 *Danwitz*, Europäisches Verwaltungsrecht, 2008, S.231ff.을 중심으로 전개하였다.

2) *Schmidt-Aßmann*, Die Lehre von den Rechtsformen des Verwaltungshandelns, DVBl. 1989, S.533.

3) *Sonnenberger/Autexier*, Einführung in das französischen Recht, 3.Aufl. 2000, S.83ff.; *Junker*, Der Verwaltungsakt im Deutschen und Französischen Recht und die Entscheidung im Recht der Europäischen Gemeinschaften, 1990, S.50ff.; *Raschauer*, Allgemeines Verwaltungsrecht, 1998, S.352ff.; *Mincke*, Einführung in das niederländische Recht, 2002, Rn.61ff.

형성과 법적 형상은 이론의 여지없이 EU 행정법학과 행정실무의 가장 중요한 임무에 속한다. 행정작용의 법형식이 이처럼 EU법에서도 규율하고 합리화하는 기능을 받아들이고, 그리하여 시스템형성에서 결정적인 요소로서 기능할 수 있음에도 불구하고,[4] EU행정법에서는 작용형식론이 여태 중요한 역할을 하지 않았다. 그리하여 논의전개에서 매우 진보한 독일 행정법질서의 경우와는 달리, 작용형식론은 EU행정법에서는 완전히 초보단계이다. EU행정법에서의 논의수준은 마치 독일에서 과거 행정절차법이 제정되기 전의 상황에 비견될 수 있다고 하겠다.

Ⅱ. 행정의 작용형식의 시스템적 기능

행정의 작용형식은 하자효과를 비롯한 행정법도그마틱의 시스템을 형성한다.[5] Schmidt－Aßmann 교수가 선명하게 표현하듯이,[6] 작용형식의 의의는 우선 작용형식들이 흡사 '저장소'로 기능하는 데 있다. 상대적으로 저평가될 수 있는 감면기능과 합리화기능은 작용형식 그 자체로서 수긍된다. 왜냐하면 어떤 행정활동을 일정한 작용형식에 귀속시킬 수 있으면, 효력방식, 적법성의 요건, 권리보호와 관련해서 그것이 어떤 체제의 지배를 받는지가 확실해지기 때문이다.[7] 작용형식의 제1차적 시스템적 기능은 그래서 표준화된 법효과를 발생시키는 데 있다.[8] 이것은 다양한 행정법관계를 구조적으로 특징지우고 통일화시킨다. 그래서 작용형식은

---

4) *Danwitz*, Verwaltungsrechtliches System und Europäische Integration, 1996, S.168ff.

5) 상세는 김중권, "행정의 작용형식의 체계에 관한 소고", 공법연구 제30집 제4호(2002. 6.20.), 297면 이하 참조.

6) *Schmidt-Aßmann*, DVBl. 1989, S.533(534).

7) *Di Fabio*, System der Handlungsformen und Fehlerfolgenlehre, in: Becker-Schwarze/Köck/Kupka/v. Schwanenflügel(Hrsg.), Wandel der Handlungsformen im Öffentlichen Recht, 1991, S.47ff.

8) *Danwitz*, Verwaltungsrechtliches System und europäische Integration, S.67f.

흡사 도로방향표시기로서 기능한다. 작용형식론의 핵심적 임무의 하나는 작용기관 및 행정작용의 수범자의 이익을 위해 어떤 작용형식에 어떤 체제가 결부되어 있는지를 가리켜 주는 데 있다.

이를 넘어서 작용형식은 법치국가원리상 중요한 기능을 갖는데. 그것은 행정의 무정형(amorphous)의 활동을 널리 주지하는 형식으로 만든다. 그리하여 행정의 무정형의 활동을 예상가능하게 만들고, 법적 조정 및 사법통제를 가능하게 한다. 즉, 행정상의 다양성으로 인해 개관할 수 없고 무정형(無定型)인 행정활동은 작용형식이란 문을 지나서 법의 질서세계로 들어간다. 행정의 작용형식을 통해 과거의 관헌국가적 행정과는 결별하고 법치국가적 행정이 구현된다. 법적으로 정연하고 법적 판단을 가능케 하는 행정작용형식을 전개하고 주조(鑄造)하는 것이 법치국가에서 행정법학과 행정실무의 지속적인 임무이자 띈 두드러진 특징이다.[9] 특히 행정행위는 행정적 작용형식으로 일찍이 Otto Mayer에 의해 윤곽이 만들어졌는데,[10] 비록 비공식적 작용형식의 의의가 지속적으로 증대되고 있으며[11] 오늘날까지도 일체의 비판이 있음에도[12] 불구하고, 여전히 행정행위는 마치 생존의 명수처럼 우리는 물론 독일 행정법체제의 출발점이자 연결점에 해당한다.[13]

작용형식을 통한 합리화는 행정법질서가 그런 종류의 정렬을 허용하

---

9) *Ossenbühl*, Die Handlungsformen der Verwaltung, JuS 1979, S.681.

10) *Otto Mayer*, Deutsches Verwaltungsrecht, Bd. Ⅰ, 3.Aufl. 1924, S.95ff.; *Reimund Schmidt-De Caluwe*, Der Verwaltungsakt in der Lehre Otto Mayers, 1999.

11) *Di Fabio*, Risikoentscheidungen im Rechtsstaat, 1994, S.395ff.; *Danwitz*, Verfassungsfragen staatlicher Produktempfehlungen, 2003.

12) *Stelkens/Stelkens*, in: Stelkens/Bonk/Sachs(Hrsg.), VwVfG, §35 Rn.4ff.; *Karl-Heinz Ladeur*, Die Zukunft des Verwaltungsakts, VerwArch 86(1995), S.511.

13) 오히려 행정행위 자체는 잠정적 행정행위, 사전배려적 행정행위, 국제적 행정행위 등을 수용함으로써, 주목할 만한 개혁(에로의)개방성과 탄력성에 의거하여 작용형식 아래에서 진정한 생존의 명수로 발전하였다. Vgl. *Schoch*, Der Verwaltungsakt zwischen Stabilität und Flexibilität, in: Hoffmann-Riem/Schmidt-Assmann(Hrsg.), Innovation und Flexibilität des Verwaltungshandelens, S.199(231ff).

고 개개의 작용형식과 그것을 위한 규준적인 법체제간의 정렬관계가 확고하게 형성되어 있을 때에만 실현될 수 있다.[14] 일정한 정도의 확고한 질서가 구축되어 있지 않을 때는, 모든 작용형식은 처음부터 실패라고 판단된다. 이런 이유에서 새로운 작용형식을 발견하고 주장하는 데는 자제심이 요구된다고 지적된다.[15]

Ⅲ. EU행정의 작용형식론의 기초

EU행정법의 차원에서 작용형식론이 여태 비교적 낮은 주목을 받아왔다는 점은 의아스러울 수 있다. 왜냐하면 독일 행정법과 마찬가지로 작용법적 구조가 EU법의 토대이기 때문이다.[16] EU의 구조와 그에 맡겨진 임무의 본질에 비추어 EU법상으로 행정의 작용형식이 처음부터 형성되지 않았음에도 불구하고, EU의 조약시스템에서 작용형식으로 포착되는(행사되는) 기능이 중요한 시스템적 지향점이 된다는 것이 몇 년 전부터 확인된다.[17] 그 사이에 EU는 추가로 다수의 제2차적 법적 행위에 의거하여 중요한 집행권한을 행사할 수 있다.[18] 이를 통해서 제1차적으로 전환의무를 진 행정연합이 결코 법정립의 공동체(Rechtsetzungsgemeinschaft)로부터 벗어나는 것은 아니다. 그러나 EU의 활동에서 집행적 부분이 눈에 띄게 증대하였다. 특히 이것은 －제품승인법과 통신법의 특징인－ 다단계적 행정절차의 광범한 분야에 대해서도 통용된다.[19] 따라서 당연히

14) *Schmidt-Aßmann*, Das allgemeine Verwaltungsrecht als Ordnungsidee, Kap.6 Rn. 35.

15) 그리하여 Ossenbühl은 작용형식의 새로운 체계를 수립하려는 자는 완전히 그릇된 공명심에 빠지고, 그런 식의 대처는 법의 발전사적 요소를 도외시 할 것이고, 궁극적으로 法外的(rechtsfremd)일 것이라고 주장한다. Ders., JuS 1979, S.682.

16) *Danwitz*, Europäisches Verwaltungsrecht, S.232.

17) *Danwitz*, Verwaltungsrechtliches System und Europäische Integration, S.170.

18) 이런 행동양태는 카르텔절차와 보조금절차에 더 이상 국한할 것이 아니라, －상표법과 같은－ 다른 실제적 중요한 법영역에도 확장될 수 있다.

19) *Ladeur/Möllers*, Der europäische Regulierungsverbund der Telekommunikation im

EU고유행정법(Eigenverwaltungsrecht)을 구축하는 데 EU행정법의 작용형식에 대해 이전보다 더 관심이 모아진다.

EU운영조약 제288조(연합법의 법적 행위)는 입법행위와 비법률적인 법적 행위를 명시적으로 구분하지 않고, EU의 법적 행위를 단순히 적시할 뿐이다.[20)] 그렇지만 －정식의 입법절차, 파생된 법적 행위 및 시행적 법적 행위를 위한 규정을 담고 있는－ 동 조약 제289조(입법행위)부터 제291조(연합법의 집행(시행))는 법률적 성격의 법적 행위와 그렇지 않은 법적 행위를 구분하는 것을 바탕으로 한다.[21)] 요컨대 EU운영조약에서는 법형식상으로 입법행위와 법집행행위가 분명히 구분되고 있다.[22)]

1. EU 작용형식론과 독일 작용형식론의 기본토대상의 차이점

행정법의 기초는 경찰법, 즉 위험방지법이다.[23)] 그에 맞춰 독일의 행정법질서는 국가행정을 위한 객관적인 질서로서 성립하지 않았다.[24)] 오히려 행정법법적 시스템형성은 시종 국가와 시민의 관계에 의거하였다: "행정법이란 관리하는 국가와 그 臣民의 관계에 고유한 법이다."[25)] 개인보호적 기능을 발휘하고, 엄격한 하자효과론과의 연계성을 나타내는 행정행위 법제도 역시 이런 양극적 관계에 초점을 맞추었다. 실정법상으로 국가와 시민의 2극관계를 전제로 구축된[26)] 내국법과는 달리 EU법은 우

deutschen Verwaltungsrecht, DVBl. 2005, S.525ff.

20) 동조는 열거규정이 아니어서 다른 작용형식이 당연히 존재한다.

21) EU운영조약 제290조 제1항이 법률적 성질을 갖지 않는 법적 행위를 규정하고 있다.

22) *Lenaerts/Desomer*, Simplification of the Union's Instruments, in: de Witte(Hrsg.), Ten Reflections on the Constitutional Treaty for Europe, 2003, S.107(109ff.).

23) *Schmidt-De Caluwe*, Der Verwaltungsakt in der Lehre Otto Mayers, S.47ff.

24) *Di Fabio*, Risikoentscheidungen im Rechtsstaat, S.11.

25) *Otto Mayer*, Deutsches Verwaltungsrecht, S.14.

26) 한편 최근 환경법과 안전법에서 진행된 급격한 발전으로 새로운 법형식의 움직임이 있다. 그리고 오늘날 이극(二極)적인 행정법관계이외에 다극적인 규율목표와 법효과를 지닌 행정법관계가 많이 출현하여 제3자효 행정행위는 유별난 존재가 아니고 행정의 통상적 모습이다. 그렇다면 입법정책적 차원에서 특별규정(예: 독일 행정법원법 제80조a(복효적 행정행위에서의 잠정적 권리보호))을 두는 것이 바람직하다.

선 회원국과 EU간의 관계를 대상으로 하면서, 직접적인 효과의 법제도에 의해서 비로소 EU의 시민도 그 적용영역에 포함시킨다. 따라서 작용형식에 연계된 EU시스템의 형성은 EU, 회원국 그리고 EU시민의 3극적 법률관계를 출발점으로 할 수밖에 없다.[27)]

기본토대상의 두 번째 차이는 EU의 구조 및 EU에 이전된 고권적 권능의 본질이다. EU은 압도적으로 회원국을 상대로 한 EU명령과 EU지침의 법정립(입법)의 방법으로 활동한다. 이런 양상을 기능적으로 보면 법정립공동체(Rechtsetzungsgemeinschaft)라 표현할 수 있다.[28)] EU운영조약 제288조(연합법의 법적 행위)에[29)] 규정된 법적 행위인 EU결정(Beschluss)은 일응(prima facie) 우리나 독일에서의 행정행위(행정처분)에 비견될 수 있는 작용형식에 해당한다.[30)]

회원국의 행정법질서가 보여주는 형식상의 다양성과의 비교에서, 확연한 것은 특별한 행정적 작용형식의 규범적 형성에서 EU조약법이 억제하는 모습을 보여준다는 것이다. 이런 억제의 모습은 EU이 행정집행에서 단지 부분적로만 자신의 권능을 행사할 수 있다는 배경에서 비롯될 수 있다. EU법에서는 고권적 결정을 독자적으로 집행한다는 것은 널리 결여되어 있는데, 전형적인 행정법적 구조가 EU법에서는 결여되어 있기 때문이다. 이것만이 아니라, 오히려 유럽행정법의 법제도를 EU과 EU에 의한 우월적인 규범활동에 의해 각인시키는 것도 그 이유가 된다. EU운영조약

---

27) EU에 대한 EU시민의 관계보다 회원국에 대한 EU 및 시민의 관계가 훨씬 중요한 역할을 하고 있다.

28) *Danwitz*, Europäisches Verwaltungsrecht, S.234.

29) EU운영조약 제288조(구 공동체조약 제249조) ① EU의 권한행사를 위해 기관은 명령, 지침, 결정, 권고 그리고 견해표명을 취한다. ② 명령은 일반적으로 통용된다. 그것은 모든 부분에서 구속력이 있으며 직접 모든 회원국에 직접 통용된다. ③ 지침은 그것이 향하는 모든 회원국에 대해 달성할 목표와 관련하여 구속력이 있다. 하지만 형식과 수단의 선택이 (회원국의) 국내 부처에 맡겨진다. ④ 결정은 모든 부분에서 구속력이 있다. 그것이 일정한 수범자를 상대로 하면 이들에 대해서만 구속력이 있다. ⑤ 권고와 견해표명은 구속력이 없다.

30) *Schwarze*, Europäisches Verwaltungsrecht, 2.Aufl., 2005, S.927ff.

제278조(부정지효, 연기) 제1문이[31] EU법원에 대한 소의 정지효를 일반적으로 배제하여 유럽행정소송이 집행부정지를 원칙으로 한 것은, -설령 소송대상이 개별결정이라 하더라도- 가령 EU법이 기본적으로 규범행위를 지향하는 점에서 기인할 수도 있다.[32]

그리고 규범작용에 통용되는 (사법심사의) 규준은 EU법에서 신뢰보호와 비례원칙을 각인시키는 윤곽에도 영향을 미친다.[33] 즉, EU법상으로 비례원칙의 전개는 회원국 국내법상의 그것과는 경향적으로 정반대로 진행되고 있다. 가령 독일에서는 비례원칙의 효력이 먼저 그리고 특히 경찰법에서 발휘되고,[34] 행정활동의 한계를 긋는다. 반면, EU법의 차원에서는 그것은 -점차 EU기관의 행정활동을 위한 규준으로서도 동원되긴 하지만- 우선 입법행위에 관한 사법통제의 심사규준으로서 EU최고재판소에 대해 도움을 주었다.

2. EU 특유한 기능질서에 기인한 작용형식의 다기능성

현행 EU법질서의 특징은 입법작용과 법집행작용(행정작용)의 법형식에 관한 범주적 구분이 분명하지 않다는 점이다. 사실 EU의 제 기능은 그것의 개개 기관에 전속적으로 귀속하지 않는다. 기능교차의 시스템이 EU의 기능질서의 특징이다. 따라서 입법작용과 행정작용의 불분명한 구분은 이런 독특한 기능질서의 표현이자 결과이다.[35] 그에 맞춰 EU각료이

---

31) EU운영조약 제278조(구 공동체조약 제242조) EU최고재판소에 대한 소송은 어떠한 정지효도 가지지 않는다. 그러나 EU최고재판소는 계쟁 행위의 집행을 연기(정지)시키는 것이 사정상 필요하다고 볼 경우에는 그렇게 할 수 있다.

32) *Fromont*, Die Annäherung der Verwaltungsgerichtsbarkeiten in Europa, in: Schmidt-Aßmann/Sellner/Hirsch/Kemper/Lehmann-Grube(Hrsg.), Festgabe 50 Jahre BVerwG, 2003, S.93ff.

33) EU(EG)의 1차적 기능으로서의 법정립에 관해서는 *Danwitz*, Verwaltungsrechtliches System und Europäische Integration, S.124ff.

34) *Ossenbühl*, Maßhalten mit dem Übermaßverbot, in: FS Lerche, S.151(152); *Stern*, Zur Entstehung und Ableitung des Übermaßverbotes, in: FS Lerche, S.165ff.

35) *Lenaerts/Desomer*, Simplification of the Union's Instruments, in: de Witte(Hrsg.),

사회(Rat, Rat der Europäischen Union: Council of the European Union)와[36] EU집행이사회는 −비록 비중에서 차이가 나지만− 입법적 기능은 물론, 집행적 기능도 수행한다. 반면 유럽의회는 본질적으로 협력기관이자 통제기관으로서의 역할에 그친다.

각 회원국의 헌법적 전통에서 권력분립구조의 결여는 유럽작용형식론에 대해서 특히 다음의 결과를 낳는다. EU운영조약 제288조에 규정된 법적 행위는 특수한 다기능성이 그 특징이다.[37] 즉, 그것은 입법적 작용으로서는 물론, 집행적 작용으로서도 기능할 수 있다. EU운영조약 제288조상의 결정의 작용형식의 경우 개개의 EU시민이나 기업체를 지향하면 의문 없이 행정적 집행의 수단에 해당하지만, 국가를 수범자로 하는 경우에는 결정이자 규범적 조정의 수단으로서도, 즉 입법작용으로서도 기능할 수 있다. 마치 우리 문헌상의 실질적 입법행위와 형식적 입법행위의 구별마냥, EU법은 −입법행위에 해당하는− 입법적인 법정립과 −형식으로는 행정작용이나 실질은 규범작용인− 집행적인 법정립을 구분한다.[38] 이처럼 형식적 관점과 실질적 관점이 병존하는 한, 법적 행위의 관계나 형식적인 기준에 전적으로 의거해서 어떤 조치를 집행영역이든 입법영역이든 어느 하나에 귀속시키는 것은 곤란하다. 마지막으로 EU운영조약 제288조에 의해 일정한 법적 행위를 하나의 기관에로 배타적으로 귀속시키는 것은 배제된다.

Ten Reflections on the Constitutional Treaty for Europe, 2003, S.107(109ff.).

36) 이는 유럽이사회(Europäischer Rat; European Council)와는 구별된다. 유럽이사회는 'EU정상회의'라고도 하는데, EU의 각 회원국의 정상들의 회의체이다. 입법권을 갖지 않으며, EU의 입법에도 참여하지 않지만, 입법의 방향 등을 제시하거나 각 회원국간의 타협을 발견한다든지 향후 EU의 발전을 위한 계기를 마련한다든지 하는 상위기관으로서의 나름의 역할을 한다.

37) *Bast*, in: Bogdandy/Armin(Hrsg.), Europäisches Verfassungsrecht, 2003, S.479(533f.).

38) 이에 따라 EU최고재판소는 EU집행이사회에 대해 EU명령제정을 거부하려는 시도를 수긍하지 않았다. EuGH, Rs. 41/69, Slg. 1970, 661(691; Rn.60/62)-ACF Chemiefarma/Kommission.

하지만 이상과 같은 특성이 있다 하더라도, 현행 EU법의 시스템이 입법적 법정립과 법집행행위를 구분하지 않는다고 결론을 내려서는 아니 된다. 법정립과 법집행의 범주적 차이점은 오히려 현행법에서 전제적으로 형성되어 있고, 특히 EU운영조약 제288조(연합법의 법적 행위), 제290조(위임된 법정립) 및 제291조(연합법의 집행(시행))에 의해 입법행위와 비입법행위의 구분이 강구되고 있다고 할 수 있다.[39] 해당 행위가 입법영역이나 집행영역에 귀속하는지 여부의 물음과 관련해서, 법적 행위를 바탕이 되는 실정법적 근거가 1차적 착안점을 제공한다.[40] 그 법적 근거가 제1차법의 규정인 법적 행위는 아무튼 통상 입법영역에 귀속되어야 한다. 즉, 오래 전부터 입법행위로 여겨져 온 EU각료이사회(Rat)의 EU명령이 그러하다. 이에 반해 2차적 법을 집행하기 위한, EU집행이사회의 다수의 EU명령처럼, 파생된 법의 규정에 바탕을 둔 법적 행위는 통상 집행의 영역에 속하고 그런 점에서 우리의 법규명령과 동일하다.

그러나 이 원칙에는 예외가 있다. 해서 조약규정에 직접적으로 의거하지만 그 규율내용에 의거해서 결코 입법적 성격을 갖지 않는 EU각료이사회(Rat)의 EU명령도 존재한다. 이를 넘어서 조약 그 자체가 EU집행이사회에 대해 집행적 조치를 수권한다. 그리고 개별경우와 관련한 결정이 EU집행이사회에[41] 의해 발해진 경우,[42] 그 결정은 행정적 활동에 속하는

39) 한편 우리의 경우 판례와 문헌이 이른바 처분적 명령에 대해 매우 우호적인 태도를 취하여 그것이 마치 제5의 행정작용마냥 확립된 법제도로 여겨지고 있다. 법원이 전향적으로 처분성확대를 도모하였다고 호평할 수 있지만, 현행의 공법질서 특히 규범체계로서는 심각한 난맥에 처하게 되었다. 입법자가 선택한 규범으로서의 법적 성격이 법원의 판단에 의해서 부인되는 셈이다. 권리구제의 확대의 측면에서 처분성의 확대인정 자체는 이론(異論)이 없지만, 법집행행위를 무색케 만드는 과도한 처분성인정은 규범통제의 항고소송화는 물론, 규범과 집행행위의 구분을 소멸시켜 행정작용법론의 기능부전까지도 초래할 수 있다. 법규범의 형식을 갖는 한, 그것의 법적 취급은 시종 법규범으로서의 위상에 맞추어야 한다. 이른바 처분적(조치적) 행정입법의 인정과 그 확대의 문제점에 관한 상론은 김중권, 이른바 處分的 行政立法의 問題點에 관한 小考, 공법연구 제42집 제4호(2014.6.20.). 285면 이하 참조.

40) *Stettner*, Verwaltungsvollzug, in: Dauses(Hrsg.), Handbuch des EU-Wirtschaftsrechts, Loseblattsammlung, Stand: Oktober 2007, Bd. 1, B. Ⅲ Rn.51ff.

것으로 추정된다. 사인이나 회원국 행정청과 EU 사이에 체결한 조약 역시 의문 없이 행정적 작용형식에 속한다. 그 밖의 경우에는 입법부의 영역이나 집행부의 영역에로의 법적 행위의 귀속을 위해서는, 결정적으로 그 내용에 좌우된다. 즉, 이것은 EU운영조약 제288조(연합법의 법적 행위)에서 언급하지 않은 -가령 결의나 통지와 같은- 법적 행위에 대해 통용된다.

Ⅳ. EU행정의 작용형식의 유형

EU의 활동에 대해 확고한 유곽을 부여하고, -작용형식론의 고전적인 관심사의 의미에서- 개개의 것에 대해 근거를 부여하고 어떻게 진행되는지를 통해 개개의 활동을 확고히 한 것이 EU운영조약 제288조(연합법의 법적 행위)에 규정된 법적 행위이다. 이하에서는 이를 바탕으로 개개의 작용형식의 유형에 따른 법제도 전반을 살펴본다.

1. EU명령

(1) 의 의

EU명령(Verordnungen, Regulation)은 EU작용의 초국가성이 가장 직접적으로 반영되는 EU법의 범주이다.[43] EU운영조약 제288조(연합법의 법적 행위) 제2항에 의하면[44] EU명령은 일반적인 통용을 지니며, 모든 회원국

41) EU집행이사회는 현존한 입법적 권능을 가짐에도 불구하고, 우선적으로는 EU의 집행기관으로 기능한다.

42) *Bogdandy/Bast/Arndt*, Handlungsformen im Unionsrecht, ZaöRV 62(2002), S.77 (95).

43) 많은 문헌들이 이를 '규정'이나 '규칙'으로 옮기는데, 그것은 공법학에서의 용례와는 맞지 않는다. 따라서 오해를 불식하기 위해 법규성을 전제하도록 '명령'으로 옮긴다.

44) EU운영조약 제288조(구 공동체조약 제249조) ① EU의 권한행사를 위해 기관은 명령, 지침, 결정, 권고 그리고 견해표명을 취한다. ② 명령은 일반적으로 통용된다. 그것은 모든 부분에서 구속력이 있으며 직접 모든 회원국에 직접 통용된다. ③ 지침은 그것

에서 직접적으로 효력을 발휘한다. 가령 그것은 －회원국의 전환을 필요로 하지 않고서－ 개인과 모든 회원국 행정청에 대해서 직접적으로 효력을 발휘한다.[45] 그래서 EU법의 규정은 EU에서 가능한 한 동일한 효력을 발휘하여야 한다는 원칙을 가장 잘 실현한다.[46] 이런 효력으로 인해, EU명령은 회원국의 한계를 넘어서 －EU 및 공동체를 '법연합' 및 '법공동체'로서 구성하기 위한－ 통일적인 법을 제공하는 데 특히 적합하다. 그에 따라 EU명령은 EU법에서 법통일화(Rechtsvereinheitlichung)의 수단이지, 법일치화(Rechtsangleichung)의 수단은[47] 아니다.[48]

EU의 법적 활동 가운데 스탠다드(표준)형식에 해당하는 EU명령은 EU법의 법원 가운데 으뜸의 위상을 차지하고 있다. 그 이유는 EU의 법적 행위의 2/3이 EU명령의 형식으로 행해지기 때문이다. EU법의 입법자가 EU명령이나 EU지침을 사용할지 여부는 개별사건에서 합목적성의 관점에 따라 판단되는데, 여기서의 재량행사는 EU운영조약 제296조(유럽연합의 법적 행위의 공통된 원칙) 제1항과[49] EU조약 제5조(제한적 수권의 원칙, 보충성의 원칙과 비례의 원칙) 제1항[50] 제2문 등에 의한 비례원칙에 의해서 제한을 받는다.

이 향하는 모든 회원국에 대해 달성할 목표와 관련하여 구속력이 있다. 하지만 형식과 수단의 선택이 (회원국의) 국내 부처에 맡겨진다. ④ 결정은 모든 부분에서 구속력이 있다. 그것이 일정한 수범자를 상대로 하면 이들에 대해서만 구속력이 있다. ⑤ 권고와 견해표명은 구속력이 없다.

45) 기초적인 것으로 EuGH, Rs. 34/73, EuGHE 1973, 981 Rn.10 - Variola; EuGH, Rs C-606/10, NVwZ-RR 2012, 736 Rn.72 - ANAFE.

46) *Schroeder*, in: Streinz(Hrsg.), EUV/AEUV, Art.288 AEUV Rn.53.

47) 반면 EU지침은 국내의 차이점은 견지하면서 단지 법일치화를 가져다준다.

48) *Danwitz*, Europäisches Verwaltungsrecht, S.175; *Schroeder*, in: Streinz(Hrsg.), EUV/AEUV, Art.288 AEUV Rn.53.

49) EU운영조약 제296조(구 공동체조약 제253조) ① 발해야 할 법적 행위의 종류가 조약에서 주어지지 않으면, 기관은 현행 절차와 비례원칙을 준수하면서 사안별로 그에 관해 결정을 내린다.

50) EU조약 제5조(구 공동체조약 제5조) ① EU의 권한의 경계를 나누기 위해 제한적 수권의 원칙이 통용된다. EU의 권한행사를 위해 보충성의 원칙과 비례의 원칙이 통용된다.

(2) 법적 효력

1) 일반적 통용력

EU명령은 추상적－일반적 효력을 발생시킨다. 그래서 일부에서는 그것을 '유럽법률'(europäisches Gesetz)이라 표현하기도 하지만, 그것은 기껏해야 실질적 의미에서의 법률을 의미할 뿐이다. 왜냐하면 그것이 EU집행이사회에 의한 집행적 법정립의 수단으로서도 사용되기 때문이다. EU명령은 규범수범자를 숫자와 강도에 따라 정하기 때문에, EU명령의 일반적 통용은 배제되지 않는다. 그래서 관련된 인적 범주가 EU명령의 제정시에 이미 확정되고 더 이상 확대될 수 없을 경우에만 EU명령의 일반적 통용은 부인된다.[51] 이런 기준을 이용해서 EU명령은 행정행위처럼 개별적 통용력을 지닌 법적 행위와는 구분된다. 이런 구분은 EU운영조약 제263조(무효화(취소)소송) 제4항에[52] 의한 원고적격자를 정하는 데 의의를 갖는다. 나아가 업무방식조약이 EU명령의 발함만을 허용하고, 개별적인 법적 행위를 결코 허용하지 않을 때, 그 구분은 의의를 갖는다.

2) 포괄적 구속력

EU명령은 권고와 견해표명과는 구속력에서 차이가 있다. 그것은 EU지침과는 달리 포괄적인 구속적인 효력을 발휘한다. 이런 포괄적인 구속력은 일정한 수범자를 관련지움으로써 상대화되지 않기 때문에, EU명령은 회원국은 물론, EU시민과 EU기구에 대해서 잠재적으로 권리와 의무를 성립시킨다.[53] EU지침의 경우 회원국만을 그 수범자로 하여 EU시민

---

51) EuGH, verb. Rs. 41 - 44/70, International Fruit Company, Slg. 1971, 411 Rn.16/22.

52) EU운영조약 제263조(구 공동체조약 제230조) ④ 모든 자연인 또는 법인은 제1항과 2항에 따른 조건하에서 자신들을 향하거나 자신들과 직접적 그리고 개별적으로 관련되는 행위(작용) 및 －그들과 직접적으로 관련 되고 시행조치를 수반하지 않는(시행조치를 필요로 하지 않는)－ 명령적 성질의 법적 행위에 대해 소를 제기할 수 있다.

53) Vgl. EuGH, Rs. 43/71, Politi, Slg. 1971, 1049 Rn.9; *Nettesheim*, in: Grabitz/Hilf/

을 위해 직접적인 법적인 의무부과를 발생시키지 않는다. 이와 구별되게, EU명령은 시민들간의 수평적 효과 역시 내용상으로 적합한 경우에는 전개할 수 있다. 그리하여 그것은 회원국 국내법원을 상대로 한 민사소송의 방법으로도 관철될 수 있다.[54)]

3) 직접적인 통용력

EU명령이 모든 회원국에서 직접적으로 통용된다는 것은 그것이 국가는 물론 잠재적으로 EU시민에 대해서도 의무를 지운다는 점을 시사한다. 동시에 EU명령의 통용범위는 전체 EU영역으로 확대된다.[55)] 이런 직접적인 통용력에 기하여 EU명령은 회원국에서 통용되는 법질서의 선험적 구성요소이다. 그리하여 EU명령은 발효하면 회원국 국내법에서의 전환조치를 개재시키지 않고 권리주체에 대해 권리・의무를 성립시킨다.

회원국 국내입법행위에 의한 EU명령의 전환은 과도할 뿐만 아니라, 허용되지도 않는다. 일종의 규범반복금지가 인정된다. 만약 규범반복금지가 인정되지 않다면, 수범자인 회원국이 당해규율의 EU법적 성격을 오판하고 그에 배치되는 법규범을 제정할 수 있게 되어, 결국 EU최고재판소의 해석독점이 저해된다.[56)] EU명령의 직접적 통용력에서 생겨나는 것이 회원국 국내법에 대한 EU명령의 무제한적 우위이다. 그래서 회원국은 EU명령의 발효, 내용 또는 적용가능성을 일방적으로 바꿀 수 없다.[57)]

Nettesheim, Das Recht der Europäischen Union 2015, Art.288 AEUV Rn.90. 개별 사건에서 그런 권리와 의무가 회원국 국내행정청과 법원에 의해 주장될 수 있는지 여부는 직접적 적용의 물음이다.

54) Vgl. EuGH, Rs. C-253/00, Muñoz/Frumar, Slg. 2002, I-7289 Rn.30ff.; Rs. C-91/92, Faccini Dori, Slg. 1994, I-3325 Rn.24.

55) EuGH, Rs. 61/77, Kommission/Irland, Slg. 1978, 447 Rn.45/51; Rs. C-214/94, Boukhalfa, Slg. 1996, I-2277 Rn.13.

56) Vgl. EuGH, Rs. 34/73, Variola, Slg. 1973, 981 Rn.9ff.

57) EuGH, Rs.39/72, Kommission/Italien, Slg. 1973, 101 Rn.17; Rs. 34/73, Variola, Slg. 1973, 981 Rn.15.

4) 직접적인 적용가능성

EU명령의 규정이 직접적으로 적용될 수 있는지 여부의 물음에 관해서 EU운영조약 제288조(연합법의 법적 행위) 제2항은[58] 아무런 견해를 표명하지 않는다. 이를 위한 요건은, EU명령이 분명하고 무조건적 의무부과를 성립시켜서 EU기관과 회원국의 그 밖의 조치가 필요하지 않고 그리하여 회원국 국내행정청과 법원에 의해 적용될 수 있어야 한다.[59] 비록 EU명령 그 자체가 개인을 위해 －법원이 보호할 의무가 있는－ 권리를 성립시키는 데 적합하다 하더라도, 심사되어야 할 점은 그 EU명령이 직접적으로 적용될 수 있는지 여부이다.[60] 명시적이거나 묵시적인 수권 내지 의무부과에 기하여 EU의 입법자 또는 회원국 국내입법자가 행하는 시행조치에 의해 비로소 완전하게 될 수 있는 '불완전한 EU명령'(hinkende Verordnung)도 있다.[61]

2. EU지침[62]

(1) 의 의

EU운영조약 제288조(연합법의 법적 행위) 제3항에[63] 의하면, EU지침(Richtlinie)은[64] 발해진 모든 회원국에 대해 실현목표와 관련해서 구속적

58) EU운영조약 제288조(구 공동체조약 제249조) ② 명령은 일반적으로 통용된다. 그것은 모든 부분에서 구속력이 있으며 직접 모든 회원국에 직접 통용된다.

59) EuGH, Rs. 57/65, Lütticke, Slg. 1966, 239(266).

60) EuGH, Rs. 43/71, Politi, Slg. 1971, 1049 Rn.9.

61) *Ruffert*, in: Calliess/Ruffert, EUV/AEUV, Art. 288 Rn.21.

62) 여기서의 언급하지 않은 내용은 후술할 EU법의 시행의 차원에서 다룬다.

63) EU운영조약 제288조(구 공동체조약 제249조) ③ 지침은 그것이 향하는 모든 회원국에 대해 달성할 목표와 관련하여 구속력이 있다. 하지만 형식과 수단의 선택이 (회원국의) 국내 부처에 맡겨진다.

64) 한편 Richtlinien(Directive)을 보통 규칙으로 옮기는 데 그것은 문제가 있다. EU지침의 경우에는 전환이 유보된 점과 행정법에서 통상 (행정)규칙은 법규성이 부인되는 것으로 인식되고 있다는 점에서 자칫 오해를 낳는다. 따라서 이를 규칙으로 옮기는 것은 바람직하지 않다.

이지만, 형식과 수단의 선택을 회원국 국내부처에 맡겼다. EU지침은 EU법의 특수한 타자적(간접적) 법정립수단에 해당하며, 단계적인 구속성을 나타낸다.[65] 즉, 그것은 그 목표와 관련해서만 회원국에 대해서 구속적이고, 선택할 형식과 관련해서는 그렇지 않다.

EU지침은 그 스스로 회원국에서의 법을 직접적으로 만들어내지 못하고, 회원국에 의해 시행되어야 한다. 즉, 아직 전환되어 있지 않는 한에 있어서, EU지침은 원칙적으로 회원국과 시민과의 관계에서의 행정활동에 대해서 영향을 미치지 아니한다.[66] EU지침은 학계에서의 높은 관심도와는 대조적으로 실무에서는 두드러진 위상을 갖지 못한다. 그것은 EU의 모든 법적 행위의 10%보다 미달한 수준이다. EU운영조약 제114조에 의한 중요한 역내시장분야에서는 작용수단으로서 중요한 역할을 하지만, 그 분야에서도 EU명령에 의해 대체되고 있다.[67]

(2) 전환요청

EU지침(EU운영조약 제288조 제3항)은 회원국으로 하여금 EU지침에 규정된 기간안에 그 내용을 내국법으로 전환할 것을 의무를 지운다(전환요청: Umsetzungserfordernisse). 그리하여 직접적으로 적용가능한 EU지침에 대해서만 적용우위가 인정된다. 하지만 원칙적으로 EU지침은 회원국은 물론 회원국 국민에 대해 직접적으로 구체적인 적용이 가능하지는 않고, 회원국에 대해서 그것의 전환만을 의무를 지운다. 그리하여 EU지침 위반인 회원국 국내법에서 진정한 규범충돌은 존재하지 않고, 대신 회원국은 단지 EU지침에 반하게 활동한 셈이 됨으로써 조약위반을 범한 셈

---

65) *Schroeder*, in: Streinz(Hrsg.), EUV/AEUV, Art.288 AEUV Rn.68.

66) 하지만 회원국 국내법의 EU지침합치적 해석의무를 성립시킬 수 있다. EuGHE 1996, I-5403 - EuZW 1997, 318; EuGH(GK) NJW 2006, 2465, LS4; *Schliesky*, Die Vorwirkung von gemeinschaftsrechtlichen Richtlinien, DVBl. 2003, 631ff.

67) 예: Die auf die Binnenmarktkompetenz gestützte VO (EG) Nr. 1924/2006, ABl. 2006 L 404/9 über nährwert- und gesundheitsbezogene Angaben über Lebensmittel.

이 된다.

EU지침의 전환에서 개인과 회원국 조직을 위한 내국법의 구속적 통용은 의심의 여지 없이 확고해야 한다. 독일에서 이는 다음과 같은 점을 의미한다－EU지침이 개인의 권리와 의무를 성립시키는 한, 그것은 법률, 법규명령, 조례 등에 의해 전환되어야 한다. EU지침규정을 현행 개괄조항에 반영하거나 또는 일반적 법원칙의 요소로서 입력하는 것에 의해 전환하는 것으로는 결코 충분하지 않다.[68] 문제되는 EU지침이 그 사이 직접적으로 적용가능하게 되어 버렸다고 하더라도 그러하다. 이로부터 도출된 최소한의 보장이 EU지침전환의무를 면하게 하지는 않는다. 이런 EU지침전환의무는 경우에 따라서는 조약위반절차를 규정한 EU운영조약 제258조 이하에 따라 관철될 수 있다.[69]

그리하여 독일에서의 행정규칙 역시 EU지침의 전환을 위해서는 원칙적으로 부적합한 수단에 해당한다. 왜냐하면 행정규칙의 비법규성으로 인해 그것이 제3자에 대해서도 어느 정도로 직접적인 효력을 발휘할 수 있는지의 물음은 항상 불명료하기 때문이다.[70] 그렇지만 EU지침이 단지 회원국의 행정청간의 협력이나 EU집행이사회와 회원국간의 관계만을 규율하고 시민의 법적 지위를 바꾸려하지 않는 경우에는 법률에 의한 EU지침

---

68) 상세는 *Funke*, Umsetzungsrecht, 2010, S.133ff.; *Danwitz*, Europäisches Verwaltungsrecht, S.183ff.; *Ehlers*, in: Ehlers/Pünder(Hrsg.), Allg. VerwR, §5 Rn.13; *König*, in: Schulze/Zuleeg/Kadelbach(Hrsg.), Europarecht, Handbuch für die deutsche Rechtspraxis, 3.Aufl. 2014, §2 Rn.51ff.

69) *Berkemann*, Die unionsrechtliche Umweltverbandsklage des EuGH – Der deutsche Gesetzgeber ist belehrt "so nicht" und in Bedrängnis, DVBl. 2011, S.1253 (1261).

70) EuGH, Rs. C-361/88, EuGHE 1991, 2567 Rn.16, 20; EuGH, Rs. C-58/89, EuGHE 1991, 4983 Rn.15; EuGH, Rs. C-59/89, EuGHE 1991, 5019 Rn.23f.; BVerwG NVwZ 2012, 641 Rn.21. 한편 EuGH가 유럽법상의 지침의 전환형식이 규범구체화규칙이 되어서는 아니 되고 법규명령이어야 한다고 판시한 데 대해서 많은 문헌은 그런 판단은 독일 규범체제를 대한 몰이해에서 비롯되었다고 공박한다. 그런데 달리 보면 독일에서 행정규칙의 법적 성질을 둘러싼 논쟁에서 기왕의 전통적인 입장인 행정규칙의 비법규성의 기조가 문제가 있음을 드러낸 것으로 볼 수도 있다.

전환의무가 존재하지 아니 한다.[71] −회원국을 상대로 EU집행이사회의 결정권한 역시 성립시킬 수 있는− 그런 종류의 규율은 전환기간의 경과와 함께 발효한다.[72] 한편 독일 행정절차법 제8조의 a(지원의 원칙) 이하가[73] 유럽법적 직무협력규정에 관한 일반적 적용지시(Generalverweisung)로써 규정에 맞는 EU지침전환의 통상의 원칙에 거의 일치하지 않더라도, 그것은 전적으로 행정청의 협력과 관련한 규율로서 현행 EU법적 요청을 넘어선 것이라 할 수 있다.

(3) EU지침과 회원국 국내 전환법률간의 관계

EU지침을 매개로 개시된 단계적 법정립절차에 의해 회원국은 EU지침의 완전한 전환을 필요한 조치를 내국 법질서에 시스템에 맞게 맞추어 넣을 수 있으며, EU지침의 실제적 효력을 확고히 할 수 있다.[74] 1;1 식으로, 즉 EU지침을 특별법률에 그저 베끼는 것에 한정된 전환은 이를 실행하지 않은 것이다.[75] 그것은 법을 산산조각이 되게 하는데, 이는 법정책상의 장애를 유발한다.[76] 그리고 EU법적 관점에서 의문스럽다.[77] 회원국 국내입법자가 −네덜란드에서 종종 그러하듯이− 회원국 국내법률에

---

71) *Klepper*, Vollzugskompetenzen der EG aus abgeleitetem Recht, 2001, S.134f.; *Nettesheim*, in: Oppermann/Classen/Nettesheim, Europarecht, §9 Rn.93

72) *Herdegen*, Europarecht, §8 Rn.36.

73) 독일 행정절차법 제8조의 a [지원의 원칙] ① 유럽공동체의 법적 행위에 따라 요구되는 경우, 모든 행정청은 유럽연합의 다른 회원국의 행정청에 대해 요청이 있으면 도움을 준다. ② 유럽공동체의 법적 행위에 따라 허용되는 경우, 유럽연합의 다른 회원국의 행정청에 대해 도움을 요청할 수 있다. 유럽공동체의 법적 행위에 따라 요구되는 경우, 도움을 요청해야 한다. ③ 유럽공동체의 법적 행위에 배치되지 않는 한, 제5조, 제7조 그리고 제8조 제2항의 규정은 준용되어야 한다.

74) *Danwitz*, Europäisches Verwaltungsrecht, S.180f.

75) *U. Stelkens*, Europäisches Verwaltungsrecht, Europäisierung des Verwaltungsrechts und Internationales Verwaltungsrecht, in: Stelkens/Bonk/Sachs, VwVfG Kommentar. 9.Aufl. 2018, Rn.65.

76) *Sydow*, Informationsgesetzbuch häppchenweise, NVwZ 2008, S.481(484).

77) *Sydow*, Die Richtlinie als Instrument zur Entlastung des europäischen Gesetzgebers. JZ 2009, S.373(377ff.).

의한 정적, 동적 적용지시(statische oder dynamische Verweisung)의[78] 방법으로 EU지침이 직접 적용하는 것으로 간주하는 데 그치는 경우에도 마찬가지이다.

회원국 국내법이 EU지침에 합당하면, －원칙적으로 기타의 회원국 국내법과 마찬가지로 해석되고 적용되어야 할－ 전환법률의 본문은 회원국 국내 법적용자에 대해서 구속력을 지닌다.[79] 그러나 EU지침의 개념을 전환법률에 사용하면, 그 개념이 고전적인 독일 법개념과는 다른 의의를 지녀서 경우에 따라서는 EU지침합치적 해석을 통해 탐구되어야 할 결과가 초래될 수 있다. EU지침의 이유 역시 전환법률의 목적론적 해석을 위한 시시점도 제공할 수 있다. 그렇지만 독일 연방헌법재판소는 그 사이 －독일 입법자에게 전환여지가 주어지는 한에 있어서－ 독일의 전환법률은 기본법(및 주헌법)의 기본권과 국가목표의 규준에 의거하여 가늠되어야 한다고 명확히 하였다.[80] 이는 EU지침이 회원국 국내행정청에 대해 재량이 부여되어야 한다고 규정하는 한, 회원국 국내기본권(과 국가목표)이 재량한계로서 동원될 수 있는지 여부 및 어느 정도로 동원될 수 있는지의 물음에 대해서도 영향을 미칠 수 있다.[81] 나아가 대부분 회원국 국내입법자에 대해 EU지침의 적용범위를 넘어서 전환법률의 적용영역을

78) 정적 · 고정된(statisch, starr) 적용 · 준용(지시)의 경우, 가결된 날짜 혹은 예전의 일정시점을 적시하여 확실히 적용 · 준용시키는 것이다. 반면, 동적 · 유도적(dynamisch, gleitend) 적용 · 준용(지시)은 관련된 규정의 장래의 개정(변경)까지도 예견하여 함께 고려하는 것이 특징이다. 적용(준용)지시의 효과를 보면, 적용(준용)지시의 대상규범의 내용이 적용(준용)지시의 근거규범상으로 변환되어 그대로 또는 유보하에 편입된다(적용 · 준용의 자동성). 즉, 편입된 대상규범은 근거규범의 효력과 위계를 같이한다. 적용(준용)지시에 관해서는 김중권, 행정법기본연구 I (2008), 157면 이하 참조.

79) BVerfG(K) NJW 2012, 669 Rn.46f.; *Wahl*, Die Rechtsbildung in Europa als Entwicklungslabor, JZ 2012, S.861(864).

80) BVerfG (K) NVwZ 1993, 883, 884; NJW 2001, 1267, 1268; NVwZ 2004, 1346, 1347; BVerfGE 113, 273, 300ff.; BVerfGE 118, 79, 95ff.; BVerwG NVwZ 2011, 1450 Rn.33 und NVwZ 2011, 1456 Rn.54: 이런 판례에 대한 비판으로 *Funke*, Umsetzungsrecht, S.168ff.

81) *Ritter*, Europarechtsneutralität mitgliedstaatlicher Generalklauseln?, NJW 2012, 1549ff.

확대하도록 의무를 과하는 것이 독일 기본법 제3조 제1항으로부터[82] 도출되지 아니 한다. 따라서 비록 순전히 독일내의 법정립에서의 차원에서 보면 기본법 제3조 제1항에 대한 위반이 분명하더라도, 내국인차별금지가 결코 아니다.[83]

하지만 전환법률이 EU지침에 근거를 두어야 한다는 사정으로부터 다음의 점이 도출되지는 않는다− 법률의 본문에 표현되지 않는 경우에는 전환법률은 제한적으로(EU지침의 1대1 전환의 의미에서) 해석되어야 한다고.[84] 제한적인 형성여지로 인해 회원국 국내 전환법률은 순수한 국내법보다 낮은 민주적 정당성을 나타내지는 않는다. 그래서 EU지침이 소멸한 이후에도 존재한다.[85] 그리하여 EU지침전환의 법률은 순전히 회원국 국내법적으로 정해진 경우에도 유추적으로 동원될 수 있다. 전환법률을 위한 유추금지는 존재하지 않는다.[86] EU지침의 규율프로그램이 EU지침의 적용영역에 속하지 않는 사안에 대해서도 초과적으로 확대되게 EU지침의 전환이 있는 경우, 사정에 따라서는 변화된, EU지침합치적 해석의 허용성의 물음이 제기된다. 통상 회원국 국내법의 그런 변화된 해석은 방법론적으로 정당화될 수 없다.[87] 그리하여 회원국 국내법률이 EU지침을

---

82) 독일 기본법 제3조 ① 모든 사람은 법 앞에 평등하다.

83) BVerwG NVwZ 2011, 495 Rn.15; NVwZ 2011, 871 Rn.16; NVwZ 2012, 52 Rn.11; *Albers*, "Inländerdiskriminierung" am Beispiel des Handwerksrechts, JZ 2008, 708(712ff.).

84) BGHZ 179, 84 Rn.24 - NVwZ 2009, 605; BGHZ 188, 200 Rn.9f. - NZBau 2011, 175.

85) *Payandeh*, Die Nichtigkeit von EG−Richtlinien: Konsequenzen für den mitgliedstaatlichen Umsetzungsakt im Lichte des Demokratieprinzips, DVBl. 2007, 741ff.; 반론: *Funke*, Umsetzungsrecht, S.160ff. 한편 우리의 경우 위임근거인 상위의 법률(령)규정이 추후에 변경이나 소멸된 경우에 종전의 법령에 터잡은 법규명령의 효력이 문제된다. 일부에서는 당연히 법규명령이 소멸하는 것으로 보고, 판례 역시 그렇게 본다(대법원 1995.6.30. 선고 93추83 판결). 그러나 법적 안정성의 차원에서 −직접적으로 폐지되거나 간접적으로 다른 충돌하는 법규명령에 의해 사실상 효력을 상실하는 상황(묵시적 폐지)이 일어나기 전에는− 계속적 통용을 부정하지 않는 것이 바람직하다. 이는 독일에서의 통설의 입장이다.

86) BVerwG NVwZ 2011, 102 Rn.21ff.

과하게 전환하는 경우에도 설령 회원국 국내법원이 EU지침의 해석에 대해 회원국 국내법률의 해석을 위한 의의를 부여하더라도, EU최고재판소는 EU운영조약 제267조에 따른 예비판정절차상의 제청이 허용된다고 여겼다.[88)]

또한 회원국 국내입법자가 전환기간의 경과까지 EU지침의 법상황에 일치하지 않는 법상황을 고수하고자 한다는 아무런 근거점이 존재하지 않은 경우에, 회원국 국내법은 전환기간의 경과 이전에 이미 'EU지침과 관련해서' 적용될 수 있다. 그런 앞서 나간, EU지침과 관련한 법적용은 EU법적으로 꼭 필요하지는 않다. 그러나 법적 물음의 순전히 국내법적 해결을 위한 명확한 규준이 없거나 현재의 국내법영역에서의 조기의 해결책이 의결할 만한 것으로(verabschiedungswürdig) 여겨지는 경우에는 그런 앞서 나간 법적용은 의미가 있을 수 있다.[89)]

(4) EU지침합치적 해석

회원국 국내법을 EU지침에 합치하게 해석하고(Richtlinienkonforme Auslegung) 법을 형성할 EU법적 의무는[90)] 받아들여지고 있다.[91)] 하지만 EU최고재판소에 의하면, EU조약 제4조(유럽연합의 관할, 국가적 정체성, 충성스런 공동협력) 제3항에서[92)] 비롯된 이런 EU법적 의무는 국내 해석방

---

87) 상세: *Weiss*, Gespalten oder einheitlich? EuZW 2012, 733ff.

88) EuGH, verb. Rs. C-175, 176, 178, 179/08, NVwZ 2010, 505 Rn.48 - Abdulla u. a.

89) *Danwitz*, Europäisches Verwaltungsrecht, S.190f.

90) 이런 상관관계에서 해석개념을 명확히 하는 것으로 BGHZ 179, 27 Rn.21 - NJW 2009, 427; NVwZ-RR 2011, 55 Rn.24.

91) 바탕이 된 것으로 EuGH, Rs. 14/83, EuGHE 1984, 1891 Rn.26 - von Colson und Kamann; EuGH, verb. Rs. C-397/01 bis C-403/01, EuGHE 2004, I-8835 Rn.115 -Pfeiffer; EuGH, Rs. C-555/07, EuGHE 2010, I-335 Rn.47ff. - Kücükdeveci; EuGH, Rs. C-97/11, NVwZ 2012, 1097 Rn.27ff. - Amia; EuGH, Rs. C-282/10, NJW 2012, 509 Rn.24ff. -Dominguez; *Herrmann/Michl*, Wirkungen von EU-Richtlinien, JuS 2009, S.1065(1068ff.).

92) EU조약 제4조 ③ 충실한 협력의 원칙에 의해 연합과 회원국은 조약으로부터 비롯된 임무를 이행하는 데 있어서 상호 존중하고 지원한다. 회원국은 조약이나 연합의 기관

법론의 한계에 그 한계를 둔다: 회원국 국내법에 의해 성립한 결정여지가 완전히 다 소진되어야 한다; 하지만 EU지침합치적 해석의 원칙(EU명령)이 국내법상으로 허용되지 않은 법형성을 강제하지는 못한다.[93] 회원국 전환법률의 본문이 한계에 해당하는지 여부는 그래서 관련 회원국에서 인정된 해석방법론에 의해 결정된다.[94]

독일 연방대법원(BGH)이 독일 입법자가 의도한 규정에 맞는 EU지침의 전환을 동원하여 회원국 국내법규정의 분명한 어의를 넘어가는 것을 가능하다고 여기는 한,[95] 아무튼 이것이 EU법적으로 요구되지는 않는다. EU지침합치적 해석이 배제된 경우, 불충분한 EU지침의 전환을 이유로 한 국가배상책임이 가능하다.[96] 그러나 EU지침의 직접적인 적용과는 다르게 EU지침합치적 해석이 私人에 대해 불이익하게 효력을 발휘할 수도 있다.[97]

(5) EU지침의 직접적인 효력(효과)

회원국 국내전환조치에 의존하는 법정립형식으로서 EU지침이 전환되지 않은 채 그 전환기간이 경과한 경우, 그 상황은 개인의 직접적인 권리와 의무를 성립시키는 데 원칙적으로 부적합하다. 하지만 EU지침이 전환되지 않거나 하자있게 전환되어서 그로 인해 개인에게 직접 손해가 발생

의 활동으로부터 비롯된 의무를 이행하는 데 적합한 -일반적이거나 특별한 종류의- 모든 조치를 취한다. 회원국은 연합임무의 이행에서 연합을 지원하고, 연합의 목표의 실현을 위태롭게 할 수 있는 모든 조치를 취하지 않는다.

93) EuGH, Rs. C-282/10, NJW 2012, 509 Rn.25 - Dominguez; BVerfG (K) NJW 2012, 669 Rn.47ff.; *Schenke*, Von der unmittelbaren Geltung von Richtlinien zur richtlinienkonformen Rechtsfortbildung: Die steuerrechtliche Perspektive, in: FS Scheuing, S.149(160).

94) BVerfG(K) NJW 2012, 669 Rn.46ff.; *Kadelbach*, Allgemeines Verwaltungsrecht unter europäischem Einfluss, 1999, S.104ff.

95) BGHZ 179, 27 Rn.20 ff. - NJW 2009, 42.

96) EuGH, Rs. C-112/04, EuGHE 2006 I-6057, Rn.112 - Adeneler.

97) EuGH, Rs. C-53/10, EuZW 2011, 873 Rn.34 - Müksch.

한 경우, EU법적 원칙에 따라 회원국은 손해배상책임을 질 수 있다.[98] 이에 더해 지속적인 판례에서 EU최고재판소는, －이것이 충분히 구체화되어 있고, 즉 분명하고 일의적이고 무조건이고, 시행행위를 필요로 하지 않는 경우에는－ EU지침이 전환기간의 경과 이후에도 불구하고 직접적으로 적용가능할 수 있으며, 나아가 행정을 상대로 개인의 권리를 성립시킬 수 있다는 점을 인정하였다.[99]

EU규범제정자가 법적용자와 법원이 보통의 해석방법론을 이용하여 해석할 수 있는 개념을 사용하는 한, 불확정법개념을 사용했다는 것이 충분한 명확성의 요청에 위배한 것은 아니다.[100] EU지침이 직접적으로 적용가능할 경우 이것이 회원국으로 하여금 EU지침을 규정에 맞춰 전환해야 할 자신의 의무를 모면하게 하지는 않는다. 이에 더해 (외관상) 하자가 있는 EU지침전환의 경우 －EU지침의 직접적 효력의 물음이 제기되기 전에－ 먼저 회원국 국내법의 EU지침합치적 해석을 강구해야 한다.[101]

EU지침의 직접적 적용가능성의 범위와 관련해서, 개인은 모든 국가부처에[102] 대해 EU지침상의 규율을 주장할 수 있다(수직적 효력). 반면, 두 축의 법률관계에서 국가부처는 전환되지 않은 EU지침으로부터는 시민을 상대로 권능을 도출할 수 없다는 것, 즉 EU지침이 이런 상황에서

---

98) EuGH, verb. Rs. C-6 - 90, C-9/90, Slg. 1991, I-5357, Rn.31ff. - Francovich; EuGH, Rs. C-392/93, Slg. 1996, I-1631, Rn.37ff. - British Telecommunications; EuGH, verb. Rs C-178/94, C-179/94, C-188/94, C-189/94, C-190/94, Slg. 1996, 4845 Rn.19ff. - Dillenkofer; *König*, in: Schulze/Zuleeg/Kadelbach(Hrsg.), Europarecht, §2 Rn.70.

99) *Ehlers*, in: Ehlers/Pünder(Hrsg.), Allg. VerwR, §5 Rn.14; *Herrmann/Michl*, JuS 2009, 1065ff.; *König*, in: *Schulze/Zuleeg/Kadelbach*(Hrsg.), Europarecht, §2 Rn. 57ff.

100) Vgl z. B. EuGH, Rs. 8/81, Slg. 1982, 53 Rn.27ff. - Becker; EuGH, Rs. C- 97/11, NVwZ 2012, 1097 Rn.35 - Amia.

101) EuGH, Rs. C-97/11, NVwZ 2012, 1097 Rn.27 - Amia; EuGH, Rs. C-282/10, NJW 2012, 509 Rn.23 - Dominguez.

102) EuGH, Rs. C-97/11, NVwZ 2012, 1097 Rn.38 - Amia.

시민의 부담을 성립시킬 수는 없다는 것은 아직까지도 다투어지고 있다.[103] EU지침이 회원국에 대해 전환여지를 부여하는 한, 청구권은 전환에 의해 강제적으로 규정된 범위에서만 성립한다.[104] 반면 회원국이 그런 청구권을 성립시키려 하지 않았기 때문에, 그런 청구권은 회원국 국내법의 EU지침합치적 적용에서 성립할 수 없다는 것과 직접적으로 적용가능한 EU지침으로부터 청구권을 도출하는 것이 서로 배치되지 아니 한다: EU지침의 직접적 적용가능성은 회원국 국내입법자의 배치된 의사를 제압하기 위한 수단이다.[105] 회원국 행정청은 이를 직권으로 유의해야 하고, 그리하여 배치되는 회원국 국내법을 논외로 둘 수 있다.

다극적 법관계에서 EU최고재판소는 다음의 경우에는 EU지침의 직접적 효력을 가능하다고 여긴다. 즉, EU지침이 의무이행을 위해서 행정청이 사인의 법적 지위에 개입할 수밖에 없을 의무를 행정청에 대해 과하되, EU지침 그 자체가 사인의 의무를 성립시키지 않는 경우가 그 경우이다. 해서 비록 환경영향평가의무가 사적 사업주체에 대해 불리하게 영향을 미칠 수 있다 하더라도, EU환경영향평가지침(UVP-RL)의 직접적 적용가능성은 가능하다도 여겨졌다.[106] 그러나 사업주체에 대해 실체적 권리를 박탈하는 것이 초래될 수밖에 없을 때는 그것의 직접적 효력은 배제하였다.[107] EU지침은 회원국 행정청에 의한 (간접적) 피부담자의 권리에

103) EuGH, Slg. 1987, 3969 Rn.9 - Kolpinghuis Nijmegen; EuGH, verb. Rs. 372/85 bis 374/85, Slg. 1987, 2141 Rn.24.

104) VGH Kassel NVwZ 2007, 348, 350; OVG Münster GewArch 2006, 468ff.

105) BVerwG NVwZ-RR 2011, 205 Rn.18ff; *Berkemann*, Die Umweltverbandsklage nach dem Urteil des EuGH vom 12. Mai 2011 - Die “noch offenen” Fragen, NuR 2011, S.780(781).

106) EuGH, Rs. C-201/02, Slg. 2004, I-723 Rn.55ff. - Wells; *Bunge*, Die Klagemöglichkeiten anerkannter Umweltverbände aufgrund des Umwelt- Rechtsbehelfsgesetzes nach dem Trianel-Urteil des Europäischen Gerichtshofs, NuR 2011, S.605(609); *Durner/Paus*, Erweiterung der Klagerechte von Umweltverbänden, DVBl. 2011, S.759(761f.).

107) EuGH, Rs. C-201/02, Slg. 2004, I-723 Rn.57ff. - Wells.

대한 －법률유보의 의미에서의－ 개입의 근거가 될 수는 없다.[108] 그러나 이런 경계를 설정하는 것이 현실적으로 매우 어렵다.[109]

3. EU결정

(1) 의 의

EU의 행정활동에 관한 통계상으로 보면, 우리의 행정현실과 마찬가지로 일종의 행정행위에 해당하는 결정(Beschluss)이 우월한 의의를 갖는다. EU의 법적 행위의 약 1/3 정도가 결정의 범주에 속하며, 특히 발급기관이 EU집행이사회이다. EU결정의 적용분야는 전체 EU의 고유한(독자, 자체) 행정법까지 확장되고, 나아가 행정협력법의 대상까지도 포함한다.[110] 특히 경쟁법과 보조금법은 EU결정에 의해 집행된다. EU결정은 일종의 유럽적 행정행위(europäischer Verwaltungsakt)에 해당한다. 그래서 그것은 우리 행정소송법 제2조 제1호 및 행정절차법 제2조 제2호상의 행정처분[111] 및 독일 행정절차법 제35조상의 결정과[112] 동일한 본질적인 특성을 공유한다. 특히 그것은 개별경우의 구속적인 규율에 이바지한다. 규율내용의 구속력 및 한정된 수범자의 범주의 관련성이 결정을 EU법의

---

108) *Rieckhoff*, Vorbehalt des Gesetzes im Europarecht, 2007, S.201ff.

109) *Kadelbach*, Allgemeines Verwaltungsrecht unter europäischem Einfluss, S.87ff.; *König*, in: Schulze/Zuleeg/Kadelbach(Hrsg.), Europarecht, §2 Rn.67; *Manthey/Unseld/Arbor*, Der Mythos vom contra-legem-Verbot: Vom Umgang des EuGH mit einem Verfassungsprinzip, DÖV 2011, S.921(926ff.).

110) 결정의 유형에 관해서는 vgl. *Vogt*, Die Entscheidung als Handlungsform des Europäischen Gemeinschaftsrechts, 2007, S.45ff.

111) '처분 등'이라 함은 행정청이 행하는 구체적 사실에 관한 법집행으로서의 공권력의 행사 또는 그 거부와 그 밖에 이에 준하는 행정작용(이하 '처분'이라 한다) 및 행정심판에 대한 재결을 말한다.

112) 행정행위(Verwaltungsakt)는 행정청이 공법의 영역에서 개별적 경우를 규율하기 위하여 발하고 외부에 대하여 직접적 효과를 발생시키는 모든 처분, 결정 또는 기타의 고권적 조치를 말한다. 일반처분이란, 일반적 징표에 의하여 특정되거나 특정될 수 있는 인적 범위를 대상으로 한 행정행위 및 물건의 공법상의 성질 또는 공중에 의한 그 이용에 관계되는 행정행위를 말한다.

핵심적 집행수단으로 적합하게 한다. 이런 특성에 의거해서 EU결정의 작용형식은 고도의 추상적인 확정을 담은 EU법을 개별경우에 적용되게 한다. 그리하여 EU결정은 소관기관으로 하여금, 개인이나 회원국에 대해서 —전술한 행정행위의 경우와 동일하게— '마땅히 무엇해야 할지'(was für sie "Rechtens sein soll")를 확정할 수 있게 한다.

종전의 유럽공동체조약(EGV) 제249조상의 결정(Entscheidung)이 현행 EU운영조약 제288조에서 결정(Beschluss)으로 수정되었다. 이런 수정을 통해 분명해진 점은, 그런 결정이 종전의 형식에 비추어 규범적 성격의 수범자 없는 법적 행위로서 행해지거나 또는 구속적 조치의 형식으로 특정한 수범자를 상대로 행해진다는 점이다. 특정 수범자에 대한 결정(Entscheidung)과는 대조적으로 EU운영조약 제290조 제1항상의 입법행위(Gesetzgebungsakt)는 수범자를 전제로 하지 않으면서 결정(Beschluss)으로도 행해질 수 있다.[113] 후자의 경우 입법적 성격을 지니지 않는 법적 행위로서도 가능하다.

요컨대 일정한 수범자를 향한 결정과, 수범자적 특성이 없는 결정은 구분되어야 한다.[114] 나아가 후자의 경우 잠재적이긴 하나 구속력이 있다는 점에서 단순한 결의와, 특정 수범자를 전제로 하지 않은 점에서 EU지침과, EU 및 그 기관에 대해서만 직접적 구속효를 전개한다는 점에서 EU명령과 구분된다.

한편 EU결정은 회원국을 상대로 행한 것(국가지향적 결정)과 사인을 상대로 행한 것(개인지향적 결정)도 구분되어야 한다. 전자는 준입법적 조

113) EU운영조약 제290조는 제1항에서 EU집행이사회에 대해 —법률적 성격을 가지진 않지만, 관련 입법행위의 일정한 비본질적인 규정의 보완이나 변경을 위한 일반적인 통용을 지닌— 법적 행위를 발할 권능을 이전하는 것을 가능케 한다(파생된 법적 행위). 그리하여 규율은 EU집행이사회에 대해 -필요한 입법절차를 진행할 필요 없이- 일정한 범주내에서 법적 행위를 발할 가능성을 열러준다. 이런 법적 행위는 입법적 성격을 갖지 않는다.

114) *Schroeder*, in: Streinz(Hrsg.), EUV/AEUV, Art. 288 AEUV Rn.132.

치에 해당하고, EU운영조약 제289조(입법행위)에[115] 따른 입법절차에 의해 발해져야 한다. 또한 EU지침에 비견될 수 있다. 반면 후자는 EU집행이사회의 관할에 속하는 행정적 조치에 해당하고, EU운영조약 제297조(공포와 발효) 제2항 제3문에[116] 따라 수범자에 대해서만 통지된다. 행정행위와 같은 개인적 개별규율을 법원에 속하게 하지 않는 회원국 국내법시스템과는 대조적으로, 개인지향적 EU결정 역시 −공표되는 한− EU법시스템의 법적 작용에 속한다.[117]

(2) 행정적 작용형식으로서의 EU결정의 징표

1) 규율적 성격

행정적 작용형식으로서의 EU결정은 구속적 규율에 해당한다. 따라서 구속적 규율을 담지 않은 행정적 조치와 구별되어야 한다.[118] 구속적 결정과 비구속적 작용형식(특히 권고와 견해표명)을 구분하기 위해 결정적인 것은, 해당 조치가 직접적인 법효과를 발생시키는지 여부이다.[119] EU결

---

115) EU운영조약 제289조 ① 정식의 입법절차는 집행이사회의 제안으로 유럽의회와 각료이사회가 명령, 지침이나 결정을 함께 채택할 때 존재한다. 이 절차는 제294조에 규정되어 있다. ② 조약에 규정된 일정한 경우, 유럽의회가 각료이사회의 참여하에 또는 각료이사회가 유럽의회의 참여하에 명령, 지침이나 결정을 채택하는 것은 특별한 입법절차로서 행해진다. ③ 입법절차에 따라 채택한 법적 행위는 입법행위에 해당한다. ④ 조약에 규정된 일정한 경우, 입법행위는 회원국이나 유럽의회의 주도에 의거하여, 유럽중앙은행의 권고에 의거하여 또는 IEU최고재판소나 유럽투자은행의 신청에 의거하여 발해질 수 있다.

116) EU운영조약 제297조(구 공동체조약 제254조) ② 명령이나 지침 또는 −불특정한 수범자를 상대로 한− 결정으로 발해진 비입법적 성격의 법적 행위는 그것을 발한 기관의 장이 서명을 한다. −모든 회원국을 상대로 한− 명령, 지침 및 −불특정한 수범자를 상대로 한− 결정은 유럽연합의 관보에 공포된다. 이들은 그것에 의해 확정된 시점이나 −확정되지 않은 경우에는− 공포이후 20일에 발효한다. 다른 지침 및 −특정한 수범자를 상대로 한− 결정은 수범자에 대해 통지되고, 통지됨으로써 발효한다.

117) *Schroeder*, in: Strein(Hrsg.), EUV/AEUV, Art. 288 AEUV Rn.137.

118) *Nettesheim*, in: Grabitz/Hilf/Nettesheim(Hrsg.), Das Recht der Europäischen Union, Art. 288 AEUV Rn.184.

119) EuGH, Rs. 133/79, Slg. 1980, S.1299(1309f.; Rn.15ff.) - Sucrimex; *EuGH*, Rs. C-147/96, Slg. 2000, I-4723(4740f.; Rn.25ff.)

정은 '직접적인 법효과'를[120] 발생시키고, 통보된 수범자에 대해 구속적이다. 이처럼 법효과가 발생하기에, EU결정에 대해서는 우리나 독일의 행정행위와 동일한 방식으로 행정행위의 실체법적 기능의 차원에서 개별화기능과 명확화기능이 부여된다.[121] 즉, 행정의 작용형식으로서의 EU결정은 EU법으로부터 수범자에 대해 그가 처한 구체적인 상황에서 어떤 법효과가 생겨나는지를 확정(인)한다.

직접적인 법효과의 발생 여부는 발급절차의 상황, 외적 형식, 조치의 내용에 따라서 탐문되어야 한다. 결과적으로 EU기관이 법구속적인 표시를 하려고 하였는지가 도출되어야 한다. 그렇지만 이때 주관적인 규율의사가 아니라, 외관에 비추어 구속적 규율이 존재하는지에 전적으로 좌우된다. 이런 규율적 성격의 차원에서, 순전히 사실적인 행정활동과 —구속적 규율을 담고 있지 않은— 준비행위 및 부분행위는 결정과는 구분되어야 한다. EU최고재판소는 특히 의도표시행위,[122] 법적 견해표명 및 EU관할영역 이외에서의 견해표명은[123] 규율적 성격이 없는 순전히 사실적 행정활동의 범주에 포함시켰다. 이에 반해 결정의 발함여부에 관한 확약(Zusage)은 EU결정에 해당할 수 있다.[124] —가령 절차의 개시와 같은— 단순한 절차행위나 —종국결정을 준비하는—중간결정 역시 통상 EU결정에 해당할 수 없다.[125] 하지만 예외가 존재한다. 가령 본안결정과 분리되

---

120) EuGH, Rs. 9/70, Slg. 1970, 825(830; Rn.5.) - Grad.

121) 전통적으로 행정행위의 이런 기능은 O. Mayer의 법적 안정성의 고려에 연결된다. 따라서 행정행위를 통해서, 개입행정에서는 법률상 확정된 의무가, 급부행정에서는 법률상의 청구권이 구속적으로 구체화되며, 그리하여 행정청의 포섭의 결과가 확정된다. 이런 행정행위의 규율기능은 행정행위의 제 구속력(공정력, 구성요건적 효력, 존속력, 기결력 등)을 발생시킨다.

122) EuGH, verb. Rs. C-66/91 u. C-66/91 R, Slg. 1991, I-1143(1151; Rn.28) - Emerald Meats/Kommission.

123) EuGH, Rs. 133/79, Slg. 1980, 1299(1310; Rn.16ff.) - Sucrimex.

124) *Nettesheim*, in: *Grabitz/Hilf/Nettesheim*(Hrsg.), Das Recht der Europäischen Union, Art. 288 AEUV Rn.186.

125) EuGH, Rs. 53/85, Slg. 1986, 1965(1990; Rn.19) - AKZO Chemie/Kommission.

거나 분리가능한 사안을 완결적으로 규율하는 중간결정의 경우 EU결정에 해당한다.[126) 본안의 전체결정의 부분을 완결적(종국적)으로 결정을 내린 셈인 조치 역시 마치 부분허가마냥 EU결정으로 인정될 수 있다.[127) 반면 반복처분은 EU결정에 해당하지 않는다.[128)

2) 개별규율적 성격

EU결정의 대상은 법규범일 수 없다. 법적 행위가 일반적이고 추상적으로 정해진 인적 범주에 대해 법효과를 발생시키는 경우에는 그것은 결정으로 여겨질 수 없다.[129) 그래서 EU결정의 작용형식은 개별적－구체적인 규율을 전제로 한다. 따라서 구속력을 지닌 EU명령과는 그 수범자의 범주에 의해 구분된다. EU명령은 입법적 작용형식으로서 일반적으로 구속력을 발생시키는 반면, EU결정은 그것이 나타내는 사람, 즉 특정인에 대해서만 구속력을 지닌다. 마찬가지로 EU지침에 대해서도 EU결정은 분명히 구별된다. EU지침처럼 EU결정은 회원국을 상대로 발해지기도 하지만, EU지침과는 달리 EU결정은 달성목표와 관련해서만 구속력을 갖지는 않는다. EU결정의 작용형식을 통해 회원국에 대해 EU명령을 실현하기 위한 광범한 수단과 방도를 구속적으로 사전에 규정할 수 있다. 즉, 규범에 비해 확정적이다.

이런 구상적 차이점을 넘어서, 간과해서는 안 되는 것이, EU지침은

126) EuGH, Rs. 53/85, Slg. 1986, 1965(1990; Rn.20) - AKZO Chemie/Kommission. 이는 우리의 경우 폐기물관리법상의 적정(적합)통보를 사전결정(예비결정)의 차원에서 처분성을 인정한 것과 비견할 수 있다.

127) 부분허가제도는 사실적(실체적)으로 나눌 수 있는 설비부분의 설치와 운영에 관한 것인데, 이는 실정법적 근거를 필요로 한다. 유의할 점은 독일과는 달리 우리의 경우 그에 관한 명문의 근거를 볼 수 없다는 것이다.

128) EuGH, Rs. C-180/96, Slg. 1998, I-2265(2280; Rn.28) - Vereinigtes Königreich/Kommission. 우리 역시 반복처분은 처분성이 부인되는 단순한 반복결정에 지나지 않는다(대법원 2000. 2.22. 선고 98두4665 판결 등).

129) EuGH, Rs. 16/62 u. 17/62, Slg. 1962, 963(979) - Conféderation nationale des producteurs de fruits et légumes/Rat; EuGH, Rs. 307/81, Slg. 1982, 3463(3472; Rn.9) - Alusuisse/Rat und Kommission.

법실무에서 국가지향적 EU결정과 EU지침간의 경계가 분명하지 않은 방식으로 전개되어 왔다는 점이다. 법적 효과의 발생여하에 따라 구체적인 규율이 존재하는지를 확인하는 것은 특별히 어렵지 않지만, 수범자의 범주의 필수적인 개별화와 관련해서는 각별히 어려움이 제기될 수 있다. 그렇지만 특정성이 조치의 객관적인 규율본지에 의거해서 잠재적 수범자의 범주가 다소간 자세히 조사될 수 있다는 것으로부터 비롯되어서는 아니 된다.[130)]

3) 외부효의 발생

EU결정의 수범자로 사인과 기업만이 아니라, EU의 개개의 회원국이나 전체 회원국이 되는 것은 문제되지 않는다.[131)] 실제로 많은 경우에 회원국이 결정의 수범자이다.[132)] 회원국에 향해진 EU결정은 표시된 국가의 모든 기관(법원을 포함한)에 대해 구속적이다.[133)] 그런데 EU최고재판소는 집행위이사회가 구 공동체조약 제86조 제1항과 제3항(현행 EU운영조약 제108조)에 의한 보조금감독기능의 범주에서 회원국에 대해 어떤 결정을 내리는 것을 거부한 것에 대해 EU결정의 성질을 부인하였다.[134)]

한편 EU의 기관과 행정청 역시 EU결정의 수범자가 될 수 있는지 여부는 불확실하고 다투어진다. 이와 관련해서 일부에서는 결정은 권리형성적 외부효를 가져야 한다는 이유에서 부정하지만,[135)] 압도적 문헌은 EU의 기관과 행정청을 EU결정의 잠재적 수범자의 범주에 정당하게 넣는다.[136)] EU운영조약 제288조(연합법의 법적 행위) 제4항의[137)] 본문이 어

130) EuG, Rs. T-166/99, Slg. 2001, Ⅱ-1857(1874; Rn.41) - Andres de Dios u.a./Rat.
131) *Ruffert*, in: Calliess/Ruffert(Hrsg.), EUV/AEUV, Art. 288 AEUV Rn.90.
132) *Bogdandy/Bast/Arndt*, ZaöRV 62(2002), S.77(94).
133) EuGH, Rs. 249/85, Slg. 1987, 2345(2360; Rn.17) - Albako/Balm.
134) EuGH, Slg. 2005, Ⅰ-1283 Rn.66-74.
135) *Oppermann/Classen/Nettesheim*, Europarecht, §6 Rn.97.
136) *Schroeder*, in: Streinz(Hrsg.), EUV/AEUV, Art.288 AEUV Rn.138.
137) EU운영조약 제288조(구 공동체조약 제249조) ④ 결정은 모든 부분에서 구속력이 있다. 그것이 일정한 수범자를 상대로 하면 이들에 대해서만 구속력이 있다.

떤 조치의 외부효를 요구하지 않는 점이 후자의 입장을 뒷받침한다. 그렇지만 EU의 기관을 상대로 한 조치의 경우, 법구속적 규율이 의욕되었는지 여부를 특별히 심사하여야 한다. 가령 유럽 공무원직무규정(EU-Beamtenstatut) 제25조에[138] 의한 '처분'처럼, 유럽직무법의 범주에서의 결정에 대해서도 비슷하게 적용된다.[139]

(3) EU결정의 구속력 및 하자있는 결정의 효과

1) 공정력과 불가쟁력의 인정

행정법에서 행정행위의 공정력은 공법관계를 안정시키는 것, 즉 공적 안정력(공적 안정화효)이기에, 행정행위의 규율적 성격에서 공정력의 인정은 당연하다. 그리하여 행정결정의 위법이 무효로 여겨지는 영국에서조차 무효가 사법적으로 확고히 되지 않는 한, 일정한 상황하에 결정의 통용이 받아들여지고 있다.[140]

EU행정법상의 EU결정이 지닌 특별한 법치국가적 부가가치는 명확화효과 및 개별화효과를 안정화기능과 결합시키는 데 있다. 왜냐하면 EU결정은 우리의 행정행위의 공정력처럼 원칙적으로 그것이 폐지되기 전까지 유효하고 구속효를 발생시키는데, 설령 그것이 위법하다고 하더라도 그 사정은 동일하다.[141] 즉, EU행정법에서도 우리의 행정행위의 공정력에 해당하는 상황이 인정된다. 즉, Algera－판결에서 EU최고재판소는 회원국의 학설과 판례를 모범으로 하여 EU결정(행정행위)의 위법성은 일정한

---

138) 공무원은 직무물음에서 자신의 기관의 임명행정청에 대해 질의할 수 있다. 직무규정에 의거한 모든 처분은 관련 공무원에게 지체없이 서면으로 통지되어야 한다. 모든 침익적 처분은 이유제시되어야 한다. 임용, 정년보장임명, 승진, 전보, 보직 그리고 퇴직과 관련한 모든 처분은 그 공무원이 속한 기관에서 공표된다. 그 알림은 상당한 기간 동안 전체 사람이 접근할 수 있어야 한다.

139) *Reithmann*, in: Groeben/Schwarze/Hatje(Hrsg.), Europäisches Unionsrecht 7. Aufl., 2015, Art.336 AEUV Rn.19ff.

140) *Craig*, Administrative Law, 5th. 2003, p.693, 698.

141) *Netteschbeim*, in: Grabitz/Hilf/Nettesheim(Hrsg.), Das Recht der Europäischen Union, Art. 288 AEUV Rn.219.

경우에만 절대적 무효를 낳고, 이 밖에는 단지 취소가능에 그친다는 점을 분명히 하였다.[142] Algera－판결이래로 EU최고재판소는 지속적인 판례를 통해 이런 구속력을 인정한다.

EU법에서도 법적 행위의 취소가능성과 무효가능성이 구분되어야 하고, 우리 국내법과 거의 흡사하게 위법한 EU결정의 취소가능성과 관련해서도 일종의 불가쟁력에 따른 한계가 존재한다. 이런 한계는 특히 법적 안정성의 원칙으로부터[143] 비롯된다. EU결정은 EU운영조약 제263조(무효화(취소)소송) 제6항에[144] 의해 2개월 이내에 취소소송을 제기할 수 있다.[145] 적시에 취소소송이 제기되지 않으면, 불가쟁력(절차적 존속력)이 발생하게 된다.

요컨대 하자와 무관한 법효과(공정력) 및 존속력(불가쟁력)으로써, 행정의 작용형식으로서의 EU결정은 회원국 국내법의 행정행위와 함께 공유하는 두 가지의 특성을 지닌다.

2) 집행력의 문제

행정법일반이론에 의하면 침익적 행정행위는 명의기능을 갖는다.[146] 하명처분과 같은 부담적 행정행위는 그 수범자에 대해서 －법령에 의해 과해질 수 있는－ 법적 의무를 구체화할 뿐만 아니라. 이를 계기로 행정

---

142) EuGH, Rs. 7/56 u. 3-7/57, Slg. 1957, 82(126) - Algera.

143) 존속력과 법적 안정성의 원칙의 상관관계를 EU최고재판소는 반복적으로 강조한다. EuGH, Rs. C-453/00, Slg. 2004, I-837(868; Rn.24) - Kühne & Heitz; EuGH, Rs. C-110/02, Slg. 2004, S.I-6333(6362; Rn.35) - Kommission/Rat.

144) EU운영조약 제263조(구 공동체조약 제230조) ⑥ 본조에 규정된 소송은 2개월 이내에 제기되어야 한다. 이 기간은 사정에 따라, 관련 작용의 통지시점, 원고에 대한 통보시점 또는 －이것이 없을 때는－ 원고가 이런 행위(작용)를 알게 된 시점에 진행한다.

145) 법적 안정성의 원칙의 차원에서 우리의 행정법제가 취하는 쟁송기간(안 날로부터 90일, 있은 날로부터 180일이나 1년)은 너무 지나치게 길다고 여겨진다. 독일의 경우 30일이 기본적인 점에서 행정의 신속화의 차원에서 재고될 필요가 있다.

146) 행정행위가 지닌 실체법적, 절차법적, 집행법적, 쟁송법적 기능에 관해서는 김중권, 행정법, 166면 이하 참조.

에 대해서는 집행가능한 명의까지도 제공한다. 따라서 행정이 행정행위란 작용형식을 행사할 수 있는 한, 그에 담겨진 규율의 관철과 관련해서 행정은 법원의 도움에 의지하기 않고, 그 규율을 자신의 집행행정청에 의해 관철할 수 있다(명의기능: Titelfunktion). 즉, 자기집행력이 인정된다.[147)]

이에 반해 EU운영조약 제299조(집행가능한 명의로서의 결정; 강제집행) 제1항에 의하면,[148)] EU각료이사회(Rat)와 EU집행이사회의 －개인이나 기업체에 대해서 납부를 과하는－ EU결정만이, 즉 금전급부하명결정만이 집행가능한 명의일 수 있다.[149)] 반면 다른 종류의 활동의 실행, 수인이나 부작위를 목표로 하는 행위는 집행이 불가능하다.[150)] 따라서 집행력이 인정되지 않는다. 사실 EU의 집행기관의 EU결정은 종종 형성적, 확인적 성질을 지닐 수 있어서 집행될 수 없다. 이 밖에 EU의 관점에서 EU결정에 규정된 작위의무나 수인의무의 이행 그 자체를 강구하는 것이 아니라, (집행이 비교적 간단하게 여겨지는) 강제금의 부과를 통해 징계적 효과를 목표로 삼는 것이 실용적일 수 있다. EU각료이사회(Rat)와 EU집

147) 독일의 경우 하명처분의 불가쟁력의 발생을 전제로 행정이 자기집행에 나설 수 있는데, 우리는 그렇지 않다. 비록 집행정지효가 원칙으로 채택되지 않고 있지만, 법적 안정성을 위해 독일의 논의를 적극적으로 반영할 필요가 있다.

148) EU운영조약 제299조(구 공동체조약 제256조) ① 금전지급의무를 과하는 EU각료이사회, 집행이사회 또는 유럽중앙은행의 법적 행위는 집행가능한 명의에 해당한다: 이런 점은 국가에 대해서는 통용되지 아니 한다. ② 강제집행은 그것이 행해지는 국가의 민사소송법의 규정에 의해 행해진다. 집행명령서는 명의의 진정성에만 미칠 수 있는 심사를 한 다음 국가행정청에 의해 발부되는데, 모든 회원국의 정부는 이런 목적을 위해 그 행정청을 정하고 집행이사회와 EU최고재판소에 대해 그 행정청을 지정한다. ③ 집행을 강구하는 당사자의 신청에 기하여 형식규정이 충족되면, 그 당사자는 관할 부처에 대해 직접 도움을 구하는 식으로 국내법에 따라 강제집행을 할 수 있다. ④ 강제집행은 오로지 EU최고재판소의 판결에 의하여 연기(정지)될 수 있다. 그러나 집행조치가 규정에 합치하는지의 심사에 대해서는 개별국가의 사법기관이 관할한다.

149) EuGH, Rs. 41/73, 43/73 u. 44/73, Slg. 1977, 445(461f.; Rn.12/16) - Générale Sucriére.

150) *Gellermann*, in: Streinz(Hrsg.), EUV/AEUV, Art.299 AEUV Rn.3.

행이사회가 그의 결정을 스스로 집행할 수 없는 한, 그 EU결정은 회원국 행정청의 협력에 의지하는데, 이 경우 EU운영조약 제299조 제2항에 따라 강제집행절차는 집행하는 국가의 국내 민사소송법의 규정에 의거하여 행해진다.

4. 비구속적인 작용형식 – EU권고, EU견해표명, EU행정규칙

(1) 의 의

EU운영조약 제288조(연합법의 법적 행위) 제5항에[151] 규율된, 명시적으로 구속적 법적 행위로 형성되지 않은 권고(Empfehlungen)와 견해표명(Stellungnahmen)은 1차적으로 집행행위에 속하고, 입법행위에 속하지 않는다. 그럼에도 불구하고 권고와 견해표명의 경우 전통적인 법원시스템과는 대조적으로 현행 EU법의 法源(EU제2차법)으로서도 기능을 한다. 비구속성을 지닌 EU권고와 EU견해표명은 규범수범자의 권리와 의무를 위한 직접적인 근거로서는 기능할 할 수 없다. 그것은 –비록 고권적 성격은 지니나 일반적으로 국제법의 법원시스템에 들어가지 못하는– 국제법상의 소프트 로(soft law)에 비견될 수는 없다.[152] 따라서 비록 법적으로 구속성이 없는 조치라 하더라도, 법적으로 아무런 효과가 없는 것으로 여겨질 수는 없다.[153]

EU권고에 관한 근거규정인 EU운영조약 제292조에 의하면 EU각료이사회(Rat)와 EU집행이사회, EU중앙은행이 권고를 할 수 있는데, 특히 EU각료이사회(Rat)는 EU집행이사회의 제안에 기하여 권고를 발하는데, 만장일치가 요구되는 경우에는 만장일치로 결의하여 권고를 해야 한다.[154]

---

151) EU운영조약 제288조 ⑤ 권고와 견해표명은 구속력이 없다.
152) *Schroeder*, in: Streinz(Hrsg.), EUV/AEUV, Art. 288 AEUV Rn.143.
153) EuGH, Rs. C-322/88, Slg. 1989, 4407(4416; Rn.18) - Grimaldi.

EU권고 등은 회원국 국내법원에 의해 관철할 수 있는 권리를 성립시키지 않고, 직접적으로 적용될 수 없긴 해도, 그것의 법효과는 매우 다양하다. EU견해표명은 입법절차의 부분이자 법적 행위를 발하기 위한 요건에 해당할 수 있으며, 또한 EU운영조약 제263조(무효화(취소)소송) 제2항상의[155] 본질적인 형식규정에 해당할 수도 있다. 뿐만 아니라 EU운영조약 제258조(조약위반절차), 제259조(조약위반절차; 회원국에 의한 제소)나 제265조(부작위위법확인소송) 제2항에[156] 따른 소송을 위한 소송요건일 수도 있다. EU권고는 회원국 국내법원이 관련된 분쟁을 판단함에 있어서 특히 발해진 회원국 국내법규정을 시행하기 위한 해석을 하는 경우나 구속력이 있는 EU법규정을 보충해야 할 경우에 고려되어야 한다.[157] 이를 넘어서 신뢰보호의 원칙과 결합하여 권고나 견해표명을 발한 EU의 기관의 자기구속이 시인될 수 있다. 그리하여 나름의 권고나 견해표명과 배치되는 구속적 조치를 취해서는 아니 된다는 것이 도출된다.[158]

그런데 EU의 기관은 실무상으로 권고와 견해표명을 넘어서 - EU운영조약 제288조(연합법의 법적 행위)에 규정되어 있지 않은- 일련의 다른 규범적 법적 행위도 이용한다. 가령 EU집행이사회가 발하는 EU대강지침, 지도지침, 통보의 형태로 공포되고 있다. 이런 EU행정규칙적 규율

154) EU운영조약 제292조 EU각료이사회(Rat)는 권고를 발한다. EU각료이사회(Rat)는 집행이사회의 제안에 기하여 조약에 따라 법적 행위를 발하는 모든 경우에 집행이사회의 제안에 기하여 결의한다. EU의 법적 행위를 하는 데 만장일치가 규정되어 있는 영역에서는 EU각료이사회(Rat)는 만장일치로 결의한다. 집행이사회와 - 조약에 규정된 일정한 경우에는- EU중앙은행은 권고를 발한다.

155) EU운영조약 제263조(구 공동체조약 제230조) ② 이런 목적에 대해 EU최고재판소는, 회원국, 유럽의회, EU각료이사회(Rat), 또는 집행이사회가 무권한, 본질적인 절차규정의 위반, 조약이나 시행상 적용 법규범의 위반 또는 재량남용을 이유로 제기하는 소송에 대해 권한을 가진다.

156) EU운영조약 제265조(구 공동체조약 제232조) ② 이 소송은 문제되는 기관, 기구나 기타 부처가 그 이전에 행위를 하도록 요구를 받은 경우에만 허용된다. 이들이 이런 요구를 받은 후 2개월 이내에 견해를 나타내지 않으면, 소송은 그로부터 2개월 이내에는 제기될 수 있다.

157) EuGH, Rs. C-322/88, Slg. 1989, 4407(4416; Rn.18) - Grimaldi.

158) *Schroeder*, in: Streinz(Hrsg.), EUV/AEUV, Art. 288 AEUV Rn.143.

의 경우 일부는 EU집행이사회의 고유한 직무부서를 상대로 발해지지만, 대다수는 회원국과 그 행정청에 대해서 발해짐으로서,[159] EU법의 직접적, 간접적 집행을 조종한다.

(2) 비구속적인 작용형식으로서의 EU행정규칙의 특징

EU법적 집행규율에 해당하는 이들 행정의 작용형식의 특징은 EU법의 EU명령과 EU결정과 비교해서 −마치 행정규칙에 비견될 정도로− 상대적으로 낮은 구속력을 지닌다. 특히 기능적 측면에서 EU법의 집행규율은 행정규칙과 분명한 유사성(평행성)을 나타낸다.[160] 비록 비법규성을 전제로 하지만 행정규칙은 행정법에서 독립된 작용형식으로 인정된다.

행정규칙과 같은 이런 집행규율의 가장 중요한 기능은 −EU평등대우명령과 법적 안정성의 원칙과 같은 기본적인 법치국가적 요청에 합치하기 위해− 통일된 행정실무를 확고히 하는 것이다.[161] 이런 법적 행위의 우선적(1차적) 목표설정은 그래서 규범해석이다.[162] EU기관에 의한 EU법의 집행과 관련해서만 초점을 맞추어서는 아니 된다. EU의 측면에서 역시 중요하고 절박한 것이 개개 회원국에서 통일된 행정실무가 보장되는 것이다. 이는 특히 EU명령이나 EU지침과 같은 제2차법이 회원국의 집행행정청에 대해 −EU법의 통일적 적용을 저해할 우려가 있을 정도로− 광범한 형성여지를 부여하는 경우에 그러하다.

---

159) 유형에 관해서는 vgl. *Groß*, Exekutive Vollzugsprogrammierung durch tertiäres Gemeinschaftsrechts?, DÖV 2004, S.20(21f.); *Adam*, Die Mitteilungen der Kommission: Verwaltungsvorschriften des Europäischen Gemeinschaftsrechts?, 1999, S.13ff.

160) *Schroeder*, in: Strein(Hrsg.), EUV/AEUV, Art. 288 AEUV Rn.143.

161) 이로부터 행정의 일반적인 자기구속이 생겨난다.

162) 통상 행정규칙에서 가장 중요한 것이 행위통제규칙인 것과는 대조적으로 EU행정규칙은 규범해석규칙에 주안점이 주어지는데 그 이유는 EU행정규칙의 원칙적인 수범자가 회원국인 특성에서 비롯되었다고 할 수 있다.

(3) 규범수범자의 관점으로부터의 법효과의 문제

EU권고와 EU견해표명은 규범수범자의 권리와 의무를 위한 직접적인 근거로서는 기능할 수 없는데, 이 점은 EU지침, EU대강과 같이 언급되지 않은 법적 행위에 대해서도 마찬가지이다. 그런 법적 행위가 순전히 내부효로 끝나지 않아서 -조직규칙과 직무규칙처럼- EU집행이사회의 조직권, 업무집행권, 직무권에 포함되더라도, 그런 법적 행위는 유럽시민의 관점에서는 법적으로 비구속적이고, 그래서 아무런 구속효를 발생시키지 않는다.[163] 회원국들이 EU법을 집행하는 경우에도, 그런 종류의 법적 행위에 구속되지 않는다. 이런 측면에서 EU법의 집행은 연방시스템에서 연방의 각주가 연방법을 전환하는 것과는 결정적으로 구별된다. 연방정부는 연방주에 대해 EU회원국에 대한 EU집행이사회처럼 -행정규칙에 의한 구속효의 근거로 끌어들일 수 있는- 직무가이드권능을 행사하지 못한다.

-EU운영조약 제108조(보조금감독) 제1항에[164] 터 잡은- 보조금법상의 EU지침과 EU대강과 관련해서 EU최고재판소 판례는 회원국을 위한 구속효의 결여의 예외를 인정하였다. 즉, 회원국이 이런 법적 행위에 동의하는 한, EU최고재판소는 이런 법적 행위가 EU집행이사회만이 아니라 회원국도 구속한다는 점을 착안점으로 삼았다.[165] 이 견해에 의하면, 당해 EU지침들은 EU운영조약 제108조 제1항에 의해 규정된 정례적, 지속적 -EU집행이사회도 회원국도 면해질 수 없는- 협력의무의 부분이다.[166]

---

163) *Grundel*, in: Schulze/Zuleeg(Hrsg.), Europarecht, 2006, §3 Rn.86.

164) EU운영조약 제108조(구 공동체조약 제88조) ① 집행이사회는 회원국과 협력하여 회원국의 보조금규율을 지속적으로 심사한다. 진전된 발전과 역내시장의 활성화를 요구하는 목적기여적 조치를 제안한다.

165) EuGH, Rs. C-311/94, Slg. 1996, I-5023(5056ff.; Rn.36, 43) - Ijssel-Vliet.

166) EuGH, Rs. C-288/96, I-8237(8303; Rn.64) - Deutschland/Kommission.

한편 규범수범자에 대한 법적 구속성이 결여된다고 하여 실제적인 효과도 없다는 식으로 판단해서는 아니 된다. 해서 EU최고재판소의 판례에 의하면, 이상에서 언급한 법적 행위는 EU법을 집행하는 회원국 국내법규정을 해석하기 위해 또는 국소적인 EU법적 규정을 보완하기 위해 회원국 국내법원에 의해 동원되어야 한다.[167] EU조약 제4조 제3항에[168] 규정된, EU에 대한 회원국이 충성의무는 EU조약법에 의해 설정된 한계 안에서만 존재한다. EU권고나 EU지침의 일반적 구속효가 충성의무로부터 도출되지 않으며, 비구속적 법적 행위 역시 결코 법적으로 구속적 법적 행위로 될 수 없다.

(4) EU기관에 대한 구속효 문제

EU행정규칙의 경우 규범수범자의 시각에서는 －전술한 예외를 제외하고서－ 아무런 법적 구속효를 발생시키지 않는 반면, 그것을 발한 EU기관은 그것에 매우 구속되고 있다. EU기관에 대해서는 그런 집행부적 집행규율의 발함으로부터 신뢰보호원칙과 평등원칙을 통한 자기구속이 성립한다. 행정의 자기구속(Selbstbindung)은 행정에 고유한 기능영역에서 스스로가 정한 결정준칙(決定準則)에 구속된다는 것에 특별한 의미가 있다. EU최고재판소는 일찍부터 유럽직무법의 분야에서 이 점을 인정하였고,[169] 이런 자기구속의 법리는 새로운 판례에 의해 기타의 집행규율에 대해, 즉 EU보조금법에서[170] 마찬가지로 통용된다.

EU집행이사회 또는 다른 EU기관은 행정규칙을 발함으로써 일정한 행

167) EuGH, Rs. C-322/88, Slg. 1989, 4407(4416; Rn.18) - Grimaldi.

168) EU조약 제4조 ③ 충실한 협력의 원칙에 의해 EU과 회원국은 조약으로부터 비롯된 임무를 이행하는 데 있어서 상호 존중하고 지원한다. 회원국은 조약이나 연합의 기관의 활동으로부터 비롯된 의무를 이행하는 데 적합한 －일반적이거나 특별한 종류의－ 모든 조치를 취한다. 회원국은 연합임무의 이행에서 EU을 지원하고, EU의 목표의 실현을 위태롭게 할 수 있는 모든 조치를 취하지 않는다.

169) EuGH, Rs. 148/73, Slg. 1974, 81(89; Rn.11) - Louwage/Kommission.

170) EuGH, Rs. C-288/96, Slg. 2000, I-8237(8303; Rn.62) - Deutschland/Kommission.

정실무 및 법규범의 일정한 해석에 책임을 지게 된다. 그렇지만 이 경우 고수해야 할 점은, EU기관의 자기구속은 법적 행위에서 비롯된 엄격한 타자구속과는 약간 다르다. 행정적 자기구속은 '탄력적인 구속'에 해당한다. 즉, 신뢰보호원칙과 평등원칙에 터 잡고 있어서 행정적 자기구속은 원칙적으로 정당한 이유가 있을 때는 벗어나더라도 무방하다.[171)]

5. EU행정계약

(1) 의 의

EU운영조약 제288조는 행정계약을[172)] 언급하지 않는다. 그럼에도 불구하고, EU는 아무런 문제없이 계약의 작용형식을 행사할 수 있다.[173)] EU운영조약 제272조(중재조항에 의거한 관할)와[174)] 제340조(연합의 직무배상책임)에서[175)] 그 가능성을 전제하고 있다. 이 밖에 제2차법에서도 그 사이에 계약의 작용형식을 명시적으로 규정하는 규정이 나타났다.[176)] EU

---

171) 같은 것은 같게 다른 것은 다르게 취급해야 하는 평등원칙에 비추어, 평등원칙에 근거한 행정의 자기구속을 통한 재량축소는 나름대로 한계·제약이 있다. 개별·구체적 자기구속의 경우에도 신뢰보호는 절대적이지 않다. 특히 확약에선 사정변경의 원칙이 통용된다는 점을 유의해야 한다. 행정의 자기구속이 행정의 법률에 의한 타자구속과 구조적으로 차이가 있다는 지적으로 유일하게 김중권, 행정법, 61면 이하 참조.

172) 통상 행정계약은 공법계약으로서의 그것을 의미하는데, 여기서의 행정계약은 행정이 체결하는 모든 계약을 의미하는 것으로 본다. 행정법은 단지 공법으로서 접근할 것이 아니라 행정의 법으로 접근할 필요가 있다. 이 점에 관해서는 김중권, 행정법, 6면.

173) *Stelkens*, Probleme des Europäischen Verwaltungsvertrags nach dem Vertrag zur Gründung der Europäischen Gemeinschaft und dem Vertrag über eine Verfassung für Europa, EuZW 2005, S.299ff.

174) EU운영조약 제272조(구 공동체조약 제238조) EU최고재판소는 유럽연합이 체결하거나 유럽연합의 계산으로 체결된 공법계약이나 사법계약에 담겨진 중재조항에 의한 재판에 대해 관할권이 있다.

175) EU운영조약 제340조(구 공동체조약 제288조) ① EU의 조약상 책임은 관련 조약에 적용될 수 있는 법에 따라 정해진다. ② 조약외적 책임의 범주에서 EU은 자신의 기관이나 직원이 직무행사에서 발생시킨 손해를 회원국의 법질서에 대해 공통된 일반적 법원칙에 따라 배상한다. ③ 제2항에서 벗어나서 유럽중앙은행은 자신 또는 자신의 직원이 직무행사에서 발생시킨 손해를 회원국의 법질서에 대해 공통된 일반적 법원칙에 따라 배상한다. ④ EU에 대한 직원의 개인적 책임은 직원의 지위나 직원에 통용되는 직무조건의 규정에 따라 정해진다.

기관의 실무에서도 행정계약에 대해 중요한 의의를 부여하고 있다. 보다 자세히 말하면, 행정계약이 국고적 조달작용과 관련해서만이 아니라, EU의 임무를 직접적으로 이행하기 위한 수단으로서도 행사되고 있다. 즉, 보조금수여와 공공발주를 위해 EU기관은 행정계약의 작용형식을 동원하고 있다.[177]

(2) 규준적인 계약법

실제로 EU가 참여하여 체결하는 계약에 대해서 EU법이 통용될지 아니면 회원국법이 통용될지 여부를 가늠하는 기준이 다투어지고 있다.[178] 그리하여 사법계약과 공법계약의 구분이 결정적으로 중요하다. 이에 따르면 사법계약에 대해서는 회원국의 법이 적용될 수 있거나[179] 적용가능한 법의 결정이 국제사법의 규준에 의거해야 한다.[180] 반면 공법계약의 경우에는 일부 문헌은 EU법의 적용을,[181] 일부 문헌은 －급부를 제공해야 할－ 당해 회원국의 공법계약법의 적용을[182] 주장한다.

하지만 이런 착안점 가운데 어느 것도 설득력이 있는 결론에 다다르지 못한다. 사법계약을 EU법의 적용영역에서 처음부터 제쳐놓는 것은 문제가 있다. EU가 스스로 활동에 나선 경우, 그의 활동은 통상 EU법에 의거하여 정해진다. EU운영조약 제272조(중재조항에 의거한 관할)나 EU

176) Art.88 Abs.1, 108 Abs.1 S.2 der VO(EG/Euratom) Nr. 1605/2002 des Rates vom 25. Juni 2002.

177) *Cremer*, in: Calliess/Ruffert(Hrsg.), EUV/AEUV, Art.277 AEUV Rn.9.; *Schwarz*, in: Rengeling/Middeke/Gellermann(Hrsg.), Handbuch des Rechtsschutzes in der Europäischen Union, 3.Aufl. 2014, §14 Rn.19.

178) 그러나 체결계약에서 준거법을 정해 놓고 있기에, 현실적으로 물음은 그다지 제기되지 않는다.

179) *Kokott*, in: Streinz(Hrsg.), EUV/AEUV, Art.335 AEUV Rn.8.

180) *Schwarz*, in: Rengeling/Middeke/Gellermann(Hrsg.), Handbuch des Rechtsschutzes in der Europäischen Union, §14 Rn.20.

181) *Ehricke*, in: Streinz(Hrsg.), EUV/AEUV, Art.272 AEUV Rn.15.

182) *Cremer*, in: Calliess/Ruffert(Hrsg.), EUV/AEUV, Art. 277 AEUV Rn.9.

의 여러 EU지침[183]이 보여주듯이, 공법과 사법간의 구분이 EU법에서도 새롭지 않지만, 현행 EU법은 원칙적으로 공법과 사법을 구별하지 않으며, 그리하여 동법에서는 여태 양자구별에 대해 체계형성적 의의가 주어지지 않았다.[184] 이는 EU나 회원국국민이 행동할 수 있는, 바탕이 되는 EU법적 사법질서가 존재하지 않는 데서 기인한다. 따라서 사법계약과 공법계약간의 구분은 그때그때의 회원국의 법질서에 따른 기준에 전적으로 의거해서 고려될 것이다. EU법의 적용가능성이 회원국법에 근거를 둔 구분기준에 좌우된다.[185]

그런데 이런 해결책은 회원국법에 대한 EU법의 우위와는 맞지 않는다. 어떤 기준에 따라 공법적 계약을 EU법 그 자체상으로 설정하는 것 또한 만족스럽지 않다. 왜냐하면 EU법상으로 규정화된 계약법이 존재하지 않을 뿐이기 때문이다; 회원국의 법질서에 의거하여 EU법의 일반적 법원칙을 전개하는 것이 오히려 매우 곤란하다. EU최고재판소에 의해 – Algera-판결로 시작하여 – 행정의 작용형식으로서의 결정에 대해 규준적으로 통용되는 법시스템이 행정계약에 대해서는 통용되지 않는다. 공법계약은 모든 회원국에서 작용형식으로 형성되어 있지 않다. 그것을 작용형식으로 인정하는 국가조차도 상이한 규율을 설정한다.[186] 해서 이런 규율상황으로부터 행정계약에 관한 일반적인 법원칙을 획득하는 것은 당연히 성공을 거두기 어렵다.

---

183) Vgl. ABl L 210/1 v.21.7.1983; ABl C 264/22 v. 16.10.1989.

184) 그러나 이 점이 구별부인의 논거로 동원될 수 없다. 일부에서는 유럽적 규준이 특징적인 것은 아니라고 지적된다. Vgl. *Burgi*, Rechtsregime, in: Hoffmann-Riem/Schmidt-Aßmann/Voßkuhle(Hrsg.), Grundlagen des Verwaltungsrechts, Bd. I, 2.Aufl., 2010, §18 Rn.30.

185) 공법과 사법의 구분에 관해서는 김중권, 행정법, 12면 이하 참조.

186) *Schwarz*, in: Rengeling/Middeke/Gellerman(Hrsg.), Handbuch des Rechtsschutzes in der Europäischen Union §14 Rn.22.

(3) EU행정계약의 법적 효력

EU이 체결한 계약이 전술한 원칙에 따라 EU법의 지배를 받지 않으면, 그것의 법효력은 규준적인 회원국 국내법으로부터 도출된다. 이런 사정은 행정계약의 위법에 따른 법효과에 대해서도 마찬가지이다.[187] 그런데 EU법상으로 계약법의 내용은 불명료하다. 소수의 제2차법의 규정에 비추어 보면, EU계약법은 독일식 모델보다는 프랑스식 모델을 따르고, EU집행이사회에 대해 심사권, 제재권, 계약적응권, －작용형식으로서의 행정계약에 관한 독일식 사고와는 모순되는－ 해지권이 부여된다. 그리고 계약체결에 관한 결정을 계약 자체와 구분되어야 할 법적 행위로 보는 것은 프랑스식 모델에 부합한다.

한편 계약의 기초에서 제공된 재정보조를 목적에 위배하여 사용할 경우 EU집행이사회는 EU운영조약 제288조 제4항상의 결정을 통해 보조금의 환급을 요구할 수 있다.[188] 이런 법적 행위는 EU운영조약 제263조(무효화(취소)소송) 제4항에[189] 따른 무효화(취소)소송으로 취소될 수 있다.[190]

---

187) 행정계약에 관한 일반규정이 없는 이상, 도그마틱에 의해 접근할 수밖에 없다. 행정소송상 공법계약을 다툴 수 있는 방법은, 항고소송인 취소소송이 아니라 당사자소송이다. 이처럼 취소소송의 대상이 되지 못한다는 것은 '취소가능한' 행정계약의 존재를 결정적으로 부정하는 셈이다. 행정계약의 하자효과는 단 하나 무효만이 존재한다. 문제는 법위반 모두가 무효사유가 되는지 여부이다. 독일의 경우 모든 법위반이 행정계약을 무효가로 만들지 않으며, 그들 행정절차법 제59조에서 든 무효사유가 인정되어야만 무효가 되는 것으로 본다.

188) *U. Stelkens*, EuZW 2005, S.299(302).

189) EU운영조약 제263조(구 공동체조약 제230조) ④ 모든 자연인 또는 법인은 제1항과 2항에 따른 조건하에서 자신들을 향하거나 자신들과 직접적 그리고 개별적으로 관련되는 행위(작용) 및 －그들과 직접적으로 관련 되고 시행조치를 수반하지 않는(시행조치를 필요로 하지 않는)－ 명령적 성질의 법적 행위에 대해 소를 제기할 수 있다.

190) EuGH, Rs. 23/76, Slg. 1976, 1807(1819f.; Rn.23/25ff.) - Pellegrini. 그런데 무효화(소효)소송(Nichtigkeitsklage)이라는 표현에도 불구하고, 이 소송의 본질은 확인을 지향하는 권리구제가 아니라, 형성을 지향하는 권리구제이다. 즉, 형성소송인 취소소송에 해당한다.

6. 사실행위

자신의 임무를 처리하기 위해, 행정은 법적으로 형성된 공식적인 작용형식만을 아니라, 현저한 범위에서 비정식적인 수단도 동원한다. 행정상의 사실행위는 행정활동 가운데 이들 법적 행위에 들어갈 수 없는 것 일체이다. 잔존범주이자 집합개념에 해당하는 행정사실행위를 개념정의하기란 다양한 용어사용의 예가 보여주듯이 간단하지 않다.[191] 비록 법효과를 직접적으로 의욕하지 않더라도, 사실적 행정작용 역시 법으로부터 자유로운 영역에 있지 않다.[192] 이런 기본적 인식처럼, 사실행위란 상위개념에서 이런 행정조치는 −비록 다양성과 윤곽결여로 시스템적 접근이 곤란하긴 해도− 오래 전부터 행정의 작용형식론의 부분에 속한다.[193] 이는 특히 소위 '비공식적'(informal) 또는 '비정식적'(informell) 행정활동에 마찬가지로 통용된다. 이들 행정활동은 행정과 시민간의 협상(Absprach)이나 다른 형식의 의견일치에 관한 분야를 의미하는데, 이들은 정식의 법적 행위를 발하는 것에 선행하거나 대체될 수 있다.[194]

한편 −시간의 경과로 확고한 윤곽을 획득하고 그리하여 행정의 작용형식을 위해 중요한 정서기능과 체계화기능을 넘겨받을 수 있는− 일정한 행정조치가 사실행위에서 포착될 수 있다. 특정 제품의 위헌경고, 안전성 차원에서의 특정 제품의 권고 등과 같은 국가의 정보작용(활동)의 총체가 이에 해당한다.[195] 국가의 정보활동에 관해 우리의 경우 아직 입

191) 널리 사용되는 '사실행위'이외에도 '단순 고권적 행정활동'이 사용되고 있는데, 독일에서는 근자에 점차 '비공식적(비정식적) 행정활동'이란 용어가 대체하고 있다. J. Ipsen은 사실행위가 사실적 행정활동 전반에 알맞긴 하나, 행정행위와의 근사성으로 문제가 없지 않을뿐더러, '행위'란 일정시점에 고정될 수밖에 없기에 시간적 경과를 충분히 반영하지 못한다는 점을 지적하였다. Ders., Allgemeines Verwaltungsrecht, 2005, Rn.822.

192) 김중권, 행정법, 362면.

193) *Wolff/Bachof/Stober/Kluth*, Verwaltungsrecht, I, 13Aufl., 2017, §57.

194) *Remmert*, in: Ehlers/Pünder(Hrsg.), Allg. VerwR, §37.

법에 의한 형성이 전혀 강구되지 않고 있으며 독일의 경우에도 단지 부분영역에서만 법률적 형성이 행해졌다.[196] 그럼에도 불구하고 위험경고나 여타 정보행위에 대해서는 가령 관련인의 사전청문 강제(요구)와 같은 절차적 요청 및 가령 비례원칙의 엄격한 주의와 같은 실체법적 요청에 관해서는 광범하게 의견일치가 존재한다.[197]

그런 비정식적 수단에 대한 실제적이고 확실한 필요성은 EU행정법 특히 EU집행이사회의 해당 조치에서도 확인할 수 있다. EU법은 원칙적으로 비공식적 작용형식에 대해서 개방적이다. 이 점은 권고와 견해표명과 같은 비구속적인 작용형식으로 마련해 놓은 EU운영조약 제288조 제5항에서[198] 이미 나타나 있다. 실무에서는 특히 환경법과 의약품법이 EU의 정보활동을 위한 실제자료를 제공한다. 해서 가령 EU식품기본명령(Lebensmittel-Basisverordnung)은[199] 소위 '신속경고시스템'(Schnellwarnsystem)을 규정하고 있다(동 명령 제50조에서부터 제52조). 여기서 EU집행이사회는 위험스러운 식품이나 비료에 관한 회원국의 정보를 전달하는 기능을 한다.[200] 심지어 EU집행이사회는 비상시에, 즉 회원국의 조치로 식품이나 비료로부터 비롯된 심각한 리스크(Risiko)에[201] 대해 효과적으

195) 과거 독일의 경우 1980년대는 리스크에 민감한 일반대중의 반향에 따른 떠들썩한 사건들로 점철되었는데, 어느 정도 안정을 찾으면서, 국가적 정보행위에 관해 법치국가적 윤곽이 뚜렷해짐으로써 이 주제가 독일에서는 법학적인 종말빙퇴석(終末氷堆石)이 된 지 오래되었다. 하지만 우리는 아직 그렇지 않다. 교과서상으로 김남진/김연태, 행정법 I, 402면 이하를 제외하고 특별히 언급하지 않고 있다.

196) 제품안전법(Geräte- und Produktsicherheitsgesetz) §10; 의약품법(AMG) 제69조 제4항, 연방오염방지령(BImSchVO) 제6조의 a.

197) *Di Fabio*, Risikoentscheidungen im Rechtsstaat, S.416ff.; *Danwitz*, Verfassungsfragen staatlicher Produktempfehlungen, S.84ff.

198) EU운영조약 제288조(구 공동체조약 제249조) ⑤ 권고와 견해표명은 구속력이 없다.

199) VO (EG) Nr. 178/2002 des Europäischen Parlamentes und des Rates vom 28. Januar 2002. 동 명령은 식품법의 일반적 원칙·요청을 확립하며, 식품안전을 위한 유럽행정청을 설치하고 식품안전을 위한 절차를 확립하기 위한 명령이다. 동 명령은 전체 5장 65개조로 구성되어 있다.

200) EU식품기본명령 제50조 제4항 이하; *EuG*, Rs. T-177/02, Slg. 2004, II-827 (845f.; Rn.48ff.) - Malagutti-Vezinhet SA.

로 대처할 수 없는 경우에는, 직접 '적합한 임시적 조치'를 취할 수 있다.[202)]

V. EU작용형식과 관련한 법제도적 시스템의 내용

법치국가적 행정법을 전개하기 위하여 법적으로 유형화된 작용형식을 구축한다. 그것이 갖는 원칙적 의의는 시스템의 차이와는 무관하다.[203)] EU운영조약 제288조에 의해 개개의 작용형식이 형성되고, －저장소의 기능의 의미에서－ 이들에 대해 많은 규정을 통해서 형식에 결부된 나름의 법적 결과(즉, 절차, 법효과 및 권리보호체제와 관련 것)가 부여되어 있다. 그럼에도 불구하고 EU법은 독일 행정법보다는 형식에 의거하여 특유하게 조직화되어 있지 않다. 이 점은 후술하듯이, 하자효과 및 권리보호체제와 관련해서 특히 그러하다.

1. 절차법적 요청

(1) 청문의 요청

－저장소로서의－ EU행정법에서는 그 작용형식이 비교적 낮은 중요성을 지니고 있다는 점은, 우선 직·간접적인 관련인에 대한 청문의 요청과 관련해서 드러난다. EU조약법이 청문요청의 문제를 명확히 규율하

201) 유의할 점이 있다. EU식품기본명령상의 리스크 개념은 독일에서의 리스크 논의와는 다소 거리가 있다. 유럽법의 리스크 개념은 개연성관련에로의 회귀가 그 특징이다. 가령 위험개념을 사용한 Novel Food-Verordnung 제3조 제1항이나 리스크를 훼손발생의 개연성의 징표로써 정의하는 식품기본명령(Lebensmittel-Basisverordnung) 제3조 제9호는 가능성이 아닌 개연성을 목표로 삼는다. 그 결과 독일에서 달성된, 위험과 리스크의 용어상의 구분마저도 의아스럽게 만든다. 리스크행정에 해당하는 식품위생법의 의의에 관해서는 김중권, 행정법의 기본연구 Ⅳ, 2013, 325면 이하.

202) EU식품기본명령 제53조.

203) *Pauly*, Grundlagen einer Handlungsformenlehre im Verwaltungsrecht, in: *Becker-Schwarze* u.a.(Hrsg.), Wandel der Handlungsformen im Öffentlichen Recht, 1991, S.25ff.

고 있지 않지만, EU최고재판소의 판례에 의해 일반적인 법원칙으로서 청문의 원칙이 요구된다. 관련인은 EU기관의 조치에 의해 제재나 기타의 법적 불이익이 가해질 경우에는, 즉 부담적 조치의 경우에는 청문이 반드시 행해져야 한다.[204] 이런 청문의 원칙(Anhörungsgebot)은 행정의 작용형식과 관계없이 요구되고 있다. 하지만 행정절차의 종료시점에 가령 EU운영조약 제288조 제4항상의 '결정'이 존재한다는 것만으로는 청문의무가 생기지는 않고, 오히려 EU기관의 조치와 결부된 법효과의 존재가 중요하다.[205] 청문의 종류와 요구된 정도에 관한 자세한 요청과 관련해서 작용형식의 고유한 측면에 좌우된다. 이것이 특히 EU의 고유한(자체) 행정법의 상세한 분석을 분명하게 만들 것이다.[206]

자신의 이익을 완연하게 훼손시키는 EU결정의 수범자로서는 자신의 입장을 결정의 내용(실체)에 이바지하는 방법으로 표명할 수 있는 기회를 가져야 한다.[207] 그러나 EU결정에 의해 자신의 법적 보호이익에 제약을 받는 제3자 역시 청문의 기회를 가져야 한다.[208] EU집행이사회에 대해 집행규율을 발할 수 있도록 수권을 하는 한, 이런 권한규범은 통상 참여자에 대해 견해를 표명할 권리도 부여한다.[209]

관련인의 청문은 행정결정의 질을 향상하는 데 확실히 이바지한다. 하지만 EU행정법의 시스템에서 청문권은 인정된 권리로서 특히 관련인이

---

204) EuGH, Rs. C-32/95 P, Slg. 1996, I-5373(5396; Rn.14) - Kommission/Lisrestal u.a.; EuGH, Rs. C-86/94 u. C-30/95, Slg. 1998, I-1375(1503; Rn.174) - Frankreich u.a./Kommission

205) 전적으로 수익적인 결정의 경우 청문의무가 강제되지 않는다.

206) *Danwitz*, Europäisches Verwaltungsrecht, S.371ff.

207) EuGH, Rs. C-32/95 p. Slg. 1996, I-5373(5396; Rn.14) - Kommission/Lisrestal u.a.

208) EuGH, Rs. C−68/94 u. C-30/95, Slg. 1998, I-1375(1503; Rn.174) - Frankreich u.a./Kommission. 우리의 경우 제3자효 행정행위에서 제3자를 보호하기 위한 (가령 제3자 통지 등과 같은) 절차법적 요청에 관한 논의가 거의 행해지지 않고 있다. 하지만 정보공개법은 공개청구사실의 제3자에 대한 통지를 규정하고 있다(동법 제11조 제3항).

209) Art. 33 Abs.2 der VO (EG) Nr. 1/2003 des Rates vom 16. Dezember 2002.

고권적 절차에서 단순한 객체에 머물지는 않는다는 것을 확고히 한다. 그래서 청문요청에 대해서는 전치된 권리보호의 의미상의 개인보호적 기능이 우선적으로 인정된다. 그래서 EU최고재판소는, 당해 기관은 개별경우의 모든 관련된 측면을 섬세하게 공평하게 조사할 의무를 지고, 관련인은 자신의 입장에 대해 청문의 기회를 가질 권리 및 결정에 대해 충분한 이유제시에 관한 권리를 갖는다고 명시적으로 판시하였다.[210] 그래서 행정절차법의 형성과 효과적인 사법적 권리보호의 보장 간에 체계적으로 밀접한 상관관계가 있다는 것이 분명히 드러난다.[211]

한편 독일의 경우 실체에 관한 통제밀도가 높아서 상대적으로 행정절차상의 하자에 대해서는 낮은 중요성이 부여된다. 즉, 절차봉사설이 다수 문헌과 판례의 입장이고, 독일 행정절차법 제46조를 통해 제도화되었다. 반면 EU행정법의 경우 권리보호에서 실체적 심사밀도가 축소되기에 그에 대한 반작용으로 절차규정의 준수에 관한 엄격한 심사가 행해진다. 이른바 절차고유가치설을 견지하기에, EU법의 차원에서는 – 독일 행정법에 의하면 널리 가능한 심지어 재판절차에서에서도 가능한– 절차하자의 사후치유가 분명히 억제되고 있다.[212]

(2) 이유제시

이유제시란 일정한 조치와 관련하여 법률적 근거와 사실적 이유를 상대방에 알려주는 것을 말한다.[213] 구 공동체조약(EGV) 제253조에 의하

---

210) EuGH, Rs. C-269/90, Slg. 1991, I-5469(5499; Rn.14) - TU München.

211) 행정절차법을 고립되게 고찰하는 것은 곤란하다. 행정절차법은 홀로 존재하는 것이 아니라, 행정소송법과 체계적 상관관계에 선다. 양자는 절차법이라는 공통점을 가지기에, 체계상의 측면에서 행정절차와 사법적 권리보호를 내용으로 한 전체시스템을 바탕으로 삼아야 한다. *Wahl*, Das Verhältnis von Verwaltungsverfahren und Verwaltungsprozessrecht in europäischer Sicht, DVBl. 2003, S.1285ff.

212) *Schoch*, Die Europäische Perspektive des Verwaltungsverfahrens- und Verwaltungsprozessrechts, in: Schmidt-Aßmann/Hoffmann-Riem(Hrsg.), Strukturen des Europäischen Verwaltungsrechts, 1999, S.279(299f.).

213) 일찍이 Forsthoff가 이유제시가 현대행정의 가장 중요한 도구의 하나라고 지적하였는

면, 동 조약 제249조상의 구속적 작용형식, 즉 EU명령, EU지침 그리고 EU결정에 대해서만 이유제시의무가 요구되었다. 비구속적인 법적 행위인 EU견해표명과 EU권고는 물론, 동 조약 제253조에 규정되지 않은 다른 행정적 법적 행위나 통지에 대해서는 이유제시의무가 통용되지 않았다.

하지만 현행 EU운영조약 제296조(유럽연합의 법적 행위의 공통된 원칙) 제2항은[214] 법적 행위에 대해서는 전적으로 이유제시의 의무를 과하고 있다. 당연히 종전에는 명문으로 이유제시의 의무가 배제된 비구속적인 법적 행위인 EU견해표명과 EU권고에 대해서 이유제시를 요구할 수 있는지가 문제된다. 일각에서는 합사실적(合事實的) 해석의 차원에서 명문의 규정에도 불구하고 구속적 법적 행위에 국한할 것을 주장한다.[215]

구 공동체조약은 물론 현행 EU운영조약의 당해 규정은 이유제시의 종류와 정도에 관한 상이한 요청을 규정하지 않고 있으며, 규범적 행위이든 개별행위이든 동일하게 통용된다. 이에 대해서 EU최고재판소의 판례는 오래 전부터 이유제시의무의 범위와 관련해서 개별행위와 규범행위를 구별하여 왔다.[216] 이에 따르면 규범행위의 경우 원칙적으로 개개의 수범자를 향한 결정, 즉 개별행위의 경우보다는 덜 광범하게 이유제시를 하더라도 문제되지 않는다.[217]

이러한 상관관계는 EU법의 절차법적 요청의 시스템적 관련성 및 절차요청과 사법적 권리보호간의 특유한 기능적 견련성을 새롭게 입증한다. 요구된 이유제시가 충분한지 여부는, 궁극적으로 이유제시의 기능 가운데 특히 설득기능과 권리보호기능이 제대로 발휘되었는지 여부에 좌우

데, 결국 Forsthoff가 제시한 관점이 하나의 원칙으로 완성되어 독일 행정절차법에 수용되었다. 이유제시의 중요한 기능으로 분쟁제거기능(당사자만족기능, 설득기능), 권리보호기능, 명확화기능, 자율적 통제기능이 지적된다.

214) EU운영조약 제296조(구 공동체조약 제253조) ② 법적 행위는 이유가 부기되어야 하고, 조약에 규정된 제안, 제안권, 권고, 신청 또는 견해표명이 언급되어야 한다.

215) *Gellermann*, in: Streinz(Hrsg.), EUV/AEUV, Art.296 AEUV Rn.4.

216) EuGH, Rs. 18/62, Slg. 1963, 561 (602) - Emilia Barge/Hohe Behörde.

217) *Gellermann*, in: Streinz(Hrsg.), EUV/AEUV, Art.296 AEUV Rn.10

된다. EU최고재판소가 지속적인 판례에서 강조하듯이, 법적 행위의 이유제시에서는 EU행정청이 EU명령 등을 발하면서 고려(숙고)한 것이 분명하게[218] 그리고 일의적으로 나타나야 한다.[219]

이런 배경에서 개별행위의 이유제시상의 요청은 법규범의 이유제시에 대해 설정되어야 할 요청과는 다르다는 점은 명백하다. 왜냐하면 관련된 주요사항의 조사와 추상적인 가능만이 아니라, 개개인의 규범상의 주관적 공권에[220] 대한 구체적인 개입의 사법적 판단도 중요할 경우에는, 권리보호의 실효성은 결정에 중요한 사안 및 그로부터 도출된 법적 결론의 면밀한 정선(정리)을 요구하기 때문이다.[221]

요컨대 결정상의 이유제시의무가 EU최고재판소의 판례에서 회원국 국내법질서와 마찬가지로 중요한 역할을 한다는 점은, 특히 EU법원이 결정에 관한 추체험적(nachvollziehbar), 즉 공감가능한지 여부의 심사에 자신의 임무가 있는 것으로 보는 사정에서 여실히 드러난다.[222]

---

218) 관련인이 발해진 조치의 이유를 도출해낼 수 있고, EU최고재판소가 자신의 심사임무를 수행할 수 있을 정도가 되어야 한다. 즉, 이유제시의 명확화기능을 충족할 정도가 되어야 한다.

219) EuGH, Rs. C-301/96, Slg. 2003, I-9919(9957f.; Rn.87) - Deutschland/Kommission; EuGH, Rs. C-42/01, Slg. 2004, I-6079(6124; Rn.66) - Portugal/Kommission.

220) 일반적으로 민법의 권리개념에 입각하여 공권에 대해서는 「개인이 자기의 이익을 위하여 국가(그 밖의 행정주체 포함)에 대하여 일정한 행위(작위 · 부작위 · 급부 · 수인 등)를 요구할 수 있는 공법에 의하여 부여된 힘」이라고 정의하고 있다. 이런 공권개념은 행정법상의 공권개념으로는 부적당하다. 법치행정의 원리를 상정하여 규범집행(법대로 집행할 것)에 관한 권리로 새롭게 접근할 필요가 있다. 상론은 김중권, 행정법, 151면 이하 참조.

221) *Vogt*, a.a.O., S.224f.

222) 상대적으로 독일 행정법원은 행정법의 해석을 위한 최종결정권한의 주체로서의 자기이해가 그 특징이다. 하지만 그들도 재량심사와 관련해서는 추체험적 심사의 자세를 견지한다. 사법심사의 기조와 관련해서 이 점이 국내 문헌에서 소홀히 다루어지고 있는데, 문제가 있다. 재량에 관한 사법심사의 태도는 그 행정결정에 대해 추체험적으로(nachvollziehbar), 즉 공감가능한지 여부에 초점을 맞추어야 한다. 즉, 법원은 스스로를 행정결정을 내리는 주체로 설정하여서는 아니 된다.

2. 효력요건

법적 행위의 효력발생을 위해 중요한 규율과 관련해서도 EU의 법질서는 개개의 작용형식 간에 분명한 구분을 한다.[223] EU법의 구속적인 법적 행위의 서명, 공포, 통지 그리고 시행을 상이한 방법으로 규율한 EU운영조약 제297조(공포와 발효)에 의하면,[224] 우선 내용상 입법의 영역에 속하고 추상적 일반적 집행규율을 담고 있는 법적 행위는 효력요건으로서 EU의 관보상의 공포를 필요로 한다. 그래서 동조 제1항 제1문에 따라 －EU운영조약 제294조의 공동결정의 절차에서 수용된－ EU명령, EU지침 그리고 EU결정은 유럽의회 의장과 EU각료이사회(Rat) 의장의 서명이 후에 공포되어야 한다(제1항 제2문). 마찬가지로 동조 제2항에 따라 EU각료이사회(Rat)와 EU집행이사회의 EU명령 및 이들 기관이 모든 회원국에 대해 발한 EU지침, 불특정한 수범자에 대한 EU결정도 공포가 필요하다.

공포가 필요한 법적 행위에 대해서는 －달리 규정하지 않는 한－ 그것이 공포되고 난 뒤 20일이 지나서 발효한다(제2항 제2문). 반면 기타의 EU지침은 물론, 특정수범자를 향한 EU결정, 즉 EU집행이사회가 발한 EU결정은 그것에 의해 특정된 사람에 대해서만 통지된다. 그것은 통지되면서 효력을 발생한다(제2항 제3문). 그렇지만 EU법은 종종 상대방이 없

---

223) *Bast*, Handlungsformen, in: Bogdandy/Armin(Hrsg.), Europäisches Verfassungsrecht, S.479ff.

224) EU운영조약 제297조(구 공동체조약 제254조) ① 정식입법절차에 의해 발한 입법행위는 유럽의회의장과 EU각료이사회(Rat)가 서명을 한다. 특별한 입법절차에 의해 발한 입법행위는 그것을 발한 기관의 장이 서명을 한다. 입법행위는 유럽연합의 관보에 공포된다. 입법행위는 그것에 의해 확정된 시점이나 －확정되지 않은 경우에는－ 공포이후 20일에 발효한다. ② 명령이나 지침 또는 －불특정한 수범자를 상대로 한－ 결정으로 발해진 비입법적 성격의 법적 행위는 그것을 발한 기관의 장이 서명을 한다. －모든 회원국을 상대로 한－ 명령, 지침 및 －불특정한 수범자를 상대로 한－ 결정은 유럽연합의 관보에 공포된다. 이들은 그것에 의해 확정된 시점이나 －확정되지 않은 경우에는－ 공포이후 20일에 발효한다. 다른 지침 및 －특정한 수범자를 상대로 한－ 결정은 수범자에 대해 통지되고, 통지됨으로써 발효한다.

는 EU결정 역시 공포하도록 당해 기관에 대해 맡기기도 한다.

3. 위법에 따른 법효과 – 하자의 효과

위법에 따른 법효과, 즉 하자의 효과(결과)와 관련해서 법규범과 개별행위를 범주적 방법으로 구분하는 것이 우리나 독일 행정법질서의 전형적인 특징이다. 즉, 원칙적으로 법률적, 법률하위적 규범의 하자는 무효사유가 되고(무효도그마의 원칙),[225] 위법한 행정행위는 취소가능에 그칠 뿐이고, 극히 이례적으로 무효가 된다(단순위법의 원칙). 특히 독일 행정절차법 제44조 제1항은[226] 위법의 효과로서의 무효사유를 중대하고 명백한 위법의 경우에만 인정한다. 우리 역시 무효기준에 관한 명문의 규정은 없지만, 통설과 판례는 중대명백성설을 취한다.[227] 이런 경우를 제외하고는, 위법한 행정행위는 취소가능한 데 그칠 뿐이고, 당해 행정청 내지 행정법원에 의해 비로소 폐지될 수 있다. 그런 폐지(취소)결정・판결과 같은 반대행위가 존재하지 않는 한, 위법한 행정행위의 유효성(공정력)에서 출발하여야 한다. 그런데 EU법의 특징의 하나는 하자효과가 널리 법형식중립적으로(rechtsformenneutral), 즉 법형식과 관계없이 형성되어 있다는 점이다.[228]

---

225) 대법원 1985.2.28. 선고 85초13 판결; *Ossenbühl*, Eine Fehlerlehre für untergesetzliche Normen, NJW 1986, S.2805ff.

226) 독일 행정절차법 제44조 ① 행정행위가 특별히 중대한 하자가 있고, 또한 그 하자가 관련한 제반사정으로 판단하여 명백한 경우에는 무효이다.

227) 한편 무효기준과 관련한 문헌상의 논의현황은 일본의 판례와 문헌상의 그것에 맞춰 전개된 나머지, 정작 그것의 원형인 독일에서의 논의에 대한 접근이 전혀 강구되지 않았고, 그 결과 기왕의 논의수준을 벗어나지 못하여 지금의 정체상황이 빚어지고 있다. 가령 중대성의 기준의 불명료성, 명백성기준의 법치국가원리적 문제점에 관해서는 바람직하지 않게도 전혀 논의되고 있지 않다. 향상된 인식에 의거하여 보자면, 중대명백성설에서 중대성설로의 방향전환은 더 이상 미룰 수 없는 과제일 뿐더러 그다지 힘든 일도 아니다. 상론은 김중권, 행정법, 289면 이하.

228) *Bast*, Handlungsformen, in: Bogdandy/Armin(Hrsg.), Europäisches Verfassungsrecht, S.479(526).

(1) EU법적 행위의 유효성의 추정

EU최고재판소의 지속적 판례에 의하면, EU의 법적 행위에 대해서는 -우리의 공정력에 비견되는- 유효성(Gültigkeit)의 추정이 통용된다. EU최고재판소는 Algera-판결에서 EGKS의 상급행정청의 위법한 결정을 위해서 이 원칙을 수립하였다.[229] 그 뒤에 EU최고재판소는 동 원칙을 EU명령과[230] EU지침과[231] 같은 다른 법적 행위에도 적용하였다. 특히 다음과 같이 요약하였다: EU기관의 법적 행위에 대해서는 원칙적으로 유효성의 추정이 통용되고, 이런 법적 행위는 그것이 취소되지 않는 한, 법적 효력을 전개하되, 취소소송(무효화(취소)소송)에서는 무효로 선언되거나 사전판결의 소구나 위법성의 이의제기의 결과로서 효력불발생으로 선언된다.[232]

한편 논거제시에서 오늘날 EU최고재판소는 더 이상 회원국의 법질서의 상황과의 비교에 의거하지 않고, EU법에서 직접적인 착안점을 찾고자 한다. 즉, -EU법적 행위의 적법성을 판단하는 것과 그것을 경우에 따라 무효나 효력불발생으로 판시하는 것이 전적으로 EU최고재판소에 속하는 - EU운영조약의 권리보호규정과 소송시스템으로써 논증한다.[233]

요컨대 EU최고재판소에 의하면, EU법질서는 그에 반하는 법적 행위의 효력과 관련해서 취소(무효화)가능성(Vernichtbarkeit)의 원칙(단순위법의 원칙)을 출발점으로 삼는다.[234] 대부분의 문헌 역시 EU의 법적 행위의

229) EuGH, Rs. 7/56 u. 3-7/57, Slg. 1957, 83(126) - Alegra.
230) EuGH, Rs. 101/78, Slg. 1979, 623(636f.; Rn.3ff.) - Granaria/Hoofproduktschap voor Akkerbouwprodukten.
231) EuGH, Rs. C-475/01, Slg. 2004, I-8923(8958; Rn.18ff.) - Kommission/Griechenland.
232) EuGH, Rs. C-475/01, Slg. 2004, I-8923(8958; Rn.18ff.) - Kommission/Griechenland.
233) EuGH, Rs. 101/78, Slg. 1979, 623(636f.; Rn.3ff.) - Granaria/Hoofproduktschap voor Akkerbouwprodukten.
234) 이 점에서 우리의 경우 비록 독일 행정절차법 제43조 제2항(행정행위는 직권취소·철회 또는 다른 방법으로 폐지되지 않거나, 시간의 경과나 다른 방법으로 실효되지 않는 한, 유효함에 변함이 없다)과 같은 규정이 없어서 위법한 행정행위에 대한 취

유효성추정의 원칙을 널리 수용하고 있다.

(2) 무효인 EU법적 행위

하지만 특별히 중대한 하자가 명백한, EU기관의 법적 행위는 유효성 추정에서 제외된다. 즉, 무효로 판단한다. 이 경우 EU법적 행위는 법적으로 존재하지 않는 셈이 된다.[235] EU최고재판소는 기본적이고 종종 충돌하는 요청인 법적 안정성과 적법성의 요청을 균형을 잡기 위해 지속적인 판례를[236] 통해 일종의 중대명맥성설을 취한다. 그런데 언제 하자가 중대하고 명백한지는 일반적으로 정해질 수 없다. 특히 EU최고재판소가 여태껏 한 건에서 심사대상인 법적 행위를 비행위로 보았기 때문이다.[237]

한편 법적 부존재의 하자효과를 실제의 예외적 경우에 국한하려는 노력이 분명히 경주되고 있다. EU기관의 법적 행위의 부존재의 확인과 결부되어 있는 하자의 중대성과 관련해서, – EU최고재판소의 지속적인 판례에 의하면 – 그것의 확인은 법적 안정성의 이유에서 매우 이례적인 경우에 유보되어 있다.[238] 중대성 이외에 중첩적으로 요구되는 하자의 명백성과 관련해서, EU최고재판소는 그 하자가 당해 법적 행위를 보아서 인식될 수 있을 경우에만 인정한다.[239] 하자가 수범자의 눈에 확연하여야 한다. 우리나 독일에서 주창된 중대명백성에 의한 논의와 동일하다.[240]

소쟁송제도에서 공정력의 실정법적 근거를 찾으려 하는 것과 비슷함을 확인할 수 있다. 따라서 그에 관한 실정법적 명문의 근거의 결여를 그것을 절차적 이해로 연결하는 것은 지양할 필요가 있다. 행정법관계의 안정은 실체적 의미이지 결코 절차적 의미에 그치지 않는다. 상론은 김중권, 행정법, 257면 이하 참조.

235) *Herdegen*, Europarecht, §9 Rn.78.

236) EuGH, Rs. C-245/92, Slg. 1999, I-4643(4690; Rn.94) - Chemie Linz/ Kommission; EuGH, Rs. C-137/92, Slg. 1994, I-2555(2647; Rn.49) - Kommission/BASF.

237) EuGH, Rs. 1/57 u. 14/57, Slg. 1957, 213(233).

238) EuGH, Rs. C-137/92, Slg. 1994, I-2555(2647; Rn.49) - Kommission/BASF.

239) EuGH, Rs. 15/85, Slg. 1987, 1005(1036; Rn.11).

240) 한편 독일에서 최근 중대명백성설이 전거가 의심스럽다는 지적이 있다(*Leisner*, Nichtigkeit eines Verwaltungsakts (nur) bei Offensichtlichkeit der besonders schweren Fehlerhaftigkeit? - Kritik an der Evidenzlehre zu §44 Abs.1 VwVfG,

(3) 유효성추정의 시스템적 관련성

우리나 독일 공법학에서는 －규범적 법적 행위를 위한 하자효과로서 무효도그마가 헌법적으로 근거지울 수 없음에도 불구하고－, 위법한 규범행위의 무효도그마가 헌법, 행정법의 권리보호시스템의 핵심적 요소이고, 곧바로 취소가능성의 원칙에 의해 대체될 수 없다는 데 의견이 일치한다. 그런데 주목할 만한 점은 EU최고재판소가 입법과 같은 규범행위를 포함한 모든 법적 행위에 대해서 단순위법에 기한 취소(무효화가능성)의 원칙을 요구한다는 것이다. 그리하여 －회원국 법질서에서 예정된－ 위법한 규범행위의 무효의 원칙이 EU법에서는 통용되지 않는다. EU최고재판소가 위법한 규범행위의 당연무효의 원칙을 부정한 것은 －회원국의 법원에서 EU활동의 유효성에 관한 입장이 다르게 되면 특별히 위험스럽게 되는－ EU법질서의 통일성의 원칙에서 자연스럽게 도출된다.[241] 따라서 규범행위에도 통용되는 유효성의 추정(공정력)은 이런 이유에서 EU최고재판소에 대해 요구되는 －제2차적 EU법을 위한－ 배척독점과도 밀접한 연관성에 있다고 하겠다.

4. 권리보호

작용형식의 전통적인 시스템적 기능은 행정의 작용형식이 권리보호를 결정적으로 조종한다는 것이다. 우리나 독일의 행정법질서에서 헹정행위의 작용형식은 오랫동안 권리보호가능성을 열어 주는(권리보호설정적) 의의가 주어졌다. 행정행위만이 행정구제에서 취소소송의 제기를 가능케

DÖV 2007, 669ff.). 중대한 위법사유의 존재만으로 무효가 되어야 한다. 법치국가원리에 반하는 명백성 기준을 이제는 과감하게 삭제할 필요가 있다. 그런데 유럽법과 같은 초국가적 질서의 경우 법적 안정성의 차원에서 무효가능성을 축소하기 위해 명백성 기준의 추가는 나름 정당화될 수 있다. 이에 관한 상론은 김중권, 行政行爲瑕疵論의 改革에 관한 小考, 공법연구 제39집 제1호(2010.10.31.), 319면 이하 참조.

241) EuGH, Rs. 314/85, Slg. 1987, 4199(4231; Rn.15) - Foto-Frost.

하였다(행정행위구속적 권리보호). 반면 오늘날에는 독일의 경우 관련인이 자신의 법적 지위의 침해를 주장할 수 있는 경우에는 그들 기본법 제19조 제4항에[242] 의거한 권리보호는 고권적 조치의 법적 성질에 무관하게 주어지고,[243] 우리 역시 헌법 제27조상의 재판청구권에 기하여 모든 공권력행사에 대해서는 권리보호가 강구될 수 있다. 가령 행정행위에 해당하지 않는 행정조치에 대해서는 우리의 경우에는 당사자소송을, 독일의 경우에는 일반이행소송을 통해 권리보호를 강구할 수 있다. 따라서 행정법의 작용형식은 입법자가 설정한 소송종류 가운데 바른 선택을 위해서 매우 중요하다.[244]

EU법에서도 행정작용의 법형식이 권리보호설정적 기능을 한다는 것은 EU기관의 행정조치에 대해 개인이 소송을 제기한 경우에 확인된다. 이런 개인적 소송은 원칙적으로 EU운영조약 제288조 제4항상의 '결정'에 대해서만 허용된다. EU최고재판소는 처음부터 이런 점을 출발점으로 삼아,[245] 오래 전부터 실질적 관점에서 접근하였다: "원고의 이익을 법적 지위에 대한 개입을 통해 제한하는 구속적 법효과를 발생시키는 모든 조치, 작용이나 결정에 대해서는 무효화(취소)소송(취소소송)이 주어진다. 이런 작용이나 결정이 행해지는 형식은 원칙적으로 취소제기가능성에 대해 아무런 영향을 미치지 않는다."[246] 무효화(취소)소송(취소소송)의 대상이 될 수 있는 법적 행위의 범주는 대상의 개괄주의에 의해 EU운영조약 제288조 제4항상의 'EU결정'을 넘어 광범하고, 종종 －불명료한－ 규범적 행위도 포함하고 있다.[247] 하지만 EU운영조약 제263조 제4항에[248] 따

242) 독일 기본법 제19조 ④ 공권력에 의하여 자신의 권리가 침해된 자에게는 소송의 길이 열려 있다. 다른 관할이 규정되어 있지 않는 한, 통상의 권리구제방도가 주어진다. 제10조 제2항 제2문은 무관하게 존재한다.

243) BVerwGE 60, 144(148f.); BVerwGE 70, 268(274f.).

244) *Pietzcker*, in: Schoch/Schneider/Bier, Verwaltungsgerichtsordnung, 2017, Vorb §42 Abs.1 Rn.21ff.

245) EuGH, Rs. 16/62 u. 17/62, Slg. 1962, 961(978).

246) EuGH, Rs. 60/81, Slg. 1981, 2639(2651; Rn.9) - IBM/Kommission.

라 EU운영조약 제288조 제5항에[249] 규율된, −법적 비구속성을 지닌− EU권고나 EU견해표명은 물론, EU지도지침, 통지와 같이 언급되지 않은 −법적 구속력이 결여된− 법적 행위에 대해서는 무효화(취소)소송(취소소송)이 배제된다.[250] 요컨대 우리나 독일법과는 달리, EU법의 경우 결코 −개개의 작용형식에 유보된− 소송종류를 인정하고 있지 않기 때문에, 권리보호시스템이 행정의 작용형식과 다소간 유리되어 있다고 할 수 있다.

이에 반해서 EU운영조약 제263조 제2항에[251] 따라 완전한 특권이 있는 원고(회원국, 유럽의회, EU각료이사회(Rat), EU집행이사회)에[252] 대해서는 EU명령, EU지침, EU결정이 문제되는지 여부가 중요하지 않다. EU운영조약 제263조 제1항에[253] 따라 법적으로 비구속적인 EU견해표명과 EU권고는 전적으로 무효화(취소)소송의 대상이 될 수 없지만, EU최고재판소는 그런 제한에 사로잡히지 않고, 동조 동항을 개괄조항으로 확대하였다. 따라서 법효과가 발생하는 것으로 예정된, 기관의 모든 작용은 그 법적 성질이나 형식의 차이에 관계없이 특권이 있는 원고는 무효화(취소)

---

247) *Burgi*, in: Rengeling/Middeke/Gellermann(Hrsg.), Handbuch des Rechtsschutzes in der Europäischen Union, §7 Rn.37ff.

248) EU운영조약 제263조 ④ 모든 자연인 또는 법인은 제1항과 2항에 따른 조건하에서 자신들을 향하거나 자신들과 직접적 그리고 개별적으로 관련 되는 행위(작용) 및 −그들과 직접적으로 관련 되고 시행조치를 수반하지 않는(시행조치를 필요로 하지 않는)− 명령적 성질의 법적 행위에 대해 소를 제기할 수 있다.

249) EU운영조약 제288조 ⑤ 권고와 견해표명은 구속력이 없다.

250) EuGH, Rs. 55/70, Slg. 1975, 379(384f.; Rn.6ff.) - Reinarz/Kommission.

251) EU운영조약 제263조 ② 이런 목적에 대해 EU최고재판소는, 회원국, 유럽의회, EU각료이사회(Rat), 또는 집행이사회가 무권한, 본질적인 절차규정의 위반, 조약이나 시행상 적용 법규범의 위반 또는 재량남용을 이유로 제기하는 소송에 대해 권한을 가진다.

252) 이들은 특별한 권리보호필요성을 주장할 필요 없이, 즉 언제나 원고적격이 있다. 일정한 위법사유를 내세워 −동조 제1항에서 든− EU기구 등의 전체 작용에 대해 소를 제기할 수 있다.

253) EU운영조약 제263조 ① EU최고재판소는 −권고 또는 입장표명에 해당하지 않는 한− EU각료이사회(Rat)·집행이사회·유럽중앙은행의 입법행위와 행위(작용)의 적법성을 감시한다. EU최고재판소는 제3자에 대한 법효과를 지닌, 유럽의회와 유럽이사회(Europäischer Rat)의 행위(작용)의 적법성을 감시한다. EU최고재판소는 또한 제3자에 대한 법효과를 지닌, EU의 기구나 기타 부처의 작용의 적법성을 심사한다.

소송(취소소송)을 제기할 수 있다.[254] 이에 맞춰 법효과를 발생시키는, 회원국에 대한 EU집행이사회의 통지는 무효화(취소)소송(취소소송)의 대상이 될 수 있다.[255]

5. EU차원의 행정절차법제정의 움직임

전체적으로 최근 유럽에서 EU법의 규준과 결합행정법의 배경에서 아울러 외국법에 관한 학문적 연구가 심화됨에 따라 행정절차법을 동화시키려는 경향이 있다. 행정의 불편부당성, 이유제시의무와 법적 청문과 같은 법치국가적 원리가 부분적으로 규범화되거나 불문의(그러나 기능에 합치한) 규율에 의해 공고히 되는 식으로 뿌리를 내렸다. 이들 원칙이 '좋은 행정에 관한 권리'에 속한다는 것을 EU기본권헌장(GrCh) 제41조 제2항이 분명히 한다. 행정과 시민간의 관계를 향상시키기 위해 참여권과 정보권이 확대되었다. 일방적인 고권적 결정에 대비하여 합의에 의한 특히 계약에 의한 활동도 중요성이 증가한다. 가령 독일에서 관철된 절차의 절약 역시 다른 국가의 법에서도 강구되고 있다. 절차하자의 치유와 논외와 관련해서도 유사성을 띠고 있다.

그리하여 유럽공통의 행정절차법을 만들기 위한 길로 들어섰다고 평가되기도 하지만, 아직은 그 길은 요원하다. 왜냐하면 국가적 특성이 오랜 동안 각 국가에서 각기 다양한 전개에 바탕을 두었을(소위 경로의존성, path dependency) 뿐만 아니라, 자신의 법질서의 기본구조와 기본원리와도 관련이 있기 때문이다. EU법의 타자집행을 위해 통용되는 규준을 망라적으로 법전화하는 데 현재 충분한 법적 근거가 결여되어 있다.

그렇지만 유럽의회의 제안으로 EU고유행정법을 위한 행정절차법의 성문화가 논의되고 있다. 행정적 규범정립, 개별결정, 행정계약, 직무원

---

254) EuGH, Rs. 22/70, Slg. 1971, 263(277; Rn.38/42) - Kommission/Rat(AETR).

255) EuGH, Rs. C-325/91, Slg. 1993, I-3283(3308ff.; Rn.8ff.) - Frankreich/Kommission.

조(응원)절차, 행정상호간의 정보관리를 위한 절차규율을 담은 초안이 '유럽행정법연구네트워크'(das Research Network on EU Administrative Law: ReNEUAL)에 의해 성안되었다.[256] 성문화작업이 완료되면, 유럽에서 행정절차법적 융합이 심화될 것이어서, 과잉반응(역풍, spillp-over-effect)이 두드러질 것이라고 한다.[257]

제 2 절 EU법상의 행정구제시스템[258]

Ⅰ. 논의의 전제: 법공동체(Rechtsgemeinschaft)로서의 EU

EU최고재판소는 EU를 법공동체(Rechtsgemeinschaft)로 특징을 지우고, 그에 의거해서 구체적인 법효과를 도출한다. 따라서 개인의 권리보호상의 이익과 EU의 집행상의 이익을 균형을 맞추는 효과적이고 정합적인 권리보호시스템을 구축하는 것은 불가피하게 요구된다. 이런 권리보호시스템은 EU의 다차원시스템에서의 권한을 회원국 법원과 EU법원간에 사물(실체)에 맞춰 분배한다.[259] 나아가 유럽통합의 진전에 따라 EU집행이사회, EU행정청과 회원국 행정청간의 행정적 결합이 등장하였다. 유럽의 행정결합(Verwaltungsverbund)은 다름 아닌 통제(심사)의 결합(Kontrollverbund)[260]

---

256) "ReNEUAL Model Rules on EU Administrative Law"(www.reneeual.eu). 이에 관한 상세는 vgl. *Abromeit*, Der ReNEUAL－Musterentwurf für ein Europäisches Verwaltungsverfahrensrecht, DÖV 2016, 345ff.

257) *Pünder*, in: Ehlers/Pünder(Hrsg.), Allg. VerwR, §14 Rn.30.

258) 이하는 김중권, "유럽행정법상 행정소송을 통한 권리보호시스템에 관한 연구", 공법연구 제41집 제1호(2012.10.31), 311면 이하 참조.

259) *Schmidt－Aßmann*, Verfassungsprinzipien für den Europäischen Verwaltungsverbund, in: Hoffmann-Riem/Schmidt-Aßmann/Voßkuhle, Grundlagen des Verwaltungsrechts I, 2.Aufl., 2012, §5 Rn.80ff.

260) *Schmidt－Aßmann*, Das allgemeine Verwaltungsrecht als Ordnungsidee, Kap.4 Rn.89.

이나 권리보호의 결합(Rechtsschutzverbund)[261]이기도 하다.

한편 EU법집행상의 이원화, 즉 EU소속기관에 의한 EU법의 직접적 집행과 회원국행정청에 의한 간접적 집행을 구별하는 데 맞춰,[262] 유럽의 행정구제시스템 역시 이원적으로 구성되어 있다. 요컨대 EU소속기관의 행위에 대한 행정구제는 원칙적으로 EU법원에 의해, 회원국행정청에 의한 행위에 대한 행정구제는 회원국 법원에 의해 행해진다. EU법원과 회원국 법원에 의한 행정구제는 상호 독립적이긴 하나 교호적 관계에 있다. 여기서는 EU법원에 의한 행정구제에 초점을 맞추고자 한다.

Ⅱ. EU법원과 회원국법원의 권리보호임무

1. EU법원과 회원국법원의 권리보호임무

EU법이 직접 EU소속기관에 의해 집행될 경우, 권리보호의 임무는 당연히 EU법원에 과해지기에, 이들 기관의 집행행위에 대한 소송에 관해 회원국 국내법원은 사물관할권이 없다.[263] 그리고 EU법원의 심사규준은 전적으로 EU법이다.[264] 반면 회원국 행정청이 EU를 직접적 간접적으로 집행하는 경우에는, 관련된 소송이 회원국 국내법원의 관할이다. EU법집행을 위한 회원국의 조치는 EU법적 규준은 물론, -상위의 EU법과 일치하는 한에 있어서- 회원국 국내법과도 일치하여야 하기에, 회원국 국내법원은 자신의 판단규준을 회원국 국내법은 물론, EU법으로부터도 획득한다.

---

261) *Classen*, Effektive und kohärente Justizgewährleistung im europäischen Rechtsschutzverbund, JZ 2006, 157ff.

262) *Gundel*, in: Schulze/Zuleeg, Europarecht, 2Aufl.(2010), §3 Rn.91ff.; *Streinz*, Europarecht, 8.Aufl., 2008, Rn.537ff. 김중권, “유럽화된 독일 행정절차법에 관한 연구”, 2008.9.30., 52면 이하.

263) EuGH, Slg. 1987, 4230f., Rn.14-18; Slg. 2005, Ⅰ-10513, Rn.21.

264) 명시적으로 EuGH, Slg.2004, Ⅰ-6677 Rn.43.

효과적인 권리보호의 원칙은 포괄적인 권리보호보장을 추구한다. 원칙적으로 법원에 의한 효과적인 권리보호가 제공되어야 한다. 이런 필요성은 특히 직접적 효과를 발생하는 EU의 규범적 행위에서 또는 EU법집행을 위한 회원국의 법적 행위에서 생겨난다. 그리하여 회원국의 집행행위에 대한 소송이 EU조약의 권리보호시스템에 규정되어 있지 않지만, 회원국으로서는 효과적인 사법구제에 관한 권리(재판청구권)가 보장될 수 있는 권리구제와 소송절차에 관한 시스템을 구축할 의무를 진다. 나아가 회원국 국내법원으로서는 권리구제에 관한 회원국 국내소송절차의 규정을 해석하고 적용함에 있어서, EU법의 적용영역에서의 모든 법적 행위가 EU법과의 일치성의 차원에서 심사될 수 있게 할 의무를 진다.

2. EU법원의 위상

사법권의 임무는 유럽의 조약시스템에서 EU법원에 맡겨져 있다. EU법원은 1986년의 통일적인 유럽의 조치 이래로 "EuGH(EU최고재판소)"의 명칭을 달고 있다.[265] EU최고재판소의 핵심적 임무는 EU조약(EUV) 제19조(유럽연합의 사법부)에[266] 의해 EU조약의 해석과 적용에서 권리를

---

265) 리스본조약(2007년)에서는 "Gerichshof der Europäischen Union"의 표현으로 규정되어 있다.

266) EU조약 제19조 ① 유럽연합의 사법부는 EU최고재판소, EU1심법원(EuG) 그리고 전문법원을 포함한다. 사법부는 제 조약의 해석과 적용에서 권리의 보존을 확고히 한다. 연합법에 의해 파악된 영역에서의 효과적인 권리보호가 보장되도록, 회원국은 필요한 권리구제를 마련한다. ② EU최고재판소는 각 회원국의 법관으로 구성된다. 법관은 법률자문관(Generalanwalt)의 도움을 받는다. EU1심법원은 각 회원국의 적어도 일인의 법관으로 구성된다. EU최고재판소의 법관과 법률자문관과 EU1심법원의 법관으로서 -독립성의 보장을 제공하고, 유럽운영조약 제253조와 제254조의 요건을 충족한- 인격자가 선임되어야 한다. EU최고재판소의 법관과 법률자문관과 EU1심법원의 법관은 회원국의 정부에 의해 상호 합의의 방식으로 6년 임기로 임명된다. 퇴임한 법관과 법률자문관의 재임명은 허용된다. ③ EU최고재판소는 조약의 규준에 의하여 다음을 재판한다. a) 회원국, 그 기관, 자연인이나 법인이 제기한 소, b) 예비판정의 방식으로 개별회원국 법원의 신청에 기하여 연합법의 해석이나 기관의 활동의 효력, c) 조약에 규정된 다른 모든 경우.

보호하는 것이다. 이런 광범한 임무가 맡겨져 있어서, EU기관 가운데 유일하게 EU법원만이 통합공동체로서의 조약법질서의 전개에 대해 구체적인 형상을 부여할 권능을 갖는다. EU최고재판소가 갖는 이런 특별한 형성의 잠재력은 그것의 재판관할이 대상적으로 제한되지 않고 있기에 더욱 강조된다.

이런 모습은 독일 연방헌법재판소의 권한을 능가할 정도이며, 특히 미국의 대법원에 상응할 만한다고 지적되고 있다.[267] 즉, EU최고재판소는 결코 헌법재판소로서만 기능하는 것이 아니라, 오히려 행정법원으로서도 민사법원으로서도 기능한다. 최근 EU최고재판소는 점점 더 조세법, 노동법, 지적재산권의 분야에서 그 역할을 수행하고 있다. 그리고 재판에서 법률자문관(Generalanwalt)의 지원을 받는다. 독립적 지위를 갖는 법률자문관은 중립적으로, 즉 제3자적 관점에서 자신의 견해를 재판부에 제안하는데, 통상 3/4 정도로 그 제안이 받아들여진다고 한다. 한편 EuG는 일종의 EU1심법원에 해당한다. EU최고재판소(EuGH)와의 차이점은, 상설 법률자문관이 존재하지 않으며, 단지 EU시민이 제기하는 소만을 다룬다는 점이다. 회원국이나 EU기관이 제기하는 소는 EU운영조약 제256조에 의해 EU최고재판소의 관할이다. 그리고 EU최고재판소는 상고심으로서의 법률심으로서의 지위를 갖는다.

Ⅲ. 무효화(취소)소송

1. 의 의

EU법의 차원에서는 독일처럼 소송종류의 개괄주의를 택하지 않는다. EU운영조약은 다수의 소송종류를 완결적으로 규정하고 있다. 열거주의

267) *Danwitz*, Europäisches Verwaltungsrecht, S.286.

가 EU법적 권리보호시스템을 위한 특징이다.[268] 그 소송종류 가운데 가장 효과적인 것이 EU운영조약 제263조(무효화(취소)소송)에[269] 의한 무효화(취소)소송이다. 이를 통해 EU기구 및 EU기관(이하 'EU기구 등'이라 한다)의 조치에 대해 개인적 권리보호를 위해 유럽법원에 행정구제를 강구할 수 있다.[270] 무효화(취소)소송은 한편으로는 제1차법에 의거한 제2차적 EU법의 객관적인 합법성통제을 가능하게 하고, 다른 한편으로는 EU의 법적 행위에 대한 주관적인 개인권리보호를 보장한다.[271] EU운영조약 제265조에 의한 부작위(불행위)위법확인소송(Untätigkeitsklage) 역시 동일한 의의를 갖는다. 이 무효화(취소)소송은 소위 직접적 소송(Direktklage)에 속하며, 그것은 EU법원에 대한 직접적인 재판권을 연다.

---

268) 그런데 재판청구권이 표방하듯이, 공권력에 대한 흠결 없는 개인적 권리보호의 원칙을 실현하기 위해서는 행정소송의 종류상의 개괄조항이 반드시 마련되어야 하고, 그리하여 이 규정이 행정소송법의 중심규범(Schlüsselnorm)로서 행정소송법의 발전을 견인하여야 한다. 우리 판례가 소송종류를 법률이 정하지 않았다 하여 권리구제의 허용성을 원천 부정하는 것(대법원 1990.10.23. 선고 90누5467판결; 1987.3.24. 선고 86누182판결)은 사법의 본질에 전혀 맞지 않는다.

269) EU운영조약 제263조(구 공동체조약 제230조) ① EU최고재판소는 －권고 또는 입장표명에 해당하지 않는 한－ EU각료이사회(Rat) · 집행이사회 · 유럽중앙은행의 입법행위와 행위(작용)의 적법성을 감시한다. EU최고재판소는 제3자에 대한 법효과를 지닌, 유럽의회와 유럽이사회(Europäischer Rat)의 행위(작용)의 적법성을 감시한다. EU최고재판소는 또한 제3자에 대한 법효과를 지닌, EU의 기구나 기타 부처의 작용의 적법성을 심사한다. ② 이런 목적에 대해 EU최고재판소는, 회원국, 유럽의회, EU각료이사회(Rat), 또는 집행이사회가 무권한, 본질적인 절차규정의 위반, 조약이나 시행상 적용 법규범의 위반 또는 재량남용을 이유로 제기하는 소송에 대해 권한을 가진다. ③ EU최고재판소는 동일한 조건하에서 심계원, 유럽중앙은행 그리고 －자신의 권리 유지(보존)를 목표로 하는 －지역의 위원회가 제기하는 소송에 대해 권한을 가진다. ④ 모든 자연인 또는 법인은 제1항과 2항에 따른 조건하에서 자신들을 향하거나 자신들과 직접적 그리고 개별적으로 관련 되는 행위(작용) 및 －그들과 직접적으로 관련 되고 시행조치를 수반하지 않는(시행조치를 필요로 하지 않는)－ 명령적 성질의 법적 행위에 대해 소를 제기할 수 있다. ⑤ EU의 기구나 기타 부처의 설립을 위한 법적 행위에서, 이들 기구나 부처의 －자연인이나 법인에 대해 법효과를 지닌－ 작용(활동)에 대해 그 자연인이나 법인이 소를 제기하기 위한 특별한 조건이나 상세가 규정될 수 있다. ⑥ 본조에 규정된 소송은 2개월 이내에 제기되어야 한다. 이 기간은 사정에 따라, 관련 작용의 통지시점, 원고에 대한 통보시점 또는 －이것이 없을 때는－ 원고가 이런 행위(작용)를 알게 된 시점에 진행한다.

270) *Classen*, in: Schulze/Zuleeg, §4 Rn.14ff.

271) *Haratsch/Koenig/Pechstein*, Europarecht, 10.Aufl., 2016, Rn.510.

2. 본 질

그런데 무효화(취소)소송(Nichtigkeitsklage)이라는 표현에도 불구하고, 이 소송의 본질은 당연무효의 확인을 지향하는 권리구제가 아니라, 형성을 지향하는 권리구제이다.[272] 즉, 본질은 형성소송인 취소소송에 해당한다. 따라서 소가 이유 있으면, EU최고재판소가 다투어진 법적 행위를 무효(nichtig)라고 판시하지만, 이를 통해 비로소 그 법적 행위는 폐지되게 된다. 그 본질이 취소소송인 점에서 비록 무효화(취소)소송의 용어가 사용되지만, 그로 인해 치명적인 오해가 발생할 수 있음을 주의하여야 한다. 그리고 인용판결이 내리기 전까지 EU의 법적 행위에 대해서는 ―마치 우리의 공정력과 같은 행정작용의 존속특권마냥― 유효성의, 즉 통용의 추정이 적용된다.[273]

한편 현행 EU운영조약 제263조 제4항은 구 공동체조약 제230조 제4항보다는 더 나아 갔다. 왜냐하면 자연인 등이 자신을 상대로 하거나 자신을 직접적 개별적으로 관련시킨 작용을 대상으로 제기한 무효화(취소)소송만이 아니라, ―자신을 직접적으로 관련시키고 결코 시행조치를 유발하지 않는― EU명령적 성질의 법적 행위에 대해서도 무효화(취소)소송이 허용되기 때문이다.

3. 소송당사자

(1) 특권이 인정되는 원고의 경우

EU운영조약 제263조에 의하면, 완전한 특권을 갖는 원고, 부분적 특권을 갖는 원고, 전혀 특권이 없는 원고의 3가지로 구별된다. 이런 제소

272) *Danwitz*, Europäisches Verwaltungsrecht, S.290.
273) EuGH, Slg. 1957, 83(126).

권의 구별은 무효화(취소)소송의 제도적 기능에 따른 것이다.[274)]

EU운영조약 제263조 제2항에 의해 회원국, 유럽의회, EU각료이사회(Rat), EU집행이사회는 완전한 특권을 갖는 원고에 속한다. 이들은 특별한 권리보호의 필요성을, 즉 자신의 권리나 이익의 침해를 주장할 필요 없이, 언제나 원고적격이 인정된다. 아래의 위법사유를 내세워 –동조 제1항에서 든– EU기구 등의 전체 작용에 대해 소를 제기할 수 있다. 반면 동조 제3항에 의해 부분적 특권이 있는 원고, 즉 심계원(Rechnungshof), EU중앙은행과 지역의 위원회(AdR) 경우 자신의 권능의 침해를 전제로 하여 원고적격이 있다. 즉, 자신의 법적 이익에도 이바지하도록 결정되어 있는 법규범의 위반의 가능성을 주장하여야 한다.

이런 특권을 갖는 원고(privilegierte Kläger)와 관련한 무효화(취소)소송은 우선 헌법적 권리구제에 비견될 수 있다.[275)] 완전한 특권을 갖는 원고가 제기한 무효화(취소)소송은 추상적 규범통제의 특징을 갖고, 부분적 특권을 갖는 원고가 제기한 그것은 구체적인 기관쟁의절차로서 이들 기관의 권한을 확고히 함으로써 제도적 등등한 비중의 보장에 기여한다. 즉, 기관권한쟁의절차의 특징을 갖는다.[276)]

(2) 특권이 인정되지 않는 보통의 원고의 경우

특권을 갖지 않는 원고, 즉 자연인(私人)과 法人이 EU운영조약 제263조 제4항에 의해 무효화(취소)소송을 제기할 경우에 그 상황은 전형적인 행정법적 권리구제가 기능하는 국면이다. 그런데 여기서 원고가 계쟁조치의 수범자(상대방)에 해당하면 당연히 원고적격이 인정되어 문제되지

---

274) 그리고 심급에서도 차이가 있다. 자연인이나 법인이 제기하는 무효화(취소)소송의 관할은 EU1심법원(EuG)이고, 회원국이나 EU기관이 제기하는 그것은 EU최고재판소이다.

275) *Schwarze*, in: Schwarze(Hrsg.), Der EuGH als Verfassungsgericht und Rechtsshutzrecht, 1983, S.11ff.

276) *Danwitz*, Europäisches Verwaltungsrecht, S.290; *Dörr/Lenz*, Europäischer Verwaltungsrechtsschutz, 2006, Rn.80.

않는다. EU행정소송법은 불이익처분의 직접적 상대방은 특별한 논거를 들지 않더라도 그것을 다툴 수 있다는, 즉 그에게 원고적격이 당연히 인정된다는 수범자이론(상대방이론)을 명문으로 인정하고 있다.[277)]

따라서 제3자 취소소송(Drittanfechtungsklage)에서처럼 EU명령이나 다른 사람을 대상으로 한 EU결정에 대해 제3자가 무효화(취소)소송을 제기할 경우가 문제되는데, 여기서 동항은 아래에 보듯이, 비교적 엄격한 허용요건(원고적격)을 규정하고 있다. 즉, 원고가 직접적이고 개인적으로 관련이 있어야 한다.[278)]

i) 관련성: 자연인이나 법인의[279)] 무효화(취소)소송은 이들이 그 조치에 대해 관련되는 경우에만 허용된다. 독일법의 경우 피침적 구조를 취하지만(행정법원법 제42조 제2항),[280)] EU행정소송에서는 권리침해의 주장이 요구되지 않는다.[281)] 그리하여 원고가 제소대상인 행위(작용)로 인해 실

277) 불이익처분은 적어도 일반적 행동의 자유와 관련이 있다는 점, 헌법상으로 자유가 포괄적으로 보호되고 있다는 점, 자유권은 기본으로 국가에 대한 방어권적 성격을 갖다는 점을 수범자이론의 인정근거로 들 수 있다. 개인은 물론 법원에게도 논증상의 편함을 가져다 줄 동이론이 −그 필요성은 차치하고− 우리에게 통용되는지 여부는 논란이 있을 수 있겠지만, 대법원 1995.8.22. 선고 94누8129판결을 계기로 긍정적으로 봄직하다.

278) 이것은 자연인이나 법인이 제기한 무효화(취소)소송은 제2차적 EU법의 객관적인 합법성통제만이 아니라, 이들과 직접적, 개인적으로 관련된, EU의 법적 행위에 대한 권리보호에 대해 우월적으로 이바지한다는 점을 분명히 한다.

279) 여기서 법인은 EU법에 의거하여 정해지나 그것은 회원국 국내법에 연계된다. 그리하여 국내법적으로 권리능력 있는(또는 부분적 권리능력 있는) 것으로 여겨지는 조직단위가 원칙적으로 법인으로 다루어지며, 공법이나 사법의 권리주체인지 여부는 중요하지 않다. 그리하여 회원국의 지역단체와 권리능력있는 재단 역시 이에 속한다. 나아가 직능단체나 상공회의소와 같이 권리능력이 있는 단체나 기구도 법인과 동일한 지위를 갖는다. 여기서 자연인이나 법인의 주소가 EU에 있어야 하는 것이 필수적이진 않는다. 그런데 제3국 역시 법인의 범주에 들어간다.

280) 독일 행정법원법 제42조 ② 법률상 별도의 규정이 없는 한, 원고가 행정행위 또는 행정행위의 거부나 부작위로 인하여 자기의 권리가 침해되었음을 주장하는 경우에만 소송은 허용된다.

281) 독일법에서 만들어진 주관적 공권 개념은 EU법에서는 이질적이어서(EuGH, Slg. 1963, 1(25); Slg. 1964, 1251(1270f.). 매우 드물게 주관적 권리라 설시한 것으로 Slg. 1960, 1165(1189); Slg. 1976, 1185(1200)), 그에 갈음하여 대부분 “개인의 권리”나 “개인적 권리”가 운위된다.

체적으로(실질적으로) 곤란하게 될 때, 그는 해당 조치에 대해 관련성을 갖게 된다.[282] 그런데 비록 EU운영조약 제263조 제4항이 명문으로 '권리제한'을 언급하지는 않지만, EU법원 판례는 원고가 제소된 행위로 자신의 법적 지위를 제한(침해)받거나 제한받을 수 있는 경우에만 실제적 곤란함의 존재를 인정한다.[283] 그리하여 기본적으로 요구되는 관련성의 존부가 실체적 차원에서 포착한다. 가령 신청에 대한 어떤 조치가 내려졌을 때 그것의 이유제시만을 다툴 경우에는 그 관련성이 결여된다.[284]

ii) 직접성: 직접성 기준에 의해 단지 잠재적으로만 관련되는 자가 권리보호를 강구하는 것은 저지된다. 계쟁행위 그 자체가 -다른 고권조치가 끼어들어가지 않더라도- 원고의 이익을 제한(침해)할 경우에만 직접적 관련성이 당연히 주어진다. 판례는 후속조치(집행)가 필요하긴 하나

282) *Dörr/Lenz*, Europäischer Verwaltungsrechtsschutz, Rn.115.

283) EuG Slg. 1999, Ⅱ-3427 Rn.158-Boehring; Slg. 2000, Ⅱ-3145 Rn.34-BP Chemicals. 여기서 실제적 곤란함은 마치 미국 행정법에서의 원고적격(Standing)과 관련해서 요구하는 'injury in fact'에 흡사하다. 한편 많은 문헌에서 'injury in fact'을 '사실상의 침해'로 옮기는데, 그것은 법적 이익을 구체적으로 특정하여 실제적으로 침해하는 양상을 의미하기에, 그런 식의 옮김은 사실적 이익의 침해까지 내포할 수 있어서 타당하지 않다. '실제적 침해(injury-in-fact)'로 옮기는 것이 바람직하다. 비단 독일만이 아니라 모든 국가의 행정구제에서 원고적격의 물음은 권리침해와 연계되어 있다. 우리 판례가 원고적격의 물음과 본안에서의 물음을 분리시켜 접근하긴 해도, 이를 양자를 완전히 절연시킨 것으로 보는 것은 타당하지 않다. 이런 분리적 접근이 유래한 일본에서의 통설과 판례는, 권리침해 유무가 취소소송의 소송요건으로서의 원고적격의 차원에서 고려되고, 이를 전제로 하여 본안에서 이유유무를 판단함에 있어서는 계쟁처분의 위법성여부에 초점이 맞춰진다. 여기서 위법성여부의 판단은 취소사유의 주장제한을 규정한 행정사건소송법 제10조 제1항에 의해 원고적격의 판단에 연계되어 진행된다. 결국 일본과 독일의 접근방식은 그 기조에서 다르지 않다. 우리 판례의 기조가 일본의 그것에서 비롯되었음에도 불구하고, 일본의 전제적 논의를 생략하고 우리 판례가 일본 및 독일과 다른 접근을 강구한다고 논증하는 것은 재고되어야 한다.

284) EuG Slg. 1992, Ⅱ-2181 Rn.31-NBV. 여기서 EU법원이 비록 행정청의 절차작용상의 위법을 실체결정상의 위법과 연동시켜 권리구제를 강구하게 한 독일 행정법원법 제44조의 a(행정관청의 절차행위에 대한 권리구제)와 같은 명문의 규정이 없음에도, 결과적으로 독일과 동일한 입장을 취한다는 것은 확인할 수 있다. 우리 역시 절차의 의의(본질)와 관련하여 節次奉仕說와 節次固有價値說이 대립하는 상황에서 시급하게 후자에 대한 근본적인 수정이 필요하다.

그것이 강제되는 경우 가령 '준 자동적으로' 발생하게 되는 경우에는 그 직접성을 인정한다. 가령 EU가 특정 회원국을 상대로 민간에 대한 보조금의 반환을 명하는 EU결정을 내렸을 경우처럼, 개인을 목표로 한 조치를 회원국상대로 하였을 때 그 회원국에 대해 그 조치를 실행에 옮길 의무가 인정되어 아무런 재량여지가 주어지지 않는다고 하면, 그 조치는 해당 개인에 대해서도 직접적으로 관련성을 갖는다.[285)]

iii) 개별성: '개별적' 관련성의 기준에 의해 민중소송은 제외되게 된다. 언제 개별적 관련성이 존재하는지가 많은 다툼의 대상이다. 판례 역시 결코 분명하지 않다. 그것의 기초가 되는 Plaumann 공식에 의하면, 자연인이나 법인은 ―그들을 다른 인적 범주와는 구별되게 만들고 (그들을) 수범자와 비슷한 방법으로 개별화시키는― 일정한 인적 특성이나 상황으로 인해 그들이 어떤 조치와 관련성을 가질 때, 그들 자신이 개인적으로 관련이 있다고 주장할 수 있다.[286)]

그런데 판례는 다음의 사항을 염두에 넣어 다분히 임기응변적 접근을 강구하기도 한다: 추가적 상황 가령 구체적인 사안의 규율이 추가될 때 관련인의 범주가 (결정이나 EU명령인) 조치를 발하는 시점에 분명한지 여부,[287)] 원고가 법적 규준이나 EU집행이사회의 가세에 따른 사전 행정절차에 참여하였는지 여부,[288)] 원고의 구체적인 법적 지위가 느껴질 정도로 제한받았는지 여부, 특별한 규범이 원고를 포함한 일정한 지위의 상황에 대한 고려를 명하였는지 여부.[289)]

---

285) EuGH, Slg. 1979, 1185 Rn.11; Slg. 1985, 207 Rn.7ff. 이런 논증은 우리 판례(대법원 1994.1.25. 선고 93누8542판결)가 개별공시지가결정의 처분성을 인정하면서 전개한 논리와 비슷하다.

286) EuGH, Slg. 1963, 213(238); Slg. 1971, 897 Rn.4-10; Slg. 1993, Ⅰ-1993 Rn.10ff. 최근의 것으로 EuGH, Rs. C-260/05 P, U. v.22.11.2007.

287) EuGH, Slg. 1977, 709(726); Slg. 1977, 797(807f.).

288) EuGH, Slg. 1986, 391 Rn.23ff.; Slg. 1990, Ⅰ-2477 Rn.11ff.

289) EuGH, Slg. 1995, Ⅱ-2310 Rn.67; Slg. 1995, Ⅱ-2941 Rn.61.

(3) 피 고

소가 제기된 법적 행위를 발했던 EU기구(나 권리주체)가 무효화(취소)소송의 피고이다. EU운영조약 제263조 제1항에 원고로서 언급된 EU기구(유럽의회, EU각료이사회, EU집행이사회)와 유럽중앙은행 이외에, 기타의 EU기관이나 기구 역시 피고가 될 수 있다. 유럽의회와 EU각료이사회의 공동작용에 대해 원고가 다툴 경우에는 이들 양자를 공동피고로 하여 소를 제기하여야 한다.[290] 그러나 유럽이사회(Europäischer Rat; European Council)는 EU의 기관이 아니어서,[291] 그의 작용은 무효화(취소)소송으로 다툴 수가 없다.

(4) 원고적격에 관한 'Plaumann 공식'의 완화 문제

EU행정소송에서는 원고적격의 인정을 위해 개인적 권리의 침해가 반드시 요구되지는 않으며, -오히려 마치 독일에서 통설과 판례가 견지하는 가능성설처럼- 경제적 이익의 제한으로도 원고적격은 충분하다.[292] 그렇지만 원고적격에서의 개인적 관련성은 당사자의 현재 상태를 위협하는 (법적 행위의) 결과에 의해 매개되어야 한다는[293] Plaumann 공식이 확고하다. 이는 보기에 따라서는 EU행정소송상 원고적격의 인정에서 매우 엄격하게 여겨진다.

그리하여 2002년에 효과적인 권리보호의 보장을 위한 EU의 사법부의 의무를 내세워, EU최고재판소의 법률자문관(Generalanwalt; Advocate-General)인 Jacobs와 EU1심법원(EuG)은 규범불법에 대한 광범한 1차적 권리보호를 달성하기 위해서 원고적격규정(구 공동체조약 제230조 제4항)

---

290) *Pechstein*, EU-/EG-Prozessrecht, 3.Aufl., 2007, Rn.383.

291) 유럽이사회는 'EU정상회의'라고도 하는데, EU의 각 회원국의 정상들의 회의체이다.

292) EuGH, Slg. 1991, Ⅰ-2501 Rn.16f.; Slg. 1981, 2639 Rn.9.

293) EuGH, Slg. 1991, Ⅰ-2501 Rn.17; Slg. 1994 Ⅱ-121 Rn.79-82, Ⅱ-323 Rn.44-47.

을 Plaumann 공식에서 벗어나 관대하게 해석할 것을 제안하였다. 법률자문관 Jacobs는 EU작용의 원고에 대한 개별적 관련성을 그 작용이 그 원고의 이익에 대해 현저한 영향을 미쳤거나 미칠 수 있는 경우에는 인정되어야 한다고 주장하였다.[294] EU1심법원(EuG)은 EU규정이 자연인 등의 권리를 제한하거나 의무를 과하면서 그들의 법적 지위를 의심여지 없이 그리고 현재 제한할 경우에는 그들이 개별적으로 관련된 것으로 여겼다.[295]

하지만 EU최고재판소는 통상 원고적격의 규정을 확대해석하는 것을 피하지는 않지만, 이상의 관련성을 완화하려는 착안점에는 동조하지 않는다.[296] EU최고재판소는 개별적 관련성 요구에 관해 본문상이 명백하다고 여기고, 개별적 관련성의 기준이 소멸하게 될 것 같으면, EU법원으로서는 EU조약에 의해 부여된 자신의 권능으로부터 일탈한 것이 된다고 본다.[297]

요컨대 EU행정소송에서의 무효화(취소)소송이 독일식의 피침적 구조와는 달리 관련성의 구조를 띠고, 이익관련자소송(Interessentenklage)에 해당하긴 하나, 그것의 관련성, 직접성, 개별성에 관해 EU최고재판소가 비교적 엄격한 입장(Plaumann 공식)을 견지하는 한, 결과적으로 보호규범설에 터 잡은 우리나 독일에서의 원고적격 논의와 일맥상통하다고 하겠다.[298] EU행정소송에서의 이런 상황을 두고서, 현행 EU행정소송에서

---

294) EuGH, Slg. 2002, Ⅰ-6681, 6715.

295) EuGH, Slg. 2002, Ⅱ-2361 Rn.51.

296) EuGH, Slg. 2002, Ⅰ-6719, Rn.36ff; Slg. 2004, Ⅰ-3425, Rn.29ff.

297) 이에 대한 평가에서 독일 문헌상 찬반이 나뉜다. 논의전반에 관해서는 *Röbl*, JURA 2003, 830ff. 여기서 독일이나 우리에서 확립된 위법성의 권리침해견련성(Rechtswidrigkeitszusammenhang)의 요청이 주관소송에서는 당연한 것임을 확인할 수 있다. 위법성의 권리침해견련성에 관한 상론은 김중권, 取消訴訟에서 係爭處分의 違法性의 權利侵害 牽聯性에 관한 小考, 행정판례연구 제20집 제2호 2015.12.31. 83면 이하 참조.

298) 그리하여 EU최고재판소가 EU법상의 규정이 시민을 "보호"하여야 한다고 명시적으로 강조한 점(EuGH, EuZW 1995, 636)을 들어 동법원이 독일적 특징인 보호규범설에 동

규범인 EU명령까지 소송대상성을 인정하고 있는 사정을 감안하여, 나름 엄격한 잣대인 'Plaumann 공식'을 통해 균형을 잡고 있는 것으로 평할 수도 있다.[299)]

4. 소송대상

(1) 일반적 징표

제소대상은 무효화(취소)소송에 의해 단지 무효로 판시되어 소멸될 수 있기에, 무효화(취소)소송은 EU기구 등의 법적 행위의 폐지가 소를 통해 강구될 수 있는 경우에만 허용된다. 따라서 그것은 −EU법상으로 규정되어 있지 않는− 이행소송은 물론, −마찬가지로 EU법상으로 빈번하지 않는− 일반적 확인소송과는 구분되어야 한다. 법효과의 소멸(제거)를 지향하는 무효화(취소)소송을 위해서는 소송대상과 관련해서는 다음의 점이 전제된다.[300)]

i) 행위의 법적 존재: 어떤 행위가 법적으로 존재하여야 한다. EU운영조약 제263조 제1항에 의하면 '행위(작용)'만이 무효화(취소)소송으로 다툴 수 있다. EU운영조약 제265조에 의해 부작위위법확인소송만이 제기될 수 있는 단순한 부작위는 결코 여기서의 '행위'에 해당하지 않는다.

조하는 것 같다고 주장된다. *Stern*, Die Einwirkung des europäischen Gemeinschafts auf die Verwaltungsgerichtsbarkeit, JuS, 1998, S.769(771).

299) 사법시스템의 차원에서 원고적격의 물음에서 보호규범적 접근을 강구하는 것은 자연스럽다. 미국 행정법상의 원고적격(Standing)에서 일찍이 Douglas 대법관은 원고적격의 인정근거인 '실제적 침해(injury−in−fact)'와 관련해서 원고의 침해가 문제되는 제정법이나 헌법상의 보장에 의해 보호되거나 규제된 이익의 범주내에 들어가는 이익에 대해서 존재하여야 한다고 강조하였는데(*Association of Data Processing Service Organizations, Inc. v. Camp* 397 U.S. 150(1970), 153), 이런 논증방식은 보호규범적 접근과 기조에서 다르지 않다. 미국행정소송에서의 원고적격에 관한 판례의 흐름에 관해서는 권순형, 미국 행정소송의 기본이론들과 관련 문제들, 재판자료 제105집(2004.12), 371면 이하: 외국사법연수논집(24), 399면 이하 참조.

300) 그러나 EU의 조약상의 법관계로부터의 다툼에 대해서는 EU법원은 EU운영조약 제272조에, 즉 중재조항에 의거하여 관장하지 무효화(취소)소송을 규정한 동 조약 제263조에 의거하지는 않는다.

물론 행위에 나서는 것을 거부하는 경우나 권리보호를 구하는 자가 꼭 필요하다고 여기는 것을 내버려 두는 경우에는 단순한 부작위와는 구별되어야 하기에, 이들은 당연히 무효화(취소)소송의 대상이 된다. 나아가 처음부터 무효인(혹은 존재하지 않는) 법적 행위는 여기서의 행위와 구별되어야 한다. EU법원은 EU의 모든 법적 행위의 유효성의 추정을 출발점으로 삼는다.[301] 따라서 어떤 행위가 취소되지 않는 한, 무효화(취소)소송에서 무효로 판시되지 않는 한, 또는 예비판정절차에 따라 효력이 없다고 판시되지 않는 한, 그 법적 행위는 법효과를 발생시킨다. 위법(하자)과 무관한 효력인, 행정행위의 공정력이 인정되는 셈이다.

EU법질서상으로 도저히 용인될 수 없고 그리하여 법적 행위가 −잠정적일망정− 결코 법효력을 발휘할 수 없을 정도로 하자의 중대함이 명백한 그런 법적 행위만이 법적으로 존재하지 않는 것으로, 즉 당연무효인 셈인 非行爲(Nichtakt)로 여겨져야 한다.[302] 물론 이런 것은 극히 이례적인 경우에 시인되는데,[303] 특히 기관이 자신의 권한을 중대하고 명백한 방법으로 초과한 경우에 고려된다고 한다. 처음부터 무효인(존재하지 않는) 법적 행위에 대한 무효화(취소)소송은 허용되지 아니 한다.[304] 하지만 이것이 EU법원에 의한 무효의 확인을 배제하지는 아니 한다.[305]

ii) EU에로의 귀속가능성: −EU각료이사회와 EU집행이사회가 해당

301) EuGH, Slg. 1994, Ⅰ-2555 Rn.48; Slg. 1999, Ⅰ-4643, Rn.93.

302) EuGH, Slg. 2004, Ⅰ-8923 Rn.19.

303) EuGH, Slg. 1994, Ⅰ-2555 Rn.50.

304) EuGH, Slg. 1957, 213, 232f. 한편 독일 문헌에 의하면, i) 의욕자(행정청)의 진정성의 결여, 공권력과의 관련성의 결여 또는 행정청에로의 귀속가능성의 결여로 일체의 공법적 성질이 없는 경우나 ii) 수범자(내지 관련자)에 대한 유효한 통지가 결여되어 행정행위가 존재하기 위한 본질적 요건이 없는 경우에 비행정행위가 인정된다(*Kopp/Ramsauer*, VwVfG 17.Aufl., 2016, §43 Rn.49).

305) EuGH, Slg. 1987, 1005 Rn.10. 사실 무효인 행정행위에 대해서는 무효확인소송 이외에도 취소소송을 제기하여 다툴 수 있다. 취소소송의 경우에도 무효주장은 -공정력의 인정에 따른 복종의무를 처음부터 배제하기 위하여- 궁극적인 종착점이 된다. Vgl. *Kopp/Ramsauer*, VwVfG §43 Rn.48.

하는— EU기관 내지 (유럽중앙은행과 같은) EU의 권리(법)주체의 행위만 이 제소의 대상이 된다. EU의 기구는 이에 해당하지 않아, 가령 유럽이사회(Europäischer Rat; European Council)의 조치는 무효화(취소)소송의 대상이 될 수 없다. 나아가 (회원국이 기관대차의 방법으로 예외적으로 EU를 위하여 행위에 나서지 않는 한) 비록 회원국이 EU법을 집행한다 하더라도[306] 또한 회원국의 작용이 EU을 구속한다 하더라도, 이들 회원국의 행위는 EU에 귀속될 수 없다. 私人의 조치 역시 당연히 EU기관 등의 행위와는 분리되어야 하는데, 만약 사인의 조치가 공무위탁의 방법으로 EU법 집행에 들어오는 경우에는 EU에 귀속될 수 있다.

iii) 권리구속효의 존재: EU운영조약 제263조 제1항에 의하면, 권고나 견해표명, 즉 아무런 법효과를 성립시키지 않는 행위방식은 무효화(취소)소송의 대상이 되지 못한다. 물론 —EU운영조약 제126조(예산준칙, Haushaltsdisziplin) 제7항이[307] 규정하는 것처럼— 권고에 대해 법효과가 발생하는 경우는 다르다.[308] 법효과의 발생여부가 관건이다. 어떤 조치가 규율적 성격을 지니는지 여부, 즉 법효과의 성립을 분명히 목표로 하였는지 여부는 불분명하다. 어떤 행위가 구속적인 법효과를 낳도록 정해져 있는지 여부는 형식, 표현과 행위형식에로의 귀속가능성에 무관하게 결정되어야 한다.[309] 가령 준비조치, 단순한 통지, 반복적 결정이나 해지는 무효화(취소)소송을 통해 다툴 순 없다. 그러나 EU운영조약 제263조 제2항, 제3

---

306) *Ehlers/Schoch*, Rechtsschutz im Öffentlichen Recht, 2009, §8 Rn.12.

307) EU운영조약 제126조 ⑦ 제6항에 따라 과다결손을 확인하면, EU각료이사회는 집행이사회의 권고에 의거하여 지체없이 관련 회원국에 -이런 상황을 일정한 기한내에 타개할 것을 목표로 삼아— 권고를 한다. 제8항의 유보하에 이 권고는 공표되지 아니 한다.

308) EuGH, Slg. 2004, I-6649 Rn.50.

309) EuGH, Slg. 1995, I-1651 Rn.20; Slg. 1996, I-1469 Rn.29. 여기서 근거규정의 성질과 유리시켜 법효과의 존부로 처분성을 판단하는 독일에서의 처분성논증이 연상되는데, 우리 판례 역시 이런 취하고 있다(대법원 2005.2.17. 선고 2003두14765판결; 2006.6.22. 선고 2003두1684전원합의체판결).

항, 제4항이 규정한 EU명령(EU지침을 포함하여)과 EU결정은 당연히 법효과를 발생시키는 행위이다. 나아가 EU집행이사회가 발한 EU지침이나 EU집행이사회가 EU운영조약 제108조(보조금감독) 제1항에[310] 의거하여 발한 EU대강의 통지 역시 그것의 자기구속적 성격으로 인해 마찬가지이다. 물론 소를 제기한 후에 법효과가 소멸하면, 당연히 대상적격성은 실효된다.[311]

ⅳ) 외부효의 존재: EU운영조약 제263조 제1항에 의하면, 무효화(취소)소송은 '제3자에 대한' 법효과를, 즉 외부효를 지닌 유럽의회의 행위(작용)에 대해서만 제기된다. 그리하여 예산계획의 공식적 확정,[312] 선거운동비용보조와 선거비용상환에 관한 의회의장단의 결정이[313] 이에 속하는 반면, 조사위원회구성에 관한 결정,[314] 예산계획의 시행은[315] 이에 속하지 않는다. 나아가 기타의 행정내부적인 법적 행위(순수한 조직행위나 직무지시) 및 종료되지 않은 표현행위 역시 무효화(취소)소송의 대상이 되지 못한다.

(2) 자연인이나 법인이 제소한 경우에 소송대상의 문제

EU운영조약 제263조 제4항은 이상에서 살펴본 필요한 일반적 징표를 넘어 자연인이나 법인의 제소대상으로 EU결정과 EU명령만을 언급한다. 여기서 EU결정은 EU운영조약 제288조 제4항에 의해 그것이 나타내는 사람에게 대해 구속적이며, EU명령은 EU운영조약 제288조 제2항에 의해 일반적인 통용을 지니는 것이 그 특징이다. 즉, 원칙적으로 추상적으

310) EU운영조약 제108조(구 공동체조약 제88조) ① 집행이사회는 회원국과 협력하여 회원국의 보조금규율을 지속적으로 심사한다. 진전된 발전과 역내시장의 활성화를 요구하는 목적기여적 조치를 제안한다.
311) EuGH, Slg. 2003, Ⅱ-2097 Rn.38.
312) EuGH, Slg. 1986, 2155 Rn.6.
313) EuGH, Slg. 1986, 1339 Rn.27.
314) EuGH, Slg. 1986, 1753 Rn.11.
315) EuGH, Slg. 1986, 1017 Rn.7f.

로 규정된 사안과 일반적으로 규정된 인적 범주와 관련이 있다. 물론 다른 사람을 상대로 한 EU결정과 EU명령을 위한 원고적격은 직접적, 개인적 관련성의 기준에 의해 제한된다.

한편 EU운영조약 제263조 제4항상의 이들 개념은 프랑스적 권리보호의 시스템에 의거하여 넓게, 즉 권리보호지향적으로(법형식을 지향하지 않는 식으로) 이해되나, 유의할 점은 독일의 경우 제3자효 행정행위의 문제가 새삼스런 것이 아니기에 EU행정소송법이 프랑스법의 영향 아래에 있다고 성급하게 단언하는 것은 곤란하다. 이 점은 원고적격의 물음에서 EU최고재판소가 취하는 비교적 엄격한 태도가 증명한다. 그런데 EU최고재판소는 EU집행이사회가 구 EU조약 제86조 제1항과 제3항(EU운영조약 제108조)에 의한 보조금감독기능의 범주에서 회원국에 대해 어떤 결정을 내리는 것을 거부한 것에 대해 결정의 성질을 부인하였다.[316)]

내용상으로는 결정에 해당하는 징표를 지닌 EU명령, 즉 구체적 개인적 개별규율을 내용으로 하는 EU명령(소위 외관적 EU명령)의 경우 ―이른바 조치적(처분적) 조례 건이 보여주듯이―[317)] 실질적 접근과 형식적 접근에 따라 성질이 다를 수 있지만, EU에서는 구별할 필요 없이 무효화(취소)소송으로 다툴 수 있는 동 규정상의 EU명령에 속한다.[318)] 나아가 일반 공중에 대해서는 규범적 성격을 가지나 좁은 범주의 관련자에 대해서는 개별적 성격도 지니는, 즉 이중적 성격을 갖는 규율(즉, 하이브리드

316) EuGH, Slg. 2005, I-1283 Rn.66-74.

317) 우리의 경우 '두밀분교통폐합조례사건' 판결이후 10년 만에 '조치적(처분적)' 명령이 마치 제5의 행정작용인양 행정작용형식의 하나(법규범형식의 행정처분)로 자리를 잡은 셈인데, 법원이 전향적으로 처분성확대를 도모하였다고 호평할 수 있지만, 현행의 공법질서 특히 규범체계로서는 심각한 난맥에 처하게 되었다. 입법자가 선택한 규범으로서의 법적 성격이 법원의 판단에 의해서 부인되는 셈이다. 법규범의 형식을 갖는 한, 그것의 법적 취급은 시종 법규범으로서의 위상에 맞추어야 한다. 처분적(조치적) 행정입법의 인정과 그 확대의 문제점에 관한 상론은 김중권, 이른바 處分的 行政立法의 問題點에 관한 小考, 공법연구 제42집 제4호(2014.6.20.). 285면 이하 참조.

318) EuGH, Slg. 1962, 963, 979.

적 EU명령)[319] 역시 마찬가지이다. EU1심법원(EuG)[320]과 EU최고재판소는[321] 외관적 EU지침과 하이브리드적 EU지침의 경우 '가려진(숨겨진)' 개별통지적 행위의 존재를 드러내어 이들에 대한 소송의 제기를 허용하였다. 여기서 관건은 원고적격의 물음인 직접적 관련성의 존재여부이다.[322]

EU결정과 EU명령은 법적 성질이 다르고 이런 취지를 반영하여 개념을 구분한 EU운영조약 제288조의 관점에서 보면, EU결정과 EU명령을 동일한 소송대상으로 삼은 무효화(취소)소송규정은 그 자체가 체계상의 부조화성을 드러낸다. 사실 현행 EU운영조약상의 무효화(취소)소송규정은, 자연인과 법인에게도 효과적인 사법적 권리보호가 보장되어야 한다는 기본사고를 전면에 내세워 법형식에 따른 소송방도의 문제를 뒤로 물린 것이다. 엄격한 법형식에 의거하여 소송형식을 제도화한 독일방식이 유럽전역에 특히 라틴계국가에 통용되거나 기대하기 힘들다는 점에서 EU행정소송법체계의 이런 부조화적 상태는 당연하다. 그래서 소송의 진행여부가 오로지 원고적격에 좌우되는 결과를 빚게 된 것이다. 따라서 EU최고재판소가 원고적격의 문제에서 엄격한 입장을 취하는 것은 자연스럽다.[323]

---

319) 이런 EU명령은 반덤핑법에서 볼 수 있다. EuGH, Slg. 1984, 1005 Rn.11; Slg. 1991, I -2501 Rn.13, 16.

320) EuG Slg. 1994, II -871 Rn.17.

321) EuGH, Slg. 1995, I -4149 Rn.32ff.

322) 유의할 점은 직접적 관련성을 직접적인 통용이나 직접적인 적용가능성과 동일시해서는 곤란하다. *Haratsch/Koenig/Pechstein*, Europarecht, Rn.523.

323) 그런데 행정소송법개정에서 핵심문제인 소송형식과 관련하여 기왕에 기본에 해당하는 법형식과의 연계성에서 벗어나기 위해, 법형식이 상대적으로 의미가 약한 EU행정소송법의 사례를 드는 것은 곤란하다. EU행정소송에서의 상황이 EU 전체의 측면에서 법형식구별의 강제가 자칫 혼란을 초래할 수 있다는 현실적 곤란함에서 비롯되었다는 점, 그 대응기저로 원고적격에서 엄격한 입장을 취하는 점, EU행정소송법은 단위 국가의 차원이 아니라는 점 등을 고려하여야 한다.

5. 권리보호의 이익(권리보호의 필요성)

다른 모든 권리구제마냥 행정법적 권리보호 역시, 자신의 권리를 실현하는 데 법원의 도움이 실제로 필요한 경우에만, 그리고 권리보호의 강구가 권리남용이 아닌 경우에만 성립한다. 즉, 비록 명문의 규정은 없지만, 소송에 대해서 권리보호의 필요성이 통용된다. 따라서 (EU운영조약 제263조 제2항과 제3항상의) 특권이 있는 원고와는 대조적으로 보통의 원고에 대해서는 권리보호이익의 존재가 요구된다. 권리보호이익은 원칙적으로 원고적격이 인정된 데 수반하여 당연히 인정된다. 그런데 실은 법적 행위의 폐지가 원고에게 아무런 법적 이익을 가져다주지 않을 때는, 사정이 다르다.[324] 즉, 권리보호의 이익을 별도로 검토할 필요가 생긴다.

제소된 조치의 집행이 권리보호의 필요성을 필연적으로 배제하는 것은 아니다.[325] 한편 EU최고재판소는 EU기관이 계쟁조치를 취소하였다 하더라도, 일정한 경우(가령 구체적인 반복의 위험이 존재하거나 EU을 기능화하기 위한 본질적인 의의에 관한 법적 물음이 제기되거나, 판결이 원고의 손해배상청구권을 위한 근거를 성립시킬 수 있게 하거나 법적 지위를 위해 문제가 되는 불확실성이 제거되는 경우)에는 권리보호의 필요성을 시인하곤 하였다.[326] 여기서의 무효화(취소)소송은 진정한 형성의 소에 해당하지 않고, 독일에서의 부진정 계속적 확인의 소에 흡사하며,[327] 우리 행정소송

---

324) *Dörr/Lenz*, Europäischer Verwaltungsrechtsschutz, Rn.148.

325) EuGH, Slg. 1986, 1965 Rn.21.

326) EuGH, Slg. 1995, Ⅱ-2305 Rn.60.

327) 독일 행정법원법 제113조 제1항 제4문상의 (진정한) 계속적 확인소송은, 취소소송을 제기한 후 행정행위가 소멸한 경우에 신청에 기하여 소멸한 행정행위의 위법성을 확인하는 것이다. 소제기 전에 행정행위가 소멸한 경우, 그것의 위법성 확인을 구하는 소송은, 명문규정이 없음에도 불구하고 당연히 인정되었으되, 그 방법, 즉 그것의 성질이 문제되었다. 종래 통설과 판례는 이런 소송을 이른바 '부진정 계속적 확인소송'으로 보아 계속적 확인소송의 규정이 유추적용된다고 보았지만, 1999년 연방행정법원은 해당 소송을 계속적 확인소송으로 유추적용하는 것을 의문스럽게 여겼을 뿐만 아니라, 그에 따른 제소기간의 구속을 부인하였다(BVerwGE 109, 203).

법 제12조 제2문의 문제라 할 수 있다.

6. 인용가능성

EU기관 등의 법적 행위가 EU운영조약 제263조 제2항상의 네 가지 하자(무권한, 중요한 형식규정의 위반, 조약이나 적용법규범의 위반, 재량남용) 가운데 어느 하나를 띄게 되면, 그 무효화(취소)소송은 인용된다. EU최고재판소는 원칙적으로 완전한 적법성심사를 한다. 이들 위법근거에 대해서는 한편으로 하자체계를 구조화하는 의의가 주어진다. 다른 한편 EU최고재판소는 형식적, 절차적 訴因인 '무권한성'과 '본질적인 형식하자'는 직권으로 포착하려고 하나, 실체적 소인인 '조약이나 적용법형식의 위반'과 '재량남용'은 원고가 주장하면 비로소 심사하려는 경향을 보인다.[328)]

독일 행정소송법의 매커니즘이 피침적 구조를 바탕으로 권리침해와 위법성간의 견련성을 전제로 하는 데 대해서, 프랑스의 경우에는 그러하지 않는다. EU행정소송에서의 본안심사는 프랑스법을 차용하여 객관적인 규준을 목표로 한다.[329)] 그런데 여기서 유의할 점이 있다. 사실 피침자소송이 아닌 관련자소송을 취하는 이상, 계쟁작용의 위법성과 주관적 권리침해의 견련성은 당연히 논의에서 제외되며, 초국가적 조직체인 EU을 상대로 한 소송에서 주관적 권리침해를 전제하는 것 역시 부적절하다. 특히 특권이 있는 원고가 제기하는 무효화(취소)소송의 경우 기관분쟁절차의 특징이자 추상적 규범통제의 특징을 갖는다는 점에서 당연히 객관적 법위반으로 충분하다. 반면 私人(자연인과 법인)이 제기하는 경우 원고적격의 판단기준인 '관련성'의 존부를 관련하여 권리제한(침해)이 결정적인 가늠자가 된다는 점에서 주관적 권리침해 문제로부터 완전히 벗

328) *Dörr/Lenz*, Europäischer Verwaltungsrechtsschutz, Rn.178.
329) *Dörr/Lenz*, Europäischer Verwaltungsrechtsschutz, Rn.80.

어났다고 할 순 없다. 따라서 EU행정소송법에서 프랑스법적 영향이 지배적이라고 단정적으로 말할 수는 없다.[330)]

계쟁작용의 적법성을 판단하기 위한 규준적인 시점은 –우리의 처분시설마냥– 원칙적으로 조치가 발한 시점이다.[331)] 통제(심사)의 밀도는 일반적으로 독일의 헌법재판소와 행정법원에서의 그것보다는 낮다고 평가된다. 왜냐하면 EU입법자에게는 독일법의 경우보다 더 광범한 형성여지가 부여되기 때문이다. 당연히 비례성 심사가 독일에서만큼 엄격하게 행해지지는 않는다.[332)]

개개의 하자와 관련하여 유의할 점은 다음과 같다. 중요한 절차규정의 위반과 관련해서 절차규정의 위반이 중요한지 여부는 절차규정의 종류에 의해 가늠되지 않고, 절차위반이 법적 행위의 내용에 혹시나 영향을 미쳤는지 여부에 좌우된다.[333)] 즉, 개별경우의 상황에 따라 절차규정의 비준수가 본질적이거나 비본질적이거나 될 수 있다.[334)] 그리고 독일법과는

---

330) 부산고등법원 2012.2.10. 선고 2011누228판결은 하천법, 건설기술관리법, 문화재관리법, 수자원공사법, 환경영향평가법상의 위법성은 수긍하지 않되, 단지 국가재정법상의 예비타당성조사의 결여는 처분의 위법사유로 보면서 사정판결을 내렸다. 재정운용에 초점을 맞추는 국가재정법은 기본적으로 행정쟁송의 주체격인 권리주체로서의 국민을 상정하고 있지 않다. 국가재정법이 요구하는 예비타당성조사의 결여는 원고적격을 인정케 하는 출발점인 권리침해를 동반하지 않는다. 동법상의 위법은 의회의한 정치적 통제의 대상이지 사법통제의 대상은 될 수가 없다. 그런데 **대법원** 2015.12.10. 선고2011두32515판결은 국가재정법상의 예비타당성조사의 근거규정은 일반 국민과 무관한 것임을 강조함으로써, 우리 판례가 원고적격 및 위법성여부의 논증에서 일각에서의 주장과는 달리 기본적으로 위법성의 권리침해견련성(견련관계)을 전제로 하고 있음을 분명히 하였다. 상론은 김중권, 행정판례연구 제20집 제2호(2015.12.31.) 83면 이하 참조.

331) EuGH, Slg. 1996, I-4551 Rn.33; Slg. 1997, I-4475 Rn.46.

332) 비록 비례원칙이 독일에서 연유함에도 불구하고 그것을 구체적으로 적용함에 있어서 EU최고재판소는 독일식의 논증구조(적합성, 필요성, 상당성)를 그대로 따르지 않는다. 즉, 기본적 자유에 대한 회원국의 개입에서 그 제한의 적합성과 필요성만을 심사한다.

333) *Dörr/Lenz*, Europäischer Verwaltungsrechtsschutz, Rn.180.

334) 이런 기조는 실체적 의미를 갖지 못한 절차하자로 인해 불필요한 분쟁이 유발되는 것을 저지하는 독일 행정절차법 제46조의 본지와 상통한다. 이 점에서 우리 판례와 다수 문헌이 맹목적인 절차고유가치설의 입장에서 절차하자를 본안판단(실체결정)의 적

달리, EU법은 －우리 판례의 경향처럼－[335] 판단여지와 재량여지를 구분하지 않고, 활동하는 기관에 대해 형성여지가 주어지는 경우에 일반적으로 재량이라 말한다. 프랑스법에 의거해서 계쟁 법적 행위가 제시된 목적과는 다른 목적을 위해 발해졌거나 규정된 절차를 회피하는 데 이바지할 경우에만 재량하자가 인정된다.[336] '조약이나 집행을 위해 적용될 법규범의 위반'은 포괄적 성격을 갖기에, 이상의 세 가지 폐지사유의 어느 하나에도 들어가지 않는 모든 위반을 포함한다. 그리하여 일반적 법원칙이나 EU기본권 역시 당연히 심사척도가 된다.

7. 판결의 효력

무효화(취소)소송에서 청구가 이유 있게 되면, EU최고재판소는 계쟁작용이 EU운영조약 제264조(무효화(취소)소송; 판결의 효력) 제1항에 의해 무효(nichtig)라고 판시한다.[337] 인용판결은 형성적 효과를 갖기에, 계쟁작용을 폐지(취소)한다. 그런데 강제조치와 관련하여 재량을 '무제한적으로' 심사할, 즉 나름의 합목적성의 고려도 행하고 나름의 조치(변경)를 발할 권한이 EU명령에 의해 EU최고재판소에 대해 이전될 수 있다(EU운영조약 제261조).[338] 즉, 금전벌이나 강제금과 같은 강제조치(Zwangsmaßnahmen)

부와 연계시켜 접근하는 것은 재고가 요구된다. 상론은 김중권, 행정법, 532면 이하.

335) 그런데 우리 판례가 비록 판단여지를 내세우지 않고 재량의 문제로 접근하지만, 이상의 사례에서의 판례의 태도를 판단여지론과 무관하다고 보는 것은 단선적이다. 시험결정에서의 특수한 상황(재현불가) 및 교과서감정에서의 특수한 상황(전문가위원회에 의한 결정)에서 광범한 재량여지를 인정하는 데서, 판단여지론의 함의(제한적 사법심사)가 판례에 반영되었다고 하겠다. 김중권, 행정법, 92면.

336) EuGH, Slg. 1966, 153, 176; Slg. 1996, Ⅰ-5755 Rn.69.

337) EU운영조약 제264조(구 공동체조약 제230조) ① 소송이 이유가 있으면, EU최고재판소는 쟁송제기된 행위(작용)가 무효라고 판시한다. ② 행위(작용)를 무효(nichtig)라고 판시할 때, EU최고재판소는 필요하다고 여기면 계속 통용되는 것으로 간주되어할 효력을 나타낸다.

338) EU운영조약 제261조(구 공동체조약 제229조)[강제조치에서의 재량심사] 유럽의회와 EU각료이사회(Rat)가 공동체결한 협정에 의거하여 EU각료이사회(Rat)가 발한 명령은 그것에 규정된 강제조치와 관련해서, 무제한적 재량심사와 강제조치의 변경・부

에 대해서는 적극적 변경을 취할 수 있다.

법적 작용이 상호 분리가능한 부분을 담고 있을 때는 부분폐지 역시 고려된다.[339] 소의 대상인 EU명령이나 EU지침인 경우, 인용판결은 대세적으로(erga omnes) 효과를 미치는 반면 (수범자를 상대로 한) EU결정의 무효판시는 상대방에 대해서만 영향을 미친다(inter-partes). 인용판결은 원칙적으로 소급효(ex tunc)를 갖는다.[340] EU운영조약 제264조 제2항에 의하면 EU최고재판소는 필요하다고 여길 경우에는 예외적으로 인용판결의 미래효를 부여할 수 있는데, EU최고재판소는 EG(EU)명령에 대해 종종 개인보호를 위한 신뢰보호의 이유에서,[341] EU법의 통일적용의 이유에서[342] 이런 예외를 인정하였다.[343] 인용판결의 효력을 판결이전은 물론 미래에도 제한시키는 것을 가능하게 하는 동 규정은 고권적 활동의 적법성의 원칙과 법적 안정성의 원칙간의 충돌을 해소하는 제도적 장치로 기능을 한다.[344][345]

판결의 기속력에 따라 부작위의무, 적극적인 처분의무나 결과제거의무가 생겨난다. 즉, 무효원인이 실체적 하자에 바탕을 두면, 동일하거나 내용적으로 동일한 조치가 행해져선 아니 된다. 무효로 판시된 법적 행위

과를 위한 권능을 포함한 권한을 EU최고재판소에 대해 이전시킬 수 있다.

339) EuGH, Slg. 1974, 1063, Rn.21; Slg. 1996, Ⅰ-4733 Rn.143.

340) EuGH, Slg. 1988, 5459 Rn.22.

341) EuGH, Slg. 1988, 5459 Rn.22.

342) EuGH, Slg. 1985, 719 Rn.17.

343) 그리고 결정(EuGH, Slg. 1998, Ⅰ-2729 Rn.39), 지침(EuGH, Slg. 1992, Ⅰ-4193 Rn.26) 그리고 예산안(EuGH, Slg. 1986, 2155, Rn.48)에도 이런 예외를 인정하였다.

344) *Cremer*, in: Calliess/Ruffert(Hrsg.), EUV/AEUV, Art.264 AEUV Rn.3.

345) 취소판결의 소급효의 예외가능성을 부정한 결과가 공정력의 존립을 위태롭게 한 점(대법원 1993.6.25. 선고 93도277판결 등)에서 우리 역시 취소판결의 소급효를 원칙과 예외의 관계로 접근하여 탄력적인 접근을 가능하게 할 필요가 있다. 이례적으로 대법원 2012.3.29. 선고 2008다95885판결이 예외인정의 가능성을('특별한 사정이 없는 한') 시사하였다. 우리나 일본, 대만에서의 사정판결제도와 같은 법치국가원리의 차원에서 문제가 있는 제도가 없지만, 판결의 효력과 관련해서 재판이후 일정 시점까지 과도기적으로 효력을 유지시킬 수 있는 것(EuGH, Slg. 1985, 849, Rn.32)처럼 EU의 경우 법관의 나름의 고려가능성이 인정된다.

에서 비롯된 시행조치는 폐지되어야 하고, 불법적으로 징수된 금전벌이나 납부는 상환되어야 한다.[346] 무효로 판시된 행위의 지속적인 불이익은 제거되거나 전보되어야 한다.[347] 나아가 EU기관의 작용이 무효로 판시된 경우에는 피고는 판결로부터 비롯된 조치를 취해야 한다(EU운영조약 제266조).[348]

Ⅳ. 부작위위법확인소송

1. 의 의

EU운영조약 제265조(부작위위법확인소송) 제1항에 의하면, 회원국이나 EU의 다른 기관은 유럽의회, 유럽이사회, EU각료이사회, 집행위위원회나 유럽중앙은행이 조약에 위반하여 결정을 내리는 것을 부작위하는 데 대해서 소를 제기할 수 있다. 이처럼 EU운영조약 제265조에[349] 규정된 부작위(불행위)위법확인소송(Untätigkeitsklage)은 EU기관 등의 위법한 부작위에 관한 것이다. 무효화(취소)소송과의 관계에서 일반적으로 부작위

346) EuGH, Slg. 1997, Ⅱ-1185 Rn.42.

347) EuGH, Slg. 1998, Ⅰ-2915 Rn.16.

348) EU운영조약 제266조(구 공동체조약 제233조) [판결로부터의 의무] ① 무효로 판시된 행위가 부담이 되거나(무효로 판시된 행위를 하거나) 자신의 불행위(부작위)가 조약위반으로 판시된 조직, 기관 또는 그 밖의 부처는 EU최고재판소의 판결에서 도출되는 조치를 취해야 한다. ② 이러한 의무는 -제340조 제2항의 적용에서 도출되는- 의무와 상관없이 이루어진다.

349) EU운영조약 제265조(구 공동체조약 제232조).① 유럽의회, 유럽이사회, EU각료이사회, 집행위위원회나 유럽중앙은행이 조약에 위반하여 결정을 내리는 것을 부작위하는 경우, 회원국이나 EU의 다른 기관은 EU최고재판소에 이런 조약위반의 위법을 확인하는 소를 제기할 수 있다. 동조는 (직무를) 해태하는 EU의 기구나 기타 부처에 대해서 준용된다. ② 이 소송은 문제되는 기관, 기구나 기타 부처가 그 이전에 행위하도록 요구를 받은 경우에만 허용된다. 이들이 이런 요구를 받은 후 2개월 이내에 견해를 나타내지 않으면, 소송은 그로부터 2개월 이내에는 제기될 수 있다. ③ 모든 자연인이나 법인은 제1항과 제2항에 의해 EU최고재판소에 EU의 기관, 기구나 기타 부처가 권고나 견해표명과는 다른 행위를 자신에 대해 하는 것을 부작위한다고 소원을 청구할 수 있다.

위법확인소송은 보완적 성격을 갖는다고 본다. 부작위위법확인소송은 EU법적으로 작위의무를 지는 EU기관 등의 "완전한 부작위"가 존재하는 경우에만 제기할 수 있다. 즉, 신청한 행위가 전부 또는 부분적으로 거부될 경우에는 EU운영조약 제263조에 의한 무효화(취소)소송을 제기해야 한다.

그런데 사실 부작위위법확인소송의 실제적 의의는 그다지 높지 않다. 특히 자연인이나 법인에 의해 드물게 부작위소송이 제기되거니와, 적지 않은 소송 역시 허용되지 않는다고 각하되곤 한다.[350] 이처럼 부작위위법확인소송이 실무상으로는 결코 특별한 의의를 가지진 못하지만, 무효화(취소)소송을 보완한다는 점에서 이것의 도입으로 EU법적 권리보호는 어느 정도 완성되었다고 하겠다.

한편 부작위위법확인소송을 제기한 다음, 그것을 무효화(취소)소송으로 변경하는 것은 허용되지 않는다. 오히려 무효화(취소)소송은 독립적으로 제기되어야 한다.[351]

2. 성 질

무효화(취소)소송마냥 부작위위법확인소송 역시 객관적 법적 통제는 물론, 주관적 권리보호에 이바지한다. 일종의 국가소송이나 기관소송마냥 회원국이나 EU의 다른 기관에 의해 소가 제기될 경우엔 전자에, 반면 자연인이나 법인에 의해 소가 제기될 경우에 후자에 해당한다. 왜냐하면 EU운영조약 제265조 제3항에 의하면, 이들에 대해 수범자적 지위나 직접적인 개별적 관련성이 요구되기 때문이다. 무효화(취소)소송과는 달리 부작위위법확인소송은 결코 형성소송이 아니다. EU운영조약 제265조 제

350) *Burgi*, in: Rengeling/Middeke/Gellermann(Hrsg.), Handbuch des, Rechtsschutzes in der Europäischen Union, §8 Rn.5.

351) EuGH, Slg. 1997, Ⅱ-1161 Rn.72.

1항에 의해 그것은 EU기관의 부작위가 조약위반이라는 것을 단지 "확인하는 것"을 지향한다. 즉, 부작위위법확인소송의 소송물은 독일 행정법원법 제113조 제5항에 따른 의무이행판결에서와 같이 부작위한 대상행위가 아니라 단지 그 대상행위와 관련하여 행위에 나서지 않은 것이다.

따라서 EU부작위위법확인소송은 독일에서 동일한 상항에서 기능하는 의무이행소송이 아니라, 우리의 부작위위법확인소송에 해당한다. 만약 EU기구 등이 계속 부작위하거나 행위의 결과가 소구에 맞지 않을 경우, 원고로서는 법원에 새로이 제소할 수 있긴 하나, 자신이 원하는 원래의 목표 달성에는 어느 정도 불확실성을 감수할 수밖에 없다. 그리하여 입법정책적 차원에서(de lege ferenda) 독일의 의무이행소송마냥 EU법적 의무이행소송을 조약의 본문에 담을 것이 주장되고 있다.[352)]

3. 원고와 소송대상

부작위위법확인소송은 완전한 부작위에 대해서만 대처할 수 있으므로, 부작위가 명시적으로 또는 묵시적으로 일어나야 한다. 원고에 따라 소송대상에서 약간의 차이가 있다. 먼저 회원국이나 EU의 다른 기관이 소를 제기하는 경우 부작위의 대상인 '결정'과 관련하여 법적 행위에 국한하는지 여부가 논란이 된다. 지배적 견해에 의하면, 부작위의 대상으로 권리구속적인 법적 행위나 EU운영조약 제288조상의 법적 행위로서의 EU결정에 국한할 필요가 없다. 따라서 부작위위법확인소송은 무효화(취소)소송의 대상이 될 수 없는 행위를 부작위한 것 역시 그 대상으로 삼을 수 있다.[353)] 그리하여 가령 EU집행이사회가 입법안을 제안하지 않은 것

352) *Ehlers/Schoch*, Rechtsschutz im Öffentlichen Recht, §9 Rn.1.

353) *Ehlers/Schoch*, Rechtsschutz im Öffentlichen Recht, §9 Rn.8; *Burgi*, in: Rengeling/Middeke/Gellermann(Hrsg.), Handbuch des Rechtsschutzes in der Europäischen Union §8 Rn.21. 이 점에서 행정처분의 발급을 해태한 것을 목적으로 하는 우리의 부작위위법확인소송과도 다른 면이 있음을 유의해야 한다. 물론 우리의 경우 행정행위가 아닌 행정작용을 부작위하면 당사자소송의 일환으로 그 부작

과[354] 같은 준비행위의 부작위 역시 대상이 될 수 있다.[355]

EU운영조약 제265조 제3항에 의하면, 자연인이나 법인은 EU기구 등이 추천이나 견해표명에 해당하지 않는 행위를 하지 않았을 때에만 부작위위법확인소송을 제기할 수 있다. 그 결과 무효화(취소)소송에서와 마찬가지로 그 대상이 권리구속적인 외부법적 행위에 해당하여야 한다. 그러나 무효화(취소)소송이 EU명령, EU지침이나 제3자지향적 EU결정에 대해서도 다툴 수 있는 것과는 달리, 자신이 수범자가 되는 부작위만이 부작위위법확인소송의 대상이 된다. 그런데 판례는 때때로 원고가 직접적 개인적 관련성을 주장할 수 있는 한, EU기관 등이 제3자를 상대로 - 일종의 행정개입적 성격을 지닌- 결정내리는 것을 지체하는 경우에도 부작위위법확인소송을 허용하기도 하였다.[356] 일종의 적극적 경쟁자소송(positive Konkurrentenklage)을 인정한 셈인 판례의 이런 태도는 -제3자효 행정작용에 대한 제소가능성을 규정함으로써 적극적인 경쟁자보호에 연계시키는- 사인 등에 의한 무효화(취소)소송 규정(EU운영조약 제263조 제4항)에 부작위위법확인소송을 동조화시킨 셈이다. 이는 결과적으로 일종의 제3자에 대한 개입청구권이 인정되는지의 문제인데, 관건은 원고적격의 인정여부이다. 즉, 자연인이나 법인의 경우 EU기관의 부작위로 인해 자신의 이익에 대해 직접적 관련성이 있는지 여부이다. Ehlers는 이런 접근방식이 분명 입법정책적 차원에서는(de lege ferenda) 환영할 만하지만, EU운영조약 제265조 제3항의 본문과는 일치하기가 극히 어렵다고 평가한다.[357]

위의 위법을 확인하는 소송을 강구할 수 있다.

354) *Dörr/Lenz*, Europäischer Verwaltungsrechtsschutz, Rn.205.

355) 물론 여기서 부작위위법확인소송의 소송대상은 인용판결이 내려질 수 있을 정도로 법적, 사실적 측면에서 자세히 표현되어야 한다.

356) EuGH, Slg. 1996, I-6065 Rn.59; Slg. 1998, II-3407 Rn.58; Slg. 2003, II-2157 Rn.29.

357) *Ehlers/Schoch*, Rechtsschutz im Öffentlichen Recht, §9 Rn.11.

한편 가령 아직 조약위반절차를 개시하지 않은 것과 같이 EU집행이사회가 회원국에게 아무런 결정을 내리지 않은 경우[358] 또는 EU집행이사회가 EU명령이나 EU지침과 같은 규범을 제정하지 않은 경우에는 자연인이나 법인이 부작위위법확인소송을 제기하는 것은 원칙적으로 허용되지 않는다.

4. 사전절차의 이행

(1) 선행요구의 존재

EU운영조약 제265조 제2항에 의해, 부작위위법확인소송은 먼저 －피고가 될－ EU기관 등에 대해 일정한 행위에 나서도록 요구하는 것이 선행한 다음에 비로소 허용된다. 일종의 독촉장과 같은 사전 선행요구절차가 존재함으로써, EU기관 등 피고로서는 향후 부작위위법확인소송의 가능성을 의식하여 나름의 자기통제를 기할 수 있거니와, 사법부의 부담도 경감될 수 있다. 나아가 선행요구의 절차는 서로의 입장의 교환을 가능하게 하고, 또한 잠재적 원고의 권리보호이익에도 이바지할 것이다. 물론 －사전절차를 규정한 조약위반소송절차(EU운영조약 제258조 제1항)에서와 마찬가지로－ 차후의 사법적 소송대상을 미리 정하는 의미도 있다.[359] 사전절차에서의 요구는 당연히 부작위위법확인소송의 제기보다 선행되어야 하고, 문서로 행해져야 한다. 아울러 관련 기관이 어떤 조치를 취해야 하는지를 충분히 자세히 나타내야 한다.

(2) 선행요구에 대한 입장표명의 부재

상대방인 EU기관 등이 2개월 이내에 아무런 입장을 밝히지 않았을

---

358) EuGH, Slg. 1989, 291 Rn.13; Slg. 1990, Ⅰ-2181 Rn.11; Slg. 1994, Ⅱ-1115 Rn.31.

359) 그리하여 소송대상이 제한될 수는 있지만, 확대되어서는 아니 된다.

때만 비로소 부작위위법확인소송이 허용된다. 요구를 받은 EU기관 등이 원고가 요구하는 것에 합치하게 견해를 표명하면, 그 불행위한 상태가 끝나기에 법적 다툼은 해소된다.[360] 그러나 그 입장표명이 원고가 원하는 것에 미치지 못할 경우에, 즉 전부나 부분적으로 부인하면 거부처분마냥 부작위위법확인소송이 아닌 무효화(취소)소송이 제기되어야 한다.[361] 여기서의 입장표명은 실체상으로 적극적이거나 소극적인(거부하는 혹은 다른) 결정이 내려진 것을 요건으로 한다. 그리하여 EU기관 등이 아무런 행위를 하지 않거나 그 요구를 내용적으로 심사하는 것 또는 신청대상 조치를 본질적으로 인식하는 것을 거부하는 경우에는, －제2차법이 침묵에 대해 일정한 의사표시의 내용을 귀속시키지 않는 한－ 아무런 입장표명이 존재하지 않는다고 하겠다.[362] 질질 끄는 대답이나 단순한 중간통보 역시 입장표명이 있다고 할 수 없다. 원칙적으로 입장표명은 －유용한 무효화(취소)소송의 대상이 될 수 있는－ 법적 행위를 요건으로 한다. 그러나 이것이 예외 없이 통용되는 것은 아니다.

5. 인용가능성

객관적으로 EU기관 등의 부작위가 존재하고, EU기관 등이 (EU운영조약 제265조 제1항상의) 결정을 내려야 하거나 (동조 제3항상의) 법적 행위를 발해야 할 의무를 진다고 확인되면, 부작위위법확인소송은 인용된다. 전적으로 EU법적 행위(작위)의무가 존재하는 경우만 그러한데, 그런 작위의무는 전체 EU법으로부터, 즉 일반적 법원칙을 포함한 제1차법은 물론, 제2차법으로부터도 생겨날 수 있다. 행위에 나서는 것의 여부와 그

---

360) 물론 이때 행위에 나섰을 때 무효화(취소)소송이 강구될 수 있다.

361) 여기서 인용판결이 내려지면, 앞에서 본 것처럼 EU기관 등은 취소판결의 이유를 존중하여 신청에 대해 새로이 결정을 내려야 한다. *Dörr/Lenz*, Europäischer Verwaltungsrechtsschutz, Rn.198.

362) *Dörr/Lenz*, Europäischer Verwaltungsrechtsschutz, Rn.212.

방법이 피고 EU기관 등의 재량에 속할 경우에는, 본안의 인용여부는 규정에 합당한 재량을 행사하면 이들이 행위에 반드시 나서야 하고 원하는 조치를 발해야 하는지 여부에 좌우된다. 즉, 결정재량과 선택재량이 공히 소멸하는 재량의 영으로의 축소가 인정되어야 한다.[363] EU판례는 EU법을 바르게 적용하면 기속결정이 내려질 법한 상황이라 지적한다.[364]

EU기관 등이 원하는 행위는 아니지만 다른 미미한(덜 나아간) 행위를 반드시 했어야 하는 경우에는 －마치 독일의 재결정판결(지령판결)마냥－ 청구가 일부 인용된다(재량의 축소의 상황). 한편 피고로서는 작위의무의 실현과 결부된 객관적 곤란함은 주장할 순 없지만, 취할 조치의 내용을 확정함에 있어 그리고 정책실현에서 우선을 확정함에 있어서 나름의 재량여지가 존재함을 내세울 수 있다.[365]

위법판단시점과 관련해서, －판결시점을 취하는 독일의 판례와 통설과는 달리－ 일종의 처분시설처럼 행위에 나설 것에 대한 요구(요청)의 시점을 목표로 삼아야 한다(EU운영조약 제265조 제2항).[366] 그런데 EU법이 행위에 나서는 것에 관한 시간적 규준을 담고 있지 않을 때는, 판례는 EU기관 등에게 통상 상당한 기간을 허용한다.[367] 여기서 상당성의 여부는 그때그때의 개별경우의 상황에 의해 특히 행정절차의 맥락, 절차진행에서의 참여자의 용태, 일(사무)의 복잡성, 다양한 참여자의 의의에 의거하여 판단이 내려진다.

---

363) 재량축소에 관해서는 김중권, 행정법기본연구Ⅰ, 2008, 212면 이하 참조.

364) EuGH, Slg. 2001, Ⅰ-5603 Rn.95ff.

365) EuGH, Slg. 1985, 1513, 1600.

366) EuGH, Slg. 1998, Ⅱ-3407 Rn.71; Slg. 1999, Ⅱ-2633 Rn.34. 그러나 우리 판례는 부작위위법확인소송의 경우에는 판결시를 기준으로 처분 등의 위법성을 판단하고 있다(대법원 1990.9.25. 선고 89누4758판결). 다만 여기서 유의할 것은 판례가 명시적으로 위법판단시점을 표명한 것은 아니고, 기본적으로 부작위위법확인소송이 소극적인 위법상태의 소극적 제거가 그 본질인 점에 착안하여 소의 이익의 차원에서 접근하였다.

367) EuGH, Slg. 1997, Ⅰ-1503 Rn.37; Slg. 1999, Ⅱ-2633 Rn.37.

6. 판결의 효력

허용요건에서는 무효화(취소)소송을 따르지만, 부작위위법확인소송은 형성판결이 아니라 확인판결을 지향한다. 즉, 그것이 허용되고 인용되면, EU법원은 부작위의 조약위반을 단지 확인하여야 한다.[368] 모든 확인소송처럼 그것은 집행가능하지도 않다. 그럼에도 불구하고, 피고 EU기관 등은 인용된 무효화(취소)소송에서와 마찬가지로 판결의 기속력에서 일정한 조치를 반드시 취해야 한다. 그런데 이런 확인판결 그 자체론 법형성적으로 조약위반상태를 제거하지 못하거니와, -우리의 간접강제 규정과 같은 제도적 장치를 두고 있지 않기에- 피고로 하여금 행위에 나서도록 강제하는 것 역시 가능하지 않다. 그리하여 가령 EU집행이사회의 결정의 경우 그것의 내용적 특징으로 재량여지가 인정됨으로 인해, 인용판결은 실제로 마치 우리의 부작위위법확인소송에서의 인용판결이나 독일 의무이행소송에서의 재결정판결(지령판결)마냥 부작위 그 자체가 객관적으로 위법하다는 식으로 제한적인 의미를 갖는 데 그친다.

한편 EU최고재판소가 -독일의 의무이행소송에서처럼- 피고로 하여금 원고가 구한 행위를 발하도록 명하는 것을 내용으로 하는 일종의 의무이행판결을 내리는 것은 EU법에서는 허용되지 아니 한다.[369] 즉, 확인된 "조약위반한 상태"는 피고 EU기구 등으로 하여금 단지 그 "스스로" EU운영조약 제265조의 규준에 따라 요구된 조치를 취하도록 의무를 지울 뿐이다. 여기에 EU행정소송법상으로 부작위위법확인소송이 권리구제시스템에서 핵심수단이 되지 못한 이유가 있다.

---

368) *Danwitz*, Europäisches Verwaltungsrecht, S.296.

369) 독일 행정법원법 제113조 제5항에 따른 의무이행소송을 구하는 것은 EU최고재판소에 의해 통상 허용되지 않는 것으로 각하된다. EuGH, Slg. 1993, Ⅰ-1093 Rn.13.

Ⅴ. 조약위반소송

1. 의 의

조약위반소송(Vertragsverletzungsklage)은 회원국이 조약을 위반하였는지 여부의 물음에 대해 구속적으로 밝히기 위한 것이다. EU최고재판소의 판례에 의하면, EU집행이사회는 회원국에 의한 EU법의 시행을 감시하고 그 의무위반을 소송절차를 통해 확인할 임무를 갖는다.[370] 즉, EU집행이사회는 '조약의 수호자'(Hüterin der Verträge)로서 회원국으로 하여금 EU의 제 조약을 준수하도록 강제시키는 역할을 맡는다. 그리하여 EU집행이사회로서는 조약위반소송절차를 통해 자신의 역할을 충실히 수행한다.[371]

통계상으로 EU지침의 전환을 부작위하거나 하자있는 지침전환이 조약위반소송에서 문제되는데, 특히 위반사례의 52%가 민감한 정책분야인 환경, 역내시장, 조세와 관련된 것이다. EU운영조약은 두 가지 유형의 조약위반소송을 규정하고 있다: 회원국에 대한 EU집행이사회의 감시소송(EU운영조약 제258조)과[372] 회원국간의 소송(EU운영조약 제259조).[373]

---

370) EuGH, Rs. C-456/05, U. v. 6.12.2007, Rn.25.

371) 그런데 현실적으로, 즉 EU최고재판소의 실무상으로 특히 EU운영조약 제259조에 의한 회원국의 신청에 의거한 조약위반소송절차는 그다지 언급할 만한 역할을 하지 못한다고 한다.

372) EU운영조약 제258조(구 공동체조약 제226조) [조약위반절차; 집행이사회에 의한 신청] ① 집행이사회의 견해에 따라 회원국이 조약으로부터의 의무를 위반하였다면, 집행이사회는 이에 대해 근거를 갖추어서 입장을 표명한다; 먼저 집행이사회는 해당 국가에 의견표명의 기회를 주어야 한다. ② 해당 국가가 집행이사회가 정한 기한 이내에 이러한 입장표명을 하지 않으면, 집행이사회는 EU최고재판소에 제소할 수 있다.

373) EU운영조약 제259조(구 공동체조약 제227조) [조약위반절차; 회원국에 의한 제소] ① 모든 회원국은 다른 회원국이 조약에서 도출되는 의무를 위반하였다는 견해를 가질 때 EU최고재판소에 제소할 수 있다. ② 조약에서 도출되는 의무의 현저한 위반 때문에 다른 국가를 상대로 소송을 제기하기에 앞서, 회원국은 이를 집행이사회에 위임해야 한다. ③ 집행이사회는 근거를 갖추어서 입장을 표명한다: 집행이사회는 참가국가들에게 대심절차에서 사전에 서면으로 그리고 구두로 의견 표명할 기회를 준다.

2. 성 질

조약위반소송절차는 주관적 권리보호의 필요성의 존재에 좌우되지 않는 순전히 객관법적인 감독절차로서의 성질을 갖는다. 여기서 법위반이 EU시민의 권리 역시 침해하였는지 여부는 결정적이지 않고, 私人도 조약위반소송을 직접 제기할 가능성도 없다. 하지만 조약위반소송절차이 개인적 권리보호를 위해 전혀 의미가 없지는 않는다.[374] 그것의 유효성은 특히 EU시민, 기업 그리고 단체가 이의신청(소원)을 함으로써 그에 의해 개시할 가능성이 있다는 데 있는데, 이런 우회적 방법으로 조약위반소송절차는 개인적 권리보호에도 이바지한다. 왜냐하면 개인이 회원국 국내법원에서 조약위반절차에서의 EU최고재판소의 판결을 원용할 수 있으며, 또한 회원국 국내법규정의 EU법위반을 주장할 수도 있기 때문이다. 결과적으로 EU법상의 개인의 권리보호가 조약위반소송에 의해 마무리될 수 있다. 다른 한편 조약위반소송은 특히 EU법적 쟁점을 최종적으로 구속력이 있게 밝히는 데도 이바지한다. 가령 EU지침이 다의적이어서 EU집행이사회와 제 회원국이 바른 전환을 두고서 다툴 경우에, 조약위반소송은 소기의 효과를 거둘 수 있다.

3. 소송당사자

EU집행이사회나 모든 회원국이 원고가 되며, 유책 회원국이 피고가 된다. 조약위반소송절차는 오로지 EU법의 객관적 통제에 이바지하기 때문에, 원고적격의 차원에서 －다른 소송유형에서 요구되는－ 다른 요건은 충족될 필요가 없다. EU집행이사회와 회원국만이 원고가 될 수 있기에, 만약 개인이 어떤 회원국의 불법에 대해 대처하고자 하면, 그는 직접

374) *Ehlers/Schoch*, Rechtsschutz im Öffentlichen Recht, §7 Rn.2.

적으로는 해당 회원국 국내법원에 대해 권리보호를 구해야 한다. 그러면 해당 회원국 국내법원은 경우에 따라서는 EU운영조약 제267조(구 공동체조약 제234조)의 예비판정절차(Vorabentscheidungsverfahren)에 따른 상응한 물음을 EU최고재판소에 제청할 수 있거나 제청하여야 한다. 또한 개인은 EU집행이사회에 대해 조약위반소송절차를 개시하도록 이의제기할 수 있다. 이런 이의제기에 대해 EU집행이사회로서는 심리할 수는 있겠지만, −설령 정당한 요구라 하더라도− 반드시 조약위반소송절차를 개시하여 나설 의무는 존재하지 않는다. 조약위반소송절차의 개시여부와 관련해서는 전적으로 EU집행이사회의 재량이 인정되고 있다.

4. 소송대상과 제소기간

피고 회원국이 구체적으로 표기된 행위에 의해 EU조약의 특정한 규정을 위반하였는지 여부의 물음이 소송대상이다. 성문의, 불문의 EU법을 지키지 않았을 때, 조약위반이 존재한다. 조약 자체로부터 조약상의 규율 이외에도 일반적 법원칙, 제3국과의 협정, EU기관의 구속적인 법적 행위(EU명령, EU지침, EU결정)를 지켜야 할 의무가 성립한다. 따라서 작위나 부작위가[375] 이런 EU법과 합치하지 않아 위배되면 곧바로 조약법의 위반이 존재한다. 여기서 결정적인 것은 회원국의 행위이다. 즉, 국가의 작용만이 가늠대상이기에 국가권력을 행사하는 모든 주체가 고려된다. 그리하여 국가가 설립한 사법형식의 공기업은 물론 국가가 출자하여 지배하는 사권주체 역시 이에 포함된다.[376] 조약위반이 국가권력의 어떤 담당주체(입법부, 행정부, 사법부)에 의해 행해졌는지는 당연히 중요하지 아니

---

375) 유럽법적 의무를 불충분하게 이행하는 것 역시 조약위반소송절차의 대상이 될 수 있는데, 실제로 EU지침의 불충분한 전환에 대한 소송이 가장 빈번하다.

376) EuGH, Slg. 2001, Ⅰ-4527 Rn.12; Slg. 2002, Ⅰ-593 Rn.16. 여기서 종래 공법의 시각을 오로지 회원국 국내법의 차원에 맞추는 것은 곤란하다는 점을 발견할 수 있다. 범국가적 행정작용이 이런 상황을 여실히 나타낸다.

하다. 그리하여 모든 국가기관의 활동, 가령 입법자의 규범제정, 개개의 행정결정 및 회원국 국내법원의 일정한 판결이[377] 고려된다. 마찬가지로 해당 국가기관이 국가작용에서 핵심적 단위나 비핵심적 단위로 활동하는지 여부는 중요하지 않다. 왜냐하면 어떤 국가기관이 EU법위반인 행위에 대해 책임을 지는지의 물음은, 종종 EU최고재판소와 전적으로 무관한 회원국 국내법에 의해 답해져야 하기 때문이다. 그렇지만 공공의 안녕질서를 유지하기 위한 제 조치는 조약위반소송의 대상이 될 수 없다.[378]

사인(私人)의 행위는 당연히 조약위반소송의 대상이 될 수 없는데, 국가가 사인의 행위를 결정하였거나 영향을 미쳤을 경우 혹은 EU법이 회원국으로 하여금 사인의 활동에 대해 개입하도록 의무를 과한 경우에는[379] 다르다. 즉, 이 경우에는 해당 국가를 상대로 조약위반소송을 제기할 수 있다. 원칙적으로 조약위반소송은 기간에 구속받지 아니 한다.

5. 사전절차의 이행

조약위반소송에 들어가기에 앞서 사전절차가 이행되어야 한다. 이런 사전절차는 실제로 주목할 정도로 경고기능과 여과기능을 발휘하며, 동시에 소송물의 분명한 확정에도 이바지한다.[380] 다만 이하에 보듯이, EU운영조약은 원고에 따라 약간 다르게 사전절차를 규정하고 있다.

(1) EU집행이사회가 조약위반소송절차를 개시할 경우

먼저 원고가 EU집행이사회인 경우 사전절차는 두 단계로 구성된다

377) 여기서 법관의 독립성의 원칙은 이런 상황과 배치되지 아니 한다.

378) EU운영조약 제276조(구 EU조약 제35조 제5항) [형사범에서의 경찰과 사법의 공조] 자유, 안전 그리고 법의 영역에 관한 제3편 제5장 제4절과 제5절의 규정의 범위에서 자신의 권능을 행사함에 있어서 EU최고재판소는 회원국의 경찰이나 형사소추기관의 조치의 통용이나 비례성의 심사 또는 공공질서와 안보를 유지하기 위한 회원국의 권한의 행사에 관해서는 권한이 없다.

379) EuGH, Slg. 1982, 4005 Rn.15, 23ff.

380) EuGH, Slg. 2003, Ⅰ-13145 Rn.27.

(EU운영조약 제258조). 즉, 우선 EU집행이사회가 해당 회원국에 대해 자신의 견해에 의하면 일정한 사안이 조약위반에 해당한다는 입장을 근거를 들어 나타낸다('독촉장'). 이때 해당 회원국으로서는 EU집행이사회가 정한 기한(통상 2개월) 내에 자신의 견해를 표명할 기회를 갖는다. 여기서 해당 회원국 국가가 집행위원회의 입장에 표현된 요구를 정한 기간 안에 따르지 않을 경우, EU집행이사회는 비로소 EU최고재판소에 대해 소를 제기한다.

만약 EU집행이사회가 가령 회원국의 견해표명에 기하여 자신의 판단을 바꾸면, 일정한 쟁점이 해소된 경우에만 조약위반소송의 절차가 곧바로 진행될 수 있다. 하지만 EU집행이사회가 회원국이 조약위반을 범했다는 평가를 원래 제시한 것과는 다른 사실적, 법적 관점에서 근거를 둘 경우에는, 사전절차가 다시 진행되어야 한다. 만약 사전절차를 다시 밟지 않으면, 소는 허용되지 아니 한다.[381] 회원국이 제소전에 그의 행위를 바꾸면, EU집행이사회의 견해에 의하면 애초의 위반은 제거되지 않았지만 소송에서의 비난은 약해질 수 있다. EU집행이사회가 조약위반소송을 제기한 이후 회원국의 행위에서 변화가 있더라도, 기왕의 조약위반소송은 아무런 영향을 받지 않는다. 하지만 보조금통제, 영내시장에서의 법일치화. 일정한 국내권능의 남용에 관한 EU운영조약상의 규정을 위반한 경우, EU집행이사회(및 EU운영조약 제259조의 경우에는 다른 회원국)는 이상의 사전절차를 거칠 필요 없이 EU최고재판소에 대해 곧바로 조약위반소송을 제기할 수 있다.[382]

(2) 회원국이 조약위반소송절차를 개시할 경우

회원국이 다른 회원국의 조약위반에 대해 EU최고재판소에 대해 소를

381) EuGH, Slg. 1981, 3019 Rn.21.
382) EU운영조약 제108조 제2항(보조금통제), 제114조 제9항(영내시장에서의 법일치화), 제348조 제2항(일정한 국내권능의 남용).

제기하려면, 그 회원국은 먼저 EU집행이사회에 제소의 절차를 맡겨야 한다(EU운영조약 제259조). 이에 EU집행이사회는 관련 회원국에 대해 대심 절차에서 서면과 구술에 의한 견해표명의 기회를 부여한 다음, 근거를 제시하면서 자신의 입장을 나타낸다. 여기서 조약을 위반하였다고 문제를 제기한 회원국의 판단에 동의할 것 같으면, EU집행이사회는 이상에서 본 EU운영조약 제258조에 의한 절차를 진행한다. 즉, 일정 기간안에 EU집행이사회가 과한 의무를 해당 회원국이 이행하지 않을 때 EU집행이사회는 소를 제기하여야 한다. 반면 EU집행이사회의 차원에서 아무런 조약 위반이 없다고 보거나 소를 제기하지 않을 경우엔, 문제를 제기한 회원국이 직접 제소할 수 있다. EU집행이사회가 3개월 이내에 아무런 입장을 나타내지 않았을 때도 직접 제소할 수 있다

6. 인용가능성

소를 제기한 시점에 EU최고재판소에 의해 확인된 문제의 행위가 회원국에게 귀속가능하였고 주장된 법위반에 해당하면, 그 청구는 이유 있게 된다. 피고 회원국가 예외 규정(가령 양적 수입제한을 금지하는 EU운영조약 제34조 등)에 해당한다고 주장하는 경우가 아닌 한, 원고가 원칙적으로 주장 · 입증의 책임을 진다. 한편 사적 활동과 관련해서는, (공기업의 경우처럼) 그것이 회원국에게 귀속될 수 있는 경우[383] 혹은 회원국이 공동으로 고유한 의무(가령 보호의무)를 위반한 경우에만 회원국차원의 책임이 성립한다.

그런데 해석이 분명하지 않는 회원국 국내의 규범적 행위가 EU법과 합치하는지 여부를 판단하기란 매우 어렵다.[384] 먼저 유의할 점은, 회원

383) EuGH, Slg. 1982, 4005, Rn.15; Slg. 1996, Ⅰ-3265 Rn.4.

384) EU지침의 불충분한 전환에 대해 비난이 가해질 경우, 이들 EU지침을 전환시킨 법적 행위(가령 회원국 국내법규범)가 적법한지 여부에 좌우되지 않는다.

국 국내법에 대해 통상 EU법합치적 접근을 강구할 수 있으며, 그런 접근이 보장되어야 한다는 것이다. 그리하여 가령 EU지침의 전환이 문제된 사안에서 EU법과 관련한 다의성이 존재해서는 아니 된다.[385] 이 밖에 회원국 국내법의 해석을 위한 구속적인 규준을 만드는 것이 EU최고재판소의 임무는 아니다.[386] 그래도 EU최고재판소는 통상 국내법원의 해당 판례를 목표로 삼아야 한다. 그런 것이 존재하지 않을 땐, EU최고재판소는 EU지침의 전환절차에 직접 참여하는 행정부의 견해표명을 전적으로 신뢰할 수 있다고 하겠다.

7. 판결의 효력

청구가 이유 있으면, EU최고재판소는 피고 회원국이 조약상의 의무를 위반하였다는 것을 내용으로 하는 확인판결을 내린다. 판결 이후에 피고 회원국은 피해구조에 필수적인 조치를 지체 없이 취해야 한다(EU운영조약 제260조 제1항).[387] 만약 피고 회원국이 이에 따르지 않는다면, EU집행이사회는 제2차 조약위반소송을 개시할 수 있다. 그런데 이 소송은 앞

385) EuGH, Slg. 1986, 2956 Rn.11; Slg. 1991, I -2567 Rn.20.

386) *Meddeke*, in: Rengeling/Middeke/Gellermann(Hrsg.), Handbuch des Rechtsschutzes in der Europäischen Union, §4 Rn.11.

387) EU운영조약 제260조(구 공동체조약 제228조) [판결의 효력과 관철: 강제금] ① EU최고재판소가 회원국이 조약상의 의무를 위반하였다고 확인할 경우, 해당 회원국은 EU최고재판소의 판결에서 비롯된 조치를 취해야 한다. ② EU최고재판소의 판결에서 비롯된 조치를 집행이사회의 견해에 맞춰 취하지 않은 경우, 집행이사회는 해당 회원국에 사전에 견해표명의 기회를 준 다음에 EU최고재판소에 대해 소를 제기할 수 있다. 이 경우 집행이사회는 해당 회원국이 지불해야 할 -사정에 비추어 알맞게 여겨지는- 일괄금액이나 강제금의 최고액을 언급한다. EU최고재판소가 해당 회원국이 자신의 판결을 따르지 않았다고 확인할 경우, EU최고재판소는 EU최고재판소는 일괄금액이나 강제금의 지급을 판결한다. 이 절차는 제259조와는 무관하다. ③ 집행이사회가 해당 회원국이 입법절차에 의거하여 발해진 지침을 전환하기 위한 조치를 통지할 의무를 위반했다는 견해를 가져서 제258조에 따라 EU최고재판소에 제소할 경우, 집행이사회는 해당 회원국이 지불해야 할 -사정에 비추어 알맞게 여겨지는- 일괄금액이나 강제금의 최고액을 언급한다. EU최고재판소가 위반을 확인한 경우, EU최고재판소는 해당 회원국에 대해 집행이사회가 언급한 금액을 최고액으로 하여 일괄금액이나 강제금의 지급을 판결한다.

서의 조약위반에 의한 제1차 소송절차와는 구별되며, 본질이 판결의 불복종에 해당한다(EU운영조약 제260조 제2항). 이에 따라 사물적으로 첫 번째 판결에서 논의된 비난만이 문제될 수 있다. 두 번째 소송에서 EU집행이사회는 관련 피고 회원국이 지불하여야 할 －제재로서의－ 일괄금액과(또는) －압력수단으로서의－ 강제금을 신청해야 한다.[388] 물론 EU최고재판소는 그것에 구속되지는 않는다. 그리고 조약위반소송에서의 EU최고재판소판결의 확정력은 당연히 회원국 국내법원도 구속한다.[389]

Ⅵ. 예비판정절차

1. 의 의

EU법의 집행은 통상 회원국의 관할이기에,[390] EU법의 전환의 적법성에 관한 통제는 우선 회원국 국내법원의 임무에 속한다. 회원국 국내법질서와 EU법질서의 이런 분화된 권리보호시스템에도 불구하고, EU법질서의 통일성과 정합성이 유지될 수 있도록, 양 재판권을 특별히 연계시킬 필요가 있다. EU운영조약 제267조(예비판정절차)에 의한 예비판정절차(Vorabentscheidungsverfahren, Preliminary ruling Procedure)는 이런 상황을 고려하여 만든 법제도이다.[391]

---

388) EuGH, Slg. 2006, Ⅰ-6885 Rn.45.

389) *Dörr/Lenz*, Europäischer Verwaltungsrechtsschutz, Rn.58.

390) *Schwarze*, Europäisches Verwaltungsrecht, S.25ff.

391) EU운영조약 제267조(구 공동체조약 제234조) EU최고재판소는 예비판정절차의 방법으로 다음에 관해서 판결을 내린다: a) 조약의 해석, b)연합의 기관, 기구 또는 그 밖의 부처의 행위의 유효성과 해석. 동일한 물음이 회원국 법원에 제기되고 동 법원이 자신의 판결을 면하기 위해 그에 관한 판결이 필요하다고 여길 경우, 동 법원은 이런 물음을 EU최고재판소에 대해 제청할 수 있다. －판결에 대해 내국법의 법적 수단에 의해 더 이상 다툴 수 없는－ 개별국의 법원에서의 계류된 절차에서 이런 물음이 제기될 경우, 동 법원은 EU최고재판소에 대해 소를 제기하여야 한다. 구금된 자와 관련해서 개별국의 법원에서의 계류된 절차에서 이런 물음이 제기될 경우, EU최고재판소는 가장 이른 시간에 판결을 내린다.

즉, 회원국 국내법원에 의한 제청을 기점으로 삼음으로써, 예비판정절차에 의한 연계는 한편으로는 회원국 국내법원이 EU법을 해석하고 개별경우에 적용하는 것을 허용하면서, 다른 한편으로는 EU법의 해석과 관련한 의문이 최종적으로 해명될 수 있다는 점을 확고히 한다. 나아가 위계적으로 단계화된 법질서에서 법적 통일성을 위해, －파생된 법의 규범의 통용에 관해 최종적으로 결정을 내리고 배척독점을 행사할 수 있는－ 審級을 필요로 한다.[392] 회원국 국내법원과 EU법원 사이에 이런 식의 협력을 강구함으로써, 모든 회원국에서 규정에 맞는 EU법의 적용과 통일적인 해석이 확고히 행해진다.[393]

2. 전체 시스템에서의 위상

예비판정절차는 실무상으로 EU최고재판소의 판례 가운데 가장 많은 건의 소송종류로 발전되었다.[394] EU법의 적용을 맡은 법원으로서의 회원국 국내법원과 EU최고재판소간에 협력을 성립시킴으로써, 예비판정절차는 궁극적으로 회원국 국내법원에 의해 재판되는 법적 분쟁에서 중간절차로서의 기능을 발휘한다. 그리하여 예비판정절차는 법학적 규범해석을 위한 객관적인 재판절차가 되어 법적 통일성의 유지에 이바지한다. 아울러 개인으로 하여금 자국 법원에서 EU법을 관철시킬 수 있는 가능성을 제공함으로써,[395] 개인의 권리보호를 강화시킨다. 특히 특권이 없는 私人으로서는 EU운영조약 제263조 제4항에 의해 비교적 엄격한 원고적격이 요구되는 관계로 EU의 법적 행위에 대해 무효화(취소)소송을 극히 제한적으로 행사할 수 있다는 점에서, 예비판정절차는 이런 상황에 대한 기능적 등가물인 셈이다.[396] 결과적으로 EU법에서의 법학적 해석물음에 대

392) 헌법재판소의 배척독점의 정당화를 위해서도 법통일의 사고가 동원된다.
393) EuGH, Slg. 1982, 3415 Rn.7; Slg. 2005, Ⅰ-8151 Rn.38.
394) 2006년을 기준으로 처리된 546건 가운데 266건(46,32 %)이 예비판정절차의 건이다.
395) 물론 개인이 법원으로 하여금 제청을 하도록 강제시킬 수는 없다.

한 대답에 집중하는 것이 EU최고재판소의 일반적인 업무방식이 되어버렸다.[397)]

3. 소송대상

EU운영조약은 다음의 세 가지를 예비판정절차의 소송대상으로 규정하고 있다: i) 조약의 해석에 대한 물음, ii) EU기관 등의 행위(작용)의 유효성(효력)과 해석에 대한 물음, iii) EU각료이사회에 의해 설립된 기구의 정관에 대한 물음. 그렇지만 iii)은 그다지 중요하지 않다. 해석을 위한 물음은 전체 EU법과 관련이 있을 수 있다. 여기에는 특히 견해표명이나 그 밖의 표시행위와 같은 법적으로 비구속적인 행위도 포함된다. 그렇지만 소위 '혼합적인' 협정의 경우에는, 그것이 전적으로 회원국의 관할에 들어가더라도 EU최고재판소에 의한 해석의 지배를 또한 받는지 여부가 다투어진다. 이에 반해 -회원국 국내법과 EU법의 일치성을 위한 물음을 포함하여- 회원국 국내법의 해석을 위한 물음의 경우에는 예비판정절차는 허용되지 않는다. 또한 다툼이 있는 사안의 EU법의 포섭이 EU법원에 제청되어선 아니 된다.

한편 잘못 제기된 물음에 대해 EU최고재판소는 경우에 따라서는 실체에 맞춰 변경하여 심리할 수 있다.[398)] 중요한 것은 여기서 소송대상이 되는 물음이란 EU법의 추상적 해석에 국한된다는 것이다. 따라서 개별사건에서의 EU법의 적용가능성에 대한 물음은 소송대상이 될 수 없다. EU법의 유효성에 대한 물음은[399)] 제2차법과 연계해서만 제기될 수 있다.

한편 유효성(효력)의 물음의 경우, -EU운영조약 제263조 제6항에 의

396) *Danwitz*, Europäisches Verwaltungsrecht, S.294.

397) 대륙법계 헌법재판소로선 전통적으로 결코 초상고심이 되려고 하지 않는 경향을 띠는데, 전체적으로 EU최고재판소의 대처방법은 이런 경향과는 현저하게 대비된다.

398) EuGH, Slg. 1996, I-4705 Rn.24.

399) 이것은 결정에 중요한 법적 행위의 기초가 되는 법적 행위와도 관련될 수 있다. EuGH, Slg. 1983, 2771 Rn.10.

해 인정되는- 존속력이 원고와의 관계에서 예비판정절차에서도 준수되어야 한다.[400] EU운영조약 제277조가 규정한 부수적 규범통제 역시 예비판정절차에서 진행될 수 있다.[401] 왜냐하면 EU명령의 경우 특권이 있는 원고를 제외하고서는 원칙적으로 결코 취소를 제기할 수 없기 때문이다. EU법원과 회원국 국내법원에서 EU법의 폐지를 목표로 하는 병렬적 절차가 진행될 경우, 이것은 제청권에 경우에 따라서는 영향을 미친다. EU기관 등이 의무에 반하게 부작위한 경우에 그것의 위법확인을 예비판정절차를 통해 제청할 수는 없다.[402] 이 경우 권리보호는 소관 EU기관 등을 상대방으로 하여 직접 부작위위법확인소송을 제기하여 강구할 수 있다.

한편 EU운영조약 제263조 제6항에 따른 무효화(취소)소송의 제기기간(2개월)을 경과함에 따라 EU의 법적 행위가 존속력이 발생한 경우에, EU의 법적 행위의 국내 집행행위를 다투면서 그 EU의 법적 행위의 통용(효력)의 문제를 제기하여 결과적으로 이미 불가쟁력이 발생하여 허용되지 않는 무효화(취소)소송을 강구할 가능성이 있다.[403] 일종의 법왜곡적 현상인데, 이런 경우에 회원국 법원의 제청은 존속력의 발생을 몰각시킬 수 있다. 당사자가 국내 법원에서 "명백히" 무효화(취소)소송을 제기할 수 없었는지 여부에 의거하여 효력제청의 수용가능성이 가늠되어야 한다.[404]

---

400) EuGH, Slg. 1994, Ⅰ-833 Rn.18; Slg. 2003, Ⅰ-1875 Rn.31.

401) EU운영조약 제277조(구 공동체조약 제241조) -연합의 기관, 기구 또는 그 밖의 부처에 의해 발해진, 일반적으로 통용되는 법적 행위의 적법성에 대해 취소소송이 제기된- 법적 분쟁에서, 모든 사람은 제263조 제6항에서 언급한 기간(무효화(취소)소송의 제소기간)의 경과에 상관없이 EU최고재판소에 대해 이런 법적 행위의 적용불가를 제26조 제2항에 언급된 근거에서 주장할 수 있다.

402) EuGH, Slg. 1996 Ⅰ-6065 Rn.53.

403) *Pechstein/Kubicki*, Gültigkeitskontrolle und Bestandskraft von EG-Rechtsakten, NJW 2005, 1825ff.

404) *Haratsch/Koenig/Pechstein*, Europarecht, Rn.576.

4. 제청권자

모든 회원국의 국내법원이 예비판정절차를 위한 제청권을 갖는다. 회원국의 사법체계가 다양하여 제청권을 갖는 법원의 개념을 둘러싸고 논란이 있다. EU법상 여기서의 법원은 관련 부서(법원)가 독립적이고 법률적 근거에 의거하여 계속적으로 존재하여야 한다는 것을 그 요건으로 한다. 즉, 독립적인 사법기관에 해당하여야 한다. 당연히 다른 분쟁당사자의 동의가 없더라도 가동할 수 있어야 하기에, 특히 민간에 의한 중재법원은, 설령 EU운영조약 제267조 제2항상의 법원의 개념적 징표를 나타낸다 하더라도 배제된다.[405] 이유인즉, 중재합의의 체결에서 당사자가 사안의 재판을 자유로이 정식의 법원에 이관시킬 수 있기 때문이라고 한다. 따라서 민간에 의한 중재법원은 예비판정절차를 위한 제청을 할 수가 없다. 그리고 쟁송절차에서 구속적인 판결이 법적 규준에 의거해서만 발해져야 한다는 점에서,[406] 등기법원의 경우 사법부적 성격을 갖기보다는 행정적으로 활동하기 때문에 역시 제청할 수가 없다.[407]

제청권이 존재하면, 이것이 회원국의 국내소송법에 의해 제한되어선 아니 된다. EU최고재판소의 (실용적인) 판례에 의하면, 특히 상위법원이 사안을 자신의 법적 견해에 구속되어 하위법원에 환송하더라도 그러하다.[408] 한편 회원국의 국내법원이 EU최고재판소에 대해 EU의 법적 행위의 유효성(효력)[409]에 대해 물음을 제기하고자 하면, 회원국의 국내법원으로서는 유럽차원에서의 통용(효력)에 관한 계류 중 다툼에 대해 판결이 내려질 때까지 법적 다툼이 중지되지 않았는지 여부를 심사하여야 한

405) EuGH, Slg. 1982, 1095 Rn.13.
406) EuGH, Slg. 1993, Ⅰ-1277 Rn.15ff.; Slg. 1994, Ⅰ-1477 Rn.21ff.
407) EuGH, Slg. 2001, Ⅰ-5355 Rn.16.
408) EuGH, Slg. 1974, 139 Rn.3; Slg. 1991, Ⅰ-3277 Rn.46.; Slg. 1995, Ⅰ-4599 Rn.14.
409) 이는 병렬적으로 무효화(취소)소송의 대상이 된다.

다.[410)]

5. 제청의 요건

원칙적으로 EU법의 해석이나 통용에 관해 의문이 있을 때 회원국의 국내법원의 제청권이 성립한다. 제청된 물음이 제청법원의 견해에 의하면 본안에서의 결과를 위하여 결정적으로 중요하여야 한다. EU법의 해석이나 통용이 회원국 국내법원이 내려야 할 본안판결을 위하여 매우 중요하다는 것이 제청의 요건이다.[411)] EU법의 해석이나 통용의 물음에 대해 여러 다양한 대답이 가능하여 그로 인해 다양한 결과가 초래될 경우에만 제청이 허용된다. 판결의 중요성(Entscheidungserheblichkeit) 여부의 판단과 관련해서, EU최고재판소는 회원국의 국내법원에 대해 광범한 판단여지를 부여한다. 그 이유는 한편으로 판결의 중요성이 통상 결정적으로는 −EU최고재판소가 결코 판결근거로 삼을 수 없는− 회원국 국내법에도 좌우된다는 것이다. 다른 한편으로는 해석의 물음에서는 贊反의 간단히 대비되는 대답이 존재하지 않고, 회원국 국내의 법적 다툼에 대한 영향의 측면에서 예측하기가 종종 가능하지 않을 정도의 대답이 존재하기 때문이다. 따라서 EU최고재판소는 예비판정절차의 남용만을 심사한다.[412)]

제청권행사에 즈음하여 회원국의 국내법원으로서는 실체에 합치한 대답이 가능하도록, 사안을 법적으로 그리고 사실적으로 충분히 자세히 기술하고 준비하여야 한다.[413)] 사안설명상의 당사자의 비판은 논외이므로, 제청자가 설명 등에서 완전한 책임을 진다. 한편 절차가 부속적이지 않고, 이미 완결되었거나 실효되면, 제청은 허용되지 않는다.[414)]

---

410) EuGH, Slg. 2000, Ⅰ-11369 Rn.12ff.

411) 일반적이거나 가정적인 물음은 허용되지 않는다. EuGH, Slg. 1992, Ⅰ-4871 Rn.25.

412) EuGH, Slg. 1990, Ⅰ-4003 Rn.25.

413) EuGH, Slg. 1998, Ⅰ-4261 Rn.5ff.; Slg. 1999, Ⅰ-1279 Rn.5ff.

414) EuGH, Slg. 1988, 2041 Rn.11; Slg. 1991, Ⅰ-45685 Rn.12.; Slg. 2004, Ⅰ-2549 Rn.37.

6. 제청의무

회원국의 국내법원의 제청여부는 재량사항이다. 즉, 소송절차에서 예비판정이 필요한지 여부 및 소송절차의 어떤 단계에서 그것이 필요한지는 제청권이 있는 법원의 재량이다.[415] 다만 일정한 요건하에 제청의무가 성립한다. EU운영조약 제267조 제3항은 최종심으로 판결내리는 법원을 언급하지만, 최종심 이전의 절차에서 해석상의 물음이 제기되었고 최종심법원의 판결이 회원국 국내법의 소송수단에 의해서는 취소를 구할 수 없을 때는, 회원국의 국내법원은 EU최고재판소에 대해 예비판정을 위한 물음(선결문제)을 제청하여야 한다.[416] 즉, 조약 등에 대해 무효를 이유로 적용하지 않으려 하는 모든 회원국의 국내법원은 관련 물음을 EU최고재판소에 대해 제청하여야 한다.[417] 이런 제청의무는 EU법의 통일성과 정합성을 유지하기 위함이다.

물론 아무런 해명의 필요성이 존재하지 않을 때는 제청의무의 예외가 인정된다.[418] 상응한 물음이 이미 계류중인 경우(해서 회원국의 국내법원이 EU최고재판소의 판결을 기다려야 하는 경우)나 물음이 EU최고재판소에 의해 판명되고 －다른 판단을 정당화시키는－ 특별함 역시 인정할 수 없는 경우에 그러하다. 해석물음의 바른 대답에 대해서 전혀 의문이 존재할 수 없는 경우에는 마찬가지이다. 그렇지만 EU의 모든 법관이 동일하게 판결내릴 것이라고 실제로 충분히 확고한 경우에만 상응한 "자명한 원칙"(acte clair)이 존재한다.

하지만 "자명한 원칙"(acte clair)은 통상 주효할 수 없다. 오히려 회원

415) EuGH, Slg. 1984, 2727 Rn.10.

416) 법원이 자신의 판결을 EU작용의 무효에 근거지우려고 하더라도 제청의무는 성립한다. 이것은 EU최고재판소의 배척독점의 결과이다. 반면 EU법의 해석에 아무런 합리적 의심이 없을 땐, acte-clair-독트린에 의해 제청은 불필요하다.

417) EuGH, Slg. 1987, 4199 Rn.13ff.; Slg. 1991, Ⅰ-415 Rn.19.

418) EuGH, Slg. 1982, 3415 Rn.10.

국의 국내법관은 다른 회원국 국내법질서에서는 다르게 판결이 내려지는 것이 자명하다고 간주하곤 한다. 예상가능한 기간에 본안에서 권리보호가 기대될 수 있으며, 그 범주에서 물음이 제청의 방법으로 밝혀질 수 있는 경우, 잠정적 권리보호의 절차에서는 원칙적으로 제청의무가 존재하지 않는다.[419] 그렇지만 유효성의 제청이 지닌 특별한 의의로 인해, 회원국의 국내법원이 EU의 법적 행위의 무효에 출발점을 두는 법적 다툼에서는 이런 예외가 고려되지 않는다.[420]

7. 본안판결 및 판결의 효력

(1) 본안판결

예비판정절차의 사물관할은 EU1심법원이다. 본안에서 EU법원은 회원국의 국내법원이 제기한 물음에 대해 －경우에 따라서는 상응한 수정을 한 다음에－ 답을 내린다. 회원국 국내법을 EU법에 의거하여 심사해선 아니 되고, 제청사유에 국한하여 심사하여야 한다.[421] 그리하여 EU법의 통용(유효성, 효력)의 물음에 대해서는 통상 EU법원은 제청법원이 제시한 논거를 단지 따를 뿐이다. EU법의 해석의 물음에서는 EU법원은 어떤 의미로 규범이 해석되어야 할지를 언급한다. 그런데 이때 EU법원이 어느 정도로 규준을 구체화하고 어느 정도의 범위에서 각각의 국내법원에 구체화를 맡기는지와 관련해서 실제론 다소간 차이점이 있다. 관세법에서는 일부 구체적인 판결이 내려지나,[422] 다른 사안에서는 EU법원은 비교적 추상적인 진술을 하여 자신의 판결 자체로부터 분명한 결론이 도출될 수 없게 하며, －EU법원이 설정한 해석기준을 계쟁사건에 적용하여－ 구체

419) EuGH, Slg. 1977, 957 Rn.5.
420) EuGH, Slg. 1991, Ⅰ-415 Rn.24.
421) 물론 부정확한 제청에 대해 나름의 석명권을 행사하는 것은 허용된다.
422) EuGH, Slg. 1997, Ⅰ-6495 Rn.18; Slg. 1998, Ⅰ-5255 Rn.16ff.

적인 판결을 내리는 것은 회원국 국내법원이 맡는다.[423] 물론 효력제청의 경우에는 EU최고재판소는 EU의 행위를 상위의 제1차적 EU법과의 일치성의 차원에서 심사하여, 제청된 법적 행위의 유효나 무효를 확인한다.

(2) 판결의 효력

비록 EU운영조약에 예비판정절차상의 판결의 효력에 관해 특별히 규정되어 있지 않지만, 동 판결은 기판력이 발생하고, 제청법원 및 동일한 소송절차에 참여한 법원에 대해 구속적이다.[424] 회원국의 국내법원이 이런 결과를 피하고자 한다면, 새로이 제청할 수 있다.[425] 한편 EU최고재판소가 EU기관 등이 행한 법적 행위가 무효라고 판시하면, 그 판결의 기속력은 당사자를 넘어 —동일한 계쟁물을 다루는 전체 법원에 대해 미친다. 즉. 일반구속적인 효력을 지닌다(대세효, erga omnes).[426] 이는 결론적으로 EU운영조약 제264조에 따른 무효판시에 합치한다. 반면 유효하다고 내린 판결은 직접적으로 당사자에 대해서만 효력을 미치고 일반적 기속력을 발생시키지 않는다. 그러나 실제론 약간의 광범한 영향을 미친다. 그래서 어떤 회원국 법원도 EU기관 등이 행한 법적 행위에 대해서 EU최고재판소와 다르게 해석할 수는 없다. 즉, 예비판정절차를 통한 EU법의 해석을 통해 EU법원은 회원국법의 EU법과의 일치성에 관한 판결을 위한 간접적인 시사를 제공할 수 있다.[427] 그런데 해석제청에 따른 해석판결은 처음부터 제한적 대세효를 갖는다. 왜냐하면 회원국 국내법원은 EU최고재판소의 해석에서 EU법을 적용하거나 해석의 타당성에 의문이 있으면 새로이 제청해야 할 의무를 지기 때문이다.[428] 그러나 여하튼

---

423) EuGH, Slg. 1997, Ⅰ-3689 Rn.29; Slg. 2001, Ⅰ-1795 Rn.33.
424) EuGH, Slg. 1977, 163 Rn.26/27.
425) EuGH, Slg. 1987, 2545 Rn.13.
426) EuGH, Slg. 1981, 1191 Rn.13.
427) *Dörr/Lenz*, Europäischer Verwaltungsrechtsschutz, Rn.246.
428) *Haratsch/Koenig/Pechstein*, Europarecht, Rn.578.

회원국법의 EU법과의 일치성 및 구체적인 법적 다툼에 관한 판결은 제청법원에 여전히 맡겨져 있다.[429)]

판결의 시간적 효력은 통상 소급적으로 발생한다.[430)] 객관적으로 중요한 불확실성(불안정성)이 존재하고, 그래서 참여자가 다른 법상황을 신뢰하였고, 그래서 EU법원이 판결의 효력을 명시적으로 판결의 시점으로 제한할 수 있는 경우에는, 이미 계류중인 소송은 판결시를 출발점으로 삼는다.[431)] 그러나 이것은 물음이 최초에 답해져야 할 경우에만 가능하다.[432)]

Ⅶ. 잠정적 권리보호

1. 잠정적 권리보호의 의의

법치국가원리에서 완전히 유효한 권리보호의 보장이 도출될 수 있다.[433)] 헌법 제27조의 재판청구권은 법치국가원리에 입각한 사법구제를 위한 출발점이다. 재판청구권의 기능이란 포괄적인 사법적 권리보호의 보장에 있은즉, 그것을 통해 효과적인 권리보호의 보장이 강구되어야 한다. 사법통제가 지닌, 사후적, 진압적 권리구제로 인해, 권리보호의 실효성은 결과적으로 의문시될 수 있다. 왜냐하면 법원의 적법성심사 전에 행정청이 돌이킬 수 없는 조치를 집행했다고 하면, 재판청구권의 실현을 통한 "포괄적이고 효과적인 권리보호"는 口頭禪일 수밖에 없기 때문이다.

권리보호의 효과성은 우선 시간의 요소에 좌우된다. 너무 늦게 강구된 권리보호는 그 중간에 행정이 기성사실을 조성하면 사실상 효과가 없게

429) EuGH, Rs. 6/64, Slg. 1964, 1253(1256; 1. Leitsatz).
430) EuGH, Slg. 1980, 1237 Rn.9.
431) EuGH, Slg. 1990, Ⅰ-1889 Rn.41ff.
432) EuGH, Slg. 2004, Ⅰ-1835 Rn.37.
433) Vgl. BVerfGE 54, 277(291); 80, 103(107); 85, 337(345); 97, 169(185).

되어 버린다. 지체된 정의는 정의가 아니다.[434] 따라서 잠정적 권리보호는 효과적인 권리보호를 위한 기본요소이다.[435] 그것은 항상 오랜 시간이 소용되는 법적 분쟁에서 종국적인 판결내리기 전까지 중간해결책을 발견할 수 있게 한다. 즉, 잠정적 권리보호는 소송계속중에 결정의 집행이나 그 후속결과에 대해 보호를 가져다주거나 일정한 권리나 사실적 상태를 소송의 종결까지 보전하는 데 이바지한다. −독일 기본법 제19조 제4항에 비견될 수 있는− 헌법상으로 기본권차원에서 인정되는 국민의 재판청구권은 공권력의 조치에 대한 포괄적이고 효과적인 권리보호를 보장한다. 따라서 잠정적 권리보호제도가 개별소송법에 규정되어 있을 것이 요구된다.[436] 유럽행정소송이 집행부정지를 원칙으로 하기에, 잠정적 권리보호의 의의가 더욱더 크다.[437]

---

434) 신속한 재판을 받을 권리는 새롭게 조명되어야 할 주제이다. 참고로 폴란드 헌법 제45조 제1항은 근거없는 지체 없이 재판을 받을 권리를 명시적으로 규정하고 있으며, 독일의 경우 기본법 제19조 제4항의 효과적인 권리보호의 요청에서 도출하고 있다.

435) 한편 일부 문헌은 가구제(가권리보호: Der einstweilige Rechtsschutz)와 −집행정지를 내용으로 하는− 잠정적 구제(잠정적 권리보호: Der vorläufige Rechtsschutz)는 개념과 내용적으로 구분되어야 한다고 강조한다(*Drescher*, in: Münchener Kommentar zur ZPO, 4.Auflage 2012, Rn6.). 이에 의하면, 가처분의 절차목적은 정식소송에서의 판결에 의한 권리실현을 의문스럽게 할 수 있는 변화로부터 상태를 보전하는 데 있다. 여기서는 본안에서의 실체적 권리에 관한 확인과 검증이 행해지지 않았기에, 가구제절차에서는 실체적 권리의 실현의 선취가 허용되지 않는다. 반면 잠정적 권리구제는 변경가능하나 그 자체로는, 즉 내용적으로 완전한 −제한없이 관철할 수 있는− 권리구제이다. 요컨대 가구제는 본안절차에서 재판을 할 수 있는 적합한 상태(재판적상)을 보류시키는 것이 반면, 잠정적 권리구제는 소송적으로 실체법적으로 그 자체로는 종국적인 완전히 유효한 재판이되, 다만 특별한 규율에 의해 전적으로 폐지가능성이 인정된다. 그러나 반면 Schoch와 Finkelnburg는 잠정적 권리보호를 집행정지와 가명령(가처분)을 포괄하는 상위개념으로 본다(*Schoch*, Vorläufiger Rechtsschutz und Risikoverteilung im Verwaltungsrecht, 1988, S.157f.; *Finkelnburg/Dombert/Külpmann*, Vorläufiger Rechtsschutz im Verwaltungsstreitverfahren, 6.Aufl., 2011, Rn.1.

436) *Ehlers/Schoch*, Rechtsschutz im öffentlichen Recht, §29 Rn.5.

437) 우리 행정소송법개정에서도 잠정적 권리보호 문제가 주제의 하나이다. 법무부개정시안상의 논의는 김중권, 권리구제확대를 위한 획기적인 전환의 마련, 행정소송법 개정 공청회 발표문(2012.5.24.), 47면 이하 참조.

2. 잠정적 권리보호의 체계

EU운영조약은 잠정적 권리보호(einstweiliger od. vorläufiger Rechtsschutz)에서 다음의 세 가지를 규정하고 있다: 고권행위의 집행의 잠정적 정지에 대한 신청(EU운영조약 제278조),[438] 가명령(임시명령)[439]의 발급에 대한 신청(EU운영조약 제279조),[440] 강제집행의 잠정적 정지에 대한 신청(EU운영조약 제299조 제4항).[441] 이들 절차들은 고립분산적이지 않고, 그 핵심에서는 동일한 요건에 바탕을 둔다. 왜냐하면 이들은 상호 특별한 관계에 있기 때문이다. 가령 강제집행의 잠정적 정지에 대한 신청의 경우 고권행위의 집행의 잠정적 정지에 대한 신청에 대해서 특별관계에 있다. 그리고 이들은 가명령의 －효과에서 규범적으로 자세히 규율된－ 특별한 제도에 해당한다.[442]

잠정적 권리보호의 신청대상은 EU법적 입법행위만이 아니라, 회원국

438) EU운영조약 제278조(구 공동체조약 제242조)[부정지효, 연기] EU최고재판소에 대한 소송은 어떠한 정지효도 가지지 않는다. 그러나 EU최고재판소는 계쟁 행위의 집행을 연기(정지)시키는 것이 사정상 필요하다고 볼 경우에는 그렇게 할 수 있다.

439) 여기서의 'einstweilige Anordnungen'을 일반적으로 가처분으로 옮기지만, 적확한 의미로 '가명령'이나 '잠정하명'로 옮긴다. 가처분이란 용어의 사용이 사고의 출발을 민사가처분에서 하게 한다. 공법소송에 기왕의 대심구조 및 민법상의 법률관계에 바탕을 둔 민사가처분의 기조가 그대로 투영되는 것은 사물의 본성에 반한다. 사실 독일에서도 행정법원법상의 가명령 제도를 정립함에 있어서 그들 민사소송법상의 가처분조항(제935조, 제940조)을 본떠서 규정한 것이 문제되어, 일찍이 비판이 제기되었다. 그리하여 독일의 경우 이런 의문을 불식하기 위해 민사상의 가처분(einstweilige Verfügung)이란 용어 대신 가명령(einstweilige Anordnung)이 공법용어로서 더 낫다고 하여 행정법원법과 연방헌법재판소법에 채택되었다.

440) EU운영조약 제279조(구 공동체조약 제243조)[가명령] EU최고재판소는 계쟁 사건에서 필요한 가명령(임시명령)을 발할 수 있다.

441) EU운영조약 제299조(구 공동체조약 제256조)[집행가능한 명의로서의 결정; 강제집행] ④ 강제집행은 오로지 EU최고재판소의 판결에 의하여 연기(정지)될 수 있다. 그러나 집행조치가 규정에 합치하는지의 심사에 대해서는 개별국가의 사법기관이 관할한다.

442) *Wegener*, in: Rengeling/Middeke/Gellermann(Hrsg.), Handbuch des Rechtsschutzes in der Europäischen Union, §19 Rn.6f.

이나 개개인을 상대로 발해진 집행행위도 될 수 있다. 다만 잠정적 권리보호의 종류에 따라 신청대상에서는 차이가 있다. 집행정지의 신청은 법효과를 발생시키고 집행에 적합한 (EU기관의) 일체의 부담적 조치를 대상으로 하고, 거부결정은 집행가능성의 결여로 그 대상이 되지 못한다. 반면 가명령(einstweilige Anordnungen)은 다툼이 있는 법관계의 잠정적인 보전이나 형성에 적합하고 필요한 명령이나 금지를 대상으로 한다. 절차에 참여하지 않은 제3자에 대해 가명령을 통해 일정한 행위를 과하는 것을 목표로 한 신청은 원칙적으로 허용되지 아니 한다.[443)]

3. 허용요건

i) 잠정적 권리보호의 조치에 대한 신청은 본안의 법원에 제기되어야 하는데, 그 신청은 본안소송이 계속중인 경우에만 허용되고, 본안에 대해 확정력이 판결이 내려진 경우에는 더 이상 허용되지 않는다.[444)] 즉, 소송계속이 아닌 경우에는 당연히 잠정적 권리보호가 배제된다.

ii) 잠정적 권리보호의 신청은 본안소송의 신청대상과 직접적인 관계에 있어야 한다(상호연관성, Konnexität). 이런 상호연관성은 정지신청이 계쟁행위 그 자체나 그와 결부된 불이익과 관련이 있어야만 주어진다.[445)] 따라서 집행정지의 신청은 무효화(취소)소송이 제기된 조치에 대해, 가령 EU기관 등의 −법적 효과와 결부된− 집행가능하고 부담적인 조치에 대해서 해야 한다.[446)] 반면 가명령제도(EU운영조약 제279조)에 있어서는 신청대상이 약간 분명하지 않은 면이 있다. 여기서는 현존한 법관계의 보장만이 문제되는 것이 아니라, 존재하는 상태의 변경까지도 명해질 수 있다. 그렇지만 본안과의 충분히 긴밀한 상관관계가 요건이다. 나아가 본

443) EuGH, Slg. 1994, II - 1159, Ls.1.

444) EuGH, Slg. 1990, Ⅰ-2177 Rn.4.

445) EuGH, Slg. 1974, 331(333); Slg. 1976, 1585(1587); Slg. 1980, 3501(3506).

446) EuGH, Slg. 1980, 2033 Rn.12.

안판단이 선취되어서는 아니 되며, 또한 그것을 넘어서도 아니 된다. 잠정적 권리보호는 확인하는 주문을 가진 판결로써만 종결할 수 있는 절차에서도 가능하다. 또한 무효화(취소)소송으로써 일정한 적극적 결정 역시 소구될 수 있기 때문에, 원고는 여기서 집행의 정지에 국한되지 않고, 가명령을 신청할 수 있다.[447] 경우에 따라서 원고는 제3자를 상대로 해서도 그것을 구할 수 있다.[448]

한편 이상의 원칙적인 제한에도 불구하고, EU최고재판소는 효과적인 권리보호의 원칙을 고려하여, 신청자가 본안에서 EU기관의 불행위나 회원국의 조약위반에 관한 확인적 판결을 구했음에도 불구하고 그 가명령의 신청을 허용하였다.[449]

iii) 본안에서의 소가 명백히 불허되지 않아야 한다. 소가 명백히 허용되지 않거나 명백히 이유가 없을 때는, 잠정적 권리보호가 허용되지 아니 한다.[450]

---

447) EuGH, Slg. 1987, 1691 Rn.16ff.; Slg. 1995, Ⅱ-2919 Rn.25.

448) EuGH, Slg. 1986, 1085 Rn.23.

449) EuGH, Slg. 1996, I-6065, Rn.60; Slg. 1987, 783, Rn.8; Slg. 1988, 5647; Slg. 1992, I-457, Rn.17.

450) 우리 판례는 법정의 소극적 요건에 해당하는 '공공복리에 중대한 영향을 미칠 우려' 이외에 추가로 '본안청구의 이유없음이 명백할 경우'를 소극적 요건으로 요구한다. 종종 이런 법정외 소극적 요건의 추가가 타당한지가 문제되나, 판례는 본안소송에서 처분의 취소가능성이 없음에도 처분의 효력이나 집행의 정지를 인정한다는 것은 제도의 취지에 반한다는 점을 들어 시종 그것을 고수한다(대법원 2008.5.6. 자 2007무147 결정 등). 법무부 행정소송법개정안에서 판례의 입장을 반영하여 그것을 소극적 요건으로 설정하였다. 여기서 본안의 승소전망이 다른 허용 요건과 어떤 관계에 있는지가 문제된다. 계쟁처분의 위법성이나 적법성에 관한 판단이 포괄적인 이익형량에 반영되면 자칫 계정처분의 명백한 위법성과 본안에서의 승소전망에도 불구하고 집행정지신청이 거부될 수 있다. 즉, 즉시집행의 이익과 같은 반대의 이익이 계정처분의 위법성을 압도할 우려가 있어서 집행정지제도가 활성화되지 않은 수 있다. 따라서 법무부 입법예고안처럼 '공공복리에 중대한 영향을 미칠 우려'와 함께 소극적 요건에서 규정하는 것은 바람직하지 않다. 독일 통설은 이단계적 시스템(das zweigliedrige Stufensystem)을 취한다. 이에 의하면 먼저 계쟁처분의 명백한 적법성이나 위법성을 심사하여 하고, 심사한 즉, 불확실한 결과예측 즉, -바로 확인될 수준에 의거해서 판단을 내리는- 명백성통제(Evidenzkontrolle)가 주효하지 않은 경우에만 이익형량을 행해야 한다. 논증에서 독일에서처럼 단계적 시스템의 구조를 취하는 것

ⅳ) 잠정적 권리보호에 대한 신청은 권리보호의 시급성(Dringlichkeit)을 요건으로 한다. 다시 말해, 중대하며 다시 회복될 수 없는 손해가[451] 임박하여야 한다. 이 요건의 충족여부를 판단하는 데 있어서 EU법원은 엄격한 태도를 취한다. 특히 재정적 손해의 경우에는 기본적으로 그것이 벌충(회복)가능하다는 점을 출발점으로 삼는다. 경제적 곤란함만으로는 충분하지 않다.[452] 따라서 우선적으로 비재산적 손해가 심각하게 문제되는 경우 또는 재산상 손해가 생존에 위협적이거나 원상회복이 불가능한 정도에 이르러야 비로소 가명령이 가능하다.

ⅴ) 잠정적 권리보호가 꼭 필요해야 한다(불가피성: Notwendigkeit). 본안에서의 인용가능성이 충분히 전망될 때가 그런 때이다.[453] 소가 명백히 허용되고 충분하게 이유가 있다고 인정될 때, 이 요건은 충족되어 있다.

ⅵ) 신청자가 잠정적 조치에 관한 권리보호의 필요성을 증명할 수 있어야 한다. 따라서 신청된 잠정적 조치가 법적 지위를 보전하는 데 적합하지도 필요하지도 않은 경우에는 권리보호의 필요성이 결여된다. 가령 관련 계쟁조치가 이미 집행되었다거나, 취소되었다거나 사실적 이유에서 집행이 불가능한 경우에는 권리보호의 필요성의 결여로 그 신청이 불허된다.

이 바람직하다. 상론은 김중권, 집회금지처분에 대한 잠정적 권리구제에 관한 소고, 법조 통권 725호(2017.10.28.), 541면 이하 참조.

451) 한편 잠정적 권리보호에서의 '손해'개념과 관련한 숙고가 필요하다. 독일의 경우 행정법원법은 물론 연방헌법재판소법에서는 우리의 '손해'에 해당하는 개념으로 '불이익"(Nachteile)을 사용하며, 우리 민사집행법 제300조 제2항이 벤치마킹한 그들 민사소송법 제940조 역시 '손해'가 아니라 '중대한 불이익 방지'(Abwendung wesentlicher Nachteile)를 가처분사유로 규정하고 있다. 사실 가처분사유에서 '손해'개념의 사용의 문제점은 근원적으로 민사집행법에 있다고 하겠다. 다행히 가처분제도와 동일한 의의를 지닌 행정심판법상의 임시처분제도에서는 '중대한 불이익' 개념을 사용하고 있다(제31조 제1항).

452) EuGH, Slg. 1988, Ⅰ-5183 Rn.17f.

453) EuGH, Slg. 1988, 4547 Rn.1ff.; Slg. 1990, Ⅰ-3351 Rn.26ff.

4. 인용가능성과 판결

잠정적 권리보호의 필요성 및 신청의 급박성이 믿을 만하게(fumus boni juris) 되면, 허용된 가구제의 신청은 이유가 있게 된다. 잠정적 권리보호의 시급성과 불가피성을 인정케 하는 사정은 신청자가 주장하고 증명해야 하는데, 여기서 심리의 핵심은 긴급성(절박성)이다. 심리에서 먼저 중대하고 회복할 수 없는 손해가 충분한 개연성에서 임박한지 여부가 확인되고, 이어서 EU의 집행이익과 신청자의 권리보호의 이익(정지이익)간에 이익형량이 행해진다.[454] 다만 관계자(참여자)의 이익과 사물관련한 제3자의 이익 간에 형량을 함에 있어서는 신청자에게 유리하게 행해져야 한다.[455] 인용판단을 한 다음 신청한 조치를 발할 것인지 여부와 그 정도와 관련해서는 수소법원에게 재량여지가 남아 있다.[456] 본안에서의 소가 개괄적으로 심리한즉, 결과에 대해 전혀 전망이 없지 않는 한, 가명령은 불가피하다.[457] 법원은 단순한 집행정지로는 효과적인 권리보호를 보장하는 데 불충분하다고 여겨질 경우. 추가로 가명령을 발할 수 있다. 끝으로 잠정적 권리보호를 통해 본안판단을 선취해서는 아니 된다.[458]

---

454) EuGH, Slg. 2001, I-1461 Rn.73; Slg. 2005, I-3539 Rn.10f.

455) EuGH, Slg. 1978, 679 Rn.5/6; Slg. 1990, Ⅰ-3351 Rn.39. 이 문제는 제3자 취소소송에서도 고양된 신뢰보호의 원칙에 의거하여 수범자의 권리보호를 강구할 필요가 있는지 여부의 물음에 닿아 있는데, 독일의 다수 문헌은 행정의 법률적합성을 우위에 두고서 3자보호규범의 위반을 수익자의 이익과의 관계에서 절대적 우위에 둔다. 이에 대해 Buhren은 제3자효 행정행위로 인해 수익과 침익은 상호관계성을 지니기에 어느 일방을 절대적 우위에 두는 접근은 바람직하지 않다고 하면서, 이런 상호관계성에서 참여자의 이익의 형량이 강구될 필요가 있다고 강조한다. *Buhren*, Der gerichtliche Rechtsschutz gegen Verwaltungskate mit drittbelastender Doppelwirkung, 1973, 78ff.

456) EuGH, Slg. 1996, I-3903 Rn.44f.

457) Z.B. EuGH, Slg. 1993, I-3667 Rn.21; EuG, Slg. 1996, II-381 Rn.42

458) EuG, Slg. 1994, II-703 Rn.9; Slg. 1995, II-2919 Rn.16

Ⅷ. EU법원에 의한 기타 절차

1. 중재조항에 의거한 재판

EU운영조약 제272조(중재조항에 의거한 관할)에[459] 따라, EU최고재판소는 EU가 체결한 공법상 계약이나 사법계약에 포함된 중재조항에 의거하여 재판을 내릴 수 있다. 다만 자연인이나 법인이 그 중재조항(Schiedsklausel)에 의거하여 제소하면, 일단 그 소는 EU1심법원(EuG)의 관할에 속한다(EU운영조약 제256조 제1항). 이밖에 EU최고재판소는 -중재조약에 의거하여 동 재판소에 계속하는 한- 회원국들 간에 조약의 목표와 임무와 상관관계가 있는 분쟁에 대해서도 관할권을 가진다(EU운영조약 제273조).[460]

2. 감정서

EU가 국제법상의 조약을 체결하고자 할 때 EU각료이사회, EU집행이사회, EU의회나 회원국은 해당 협약의 EU의 제 조약상의 규정과의 일치성에 관한 EU최고재판소의 감정서를 제출할 수 있다(EU운영조약 제218조 제11항). 이로써 EU가 EU법의 위반하에 이행될 수 있는 -국제법적 차원에서 구속력이 있는- 조약을 체결하는 것이 저지된다. 하지만 이런 사전의 통제장치의 존재에도 불구하고 해당 협약의 사후통제가 배제되는 것은 아니다.

---

459) EU운영조약 제272조(구 공동체조약 제238조) EU최고재판소는 유럽연합이 체결하거나 유럽연합의 계산으로 체결된 공법계약이나 사법계약에 담겨진 중재조항에 의한 재판에 대해 관할권이 있다.

460) EU운영조약 제273조(구 공동체조약 제239조) EU최고재판소는 -중재조약에 의거하여 동 재판소에 계류하는 한- 회원국들 간에 조약의 대상과 상관관계가 있는 모든 분쟁에 대해 관할권이 있다.

3. 규범통제에서의 부수적 책문

EU운영조약 제277조(부수적 규범통제)에 따라 모든 당사자는 일반적 구속력을 지닌 EU법규범의 적법성에 관한 규범통제의 범주에서 해당 법규범의 적용불가를 주장할 수 있다(부수적 책문: Inzidentrüge). 이로써 EU운영조약은 규범통제와 관련해서 본안적 소송방법을 허용하는 것은 아니고, 단지 불가쟁력이 발생하였거나 개인이 다툴 수 없는 규범적 조치의 위법성을 EU법원에 계속중인 다른 소송절차에서 부수적으로 심사되게 할 가능성만을 제시한 것이다. 무효사유가 존재할 경우 이 책문은 효과를 거둔다. 그렇지만 해당 법적 행위(법규범)가 무효로 판시되는 것은 아니고, 부수적 통제는 구체적 절차에서 해당 법규범이 적용될 수 없다는 것을 가져다주는 데 그친다.[461)]

Ⅸ. EU법에 의한 EU의 손해배상책임

1. 개 관

개별적, 특별한 조약(EU운영조약 제340조 제1항과 유럽원자력공동체창설조약(EAGV) 제188조 제1항)을[462)] 넘어서, EU운영조약 제340조 제2항에 의하면, EU는 자신의 기관이나 직원의 직무활동의 행사에서 유발된 손해를 －회원국의 법질서에 공통된－ 일반적 법원칙에 따라 배상해야 한다.[463)] 이에 더해 EU의 손해배상책임은 EU기본권헌장(GrCh) 제41조 제3

---

461) EuGH, Slg. 1974, 177 Rn.36/38－Kortner－Schots.

462) EU운영조약 제273조(구 공동체조약 제239조) [중재조약에 의거한 관할] EU최고재판소는 －중재조약에 의거하여 동 재판소에 계류하는 한－ 회원국들 간에 조약의 대상과 상관관계가 있는 모든 분쟁에 대해 관할권이 있다.

463) EU운영조약 제340조(구 공동체조약 제288조)[연합의 직무배상책임] ① EU의 조약상 책임은 관련 조약에 적용될 수 있는 법에 따라 정해진다. ② 조약외적 책임의 범주에서 EU은 자신의 기관이나 직원이 직무행사에서 발생시킨 손해를 회원국의 법질

항에[464] 의해 EU기본권적으로 보장되고 있다. 물론 회원국이 EU법을 독립되게 위법하게 집행한 것에 대해서는 당연히 EU가 책임을 지지는 않는다. 다만 EU 자체가 회원국이 EU법을 위법하게 집행한 것에 대해 －가령 집행여지가 없는 명령에 의해서－ 원인을 제공한 경우에는 다르다.

손해배상청구소송은 손해를 발생시키는 EU의 활동에 대한 개인적 권리보호에 이바지하는데, 특히 제2차적 권리보호수단으로 규범적 불법에 대한 무효화(취소)소송에서 곧잘 제기되는 제소권의 결여 문제를 메우는 기능을 한다.[465] EU운영조약 제340조 제2항은 완결된 책임규범이 아니고, 구체화와 보충을 필요로 한다. 그것의 적용과 관련된 제 원칙은 법비교의 방법은 물론 －EU의 기능과 특성을 고려하면서－ EU최고재판소의 판례에 의해 전개되었다. 동 규정에 따른 EU의 배상책임과 독일의 국가배상책임을 비교하면, 독일의 경우 기본적으로 대위책임적 구조을 바탕으로 하면서 국가배상책임이 다른 배상가능성의 결여를 전제로 보충적 성격을 지니며, 과실책임주의를 기조로 한 데 대해서, EU의 배상책임은 자기책임적 구조이고, 제1차적 책임이고, 탈과실책임주의가 그 특징이다.[466]

서에 대해 공통된 일반적 법원칙에 따라 배상한다. ③ 제2항에서 벗어나서 유럽중앙은행은 자신 또는 자신의 직원이 직무행사에서 발생시킨 손해를 회원국의 법질서에 대해 공통된 일반적 법원칙에 따라 배상한다. ④ EU에 대한 직원의 개인적 책임은 직원의 지위나 직원에 통용되는 직무조건의 규정에 따라 정해진다.

464) EU기본권헌장 ③ 모든 사람은 EU이 그 조직과 직원이 직무활동을 하면서 야기한 손해를 －회원국의 법질서에 공통되는－ 일반적 법원칙에 따라 배상하는 데 대해 청구권을 갖는다.

465) *Haratsch/Koenig/Pechstein*, Europarecht, Rn.523. 권리보호시스템에서 제1차적안 것과 제2차적인 것의 구분은 법치국가원리의 구현이라는 점에서 매우 중요함에도 불구하고 대부분의 행정법문헌이 기왕의 틀에 사로잡혀 손해보전을 행정소송보다 선행하여 기술하고 있다. 행정구제의 위상과 체계에 관한 상론은 김중권, 행정법, 577면 이하 참조.

466) *Maurer/Waldhoff*, Allg. VerwR, §31 Rn.1ff.

2. 손해배상청구소송의 허용성

자연인이나 법인이 제기한 손해배상청구소송(Amtshaftungsklage)의 사물관할은 EU1심법원이고, 회원국이 제기한 그것은[467] EU최고재판소가 관할한다. 손해배상청구소송은 손해의 배상을 목표로 하기에, 제소당시에 정확한 손해액이 확실하지 않는 한, 원고는 먼저 EU의 책임의 확인만을 구하고, 이에 대해 법원은 중간판결에 의해 청구권의 근거의 성립에 관해 판결을 내린다. 실제의 손해액을 알고 난 다음에 원고는 중간판결이 내리기 전에 확인의 신청을 이행의 신청으로 변경할 수 있다. 기초한다.

EU운영조약 제340조 제2항은 제소기간에 관해 언급을 하지 않는다. 그러나 EU최고재판소는 EU최고재판소규칙 제46조 제1항에 규정된 손해배상청구권의 5년 소멸시효기간을 소송요건으로 취급한다.[468]

손해배상청구소송에서 권리보호의 필요성은 중요한 소송상의 의의를 갖는다. 원고가 자신의 소송목표를 달성하기 위한 알맞은 우선적인 권리구제를 EU법상의, 회원국법상의 다른 구제수단의 방법으로 강구하는 것은 허용되지 않는다. 손해배상청구소송은 무효화(취소)소송에 대해 독립적이어서, EU기관의 손해유발행위와 관련해서 손해배상청구소송의 제기 전에 사전에 무효화(취소)소송을 통해 그것의 위법을 확인받을 필요는 없다. 즉, 선결물음에서 문제가 되지 않는다.[469]

한편 발생한 손해가 회원국이 EU법을 적용함에 있어서의 회원국 국

467) 회원국 역시 손해배상청구소송을 강구할 수 있는지 여부는 EU운영조약 제263조 제2항에 의한 특권적 제소가능성으로 인해 다투어진다

468) EuGH, Slg. 1971, 925, 975, Rn.3f.－Schöppenstedt. 과거 선결문제는 대표적인 행정법문헌의 논쟁대상이었지만, 지금에는 그 비중이 격감하였다. 독일처럼 독립된 행정재판제도를 갖지 않는 우리로서는 사실 선결문제가 문제되지 않는다. 선결문제에 관한 과도한 논의를 정리할 필요가 있다.

469) 여기서의 기관은 먼저 EU조약 제13조 제1항에 언급되어 있지만, 책임법적 기관 개념은 그보다 넓다. EU의 이름으로 그리고 EU의 비용으로 활동하는 모든 부서를 포함한다(EuGH, Slg. 1992, I-6211 Rn.15－SGEEM und Erroy/EIB).

내조치에서 비롯된 경우에는 EU손해배상청구소송은국내적 제소가능성과의 관계에서 보충적이다.[470] 회원국 손해배상책임과 EU 손해배상책임의 구분은 손해발생이 EU기관이나 회원국 기관에 의해 유발되었는지 여부에 따른다. 회원국 국내의 권리구제방도는 원칙적으로 국내 기관이 적법한 EU법을 위법하게 집행한 것이 문제되는 경우에 열려져 있다. 이 원칙은 직접적 타자집행(indirekter Vollzug)은 물론, 간접적 타자집행의 경우에 통용된다.[471]

3. EU운영조약 제340조 제2항에 의한 손해배상책임의 성립요건

i) 보호규범의 위반: EU운영조약 제340조 제2항에 따른 EU의 책임은 EU의 기관이나 직원이[472] 직무활동에서[473] EU법의 규범을 위반한 것을 조건으로 한다. 위반 법규범은 적어도 관련인의 개인적 이익에도 이바지해야 하고,[474] 전적으로 공익을 위해서는 존재해서는 아니 된다. 이런 기술은 우리나 독일의 국가배상책임이 주관소송의 원칙 및 보호규범설(Schutznormtheorie)에 바탕을 두고서 전개되는 것과 그대로 합치한다.[475] 그렇지만 사익보호성의 요청의 정도는 행정소송의 경우보다 본질

---

470) EuGH, Slg. 1982, 2233, Rn.10 – Interagra.

471) 그렇지만 손해발생 국내적 집행조치가 회원국에 실제적으로 귀속될 수 있는 경우에만 그러하다. 회원국 국내행정청이 전적으로 EU기관의 구속적 지시에서 그 행위를 했다면, 책임법적 귀속은 당연히 회원국이 아니라, EU에 대해 인정된다. 즉, EU기관이 회원국 국내행정청에 지시를 한 경우 그 회원국 국내행정청은 일종의 '행위의 도구'로서 기능한다. *Haratsch/Koenig/Pechstein*, Europarecht, Rn.561.

472) 여기서의 기관은 먼저 EU조약 제13조 제1항에 언급되어 있지만, 책임법적 기관 개념은 그보다 넓다. EU의 이름으로 그리고 EU의 비용으로 활동하는 모든 부서를 포함한다(EuGH, Slg. 1992, I-6211 Rn.15 – SGEEM und Erroy/EIB).

473) 여기서의 직무활동은 대외적으로 효력을 발생시키는 EU법적 작용형식 전반을 포함한다. 즉, 행정분야에서의 개별행위나 사실행위는 물론, 규범정립과 재판에도 배상책임이 인정될 수 있다. 당연히 요구되는 직무활동의 부작위도 포함될 수 있다.

474) EuGH, Slg. 1961, 435, 465; Slg. 1967, 332, 341; 1992, I-1937 Rn.19; Slg. 2000, I-5291 Rn.42-Bergadem.

475) 직무행위의 사익보호성여부는 국가배상책임성립요건에서 손해발생 그 자체와 직결된 문제이다. 일찍이 대법원 1993.2.12. 선고 91다43466판결('극동호사건') 역시 손해발

적으로 더 낮은데, 이는 손해배상책임이 제2차적 권리보호의 성격을 지니기에 자연스럽다.

EU최고재판소의 판례에 의하면, 위반규범이 우선은 일반적인 이익(공익)을 보호하긴 하나, 실은 그 밖에 －반사로서－ 개인의 개인적 이익에도 이바지할 때 EU운영조약 제340조 제2항상의 보호규범이 존재한다.[476)] EU최고재판소는 그런 보호규범을 다음과 같은 1차적, 2차적 연합법의 다수 규범과 원칙에서 인정하였다:[477)] EU의 기본자유, 연합법적 기본권, 비례원칙, 신뢰보호의 원칙, 고려요청, 재량남용금지, 차별취급금지.

ii) 충분히 중대한 법위반의 존재: 보호규범의 위반만으로 부족하고, 그 법위반이 충분히 중대해야 한다(Schöppenstedt－공식). 법위반의 경중을 판단하는 데 있어서 일종의 여과장치로서의 기능을 하는 이 요청은 먼저 규범적 불법의 분야에서 수립되었고,[478)] 그 다음 일반적으로 조약외적(außervertraglich)인 EU의 책임에 적용되었다.[479)] 충분히 중대한 법위반(hinreichend qualifizierte Verletzung, sufficiently serious breach)이 존재하는지 여부는 활동하는 기관에 대해 부담을 지우는 법위반이 어느 정도로 중대한지에 따라 정해진다. 본질적인 착안점은 법위반의 명백성과 현저성인데,[480)] 그런 위반은 법위반이 심대하고 명백하고, 한정된 사람과

생과 관련하여 직무행위(직무상의 의무)의 사익보호성(제3자성)여부를 효시적으로 논증하였다. 한편 배상책임제한적 기능을 갖는 사익보호성 요구에 대해서, 일부에선 -독일과는 달리- 근거가 없음을 이유로 부정적으로 보지만, 반사적 이익에 대한 보호배제를 목적으로 하는 이 요구는 모든 국가책임의 본질적 요소라 하겠다(*Ossenbühl/Cornils*, Staatshaftungsrecht, 6.Aufl., 2013, S.60). 왜냐하면 이 요구는 행정소송에서의 원고적격 마냥 주관적 쟁송의 원칙에선 당연하기 때문이다. 국가배상법상의 이런 주관적 권리침해적 기조는 행정소송에서의 주관소송의 원칙과 상통한다.

476) EuGH, Slg. 1967, 332, 354.

477) *Jacob/Kottmann*, in: Grabitz/Hilf/Nettesheim(Hrsg.), Das Recht der Europäischen Union, Art.340 AEUV Rn.78ff.; *Ossenbühl/Cornils*, StHR, 699ff. 반면 WTO규율은 보호규범이 되지 않는다. Vgl. *Weiß*, Zur Haftung der EG für die Verletzung des WTO－Rechts, EuR, 2005, 277ff.

478) EuGH, Slg. 1971, 925, 984－Schöppenstedt.

479) EuGH, Slg. 2000, I-5291 Rn.46; *Marsch*, EuZW 2012, 499ff.

480) *Jacob/Kottmann*, in: Grabitz/Hilf/Nettesheim(Hrsg.), Das Recht der Europäischen

관련이 되며, 현저한 손해를 유발한 경우에 시인될 수 있다.[481)]

결국 결정적인 규준은 활동하는 기관이 명백히 의무에 반하게 행위를 하였는지 여부이다. 이는 법위반이 고의적이거나 양해될 수 없는 것이거나[482)] 흡사 비슷한 상황에서 평균적으로 분별력과 주의력을 갖는 행정이라면 그런 법위반을 범하지 않을 법한 경우에 시인되어야 한다.[483)] 본질적으로 기관에 대해 적용규범을 통해 평가여지와 형성여지가 열려있는지 여부, 법적용이 사안조사와 평가의 관점에서 그리고 적용규범의 해석의 관점에서 얼마나 복잡한지가 결정적이다.[484)]

iii) 손해의 발생: 법위반이 손해를 유발하여야 한다. 관련인이 재산권이나 기타의 법익상으로 입은 불이익 일체가 원칙적으로 손해이다.[485)] 무체재산권에 대한 손상 역시 손해가 될 수 있다.[486)]

iv) 인과관계: 손해가 직무활동에 의해 유발되어야 한다. EU최고재판소는 위법한 행위와 손해간에 직접적인 인과적인 상관관계가 존재할 것을 요구한다. 손해발생의 객관적인 예상가능성이 결정적이다. 손해발생이 특히 피해자의 행위에 귀속될 수 있게 되면 손해발생의 객관적인 예상가능성은 소멸될 수 있다. 이를 통해 인과관계의 고찰에 라스크책임의 분배란 의미에서의 규범적 요소가 받아들여진다.[487)]

v) 유책성: 행정청 측에서의 유책성은 EU최고재판소 판례상 원칙적으로 더 이상 요구되지 않는다.[488)] 그러나 법위반의 충분한 가중성의 물

Union, Art.340 AEUV Rn.87ff.

481) 이런 제한적 기준의 목표는 특히 경제정책적 결정에서 EU-규범제정자의 필수적인 형성여지를 보장하기 위한 것이었다. 이 기준은 점차 먼저 모든 재량결정에, 최근에는 재량으로부터 자유로운 작용에까지 확대되었다(EuGH, C-58/12 P-Groupe Gascogne, EuZW 2014, 142).

482) EuGH, Slg. 2006, Ⅱ-79 Rn.79.

483) EuGH, Slg. 2001, Ⅱ-1975 Rn.138, 149; Slg. 2010, Ⅱ-491 Rn.62.

484) *Ossenbühl/Cornils*, StHR, 714ff.

485) EuGH, Slg. 1973, 1976, 1 Rn.4ff.

486) EuGH, Slg. 1957, 83, 124; Slg. 1965, 859, 880; 1985, 3539, Rn.53.

487) EuGH, Slg. 2009, Ⅰ-6413 Rn.200ff.

음에서 EU의 유책성이 중요할 수 있다. 위반행위가 일반적인 법적 행위를 발할 때 존재하는 한에 있어서, 가중된 법위반이 존재한다.[489)]

3. 손해배상책임의 내용

법위반으로 인한 손해에 대한 금전상의 손해배상청구권이다. EU는 – 단순한 기대나 기회가 아니 한, 잃어버린 이득획득을 포함하여– 재산손해에 대해 배상책임을 진다.[490)] 무체재산권의 손해 역시 배상가능하고 위자료청구권 역시 인정될 수 있다.[491)] 여기서 손해배상청구권이 금전배상에 관한 것 이외에 다른 배상종류, 즉 원상복구나 결과제거도 포함하는지 여부는 문헌상으로 다투어지고 있다.[492)] 공동책임의 차원에서 다른 권리보호가능수단과의 관계 역시 긍정된다.

피해자의 공동책임은 청구권을 축소시키면서 고려된다.[493)] 그리고 법위반조치에 대한 EU법적 권리보호수단과의 관계에서 책임법적 보호는 기본적으로 보충적이다(subsidiär).[494)] 피해자가 손해발생을 기대가능한 권리보호수단으로 저지나 축소하지 않은 한, 배상책임의 청구권은 피해자의 공동책임을 이유로 축소되거나 배제된다.[495)] 즉, 위법한 조치에 대

---

488) 국가배상법상의 주관적 책임요소의 존재는 행정소송상의 위법성판단과 국가배상법상의 위법성판단이 다르게 만들거니와 가해공무원의 고의나 과실의 존부가 국가책임인정의 궁극적인 기준이 되게 한다. 헌법상의 국가자기책임에 따른 근본적인 해결책으로 주관적 책임요소의 삭제를 진지하게 고민할 때이다. 김중권, 행정법, 752면.

489) EuGH, Slg. 2006, Ⅱ-79 Rn.79.

490) EuGH, Slg. 1967, 332, 357.

491) EuGH, Slg. 1957, 83, 134.

492) 금전배상을 인정하는 입장은 *Gellermann*, in: Rengeling/Middeke/Gellermann(Hrsg.), Handbuch des Rechtsschutzes in der Europäischen Union, §9 Rn.44.

493) EuGH, Slg. 1982, 3057, Rn.22.

494) 하지만 배상청구권이 원칙적으로 EU운영조약 제263조(무효화소송)에 따른 제1차적 권리보호의 사전주장에 좌우되는 것은 아니다.

495) *Detterbeck*, Haftung der Europäischen Gemeinschaft und gemeinschaftsrechtlicher Staatshaftungsanspruch, AöR 125(2000), S.202(220). 이 문제는 행정행위의 절차적 존속력과 국가배상청구의 관계에 관한 것인데, 독일의 기왕의 판례(BGHZ 113, 17=NJW 1991, 1168)와 문헌상의 통설은 위법한 행정행위의 제거와 배상책임간에는

한 EU법과 회원국 국내법의 기대가능한 1차적 권리구제에 관한 부작위나[496] 손해를 제3자에게 전가하는 것에 관한 부작위는[497] 배상청구권을 제한하거나 배제할 수 있다. 관련인이 조치에 대해 회원국의 법의 규칙(법칙)에 따라 효과적인 권리보호를 얻을 수 있다 하더라도 이 원칙은 적용된다.[498] EU법적 책임은 －원상회복청구권을 포함하고 있는－ 그런 회원국 국내배상청구권에 대해서도 보충적이어야 한다.[499]

4. 판결의 효력

손해배상청구소송의 인용판결은 이행판결의 형식으로 배상금액의 지급을 명한다. 다만 EU의 배상책임이 원칙적으로 확인되는 데 그치는 경우에는 인용판결은 확인판결의 형식으로 내려진다. 집행이 불가능한 확인판결과는 대조적으로 원고는 이행판결로써 집행가능한 채무명의를 얻게 된다(EU운영조약 제280조).[500] 집행절차는 EU운영조약 제299조 제2항부터 제4항에 따라 진행된다. 그런데 손해배상청구소송의 인용판결이 손해배상청구권을 성립시킨 위법한 행위의 (부수적인) 제거까지 가져다주지는 않는다.

본질적인 차이점이 존재하되, 다만 피해자가 행정행위에 대한 권리구제의 제기를 비난가능하게, 즉 유책하게 지연할 경우에만 상계의 법리에 의해 손해배상청구권이 배제된다고 한다. 우리의 경우 관련 논의가 활발하게 개진되고 있지 않지만, 일부 문헌은 절차적 존속력에 비중을 두어 다툴 수 없다고 보는 반면, 일부 문헌은 국가배상청구는 행정행위의 효력을 다투는 것이 아니어서 불가쟁력이 발생하더라도 국가배상청구가 가능하다고 한다. 상론은 김중권, 행정법, 266면; *Ossenbühl/Cornils*, StHR, S.731.

496) 손해회피의무에 관해서는 EuGH, Slg. 1992, Ⅰ-3061 Rn.33. Vgl. *Ossenbühl/Cornils*, StHR, S.729ff.

497) EuGH, Slg. 1973, 1976, 1 Rn.4ff.

498) *Detterbeck*, AöR 125(2000), S.202(221f.).

499) *Detterbeck*, AöR 125(2000), S.202(221f.).

500) EU운영조약 제280조(구 공동체조약 제244조) [판결의 집행가능성] EU최고재판소의 판결은 제299조에 따라 집행가능할 수 있다.

5. 적법한 활동에 따른 보상책임의 문제

EU법의 조약외적 위반으로부터의 청구권 이외에 적법한 활동을 위한 EU법적 배상책임(우리의 손실보상책임)이 존재하는지 여부, 이것이 EU운영조약 제340조 제2항에 들어가는지 여부가 다투어진다.[501] 우리나 독일에서의 재산권에 관한 적법한 개입에 따른 손실보상청구권의 문제이기도 한데, EU최고재판소는 이 물음에 대해 여태껏 매우 억제하는 태도를 견지한다. 그런데 EU입법자의 적합한 활동이나 부작위에 대한 책임은 회원국 법질서의 현재상태에서는 배제되어 있다. 그러나 장차 적법한 (비입법적) 행위에 대한 EU의 책임이 평가적 법비교에 바탕을 두고서 인정될 수 있도록 충족되어야 할 기본적인 요건이 판례로부터 도출될 수 있다.

관련한 첫 번째 판결에서 적법한 활동을 위한 책임은 문제되지 않았다.[502] 만약 적법한 활동을 위한 책임이 인정된다면, －물론해석의 원칙에 따라－ 위법한 활동으로 인한 책임에도 기껏해야 통용되는 요건하에 인정된다.[503] EU1심법원(EuG) 역시 EU운영조약 제340조 제2항의 규율이 무책의 활동을 위한 책임을 포함하는지 여부의 물음을 미확정으로 두었다.[504] 일반적 행위를 위한 책임의 분야에서 EU1심법원(EuG)은 이에 더해서 규범적 불법을 위한 책임의 요건에 의거하였고, 이런 좁은 요건을 적법한 활동으로 인한 EU의 책임을 위해서도 강조하였다: 적법한 활동을 위한 책임은 EU명령의 발함에 의해서 다음의 경우에만 인정될 수 있다: －주장된 손해의 바탕이 되는 규율이 일반적인 경제적 이익에 의해 정당화될 수 없으면서－ 주장된 손해가 특정 경제참여자의 집단을 다른 집단에 비해 과도하게 부담지운다거나(이례적인 손해) 관련분야의 활

501) *Detterbeck*, AöR 125(2000), S.202(222f.).

502) EuGH, Slg. 1973, 1229 Rn.30.

503) EuGH, Slg. 1984, 4057 Rn.28f.

504) EuG, Slg. 1998, Ⅱ-125 Rn.42.

동에 내재한 경제적 리스크의 한계를 넘어설(특별한 손해) 경우에.[505] 이어진 Dorsch Consult Ⅲ－판결에서[506] EU최고재판소는 기업이 EU운영조약 제215조에 따른 적법한 엠바고(금수)조치로 인해 입은 중대한 경제적 손실의 보상의 문제를 다루어야 했는데, 동 판결에서 EU최고재판소는 처음으로 적법한 EU의 활동에 대한 책임의 요건을 다음과 같이 수립하였다. 즉, 손해가 실제로 존재하여야 하며, 손해와 기관활동간에 인과관계가 있어야 하고, 그 손해가 이례적이고 특별한 성격을 지녀야 한다는 것이다. 이런 요건은 FIAMM－판결에서[507] EU최고재판소에 의해 확인됨으로써, 적어도 EU의 법정립활동을 위해서 이런 불명료성은 제거되었다.

법형성의 시도는 EU1심법원(EuG)의 후속판결에서도 도출될 수 있는데, 이에 의하면 EU법은 －회원국에 대해 공통적인－ 적법한 활동을 위한 책임의 일반적 법원칙을 포함하고 있다고 한다.[508]

권리보호상의 과도한 흠결은 이로 인해 걱정할 필요가 없다. 왜냐하면 일반적인 법정립행위는 과도하고 특별한 손해가 임박한 상황에서는 선의피해를 구제하는 규율(Härtereglung)을 필요로 하기 때문이다; 선의피해구제규율(Härtereglung)이 없다면 그것은 위법하고[509] 위법한 활동에 대한 배상책임을 발생시킨다. EU법에서 위험책임의 착안점이 존재하는지 그리고 어느 정도로 존재하는지는 다투어지고, EU법원에 의해 여태 판결이 내려지지 않았다.[510]

---

505) EuG, Rs. T－184/95, Slg. 1998, Ⅱ-667 Rn.80－Dorsch Consult Ⅱ.
506) EuGH, Rs. C－237/98 P, Slg. 2000, Ⅰ－4549－Dorsch Consult Ⅲ.
507) EuGH, Rs. C－120/06 P u. C－121/06 P, Slg. 2008, Ⅰ－6513, Rn.168ff, 176.
508) EuG, Slg. 2005, Ⅱ-5393 Rn.160. 그렇지만 법률심으로서 EU최고재판소는 이런 착안점에 반대하였다.
509) EuGH, Slg. 1996, Ⅰ-6065 Rn.38, 57f.
510) *Detterbeck*, AöR 125(2000), S.202(2213).

제4장

EU공동행정법

제4장

EU공동행정법

회원국에 의한 EU법의 타자시행(집행)을 위해 통용되는 EU공동행정법(Gemeinschaftsverwaltungsrecht)이 EU행정법의 중요한 두 번째 영역에 해당한다. 여기서 EU공동행정법의 개념은 회원국이 EU법을 집행함에 있어서 준수해야 할 일반행정법의, 행정절차법의, 행정소송법의 제 규정과 제 원칙을 망라하는 상위개념으로 사용한다. 회원국이 EU법을 회원국 국내법에 의거하여 집행함에 있어서 양자의 다소간 다름에 따라 충돌이나 부조화의 문제는 필연적으로 제기된다. 따라서 EU공동행정법에서 주된 논의대상은 이런 서로 다른 제도상의 차이점이고, 그 목표는 여하히 이런 相違를 조화롭게 조정하느냐이다.

제 1 절 회원국의 충성의 협력의무

회원국의 충성의무와 조약충성의 원칙이 EU조약 제4조(유럽연합의 관할, 국가적 정체성, 충성스런 공동협력) 제3항에[1] 규정되어 있다. 이를 통해

1) EU조약 제4조 ① 조약상으로 유럽연합에 이전되지 않은 권한은 제5항에 따라 회원국에 남는다. ② 유럽연합은 조약 앞에서 회원국의 평등 및 - 지역과 지역의 자치를 포

종래 구 공동체조약(EGV) 제10조의 협력의무가 새롭게 충성의 협력의무의 원칙(Grundsatz der loyalen Zusammenarbeit)으로 진화하였다.[2] 동항 제2문은 EU법으로부터의 의무를 이행하는 데 있어서 (회원국의) 적극적인 협력을 목표로 한다. 반면 동항 제3문은 연합에 대한 지원을 확인하고, 아울러 조약목표를 위태롭게 할 수 있는 모든 조치를 금지한다. EU의 관점에서 조약충성은 회원국으로 하여금 조약상의 의무를 충성스럽게 이행할 것을 의무를 지운다. 특히 회원국 국내법질서의 형성에서 EU법을 통일적이고 무제약적으로 이행하는 것이 이에 속한다.[3] 그리하여 회원국 국내기관에 의한 EU법적 규범의 집행과 전환은 규범목적이 위태롭게 또는 수포로 돌아가지 않도록 형성되어야 한다. EU최고재판소 판례는 충성의 원칙을 늘 공동체법의 역동적 해석을 위해, 광범한 법형성을 위해 적용하는 것을 적극적으로 강구하였다.[4]

그런데 충성의 협력의무의 원칙은 EU에 대해서도 회원국에 대한 고려의무를 발생시킨다.[5] EU에 대한 충성(Unionstreue)의 원칙이 이런 교호적인 고려에 나타난다. 비록 협력의무가 충성의 협력의무의 원칙과 동일시되었고, 종래 그 적용영역을 두고서 논란이 있었는데, 이제 동 원칙

함한 기본적인 정치적, 헌법적 구조에 표현된- 국가적 정체성을 유의한다. 유럽연합은 국가의 기본적인 기능, 영토의 불가침성의 견지, 특히 공공질서와 국가안보의 유지를 유의한다. 특히 국가안보는 개별 회원국의 전속적인 책임에 들어간다. ③ 충실한 협력의 원칙에 의해 연합과 회원국은 조약으로부터 비롯된 임무를 이행하는 데 있어서 상호 존중하고 지원한다. 회원국은 조약이나 연합의 기관의 활동으로부터 비롯된 의무를 이행하는 데 적합한 -일반적이거나 특별한 종류의- 모든 조치를 취한다. 회원국은 연합임무의 이행에서 연합을 지원하고, 연합의 목표의 실현을 위태롭게 할 수 있는 모든 조치를 취하지 않는다.

2) 일찍이 협력의무를 같은 의미로 충성의 협력의무의 원칙(Prinzip loyaler Zusamenarbeit)로 표현되곤 하였다. EuGH, Rs. 14/88, Slg. 1989, 3677(3706; Rn.20) - Italien/Kommission; Rs. C-165/91, Slg. 1994, I-4661(4697; Rn.32) - Van Munster.

3) EuGH, Rs. C-213/89, Slg. 1990, I-2433(2473; Rn.19) - Factortame; Rs. C-285/96, Slg. 1998, I-5935(5951f.; Rn.19f.) - Kommission/Italien;

4) EuGH, Rs. C-6/90, Slg. 1991, I-5357(Rn.36) - Francovich.

5) 회원국에 대한 공동체의 법적 부조에 관해서 vgl. EuGH, Rs. C-2/88, Slg. 1990, I-3367(Rn.23) -Zwartveld.

이 EU의 모든 정책분야에 통용됨으로써, 종래의 다툼은 불식되었다.[6)]

제2절 EU법집행에 있어서 회원국의 절차자율

시간이 갈수록 EU는 전 유럽 차원에서 전문적 조언과 지지를 위한 그 나름의 기구와 부처를 많이 설치한다. 전술한 대로 이런 현상에 관계없이, EU법을 집행하기 위한 행정조치의 행사는 여전히 회원국의 우선적, 제1차적 임무에 속한다.[7)] 즉, 원칙적으로 타자집행의 구상이 기본이다. EU행정법의 근본물음은 이런 타자집행의 구상에 비추어 회원국이 자신의 영토에서 EU법을 집행함에 있어서 그 자신의 조직상의, 절차상의 자율을 행사할 수 있는지 여부 및 어느 정도로 행사할 수 있는지 여부이다.[8)]

리스본조약(2007년)의 발효와 함께 EU법의 독립된 집행의 원칙은 명문으로 제1차법에 근거를 두었다. 해서 EU운영조약 제291조(연합법의 집행(시행))[9)] 제1항에 의하면, 회원국은 EU의 구속적 법적 행위를 위해 필

---

6) *Kahl*, in: Calliess/Ruffert, EUV/AEUV, Art.4 EUV Rn.24.

7) *Schroeder*, Nationale Maßnahmen zur Durchführung von EG-Recht und das Gebot der einheitlichen Wirkung, AöR 129(2004), S.4f.; *Sydow*, Europäisierte Verwaltungsverfahren, JuS 2005, S.97ff.

8) *Scheuing*, Europäisierung des Verwaltungsrechts, DV 34(2001), S.107(110); *Kahl*, in: Calliess/Ruffert, EUV/AEUV, Art.4 EUV, Rn.34ff.: *Danwitz*, Europäisches Verwaltungsrecht, S.302ff.; *Sydow*, JuS 2005, S.97.

9) EU운영조약 제291조 ① 회원국은 EU의 구속적인 법적 행위를 집행하기 위해 필요한 제 조치를 내국법에 따라 취한다. ② EU의 구속적인 법적 행위를 집행하기 위한 통일적인 조건을 필요로 하면, 집행이사회의 이런 법적 행위에 의하여 또는 상응한 이유있는 특별한 경우와 EU조약 제24조와 제26조에 규정된 경우에는 EU각료이사회(Rat)에 대해 시행권능이 이전된다. ③ 제2항의 목적을 위하여 유럽의회와 EU각료이사회(Rat)는 정식의 입법절차에 의거하여 사전에 일반적인 규칙과 원칙(allgemeine Regeln und Grundsätze)을 명령에 의해 확정하는데, 회원국은 이에 따라 집행이사회에 의한 집행권능의 행사를 심사한다. ④ 시행의 법적 행위의 표제에서는 "집행"을 접두사로 붙인다.

요한 모든 조치를 내국법에 의거하여 취한다. EU법의 집행을 위해 통일적 조건이 필요한 경우에만, -이상의 원칙에 대한 예외로- EU의 법적 행위가 EU집행이사회 또는 -특별한 경우엔- EU각료이사회(Rat)에 대해 집행권한을 이전시킬 수 있다(EU조약 제291조 제2항). 그래서 다음의 점이 분명해진다. 동조 제1항상에 규정된, 회원국법에 의거한 집행의무가 국내적 집행법과 EU조약법적 불고려를 구분하는 데 착안점을 둔다. 회원국의 조직상의, 절차상의 자율의 이런 이해는 -EU운영조약 제197조(행정협력)[10] 제2항 제4문이 회원국의 행정협력을 위해 규정한- 균일화의 배제에 의해 확인된다. 그리하여 EU법을 회원국이 집행하는 것의 독자성은 문제가 되지 않을 것이다. EU운영조약 제291조 제2항에 의해 회원국의 절차자율(Verfahrensautonomie)에 대한 개입은 배제되지는 않지만, 여하튼 정당화가 필요하다. 하지만 리스본조약(2007년)은 언급한 규율로써 새로운 법상황을 제공하지는 않는다. 오히려 EU법의 집행에서 회원국과 EU간의 수직적 권한배분이 -여태 제1차법으로부터 도출될 수 있으며, EU최고재판소의 판례에 의해 구체화되었던 것처럼- 규범적으로 명문으로 확고하게 되었다.

Ⅰ. 제1차법적 당초상황

현재 통용되는 EU법적 제1차법은 EU법의 집행을 위해 결코 -이런

10) EU운영조약 제197조 ① -유럽연합의 규정에 맞는 기능을 위해 결정적인- 회원국에 의한 연합법의 효과적인 시행이 공통적 이익의 물음으로 여겨져야 한다. ② 유럽연합은 연합법의 시행을 위한 회원국 행정의 능력을 향상하기 위한 노력에서 회원국을 지원할 수 있다. 이것은 특히 정보와 공무원의 교환을 용이하게 하는 것과 교육·계속교육의 프로그램을 지원하는 것을 포함할 수 있다. 회원국은 이런 지원을 요구할 필요는 없다. 유럽의회와 EU각료이사회(Rat)는 -정식의 입법절차에 따른 명령에 의해 회원국 법규정을 균일화하는 것은 배제하면서- 필요한 조치를 발한다. ③ 동조는 연합법을 시행하도록 회원국에 대해 의무를 과하는 것과는 관련이 없고, 또한 집행이사회의 권능과 의무와도 관련이 없다. 회원국간의, 회원국과 유럽연합간의 행정협력이 규정되어 있는 기타의 조약규정과도 관련이 없다.

물음을 일반적으로 규율하는— 명문의 규정을 포함하고 있지 않다. 그리하여 회원국의 절차자율의 원칙을 위해서도 명문의 제1차법적 근거가 존재하지 않는다. 그렇지만 EU에 대해서는 극히 적은 착안점에서만 '진정한' 행정권능이 부여된다는 창설조약에[11] 따라 EU와 회원국간에 권한배분이 이루어진다.[12] EU의 집행권능은 개별적으로만 게다가 제한적으로만 성립한다. 가령 보조금법에서는 EU운영조약 제108조(구 공동체조약 제88조)처럼, 직접적인 EU집행의 실제로 특히 중요한 영역을 위해 EU의 행정권능은 제2차법적으로 근거가 있다. 심지어 농업정책에서 EU법의 집행이 매우 제한적인 정도에서만 EU 자체에 맡겨져 있다. 이에 더해 EU의 자체 행정청(Agenturen)은 결코 행정적 '집행임무'를 스스로 이행하는 것이 아니라, 대체적으로 EU집행이사회의 지원에 한정되고 있다.[13]

그래서 EU법적 제1차법에서는 제한된 수권의 원칙에 따라 필요한 일반적인 —시민에 대한 EU법집행의 권능을 EU에 대해 부여하는— 권한규범이 결여되어 있을 뿐만 아니라, EU의 부분적 행정임무 역시 극히 제한적인 정도에서 확인될 수 있다.[14] EU의 '외부적' 행정권능이 광범하게 결여되어 있다는 점 이외에도 확인하여야 할 점은, EU에 의한 행정절차와 사법절차의 포괄적인 규율을 위한 충분한 권한근거 역시 결여되어 있다는 점이다.[15]

---

11) 이에 의하면 EU는 EU시민에 대해 법효과를 갖는 EU법을 집행한다.

12) *Bogdandy/Bast*, Die vertikale Kompetenzordnung der Europäischen Union, EuGRZ 2001, S.441(453).

13) *Borries*, Verwaltungskompetenzen der Europäischen Gemeinschaft, in: Due/Lutter/Schwarze(Hrsg.), FS Everling I, 1995, S.127(143f.).

14) *Danwitz*, Europäisches Verwaltungsrecht, S.304.

15) *Schwarze*, Konvergenz im Verwaltungsrecht der EU-Mitgliedstaaten, DVBl. 1996, S.881(886f.); *Schoch*, Die Europäisierung des vorläufigen Rechtsschutzes, DVBl. 1997, S.289(294).

Ⅱ. 제2차법으로부터의 EU집행이사회의 행정권능

제1차법적 권한배분에 관계없이, EU집행이사회는 제2차법적 규정에 기초하여 주목할 만한 분야에서 상이한 종류와 정도의 중요한 개입권능을 확고히 한다. 감독권능과 통제권능은 널리, 이의신청권, 지시권은 드물게 제공되며, 출입권이나 고유한 실체결정권은 협소한 사물영역에 국한해서 제공된다. 그러나 전체적으로 보면, 실체적 EU법의 회원국집행에 유리한 기본적인 판결이 제2차 EU법의 이런 전개를 입증한다. 왜냐하면 EU는 행정법적 내부관계에 국한되고, EU시민에 대한 외부관계에서의 행정은 대체적으로 회원국에게 맡겨져 있기 때문이다.

그럼에도 불구하고 EU와 회원국간의 행정구조의 어느 정도의 위계화는 무시할 수 없다. 회원국이 행정적 일상사무를 진행하는 반면, 최종결정권, 지시권 또는 심지어 자기출입권은 여전히 EU집행이사회에 맡겨져 있다.[16] 그래서 중요한 실체결정은 점점 더 EU차원으로 이전되었다. 그럼에도 불구하고 －개개의 물음에서 EU집행이사회에 부여되어 있는－ 그때그때의 개입권이 일반적인 지시권이나 집행권을 받아들이는 것을 정당화시키지는 않는다.[17] 오히려 EU법의 집행에서 회원국의 자율을 타파하는 것이 관건인데, 그것은 특별히 정당화되어야 하고, 좁게 해석되어야 한다.[18]

---

16) 구조기금영역을 위해서는 *Nebl*, Europäisches Verwaltungsverfahren und Gemeinschaftsverfassung, 2002, S.289; *Schöndorf-Haubold*, Gemeinsame europäische Verwaltung, in: Schmidt-Aßmann/Schöndorf-Haubold, Der Europäische Verwaltungsverbund, 2005, S.25, 34, 46: *Sydow*, Verwaltungskooperation in der Europäischen Union, 2004, S.74.

17) *Kadelbach*, Allgemeines Verwaltungsrecht unter europäischem Einfluss, S.110f.; *Sydow*, Verwaltungskooperation in der Europäischen Union, S.75; *Danwitz*, Europäisches Verwaltungsrecht, S.306.

18) *Kadelbach*, Allgemeines Verwaltungsrecht unter europäischem Einfluss, S.110f.

이에 더해 강조되어야 할 점은, 제2차법적으로 주어진 개입권은 실체적 EU법이 통용되도록 하는 것을 우선적으로 목표로 삼아야 한다. 여하튼 회원국의 절차자율은 원칙적으로 여전히 견지된다. EU법의 통일적이고 효과적인 집행을 보장하기 위한 조종수단에 대한 요구는 −특히 회원국에서의 집행부전을 감안해서− 아무런 의문 없이 정당화되고 있다.

Ⅲ. 회원국 행정을 위한 조약의 기본결정

전체 규범규모를 보면 EU 제1차법은 제2차법에 대해 2배의 상황인데, 이는 다음과 같이 요약할 수 있다.

창설조약은 집행을 위해 필요한 행정권을 EU에 대해 넘기지 않았고, 회원국 국내행정법과 사법절차법을 균일화하는 권한 역시 EU에 대해 부여하지 않았다. 하지만 그럼에도 불구하고 EU법의 집행에서 출발하였다. 그래서 구 공동체조약(EGV) 제10조의 일반적인 협력의무(Mitwirkungspflicht)[19] 및 EU조약(EUV) 제4조 제3항의 충성스런 협력의무(Grundsatz der loyalen Zusammenarbeit)에[20] 기하여 집행의무를 회원국에 대해 부여한 것이 간접적 행정 모델의 바탕이 된다.[21] 하지만 회원국 자체가 이런 의무의 수범자이어서 회원국행정은 기능적 EU행정의 주체로서 활동하지는 않을 것이다. 그리하여 EU법의 집행은 일반적으로 국가임무로서 회원국에게 이전되어 있다, 이런 점으로부터 일찍이 Hans Peter Ipsen이 오늘까지도 통용되는 결론을 내렸다: 회원국이 EU법을 자신의 집행부로써 집행하는

---

19) 구 공동체조약 제10조 ① 회원국은 동 조약이나 공동체기관의 활동에서 비롯된 의무를 이행하기 위해 적합한 일반적, 특별한 성질의 모든 조치를 발한다. ② 회원국은 공동체기관이 자신의 임무를 이행하는 것을 용이하게 한다. ③ 회원국은 동 조약의 목표의 실현을 저해할 수 있을 모든 조치를 취하지 않는다.

20) EU조약 제4조(연합의 관할) ③ 충성스런 협력의무의 원칙에 따라 연합과 회원국은 조약에서 비롯된 임무를 이행하는 데 있어서 상호 존중하고 지원한다.

21) *Bogdandy*, in: Grabitz/Hilf(Hrsg.), Das Recht der Europäischen Union, Art. 10 EGV Rn.43ff.

한, 회원국은 구속되긴 하나 EU에 대해 위계상의 하위질서에 놓이지는 않는다.[22)]

외부적 행정권의 영역 및 행정법을 위한 법일치화권한의 분야에서 성립한, EU와 회원국간의 권한배분을 전체적으로 보면, 널리 의미로운 일치성이 도출된다. EU적으로 행사된 고권이 우선적으로는 법정립의 방법으로 전개되고 동시에 EU는 자신의 행정을 위한 권능이 결여되어 있다. 그 때문에 EU는 기능법적으로 우선 법정립공동체(Rechtsetzungsgemeinschaft)로 간주되어야 한다. 실체법적 측면에서의 엄격한 법구속이 전제로 하는 점은, 바로 제도적인, 절차법적인 측면에서 회원국이 자유를 갖는다는 것이다. 그래서 회원국의 절차자율의 원칙은 회원국과 EU간에 수직적 권력분립의 표현으로 여겨진다.[23)]

Ⅳ. 회원국의 조직상의, 절차상의 자율의 원칙 및 그 한계: Soweit-공식 및 등가성의 원칙과 효과성의 원칙

EU최고재판소의 판결에서는 일찍이 회원국의 조직상의, 절차상의 자율의 원칙과, EU법의 통일적 적용 및 완전한 효력의 요청사이에 갈등관계가 표현되어 있다.[24)] 지속적인 판례에서 사용된, 가정적 접속사의 공식(Soweit-Formel)을 이용해서 EU최고재판소는 회원국의 절차자율을 항상 인정하였다: 일반적인 EU법적 원칙을 포함한 EU법이 결코 공통적인 규정을 담고 있지 않는 한, 회원국 국내행정청은 EU규율을 집행함에 있어서 회원국 국내법의 절차적, 실체적 규정에 따라 대처한다.[25)] 그런데

22) *H.P. Ipsen*, Europäisches Gemeinschaftsrecht, 1972, 9/26.

23) *Danwitz*, Europäisches Verwaltungsrecht, S.308.

24) EuGH, Rs. 13/68, Slg. 1969, 680(693) - Salgoil; EuGH, Rs. 39/70, Slg. 1971, 49 (58; Rn.4) - Fleischkontor.

25) EuGH, verb. Rs. 205-215/82 Slg. 1983, 2633(2665; Rn.17) - Deutsche Milchkonter; EuGH, Rs. C-298/96, Slg. 1998, I-4767(4790f.; Rn.24) - Oelmühle Hamburg.

회원국의 조직상의, 절차상의 자율은 결코 무제한적이거나 유보가 없는 것으로 여겨지지 않는다. 그것은 등가성의 원칙과 효과성의 원칙에 의해 한계가 설정된다.

1. 회원국 절차법의 통용을 위한 Soweit-공식

EU법의 시행에서 회원국의 행정법 및 재판절차법의 적용에 관한 EU 최고재판소 판례는 일견해서 주목할 만한 지속성이 그 특징이다. 지속적 판례에 의하면, 회원국은 -EU법이 그 시행에 관해 아무런 규율을 하고 있지 않는 한- EU법의 시행에서 그 자신의 국내법의 형식적, 실체적 규정에 따라 행한다.[26)]

(1) EU최고재판소의 원래의 구상

Soweit-공식을 원래 행사하는 데 있어서 분명히 통용되는 사실은, EU최고재판소로 하여금 충돌을 해결하기 위하여 -EU법적 규정의 결여에 적용될- 회원국 법질서의 규율을 참조하도록 한 것이다.[27)] 해서 EU 최고재판소는 -EU법적으로 수정을 분명히 고려에 넣지 않고서- 독일 행정법원법 제58조의[28)] 기간이 EG법적으로 성립한 법적 지위에 대해 곧바로 적용될 수 있다고 판시하였다.[29)] 동일한 방법으로 EU최고재판소 역시 소송의 허용요건을 위해 다음과 같이 일반적으로 판시하였다: -회원

26) EuGH, verb. Rs. 205-215/82, Slg. 1983, 2633(2665; Rn.17) - Deutsche Milchkontor.

27) EuGH, Rs. 33/76, Slg. 1976, 1989(1998; Rn.5) - Rewe; Rs. 45/76, Slg. 1976, 2043 (2053; Rn.11-18) - Comet.

28) 독일 행정법원법 제58조 [불복고지] ① 소송(Rechtsmittel)이나 그 밖의 권리구제를 위한 기간은 소송참여자가 권리구제, 권리구제를 제기하여야 할 행정관청이나 법원, 그 소재지 및 준수기간에 관해서 서면이나 전자적으로 고지를 받은 경우에만 진행한다. ② 불고지나 오고지가 있으면, 송달, 개봉 또는 고지 이후 1년 이내에만 권리구제를 제기할 수 있다; 불가항력으로 인하여 1년 기간의 경과 전에 권리구제를 제기할 수 없었거나 또는 권리구제가 주어지지 않는 식으로 서면적 고지나 전자적 고지가 행해진 경우에는 그러하지 아니하다. 불가항력의 경우에는 제60조 제2항이 준용된다.

29) EuGH, Rs. 33/76, Slg. 1976, 1989(1997f.; Rn.2, 5) - Rewe.

국 국내법의 준수의 보장이 관건이 되는 것처럼— 직접 통용되는 EU법의 관철을 위해 회원국 국내법상으로 규정된 소송가능성과 소송의 허용요건 및 절차요건을 행사할 가능성이 보장되어 있어야 한다.[30] 이런 판례에서 등가성의 원칙과 효과성의 원칙의 이중적 성격의 지적은 —EU법적으로 성립한 권리를 위한 회원국의 제한적인 특별규율을 배제하기 위해— 단순한 유보적 기능을 이행하였다.[31]

EU법과 회원국법의 관계에 관한 EU최고재판소의 원래의 견해는 다음과 같은 논평에서 재차 반영된다: "EU법과 내국법은 상호 개입한다. 후자는 전자가 아무런 규율을 포함하고 있지 않을 경우에 통용되며, 이를 관철하는 데 도움을 준다."[32] 이런 언명은 회원국법의 집행기능을 분명하게 강조한다. 이런 언명은 특히 독일의 연방국가적 경험의 배경에서 기본법 제83조와 제84조에 따른 연방법률의 집행을 위한 주차원의 고유(자체)행정의 의의에 비견될 수 있다. EU최고재판소 및 그 법률자문관(Genenalanwalt)들의 원래 구상에 의하면, EU의 권리보장과 회원국의 권리보장간의 이런 상위(괴리)는 EU법질서에 의해 수용되어야 한다.[33]

(2) 판례의 두 번째 국면

EU최고재판소는 후속적으로 먼저 단계적으로 이런 의식적인 충돌회피전략에서 뒤로 물러난 다음,[34] 소극적으로 규정된 효과성의 원칙을 통해 회원국 국내법질서에서 EU법에 통용되는 수용조건을 적극적으로 형성하는 것을 모색하였다. EU최고재판소는 유명한 독일 Milchkontor 사

---

30) EuGH, Rs. 158/80, Slg. 1981, 1805(1838; Rn.44) - Butterfahrten.
31) EuGH, Rs. 66, 127 u. 128/79, Slg. 1980, 1237(1264; Rn.21) - Salumi.
32) EuGH, Rs. 33/76, Slg. 1976, 2000(2004) - Rewe.
33) *Danwitz*, Verwaltungsrechtsschutz zwischen subjektiver und objektiver Rechtsgewährleistung, in: Magiera/Sommermann(Hrsg.), Verwaltung in der Europäischen Union, 2001, S.121(125).
34) *Jarass/Beljin*, NVwZ 2004, S.1(10).

건에서 이런 전개를 위한 중요한 선도적 모색을 하였다. 여기서 EG법의 일반적 법원칙이 회원국 국내행정법의 적용을 위한 규준규범으로서 처음으로 적용되었고, 이런 방법으로 흡사 −직접적으로 효력을 발생시키고 우위가 주어진− EU법의 위계로 격상되었다.[35] 그리하여 EU최고재판소는 회원국의 행정절차법과 소송법의 배치되는 규정을 배격하기 위하여 EU법의 규범을 거의 무한적으로 손대었다. 또한 회원국 국내법질서가 그런 사법심사의 지배를 받게 할 범위에 관한 완전한 결정력 역시 제공하였다.[36]

(3) 새로운 판례

EU최고재판소의 최근 판례는 분명히 −EU행정법에 관한 판례의 원래의 구상에로의 회귀와 결부되지 않고서− 회원국의 절차자율을 상당하게 고려하는 경향이다.[37] EU최고재판소의 판례가 EU의 이익을 일방적으로 관철하는 것을 지향하는 데서 벗어난 것은 이미 1990년대 후반기부터 나타났다. −EU법에 의해 원칙적으로 요구된 반환에 위배됨에도 불구하고− Edis 사건에 관한 판결을 시작으로 하여 EU최고재판소는 다수의 판결에서 EU법을 위반하여 징수된 공과금의 반환청구권을 위한 회원국 국내법적인 소멸시효기간과 제척기간의 허용성을 시인하였다.[38] −EU법을 위반한 공과금징수가 규정에 맞지 않는 EU지침전환에 바탕을 두더라도− Emmont-판결에서[39] 벗어나 이 점은 여전히 통용된다고 한다.[40] 이

35) EuGH, verb. Rs. 205-215/82, Slg. 1983, 2633(2665; Rn.17) - Deutsche Milchkontor.
36) EuGH, verb. Rs. 205-215/82, Slg. 1983, 2633(2665; Rn.17) - Deutsche Milchkontor.
37) EuGH, Rs. C-366/95, Slg. 1998, I-2661(2688; Rn.36) - Steff-Houlberg; Rs. C-298/96, Slg. 1998, I-4767 - Oelmühle Hamburg.
38) EuGH, Rs. C-231/96, Slg. 1998, I-4951(4990f.; Rn.33-39) - Edis; verb. Rs. C-298/96, Slg. 1998, I-2661(2688; Rn.36) - Steff-Houlberg.
39) EuGH, Rs. C-208/90, Slg. 1991, I-4269 - Emmott.
40) EuGH, Rs. C-188/95, Slg. 1997, I-6783(6837; Rn.42ff.) - Fantask; Rs. C-231/96, Slg. 1998, I-4951(4990f.; Rn.33-39) - Edis.

에 더해 EU최고재판소는 EU법을 위반하여 징수된 공과금의 반환청구의 경우에 실체적 회원국법과의 관계에서의 2차적 EU법의 우위효과와, EU 법적 우위의 배척효를 받지 않는 회원국의 절차법을 분명히 분리한다.[41] 이를 넘어서 실체법적 관점 역시 EU법에 위반되게 제공된 보조금의 상환을 위한 배제근거로서 인정되었다.[42]

그렇지만 새로운 판례가, 법관법적으로 전개된 규준의 적용을 일정한 법영역, 특히 잠정적 권리보호, 국가책임법 그리고 EU법위반인 보조금의 상환의 영역에서 주목할 정도로 계속 발전시켰다는 점에서,[43] 첫 번째 판례의 국면과는 구분된다. 전술한 법영역에 관한 판례에서 분명한 점은, 상이한 법영역에 대한 —후술할— 등가성의 원칙과 효과성의 원칙의 적용이 필연적으로 통일적 결과를 초래하지는 않는다는 것이다. EU최고재판소는 위법한 EU보조금의 반환과 관련해서 보조금수령자의 신뢰보호와 법적 안정성의 원칙과 같은 회원국 국내법의 배제근거를 점점 더 받아들이는 반면,[44] EU법위반인 국내보조금의 수령자의 신뢰보호에 대해서는 매우 엄격한 척도를 적용하고, 적법한 상태의 조성에 관한 EU이익에 대한 보조금법상의 신뢰보호를 항상 완전히 후퇴시킨다.[45] EU법위반인 공과금의 상환을 위한 회원국 국내법적 절차의 수정을 인정하는 것 역시 구분되고 있다: 해서 EU최고재판소는 조세법에서 반환청구권을 위해 청구권자의 선의를 목표로 하는 회원국 국내규율은 허용되지 아니 한다고

41) EuGH, verb. Rs. C-10/97 bis C-22/97, Slg. 1998, I-6307(6334; Rn.25) - IN.CO. GE.

42) EuGH, Rs. C-366/95, Slg. 1998, I-2661(2681; Rn.14ff.) - Steff-Houlberg; EuGH, Rs. C-298/96, Slg. 1998, I-4767(4791f.; Rn.25ff.) - Oelmühle Hamburg.

43) EuGH, Rs. C-334/95, Slg. 1997, I-4517(4552; Rn.43ff.) - Krüger; Rs. C-17/98, Slg. 2000, I-675(737; Rn.68ff.) - Emesa Sugar.

44) EuGH, verb. Rs. C-80/99 bis C-82/99, Slg. 2001, I-7211(7253; Rn.60) - Flemmer; Rs. C-336/00, Slg. 2002, I-7699(7755; Rn.56) - Huber.

45) EuGH, Rs. C-169/95, Slg. 1997, I-135(163; Rn.51) - Spanien/Kommission; Rs. C-24/95, Slg. 1997, I-1591(1617; Rn.25) - Alcan II.

판시하였다.[46)]

추가로 EU최고재판소 판례의 현재의 국면은, EU법과 회원국의 매우 긴밀한 조응을 목표로 하고 있다고 말할 수 있다. 이는 －회원국의 절차자율을 고려하면서 EU법의 효력청구권을 회원국법의 특수한 수용조건에 의거하여 규정한－ 다수의 판결에 나타난다.[47)] 이들은 EU법의 관철을 회원국법에 따른 상응한 행정청의, 법권의 권능이나 의무에 좌우하게 한다.[48)]

또한 현재의 판례경향은 회원국의 절차자율의 원칙과 EU법의 통일적 적용 및 포괄적인 효력의 요청 간에 균형을 찾으려는 노력을 이전 판례보다 더 강하게 강구하고 있는 것이 그 특징이다. 이런 점은 EU최고재판소가 EU법의 통일적 적용의 원칙의 한계로서 회원국의 절차자율의 원칙을 명백히 인정한 데서 나타난다.[49)] 하지만 실체적 측면에서도 세 번째 판례국면에서의 판결이 배치되는 법원칙의 형량의 요소를 더 강하게 인정하게 한다.[50)]

2. 등가성의 원칙과 효과성의 원칙

Soweit-공식에 따른 회원국 절차법의 원칙적 적용은 EU최고재판소의 지속적인 판례에 의해 등가성의 원칙 및 효과성의 원칙의 유보하에 있다.[51)] 이에 의하면 회원국 국내법의 절차법적 규준은 －전적으로 회원국

46) EuGH, Rs. C-454/98, Slg. 2000, I-6973(7007; Rn.58f.) - Schmeink.
47) 그 예가 van Schijndel 사건이다. EuGH, verb. Rs. C-430/93 u. C-431/93, Slg. 1995, I-4705 - van Schijndel.
48) *Potacs*, Bestandskraft staatlicher Verwaltungsakte oder Effektivität des Gemeinschaftsrechts?, EuR 2004, S.595(597f.).
49) EuGH, Rs. C-201/02, Slg. 2004, I-723(767f.; Rn.65, 67) - Wells; Rs. C-212/04, Slg. 2006, I-6057(6127; Rn.95) - Adeneler u.a.
50) EuGH, Rs. C-201/02, Slg. 2004, I-723(767f.; Rn.65, 67) - Wells; Rs. C-453/00, Slg. 2004, I-837(868; Rn.24, 26f.) - Kühne & Heitz.
51) EuGH, Rs. C-231/96, Slg. 1998, I-4951(4990; Rn.34ff.) - Edis; Rs. C-201/02, Slg. 2004, I-723(768; Rn.67) - Wells.

국내법과 관련한– 비교가능한 소송에서보다 불리해서는 아니 되고(등가성의 원칙: Grundsatz der Äquivalenz),[52] 그것이 EU법질서에 의해 부여된 권리의 행사를 실제로 불가능하게 만들거나 본질적으로 곤란하게 만드는 식으로 형성되어서는 아니 된다(효과성의 원칙: Grundsatz der Effektivität).[53] 이중적 한계를 도그마틱적으로 도출하기 위해 EU최고재판소는 지속적 판례에서 회원국이 EU법의 실현에 협조할 구 공동체조약(EGV) 제10조의 협력의무가 있음을 지적하였다.[54] 하지만 종래 그 협력의무가 규범적 연결점으로서는 회원국의 협력의 자세한 형성을 위해 아무런 기준을 포착하기 힘들 정도로 불확정성을 가지기에, 이들 원칙을 오로지 동조로부터 도출하는 것은 만족스럽지 않다.[55] EU최고재판소는 EU법의 유효성(der effet utile)의 원칙 및 통일적 적용의 원칙으로써 효과성의 원칙을 근거지우기 위한 다른 착안점을 강구하였다. 하지만 그것의 나름의 윤곽이 없음에 기인하여 문제해결에 그다지 이바지하지 못한다.

(1) 등가성의 원칙

등가성의 원칙(동일한 의미로 동등성의 원칙)에 의하면,[56] 실체 EU법에 적용될 회원국 법규정은 차별적으로 효과를 발휘하여서는 아니 된다. EU법을 다투는 원고는 회원국에 의해 부여된 권리를 주장하는 사람보다 더 나쁜 상황에 처해져서는 아니 된다. 이런 요청은 자명한데, 실은 EU의 관점에서는 본질적이다. 차별금지는 EU법의 본질적 보장으로서, 그리고 EU법의 총체로서(acquis communautaire) 인정되고 있다.

52) EuGH, Rs. C-326/96, Slg. 1998, I-7835(7870; Rn.39, 41, 43) - Levez.
53) 101EuGH, Rs. 54/81, Slg. 1982, 1449(1463; Rn.6) - Fromme; EuGH, Rs. 199/82, Slg. 1983, 3595(3612; Rn.12) - San Giorgio.
54) EuGH, Rs. 33/76, Slg. 1976, 1989(1998; Rn.5) - Rewe; EuGH, Rs. C-312/93, Slg. 1995, I-4599(4620; Rn.12) - Peterbroeck.
55) EuGH, Rs. 199/82, Slg. 1983, 3595(3612f.; Rn.13f.) - San Giorgio.
56) EuGH, Rs. C-231/96, Slg. 1998, I-4951(5019ff.; Rn.19, 34ff.) - Edis.

항상 효과성의 원칙과 결합해서 인용됨에도 불구하고, EU최고재판소 판례상으로 등가성의 원칙은 하위적 의의가 인정된다. EU최고재판소에 의해 다투어진 국가의 행정권의 행사는 대체적으로 효과성의 원칙의 위반과 관련이 있다. 반면 회원국 국내법의 차별적 취급의 경우에는 실제적 관련성이 없다.[57] 이런 결과는 EU최고재판소에 의한 등가성의 원칙의 균형이 잡힌 해석에 그 원인을 둘 수도 있다. 해서 EU최고재판소는 최근 판례에서 회원국법에 의해 부여된 권리나 EU법적으로 부여된 권리의 관철의 유형을 위한 적합한 비교군을 확정하는 것은 회원국 국내법원의 일이라고 강조하였다.[58] 중재법원의 재정(요청)의 폐지와 관련한 판결에서, EU최고재판소는 EU법적 규정이 그 의의에서 공공질서의 회원국 국내규정에 비견될 수 있는지 여부의 물음은 EU법의 관점에서 판단되어야 한다는 점을 분명히 하였다.[59]

하지만 지속적 판례에 의하면, 회원국은 EU법적으로 성립한 권리의 주장에 대해 다수의 비견가능한 자국 규율 가운데 가장 유리한 규율을 적용하여야 할 의무는 지지 않는다.[60] 비견가능한 제소권을 국내법에 의해 확정하는 데는 소송대상, 권리근거, 다른 본질적인 징표의 관점을 목표로 삼아야 한다.[61] 회원국 국내법의 주장이 더 유리한지 여부의 물음을 심사함에 있어서 회원국 국내법원은 EU최고재판소 판례에 따라 회원국 국내절차규정을 고립되게 고찰해서는 아니 되고, 관련 규정의 위상을 전체 절차, 절차진행 그리고 절차의 특수성을 고려해야 한다.[62] EU법적

57) EuGH, Rs. C-126/97, Slg. 1999, I-3055(3092f.; Rn.36f.) - Eco Swiss; EuGH, verb. Rs. C-222/05 u.a. vom 1.3.2007, Rn.33ff. - van der Weerd.

58) EuGH, Rs. C-261/95, Slg. 1997, I-4025(4049; Rn.38) - Palmisani; EuGH, Rs. C-326/96, Slg. 1998, I-7835(7870; Rn.42) - Levez.

59) EuGH, Rs. C-126/97, Slg. 1999, I-3055(3092f.; Rn.36f.) - Eco Swiss.

60) EuGH, Rs. C-231/96, Slg. 1998, I-4951(4990; Rn.36) - Edis; EuGH, Rs. C-260/96, Slg. 1998, I-4997(5020; Rn.20) - Spac

61) EuGH, Rs. C-78/98, Slg. 2000, I-3201(3263; Rn.57) - Preston.

62) EuGH, Rs. C-326/96, Slg. 1998. I-7835(7870; Rn.44) - Levez; EuGH, Rs. C-78/

으로 성립한 청구권의 주장을 위한 추가적인 비용, 더 장기인 소요기간이나 더 불리한 절차형성이 등가성의 원칙을 위반한 전형적인 예로 여겨질 수 있을 것이다.[63)]

(2) 효과성의 원칙

"수포로 돌아가게 하는 것은 금지된다."는 원칙(무력화금지의 원칙, Vereitelungsverbot)을 통해 EU법은 회원국 국내집행법의 적용과 관련해서 두 번째 한계를 설정한다. 동 원칙 최근 판례에서는 적극적으로 효과성의 원칙으로[64)] 표현되는데, 이로써 EU최고재판소는 EU법을 회원국 국내법의 규율을 통해 실현하는 것이 실제로 불가능하게 되지는 않는다는 점을 확고히 한다.[65)] EU최고재판소는 후에 －효과성의 원칙에서 도출된 － 회원국에 대한 요구를 정교하게 하였는데, 그리하여 회원국법이 EU법의 실현을 과도하게 곤란하게 해서는 아니 된다는 것을 요구하였다.[66)] 개개의 경우에 심지어 잠정적인 제한조차도 허용되지 않는 것으로 여겨졌다.[67)] 반면 회원국에 의한 EU법의 시행을 위한 조약의 기본결단 및 보충성원칙을[68)] 고려한, 즉 회원국 국내법질서간의 단순한 구별상황이나 효율성의 상실이 EU법적 효과성원칙의 강조를 초래한 것은 아니다.

그런데 효과성의 원칙(Grundsatz der Effektivität)에 의하면, 회원국 국

98, Slg. 2000, I-3201(3263; Rn.59) - Preston.

63) EuGH, Rs. C-326/96, Slg. 1998. I-7835(7872; Rn.51) - Levez; EuGH, Rs. C-78/98, Slg. 2000, I-3201 (3263; Rn.59) - Preston.

64) *Scheuing*, in: Hoffmann-Riem/Schmidt-Aßmann(Hrsg.), Innovation und Flexibilität des Verwaltungshandelns, S.289(307).

65) EuGH, Rs. 265/78, Slg. 1980, 617(629f.; Rn.12) - Ferwerda; EuGH, Rs. 61/79, Slg. 1980, 1205 (1226; Rn.25) - Denkavit italiana.

66) EuGH, Rs. 199/82, Slg. 1983, 3595(3613; Rn.14) - San Giorgio; EuGH, Rs. C-312/93, Slg. 1995, I-4599(4620; Rn.12) - Peterbroeck.

67) EuGH, Rs. C-213/89, Slg. 1990, I-2433(2474; Rn.21) - Factortame; EuGH, verb. Rs. C-143/88 u. C-92/89, Slg. 1991, I-415(543; Rn.31) - Zuckerfabrik Süderdithmarschen.

68) 장경원, EU행정법의 작동원리로서 보충성의 원칙, 행정법연구 제17호(2007.05), 313면 이하.

내절차법이 EU법적으로 성립한 법적 지위의 무한적인 관철을 가능케 하는 것이 요구되지는 않는다. 등가성의 원칙의 적용에서와 마찬가지로 효과성의 원칙의 적용에서도 회원국법의 문제의 규정의 구체적인 효력을 항상 강구되어야 한다.[69] EU법적 청구권의 실현을 위한 제한은 －그것이 EU법에 의해서도 인정되는 일반적 법원칙이 표현에 해당하는 경우에－ 효과성의 원칙과 원칙적으로 일치할 수 있다. 해서 EU최고재판소는 다수사건에서 －비록 개별사건에서는 EU법적 청구권이 배제될 지라도－ 회원국 국내소멸시효기간과 배제규정을 법적 안정성의 원칙에 의해 정당화하다고 여겼다.[70] 신뢰보호의 일반적 법원칙 및 제3자의 상치되는 기본권이, EU법적 법적 지위를 회원국법에 의해 실현하는 데 있어서의 제한을 정당화하는 데 적합하다.[71]

그리하여 분명해지는 점은, EU최고재판소의 판례에서 효과성의 원칙이 회원국의 조직자율과 절차자율을 제압하는 데 이바지하지는 않는다는 것이다.[72] 그렇지만 효과적인 권리보호의 EU법적 보장과 결합해서 효과성의 원칙으로부터 다음과 같은 회원국 절차법상의 요청을 도출하여야 한다－EU법적 법적 지위의 사법적 관철이 사실상의 가능성을 보장하는 것.[73] 비록 법관에 의한 결정발견에서 EU법위반이 고려될 수 없었다고 하더라도, 이 경우 당사자의 진술의무와 이유제시의무와 같은 국내 소송법의 원칙은 효과성의 원칙과 일치할 수 있다.[74] 다만 EU최고재판소는

69) EuGH, Rs. C-312/93, Slg. 1995, I-4599(4621; Rn.14) - Peterbroeck; EuGH, verb. Rs. C-430/93 u. C-431/93, Slg. 1995, I-4705(4737; Rn.17) - van Schijndel.

70) EuGH, Rs. 33/76, Slg. 1976, 1989(1998; Rn.5) - Rewe; EuGH, Rs. 61/79, Slg. 1980, 1205(1225; Rn.23) - Denkavit italiana.

71) EuGH, Rs. C-112/00, Slg. 2003, I-5659(5703; Rn.24) - Schmidberger.

72) *Schoch*, Die Europäisierung des Verwaltungsprozessrechts, in: FG 50 Jahre BVerwG, 2003, S.507(512).

73) EuGH, Rs. C-13/01, Slg. 2003, I-8679(8722; Rn.55) - Safalero; EuGH, Rs. C-97/91, Slg. 1992, I-6313(6334; Rn.13) - Borelli.

74) EuGH, verb. Rs. C-430/93 u. C-431/93, Slg. 1995, I-4705(4738; Rn.22) - van Schijndel; EuGH, verb. Rs. C-222/05 bis C-225/05, Urteil vom 7.6.2007, Rn.36 -

EU법의 공공질서의 규범의 일정한 범주는 항상 회원국 국내법원에 의해 직권으로 적용되어야 할 것이라는 사고를 거부하였다.[75]

(3) 양 요청의 긴장관계

등가성의 원칙과 효과성의 원칙은 긴장관계에 선다고 할 수 있다. 차별금지와 무력화금지는 회원국의 여러 행정법질서사이의 용인가능한 다름을 위한 한계설정을 야기한다.[76] 이런 착안점은 양 원칙이 내재적으로 상반된 상태에 있음을 강조한다. 차별금지는 EU법적으로 규율된 사안의 동일한 취급을 요구하고 이를 통해 회원국의 행정법질서사이의 차이점을 강조한다. 반면 효과성의 원칙은 ―EU법의 행정적 시행의 통일성의 목표를 촉진하기 위해― 국가 행정법의 구분된 행사를 EG법적으로 꼭 필수적인 것으로서 요구한다. EU최고재판소가 양 원칙간의 긴장관계를 일찍이 등가성의 원칙에 유리하게 해소한 이후, 등가성의 원칙이 효과성의 원칙에 대해서 후위에 선다. 즉, EU법의 시행을 위한 회원국 국내행정법의 차별 없는 적용은, 그것이 EU법의 효과적인 시행을 곤란하게 또는 실제로 불가능하게 하지 않는 한에 있어서만 통용된다.

(4) 평 가

회원국의 조직법과 절차법의 통용에 관한 EU최고재판소의 판례는 양성적인 지향점을 드러낸다. 특히 효과성의 원칙으로써 EU최고재판소는 회원국에 대한 수정메커니즘을 제공하는데, 그 결과 법관의 결정발견의 상대적인 불확정성에서 광범한 여지를 제공하여 회원국의 절차자율에 대한 현저한 개입을 가능케 한다. 그리하여 EU법의 훼손(제한)을 받아들여

van der Weerd.

75) EuGH, Rs. C-126/97, Slg. 1999, I-3055 - Eco Swiss; EuGH, verb. Rs. C-222/05 bis C-225/05, Urteil vom 7.6.2007, Rn.40 - van der Weerd.

76) *Weber*, Verwaltungskollisionsrecht der Europäischen Gemeinschaften im Lichte neuerer Rechtsentwicklungen, EuR 1986, S.1(18ff.)

야 할지 여부 및 언제 받아들여야 할지의 물음에 관한 EU최고재판소의 판례가 예측할 수 없거나 불확실하다고 비판이 제기된다.[77]

그러나 최근 판례에서는 어느 정도의 일관성과 예측가능성이 확인되고 있다. 판례의 전개에서 EU최고재판소는 효과성의 원칙과 등가성의 원칙으로 추구하는 목적을 점점 더 숙고한다. 회원국 법질서의 절차법적 자율을 보장할 필요성과 회원국 국내법원에서 EU법의 효과적인 보호를 보장할 필요성간에 대등성을 조성하는 것이 그 목적이다.[78]

제3절 회원국에 의한 EU법의 시행

Ⅰ. 시행의 양태

EU법은 정도가 구별된 시행을 필요로 하기에, 법규정이나 개별사건적 결정이 필수적으로 동원될 수 있다. 전자는 규범적(입법적) 시행이고, 후자는 행정적, 사법적 시행(집행 내지 법적용을 통한 시행)이다.[79] 양 차원에서 공히 EU기관과 회원국의 기관이 활동한다. 그래서 그때그때 EU에 의한 시행과 회원국에 의한 시행이 구분될 수 있다. 그런데 비록 "EU법의 우위"가 의심의 여지없이 독립된 법제도에 해당하지만, "EU법의 시행"에서는 그것(EU법의 우위)이 진정한 법제도에 해당하는지 아니면 법적으로 관련이 있는 사안을 단지 표현한 것으로 여겨져야 할지 그 여부가 불확실하다. 독일 문헌들은 EU법의 우위를 진정한 법제도적 성격에서

77) *Ossenbühl*, Staatshaftung zwischen Europarecht und nationalem Recht, in: FS Everling, 1995, S.1041ff.; *Jarass/Beljin*, NVwZ 2004, S.1(10).

78) EuGH, Rs. C-430/93 u. C-431/93, Slg. 1995, I-4705(4713; Rn.18ff.) - van Schijndel.

79) 여기서의 시행(Durchführung)은 규범제정을 포함하기에, 규범집행으로서의 집행(Vollzug)보다는 넓은 개념에 해당한다.

접근하는 반면, 영국의 문헌상으로는 그런 접근을 위한 근거점이 매우 낮다.[80] 아무튼 앞으로의 발전(전개)의 추체는 당연히 법제도의 방향으로 갈 것으로 추정된다. 이하에서 제시되듯이, 시행의 전체 영역을 위한 법적 기준선이 존재한다.

또한 EU기본권헌장(GrCh) 제51조(적용범위) 제1항에[81] 따른 EU적 기본권의 적용은, 포괄적 의미에서의 EU법의 시행에 구속된다. EU기본권헌장(GrCh) 제51조 제1항외에, EU운영조약 제175조(구조기금) 제1항 제1문상[82]으로도 "시행"(Führung)의 개념이 나타난다. 그렇지만 여러 상이한 용어상의 개념형성이 다양하다.[83] 이것이 차이점을 시사하는지 아니면 번역의 우연에 기인하는지 여부는 아직은 미확정인 채 내버려둘 수밖에 없다.

Ⅱ. 법정립으로 통한 시행

1. EU지침의 전환

(1) EU지침의 전환의무

가장 중요한 규범적 시행은 EU지침에서 행해진다. EU지침은 내국의

80) Vgl. *Beljin*, Die Zusammenhänge zwischen dem Vorrang, den Instituten der innerstaatlichen Beachtlichkeit und der Durchführung des Gemeinschaftsrechts, EuR 2002, S.351(372ff.).

81) EU기본권헌장 제51조 ① 이 헌장은 연합의 기관, 기구 그리고 기타 부처에 대해서는 보충성의 원칙을 견지하면서 통용되고, 회원국에 대해서는 전적으로 연합법을 시행할 때 통용된다. ② 이 헌장은 유럽연합의 관할의 넘어서 연합법의 통용범위를 확장하지 않으며, 유럽연합의 새로운 관할 및 임무를 성립시키지도 않는다. 그리고 조약에서 확정된 관할과 임무를 바꾸지도 않는다.

82) EU운영조약(구 공동체조약 제159조) 제175조 ① 회원국들은 자신의 경제정책을 제174조에서 언급한 목표도 실현되도록 시행하고(führen) 정렬한다. …

83) 영어와 이탈리아어판에서는, 독일어판처럼, 통일된 개념이 사용되지만, 프랑스, 스페인 등 다른 언어판에서는 두세 가지의 개념이 사용되고 있다. 각국의 용례에 관해서는 vgl. *Jarass/Beljin*, NVwZ 2004,, S.1(6), Fn.87.

법질서로 전환되어야 한다. EU최고재판소는 구 공동체조약 제249조 제3항, 제10조, 또는 EU지침 그 자체에 의거하여 전환의무를 뒷받침하였다.[84] 회원국 국내의 법정립(법제정)은 －국내법이 어차피 EU지침규율을 담고 있지 않는 한－ 내국적인 법을 만들고 변경할 의무를 진다. 즉, EU지침의 내용적 규준이 회원국의 법질서상으로 포괄적으로 발견될 수 있어야 한다. 일종의 병렬적 입법(Parallelgesetzgebung)이 존재하는 셈이다. 따라서 EU지침전환이 지연될 때 반드시 강구되어야 할 것이, EU의 차원에서 기한연장을 실현하는 것이다.[85]

EU지침의 전환기간이 진행되기 전이라 하더라도, EU지침의 전환의무는 법정립의 차원을 위해 어떠한 의무를 발생시킬 수 있다: 소위 "사전효과"(Vorwirkung).[86] 즉, 회원국으로서는 기간이 진행되기 전에는 전환을 할 의무를 지진 않지만, 기간이 진행하면 EU지침위반의 법상태가 초래될 수도 있는 그런 규정은 발하여선 아니 된다. 완전하고 최종적인 전환으로 여겨지고 적시에 변경될 수 없는, EU지침위반인 규정의 경우가 이에 해당한다. 이에 반해, 기간의 진행으로써 EU지침상의 규정 목표가 필시 문제되지 않는다는 점이 보장되는 한, 잠정적인 전환규정은 허용된다. 새로운 EU지침들은 게다가 회원국 국내의 전환행위상으로 그 연원인 EU지침을 적시하도록 의무를 지우고 있다. 이것은 회원국 국내규정이 완전히 내용상 이미 EU법에 일치하는 경우에도 해당하는 것 같다. 왜냐하면 이미 EU최고재판소는 －문제된 회원국이 내세운 국내규정이 EU지침의 내용을 전환하였는지 여부에 좌우됨이 없이－ EU지침적시의 결여를 전환의무위반을 위하여 충분하다고 하였다.[87] EU최고재판소가 그렇게 멀

84) EuGH, Slg. 1991, I-5357 Rn.39; Slg. 1996, I-4845 Rn.26 - NVwZ 1997, 157 L; EuGH, Slg. 1997, I-7411 Rn.40 - NJW 1998, 2809 L; EuGH, Slg. 1999, I-1103 Rn.48.

85) EuGH, Slg. 1996, I-4845 Rn.54 m. Nachw.- NVwZ 1997, 157L

86) EuGH, Slg. 1997, I-7411 Rn.43-50.

87) Vgl. EuGH, Slg. 1997, I-6749 Rn.8; Slg. 1997, I-7337 Rn.13; Slg. 1997, I-7351

리 나갈 것 같으면, 그것은 회원국의 전환의무에 중요한 영향을 미칠 것이다. 다수의 개별전문법률(가령 환경법)에서의 규정에 의해 전환되는 EU지침의 경우에는 적시의무의 집적이 초래될 수 있을 것이다. 또한 전환은 행정절차규정처럼, 항상 새로운 특별규율과 현행 일반법률의 협력을 요구할 수 있다.

(2) EU지침이 아닌 규범의 전환

EU법의 규범적 시행이 EU지침의 경우만 요구되는 것은 아니다. EU조약의 규범은 회원국에 대해 개별적 규율을 맡기기도 하지만, 그로 인해 그 사이 매우 드물게 시행규정이 꼭 필요하게 된다. 가령 EU운영조약 제131조(국내법규정의 적응)는[88] 회원국으로 하여금, 그들 법규정을 늦어도 중앙은행의 유럽시스템이 (그 사이 행해졌다) 설치될 때까지 EU법과 일치하게 만들 의무를 지웠다.[89] 그리고 EU운영조약 제288조(구 공동체조약 제249조) 제2항에[90] 따라 직접적으로 통용되는 EU명령의 경우조차도 종종 회원국 국내 법제정자로 하여금 활동에 나서도록 요구한다. 그 예가 바로 EU환경사전심사명령(Umwelt-Audit-Verordnung)이다. 동 EU명령 제4조에 의하면, 회원국으로서는 독립된 환경감정인의 허용과 그들의 활동의 감독을 위한 시스템을 만들 의무를 진다.[91] 명시적인 하명규

Rn.15.

88) EU운영조약 제131조 모든 회원국은 국내 중앙은행의 정관을 포함하여 자신의 국내 법규정이 조약 및 유럽중앙은행시스템(ESZB)과 유럽중앙은행(EZB)의 정관과 일치하도록 확고히 한다.

89) EU조약의 원래 내용에는 시행의무가 더 빈번하였다. Vgl. *Jarass*, Konflikte zwischen EG-Recht und nationalem Recht vor den Gerichten der Mitgliedstaaten, DVBl. 1995, S.954(955); *Streinz*, in: Isensee/Kirchhof(Hrsg.), HdbStR VII, §182 Rn.3.

90) EU운영조약 제288조 ② 명령은 일반적으로 통용된다. 그것은 모든 부분에서 구속력이 있으며 직접 모든 회원국에 직접 통용된다.

91) Verordnung (EG) Nr. 761/2001 über die freiwillige Beteiligung von Organisationen an einem Gemeinschaftssystem für das Umweltmanagement und die Umweltbetriebsprüfung (EMAS) v. 19. 3. 2001, ABlEG Nr. L 114, S.1.

정이 없더라도, 법제정자에 대해서, EU명령의 제한 없는 적용을 확고히 하는, 꼭 필요한 적합한 내국적 조치를 발하도록 촉구할 수 있다. 물론 적어도 EU명령상의 합당한 근거점은 필요하다.[92)]

한편 EU명령의 경우, 규범적 시행에 대해 분명히 한계가 설정되어 있다. EU운영조약 제297조 제2항에[93)] 의하면, EU명령은 공보상의 공포와 동시에 직접 모든 회원국에서 통용된다. 따라서 회원국 국내법에로의 전환은 필요치 않다. 이를 넘어서 EU최고재판소는, 구 공동체조약 제2항에 따라 회원국은 EU명령의 직접적 통용을 위태롭게 하는 모든 것을 행하지 않아야 한다는 점을 견지하였다.[94)] EU명령을 위한 (회원국의) 시행행위나 해석규칙은 필요하지 않으며, 만약 그것이 EU명령의 직접적 통용을 저해하면 당연히 그것은 허용되지 않는다.[95)] 그리하여 EU명령은 원칙적으로 실시(집행)차단(Ausführungssperre)을 본보기로 정하는 셈이다. EU명령이 발해지면, 회원국 국내법은, 내용이 같더라도 역시 원칙적으로 폐지되어야 한다. 다시 말해, 내용적으로 동일한 회원국 국내규정은 발해져선 아니 된다. 다만 EU명령이 보충을 필요로 하고, 회원국 국내규정이 내적 상관관계의 이유에서, 그리고 수범자에 대한 더 나은 이해의 목적으로 EU법의 일정한 사항을 반복할 경우에는, (EU명령의) 시행차단이 주효하지 않는다.[96)]

EU최고재판소는 구 유럽공동체조약 제10조의 협력의무에 따라 회원

92) EuGH, Slg. 1986, 1219 L2.

93) EU운영조약 제297조 ② 명령이나 지침 또는 －불특정한 수범자를 상대로 한－ 결정으로 발해진 비입법적 성격의 법적 행위는 그것을 발한 기관의 장이 서명을 한다. －모든 회원국을 상대로 한－ 명령, 지침 및 －불특정한 수범자를 상대로 한－ 결정은 유럽연합의 관보에 공포된다. 이들은 그것에 의해 확정된 시점이나 －확정되지 않은 경우에는－ 공포이후 20일에 발효한다. 다른 지침 및 －특정한 수범자를 상대로 한－ 결정은 수범자에 대해 통지되고, 통지됨으로써 발효한다.

94) EuGH, Slg. 1973, 101 Rn.16f.

95) *Ruffert*, in: Calliess/Ruffert, EUV/AEUV, Art.288 AEUV Rn.20.

96) EuGH, Slg. 1985, 1057 Rn.27.

국 국내법을 EU법에 조응시킬 의무를 지속적으로 강조한다. 이 의무는 회원국의 법정립의무의 하위의무 내지 특별의무로 여겨진다. 회원국 국내법이 직접 적용될 수 있는 EU법에 반할 경우에, 이 의무가 성립한다. 이 경우 회원국 국내법이 적용되지 않을 수 있으되, 그것의 효력이 무효로 되는 것은 아니다. 법적 명료성을 조성하기 위하여, 회원국으로서는 EU법위반인 회원국 국내법을 폐지하거나 변경할 의무를 진다. EU최고재판소는 조약규정, EU명령법, EG-법의 일반적 법원칙에서의 이런 의무를 지적하였다.[97)]

2. EU지침의 전환형식과 내용상의 요청

(1) 전환형식 및 수단에 관한 회원국의 선택여지

EU지침은 EU운영조약 제288조 제3항에[98)] 의해 형식과 수단의 선택이 회원국의 국내기관(부처)에 맡겨진다. 이를 통해 회원국으로서는, 회원국 법규정의 내용적 형성과 법형식의 선택에서 광범한 여지를 갖는다. 이런 방향에서 EU최고재판소 역시, “전환은 회원국에서 입법자의 활동을 불가결하게 요구하진 않으며, 명시적인 특별 규정에 의해 공식적으로 문언적으로 반드시 행해져야 할 필요도 없고, 일반적인 법적 맥락으로도 충분할 수 있다”고 확인하였다.[99)] 그리하여 이미 현존한 회원국 국내규정이 EU지침의 완전한 적용을 보장하는 한, 그 회원국 국내규정은 일반적인 법적 범주를 의미한다. 개괄조항의 경우에도 EU지침에 의해 추구된 목적이 실제적으로 실현되는 것이 보장되는 한, 그것으로 충분하다.[100)]

---

97) EuGH, Slg. 2001, I-541 Rn.22f., 33 - NJW 2002, 813 L; EuGH, Slg. 1991, I-4193 Rn.12; EuGH, Slg. 1991, I-2903 Rn.13.

98) EU운영조약 제288조 ③ 지침은 그것이 향하는 모든 회원국에 대해 달성할 목표와 관련하여 구속력이 있다. 하지만 형식과 수단의 선택이 (회원국의) 국내 부처에 맡겨진다.

99) EuGH, Slg. 1999, I-5051 Rn.33 - NJW 2000, 648 L; EuGH, Slg. 1997, I-1653 Rn.35 - NJW 1998, 2202 L; EuGH, Slg. 2001, I-3541 Rn.17- NJW 2001, 2244.

100) EuGH, Slg. 1983, 3273 Rn.9.

그러나 전환상의 요청은 이런 개략적인 범주에 국한하지 않는다. EU 지침의 적용이 완전하게 그리고 충분한 명료성과 정확함이 있게 보장되어 있어야 한다. 다른 상관관계에서처럼, 가령 유효성(효과성)의 기준이 EU법의 적용에서 핵심적 역할을 한다. EU최고재판소는 "EU지침의 완전한 적용이 사실상으로(tatsächlich) 보장되어 있는 것"을 요구한다.[101] 다른 한편 EU최고재판소는 단순한 실무로는 충분하지 않다고 여긴다. 즉, EU지침의 준수(유의)는 반드시 법적으로 그리고 사실적으로 확고하여야 한다.

요컨대 EU최고재판소는 상향된 전환요청을 설정하거나, EU지침의 높은 규율 강도의 경우에는 개인의 주관적 권리/의무 혹은 매우 중요한 보호이익이 관련되어 있다는 것으로써 그것(상향된 전환요청)을 정립한다.

(2) 전환의 형식상의 요청

내국의 전환행위의 형식과 관련해서는, 단순한 내국의 (행정상의) 실무상의 운영 그 자체로는 전환에 충분하지 않다. 행정활동과 행정에 맞는 묵인(甘受, Duldung)[102] 말고도 EU최고재판소는, EU지침의 잠정적 적용을 위한 또는 회원국 국내법의 비적용을 위한 장관의 회람 등등이 충분치 않다고 본다.[103] 전환은 법적 구속력이 있는 규정에 의해 행해져야 한

101) EuGH, Slg. 1991, I-2567 Rn.15; EuGH, Slg. 1999, I-5051 Rn.33 - NVwZ 1999, 1214.

102) 독일의 경우 행정청의 침묵을 둘러 싼 논의가 활발하다. 그리하여 시민이나 다른 행정청의 행한 활동에 대한 甘受(수인, Duldung)에 대해서, 전통적인 입장은 그로부터 아무런 법적 결과가 생겨나지 않음을 근거로 소극적인 반면, 일부에서는 그것을 행정의 독립된 작용형식으로 전개하고자 시도한다(*Randelzhofer/Wilke*, Die Duldung als Form flexiblen Verwaltungshandlens, 1981, S.58ff.). 이에 대해 Peine는 그들 행정절차법 제38조의 확언제도에 포섭되기에, 甘受行政行爲(處分)(Duldungsverwaltungsakt)가 생길 여지는 없다고 주장한다. Ders., Allg. VerwR, Rn.347. 행정청의 침묵과 관련해서는 김중권, 행정처분의 의의와 종류, 조해현 편집대표, 행정소송(Ⅰ), 한국사법행정학회, 2008, 508면 참조.

103) 지시여부에 관계없이 그렇다. EuGH, Slg. 1997, I-1489 Rn.12, 14; Slg. 1997, I-1653 Rn.38- NVwZ 1998, 48.

다. 즉, “지속적인 판례에 의하면, 회원국 국내법의 EU규정과의 불일치성은 ... 궁극적으로 (변경될 규정과 동일한 법적 위계를 갖는) 구속적인 회원국 국내규정에 의해서만 제거될 수 있다. 더해서 EU지침은 의문의 여지 없이 구속적이고 (법적 안정성의 원칙을 충족시킬 정도로) 구체적이고, 특정화되고 분명한 규정으로써 전환되어야 한다.”[104] 회원국은 “EU지침의 완전한 적용을 법적인 측면에서 그리고 사실적 측면에 한하지 않게 ... 보장하여야 한다.”[105] 그래서 私人이나 기타 기관이 만든 소위 “기술적 규정집”(technische Regeln)이나 그 유사한 것은, 그것이 법규정으로 통해서 연계되지 않는 한, 충분한 전환에 해당하지 않는다고 한다.[106] 더욱이 사인의 협약(협정)은 －EU지침 자체가 그런 식의 행위에 의한 전환을 규정하지 않는 한－ 전환의 형식으로 충분하지 않다.[107]

(3) EU지침의 내용에 따른 전환형식의 문제

EU지침이 (개인의) 주관적 권리를 규정할 경우, EU최고재판소는 전환법의 外部效의 필요성을 강조한다. 즉, 개인은 자신의 권리를 알게 될 수단(가능성, “공표”(Publizität)과 사법적 주장의 수단(가능성) 가져야 한다는 것이다. 이것은 “EU지침이 다른 회원국의 구성원에게 권리를 부여하는 것을 목표로 할 때”, 특히 중요하다.[108] 그러면 “명확한 법률적 범위(테두리)” 내지 “강행규정” 역시 필요하다.[109] 회원국의 법원이 그 회원국 국내규정을 EU지침합치적으로 해석하는 것만으로는 충분하지 않다.[110]

---

104) EuGH, Slg. 1999, I-4927 Rn.11; Slg. 1997, I-1489 Rn.14f..
105) EuGH, Slg. 1999, I-2023 Rn.27; Slg. 1991, I-825 Rn.8; Slg. 1990, I-851 Rn.25.
106) EuGH, Slg. 1987, 4045 Rn.30.
107) EuGH, Slg. 1999, I-2023 Rn.27; Slg. 1997, I-1489 Rn.12, 14- EuZW 1997, 511.
108) EuGH, Slg. 1991, I-2567 Rn.15; Slg. 1991, I-2607 Rn.18; Slg. 1991, I-4983 Rn.13.
109) 전자의 표현으로 EuGH, Slg. 1995, I-1589 Rn.10f.; Slg. 1991, I-2567 Rn.24. 후자의 표현으로 EuGH, Slg. 1991, I-2567 Rn.16, 20; Slg. 1991, I-2607 Rn.19.
110) EuGH, Slg. 2001, I-3541 Rn.21- NJW 2001, 2244.

그리하여 EU최고재판소는 외부효의 결여를 이유로, 행정규칙이나 (단지 행정적 지시로 적용되는) 고용규정에 의한 전환을 결코 수용하지 않았다.[111] 반대로 EU지침이 개인에 대한 의무의 발생을 예정하고 있을 때에도, 사정은 동일하다. 왜냐하면 개인은 자신이 어떤 권리를 갖는지를 알아야 할 뿐만 아니라, 어떤 의무를 어느 범위까지 지는지도 알아야 하기 때문이다.[112] 결론적으로 이를 통해서 *法規留保*(Rechtssatzvorbehalt)가 성문화되는 셈이다. 그리하여 독일에서는 사실상 EU지침의 전환이 형식적 법률이나 법규명령에 의해서 행해진다.[113]

그러나 시민을 위하여 아무런 직접적 관련성을 갖지 않으며, 시민에게 권리를 주거나 의무를 과하지도 않으며, 금지도 담고 있지 않으며, 그리고 자세하고 상세한 규율도 담고 있지 않는 EU지침규정의 경우에는, 상황이 다르다. 여기서는 종전의 판례에 의하면, 외부효가 없는 규준에 의한 전환도 충분할 수 있는데, 그 전제는 관련한 물음이 여지껏 외부효를 지닌 규정에 의해서 규율되지 않아야 한다. 가장 일찍이 EU과 회원국간의 관계에서의 절차업무(가령 EU에 대한 회원국의 통지의무)에서 이런 것을 받아들일 수 있다. 여기서는 행정규칙에 의한 전환도 충분하다 할 수 있다.

(4) 전환의 내용상의 요청

전환법에 대한 내용상의 요청은 결정적으로 당시의 EU지침내용에 의거한다. —전환요청은 EU지침의 "그때그때의 내용에 따라" 판단이 내려

---

111) EuGH, Slg. 1995, I-2303 Rn.20; Slg. 1991, I-2567 Rn.20; Slg. 1991, I-2607 Rn.23.

112) EuGH, Slg. 1991, I-4983 Rn.13f.; Slg. 1991, I-2607 Rn.23, 28.

113) 종래 법률유보와 법규유보가 분명히 구분되지 않았으며, 법규명령 역시 법률유보를 위해 충분하다고 보았다. 그 이유는 행정입법의 기능확대를 인정하면서, 법규명령이 형식적 의미의 법률에 바탕을 두고 있다는 점이었다. 그러나 최근에는 본질사항유보설의 등장으로 인해 재차 엄격히 구분하려는 경향이다. 김중권, 행정법, 78면.

져야 한다는— EU최고재판소의 지속적인 판시는 이런 방향을 가리킨다.[114] 전환법의 적용영역이 EU지침의 적용영역보다 하회해선 아니 된다.[115] 뿐만 아니라 전환법의 넓게 표시된 적용영역은 문제점을 유발할 수 있다. 상호인정의 지역에서는 회원국 국내법이 그런 확장을 알려야 한다. 왜냐하면 그렇지 않으면 다른 회원국의 법상황에 관한 혼란이 초래될 수 있기 때문이다.[116] 회원국 국내경과규정이 EU지침에 규정된 시행일의 연기(유예)가 되어 버릴 때는, 전환기간의 진행이후에는 회원국의 국내경과규정이 허용되지 않는다.[117] 끝으로 회원국은, EU법의 위반에 대해서는 회원국 국내법의 비견한 위반의 경우와 비슷한 사물적, 절차법적 법칙에 따라서 벌해진다는 점을 배려하여야 한다. 즉, 그 제재가 유효하여야 하고, 비례적이어야 하고, 위협적이어야 한다.[118] 만약 EU지침이 권리부여를 목표로 하면, 법률상의 규정에서 EU지침의 내용을 적용지시(Verweisung)[119]하는 것만으로는 불충분하다.[120]

특히 내용을 위하여, 또한 전환행위의 형식을 위해서도 중요한 규율강도를 위해서는, 다음이 통용된다.[121] 즉, —통상적인 상황인— EU지침의 내용이 매우 자세히 되어 있으면, 전환규범의 명확성은 EU지침의 명확성의 정도보다 하회해서는 아니 된다. 그리하여 EU지침내용이 자세하고 상세하면 할수록, 회원국 국내 전환법의 내용에 관한 명확성의 요청은 더욱더 높게 된다. 이에 따라, 회원국으로서는 자세하고 상세한 규정으로

114) EuGH, Slg. 1991, I-825 Rn.6; Slg. 1991, I-2567 Rn.15; Slg. 1991, I-2607 Rn.18.
115) EuGH, Slg. 1991, I-2567 Rn.18f.
116) EuGH, Slg. 2002, I-10797 Rn.36.
117) EuGH, Slg. 1994, I-3717 Rn.19.
118) EuGH, Slg. 1997, I-2195 Rn.24f., 27, 29 - NJW 1997, 1839; EuGH, Slg. 1994, I-2435 Rn.55; Slg. 1994, I-2479 Rn.40.
119) 다른 법규범의 적용·준용지시에 관해서는 김중권. 행정법기본연구 Ⅰ, 2008, 157면 이하 참조.
120) EuGH, Slg. 1997, I-1653 Rn.35f.- NVwZ 1998, 48.
121) *Jarass/Beljin*, NVwZ 2004, S.1(9f.).

인해 금지, 허가와 감시절차와 상관관계가 있는 규율을 발할 의무를 진다. 즉, EU지침상의 명시적 금지는 회원국 국내법상(보다 자세히 말하면 법형식의 규정상의)의 명시적 금지를 요구한다.[122] 그리하여 회원국 국내법적으로 허가유보부 금지(nationales Verbot mit Erlaubnisvorbehalt)의 시스템을 구축한 것만으로는 충분한 전환의 요청을 충족했다고 보기 어려우며, 허가의 단순한 부인 역시 충분하지 않다. 오히려 명시적 금지가 법문상으로 선언되어야 한다.[123]

Ⅲ. 법적용에 의한 시행

1. 회원국에 의한 직접적, 간접적 집행

개별경우에 EU법의 적용은 EU나 회원국에 의해서 일어날 수 있다. 전자를 종종 "EU고유집행"(gemeischaftseigener Vollzug)이라 표현하고, 후자를 "회원국집행"(mitgliedstaatlicher Vollzug)이라 표현한다.[124] 집행(Vollzug)이란 용어 대신 적용이란 용어도 사용되는데, 왜냐하면 시행 역시 회원국의 법에 의해서도 일어나기 때문이다.[125] EU고유집행은 예외적

---

122) EuGH, Slg. 1991, I-825 Rn.7, 19; Slg. 1990, I-851 Rn.35f.; Slg. 1988, 2243 Rn. 18f.

123) EuGH, Slg. 1991, I-825 Rn.37f.

124) 전자를 自己執行(direkter Vollzug)으로, 후자를 他者執行(indirekter Vollzug)으로 부를 수도 있다. 여기서 'direkter Vollzug'를 문언 그대로 '직접집행'이라 옮길 수도 있지만, 후술할 직접집행(unmittelbarer Vollzug)과 구별하기 위하여 '자기집행'이라 옮기고, 동시에 'indirekter Vollzug'을 '타자집행'이라 옮긴다. 요컨대 집행주체의 직·간접성과 집행근거규범의 직·간접성을 구분하기 위함이다.

125) 한편 W. Schroeder는 직접적용이 가능한 EU법 역시 회원국에 의해 직접적으로 시행되기에, 자기집행과 타자집행의 용어사용은 문제가 있다고 지적하면서, 이에 상응하여 '집중적 시행'과 '분산적 시행'으로 나눈다. Ders., Nationale Maßnahmen zur Durchführung von EG-Recht und das Gebot der einheitlichen Wirkung, AöR 129(2004), S.3(10f.). 다만 여기서 시행(Durchführung)의 용어사용과 관련해서는, 용어상으로는 개별사건과 관련한 '적용'(Anwendung)과 법률상의 '시행'은 구분하는 것이 바람직하다.

사례이고, 조직법이외에는 좁은 사물영역(가령 보조금감독과 허용되지 않는 상행위의 방지)에 국한된다. 여기서는 회원국의 국내기관은 단지 일련의 보조의무와 관계할 뿐이다. 즉, 회원국의 국내기관에 의한 보조의무의 이행이 없으면, EU집행이사회는 EU고유한 집행을 할 수가 없을 것이다(가령 정보제공의무). 이런 것은 특별법상의 규정 또는 EU조약 제10조에 따라 충성스런 협력을 할 상호의무로부터 생겨난다.[126)] 이런 규정에 의하면, 회원국은 EU집행이사회에 대해서 (EU법의 적용을 배려하는 데 그 본질이 있는) 그의 임무이행에 편의를 줄 의무를 진다.[127)]

회원국의 집행,[128)] 더 나은 말로 회원국의 적용의 범주에서 두 가지의 하위경우로 구분될 수 있다: 회원국 국내행정청과 법원이 직접 EU법을 적용하거나, 또는 EU법의 규범적 시행을 위해 발한 회원국 국내법을 적용하는 경우이다. 전자를 "직접집행"(unmittelbarer Vollzug), 두 번째를 "간접집행"(mittelbarer Vollzug)이라 부른다. 혹은 "직접 적용가능한 EU법의 집행"과 "간접적으로 통용되는 EU법의 집행"으로 구분한다.[129)] 간접집행 내지 간접적용 역시 EU법에 의해 영향을 받는다. 이것이 EU법의 간접집행의 범주이다. 회원국 국내법의 적용에서 간접집행이 존재한다. 허나 그 배후에 있는 EU법이 여전히 중요하다.

일반적으로 회원국 국내의 법적용자는 EU법을 효과적으로 집행할 의무를 진다.[130)] 효과적인 권리보호를 보장하여야 할 법원의 의무는 그 하위경우에 해당한다.[131)] 그리고 행정은 "EU법의 유효성에 관한 일체의 훼

---

126) *Streinz*, in: Isensee/Kirchhof(Hrsg.), HdbStR VII, § 182 Rn. 4.

127) EuGH, Slg. 2002, I-2357 Rn.88; Slg. 2000, I-6417 Rn.16.

128) 일종의 분산집행적 구상(dezentraler Vollzugskonzept)이기도 한, 이런 간접집행의 구상은 집행상의 연방주의(Vollzugsföderalismus)의 개념을 특징으로 한다. 이는 독일 헌법에서 유래하여 그동안에 집행의 연방주의(*fédéralisme d´execution*)로서 유럽법의 문헌에 도입되었다.

129) *Scheuing*, DV 34(2001), S.107(108).

130) Vgl. *Kahl*, in: Calliess/Ruffert, EUV/AEUV, Art.4 EUV Rn.61ff.(행정에 대해), 79ff.(법원에 대해).

손을 저지할" 의무를 진다.[132] 회원국 국내행정청은 EU조약 제4조에 따른 회원국의 협력의무에 의거해서 EU법의 효력과 유효성을 훼손하여선 아니 된다. 동시에 "EU법의 통일적 적용의 필요성"이 통용된다.[133] 회원국의 국내법원을 위하여 EU최고재판소는 다음의 입장을 고수하였다: "자신의 관할에서 호출된 국가의 법관은, EU법을 무한으로 적용하고, EU법이 개인에게 부여한 권리를 보호할 의무를 진다. 그리고 자신의 소관의 범위에서 EU법을 적용하여야 할 국가적 법원은 이들 규범의 완전한 유효성을 배려할 의무를 진다"[134]

2. 회원국 국내법의 보충적 적용

많은 분야에서 EU법은 실체적 규정 말고도 시행을 위한 종류와 방법에 관해 널리 광범하게 규율하고 있다. 그래서 관세규정집(Zollkodex) 제217조 이하에 회원국 관세청의 행정절차를 위한 규율이, 농업법의 여러 가지 EU명령에 반환의무가 존재한다. 이런 EU명령의 법에 담겨진 절차규율은 직접적용이 가능한 EU법으로서 회원국 국내 절차법보다 선행한다.[135] EU법이 직접이든 간접이든 규율을 포함하고 있지 않는 한, 간접시행과 직접시행에서 공히 순전히 회원국 국내법이 성립하게 된다. 이는 법적용의 행정청 부분은 물론 法院 부분에도 통용된다. EU최고재판소는 최근의 판례에서 —특히 i) EU법위반인 국가의 지급(보조금과 수출반환)의 반환과 관련해서, ii) EU법위반인 조세의 징수와 반환과 관련해서, iii) EU법위반에 대한 회원국의 국가책임과 관련해서— 구별된 판시로써

---

131) EuGH, Slg. 1991, I-3757 Rn.24; Slg. 1987, 4097 Rn.14.

132) EuGH, Slg. 1994, I-2283 Rn.19.

133) EuGH, Slg. 1998, I-2975 Rn.49; EuGH, Slg. 1995, I-4069 Rn.26; Slg. 1983, 2663 Rn.17.

134) EuGH, Slg. 1978, 629 Rn.21, 23 u. 24; EuGH, Slg. 1998, I-6307 Rn.14 - NJW 1999, 201.

135) *Scheuing*, DV 34(2001), S.107(108).

이런 원칙을 적시하였다.[136)]

3. 한계로서의 효과성(유효성)과 등가성의 원칙

간접집행에 따른 회원국 국내법의 적용으로 인해 법상항이 회원국과 회원국간에 달라지는 결과가 빚어질 수 있다.[137)] 이런 차이는 불가피한즉, 원칙적으로 받아들여야 한다. 그러나 그 차이가 너무나 크다고 할 때, 그 상황을 방치하는 것은 바람직하지 않다. EU법제정자의 임무는 바로 이런 차이를 해소하는 규정을 발하는 데 있다. 이를 넘어서 EU최고재판소는 두 가지의 직접 주효하는 한계를 전개하였다. 먼저 회원국 국내규정은 순전히 내국적인 사안보다 더 불리하게 형성되어 있거나 적용되어선 아니 된다. 이를 "등가성의 원칙"이나 "동등성의 원칙"(Grundsatz der Gleichwertigkeit, Äquivalenzgrundsatz)이라고 한다. 약간 덜 타당하게 표현하여 "비차별의 원칙"(Grundsatz der Nichtdiskriminierung)이라고도 한다. 더해서 회원국 국내법은 EU법의 적용을 실제적으로 불가능하게 만들거나 과도하게 곤란하게 만들어선 아니 된다. 이것이 "효과성의 원칙"(Grundsatz der Effektivität) 혹은 "최소효과성의 원칙"(Gebot der Mindesteffektivität)이다.[138)]

"등가성의 원칙"과 "효과성의 원칙"에 의거한 이상의 한계는, 회원국의 규정을 이용하여 EU법이 회원국상으로 적용되는 것이 관건일 때 일반적으로 통용된다. 회원국 국내규정이 이 두 가지 원칙을 위배하면, (간

---

136) i)에 관한 것으로 EuGH, Slg. 1998, I-2975 Rn.35 i.V. mit 37; ii)에 관한 것으로 EuGH, Slg. 1998, I-6307 Rn.25- NJW 1999, 201; iii)에 관한 것으로 EuGH, Slg. 1998, I-1531 Rn.111 - EuZW 1998, 721.

137) EuGH, Slg. 1999, I-579 Rn.24-NVwZ 1999, 633; EuGH, Slg. 1998, I-7141 Rn.17 - EuZW 1999, 256; EuGH, Slg. 1983, 2633 Rn.21.

138) 사법적 권리보호와 관련해서는 EuGH, Slg. 1999, I-579 Rn.25- NVwZ 1999, 633; EuGH, Slg. 1998, I-7141 Rn.18 - EuZW 1999, 256 L. 행정청의 활동과 관련해서는 EuGH, Slg. 1998, I-2661 Rn.15 - EuZW 1998, 499; EuGH, Slg. 1996, I-389 Rn.52, 63.

접적인) 충돌이 존재한즉, 그로부터 비롯된 회원국 국내법을 위한 결과는 이미 전술한 바 있다. 때때로 EU최고재판소는 그것을 그에게 과해진 효과성과 등가성의 한계에 맡기지 않고, 고유한 EU법적 요건을 정하곤 한다. 즉, (2차적) EU법의 통용력이 문제되면, 회원국 국내법원 앞에서도 잠정적 권리보호의 보장을 위한 EU법적 요건이 성립하면서, 가명령적 권리보호의 보장이 통일화된다. 마찬가지로 EU최고재판소는 EU법위반에 따른 회원국의 책임을 위하여 회원국이 다른 요건을 추가해서 아니 될 요건을 정하였다.[139]

오랫동안 효과성과 등가성의 기준은 단순한 거명을 넘어 광범한 의의를 거의 갖지 못하였고, 매우 억제되어 행사되었던 것이 사실이다.[140] 그러나 현재는 당초의 이런 상황이 변하였다. EU최고재판소의 공식은 변함이 없이 동일하게 견지되되, 사람들은 효과성의 원칙의 범위안에서 "과도하게 곤란하게 함"의 추가를 포기한다. 그러나 실은 그것의 형성과 관련해서, 요청의 엄정화와 강화의 의미에서 방향성의 변천이 만들어진다.[141] 이를 통해서 간접적용의 범위에서는 회원국의 여지에 대해 더 좁은 한계가 설정되었다.

효과성의 판단에서 EU최고재판소는 우선 사실적 측면에 초점을 맞춘다. EU최고재판소는 회원국 국내규정이 EU법의 실현을 "실제적으로"(praktisch), "현실상으로"(in der Praxis), "사실상으로"(tatsächlich) 불가능하게 만들거나 과도하게 곤란하게 하는지 여부를 탐문한다. EU법이 성립하지 않을 정도이면, 회원국 국내규정은 뒤로 물러나야 한다. 그렇지만 회원국 국내법의 적용상의 방해의 정도가 최대한 얼마나 높을 수 있

139) 판례를 들어 설명하는 것으로 vgl. *Beljin*, JuS 2002, 993f.

140) *Danwitz*, Verwaltungsrechtliches System und Europaische Integration, 1996, S.349,

141) *Streinz*, in: Isensee/Kirchhof(Hrsg.), HdbStR VII, §182 Rn.26; *Danwitz*, Verwaltungsrechtliches System und Europaische Integration, S.352-354.

는지는 불확실하다. 아무튼 경우의 群안에서 EU법에 불리하게 원칙과 예외의 일의적 관계가 알아 볼 수 있을 때에, 그것은 EU법적 요청을 충족하지 않는다. 이 밖에 사실상의 유효성에서 벗어나 법적 관점이 결정적이다. 기본적인 EU법적 원칙이나 회원국 국내법적 원칙이 회원국 국내규정을 정당화시키면, 이것을 효과성의 판단에서 고려해야 한다. 여기서 중요한 예가 법적 안정성이다. EU최고재판소는 국가배상청구권과 EU법 위반인 조세의 반환을 위한 회원국 국내규정상의 기간을 판단함에 있어서 분명히 제시하였다.[142] EU법의 실현이 사실상으로 널리 혹은 완전히 배제되더라도, 이는 통용된다.

한편 독일 국내 행정절차법이 효과성과 등가성에 위반하는지 여부는, "전체 절차에서의 이들 규정의 위치(위상), 절차의 진행, 상이한 국내 기관 앞에서의 절차의 특수성을 고려하여" 심사되어야 한다. 이때 경우에 따라서는 회원국 국내의 권리보호시스템이 토대로 삼는 제 원칙(가령 방어권의 보호, 법적 안정성의 원칙, 절차의 규정에 맞는 진행의 원칙)을 고려해야 한다고 한다.[143] 등가성의 원칙의 적용이 덜 어려움을 준다. 아무튼 차별취급의 가능성이 완전히 배제는 것은 아니다. 차별취급이 객관적으로 정당화되는 한, 그것은 허용된다. 나아가 EU최고재판소는 등가성의 원칙이 (회원국으로 하여금) 임의적인 법영역의 유익한 내적 규율을 EU법적 관련성을 지닌 전체 사안으로 확대하는 것을 요구하지는 않다고 분명히 하였다.[144]

---

142) 국가배상과 관련해서는 EuGH, Slg. 1997, I-4025 Rn.28 - NJW 1997, 2588 L. 조세와 관련해서는 EuGH, Slg. 1997, I-6783 Rn.48 - NVwZ 1998, 833; Slg. 1998, I-4951 Rn.20, 35- NJW 1999, 129; Slg. 1999, I-579 Rn.26- NVwZ 1999, 633.

143) EuGH, Slg. 1995, I-4599 Rn.14; Slg. 1995, I-4705 Rn.19; EuGH, EuZW 2003, 249 Rn.56.

144) EuGH, Slg. 1998, I-5025 Rn.29; Slg. 1998, I-7141 Rn.20; Slg. 1999, I-579 Rn.27 - NVwZ 1999, 633.

4. 적용의 예: 권리보호와 기간의 문제

회원국 국내법의 보충적 적용의 한계가 보조금분야에서 매우 중요한 역할을 하였다. 이는 문헌에서 많은 주목을 끌었다. 이외에 EU최고재판소는 권리보호의 분야에서의 회원국 국내적 제한을 위한 광범한 요청을 수립하였다. 그렇지만 사실상황은 결코 통일적이지 않다. 그리하여 권리주장을 위한 기간이 여러 차례 군소리 없이 변함없이 그대로였다. 상당한 기한은 EU법적으로도 인정된 법적 안정성의 원칙에 이바지하고, 그래서 행정결정이 EU법을 위반한 경우에도 그것의 불가쟁력에 대해서는 아무런 변화가 생기지 않는다.[145] 이에 따라 오늘날에서도 EU최고재판소는 다수의 판결에서 회원국 국내의 기간에 대해 이의를 제기하지 않았다.[146] 그리하여 EU최고재판소는 회원국 국내법상 일반적으로 통용되는 기간보다 혹은 다른 규율분야의 회원국 국내기간보다 더 짧은 기간의 경우도 —이렇게 짧은 기간이 전적으로 EU법적 경우에만 사용되지 않는 한— 이의를 달지 않고 수용하였다.[147]

다른 한편 회원국 국내의 60일 기한은 —비록 그것에 원칙적으로 이의가 제기될 수 없더라도— 내국 절차의 특수성에 따라서 EU법위반으로 여겨질 수도 있다 가령 구 유럽공동체조약(EGV) 제234조(현행 EU운영조약 제267조)에 따라 제청권이 있는 회원국 국내법원의 어느 한 법원도 기간의 경과로 EU법과의 일치성을 심사할 기회를 갖지 못한 경우가 그러

145) EuGH, Slg. 2000, I-3201 Rn.31.

146) EuGH, Slg. 2000, I-3201 Rn.34; Slg. 1999, I-579 Rn.26 - NVwZ 1999, 633; Slg. 1998, I-7141 Rn.19.

147) EuGH, Slg. 1999, I-579 Rn.28-NVwZ 1999, 633; Slg. 1998, I-7141 Rn.21 - EuZW 1999, 256 L. EU최고재판소는 회원국은 EU법위반의 책임을 위한 고유한 시효규정을 정할 수도 있으며, 1년의 소멸시효가 효과성원칙에는 저촉되나, 등가성원칙을 위반할 순 없다고 판시한다. EuGH, Slg. 1997, I-4025 Rn.8, 12, 28f., 32-39 - NJW 1997, 2588 L.

하다.[148] 이런 이유에서, 관련인이 보호가치 있는 신뢰를 갖고 착오로 기한만료를 환기시키는 아무런 통보를 받지 못했을 땐, 60일 기간의 적용 역시 개별경우에 EU법위반이 된다.[149] 기간이 이런 상황에서 정당화될 수 있는지 여부와 어떤 조건인지에 관해서는 미확정이다.[150] 제청가능성의 물음에 상관없이도, 그 같은 EU법의 해석은 회원국 국내기간의 불일치성을 초래할 수 있다. 그래서 −EU최고재판소가 소위 AGB-EU지침을 위하여 강조하였듯이−, 그 같은 해석이 EU법은 무한의 보호를 요청한다고 나타내면, 2년의 국내 배제기간은 효과성원칙을 위반한다.[151] 개인에게 EU법에 위반하여 징수된 조세의 반환을 요구할 모든 가능성을 (소급적으로) 빼앗는 회원국 국내기간 역시 EU법위반이다.[152] 이런 판결들은, 특히 기간의 분야에서 판단이 기간에 따라 변할 수 있음을 분명히 한다. 이와 결부된 문제점은 실제적으로 −가령 독일 연방오염방지법 제10조 제3항 제3문과 같은 다수의 실체적 배제규범을 위하여− 매우 중요하다.[153]

끝으로 EU최고재판소는 EU지침에서 규정된 권리와 관련한 회원국 국내제소기간을 위하여, 다음과 같이 판시하였다: "회원국은 EU지침의 규정에 맞는 전환시점까지 제소의 지연을 원용할 수 없다, 회원국 국내제소기간은 규정에 맞는 EU지침의 전환이후에 비로소 진행이 개시될 수 있다."[154] 그 후 동 법원은 이런 일반적인 언명을 다음의 두 가지 측면에서 제한하였다. 우선 원고에게 제소기한의 경과로 EU지침에 의거한 청구권을 주장할 일체의 가능성이 사라진 경우와 같이 특별한 상황에서만 그

148) EuGH, Slg. 1995, I-4599 Rn.16-20.

149) EuGH, EuZW 2003, 249 Rn.54f., 60 - NVwZ 2003, 709.

150) 이에 관해서는 *Oexle*, Einwirkungen des EG-Vorabentscheidungsverfahrens auf das nationale Verfahrensrecht, NVwZ 2002, S.1328(1330f.).

151) EuGH, EuZW 2003, 27 Rn.34-37 - NVwZ 2003, 594 L.

152) EuGH, Slg. 2002, I-6325 Rn.29, 33, 40.

153) 이에 관해서는 *Danwitz*, Umweltrechtliche Präklusionsnormen zwischen Verwaltungseffizienz und Rechtsschutzgarantie, UPR 1996, S.323(327).

154) EuGH, Slg. 1991, I-4269 Rn.17-23.

언명은 통용된다.[155] 즉, 시민의 권리가 "그 본질에서 저촉되어선" 아니 된다.[156] 기간개시의 변위(옮김)는 그 원인이 EU지침의 특별한 성질에 있다. 그리하여 두 번째로 EU지침의 직접적 효과에 의거하지 않고, 조약결정이나 다른 직접적용이 가능한 EU의 활동의 위반에 의거한 청구권의 경우에는, 그것(기한개시의 변위)의 효과가 발생하지 않는다.[157]

제4절 회원국, 특히 독일 행정절차법에 대한 EU행정법의 영향

I. 논의의 기초

1. 행정절차법, 행정소송법, 실체법의 상관관계[158]

행정절차법은 고립되게 고찰되어선 아니 된다. 그 이유는 그것이 전체 행정법의 결정적인 구성요소이기 때문이다. 그래서 일련의 내적 상관관계를 유의할 필요가 있다. 행정절차법의 경우, 이하의 네 가지 이유에서 그것을 다루는 것이 까다로우면서도 복잡한 주제이다.

i) 행정절차는 그 자체로서 다양하다. 하나의 행정절차가 존재하는 것이 아니라, 다수의 종유와 유형이 존재한다. 행정절차법은 비정형적 절차의 주된 유형으로써 (특별행정절차법을 통해서는 제공되지 않는) 통일성을 이룬다. 이런 식으로 행정절차법을 구분하는 실무로 인해 유럽화의 주제 역시 다양하게 된다.

---

155) EuGH, Slg. 1998, I-7141 Rn.41; Slg. 1997, I-6783 Rn.51- NVwZ 1998, 833; Slg. 1994, I-5483 Rn.26.

156) EuGH, Slg. 1996, I-389 Rn.64.

157) EuGH, Slg. 1997, I-4263 Rn.48f.; Slg. 1997, I-4085 Rn.52f.

158) *Wahl*, DVBl. 2003, S.1285(1286f.).

ii) 행정절차법은 홀로(독립되게) 존재하는 것이 아니라, 행정소송법과 체계적, 많은 후속결과를 초래하는 상관관계에 선다, 소송애호적인 독일에서조차 얼마 전부터 비록 소수이긴 해도 모든 결정이 재판절차로 귀결되지 않는다.[159] 체계상의 측면에서 행정절차와 사법적 권리보호를 내용으로 한 전체시스템을 고찰의 기본지평으로 삼아야 한다. 이런 관점에서 앞에서 논한 본질의 물음이 제기된다. 즉, 절차가 고유가치(독립가치, Eigenwert)나 독립된 의의(가령 권리보호[160])를 갖는지 아니면 행정절차가 단독적으로 판결내리는 재판절차를 위한 일종의 시험상의 진행(Probe-lauf)에 불과한가? 또는 행정절차를 先取되나 불완전한 사법적 보호(Gerichtsschutz)로 이해하여야 하는가 아니면 행정절차는 고유한 권리보호임무를 갖는가?

iii) －복잡성이 항상 불충분하게 서술되어 있기에－ 유의해야 할 점은, 행정결정을 위해서든 후속 판결을 위해서든 절차법과 실체법간의 상관관계가 존재한다는 점이다. 여기서는 다음과 같은 근본적 물음, 즉 체계의 물음이 제기된다. 법질서가 결정의 올바름의 보장을 무엇에 의존시키는가? 바른 절차이냐 바른 결론을 위한 노력이냐? 어떤 법질서도 결정적이고 유일한 답을 주지 않기에, 진실로 문제되는 것(관건)은, 절차와 절차권의 형성에 의해서 또는 실체법과 그것의 통제를 향한 노력에 의해서 올바름의 보장이 어느 정도로 추구되는지 하는 것이다.

iv) 종국적으로 현재의 문제상황에 상응하면서 불가결한 복잡성의 수준에 도달하기 위해서는, 비교법적 차원을 주목하여야 한다.[161] 몇 년 전

159) 사법절차에서도 변화를 간취하게 하는 예가 조정의 경우이다. 이에 관해서는 정남철, 대체적 분쟁해결수단으로서 행정소송에서의 조정, 안암법학 21호(2005.11) 60면 이하 참조.

160) 상세는 *Wahl*, Verwaltungsverfahren zwischen Verwaltungseffizienz und Rechtsschutzauftrag, VVDStRL 41(1983), S.151ff.

161) 다양한 회원국의 법질서의 원천으로부터 빚어진 EU법질서의 성립을 통해서, 비교법의 고찰의 필요성이 고양된다. 이미 -EU법이든, 부분적으로 그것의 이면에 있는 다른 회원국의 법전통이든- “낯선 법(他者法)”과의 조우는 법실무상으로 오래 전에 일

과는 달리 오늘날에는 더 이상 자국의 내부적 시야로 고유법만을 중시하여서는 아니 되고, 행정절차법에서도 —유럽통합과 경제·사회의 사실상의 동반성장이 가져다 준— 원칙적인 관점교체를 옳은 입장에서 취해야 한다. 법사고의 外部指向性(Außenorientierung)이 요구된다.

2. 행정법에서 절차적 사고의 전개

행정절차는 정보의 획득과 처리의 정연된 과정이다. 그것은 행정으로 하여금 합리적 방법으로 활동할 수 있게 하여야 한다. 절차란 반드시 구체적인 법형식의 결정으로써 종결될 필요는 없다. 단순한 행정활동(행정사실행위), 행정내부의 의견동조, 계기와 무관한 보고의무 역시 절차대상과 절차목표에 해당할 수 있다. 특히 행정법적 시스템형성을 위하여 정보와 소통(커뮤니케이션)의 의의를 강조하면,[162] 과정(Prozess)과 결정의 사이에 엄격한 中間休止가 없어진다. 즉, 결정이 "과정화되고(prozeduralisiert)" 어느 정도로 절차에 받아들여진다. 사실 절차개념은 행정적 정보관계의 심화에 대응한다고 하겠다.

다시 말해, 절차란 행정과 시민간에 그리고 행정단위간에 및 행정단위 안에 존재하는 작용구조와 상호작용의 전형을 형성한다. 그것은 법적으로 조종된 實事로서 그리고 질서모델(Ordnungsmodell)로서 여겨질 수 있다. 실사를 위해서는, 절차법칙의 바른 적용이 중요하다—그것을 권한·참가·통지의 규정에서 법률이 담고 있는 것처럼. 이런 규정은 일상의 실제적 행정업무를 조종하고, 항상 사법적 논의의 대상이 된다. 시스

상적 현상이 되어 버렸다. 그래서 독일의 경우에도 비교법적 접근은 오늘날 더 이상 이론적인 흥미에서가 아니라, 자국에서 적용되는 법을 이해하기 위한 실제적인 필요에서 강구된다. *Sommermann*, Konvergenzen im Verwaltungsverfahrens- und Verwaltungsprozessrecht europäischer Staaten, DÖV 2002, S.133(136f.).

162) *Vesting*, Die Bedeutung von Information und Kommunikation für die verwaltungsrechtliche Systembildung, in: Hoffmann-Riem/Schmidt-Aßman/Voßkuhle(Hrsg.), Grundlagen des Verwaltungsrechts, Ⅱ, §20 Rn.5.

템적으로 마찬가지로 중요한 것이, 행정절차를 질서모델로 고찰하는 것이다. −국면에 특유한 모습을 띈 과정으로서− 절차는 정보처리의 節點을 나타내고, 이런 과정에 대한 영향미침을 위한 착안점적 위치를 형성하며, 또한 −행정적 활동의 필요한 합리성, 적법성, 중립성 그리고 능률성을 보장하기 위한− 규율필요에 대한 주의를 환기시킨다.

3. 독일 행정절차법의 위상

(1) 독일 행정법의 법원지향성의 陰地에 위치한 행정절차

절차형성의 내용은 실체법의 적용에 영향을 미친다. 이처럼 절차형성이 실체법을 고양된 개인권리보호의 의미에서 조종할 수 있으며, 그래서 독립된 의의를 가진다는 것은, 독일에서도 오래 전 19세기의 공용수용법에서 입증되었다 한다.[163] 그러나 독일 행정법은 그 뒤에 −다른 유럽의 법질서와는 달리− 절차위반효과에서 극히 머뭇거리면서 특유의 결론을 취하였다. 이와 관련해서 일찍이 E. Forsthoff는 Wien에서 개최된 1958년의 국법학자대회에서의 토의에서 다음과 같이 말하였다: “영국법과 독일법을 비교하면, 영국의 판례법은 절차에서의 권리의 보장을 제공한다. 그로 인해 영국법에서는 due−process of law가 결정적인 역할을 한다. 반면 대체적으로 보아 추상적−일반적 규범으로써 작동하는 독일법은 먼저 실체법에 연계된 법실현의 사고에 토대를 두고 있다”.[164] 이런 인식을 바탕으로 한 법질서에서는, 당연히 절차가 영미에서와 동일한 의의를 갖지 않는다. 독일 기본법 역시 동법 제19조 제4항의 사법적 권리보호에 강하게 집중하는 것을 그 내용으로 하기에, 행정절차에 대한 독일 행정법의 태도는 지극히 자연스럽기도 하다.

---

163) *Frenzel*, Herkunft und Entwicklung des rechtstaatlichen Verfahrensgedankens am Beispiel des Enteignungsrechts, Der Staat 18(1979), S.592ff.

164) Ders., VVDStRL 17(1959), 222.

절차사고는 절차 그 자체에 독립된 가치를 부여한다. 그것의 핵심구상은 바로 올바른 결론(결과)이 아니라, 공정한 절차이다. 정연한, 공정한 절차의 준수와 모든 참여자를 위한 설명·논증의 기회의 제공을 통해서 기대하는 것은, 올바른 결론을 위한 가장 중요한 보장이다. 다른 한편 절차사고의 裏面에는, 올바른 또는 정당한 결론의 도달가능성에 대한 현저한 懷疑가 자리를 잡고 있다. 그리하여 절차사고에 의하면, 타당성과 공평성은 절차와 무관하게 달성될 수 없으며, 아울러 그 실현여부를 절차적 관련성을 배제하면서 고립적으로 판단할 수도 없다. 그러나 항상 독일에서는 –입법은 물론 판례에서도– 절차법의 봉사적 기능의 공식이 지배하고 있으며,[165] 그에 따른 절차법의 後位的 위상은 변함이 없다. 결론과 관련한 사고를 특징으로 하는 이런 입장을 극명하게 나타내는 것이, 바로 독일 행정절차법 제46조이다.[166] 그것은 기계론적인 법률집행의 사고를 그 출발점으로 삼는 독일식의 "절차철학"을 극명하게 나타낸다. 행정결정에 관한 사법통제가 실체에 주된 초점을 두고서 행해진다는 점에서, 사법통제의 陰地에 행정절차가 위치한다는 것이 확인된다. 하지만 그동안 EU법의 일치화 효과로 인해, 다른 나라 행정절차와 대비되는 독일 행정절차의 차이점이 다소간 해소되었다(후술).

---

165) Vgl. BVerwGE 105, 348(354)-NVwZ 1998, 395; BVerwGE 92, 258(261)-NVwZ 1993, 890.

166) 특히 절차간소화의 경향에 맞춰 동조가 절차 및 그것의 하자의 의의가 더욱 약해지는 식으로 1996년에 개정되었다. 즉, 제소불가요건으로 과거의 "본안에 있어 다른 결정이 행해질 수 없는 경우"가 "위법사실이 결정에 실체적으로 영향을 미치지 아니하였음이 명백한 경우"로 바뀌었다. 여기서 지적할 점은, 독일에서 절차완화와 불고려·치유·배제규정의 확대를 통해서 행정절차를 신속화하고 절차하자의 법효과를 축소하려는 입법자의 노력이, 그들이 견지하는 행정절차의 봉사적 기능에 부합한다는 점이다. 절차하자에 대해서 과도한 비중을 부여하는 것과 탈규제화는 서로 相馳되는 현상이다. 우리의 경우 이 문제가 그다지 조명을 받지 못한 채 과도한 절차중시적 경향이 지배하고 있다. 이에 관한 상세는 vgl. *Dolde*, Verwaltungsvefahren und Deregulierung, NVwZ 2006, S.857ff.

(2) 1976년 독일 행정절차법의 구상상의 한계

이런 전통에서 성립한 1976년 연방행정절차법 및 그에 맞춰 성립한 각주의 행정절차법은 다음과 같은 구상상의 특징을 지니며, 동시에 그에 따른 취약점을 드러낸다.[167)]

i) 행정의 바탕이 되는 원칙적 유형은 고권행정이다. 이들 행정활동을 위한 전형적인 공법적 활동만이 행정절차법의 대상이다(동법 제1조 제1항). 사법형식의 행정의 중요한 영역, 가령 협의와 광의의 행정사법작용과 관련해서는, 절차적 보장, 가령 기피제척과 중립성의 규정을 통한 그것의 정렬의 문제에 대해서 동법은 아무런 언급을 하지 않는다.

ii) 행정절차법은 좁은 의미에서 결정지향성을 가지며, 권리형성적 결정이 문제된다. 행정절차법상 규율의 주된 대상이 행정행위와 (공법계약의 의미로서의) 행정계약이듯이, 행정절차는 행정의 외적 권리형성적 발현에 이바지한다. 따라서 새로운 조종모델에서 바탕이 되는 "내적 절차적" 사고가 들어있지 않다.

iii) 행정결정 중에서도 행정절차법이 중심에 두는 것은 개별결정이다(동법 제9조). 즉, 포착된 행정활동은 주로 집행활동이어야 한다. 행정적 규범정립(법규EU명령과 행정규칙)은 구체화와 자가프로그래밍의 형식으로 의회법률과 개별집행행위의 사이에 출현하는데, 이들은 동법률의 체계에 결코 자리를 잡지 못하고 있다. 전통적 구상을 따르는 기존의 행정법의 교과서 역시 대개 조례, 법규명령과 행정규칙을 "法源論"에서 다룬다.[168)]

iv) 행정의 집행결정에서는 일방적 규율이 지배하는데, 그 중심 법제

---

167) *Schmidt-Aßmann*, Der Verfahrensgedanke im deutschen und europäischen Verwaltungsrecht, in: Hoffmann-Riem/Schmidt-Aßman/Voßkuhle(Hrsg.), Grundlagen des Verwaltungsrechts Ⅱ, §27 Rn.13f.

168) 반면 그것들을 행정의 작용형식으로 포착하고 그에 알맞은 절차규칙을 정렬하는 것이 바람직하다.

도가 행정행위이다. 행정계약 역시 마찬가지로 인정을 받는다. 그러나 행정절차법은 특히, 행정행위를 대체하는 (종속적인) 계약에 대해서는 고조된 관심을 갖지만(동법 제54조 제2문),[169] 대등적 계약과 그로 인한 상황에 대해서는 그렇지 않다. 나아가 협력적 행정의 요청은 기껏해야 착안점의 차원에서는 포착되지만, 그런 민관협력관계를 법률에 도입하려는 노력은 아직까지 실효를 얻지 못한다. 이유는 그것이 기왕의 법률체계를 넘기 때문이다.[170]

v) 법률은 실체법에 대한 절차법적 규율의 봉사적 기능을 출발점으로 한다(동법 제46조). (실체법과 절차법의) 충돌경우에 결정적인 것은 "결과적 타당성"이어야 한다. 중요한 절차작용은 추가로 사법절차에서도 追完될 수 있다(동법 제45조). 이런 배경에는 행정결정에 관한 특별한 타당성의 이해가 자리를 잡고 있다. 그것은 작용지향성보다 통제지향성을 더 강하게 가지며, 사법통제에 대해 중심적 위상을 부여한다.

vi) 시민과 행정간의 커뮤니케이션관계가 밀착된(확고한) 역할을 지닌 법(권리)관계로 정의된다. 시민은 어떤 식으로 가능한 경우에만 자신의 개인적 권리를 추구한다. 행정은 법구속적이지만, 공공복리를 위하여 궁극적으로 전적인 책임을 진다. 이 점은 가령 독일 행정절차법 제24조에

---

169) 독일 행정절차법 제54조(공법상 계약의 허용성) 공법역역에 있어서의 법률관계는, 법규에 위반되지 아니하는 한, 계약에 의하여 성립, 변경 또는 취소될 수 있다 (공법상 계약). 특히 행정청은, 행정행위를 발하는 것에 갈음하여 -행정행위를 발했을 때의- 수범자와 공법상의 계약을 체결할 수 있다.

170) 독일 연방정부는 "현대국가-현대행정" 이란 정부프로그램안에 행정과 사인간의 파트너적 공동작업의 주제를 포섭하였다. 그 프로그램의 하나로서, 2005.6.30.에 "공사협력관계의 전환촉진과 법률적 대강조건(한정조건)의 향상을 위한 법률"(PPP-Beschleunigungsgesetz, PPP촉진법)이 제정되었다. 그러나 이것으로써 법적 충돌의 문제를 해소하지 못하였다. 대체적으로 동법은 완성된 PPP-成文化에 해당하는 것이 아니라, 관련 법률을 개정 · 보충하는 조항을 담고 있을 뿐이다. 아울러 "행정법적 제휴관계"에 관한 규율을 행정계약을 바탕으로 행정절차법상으로 채용하는 것도 논의되고 있다. Vgl. *Reicherzer*, Die gesetzliche Verankerung von Public-Private-Partnership, DÖV 2005, 603ff.; *Häfner*, Aspekte einer Normierung von Public Private Partnerships, LKV 2005, 340ff.

서 직권탐지주의를 채택한 데서 분명히 드러난다.[171)]

vii) 행정절차법의 표상에 의하면, 시민의 관심사는 특히 일단 받은 수익의 존속유지를 목표로 한다. 그와 관련해서 법적 안정성, 존속력, 그리고 신뢰보호가 중심역할을 한다(동법 제43조, 제48조, 제59조). 사실 신뢰보호가 행정절차법제정에서 중심화두가 되었다. 행정은 자신의 행위의 적법성에 전적으로 책임을 지고, 수익자는 소위 맹목적으로 그것을 믿는다고 추정된다는 사고에 의해, 신뢰보호원칙의 토대가 만들어 졌다. 이런 논증은 단순한 관계에서는 통할지 모르지만, 소위 세계적 활동영역을 갖는 기업이 관련된 경우에는, 그것은 잘못된 규준이다. 그리하여 EU최고재판소는 적절하게 EU법위반의 보조금의 반환요구에 관한 자신의 판례로써, 독일 행정절차법 제48조 제2항과 제4항의 강조된(과장된) 신뢰보호에서 약간 벗어났다(후술).

viii) 활동하는 행정은 폐쇄된 단위체 자체로 상정되고 있다. 문서비밀유지의 원칙이 지배하며, 그것은 절차참여자의 문서열람권에 의해서만 상대화된다(동법 제29조). 행정내부적인 자료흐름은 독립된 법문제로 포착되지 않는다. 오늘날 행정문화를 특징 지우는 주제인 데이터보호, 정보자유 그리고 정보전송은 행정절차법에서 고려되지 않고, 고유한 개별법에 맡겨져 있다. 종종 그것들의 규율이 일반 행정절차법과 일치하지 않곤 한다.

ix) 내국지향성이다. 동법 제4조 내지 제8조의 빈곤한 행정응원(직무보조)규율이 증명하듯이, 행정절차법은 국제적 행정교류의 일을 자신의

171) 독일 행정절차법 제24조(직권조사원칙) ① 행정청은 직권으로 사안(사실관계)를 조사한다. 행정청은 조사의 방법 및 범위를 결정한다; 참여자가 제출한 것과 증거를 신청한 것에 구속되지 아니한다. ② 행정청은 −참여자에게 유리한 상황을 포함하여− 개별경우를 위하여 중요한 모든 사정을 고려해야 한다. ③ 행정청은 의사표사나 신청의 −자신의 소관에 해당하는− 수령을 그 의사표시나 신청이 본질적으로(실체적으로) 허용되지 아니하거나 정당하지 않다는 이유로 수령하는 것을 거부해서는 아니된다.

관심사로 보지 않는다. 행정관계의 증가하는 국제화가 전적으로 행정절차법 밖에 놓여있는 셈이다.

이상에서 본 대로, 독일 행정절차에서 전체적으로 바탕이 되는 구상은, 바로 고전적인 법률집행적 행정이다. 이 구상은 오늘날에도 다툼의 여지가 없다. 즉, 경찰, 건축 등의 다수의 행정결정이 매일 이 모델에 따라 발해진다. 그렇지만 공공발주제도, 행정적 계획, 정보행정과 리스크행정과 같은 중요한 행정분야가 여전히 행정절차제도에서 배제되고 있듯이, 행정절차의 기능적 다양성이 제공하는 조종가능성이 전혀 활용되고 있지 않다.

그리하여 Schmidt－Aßmann은, 비록 독립된 절차적 법사고까지 들어가진 않더라도, 행정과 행정법이 오늘날 논의하여야 할 도전에 응하기 위해서는, 구상적인 차원에서 절차법적 사고가 요구된다고 강조한다. 그는 오늘날 독일 행정절차법이 직면한 현재의 도전이자 요청으로, i) 국가와 사회간의 책임분배(보장행정의 절차법), ii) 학계와 기술적 현실화의 새로운 요청(행정과 관리에서의 탄력성과 혁신을 가능케 하는 절차), iii) 새로운 정보·커뮤니케이션의 형식(정보사회의 절차법), iv) 국제적, 초국적, 월국적 행정청협력의 새로운 형식(국가초월적 연계망의 절차법)을 든다.[172] 이들의 動因과 契機는 회원국 국내적, 유럽적, 국제적 영역의 차원에 존재한다. 이로부터 비롯된 자극이 그 효과마냥 쉽게 분리될 수 없기에, 독일행정법, 유럽행정법, 국제행정법은 合生(유착)한다고 하겠다. 요컨대 행정절차법은 이런 움직임의 맨 앞자리에 위치하고 있다.

---

172) *Schmidt-Aßmann*, Verwaltungsverfahren und Verwaltungskultur, NVwZ 2007, S.40(42).

Ⅱ. 행정절차법의 유럽적 차원

독일법의 경우 －직접적으로는 EU법에 의해서, 간접적으로는 비교법적 인식의 영향에 의해서－ 유럽의 발전과의 상관관계에서 절차법적 사고의 강화를 경험하고 있다.[173] 즉, 유럽의 행정결합 그 자체가 고도의 절차결합(Verfahrensverbund)이다.[174] 이에 더해서 EU조약의 본문, EU조약의 제1차법, EMRK가 뚜렷한 절차적 요소를 담고 있다(전술). 끝으로 모든 유럽 법질서에는 기본적인 절차보장의 공통된 總和가 존재한다. 요컨대 비록 이제까지 전체적인 "절차철학"이 결코 만들어지지 않았고, 회원국과 EU법조차도 오히려 절차법적 의의를 구별되게 평가하고 가령 절차하자의 취급에서 다소간 동요하더라도, 절차법적 사고가 공동의 EU행정법의 기본형식에 해당하는 것으로 모아진다.[175] 다시 말해, EU의 통합에서 다양한 회원국의 법질서는, 유럽적 법제정과 판례와 같은 중재장치를 통해서 지속적이고 긴밀한 대화를 서로 나눈다고 하겠다.[176]

1. EU의 다차원시스템에서의 행정절차의 의의

유럽통합의 진전에 따라 EU집행이사회, 유럽행정청과 회원국 행정청 간의 행정결합이 등장하였다. 행정결합(Verwaltungsverbund)은 통일적으

173) 유럽법발전의 상관관계에 관해서는 vgl. *Schmidt-Aßmann*, Das allgemeine Verwaltungsrecht als Ordnungsidee, Kap.1 Rn.64ff.

174) *Röhl*, Ausgewählte Verwaltungsverfaren, in: Hoffmann-Riem/Schmidt-Aßman/Voßkuhle(Hrsg.), Grundlagen des Verwaltungsrechts, Ⅱ, §30 Rn.50.

175) *Schwarze*, Europäisches Verwaltungsrecht, S.1135ff.

176) *Schmidt-Aßmann*, Der Verfahrensgedanke im deutschen und europäischen Verwaltungsrecht, in: Hoffmann-Riem/Schmidt-Aßman/Voßkuhle(Hrsg.), Grundlagen des Verwaltungsrechts Ⅱ, §27 Rn.15; *Kahl*, Grundrechtschutz durch Verfahren in Deutschland und in der EU, VerwArch 95(2004), S.1(3, 28ff.); *Schmidt-Preuß*, Gegenwart und Zukunft des Verfahrensrechts, NVwZ 2005, S.489(493).

로 이용가능한 정보를 총합적으로 가진 확고한 조직체를 의미하지 않는다. 여기서 행정은 회원국 국내적 주체와 유럽적 주체간의 (부분적으로는 완화되고 부분적으로는 강화된) 공동협력형식으로 행해진다. 사실 유럽적 행정결합은 후술할 EU법의 타자집행(indirekter Vollzug)이 행해지는 유럽적 행정구조의 현재상태를 은유적으로 표현한 것이지, 규범적 개념은 아니다. 즉, 그것은 통상 생기는 일정한 구조요소(집행분배와 집행착종)를 서술하고, 이런 구조의 일정 기능에 관한 분석적인 사고를 전달한다. 이 같은 용어로 얻어지는 利點은 유럽적 집행실무의 특징적인 요소에 관한 분명한 모습을 간취할 수 있다는 데 있다. EU에서 행해지는 초국가적 행정청과 회원국 국내적 행정청간의 결합으로 인해, 지금의 현황을 기왕의 분리체계(자기집행과 타자집행)로선 더 이상 적절하게 포착할 수가 없다. 행정결합의 사고는 이제까지 제도화된 행정협력(공동작용)을 넘어선다. 행정협력은 행정결합의 두 번째 요소인 집행착종의 중요한 구성요소이긴 하나, 본래 그것은 대등한 관계를 상정한 것이다. 반면 행정결합은 대등한 관계는 물론, 위계관계적 요소까지도 포섭할 수 있다.

요컨대 행정법의 절차관련성과 절차법적 중요성의 획득은, EU차원에서 보자면, 다차원시스템의 행정적 특수성과 관련이 있다. EU차원의 행정의 경우, 통일적으로 가용한 총체적 정보를 지닌 그 자체 확고한(완결한) 조직체(행정단위)가 활동하는 것이 아니라, (부분적으로는 완화되고, 부분적으로는 강화된) 회원국 국내적 주체와 유럽적 주체가 서로 협력하는 양상을 띤다.[177] 쌍방적인 보고, 동조와 공통적 결정의 추구가 예외적 현상이 아니라 통상의 상황이다. 그리하여 EU집행이사회의 전문가위원회

177) *Schmidt-Aßmann*, Verfassungsprinzipien für den Europäischen Verwaltungsverbund, in: Hoffmann-Riem/Schmidt-Aßmann/Voßkuhle(Hrsg.), Grundlagen des Verwaltungsrechts I, §5 Rn.16ff.; *Britz*, Vom Europäischen Verwaltungsverbund zum Regulierungsverbund? -Europäische Verwaltungsentwicklung am Beispiel der Netzzugangsregulierung bei Telekommunikation, Energie und Bahn-, EuR 2006, 46ff.

(komitologie)[178] · 쌍방적 직무보조 · 감독의 절차가 유럽적 행정결합의 핵심요소이다. 가령 보조금감독법, 경쟁감독법 그리고 구조기금관리법은 광범한 절차규율로 이루어지는데, 여기서는 특히, 필수적 행정청간의 공동협력을 조직화하는 것이 관건이다.

결합체(Verbund)는 무엇보다도 수직적, 수평적 행정관계의 정보통합체이다. 고유한 절차의 광범한 다채로움이 없인 EU공간의 행정은 견지될 수 없다. 따라서 다음처럼, EU법은 고유한 절차규율을 제공할 뿐만 아니라, 회원국의 행정절차법에 대해서도 관심을 가져야 한다.

i) 동법은 적어도 회원국 국내행정을 통한 그것의 효과적인 집행을 위한 기본요청을 확립하여야 한다. 이를 위한 EG절차법이 조성되지 않는 한, 회원국 국내행정은 (실체적) EU법을 국내행정의 고유한 절차법의 척도에 의거하여 집행한다. 그들은 조직적 측면에서 그리고 절차적합의 측면에서 자율을 누린다. 그렇지만 이것(자율)은 EU법에 의해 유럽법원의 "병렬(조정)공식"의 의미에서의 등가성/효과성의 원칙에 따라 제한되고 整流된다.[179]

ii) 개개의 정책영역에서, 가령 환경법에서 EU법은 이를 넘어서 회원

---

178) Komitologie(comitology)는 우리에게는 친숙하지 않지만, EU집행이사회의 독특한 전문가위원회의 시스템을 의미한다. EU집행이사회는 자신의 활동, 특히 제안권의 행사에서 회원국의 직원이나 전문가에 의한 위원회로부터 도움을 받는다. 자국의 정부절차와 행정절차를 EU집행이사회의 업무에 연계시킴으로써 EU집행이사회와 국내부서와의 소통을 증대시키고, 추후에 있을 자국에서의 시행을 준비시키는 기능도 한다. 그리하여 Komitologie는 마치 EU법적 행위의 생식세포(Keimzelle)와 같이 차원(존재지평)의 착종의 가장 중요한 요소로 여겨진다. 부분적으로 동 절차에 관한 민주적 통제가 결여되었다고 비판이 가해지지만, EU최고재판소는 제도적인 동등한 비중이 유지되는 한, 즉 최종시행권이 EU집행이사회와 EU각료이사회에 존재하고, Komitologie에서 뒤섞이지 않는 것을 전제로 동 절차를 용인하였다(EuGH, Slg. 1988, 5615, Rs. 302/87).

179) *Schmidt-Aßmann*, Die Europäisierung des Verwaltungsverfahrensrechts, in: FG 50 Jahre BVerwG, S.487ff.; *Schoch*, Die Europäisierung des Verwaltungsprozessrechts, in: FG 50 Jahre BVerwG, S.507ff.; *Pünder*, in: Ehlers/Pünder (Hrsg.), Allg. VerwR, §13 Rn.22ff.

국 국내행정절차법에 관한 고유한 내용적인 형성상의 요청까지도 규정한다. 이런 형성상의 요청은 실체적인 정책목표의 실현에 이바지한다. 이렇게 규정하는 것의 배경에는, 특별한 실체목표 가령 자원절약의 촉진, 시장투명성의 조성과 정책신뢰의 제공을 위한 절차의 특별한 조종적합성이 존재한다.

2. 다른 유럽국가의 절차법–특히, 영국, 프랑스, 스페인

비록 유럽국가의 행정전통이 상이하더라도, 절차법적 규율이 증가하고, 행정절차법이 중요성을 획득한다는 점은 여기서도 다양하게 입증된다.[180] 여기선 두 가지 경향이 드러난다. 하나는, 절차법의 중요한 범위를 법률적으로, 즉 사정에 따라선 심지어 헌법적으로 규율하려는 경향이고, 다른 하나는, 법치국가적 핵심보장을 넘어서 투명성/참여규정을 마련하고, 그로써 행정절차에 국가적 커뮤니케이션의 사고를 널리 발휘하려는 경향이다.

(1) 영 국

오랜 절차적 전통을 가진 나라가 영국이다. 완고한 규범적 핵심은 보통법에 내재한 자연적 정의의 사고에 기인한다.[181] 이는 실체적 요소는 물론, 절차적 요소도 담고 있다.[182] 특히, 결정주체의 편견배제(nemo iudex in re sua)와 법적 청문의 원칙(audi alteram partem)이 절차를 위

180) *Pünder*, in: Ehlers/Pünder(Hrsg.), Allg. VerwR, §13 Rn.27ff.

181) *Craig*, Procedures and administrative decision-making, in: REDP/ERPL(Revue Européenne de Droit Public/European Review of Public Law), Sonder Heft, 1993, S.55ff.; *Ridley*, Länderbericht Großbritannien: England ist anders?, in: Hill/Pitschas(Hrsg.), Verwaltungsverfahren, 2003, S.205(213ff.).

182) *Bergner*, Grundrechtschutz durch Verfahren, 1998, S.176ff.; *Philllips/Jackson/Leopord*, Constitutional and Administrative Law, 8.Aufl., 2001, Rn.31; *Herdegen*, Landerbericht Großbritannien, in: A. Frowein(Hrsg.), Die Kontrolldichte bei der richtlichen Überpüfung von Handlungen der Verwaltung, 1993, S.38(47f.).

한 규준에 해당하는데, 최근 공정한 절차의 원칙(duty to act fairly)이 강력히 부각되었다. 법관에 의해 사법적 통제를 위한 규준으로 우위를 점한다고 하지만, −도시건축법과 같은 많은 특별대상을 제외하고서는− 일반적인 절차법은 아직 성문화되지 않고 있다.

영국의 경우 대체적으로 행정청의 일상적 실무를 위해서는, 협의의 의미에서의 법도그마틱적 이론보다는 오히려 실용적 법칙, 관리이론, 행동지침(codes of conduct)이 더 중요하다고 한다.[183] 즉, 영국의 행정실무는 다른 국가에서보다 덜 제정법에 의해 정해져 있다고 하겠다. 그렇지만 이런 덜 규범화된 현실로 인해, 영국의 경우 새로운 절차적 정렬 말고도 전통적인 형식을 발전시켜 실험을 강구할 수 있게도 한다. 가령 다극적 문제의 해결의 경우, 본래 전형적인 재결절차에 걸맞지 않을 수 있으며, 조정이나 중재를 통해서 더 좋게 접근할 수 있다고 한다. 그리하여 특히 영국은 특히 무엇이 행정절차이어야 할지를 숙고하게 하는 자극을 주는 국가이다. 해서 EU법의 형성에 대한 영국의 영향은 현저하다고 여겨진다.

(2) 프랑스

프랑스에서 행정절차법은 70년대까지 주로 법관법적으로 정해져 있었다. 이후에 프랑스 절차법에 오늘날과 같은 형상을 부여하는 입법화가 시작되었다.[184] 이때 입법자는 이제까지의 법관법을 단순히 확인하는 데 그치지 않고, 오히려 부분적이나마 새로운 규율을 시도하였다. 그러나 기왕의 상황보다 더 나아간 일반적 규정은 항상 예외적인 것이었는데, 그래서 1979년에 부담적 행정행위를 위한 이유제시의무가, 1983년에 청문원칙이 도입되었다. 최근의 중요한 법률이 "시민과 행정과의 관계에 있어서의 시민의 권리에 관한 법률"("loi relative aux droits des citoyens

---

183) *Ridley*, Länderbericht, S.210f.

184) *Landenburger*, Verfahrensfehlerfolgen im deutschen und französischen Verwaltungsrecht, 1999, S.23ff.

dans leur relations avec les administrations")이다.[185] 행정절차의 중요한 원칙으로 투명성, 철저함(정확함), 불편부당성, 신속성, 주지성(공공연함)이 운위된다.[186]

절차권의 의의는 재판통제에서 절차하자를 다루는 데서 추구될 수 있다. 프랑스법에서도 독일법처럼 폐지가능성(annulable)과 무효(nullité)가 구분된다. 폐지사유는 형식적 하자와 실체적 하자이다. 형식적 하자에 무권한, 절차하자, 형식위반이 들어간다. 이들은 원칙적으로 행정활동의 폐지를 초래한다. 그러나 이런 원칙에서 다수의 예외가 존재한다. 즉, "기속권한에 있어서 효과 없는 주장 이론"(théorie des moyens inopérants en cas de compétence liée)에 따라 기속결정의 경우엔 폐지가 고려되지 않는다. 그 밖에 폐지가 고려되지 않는 중요한 예외가, 결과에 대해 추상적인 관련성을 갖지도 않을뿐더러 관련인을 위한 절차보장도 담고 있지 않는 "비본질적인 형식"(formalités non substantielles)이다. 또한 중요하지 않은 형식/절차규정의 위반은 재량결정의 경우라 하더라도, 폐지가 초래되지 않는다고 한다.[187] 이런 분류를 위한 기준으로, 구체적인 결정관련성과 다른 방도를 통한 목적실현 여부를 들 수 있다.

그렇지만 소위 절대적 절차하자는 폐지를 초래하는데, 이런 절차하자는 가령 계획절차에서의 공람의 결여의 경우처럼 대형프로젝트를 위한

185) *Loi no.* 2000-321 du 12 avril 2000, Le Journal officel de la République française v.13.April 2000, S.5646.

186) *Fromott*, Länderbericht Frankreich, in: Hill/Pitschas(Hrsg.), Verwaltungsverfahren, S.73ff.

187) *Landenburger*, Verfahrensfehlerfolgen, S.159ff.; *Sonnenberger/Autexier*, Einführung in das französischen Recht, 3.Aufl., 2000, S.81. 그리하여 프랑스법원은 -환경구제법 이전의- 독일 연방행정법원과는 달리 환경영향평가의 결여나 하자의 경우를 실체결정을 위한 인과관계의 기준이 아니라 절차하자의 중대성에 의거하여 가늠한다. 즉, 프랑스에선 환경영향평가의 완전한 결여는 중대한 절차하자로서 실체결정의 폐지를 초래할 것이다. 중대한 절차규정에 대해 독립된 의의를 부여하는 프랑스의 구상은 절차의 봉사적 기능에 천착하는 독일 행정법과는 대비된다. 물론 독일에서 환경권리구제법이 시행된 다음에는 독일적 구상과 프랑스적 구상은 근사하게 되었다.

계획결정과 상관관계가 있을 땐 받아들여져야 한다.[188] 한편 중대한 절차의 하자는 치유될 수 없다.[189] Clemens Ladenburger는 그의 기본연구에서, 프랑스법은 독일법보다 절차하자를 현저히 더 엄격하게 정하지만, 실은 법원이 엄격한 하자제재와 행정능률간의 목표충돌을 절차법의 "탄력적인" 개별경우와 관련한 해석을 통해서 균형을 가져다준다는 점도 고려해야 한다고 결론을 내렸다.[190]

(3) 스페인 등

스페인 역시 주목할 만한 절차법적 전통과 19세기로 소급되는 성문화의 역사를 갖고 있다.[191] 동시에 스페인은 포르투칼, 핀란드와 비슷하게 행정절차의 주제를 오늘날 헌법 그 자체에서 규율하는 나라이다. 그래서 1978년의 헌법 제103조는 행정의 공공복리구속과 입법구속을 확립하고, 행정에 대해서는 특히 객관성과 효과성을 향하도록 의무를 지운다. 제105조는 입법자에게 법규명령의 발함이전에 시민의 청문을, 행정정보에의 시민의 접근을, 행정행위를 발하기 위한 절차를 규율할 것을 명한다. 공통된 행정절차를 규율할 권한은 중앙국가에 속한다(제149조 제18호).

이런 헌법규정을 충족시키면서, 1992.11.26. 법률 제30호/1992가[192] 가장 중요한 절차성문법에 해당한다. 동법은 광범한 청문권, 정보제공·조언권, 행정행위를 위한 이유제시의무를 인정한다.[193] 절차하자는 법규명령의 경우에는 원칙적으로(통상) 무효를 초래하고, 반면 행정행위의 경우에는 원칙적으로 결코 폐지가능성을 초래하지 않는다(제62조 제2항).

---

188) *Landenburger*, Verfahrensfehlerfolgen, S.211ff.
189) *Fromott*, Länderbericht Frankreich, S.82.
190) *Landenburger*, Verfahrensfehlerfolgen, S.476.
191) *Mir Puigpelat*, Das Verwaltungsverfahren in Spanien: Eine Einführung, DÖV 2006, 841ff.
192) *Mir Puigpelat*, Das Verwaltungsverfahren in Spanien, 843ff.
193) *Mir Puigpelat*, Das Verwaltungsverfahren in Spanien, 845f.

EU최고재판소는 －문헌상의 증가하는 비판에도 불구하고－ 이런 완고한 도그마틱에서의 예외를 제한적으로 다룬다. 그리하여 스페인의 경우, 청문하자가 사법절차에서도 치유될 수 있는 등, 소송경제적 고려가 우세하다고 하겠다.[194)]

3. EU법이 회원국 행정절차법에 영향을 미치는 양상의 전망

비록 아직 EU의 고유한 행정절차법이 제정되지 않았지만, EU법은 세 가지 방식으로 회원국의 행정절차법 시스템에 영향을 미친다. 먼저 EU의 고유한 행정절차법이 EU명령의 형식으로 성립하면, 동 명령이 회원국에 직접 적용되기에, EU법우위의 원칙에 맞춰 동 명령과 배치되는 회원국 절차규정은 배제된다. 두 번째로 EU지침이 행정절차규정의 발함을 의무화시키고 그에 따라 회원국 입법자에 의해 전환이 행해지면, 회원국 행정청이 자국의 절차법을 적용하지만, 실은 EU법적으로 정해진 절차법을 적용하는 셈이다. 마지막으로 EU명령이나 EU지침의 형식으로 EU법적 절차규정이 전혀 없어서 설령 회원국 자국의 절차법만이 적용된다 하더라도, 유의할 점은 자국 절차법은 EU법에 합치하게 해석, 적용되어야 하고, 어쩌면 EU법적 규준에 맞춰서 수정되어야 한다는 것이다.

여기서 마지막 방식은 회원국의 나름의 절차자율이 견지될 수 있지만, 나머지 방식, 특히 첫 번째 방식의 경우 성문화작업이 완료되면, 유럽에서 각국의 행정절차법이 전면 통일되는 양상이 전개될 것인데, 당연히 역풍 역시 거셀 것으로 생각된다.[195)]

194) *Mir Puigpelat*, Das Verwaltungsverfahren in Spanien, 847f.
195) *Pünder*, in: Ehlers/Pünder(Hrsg.), Allg. VerwR, §14 Rn.30.

Ⅲ. 유럽 행정절차법과 독일 행정절차법의 차이점[196)]

1. 절차본질에 관한 상이한 이해

(1) 상이한 절차이해의 원인

절차이해가 상이한 법질서에서 실현된 기본적인 선택은 다름 아닌, 절차의 본질에 관한 상반된 접근의 소산이다. 즉, 한 입장은 절차가 봉사적 기능을 가지며, 이를 위해 전형적으로 실체법을 출발점으로 삼는다(이를테면 節次奉仕說). 이런 법제에서 법과 그것의 실현으로부터 우선 기대하는 바는, 바른 내용적 결론을 실현하는 것이다. 전체적으로 이런 이해를 바탕으로 한 선택은, 결과지향적 사고를 특징으로 한다.

이상과 정반대의 입장에서는 절차에 대해 고유가치(독자가치, Eigenwert)를 부여한다(이를테면 節次固有價値說). 이런 사고의 핵심구상은 바른 결론이 아니라, 공평한(fair) 절차이다. 정연한 공평한 절차의 유지, 모든 참여자를 위한 서술/논증의 기회의 공개로부터, 바른 결론을 위한 가장 중요한 보장을 기대한다. 다시 말해, 이런 사고는 "바른"(richtig) 혹은 적합한 결론의 실현가능성에 대한 현저한 懷疑를 전제로 한다. 법의 임무와 가능수단은, 가능한 한 바른 절차형성을 통해 간접적인 방법으로(이나마) 결정발견을 위한 최선을 행하였다는 점에 있다. 이런 사고에 의하면, 타당성(올바름)과 정의는 절차와 무관하게(내지 맥락만으로) 실현될 수가 없으며, 또한 이런 절차관련성을 벗어나 고립적으로는 판단이 내려질 수가 없다.

---

196) *Wahl*, Das Verhältnis von Verwaltungsverfahren und Verwaltungsprozessrecht in europäischer Sicht, DVBl. 2003, 1285ff. 이하의 내용은 후술할 독일 행정절차법의 유럽화의 구체적 내용과 약간의 중첩을 면할 수 없음을 밝힌다.

(2) 상이한 절차이해의 영향미침

해당 절차이해의 중요성은 하자효과(결과)론에서 가장 강하게 드러난다. 여기서 법질서가 절차규정을 얼마나 중요하게 여기는지에 관한 태도가 형성된다. 절차에 대해서 고유가치를 부여하는 입장을 출발점으로 삼으면, 하자는 원칙적으로 결정의 위법성에 영향을 미치고(즉, 그것은 원칙적으로 고려할만하고), 그 하자는 원칙적으로 치유불가능하다. 반면 실체법의 우위에 출발점을 두는 법질서는, 절차하자의 효과를 달리 규율한다. 여기서 절차하자를 불문에 붙이는 것, 즉 논외로 하는 것(불고려)의 인정은, 결론이 바르고 바른 것으로 심사된 경우에는 당연하다. 가령 독일적 사고에 의하면 자명한 점은, 규율 및 EU지침의 전체목표는 우선 목표·목적에 적합한 결과의 실현에 있다.

그런데 Wahl 교수 등에 의하면, 독일과 같은 법질서가 다른 법질서에 비해 절차권에 대해 상대적으로 낮은 의의를 둔다는 점만을 이유로, 그런 법질서를 부정적으로 평가하려는 것은 성급하다고 한다. 즉, 실체법과 단순한 절차법과의 상관관계의 의미에서, -다른 나라에 비해 상대적으로- 집중적인(심도있는) 실체적 통제가 행해진다는 점이 고려되어야 한다. 사실 이런 실체적 통제는 절차하자의 낮은 비중과 균형을 맞추는 데 적합할 수 있다. 또한 그것은 절차법과 실체법의 중요성의 총합에서 보면, 행정작용과 위법한 행정작용을 위한 제재상의 요청에 대해 상당한 높은 수준에 도달할 수 있다.[197)]

197) 이런 점은 심지어 EU최고재판소가 취하는 주지의 공식-회원국 국내법은 EU법의 실현이 실제적으로 불가능하게 되도록 하여선 아니 된다(효과성의 원칙)-에서도 드러난다. 비록 회원국 국내행정절차법이 EU법적으로 절차권을 관철하는 데 그다지 도움을 주지 않더라도, 실은 -대부분 EU에 의해 정해지고 규정된- 실체법을 통해 심도 있는 통제가 행해졌으며, 그리하여 EU법의 전체목적이 실제로 실현되도록 도움을 주는 경우에는, EU법의 실현이란 실제로 가능하고 평균적으로 아주 확실하다. 따라서 다음과 같은 물음이 제기된다. 즉, -EU법의 실현이 실제적으로 불가능하게 되어버려선 아니 된다는- EU법의 효과성의 원칙과 관련해서, 절차법의 좁은 영역을 목

이상의 고찰에서 드러난 점은, 법질서가 절차규정을 대저 행정법의 총체에 어떻게 편입시킬지의 문제는, 선택가능성을 염두에 두고서 답이 내려질 수 있는 물음이다. 이런 점에서 절차법과 실체법의 보완/보충의 관계를 유의하지 않고선, 종국적으로 판단이 내려질 수가 없다. 법질서는, 절차에 관한 이해만이 아니라, 실체법의 의의와 행정재판에서의 실체법의 심사의 강도에 관한 이해도 형성하였다. 이 점은 논의를 처음부터 협소하게 행하지 않기 위하여 강조되기도 한다. 절차법과 실체법에서의 통제밀도를 함께 바라보고, 소위 합산하고 그리하여 통제의 총체가 상당한지 아니면 극단의 해로움에 해당하는지 여부의 물음을 제기할 때, 절차법과 실체법의 보충적 상관관계가 관건이 된다.

그런데 바른 결론의 요청과 공평한 절차의 요청, 이 두 가지 요소를 동시에 극대화시킬 수 없다. 사법구제에 관한 모든 경험에서 보건데, 엄격한 절대적인 하자효과체제와 행정결정에 관한 밀도 있는 실체적 통제, 이 양자를 동등하게 결합시킬 수는 없다. 행정절차법을 고립되게 고찰하여서는 아니 된다.[198] 사실 독일 공법도그마틱에서는 행정결정에 관한 완전한 실체적 통제가 이미 의문의 여지가 없는 理想과 宗旨(教條)로 격상되어 있다.

표로 삼아야 하는지 아니면 절차법과 실체법 총체를 목표로 삼아야 하는지 여부이다. 아무튼 확인할 수 있는 점은 기본공식이 처음부터 절차법에만 국한되어선 아니 된다는 것이다. 이 점은 실체적 내용이 중요한 EU법의 그런 법규정에 추가로 통용된다. －친환경심사의 경우에서처럼－ EU법이 우선적으로 절차권을 두는 경우에만 이 점이 문제된다. 그곳에서는 독일적 구상은 사실상 기능장애에 겪는다. 즉, 독일법으로서는 기왕의 입장과 구별되게 답하고 대응하지 않으면 곤란을 겪을 것이다.

198) 최근 규제완화의 차원에서 행정의 신속성과 탄력성이 강조되는데, 자칫 절차적 요청을 고립분산적으로 설정하면 규제완화의 시대적 요구에 배치되는 결과를 자명하게 빚는다.

2. EU고유행정법과 회원국 국내법간의 개별규율상의 차이점

(1) EU행정법질서의 일부로서의 EU고유행정법

유럽적 행정절차법은 완전히 다툼의 여지가 없는 권한법적 토대에 의거하여, EU조직(기관)의 자기집행을 위하여 전개되었다. 당연히 그것은 이런 활동을 위하여 법칙(규칙)을 제공할 수 있으며, 또한 제공하여야 한다. 또한 이들 법칙은 당연히 유럽적 차원에서 법정립과 EU최고재판소의 판례를 통해서 독립되게 전개될 수 있다. EU의 명시적 규정이 결여되면, 법관의 법형성의 방법으로 －보다 자세히는 회원국의 공통된 헌법전통으로부터－ 법칙을 전개하는 것이 EU최고재판소의 본질이다. 이런 점에서 자기집행의 분야에서의 제도・규정은 개별 회원국의 규율과 비교해서 완전히 거리가 있다거나 생소하지는 않다. 하지만 그것은 전형 그대로 개별 회원국의 법칙에 합치하지도 않는다. 그래서 독일법과 관련해서, 특별한 상황이 만들어진다.

EU의 고유한 결정(법제도)과의 相違가 나타난다고 예상할 수 있으며, 예상하여야 한다. 그런 차이점은 대저 눈에 띄는 것이 아니라, 예상할 수 있다. 다만 완전하거나 광범한 상호 일치가 놀라울 것이다. 즉, 행정절차법과 같은 법영역에서 EU의 몇몇 법질서 또는 모든 법질서간에 원칙적인 일치가 존재한다고 확인된다 하더라도, 이것이 개별적 물음에서 차이가 존재한다는 점을 결코 배제하지는 않는다.[199]

(2) EU법의 일반적 절차원칙과 독일법에서의 그것의 대응물

개개의 규정과 절차제도에서와는 달리, EU법의 일반적 절차원칙의 경우에는, 그것이 독일법에서 대응물을 갖는지 여부에 관한 물음이 제기될

199) 이런 차이는 비교법의 측면에서 대저 문제가 되지 않는다. 균일성이 존재할 필요는 없다. 전체적인 법원칙의 바탕에서 세부적 규율이 인정되고 실행되는 것이 바람직하다.

법하다. 사실상 독일법은 오늘날 주된 법영역에서 일반적 법원칙의 범주를 이전 시대보다는 한층 덜 나타내고 있다. 1949년 이후에는 독일의 도그마틱에서 행정법, 경찰법, 환경법의 일반적 법원칙이 한층 덜 언급되고 있지만, 여전히 일반적 법원칙은 개개의 도그마틱을 구축하고 향도하고 있다.

독일법에서는 일반적 법원칙이 헌법의 차원에서 전개되었기에, 그 존재는 헌법에서 찾아야 한다. 헌법상으로 특히 (행정)절차법을 위한 법치국가원리와 그것의 하위범주에서, 헌법적 원칙과 "규준"을 발견한다. 청문의무, 이유제시의무, 직권조사원칙 등은 법치국가원리를 그렇게 각인한 것이다.[200] 이에 따라 EU법에서 사용된 일반원칙("질서있는 행정", "좋은 행정운영")이[201] 독일법에서도 유사한 것이 있는지 여부에 대해서 물음이 제기될 때, 독일 국내법질서에서 인정된 법치국가원리적 절차의 원칙에서 그 답을 신속히 발견할 것이다.[202] EU기본권헌장(GrCh) 제41조에 규정되어 있는 "좋은 행정운영"의 원칙이 이 점을 입증한다.

---

200) 절차권을 실체적인 기본권(예: 생명권과 신체를 훼손당하지 않을 권리, 직업의 자유, 재산권 등)으로부터 도출하려는 것이 독일의 다수견해이고, 판례의 경향이다. 여기에는 효과적인 기본권보호를 위하여 적합한 조직형태. 절차규정 및 절차권의 기본권합치적 적용이 중요시되는 한, 기본권은 그러한 것을 필요로 한다고 하는 생각이 깔려있다. 독일 연방헌법재판소는 처음에는 기본권의 절차법적 중요성을 사법절차와 관련하여 전개하였으나, 얼마 지나지 않아서 행정절차의 경우에도 이를 인정하였다. 특히 1979년 12월 20일에 행한 Mülheim-Kärlich 판결에서 연방헌법재판소는, 기본법 제2조 제2항의 보호의무로 말미암아 국가는 원자력발전소와 관련한 허가의 발급을 실체적. 절차적 요건과 결부시켜야 한다고 판시함으로써, 효과적인 기본권보호를 위해서라면 기본권이 실체적 권리에 대해서뿐만 아니라 절차적 권리에 대해서도 영향을 미친다고 주장하였다(BVerfGE 53, 31ff.)

201) 최근 국제적으로도 자주 사용되는 "좋은 협치"(good governance)의 구상이 급속히 퍼졌다. 하지만 이것은 "좋은 협치부와 행정시행"의 거대영역이 아니라, 개별결정의 미시적 차원에서 주효하다. 유의할 점은 governance과 government는 상호 대립된 것이 아니라 전자가 후자를 바탕으로 한다, 만약 그렇지 않으면 기존 국가 공동체의 근간이 부정되는 결과를 낳는다.

202) *Gornig/Trüe*, JZ 2000, S.395(403).

3. 절차이해에서의 시스템적 차이–EU행정법과 회원국 국내법간의 단절

(1) EU고유행정법과 EU공동행정법에서의 하자효과체제

EU고유행정법(Eigenverwaltungsrecht)과 EU공동행정법, 이들 양법질서의 관계에서는, 개개 법칙(규율)과 제도에서의 차이점만이 아니라, 시스템상의 차이점 역시 존재한다. 그것은 절차의 이해, —그렇게 하고자 하면— 당시의 절차이념에 기인한다. 이런 구별된 이해가 하자효과의 규정에 표현되고, 다시금 후자(하자효과의 규정)를 통해서 전자(구별된 이해)가 도출될 수 있다. 주지하듯이, 독일 행정법은 (독일식의 절차이해를 명료하게 설명하는) 행정절차법 제45조와 제46조에서 행정절차하자의 광범한 치유가능성과[203] 포괄적인 불고려의 가능성을 열어 놓았다.[204] 독일 행정절차법 제46조에 의하면, 절차규정의 위반으로 성립하게 된 행정행위의 폐지는, 위반이 결정에 본질적으로(실체적으로) 영향을 미치지 않는다고 명백할 경우(인과성의 결여)에는 요구할 수 없다.

EU고유행정법 그 자체는 절차하자를 달리 다루었다. 절차하자의 치유를 고려한즉, 그것의 극단적인 억제를 특징으로 한다고 여겨진다. Gornig와 Trüte는 이를 지도원칙인양 표현하여, "EU법적 행정절차에서의 하자는 독일 행정법에서보다 더 중요한(심각한) 결과를 얻는다."고 기술한다.[205] 이런 절차이해의 결과, 통상 EU의 법정립기관이 행정결정의 이유제시의무나 법적 청문을 위반하여 결정을 내린 경우, 그 결정은 EU최고

203) 독일 행정절차법 제45조 제1항, 제2항에 의하면, 참가자의 청문이나 이유제시 등과 같은 요구된 활동이 추후에(사법절차가 종료할 때까지) 추완되는 한, 몇 가지 열거적 절차하자는 치유가능하다

204) 치유/불고려의 규정은 최근에 독일 행정절차법 제45조와 제46조를 넘어서 확대되었다. 그것은 자치법에서 유효하며(제척규율과 조례), 또한 연방건설법전 제214조 이하에 따른 조례의 경우에 커다란 적용영역을 갖는다.

205) *Gornig/Trüe*, JZ 2000, S.395(397).

재판소에 의한 폐지에 처하게 된다.[206] 문서열람에서의 가능한 절차하자는 결정을 발한 이후에는 더 이상 치유될 수 없다. EU법의 자기집행에서 유럽행정청이 불충분한 사안설명을 하면, EU최고재판소는 조사미진을 추론하는 것이 아니라, 그 발해진 결정을 폐지한다. 여기서 완전히 다른 절차이해가 드러난다. 즉, 이에 의하면 절차규율이 실체법의 효과적인 관철에 이바지할 뿐만 아니라 동시에 행정결정의 타당성을 위한 어느 정도의 보장을 제공한다고 한다.[207] (절차에 대해) 낮은 독립된 권리보장기능만을 인정하여야 하는 독일 행정절차법과는 대조적으로, EU최고재판소의 판례상으로 절차법은 독립된 가치를 얻는다.[208] 즉, 절차법은 실현될 수 없는 실체적 타당성을 절차적 바름(Verfahrensnrichtigkeiten)을 통해서 보완하고자 하는 데 있다고 한다.

−가령 EU명령이나 회원국 국내적으로 직접 효과를 미치는 EU지침이나 EU결정이 적용될 경우인− 타자적 직접집행의 형식이든 -EU지침을 회원국 국내법으로 전환시키는 (독일법의) 규정이 해당하는− 타자적 간접집행의 형식이든, EU(행정)법이 집행될 때 회원국 국내법질서의 하자효과체제가 작동되는 것은, EU과 회원국간의 집행권한의 원칙적인 분배에 부합한다. 이에 따라, 즉 EU법의 타자집행에서 EU통일적인 규정이 없을 때는, 당해 회원국의 집행법이 적용된다. 그렇지만 이런 적용은, 당해 회원국의 집행법이 (경제참여자의 차별대우를 피하기 위해 보장될 필요가

---

206) 법적 청문에 관해서는 EuGH, NVwZ 1992, 358; EuGH, EuZW 1994, 603: 이유제시의무의 위반의 경우로 EuGH, NVwZ 1997, 475. 그런데 내용적 정의를 지향하지 않고 절차적 정의를 지향하는 미국의 경우에도 '무해과실의 원칙'(harmlees error doctrine)에 의해 −심각하지 않은− 약간의 절차하자는 논외로 하며, 하자치유의 가능성을 인정한다(Shineseki v. Sanders, 129 S.Ct. 1696, 1704ff(2009). 그리하여 독일법이 미국법과 비교해서 절차법을 저평가한다는 전통적인 비교법적 견해는 상대화되었다고 평가하기도 한다. *Pünder*, in: Ehlers/Pünder(Hrsg.), Allg. VerwR, §13 Rn.32. '무해과실의 원칙'에 관해서는 후술함.

207) *Hirsch*, Europarechtliche Perspektiven der Verwaltungsgerichtsbarkeit, VBlBW 2000, S.71(74).

208) *Schmidt−Aßmann*, VBlBW 2000, S.45(49).

있는) EU법의 통일적 적용의 필요성(요청)과 일치하는 경우에만 주효하다.[209] 이는 구체적으로 다음의 점을 의미한다. 즉, 회원국 국내법의 적용이 차별적으로 영향을 미쳐서도 아니 되며, EU법적 규율의 실현이 "실제적으로 불가능하게" 되어서도 아니 된다는 것이다.[210]

(2) EU행정법을 위한 유럽적 절차이해의 의의

재차 강조하건대, 회원국 국내법과 EU법간에는 통일적 관계가 존재하는 것은 아니다. 그리고 후자의 경우에는 EU고유행정법과 EU공동행정법(타자집행의 법)간에 일관되게 구별되어야 한다. EU의 EU고유행정절차법이 독일 행정절차법과 구분된다는 점에서, 분리된 양 법질서의 (한편으로는 바람직하진 않지만 법적으로는 아무런 결과가 없는) 병립이 초래된다. 이에 반해 타자집행의 경우 EU법질서와 회원국 국내법질서는 법적으로 상호 牽聯되며, 종내 위계화된다. 왜냐하면 자주 언급한 바대로, 회원국 국내법이 EU법의 집행을 실제로 불가능하게끔 만들어선 아니 되기 때문이다. 독일 행정절차법과 EU고유행정법간의 相違는, 이런 상관관계에서 회원국 국내법이 집행을 방해하고 저해할 수 있을 것이라고 하는 혐의를 시사한다.

독일 행정절차법 제46조상으로 규정된 폐지청구권의 배제가 특히 시험대에 오른다(후술). 이런 배제로 인해, 절차법적 요청의 무시가 행정결정의 존속(현존)에 아무런 영향을 미치지 않아서 EU지침에 확정된 절차법적 요청이 실제로 공허해 지는 결과가 초래된다. 그리하여 독일식의 불고려규정의 무한적용은 EU법의 중요한 절차규범의 시스템상의 제재부재로 귀결된다.[211] 그러나 이것은 EU법상의 효과적인(효율적인) 전환의 명령(원칙)[212]과 일치하지 않는다. EU법적 규율의 효력(효과성)은, 회원국

209) EuGHE 1983, 2633(2665): EuGH, EuZW 1993, 574.
210) EuGHE 1983, 2666: EuGH, EuZW 1995, 92(93).
211) 실제적으로 가장 중요한 경우가 환경영향평가를 실시하지 않은 경우이다.

의 국내행정청이 그것을 준수하지 않더라도 아무런 결과가 초래되지 않을 수 있으면, 당연히 약화된다. 그래서 瑕疵效果(Fehlerfolgen)의 규율에서 다음의 두 가지 점에 맞닥친다. 즉, 한편으로는 독일법과 EU법에서의 구체적 규범간의 차이, 다른 한편으로는 그것의 배경으로 절차법 및 절차법의 의의에 관한 구별된 構想(Konzept). 전자, 즉 실정법상의 (다른) 법칙은 빙산의 일각에 불과하고, 表象이 중요하다. 다시 말해, 가시적인 규정의 뒤나 밑에 숨겨진 부분이 결정적이다. 원칙적인 법이해와 역사적인 전통에 의해 이런 숨겨진 부분이 형상화되고, 또한 그 숨겨진 부분이 특별한 법과 절차의 문화를 정한다.

Ⅳ. 독일행정절차법의 유럽화에서 대립된 테제 - 자율테제와 동질화테제[213]

1. 자율테제: 회원국 국내절차법의 무관의 주장

자율테제(Autonomiethese)의 주장자들은 결정적으로 유럽의 행정법을 -두 가지의 분리된 法層(Rechtsschichten)으로- EU고유행정법과 EU공동행정법으로 이분하는 것을 환기시킨다.[214] 이런 점에서 분리테제(Separationsthese)라고도 말해진다. 여기서 "EU고유행정법"(Eigenverwaltungsrecht)은, EU-기관(조직) 특히 EU집행이사회에 의한 EU법의 자기집행의 영역에서 법적 규준의 총체를 위하여 존재한다.[215] "EU공동행정법"은 회원국 국내행정청에 의한 EU법의 타자집행(indirekter Vollzug)의 경우에 회

212) 이것의 裏面이 "실제적 불가능성"의 공식이다.
213) 이하의 내용은 *Kahl*, VerwArch 95(2004), 1ff.을 중심으로 논의를 전개한다.
214) *Hegels*, EG-eigenverwaltungsrecht und Gemeinschaftsverwaltungsrecht, 2001, S.34ff., 48ff., 86ff., 152.
215) 자기집행 내에서 또 구별이 행해질 수 있다: EU내부집행(예: 인력 업무, 예산)과 EU외부집행(가령 카르텔법, 보조금감독법, 반덤핑법, 무역정책).

원국 행정절차에 영향을 미치는, EU의 법적 규준의 총체를 위한 표현이다.[216)]

통상적인 경우인 타자집행의 영역에서는, EU법적 규율이 없어서 원칙적으로 회원국 국내행정절차법과 행정소송법의 규정이 가늠잣대가 된다.[217)] 하지만 회원국의 제도적인, 절차상의 자율의 원칙은,[218)] 무한적으로 적용되진 않는다. 등가성의 원칙, 효과성의 원칙에 의해서 설정된 한계를 주의하여야 한다.[219)] 이에 의하면, 특히 적용우위가 부여된 EU법의 실제적 유효성이[220)] 분산집행의 범주에서, 또한 (마치 EU법원으로서 기능하는 회원국 국내법원에 의한) 통제의 범주에서 훼손되어선 아니 된다. 즉, 회원국 국내법의 적용이 EU법에 의해 부여된 권리의 행사를 실제로 불가능하게 만들거나 과도하게 곤란하게 만들어선 아니 된다.[221)] 그리하여 독일법이 원칙적인 결정잣대가 되는 영역에서조차 EU법과의 충돌(소위 간접적 충돌)이 가능하다. 회원국 국내법과 EU법이 충돌하면, 우선적으로 EU법합치적 해석과 법형성의 제도를 통해 회원국 국내법의 수정과 전환이 일어나고, 보충적으로(2차적으로) EU법위반인 회원국 국내규정을 배척할 의무를 통해서 회원국 국내법의 제한적 적용이 일어난다.

아직 널리 밝혀지지 않은 것이, 효과성의 원칙과 연관해서 적용된 기

---

216) EU고유행정법과 EU공동행정법을 구별하기 위한 개념특징에 관해서는 *Schmidt-Aßmann*, Das allgemine Verwaltungsrecht als Ordnungsidee, Kap.1 Rn.51; Kap.7 Rn.14, 17; ders., Deutsches und europäisches Verwaltungsrecht - Wechselseitige Einwirkungen, DVBl. 1993, S.924(925). 타자집행은 다시금 가령 EU-EU명령이나 예외적으로 직접 통용되는 EU지침규정에 의한 직접적 집행과, (EU법의 전환을 위해 발해진) 회원국 국내규정의 간접적 집행으로 구분될 수 있다.

217) *Ehlers*, Die Einwirkungen des Rechts der Europäischen Gemeinschaften auf das Verwaltungsrecht, DVBl. 1991, S.605(611ff.).

218) EuGH, Slg. 1976, 1989 Rn.5; Slg. 1980, 617 Rn.12; *Danwitz*, Die Eigenverantwortung der Mitgliedstaaten für die Durchführung von Gemeinschaftsrecht, DVBl. 1998, 431ff.

219) EuGH, Slg. 1998, 4951 Rn.35f.; Slg. 1998, I-7141 Rn.19ff; Slg. 1999, I-223 Rn.32

220) EuGH, Slg. 1964, 1251(1270f.); BVverfG, BVerfGE 85, 191(204).

221) EuGH, peterbroeck, Slg. 1995, I-4599 Rn.12; Slg. 1998, 4951 Rn.19.

준(실제적 불가능성, 과도한 곤란함)이 어떻게 더 구체화될 수 있는지 하는 것이다.[222] EU최고재판소(EuGH)와 EU1심법원(EuG)은 EU고유행정법과 관련해서는, (모순이 없지 않은, 그러나 상대적으로 촘촘하고 튼튼한) 연계망을 －절차권과 절차하자의 처리를 위한－ 개별규준에 연계시켰다. 하지만 EU행정법에서는 이와 관련한 규율이 널리 존재하지 않는다.[223] 이에 연결된 물음이, 그처럼 EU행정법적 규율이 부재하는 경우에 EU고유행정법상의 규준을 차용하는 것이 허용되는지 아니면 심지어 꼭 필요한지 여부이다.

자율테제의 입장에서는, EU고유행정법상의 절차에 통용되는 원칙을, 타자집행의 영역에서 답을 구하기 위하여, 원용하는 것이 금지된다. 정확한 규준이 없거나, 엄밀성/규율밀도/모순이 없지 않음으로 인해, 아무런 분명한 답이 제공되지 않는 한, 전적으로 회원국 국내법이 결정적 기준이 된다.[224] 이런 EU고유행정법의 원용금지를 근거지우기 위하여, 구별된 이익상황이 지적된다. EU행정법은 회원국에 의한 실질적 EU법의 효과적인, 통일적인 적용을 보장할 임무를 갖는다. 이것은 법차원의 관철메커니즘상의 특별한 요청을 의미한다고 한다. EU행정법의 특징은 회원국 국내적 분화시스템에 비해서 (회원국 국내법질서들의) 분명히 낮은 구조적인 통일성이다. 절차에 의한 권리보호와 관련한 자율테제의 주창자들은 당연히 다음과 같은 결론에 이른다. 즉, EU행정법에서는 절차하자를 제재하기 위한 명확하고 구체적인 규준이 없기에, 독일 행정절차법 제45조 이하가 전적으로 아무런 변경 없이 적용가능하다고 한다.[225] 또한 그것이

---

222) *Nettesheim*, Der Grundsatz der einheitlichen Wirsamkeit des Geminschaftsrechts, in: Randelzhofer/Scholz/Wilke(Hrsg.), GS für Grabitz, 1995, S.447ff.

223) *Kahl*, VerwArch 95(2004), S.1(15).

224) Schoch는 착안점에서 EU고유행정법과 EU행정법의 기능적 구별에 대해 찬동하되, 부분적으로는 그로부터 벗어나기도 한다.

225) 이런 의미로 BVerwG, UPR 1995, 450(451). Papier 교수는 회원국 국내절차법의 규준성으로 인해 독일 행정절차법 제46조의 해석의 (EU법적) 수정이 필수적이진 않다고 여기며, 동조가 EU지침보다 우선하다고 평가를 한다(ders., Direkte Wirkung

추상적으로 실제적 효과성의 원칙에 의해 중첩되긴 하나 －개별측면은 제외하고서－ 실은 그런 중첩이 구체적으로는 주효하지 않다고 한다. 자율테제의 입장에 따르면, 회원국 국내절차법의, 특히 국내 절차하자론의 구조적 중첩은 부인되어야 한다.

2. 동질화테제

자율테제는 다수의 비판적 반론에 처해졌다. 맨 먼저 물음이 던져진 것은, 법의 통일성・일치・정합성을 위하여, 특히 EU처럼 연방주의적 단체 내지 정치적 다차원시스템을 위하여, 원칙적인 법치국가원리적 평가를 유사하게 만드는 것을 포기할 수 있는지 여부이다. 이때 동질성(균질성, Homogenität)을 균일성(획일성, Uniformität)으로 오해해서는 아니 된다. 정당하게 강조되는 점이, EU고유행정법을 위하여 발견된 해결책이 분산적 집행에 도식으로 넘겨질 순 없다는 것이다.[226)]

하지만 EU최고재판소는 판단규준으로서의 EU법의 일반적 법원칙을 타자집행의 영역에게 넘김으로써,[227)] EU행정법의 두 가지의 층을 위한 공통의 법적 테두리를 만들었다. 그리하여 EU최고재판소는, "원칙적으로 동일한 기본적인 평가가 결정적이어야 한다(sollen)"고 분명히 판시하였다. 일부에서는, 심지어 EU최고재판소가 타자집행을 위한 규준의 전개에서 이미 자기집행에서 수립된 해결책을 적용시켜야 할 원칙적인 구속을 받는다고도 한다.[228)] 해당 EU최고재판소의 판례가 －헌법상의 차원에서

---

von Richtlinien der EG im Umwelt- und Technikrecht, DVBl. 1993, S.809 (814)). 그 밖에 이런 입장을 취한 문헌의 현황(Hien, Schmidt-Preuß, Gellermann 등)은 vgl. *Kahl*, VerwArch 95(2004), S.1(16), Fn.108.

226) *Classen*, Das nationale Verwaltungsverfahren im Kraftfeld des Europäischen Gemeinschaftrechts, DV 31(1998), S.307(317).

227) 특히 국가책임과 잠정적 권리구제의 영역에서 분명해진다. EuGH, Slg. 1996, I-1029 Rn.42, 51ff.; Slg. 1991, I-415 Rn.18f.

228) *Danwitz*, Verwaltungsrechtliches System und Europäische Integration, S.383.

EU기관에게 불리하게– 1차적인 EU법에 의해서 요구된 절차의무와 관계하며, 그래서 회원국 국내행정청의 공법적 행정활동에서의 절차하자에 대해서는 이행될 수 없다고 하는 반론도 제기될 수 없다.[229] 회원국 국내법적 청문의무 역시 헌법적으로 근거가 있기에, 이런 관점하에서는 결코 차이점이 생기지 않는다.

요컨대 EU행정법의 광범한 동질화테제(주장)가 자율테제에 선행되어야 한다. Nettesheim 교수나 Schmidt–Aßmann 교수가 주장하는 동질화테제에 의하면,[230] EU고유행정법이나 EU행정법에 해당하는지 여부는 부차적으로 중요하다. 실제적 유효성의 규준을 충족하기 위해서는, 결정적으로는 EU고유행정법의 영역을 위하여 전개된 규준이 목표가 될 수 있다. –EU행정법의 물음이 결코 (이형적인 특별경우의 인정을 정당화하는)[231] 특별한 사물법칙성을 나타내지 않는 한– EU고유행정법의 제 원칙들은 EU행정법을 위해서도 원칙적인 모델·규준적 효과를 발휘하는 것으로 본다. 동질화테제의 바탕에서 출발점으로 삼을 수 있는 점은, EU행정법의 통일적인 하자효과체제의 개요를 밝혀내는 것이 가능하다는 것이다. 왜냐하면 절차적 기본권보호에서의 규준이 자기집행은 물론 타자집행을 위하여 핵심에서 공히 동일하기 때문이다.

---

229) 異論: *Bonk/Kallerhoff*, in: Stelkens/Bonk/Sachs, VwVfG, §28 Rn.34ff.

230) *Nettesheim*, Der Grundsatz der einheitlichen Wirsamkeit des Geminschaftsrechts, S.459f.; *Schmidt-Aßmann*, Das allgemine Verwaltungsrecht, Kap.7 Rn.25.

231) 그러나 이형적인 특별경우란 절차에 의한 기본권보호를 위하여 받아들일 수 없다.

V. 독일 행정절차법에 대한 EU법적 영향의 개별적 측면[232)]

EU에서의 법형성과정과 EU법의 우위에 의해, 다른 법질서의 사고와 제도는 유례없는 방식으로 고유법에 유입되고, 또한 그것을 형성한다. 본래 회원국 국내행정의 고유법인 독일 행정절차법의 경우 벌써 이런 영향에 이미 들어가 있다고 하겠다.[233)]

1. 자국 행정청의 조직과 권한(관할)[234)]

회원국이 EU법을 집행하는 한, EU법은 회원국으로 하여금 (집행에) 합당한 행정청을 만들고 관할(권한, 소관)을 정할 것을 의무를 지운다. 하지만 EU가 직접적으로 회원국 국내행정청을 설립하는 것은 있을 수 없다. EU는 오로지 일반적인 구조에 관한 규범적 법칙만을 발할 수 있다.[235)] 따라서 EU법이 회원국 국내법에 따른 감독권과 내부직무지시권의 수행에 영향을 미치지 않는 것은 타당하다. 이에 반하는 견해는 EU최고재판소의 언명을 과잉 해석한 소치이다.[236)]

그렇지만 EU법은 상이하게 다음을 규정한다. 즉, 회원국 국내기관(부

---

232) 이하는 *Classen*, Das nationale Verwaltungsverfahren im Kraftfeld des Europäischen Gemeinschaftrechts, DV 31(1998), 307ff. 를 중심으로 하여 논의를 전개한다. 다만 절차하자와 신뢰보호의 문제는 제2절과 제3절에서 별도로 논의한다.

233) 이를 위한 좋은 예가 EU법위반인 자금조성의 반환요구에 관한 EU최고재판소의 판례이다(후술).

234) 회원국 국내행정조직에 대한 EU법의 영향에 관해서는 vgl. *Kahl*, Eropäisches und nationales Verwaltungsorganisationsrechts, DV 29(1996), S341ff.; *Hatje*, in: Schwarze/Muller-Graff(Hrsg.), Rechtseinheit durch einheitliche Rechtsdurchsetzung, Beiheht 1 -1998, S.7(14ff.).

235) *Kahl*, DV 29(1996), S.341(353f.).

236) 상세는 vgl. *Suviranta*, Das "richtige" Gemeinschaftsrecht und seine Verwirklichung in der mitgliedstaatlichen Verwaltung, VerwArch 87(1996), S.439(452f.).

처)의 원칙적인 소관의 경우에도 일정한 (예외적) 결정은 궁극적으로 오로지 EU집행이사회에 의해서 −동위원회가 외부관계에서 권한을 갖든, 또는 회원국 국내결정이 (내부적으로 발해질) EU집행이사회의 동의를 필요로 하든(그리하여 이 경우는 외부적 관할이 아니라 행정절차와 관련이 있다)− 발해질 수 있다고 하는 것이다. 끝으로 일정한 요건하에 다른 회원국의 결정 역시 국내행정청의 조직 등에 어느 정도 구속효를 발휘한다.[237)]

2. 방어권

개인의 고유한 청문권은 1차적인 EU법과[238)] 2차적 EU법에[239)] 존재한다. 이를 제외하고선, (관련인에 대한 부담적 조치로 귀결될 수 있는) 모든 절차에서의 EU시민의 불문의 청문권이 인정된다.[240)] 이를 바탕으로 - 뿐만 아니라, 분명히 이를 넘어서− EU최고재판소는 일련의 소위 "방어권"(Verteidigungsrechte)을 일반적 법원칙으로 발전시켰다. EU기본권헌장(GrCh) 제41조 제2항은 "좋은 행정에 관한 권리"의 일환으로 사전청문제도를 제도화시켰다. 개별법에 해당 규율이 없더라도, 사전청문은 EU의 근본원칙으로 보장되어야 한다. 따라서 이들은 핵심에서 회원국에 대해서도 구속을 가져다주는 기본적 성격을 제시한다. 청문명령(원칙)의 위반은 절차하자가 있게 성립한 결정의 위법(무효가능성)을 초래하는데, 이유는 그것이 EU운영조약 제263조(무효화(취소)소송) 제2상의[241)] 본질적인

---

237) 이것은 일부 명시적으로 제2차법적 행위(Sekundärrechtsakten)에서 생겨나지만, EU최고재판소에 의해 기본적 자유로부터 도출된다. EuGH, Slg. 1987, 1227(1274); Slg. 1992, I-3351(3241).

238) Art. 108 Abs. 2 AEUV.

239) Art. 87 Beamtenstaut, Art. 19 Abs. 1, Kartell-Verordnung(VO Nr.17).

240) EuGH, Slg. 1986, 2263 Rn.27; Slg. 1990, I-307 Rn.29.

241) EU운영조약 제263조(구 공동체조약 제230조) ② 이런 목적에 대해 EU최고재판소는, 회원국, 유럽의회, EU각료이사회(Rat), 또는 집행이사회가 무권한, 본질적인 절차규정의 위반, 조약이나 시행상 적용 법규범의 위반 또는 재량남용을 이유로 제기하

절차에 해당하기 때문이다.[242] 그렇지만 이런 청문구속의 범위, 가령 청문의무의 예외는 여전히 불명료하다. 다만 일반적 법원칙이란 예외를 허용한다는 점만은 확실하다. 이런 이유에서 EU법적 원칙은 전체적으로 독일 국내법의 그것과 대비된다고 한다. 왜냐하면 회원국의 청문구속이 EU의 청문구속보다 더 멀리 미치지 않기 때문이다.

(1) 권리의 내용

원칙적으로 관련인에게 불이익한 결정이[243] 내려지기 전에, 그에게서 聽聞을 하여야 한다. 이때 요구되는 바는, 타당성, －독일행정절차법 제28조에[244] 관한 실무를 넘어서－[245] 사실과 증거의 중요성을 위하여 나름의 입장을 적절하게 주장할 수 있는 可能性이다.[246] 행정으로서는, 독일 행정절차법 제28조 제2항에서처럼 규정되어 있지 않더라도 통상적으로 재량에 의하여 청문을 실시할 수 있기 때문에, 독일 국내법과 EU법 사이에 있음직한 충돌은 별 문제없이 고려될 수 있다. 독일 행정절차법 제28조 제3항상의 소위 聽聞權(Anhörungsrecht)의 한계는 종내 EU법과 유사성을 띄기에,[247] 결국 어려움이 마찬가지로 예상되진 않는다.

는 소송에 대해 권한을 가진다.

242) EuGH, Slg. 1997, I-1/20.

243) 독일 행정절차법 제28조 제1항은 개입적(부담적) 행정행위를 대상으로 하기에 문제가 발생한다.

244) 독일 행정절차법 제28조(참여자의 청문) ①참여자의 권리를 개입(제약)하는 행정행위가 발동되기에 앞서서, 결정에 중요한 영향을 미치는 사실에 관하여 의견을 표시할 수 있는 기회가 참여자에게 부여되어야 한다. ② 개개의 사정에 따라 필요하지 아니한 경우 특히, 다음의 경우에는 의견청취를 아니할 수 있다. 1. 즉시결정이 목전의 위험으로 또는 공익을 위하여 꼭 필요하다고(불가피하다고) 여겨지는 경우, 2. 의견청취로 인해 결정에 중요한 기간의 준수가 의문시 될 경우, 3. 참여자가 신청 또는 의사표시에서 행한 사실적 기재사항으로부터 참여자에게 불리하도록 벗어나서는 아니 될 경우, 4. 행정청이 일반처분이나 다수인에 대한 동종의 행정행위 또는 자동장치를 이용한 행정행위를 발하고자 하는 경우, 5. 행정강제의 조치를 발해져야 할 경우. ③ 강한 공익과 배치되는 때에는 의견청취를 행하지 아니한다.

245) BVerwGE 66, 184(189f.); *Bonk/Kallerhoff*, in: Stelkens/Bonk/Sachs, VwVfG, §28 Rn.34ff.

246) EuGH, Slg. 1991, I-3187(3241); Slg. 1987, 4393(4415f.).

EU최고재판소는 나아가 청문권의 결과로서 文書閱覽權(Recht auf Akteneinsicht)을 판시하였다.[248] 동 권리는 원래 (행정이 자신의 결정을 뒷받침하고자 하였던) 문서만을 대상으로 하였는데,[249] 최근 EU최고재판소는 이런 입장을 바꾸어, －다른 이의 직무비밀, 기타의 신뢰성 있는 정보나 행정청의 이익과 관련이 없는 한－ 절차의 모든 문서에 관한 열람권을 판시하였다.[250] 일종의 일반적인 정보공개제도로서 기능을 하는 셈이다. 그리하여 여기서는 (열람의) 부담을 면하는 문서에 관한 바른 해석이 심사될 수 있다. 일반적으로 방어권의 한계를 갖고서 방어권의 본질적 내용을 제거하는 식으로 해석하여선 아니 된다. 해결책은 개별경우의 구체적 상황의 형량에서 찾아야 한다.[251] 여기서도 독일법과의 충돌은 생각할 수 없다고 한다.[252] 끝으로 이런 상관관계에서 EU최고재판소가 판시한, 변호사조력에 관한 권리의 경우에도 마찬가지로 볼 수 있다.[253]

(2) 적용영역

한편 선행하는 절차에의 참가는 EU운영조약 제263조 제4항상의[254] 개인적 관련성을 시인하기 위하여 질적으로 중요한 기준으로 여겨진다. 이때 원고는 심지어 제3자의, 특히 절차에 참가하는 회원국의 절차권의

247) 그래서 청문권이 결정의 유효성을 훼손하여선 아니 된다: EuGH, Slg. 1989, 2859 (2933).

248) EuGH, Slg. 1995, I-865(888).

249) EuGH, Slg. 1984, 19(59).

250) EuG, Slg. 1992, Ⅱ-2667(2683).

251) 한편 신뢰성을 보호하기 위하여 문건을 면밀히 심사하고, 목록을 작성할 필연성은, 문서열람에 배치되지 않는다. EuGH, Slg. 1985, 849(868 ff.); EuG, Slg. 1995, Ⅱ-1775(1814, 1819).

252) *Classen*, DV 31(1998), S.307(311).

253) EuGH, Slg. 1982, 1575(1610); Slg. 1989, 2859(2924). 특히 변호사와의 관계의 신뢰성을 드러나게 보호하는 것이 최고로 주목할 만하다.

254) EU운영조약 제263조(구 공동체조약 제230조) ④ 모든 자연인 또는 법인은 제1항과 2항에 따른 조건하에서 자신들을 향하거나 자신들과 직접적 그리고 개별적으로 관련되는 행위(작용) 및 －그들과 직접적으로 관련 되고 시행조치를 수반하지 않는(시행조치를 필요로 하지 않는)－ 명령적 성질의 법적 행위에 대해 소를 제기할 수 있다.

위반을 주장할 수도 있다.[255)] 이런 방어권의 보장이 적용되는 영역을 정하기란 매우 어렵다. EU집행이사회 이전의 행정절차의 맥락에서, 일부에서는 방어권이 개인의 원고적격(제소권)을 목표로 삼아서 회원국 국내차원으로는 이전될 수가 없다고 한다.[256)] 마찬가지로 EU최고재판소가 종종 사용하는 용어인 "방어권"과 관련해서, 비록 EU법에서 그것의 가장 중요한 적용례가 분명히 제재절차이긴 해도, 오로지 그것만을 의미하는 식이 되어서는 덜 유익하다.

EU최고재판소가 사용하는 "방어권" 개념은 프랑스법에서 유래한 것이다. 프랑스에서는 "개인과 관련한 이유"에서 발해진 모든 불이익한 결정이 내리기 전에, －나아가 청구권이 존재하는 이익이 거부되는 경우에도 － 반드시 관련인에게 청문을 하여야 한다.[257)] EU법의 법상황은 비슷하다. 즉, 최근 EU최고재판소는 거부처분에 대해서 청문이 요구된다고 판결하였다.[258)] 그러나 독일에서의 상황은 다르다. 판례와 소수설은 그들 행정절차법 제28조의 문리해석에 치중하여 청문대상이 관련자의 권리에 개입하는 부담적 행정행위에 국한된다고 주장한다.[259)] 그러나 문헌상 통설은 규율목적에 초점을 맞추어 법적 불이익으로부터 시민을 보호하는 법치국가원리의 本旨에 따라 거부처분의 경우에도 청문의무가 성립한다고 주장한다.[260)]

---

255) 이에 관한 예가 특히 보조금감독법, 반덤핑법, 카르텔법 및 환경법에 있다.

256) EuGH, Slg. 1991, I-3187(3241).

257) *Chapus*, Droit administratif général, Bd.1, 6.Aufl., 1992, Rn.1133ff.; *Vedel/Deivolvé*, Droit administratif, Bd.2, 12.Aufl., 1992, S.284.

258) EuGH, Slg. 1991, I-5469(5501); Slg. 1984, 3623(3638).

259) BVerwGE 66, 184(186); *Bonk*, in: Stelkens/Bonk/Sachs, VwVfG, §28 Rn.26.

260) 대표적으로 *Kopp/Ramsauer*, VwVfG, §28 Rn.26a. 이런 상황은 우리 행정절차법상의 시전통지가 거부처분에 대해서 통용되는지 여부를 둘러싼 상황과 동일하다. 오늘날 실현되고 있는 법의 타당근거는 과거에 있지 않고, 현재에 있다. 행정절차의 기능인 권리보호와 입법취지를 고려할 때, 해석론의 차원에서도 권익제한의 결과를 초래하는 거부처분의 메커니즘에서도 거부처분 역시 아무런 문제없이 법문상의 '권익을 제한하는 처분'에 포함시킬 수 있다.

EU최고재판소는 이런 방어권의 인적 적용범위를 통상적으로 "관련인(Betroffenen)" 개념으로 표현한다.[261] 그리하여 EU최고재판소는, EU법에 따른 실체적 주관적 권리의 물음과의 상관관계에서도 사용한 이런 용어를 사용한다. 구체적인 포섭을 위하여, 특히 소송법에서 프랑스법의 본보기기능으로부터 도출되는 것은, 규율에 관한 순전히 사실적인 관련성으로 충분하다는 점이다.[262] 법관철을 위하여 개인이 流動化된다. 그러나 사실은 EU최고재판소는 규범적 차원에서도 규율의 목적이 관련된 개인의 이익의 보호에 있어야 한다고 요구한다. 그래서 원칙적으로 독일법에 따른 주관적 권리의 정의에서와 비슷한 관점이 통용된다고 하겠다. 즉, 종전과는 달리, 새로운 판례에 의하면,[263] EU운영조약 제263조 제4항의 범주에서의 원고적격을 인정하기 위해서는, 제3자의 단순한 절차참가만으로는 더 이상 충분하지 않되, 절차참가가 추가적으로 헌법상으로 규정되어 있는 경우에는 절차참가와 개인의 제소권이 널리 상관관계에 있다고 하겠다.

단지 EU최고재판소로서는, 목표설정의 개인관련성의 특수한 성질에 대해 전적으로 그리 엄격하지 않는 요청을 설정할 뿐이다.[264] 그리하여 동시에 "누가 독일 행정절차법이 참가자에게 부여한 권리를 행사하여야 하는가?"의 물음에 대해서 대답이 내려진다. 독일 행정절차법 제13조[265]

---

261) EuGH, Slg. 1986, 2263(2289); Slg. 1986, 2321(2348f.).

262) *Masing*, Die Mobilisierung des Burgers fur die Durchsetzung des Rechts, 1997, S.37ff.; *KoKott*, Europäisierung des Verwaltungsprozessrechts, DV 31(1998), S.335(348, 356f.).

263) EuG, Slg. 1999, II-179 Rn.50f.

264) *Classen*, Der Einzelne als Instrument zur Durchsetzung des Gemeinschaftsrechts?, VerwArch 88(1997), S.645(658ff.).

265) 독일 행정절차법 제13조(참여자) ① 다음의 각호에 해당하는 자가 참여자이다. 1. 신청인과 피신청인, 2. 행정청이 발하고자 하거나 발한 행정행위의 수범자(상대방), 3. 행정청이 체결하고자 하거나 체결한 공법상 계약의 상대방, 4. 제2항에 따라 행정청에 의해 절차에 참여하게 된 자. ② 행정청은 절차의 결과로 말미암아 자신의 법적 이익이 관련이 있을 수 있는 자를 직권으로 또는 신청에 의거하여 참여자로 참여시킬 수 있다. 절차의 결과가 제3자에게 권리형성적 효과를 가질 경우에는 이 제3자

제2항에 의하면, 절차의 개시가 법형성적 영향(효과)을 미칠 수 있는 자를 위하여, 그런 지위에 관한 청구권이 성립한다. 그리하여 EU법의 집행의 차별금지의 원칙에 따라, 통상 EU법에 의해 부여되거나 요구된 (이런 의미상의) 주관적 권리에 대한 개입도 평가할 것을 요구할 수도 있다. 相違를 정당화하는 사물적(실체적) 이유를 수용(긍정)하는 태도는,[266] 전술한 원칙의 본지를 간과할 수 있다고 한다.[267]

3. 私人의 그 밖의 참가

EU법은 전술한 "방어권"을 넘어서 사인의 일정한 참가,[268] 일부에서는 심지어 公衆의 참가를[269] 다양하게 규정하고 있다. 그런데 이들 수단은 독일에서와 마찬가지로 행정법의 고전적 수단에 속한다.[270] 문헌상 친환경심사(UVP)에 대한 공중의 참가의 경우를 위하여, EU법적 규율과 그것의 회원국 국내적 전환간의 충돌이 나타난다. 후자에 대해서는 권리보호적 기능이 부여되는 반면에, 전자는 정보베이스의, 절차투명성의, 결과수용의 향상을 목표로 한다. 이 점은 ―EU법은 독일법과 비교해서 객관적인 법관철에 대해서는 더 강력하게 요구하고, 개인적 권리보호의 경우엔 덜 보장한다는 식의― 널리 유포된 사고에 일치한다. 그러나 이런 견해는 설득력이 없다고 하겠다. 한편으로는 독일법 역시 오로지 정보제공적 성질을 갖는 萬人의 異議提起를 항상 인식하였으며, 다른 한편으로는

는 신청에 의하여 참여자로서 당해 절차에 참여하게 되어야 한다; 행정청이 이런 제3자를 안 경우에는 행정청은 그에게 절차개시를 통지하여야 한다. ③ 제1항의 요건이 존재하지 않음에도 청문의 대상이 되는 자는 그로써 참여자가 되지는 않는다.

266) *Kokott*, DV 31(1998), S.335(350f.).

267) *Classen*, DV 31(1998), S.307(313).

268) EuGH, Slg. 1987, 5429(5460f.). 이런 사람들에게는 그에 맞춰 사법적 권리보호에 관한 권리가 존재하지 않는다.

269) 이것은 EU환경영향평가지침(UVP-RL)상으로 의무적으로 규정되어 있다.

270) *Schmitt Glaeser*, in: Lerche/Schmitt Glaeser/Schmidt-Aßmann, Verfahren als Staats- und verwaltungsrechtliche Kategories, 1984, S.53ff.

EU법이 권리보호적 측면도 나타낸다. 왜냐하면 EU 친환경심사지침(UVP-RL) 제6조 제2항에 따르면, 公衆에게 전체적으로 알리긴 해도 관련한 公衆만이 이의제기의 기회를 가지며, 또한 제9조에 따라 발해진 결정이 (그에게) 통보되어야 한다.[271)]

4. 기타에서 행정절차의 실시

행정절차를 시행하기 위해서는 그 밖에 개별적으로만 일반원칙이 존재한다. 그래서 -독일 행정절차법 제24조의 직권조사원칙(Untersuchungsgrundsatz)처럼- 사안을 면밀히 심사하고, 모든 관련 사정을 직권으로 조사할 의무가 존재한다.[272)] 이런 조사의무가 사안에서 요구되는 한, 회원국 국내행정청은 EU집행이사회와 공동작업(협력)하여야 한다.[273)] 越境的 사안을 위해서는, 기본적 자유에 의해서, 특히 외국의 규율, 심사, 통제 등의 등가성을 심사할 것이 요구된다.[274)] 일부에서는 가령 EU 친환경심사지침(UVP-RL)에서처럼, 개개인의 중요한 협력의무 역시 성립된다. 나아가 EU최고재판소는 "시간적 요소"에 대해서, 특히 정확성의 추구가 특징인 독일 실무에서보다 더 큰 중요성을 부여하고 있다.[275)]

---

271) BayVGH, UPR 1991, S.157(158); *Weber/Hellmann*, Das Gesetz über die Umweltverträglichkeitsprüfung(UVP-Gesetz), NJW 1990, S.1625(1630).

272) EuGH, Slg. 1964, 271 (292); Slg. 1980, 1743 (1759); Slg. 1991, I-5469 (5500).

273) EuGH, Slg. 1991, I-3365(3372f.); Slg. 1991, I-935(994); EuG, Slg. 1996, II-921(946).

274) EuGH, Slg. 1983, 2445(2464f.); Slg. 1985, 3887(3905f.); Slg. 1988, 547(575f.); Slg. 1993, I-1663(1697f.); *Fastenrath*, Die veränderte Stellung der Verwaltung und ihr Verhältnis zum Bürger unter dem Einfluss des europäischen Gemeinschaftsrecht, DV 31(1998), S.277(301f.).

275) 상세에 관해서는 *Hatje*, Die gemeinschaftsrechtliche Steuerung der Wirtschaftsverwaltung, 1998, S.83ff.

5. 기 간[276)]

법치국가에서 기간의 존재는 자명한 이치이다. 그것은 회원국 국내법에서든 EU법에서든 法的 安定性에 이바지한다. EU법이 기간을 명시적으로 규정하는 한, 실무상으로 아무런 문제가 생기지 않는다. 왜냐하면 통상적으로 이것이 독일법에 의할 때보다 더 짧게 설정되어 있진 않기 때문이다. EU최고재판소의 견해에 따르면, 어느 정도의 제한이 있더라도 회원국 국내기간 역시 원칙적으로 정당하다.[277)] 문제가 된 첫 번째 경우는, 자금조성의 반환요구의 맥락에서 독일 행정절차법 제48조 제4항과[278)] 관련이 있다.[279)] 더 큰 파급효과를 지닌, 두 번째 경우는 - 회원국 국내법에서 EU지침의 전환이 늦음으로 인해, EU지침에 담겨진 청구권을 주장할 가능성이 배제되어버리는 결과를 낳은- 회원국 국내기간규정과 관련이 있다.[280)] EU최고재판소의 견해에 따르면, EU지침에 의해 부여된 청구권의 실제적 효력은 그것이 주장되어야 보장되는 것이 아니다. EU지침이 전환 이전에도 직접적 효력을 발휘하였다거나 청구권은 기한에 맞춰 제기될 수 있었다는 항변에 대해서, EU최고재판소는 전환결여와 결부된 법적 불안정성을 들어, 특히 관련인은 이런 가능성을 확실하게 알지는 못한다는 점을 들어 반론을 제기하였다.

비전환EU지침의 경우에 행정행위의 존속력이 원칙적으로 배제될 것이라는 우려가, 동 판결을 통해서 해소되었다.[281)] 그러나 나중의 EU최고

276) 기간의 문제는 후술할 신뢰보호에서 다시 상술한다.

277) EuGH, Slg. 1976, 1989(1998); Slg. 1976, 2043(2053); Slg. 1997, I-4085(4157f.).

278) 독일 행정절차법 제48조(위법한 행정행위의 취소) ④ 행정청이 위법한 행정행위의 취소를 정당화하는 사실을 알게 된 경우, 그 취소는 알게 된 때로부터 1년 이내에만 허용된다. 제2항 제3문 제1호에 해당하는 경우에는 그러하지 아니한다.

279) EuGH, Slg. 1997, I-1591(1619) - Alcan; *Classen*, JZ 1997, S.724 ff.; *Fastenrath*, DV 31(1998), S.277(291f.).

280) EuGH, Slg. 1991, I-4269(4299) - Emmott.

281) *Stadie*, Unmittelbare Wirkung von EG-Richtlinien und Bestandskraft von

재판소의 판결은 이런 우려가 근거가 없다는 점을 나타내었다. 이전에 논의된 기간규율은, 문제된 권리가 지속적으로 상실되어 버렸다는 특수성을 나타낸다. 이와는 대조적으로 권리를 시간적으로 제한하는 데 그 효력을 한정시키는 기간규율은 전적으로 허용된다.[282] 그리하여 독일법과의 충돌은 널리 배제되어 버린다. 독일 행정법에 의하면, 독일 행정절차법 제48조, 제49조에 따른 (미래효를 갖는) 행정행위의 취소와 철회는 원칙적으로 언제든지 가능하다.[283][284] EU법은 현존 재량을 신규결정의무의 의미에서 축소한다. 이런 점에서 독일 행정절차법 제51조 제3항만이 그 중요성을 상실한다.

독일 행정절차법 제48조, 제49조는 제3자의 신뢰보호가 훼손되는 곳에 한계를 두고 있다. 그러나 이런 문제점은 전술한 경우에는 들어나지 않는다. 인용된 EU최고재판소의 판결의 전제는, EU지침이 회원국 국내법으로 잘못 전환되었다는 것이다. 이 경우 EU지침은 어차피 개인에게 유리하게만 법적 효력을 발휘하지, 결코 그 개인을 불리하게는 발휘하지 않는다.[285] 따라서 제3자에게 불이익한 결정은, EU지침이 회원국 국내법으로 맞게 전환되었을 때에만 비로소 고려된다. 그러나 그렇다면 관련인은 필경 독일행정절차법 제51조에[286] 따라 사건(경우)을 새롭게 재개하는

Verwaltungsakten, NVwZ 1994, 435ff.

282) EuGH, Slg. 1993, I-5475(5502ff.); Slg. 1994, I-5483(5510f.); Slg. 1997, I-4263 (4287).

283) 독일 행정절차법 제48조(위법한 행정행위의 취소) ① 위법한 행정행위는 불가쟁력이 발생했더라도, 장래효적으로 또는 소급효적으로 전부 또는 일부를 취소될 수 있다. 권리 또는 중요한 법률상의 이익을 성립시키거나 확인한 행정행위는 제2항부터 제4항의 제한에서만 취소될 수 있다.
독일 행정절차법 제49조(적법한 행정행위의 철회) ① 불가쟁력이 발생했더라도, 적법한 비수익적 행정행위는 그 전부 또는 일부를 장래를 향하여 철회될 수 있다. 다만 동일한 내용의 행정행위를 다시 발하여야 하거나 또는 다른 사유로 철회가 허용되지 아니하는 경우는 예외로 한다.

284) 우리의 경우 취소는 소급효, 철회는 미래장래효의 공식이 아무런 제약 없이 원칙으로 공고한데, 상황에 맞는 바른 법집행의 전개를 가로막는다는 점에서 시급히 수정될 필요가 있다. 이 점에서도 행정기본법의 조속한 제정은 절실하다.

285) EuGH, Slg. 1990, I-495(525f.).

것에 관한 청구권(재심사청구권)을 갖는다. 이 경우 제3자에게 불리한 결정 역시 가능한 한에 있어서,[287] 법상황이 변화한다. 이런 식의 사고는 앞서 표명된 주장을 입증한다. 즉, 전환의 경우에 독일 행정절차법 제51조에 따른 청구권이 존재하면, －비록 위법한 전환지연으로 인해 철회를 곤란하게 만든 것이 바로 국가라 할지라도－ 관련인으로서는 이런 청구권을 주장할 수 있는 회원국 국내법의 전환을 기다려야 한다는 것은 헛일일 것이다.

EU최고재판소는 －행정절차에서 기왕에 제시되지 않았던 관점을 재판절차에서 주장하는 것을 거부하는－ 회원국 국내적 규율에 대해서, EU법적으로 보장된 권리를 심하게 곤란하게 만든다고 평가하였다.[288] 이런 판결이 무제한적으로 통용되도록 요구될 것 같으면, 가령 독일 연방오염방지법 제10조 제3항 제5문과[289] 같은 실체적인 배제규정은 문제가 있게 될 것이다. 그렇지만 EU최고재판소가 －구체적인 행정절차의 특수성과 제3자의 중요성(관심사)에 연계된－ 차별적 규율을 수용한 점은 배제되지 않는 것 같다.

---

286) 독일 행정절차법 제51조(절차의 재개) ① 행정청은 다음 각호의 어느 하나에 해당하는 경우 이해관계인의 신청에 따라 불가쟁력이 발생한 행정행위의 취소 또는 변경에 관하여 결정을 내려야 한다. 1. 행정행위의 근거가 되는 사실상황 또는 법상황이 사후에 이해관계인에게 유리하도록 바뀐 경우, 2. 관련인에게 유리한 결정을 가져다줄 수 있는 새로운 증거가 존재하는 경우, 3. 민사소송법 제508조에 준하는 재심의 사유가 발생한 경우. ② 신청은 이해관계인이 절차재개사유를, 종전의 절차에서 특히 법적 구제절차에 의해 중대한 과실없이 주장할 수 없었던 경우에 한하여 허용된다. ③ 신청은 3월내에 제기하여야 한다. 이 기간은 관련인이 절차재개사유를 안 날로부터 개시한다. ④ 제3조의 규정에 의한 관할행정청이 신청에 관해 결정을 내린다; 폐지 또는 변경이 요구된 행정행위가 다른 행정청에 의하여 발하여진 경우에도 역시 그러하다. ⑤ 제48조 제1항 제1호와 제49조 제1항의 규정은 관계가 없다.

287) 하지만 이런 것은 EU지침에 바탕을 두고서는 불가능하다.

288) EuGH, Slg. 1995, I-4599(4622f.) - Peterbroeck; *Danwitz*, UPR 1996, 323ff.

289) 이의제기간이 경과함으로써, 허가절차에 대한 －특별한 사법적 명의에 바탕을 두지 않은－ 모든 이의제기는 배제된다.

6. 절차결정의 이유제시

회원국 국내차원에서의 효과적인 권리보호에 관한 EU법적 청구권에 관한 판결에 연계하여,[290] EU최고재판소는 개인의 권리에 개입하는 회원국 국내 법적 행위에 대해서도 이유제시를 요구한다.[291] 제1차적 EU법(EU운영조약 제296조 제2항)에[292] 따라 EU의 모든 법적 행위에 대해서 요구된 이유제시의무는, 독일 행정절차법 제39조와[293] 실체적으로 동일하게 전개되었다. 이유제시에 관한 보장은 크게 두 가지의 기능을 갖는다. 즉, 그것은 개인에게 자신의 권리의 방어를 가능케 하고(권리보호기능), 동시에 법원에 의한 법적 행위에 관한 효과적인 적법성 심사를 위한 요건(조건)을 제공한다(명확화기능).[294] 그런데 최근에 독일 국내 차원에서의 이런 요청은 오로지 개별결정에 대해서만 통용되고, EU차원에서와는[295] 달리 규범행위에 대해서는 결코 통용되지 않는다는 점이 분명해졌

---

290) EuGH, Slg. 1986, 1651(1682).

291) EuGH, Slg. 1987, 4097(4117); Slg. 1991, I-2357(2385).

292) EU운영조약 제296조 [유럽연합의 법적 행위의 공통된 원칙] ② 법적 행위는 이유가 부기되어야 하고, 조약에 규정된 제안, 제안권, 권고, 신청 또는 견해표명이 언급되어야 한다.

293) 독일 행정절차법 제39조(행정행위의 이유제시) ① 문서에 의한 행정행위, 전자적 행정행위 및 서면이나 전자적으로 확인된 행정행위는 그 이유가 부기되어야 한다. 이유제시를 함에 있어서 행정청이 결정을 내린 중요한 사실적, 법률적 근거가 이유가 통지되어야 한다. 재량결정의 이유제시는 행정청이 재량권을 행사할 때 출발점으로 삼은 관점 역시 인식할 수 있게 하여야 한다. ② 다음 어느 하나에 해당하는 경우에는 이유제시를 필요로 하지 아니한다. 1. 행정청이 신청을 인용하거나 의사표시를 따른 경우나 행정행위가 타인의 권리를 개입하지 아니한 경우, 2. 행정행위에서 규정되거나 관련을 갖게 된 자가 사실상태와 법상태에 관한 행정청의 견해를 이미 알고 있거나 이유제시가 없더라도 곧바로 알 수 있을 경우, 3. 행정청이 일반처분이나 다수인에 대한 동종의 행정행위 또는 자동장치를 이용한 행정행위를 발하고, 개별경우의 사정에 비추어 이유제시가 필요하지 않은 경우, 4. 법규상 이유제시의 불필요가 규정에서 비롯된 경우, 5. 일반처분이 공고된 경우.

294) EuGH, Slg. 1970, 263(283); Slg. 1982, 3159(3183); Slg. 1981, 1805(1833); Slg. 1986, 2321(2347); *Müller-Ibold*, Die Begründungsplicht im europäischen Gemeinschaftsrecht und im deutschen Recht, 1990, S.13ff.; *Lücke*, Begründungszwang und Verfassung, 1987, S.37ff.

다. 이와 반대되는 견해는 적어도 대부분의 회원국의 실무와 전적으로 불일치할 것이다. 언급한 도그마틱적 도출을 감안한즉, 그런 해결책은 추가로 규범에 대한 권리보호에 관한 권리를 조건으로 할 것이다. 그러나 이것은 至難하다고 하겠는데, 이유인 즉 그런 권리는 EU법적 차원에서 존재하지 않기 때문이다. 끝으로 이 판결로 중요하게 확인할 수 있는 것은, EU최고재판소 역시 EU법적 해결책을 회원국 국내 차원으로 圖式的으로 이전, 대입시키진 않는다는 점이다.[296]

한편 필요한 이유제시의 범위에 관해서는, 특히 최근의 EU최고재판소의 판결에서 분명해진 점은, 개별사건의 사정이 결정적인 규준이 된다는 것이다. 그리하여 회원국이 법적 행위를 발하는 것에 관한 논의에 참가하고 그래서 모든 배경을 알거나,[297] 또는 다투는 자가 주어진 지적을 곧바로 검토할 수 있을[298] 때는, 그 이유제시가 짧고 대충이라 하더라도 무방할 수 있다. 이런 사정에서 독일법의 경우 이유제시의무의 예외를 명문으로 두고 있다(독일 행정절차법 제39조 제2항 제2호). 그런데 이처럼 이유제시의무의 예외를 두고 있지 않은 이상, EU최고재판소는, 형식의 보장 그 자체를 위하여 이유제시를 요구하지 않고, 오히려 그것의 기능의 이행을 확고히 하는 것이 관건인 셈이다.

7. 독립적 정보권

EU법은 EU운영조약 제15조상의 문서접근권(Recht auf Zugang zu Dokumenten)을[299] 통해 일종의 정보권으로 가히 완전히 새로운 것을 만

295) EuGH, Slg. 1997, I-3395(3431).
296) *Classen*, DV 31(1998), 307ff.
297) EuGH, Slg. 1993, I-3399(3424); Slg. 1995, I-3081(3111).
298) EuGH, Slg. 1995, I-2611(2647); Slg. 1996, I-5863(5922).
299) EU운영조약 제15조(구 공동체조약 제255조) ① 책임행정을 증진하고 시민사회의 참여를 공고히 하기 위하여 유럽연합의 기관, 기구 그리고 기타 부처는 공개원칙을 널리 준수하면서 활동한다. ② 유럽의회는 공개적으로 개최된다; 이는 EU각료이사회

들었다. 하지만 독일법에서는 이제까지 문서열람이 오로지 절차법적 의미를 갖고서(독일 행정절차법 제29조),[300)]—독일 행정절차법 제13조의 참가자의 개념이 보여주듯이— 통상 실체법을 관철하기 위한 테두리에서만 존재하였다. 이에 따라 절차결정을 독립하여 폐지한다는 것은 널리 불허된다. 이 밖에 EU최고재판소는 이런 원칙을 유럽기관의 절차법적 결정에 대해서도 판시하였다.[301)] 그리하여 일부에서는 문서열람권을 시스템붕괴와 異物質로 평가하고 있다.[302)]

(Rat))가 입법적 행위의 초안에 관해 조언하거나 표결할 경우에도 그러하다. ③ 모든 유럽연합시민 및 회원국에 주소나 정관상의 주소를 둔 모든 자연인이나 법인은, 형식이나 문서의 주체에 상관없이, 그리고 본항에 의해 확정되어야 할 원칙과 조건의 유보하에, 유럽연합의 기관, 기구 그리고 기타 부처의 문서에 대한 접근권을 가진다. 문서접근권의 행사를 위한 일반적 원칙과 -공익과 사익에 기인하여- 통용되는 제한은 유럽의회와 EU각료이사회(Rat)에 의해 정식의 입법절차에 따른 명령을 통해 확정된다. (유럽연합의) 기관, 기구 그리고 기타 부처는 자신의 활동의 투명성을 보장하고, 직무령(Geschäftsordnung)에서의 이상의 명령에 따라 문서접근권과 관련한 특별규정을 확정한다. 본항은 유럽재판소, 유럽중앙은행, 유럽투자은행에 대해서 이들이 행정임무를 수행하는 경우에만 통용된다. 유럽의회와 EU각료이사회(Rat)는 입법절차와 관련이 있는 문서가 이상의 명령에 의해 일반 공중에 접근가능하도록 배려한다.

300) 독일 행정절차법 제29조(참여자에 의한 문건열람) ① 행정청은 문건을 아는 것이 참여자의 법적 이익을 주장하거나 방어하기 위하여 필요한 경우에는 참여자에게 절차와 관련한 문건의 열람을 허용하여야 한다. 제1문의 규정은 행정절차의 종결시까지 적용되나, 결정의 초안이나 결정초안의 직접적 준비를 위한 서면에 대하여는 그러하지 아니하다. 제17조와 제18조의 규정에 따라 대리가 행해질 경우에는 대리인만이 문건열람청구권을 가진다. ② 문건열람의 허용으로 인해 행정청임무의 규정에 맞는 이행이 저해될 경우, 문건내용이 알려지면 연방과 주의 공개가 연방이나 주의 공공복리에 불이익을 야기할 경우, 법률에 따라 혹은 그 본질에 비추어, 즉 참여자나 제3자의 정당한 이익 때문에 경과가 비밀유지되어야 할 경우에는, 행정청은 문건열람의 의무를 지지 않는다. ③ 문건열람은 당해 문건을 관리하는 행정청에서 행해진다. 개개의 경우에 다른 행정청이나 외국에 있는 독일연방공화국의 외교대표부나 영사대표부에서도 열람이 행해질 수 있다; 문건관리 행정청은 다른 예외를 허용할 수 있다.

301) EuGH, Slg. 1981, 2639(2652); Slg. 1986, 1965(1990) -Akzo Chemie; EuG, Slg. 1994, Ⅱ-285(301). 독일의 규범상황에 대한 비판으로 *Wahl*, VVDStRL 41(1983), S.151(181).

302) *Erichsen*, Das Recht auf freien Zugang zu Informationen über die Umwelt - Gemeinschaftsrechtliche Vorgaben und nationales Recht, NVwZ 1992, S.409 (418f.); *Danwitz*, Verwaltungsrechliches System und Europäische Integration, S.273, 278.

그렇지만 독일법은 오래 전부터 청원권의 형식으로 (이를 이용하여) 개인이 고유한 실체적 주관적 권리에서 벗어나 행정, 즉 기본법 제17조상의 "소관부처"를 통제할 수 있는 수단을 내포하고 있는 데, 이 점이 종종 무시되었다고 한다.[303] 판단을 위하여 결정적인 것이 그런 것(문서열람권)의 신종의 성질을 가진다고 할 수는 없다. 전통적인 규율구조가 더 이상 유지될 수 없을 정도로 독일법과의 충돌이 성립하는지 여부와 충돌의 정도가 오로지 관건이 된다. 그러나 그런 물음은 명료하게 그리고 상이한 전환부전의 제거의 경우를 위해서도 기대될 수 없다.[304]

8. 절차하자와 유럽화의 문제[305]

(1) 구조적 충돌에 관한 개관

EU법이 회원국 국내절차법에 대해 미치는 영향을 반박하지 않는 저자들이 지배적으로 주장하는 것이, EU법과 회원국 국내법간에 구조적인 상위(다름)가 존재한다는 것이다. 이런 주장은 다음의 두 가지, 엄격히 상반된, 그래서 원칙적으로 양립할 수 없는 구상(모델)이 충돌한다는 생각을 바탕으로 한다.

여기서 한편으로는 독일의 법원지향적 모델이 존재한다. 이 모델은 실증주의적 포섭의 믿음에 터 잡아 주된 관심을, 하나의 바른 −가능성에 의해 조건적으로 프로그램된− 실체적 결정에 둔다. 이에 따라 절차권에 대해서는 단지 상대적인 봉사적 기능만이 견지된다(절차봉사설의 차원). 다른 한편으로는 EU법의 모델이 존재하는데, 여기서는 앵글로 색슨적 법전통과[306] 특히 프랑스적 법전통[307]에 의해 그 특징이 형성되었다. 그리

303) *Masing*, Die Mobilisierung des Burgers, S.165ff.

304) *Schwarze*, in: Schwarze(Hrsg.), Das Verwaltungsrecht unter europäischem Einfluß, 1996, S.123(172f.).

305) 이하의 내용은 *Kahl*, VerwArch 95(2004) S.1(19ff.)을 중심으로 논의를 전개한다.

306) *Epiney*, Primär- und Sekundärrechtsschutz im Öffentlichen Recht, VVDStRl 61

하여 공평한 결정과정이 지닌 타당성보장의 기능을 신뢰하는 차원에서 절차권을 강조한다(절차고유가치설의 차원). 또한 권리구제의 구상과 관련해서도, 독일식의 구상은 보호규범론의 의미에서 주관적 권리방어에 의존하는 실체적 피침소송을 바탕으로 하는 데 대해서, EU법적 구상은 1차적으로 객관적인 법통제의 목표를 지향함으로써, 공공복리의 목표달성을 위하여 개인의 이익을 流動化하는 것을 바탕으로 한다.[308)]

1) 독일 행정절차법 제45조[309)]

동조와 관련해서는, 확인해야 할 점은, EU최고재판소가 특히 형식적 하자의 치유와 관련한 최근의 판례에서 매우 자제하면서 대처한다는 점이다. EU법원의 판례에 의하여, 절차규정의 실제적 유효성이 －보조금법상의 통지의무처럼－ 그로 인해 훼손되는 경우에는, 추완된 절차작용은 결코 소급효적 힘을 갖지 못한다.[310)] 절차하자는 원칙적으로 행정절차에서 치유될 수 있긴 하나,[311)] 실은 결코 더 이상 재판절차단계에서는 치유될 수가 없다.[312)] 재판절차에서의 치유불허용성의 원칙은 특히 엄격히 이

(2002), S.362(377ff., 385f.).

307) 벨기에, 그리스, 룩셈부르크, 포르투갈 등은 프랑스식 권리보호의 전통을 따른다.

308) *Halfmann*, Entwicklungen des Verwaltungsrechtsschutzes in Deutschland, Frankreich und Europa, VerwArch. 91(2000), S.74(82f., 97ff.).

309) 독일 행정절차법 제45조(하자의 치유) ① 절차 또는 형식법규의 위반은, 그 위반사항이 제44조의 규정에 따라 행정행위를 무효로 만드는 경우를 제외하고는, 다음 각 호의 어느 하나에 해당될 때 이를 문제로 삼지 아니한다. 1. 행정행위의 발동에 필요한 신청을 사후에 제출한 경우. 2. 요구되는 근거제시가 사후에 이루어진 경우. 3. 요구되는 참가인의 의견청취가 사후에 보완된 경우. 4. 행정행위의 발동을 위하여 참여하여야 할 위원회의 의결를 사후에 행한 경우. 5. 필요로 하는 다른 행정청의 협력이 사후에 보완된 경우. ② 제1항에 따른 행위는 행정소송절차의 종결시점까지 추후에 보완될 수 있다. ③행정행위에 요구되는 이유의 제시가 이루어지지 아니하였거나 행정행위의 발령 전에 요구되는 참가인의 의견청취가 이루어지지 아니하였고 이로 인하여 행정행위의 취소청구를 제시간 내에 할 수 없었던 경우에는, 법적구조기간 지체의 책임이 없다. 제32조 제2항에 따른 절차의 재개기간에 표준이 되는 사항은 흠결된 절차적 행위가 보완된 시점에 발생한다.

310) EuGH, Slg. 1991, I-5505, Rn.16f.; Slg. 1996, I-3547 Rn.67; Slg. 1983, 3151 Rn.29; Slg. 1987, 3259 Rn.10.

311) EuGH, Slg. 1983, 3151 Rn.29; Slg. 1987, 3259 Rn.10.

유제시상의 하자에서[313] 그리고 청문하자에서[314] 통용된다.[315]

아무튼 이런 절차권을 고려한, 즉 행정절차가 종료한 이후에는 원칙적으로 치유를 인정하지 않는다는 원칙은, 판례상의 일체의 동요에도 불구하고, 그사이 －EU조약의 적용영역에서 배치되는 회원국 국내법을 배척하는 효과를 불러일으키기에－[316] 내용상으로 충분히 구체화되고 공고해졌다. 그 결과, 독일 행정절차법 제45조 제2항과 결합하면서 동조 제1항 제2호와 제3호에 의한 치유의 가능성이 EU법의 적용영역에서는 가령 EU법의 자기집행과 타자집행의 경우에는 제외되게 되었다. 그런데 독일 행정절차법 제45조와 EU법의 충돌은 독일의 하자효과규정의 부분적인 EU 법위반을 초래하지는 않는다고 한다.[317] 오히려 목적론적 축소의 의미에서의 EU합치적 해석 내지 법형성이 우선적으로 적합하다. 이에 의하면 (적어도 청문하자와 이유제시하자에서는) 치유가 오로지 전심절차의 종결까지만 허용된다고 하겠다.

---

312) EuGH, Slg. 1979, 321 Rn.6ff.; Slg. 1996, I-5151 Rn.48; EuG, Slg. 1995, II-1775 Rn.98, 103.

313) EuGH, Slg. 1958/59, 89(115f.); Slg. 1967, 99(125); Slg. 1981, 1805 Rn.26f.; *Müller－Ibold*, Die Begründungspflicht im europäischen Gemeinschaftsrecht und im deutschen Recht, S.113.

314) EuGH, Slg. 1979, 321 Rn.6ff.; Slg. 1980, 3333 Rn.37; Slg. 2001, I-5281 Rn.31f.

315) 우리 판례 역시 치유의 시간적 한계를 쟁송제기이전으로 설정한다. 즉, 이유제시상의 하자와 관련해서 늦어도 대상처분에 대한 불복여부의 결정 및 불복신청에 편의를 줄 수 있는 상당한 기간내에 보정행위를 하여야 그 하자가 치유된다고 하였다(대법원 1983.7.26. 선고 82누420판결). 그런데 치유의 대상을 절차・형식상의 하자로 설정하면 취소판결의 기속력의 의미를 고려하여 －독일마냥－ 치유의 가능시점 역시 사실심종결시까지 연장하는 것이 바람직하다.

316) 마찬가지로 자기집행영역에서의 치유에 관한 원칙을 타자집행에 이전할 수 있는 것을 위하여, Sachs는 EU법적 절차요청의 무조건적 통용요청을 추가적으로 요구한다.

317) *Schoch*, Die Verwaltungsgerichtsbarkeit vor den Herausforderungen der jüngeren Rechtsentwicklung, VBlBW 2000, 41ff.

2) 독일 행정절차법 제46조[318)]

동조와 관련해서, EU법은 다음의 점을 요구하지 아니 한다: EU법이 절차권을 부여하는 한, 모든 절차하자는 실체상의 영향미침과는 무관하게 해당 행정결정의 폐지를 초래하여야 한다. EU최고재판소 역시 자기집행을 위한 EU운영조약 제263조 제2항의[319)] 범주에서 다음의 점을 출발점으로 삼는다: 절차하자가 법적 행위의 내용을 영향을 미치는 데 적합하였고, 그래서 인관관계가 성립하는 경우에만 그 절차하자가 동조항의 의미에서 "본질적"이다.[320)]

독일법에서와 같은 이런 "無害過失의 原則"(harmless error principle)에 의하면, 절차규정에 대해서는 결코 자율적인 기능이 아니라, 행정적 조치의 내용적 적법성을 보장하는 보충적 · 도구적 기능이 인정된다. 그래서 가령 사용될 관용어(Amtssprach)에 관한 규정을 위반한 경우, 그래도 관련자가 본문을 이해하였고 그래서 자신의 방어권상으로 아무런 방해를 받지 않았을 때는, 결코 절차규정의 본질적인 위반을 갖지 않는다.[321)] 또한 관련 사실이 다른 방법으로 관련 회원국에게 알려지고 그래서 그 회원국이 태도를 취할 수 있었을 경우엔, 법적 청문의 불찰은 아무런 결과가 낳지 않는다.[322)] 그리고 사건의 다른 사정, 특히 '좋은 행정의 원칙'에 대한 명맥하고 중대한 위반 때문에, 청문조차도 소관 EU기관으

318) 독일 행정절차법 제46조(절차 및 형식상의 하자의 효과): 제44조의 규정에 의하여 무효로 되지 아니하는 행정행위는, 위법사실이 결정에 실체적으로 영향을 미치지 아니하였는 점이 명백하면, 절차나 형식 또는 토지관할권에 관한 규정을 위반하여 성립되었다는 이유만으로 그것의 폐지를 요구할 수 없다.

319) ② 이런 목적에 대해 EU최고재판소는, 회원국, 유럽의회, EU각료이사회(Rat), 또는 집행이사회가 무권한, 본질적인 절차규정의 위반, 조약이나 시행상 적용 법규범의 위반 또는 재량남용을 이유로 제기하는 소송에 대해 권한을 가진다.

320) EuGH, Slg. 1965, 717(739); Slg. 1970, 661 Rn.48/52; Slg. 1971, 297 Rn.12f.; Slg. 1980, 2229 Rn.26.

321) EuGH, Slg. 1970, 661 Rn.48/52.

322) EuGH, Slg. 1986, 2263 Rn.30; Slg. 2002, I-265 Rn.32.

로 하여금 발한 조치의 시의성에 관한 자신의 견해를 바꾸도록 할 수 없을 경우에도 마찬가지이다.[323)]

무해과실의 원칙에 관한 판례는, 법적 이유에서 다른 실체적 결론이 배제될 법한 경우(법적 대체가능성의 결여)에만 해당하진 않는다.[324)] 즉, 비록 발한 결정이 행정청의 재량여지에 들어가긴 하나, 실은 그 종류에 비추어 생각할 수 있는 모든 관점을 고려하더라도 절차위반이 －결정이 사실상의 이유에서 다를 수가 없어서(사실상의 대체가능성의 결여 내지 결여된 구체적 인과관계)－ 실체결정에 대해서 아무런 영향을 미칠 수가 없었던 경우에는, 독일의 법도그마틱에서와 마찬가지로 그 절차위반은 논외가 되어 버린다.[325)] 최근에도 EU최고재판소는 모든 절차하자가 필연적으로 폐지청구권을 초래하지는 않음을 확인하고 독일 행정절차법 제46조의 인과관계의 요청(Kausalitätserfordernis)을 원칙적으로 긍정한다.[326)]

독일문헌상의 다수의 견해는 EU최고재판소의 이런 판례의 경향에 비추어 독일적 구상과 유럽적 구상이 절차하자의 인과관계와 관련해서 전반적으로 합동이라고(동일하다고) 주장한다. 그러나 이런 주장에 대해서, Kahl 교수는 다음의 논거로 반론을 강하게 개진한다.[327)]

i) EU의 법적 행위를 발함에 있어서 활동이 행해지지 않아야, －그것이 독일 행정절차법 제45조 제1항에 기재되어 있는 것과 같이－ 통상 위반의 중대성(본질성)을 출발점으로 삼을 수 있다. 따라서 통상적으로는 '무해과실의 원칙'이 적용되지 않는다. 이런 점이 청문하자[328)]와 이유제시

---

323) EuGH, Slg. 2001, I-5281 Rn.33ff.

324) 다른 견해로 *Classen*, DV 31(1998), S.307(328).

325) EuGH, Slg. 1976, 1415 Rn.10.f.; Slg. 1986, 2263 Rn.30; Slg. 1990, I-307 Rn.31.

326) 다만 (실체적) 입증부담이 권리구제수행자에게 과해져서는 아니 된다고 판시하였다. EuGH, ECLI:EU:C:2015:683- NJW 2015, 3495 - Kommission/Deutschland; EuGH, ECLI:EU:C:2013:712 - NVwZ 2014, 49 - Gemeinde Altrip ua.

327) *Kahl*, VerwArch 95(2004), S.1(23ff.)

328) EuGH, Slg. 1991, I-2283 Rn.21; Slg. 1991, I-2257 Rn.17; Slg. 1992, I-3525 Rn.20.

하자[329]에서 어느 정도 확실하게 판명된다. 이런 실무에서 정당하게 간취되는 것이, 바로 EU차원에서 "도구적인 절차목적에 불리하게 개인보호적 절차목적을 특별히 강조하기 위한 가장 분명한 특징"이다. 이에 반해 독일에서는 절차위반을 위한 결과제재와 관련해서 원칙－예외의 관계가 역전된다. 이처럼 절차하자에 엄격하지 않는 독일의 기조는 －절대적인 절차규칙을 받아들이기 위해서는, 관련인의 보호를 위해 그 규정이 발해졌다는 것으로 충분하다는－ EU법과는 분명히 맞지 않는다.[330]

ii) EU최고재판소가 절차위반의 소소함을 근거로 하여 판시한 사건을 본 즉, 외견상으로 즉, 절차진행과 서류상황을 간단히 보아 실체결정을 위한 명백한 인과관계의 부재가 드러난다.[331] 이에 반해 독일 행정절차법 제46조에 따른 절차하자의 결과관련성의 결여는 "명백하여야" 한다. 즉, 결과(결론)에 아무런 영향을 미치지 않았다는 것이 어렵지 않게 그리고 의문의 여지없게 확인될 수 있어야 한다. 이처럼 假定的인 행정청의 의사를 목표로 삼음으로써, EU법과는 대조적으로 행정청의 결정과정의 내부영역이 (법원에 의해서 어렵게 재구성될 수 있는) 규준으로 승격된다.[332] 초래된 결과와 관련해서 하자의 인과관계적 성격의 결여는 일반적으로 문서나 기타의 입증수단을 이용하여 객관적으로, 즉 주관적인 동기추적(탐구) 없이 일의적으로 입증되어야 한다. 결정에 대한 (구체화가능한) 영향미침이 없을 때 명백성을 대충 시인함으로 인해 빚어진 결과, 즉 절차하자가 실제론 일반적인 혹은 거의 일반적인 소소함을 지닌다고 하는 것은, EU법의 규준과 더욱 일치할 수가 없다.[333]

329) EuGH, Slg. 1985, 849 Rn.31; Slg. 1996, I-5151 Rn.38, Slg. 1998, I-1719 Rn. 74(78).

330) EuGH, Slg. 1984, 1451 Rn.17(19).

331) EuGH, Slg. 1974, 1099 Rn.20(32ff.).

332) 그래서 이에 대해 Hufen, Maurer Schöbener 교수 등은 비판을 가한다.

333) 이런 의미에서 동지의 것으로 *Ruffert*, Dogmatik und Praxis des subjektiv-öffentlichen Rechts unter Einfluß des Gemeinschaftsrechts, DVBl. 1998, S.69 (74f.).

iii) 인과관계와 관련해서 독일적 이해에서 원고에게 과해진 -EU법이 상정하지 않은- 진술책임은[334] 문제가 있다.

요약하자면, 독일 행정절차법 제46조의 도그마틱은 상이한 구조적 측면에서 EU법적 하자효과론을 넘어선 것이다.[335] EU법적 수준을 초과한 독일의 논외(불고려)규정은 EU법의 적용영역에서는 상위의 EU법에 의해 배격된다. 그리하여 EU조약 제4조 제3항에[336] 의해 EU법합치적 해석이 필요하다. 왜냐하면 그렇지 않는다면, 독일 행정절차법 제46조가 부분적으로 EU법위반일 것이기 때문이다.

(2) 개별조항상의 충돌(개별사안에서의 충돌)

1) 독일 행정절차법 제45조

독일과 EU의 절차하자효과체제의 개별조항적, 구체적-개별적 충돌은 유럽의 보조금감독의 분야에서 명백해진다. EU운영조약 제108조 제3항[337] 제1문에 따라 보조금은 원칙적으로 EU집행이사회에게 통보되어야 한다. 이에 맞는 것이 동항 제3문에 따른 (직접적 효과가 인정되는) 시행금지이다.[338] 이런 강행적 절차규정에 위반하여 발해진 회원국 국내행정청의 자금조성결정에 대해서는, 경쟁자는 국내 행정법원에 취소심판과

---

334) BVerwG, DVBl. 1994, 763(764).

335) Classen 교수는 EU최고재판소 판례의 바탕이 된 사법통제의 기능적 한계를 독일의 판례는 무시하였다고 말하였다. Ders., DV 31(1998), S.307(329).

336) EU조약 ③ 충실한 협력의 원칙에 의해 연합과 회원국은 조약으로부터 비롯된 임무를 이행하는 데 있어서 상호 존중하고 지원한다. 회원국은 조약이나 연합의 기관의 활동으로부터 비롯된 의무를 이행하는 데 적합한 -일반적이거나 특별한 종류의- 모든 조치를 취한다. 회원국은 연합임무의 이행에서 연합을 지원하고, 연합의 목표의 실현을 위태롭게 할 수 있는 모든 조치를 취하지 않는다.

337) EU운영조약 제108조(구 공동체조약 제88조) ③ 보조금의 의도된 도입이나 전환 일체가 집행이사회로 하여금 그에 관해 의견을 표명할 수 있게 집행이사회에 즉시 통보된다. 집행이사회가 그런 계획이 제107조에 따라 역내시장과 불일치하다는 견해를 가지면, 집행이사회는 지체 없이 제2항에 규정된 절차를 개시한다. 관련 회원국은 집행이사회가 완결적 결정을 발하기 전에는 의도한 조치를 시행해서는 아니 된다.

338) EuGH, Slg. 1991, I-5505 Rn.11; Slg. 1992, I-6613 Rn.26.

취소소송을 제기할 수 있다.[339] 제소에 필수적인 주관적 공권은, －경쟁자가 보조금수령자(수익자)에 비해 자신의 경쟁적 지위가 훼손당하였다고 주장하는 한에 있어서－ EU운영조약 제108조 제3항 제3문으로부터 도출된다.[340]

그렇지만 이때 유의할 점은, EU집행이사회의 추후적 협력에서 보조금의 실체적인 EU법일치성이 확인되더라도, 이것 역시 원래의 통보의 부작위를 더 이상 치유할 수 없다는 것이다. 오히려 하자는 필연적으로 보조금수령자의 반환(상환)의무로 귀결된다. 유추적용의 대상이 되는 독일 행정절차법 제45조 제1항 제5호는 여기서 다음과 같이 EU법합치적으로 제한되어야 한다. 즉, 먼저 번에 통보되지 않은 보조금을 EU집행이사회가 나중에 다루는 경우는 동호에는 들어가지 않도록 하는 것이다.[341]

2) 독일 행정절차법 제46조

독일 행정절차법 제46조와 관련한 개별조항적 충돌은 "EU환경영향평가지침의 하자있는 전환"이란 타이틀을 사용한다. 독일에서는 －EU지침의 전환기간의 경과이후에 그러나 EU지침을 나중에 전환한 환경영향평가법의 발효전에 개시된－ 허가절차에서는 환경영향평가법 제22조에 따라 경영향평가를 시행할 필요가 없었다. 그러나 환경영향평가법 제22조의 경과규정은 EU최고재판소에 의해 EU법위반이라 판시되었다.[342] 그 결과 이 시점에 발해진 허가는 절차하자를 띄게 됨으로써, 그런 절차하자가 어떤 효과(결과)를 낳는지의 물음이 제기된다.[343] 지배적인 특히 독

339) EuGH, Slg. 1991, I-5505 Rn.12; Slg. 1992, I-6613 Rn26f.

340) *Zivier*, Grundzüge und aktuelle Probleme des EU-Beihilfenrechts unter Berücksichtiggung der Bezüge zum deutschen Verwaltungsrecht, Jura 1997, S.116(121f.).

341) *Kokott*, Nationales Subventionsrecht im Schatten der EG, DVBl. 1993, S.1235 (1238).

342) EuGH, Slg. 1994, I-3717 Rn.16(20).

343) (독일) 연방행정법원의 판례에 의하면, 실제로 행한 절차가 환경영향평가법과 환경영향평가지침에 부합하면 환경영향평가법의 정식의 환경영향평가규정을 준수하지 않았

일 연방행정법원이 주장하는 관점방식에 의하면, 하자는 통상 아무런 결과가 없는 채 그대로이다.[344)]

이에 의하면, 환경영향평가는 형량과정을 구조화하는 데 이바지하는 순전한 절차도구로서 여겨진다. 결여되거나 하자있게 시행된 환경영향평가는 허가결정이나 계획결정에서의 다른 모든 절차하자처럼 다루어진다.[345)] 환경영향평가와 관련한 지연은 그 자체로서 형량하자를 초래하지 않는다, 그것은 실체적(내용적)으로 타당하지 않음을 위한 증빙으로 결코 작동하지 않는다. 결정적인 기준이 되는 것은 전적으로 구체적 인과관계의 확인이다. 절차의 지식생산적 기능은, 추후에 타당하다고 인정된 결정을 대저 비로소 전개하는 것 및 결정의 합리성을 증진하는 것에 이바지하는 데 있다. 따라서 앞서의 완고한 공리적 관점은 절차의 이런 기능을 간과한다고 하겠다.[346)]

이미 VGH München과 OVG Koblenz는 절차에 의한 "타당성보장"의 이런 구상을 정당하게 강조하였다.[347)] 양 법원은 정당하였다. 왜냐하

더라도, 절차위반에 해당하지 않는다. 이런 척도에 의거할 것 같으면, 절차하자가 존재할 경우 절차하자가 없었더라면 결정이 달리 내려졌을 것이라는 구체적 가능성이 존재하여야만 제3자관련성을 효과적으로 주장할 수 있다. 결과적으로 환경영향평가는 순전히 형식적 절차로 축소되며, 평가의 실체법적 핵심은 배제되어 버린다. 이런 사정을 결정적으로 바꾼 것이 2006.12.15.자로 발효한 독일 환경권리구제법(Umwelt-Rechtsbehelfsgesetz)이다. 동법 제4조 제1항 제1문에 의해 필수적 환경영향평가나 사전심사의 불실시(결여)는 －주관적인 실체적 권리침해를 주장할 것 없이 제소가능성이 전적으로 인정되는－ 절대적 절차하자(absoluter Verfahrensfehler)가 되어 버렸다. *Sachs*, Verfahrensfehler im Verwaltungsverfahren, in: Hoffmann-Riem/Schmidt-Aßmann/Voßkuhle(Hrsg.), Grundlagen des Verwaltungsrechts Ⅱ, §31 Rn62.

344) BVerwGE 98, 339(361f.); BVerwGE 100, 283(247, 252); BVerwGE 100, 370(376); *Kadelbach*, Verwaltungskontrollen im Mehrebenen System der Europäischen Gemeinschaft, in: Schmidt-Aßmann/Hoffmann-Riem(Hrsg.), Verwaltungskontrollen, 2001, S.205(236).

345) *Schmidt*, Neuere höchstrichterliche Rechtsprechung zum Umweltrecht, JZ 1997, S.1042(1044).

346) *Grimm*, Verfahrensfehler als Grundrechtsverstöße, NVwZ 1985, S.865(871).

347) BayVGH, DVBl. 1994, 1198(1199); 부인하는 것으로 *Ladeur*, Konflikt und Kooperation Zwischen dem europäischen Umweltrecht und dem allgemeinen Verwaltungsrecht der Mitgliedstaaten, JbUTR 2001, S.221(244f.).

면 행해지지 않은 환경영향평가의 경우에 (절차하자의) 원칙적 추정은 형량의 하자를 찬성하기 때문이다. 환경영향평가의 시행에서 다른 결정이 본안에서 발해졌어야 하는지 여부의 물음은 환경영향평가의 추완 없이는 결코 답해질 수가 없다. 왜냐하면 公衆참가의 결여로 결정적인 형량요소를 행정청으로서는 결코 알 수 없기 때문이다. −통설에[348] 반해− 친환경성심사 내지 절차에의 관여(EU환경영향평가지침 제2조, 제3조)에 관한 주관적 권리를 타당한 방식으로 시인하거나, −통설과 마찬가지로− 적어도 관련 공중의 표명권(EU환경영향평가지침 제6조 제2항, 환경영향평가법 제9조)에 대해서 제3자보호적 성격을 인정하면,[349] −가능한 환경적 영향미침에 관한 조기의, 허가이전에 내려져야 할 판단에 나타나는− EU환경영향평가지침의 유효성(der effet utile)은 독일 연방행정법원의 판례에 의해 실제적으로 불가능하게 되어버린다.

보조금감독절차는 독일 행정절차법 제46조와 EU법의 개별충돌을 위한 더 많은 예를 제공한다. EU최고재판소의 판례에 의하면, EU운영조약 제108조 제3항 제3문의 위반으로 인한 국내 보조금승인의 형식적 위법성이 독일 행정절차법 제45조 제1항 제5호에 따른 치유가능성의 배제로 귀결되지는 않는다,[350] 대신 형식상의 하자는 그 자체로서 독일 행정절차법 제46조상의 고려되어야 할 하자를 성립시키며, 그리하여 결과관련성과는 무관하게 항상 승인결정의 폐지를 요구한다. 이 점은 비록 EU집행이사회가 추후에 보조금의 실체적 적법성을 확인하더라도 마찬가지로 통용된다. 요컨대 여기서 독일 행정절차법 제46조는, EU법의 규준에 의해서, 구체적으로는 회원국의 통보의무의 실제적 유효성을 보장할 필요성에 의해서 배척된다.[351]

---

348) BVerwGE 100, 238(252); BayVGH, BayVBl. 1993, 436(437).
349) BVerwGE 100, 238(252).
350) EuGH, Slg. 1991, I-5505 Rn.11, 16f.; Slg. 1996, I-3547 Rn.67.
351) *Kokott*, DVBl. 1993, S.1235(1238f., 1240).

9. 행정행위의 취소와 유럽화의 문제 – EU법위반인 국가적 보조금의 반환을 중심으로 – [352)]

EU법위반인 국가적 보조금의 반환의 문제점에 즈음하여, EU최고재판소는 효과성의 원칙과 차별금지의 원칙으로부터, 경우에 따라선 특별한 EU법적 규정으로부터, 회원국 국내행정절차법에 대해 어떠한 영향이 생길지를 광범한 판례상으로 구체화하였다.[353)] 그것의 잠정적인 정점이 비로 논란이 되는 Alcan Ⅱ-판결이었다.[354)] 이하에서는 동 판결을 중심으로 논의를 전개하겠다.

(1) EU의 보조금법제에 관한 개관

1) 개 요

EU운영조약은 제107조(구 공동체조약 제87조)에 실체적 규정을 담고 있으며, EU운영조약 제108조(구 공동체조약 제88조)에서는 보조감독을 규율하고 있다, EU운영조약 제107조에 의하면, 국가적 보조금이나 국가적 재원에서[355)] 제공된 (이정한 기업이나 품종에 수익을 줌으로써 유럽의 역내

---

352) 이하는 *Sauerbaum*, Die Europäisierung des nationalen verwaltungsverfahrensrechts am Beispiel der Rückabwicklung gemeinschaftsrechtswidriger staatlicher Beihilfen, VerwArch. 91(2000), 169ff. 을 중심으로 논의를 전개한다. 최근문헌: 정호경/선지원, EU의 보조금 규율 정책, 공법연구 제43집 제2호(2014.10.), 243면 이하.

353) *Richter*, Die Rückforderung staatlicher Beihilfen nach §§48, 49 VwVfG bei Verstoß gegen Art.92ff. EGV, 1995; *Sinnaeve*, Die Rückforderung gemeinschaftsrechtswidriger nationaler Beihilfen, 1997.

354) EuGH, Urteil vom 20.3.1997, Rs. C-24/95(Rheinland-Pfalz/Alcan Deutschland GmbH) - Alcan Ⅱ -, Slg. 1997, Ⅰ-1591ff.; *Happe*, Rückforderung von Zuwendungen nach negativer Kommissionsentscheidung im Beihilfeverfahren, NVwZ 1998, 26ff.; *Scholz*, Zum Verhältnis von europäischem Gemeinschaftsrecht und nationalem Verwaltungsverfahrensrecht - Zur Rechtsprechung des EuGH im Fall 》Alcan《 - DÖV 1998, 261ff.; *R. Winkler*, Das 》Alcan《-Urteil des EuGH - eine Katastrophe für den Rechtsstaat?, DÖV 1999, 148ff.

355) 여기서 국가적인(staatlich) 개념은 연방과 주 이외에 간접적 국가조직 및 게마인데와 게마인데조합을 포함한다. 보조금이 공적, 사적 기관의 개재하여 이루어졌는지 여부

시장의 경쟁을 저하하고 있거나 (임박하여) 저하할 우려가 있는 종류의) 보조금[356] 모두는 부인된다. 보조금금지의 예외가 EU운영조약 제107조 이하 이외에서는 조약상으로 규정되어 있을 수 있다. 나아가 EU운영조약 제107조 제2항은 일정한 법정예외를 담고 있다. EU운영조약 제107조 제3항에 의하면, 보조금은 재량에 속하는 평의회(lit. e) 내지 EU집행이사회에 의해서 EU시장과 일치하는 것으로 간주될 수 있다. 제3항에 규정된 면제재량으로부터 도출되는 것이, EU운영조약 제107조 제1항상의 보조금금지는 직접 적용될 수 없다고 하는 것이다.[357]

끝으로 EU집행이사회는 EU명령[358]에 의해서 일정한 분야에서 집단면제의 EU명령을 발 수 있다. EU운영조약 제108조(구 공동체조약 제88조)는 단체에 걸맞게 EU과 (이를 위한) EU집행이사회에 대해서 국가적 보조금의 제공을 감독하는 것을 수권한다. 구 공동체조약 제88조를 위하여 EU각료이사회(Rat)는 1999.3.22.에 구 공동체조약 제89조(현행 EU운영조약 제109조)에[359] 따라 EU집행이사회의 제안에 의거하여 유럽의회와 경제사회위원회의 견해표명이 있은 다음에, EU절차명령(Vf.－Verordnung)[360]

에 좌우됨이 없이, 그것이(보조금) 국가에 귀속가능한 행동양식의 결과이면 족하다. EuGH, Slg. 1988, 2855(2872 Tz.12).

356) 제1차법적으로도 제2차법적으로도 정의가 되어 있지 않는 (광의의) 보조금개념에 관해서는 EuGH, IStR 1999, 382(383 Tz.15): "당원의 지속적 판례에 의하면, 보조금개념은 자금조성과 같은 적극적 급부는 물론 다양한 형식으로 -기업이 통상 져야 하기에 본문의 엄격한 의미에서의 보조금에 해당하진 않지만 그 종류와 효과에 비추어 보조금을 닮은- 부담을 저지하는 조치도 포함한다." 비슷한 것으로 EuGH, EuZW 1999, 530(532 Tz.34); EuGH, EuZW 1999, 506(507f. Tz.19ff.).

357) EuGH, Slg. 1964, 1251(1273); *Richter*, Rückforderung gemeinschaftrechtswidriger Subventionen nach §48 VwVfG, DÖV 1995, S.846(848f.).

358) 1998.5.7.자 VO(EG) 994/9866.

359) EU운영조약 제109조(시행명령의 발함) EU각료이사회(Rat)는 EU집행이사회의 제안에 의거하여 유럽의회의 청문을 한 다음에 제10조와 제108조를 위한 목적에 이바지하는 일체의 시행명령을 발할 수 있으며, 제108조 제3항의 적용을 위한 조건 및 동 절차가 제외되는 보조금의 종류를 확정할 수 있다.

360) Verordnung(EG) Nr. 659/1999. 동 EU명령의 내용은 대체적으로 보아 EU집행이사회의 종래의 실무와 이를 위해 행하여진 EU최고재판소의 판례를 수정한 것이다.

을 발하였다.

EU운영조약 제108조(구 공동체조약 제88조) 제3항 제1문에 의하면, 회원국은 원칙적으로[361] 보조금의 의도적인 도입이나 변경 모두, 가령 "새로운 보조금"을 EU집행이사회에게 통보하여야 한다. EU의 보조금감독을 위태롭게 하지 않기 위해서 그리고 EU집행이사회의 권한을 무시하지 않기 위하여, 회원국의 견해에 비추어 EU운영조약 제107조와 일치하거나 예외요건에 해당하는 보조금의 경우까지도 통보되어야 한다. 이에 의거해서 EU집행이사회는 동조 제3항 제2문에 따른 사전심사를 시행하는데, 이 절차는 私人의 참가권이 없이 EU집행이사회와 회원국사이의 절차로 형성되어 있다.[362]

EU집행이사회가 보조금제공에 대한 의문이 성립하지 않는다고 결론에 이르면, 이는 해당 결정부분에[363] 대해서는 본심사절차가 행해지지 않는다는 명시적, 묵시적[364] 표시이다. 이런 점에서 보조금수령자와 경합하는 제3자가 직접적으로 개인적으로 관련이 될 수 있으며, 그 결과 경우에 따라서는 요구되는 제소권이 그에게 인정된다. 반면 EU집행이사회가 EU운영조약 제107조에 대한 위반이 존재한다는 견해에 이르면, 지체 없이 EU운영조약 제108조 제2항에 따른 본심사절차를 개시한다. 최종결정이 내리기까지 의도적인 보조금에 대해서는, EU운영조약 제108조 제3항

---

361) 소위 "최소기준의 법칙(de minimis Regel)"에 따른 약소한 보조금의 경우와, -EU집행이사회가 1998.5.7.자 EU명령에 의거하여 취할 수 있는- 집단적 면제를 행한 경우에 통보의무의 예외가 존재한다. 그러나 단순한 통지가 충분한지는 다투어졌다.

362) *Kruse*, Die Rechtsstellung Dritter im Beihilfekontrollverfahren, EuR 1999, S.119 (122).

363) 근래의 EU절차명령에 의하면, EU집행이사회가 보조금이 존재하지 않는다거나 보조금에 별 의문이 없다고 확인하더라도, 결정이 행해진다. 이에 반해 지금까지 통설에 따라 EU집행이사회는 일체의 경우에 (구 공동체조약 제189조 제4항상의) 정식적 결정을 내릴 의무는 가지지 않았다. *Schroeder*, Rechtsprobleme der Beihilfenkontroll durch die EU-Kommission, ZIP 1996, S.2097(2103).

364) 그리하여 형식적 결정이 없더라도, 회원국에 대한 (보조금의 EU시장과의 일치성에 관한) 결정이 소송대상으로 여겨진다. EuG, Slg. 1997, Ⅱ-2529(2546 Tz.52).

제3문에 따른 집행(시행)금지(Durchführungsverbot)가 통용된다.[365)]

1999.3.22.의 EU절차명령이 제11조 제1항에서 명시적으로 입증하는 것과 마찬가지로, EU집행이사회는 잠정적인 중지명령을 발할 수 있다.[366)] EU절차명령의 발효이후에 추가로, 집행위원회는 일정한 요건하에[367)] EU결정으로써 회원국에게도 -집행위원회 자신이 보조금의 일치성여부를 결정내릴 때까지- 보조금을 일시적으로 반환요구를 할 것을 명할 수 있다. 보조금이 EU법위반으로 입증되면, EU집행이사회는 EU운영조약 제108조 제2항에 따라 EU결정으로서 회원국에게 조치를 변경하거나 폐지할 것을 의무를 지운다. 동조 제3항에 반하여 보조금이 이미 제공되었으면, 결정은 "국내행정청을 향한 보조금반환이란 하명처분의 형식"을 채택할 수 있다.[368)] 이런 하명처분을 받은 회원국이 그 반환요구 의무를 따르지 않으면, EU집행이사회는 EU운영조약 제108조 제2항에 따라 직접 EU최고재판소에 대해 제소할 수 있다.

2) 보조금반환요구에서의 회원국 국내법의 원칙적인 적용

유럽화의 물음, 가령 회원국 국내법의 부분적인 배척, 중첩, 수정이나 변경된 해석은 회원국법이 원칙적으로 적용되는 경우에 한하여 제기될 수 있다. 그래서 EU고유한 집행의 전체 영역은 처음부터 EU법적 규준에 의거하기에, 회원국 국내절차법과의 중첩의 문제가 생기지 않는다. 그래서 예외적으로 EU고유한 집행이 행해지는 한, EU의 기관은 전

365) 일찍이 법률에 의해 새로이 도입된 보조금에 대한 영향미침에 대해서, Ossenbühl은 EU조약 구 제93조 제3항 제3문에 따른 차단효과를 충족하기 위해, 법률의 성립을 명시적으로 정지할 것을 요구하였다. Ders., Europarechtliche Beihilfenaufsicht und nationales Gesetzgebungsverfahren, DÖV 1998, 811ff.

366) EuGH, Slg. 1990, Ⅰ-307(356 Tz.19f.).

367) EU절차명령 제11조 제2항에 의하면, 회원국의 청문이외에 요구되는 것이, 보조금성격과 관련한 현재의 실무에 비추어 발한 조치에 아무런 의문이 존재하지 않는 것, 활동에 나섬이 요구되는 것, 경쟁자에 대한 현저한 회복될 수 없는 손해가 심각하게 우려될 수 있는 것이다.

368) EuGH, Slg. 1987, 921(927 Tz.24); Slg. 1973, 813(829 Tz.13).

속적으로 (일반적 법원칙을 포함한) EU법을, 즉 소위 EU의 고유행정법(Eigenvewaltungsrecht)을 적용한다. 그러나 보조금의 반환과 관련하여 거의 예외 없이 회원국 국내행정청이 관장하는 점에 변함이 없다. 보다 자세히 말하면, 그것이 EU법적 근거에서 제공되거나 EU재원으로부터 조달된 보조금에 해당하더라도 그렇다.

이에 맞춰 EU최고재판소는 기본적인(기초적인) Deutsch Milchkontontor-판결에서 한정공식(Soweit-Formel)에 바탕을 두고서,[369] EU명령에 의거하여 EU재원으로 회원국 국내기관이 제공한 보조금을 위하여 처음으로 다음의 점을 확정하였다. 즉, 적용가능한 EU법이 결여되면, 반환요구는 회원국 국내법에 의하되, 그 회원국 국내법은 차별금지와 효과성원칙을 준수하여야 한다고 판시하였다.[370]

EU최고재판소는 이 판결의 적용영역을 단계적으로 확장하여, 마침내 그것의 법률적 근거가 (현존하는 한) 국내적 연원이고, 회원국 국내재원으로부터 조달된 보조금의 경우까지도 확대하였다. 그리하여 EU법적으로 유일한 연결점은, 국가적 보조금의 제공에서 EU운영조약 제107조 이하를 준수할 필요가 있다는 점에 있다. 여기서도 보조금의 반환이란 －비로소－ 원칙적으로 회원국 국내법에 따라 행해지는 점엔 다툼이 없다.[371] 그렇지만 문헌상으로 이런 고찰이 회원국 국내법과 관련하여 EU법적 한계를 성립시키기 위해 충분하지 여부가 비판적으로 의견이 표명되었다. 허나 이미 1990년의 BUG＝Alutechnik-판결에서 EU최고재판소는, 상세한 근거를 제시하지 않은 채 EU재원의 보조금을 위하여 형성된 원칙들이 EU법위반인 국내재원의 보조금의 반환의 경우에도 통용되어야 한다고 확인하였다.[372]

---

369) EuGH, Slg. 1983, 2633(2665 Tz.17). 동지: BVerwGE 74, 357(260); 88, 278(282f.).
370) EuGH, Slg. 1983, 2633(2665 Tz.19, 22f.).
371) EuGH, Slg. 1990, I-959(1019 Tz.61; Slg. 1990, I-3437(3457 Tz.12); BVerwGE 92, 81(820); 106, 328(332).

그리하여 EU법을 위반한 보조금의 반환을 위하여 이처럼 회원국 국내법이 원칙적으로 결정적인 기준이 되는 점은 여전히 견지된다. 심지어 EU의 각료이사회(Rat)가 EU운영조약 제109조의 근거에서 EU집행이사회의 제안에 의거하고 유럽의회와 경제사회위원회의 견해표명이후에 EU운영조약 제108조의 적용을 위한 1999.3.22.의 EU절차명령을 발한 다음에도 그러하다. 이런 점을, 동 EU명령의 13번째 고려이유(근거) 및 －회원국에 향한 반환요구의 경우에 그 회원국으로 하여금 "당시의 법질서상으로 동원가능한 필요한 모든 단계(잠정적 단계를 포함한)"를 행할 의무를 지게 한－ 제14조 제3항이 분명히[373] 한다.

(2) 독일 행정절차법 제48조와 제49조의a에 따른 EU법위반인 국가적 보조금의 반환청산

1) 행정행위의 위법성

EU법과 회원국 국내법의 특별규정이 없는 통상적 경우에, 독일 행정절차법 제48조이하의 일반 행정절차법적 규정의 적용이 견지된다. 즉, 행정법적 자금조성으로서의 보조금이 행정행위에 의해서 교부되었던 한에 있어서. 독일 행정절차법 제48조가 취소를 위한 수권근거이고, 반환은 독일 행정절차법 제48조 제2항 제5문－제8문을 대신하는 독일 행정절차법 제49조의a[374]에 의한다. 독일 행정절차법 제48조 제1항 제1문에 의하면 취소의 필요요건은 폐지될 행정행위의 위법성이다. 특히 제1차적 혹은 제2차적 EU법의 직접 통용되는 규정의 위반 역시 위법성을 가져다준다.

---

372) EuGH, Slg. 1990, I-3437(3457 Tz.12); "EU법위반인 국내 보조금의 반환에 대해서도 동일한 것이 통용되어야 한다."

373) 제1문은 "반환요구는 국내법의 절차규정에 따라 행해질 수 있다"고 규정한다.

374) 이는 1996년의 행정절차법규정의 개정법률(이른바 신속화법률)에 의해 도입되었다. 이에 관해서는 *Suerbaum*, Widerruf und Erstattung bei Geldund Sachleistungs-verwaltungsakten nach der Novellierung des Verwaltungsverfahrensrecht, VerwArch 90(1999), 361ff.

자금조성이 행정행위에 의해서 제공되면, 승인결정의 위법성은 결과적으로 EU적 보조금법의 위반으로부터 생겨날 수 있다.

가) 단순한 형식적 위법성의 폐지가능성

보조금이 EU운영조약 제108조 제3항에 따른 통보의무를 위반하고서 이미 제공되었던 경우, 그것의 반환이 일어날 수 있는지 여부가 다투어진다.[375] 분명하게도 EU집행이사회는 이제까지 회원국에게 실체적으로 EU운영조약 제107조와 일치하는 보조금을 통보절차의 불준수를 이유로 반환할 것을 요구하지는 않았다. 이런 태도는 압도적인, 특히 EU최고재판소에 의해 입증된 견해에 합치한다. 이에 의하면, －EU운영조약 제108조 제3항에 따른－ 통보의 결여하자는 치유되지 않지만,[376] EU집행이사회의 반환요구는 －EU운영조약 제107조에 따른－ 실체적 EU법위반을 필요로 한다.[377] 사실 통보의무란 EU집행이사회에게 의도적 보조금에 관하여 보조금감독을 위해 필수적인 지식(정보)을 전달한다는 의미에서 봉사적 기능을 발휘한다. 또한 EU시장의 지속적인 경쟁훼손을 종결시킨다는 반환요구의 실체적 근거 역시, EU운영조약 제107조의 실체적 위반의 경우에만 주효하다.[378]

---

375) *Jestaedt*, Das Rückzahlungsrisiko bei《formell rechtswidrugen》Beihilfen, EuZW 1993, S.49(51f.); *Ehlers*, Rechtsprobleme der Rückforderung von Subventione, GewArch. 1995, S.305(307).

376) EuGH, Slg. 1991, Ⅰ-5505(5529 Tz.16f.).

377) EuGH, Slg. 1990, Ⅰ-307(357 Tz.22f.); EuG Slg. 1995, Ⅱ-2501(2533 Tz.84 und LS 3).

378) 이런 상황은 보조금계약에도 그대로 재현된다. 즉, EU법을 위반한 보조금계약(Beihilfevertrag)의 경우 그 EU법의 강행규정이 행정절차법 제59조 제1항 및 민법 제134조상의 금지법률에 속한다. EU법의 효과적인 관철의 원칙에 따라 EU법 규정의 엄격한 적용은 물론, 그에 위반한 계약의 무효가 요구된다. 그런데 그 보조금계약이 보조금금지를 규정한 EU운영조약 제107조 제1항을 위반한 경우와 시행금지를 규정한 EU운영조약 제108조 제3항을 위반한 경우는 다르게 평가된다. 전자의 경우 그 보조금계약이 무효라는 데 다툼이 없다. 반면 후자의 경우에는 문헌상 다투어지는데, 다음의 세 가지 입장이 있다. ⅰ) 마치 인가에서의 유동적 효력불발생의 법리마냥 그 경우에 보조금이 집행이사회의 종국적 결정이 내려지기 전까지 유동적 효력불발생으로 보고자 하는 견해(*Schlette*, Die Verwaltung als Vertragspartner, 2000,

이런 통설적 입장에 대해 제기되는, －그렇게 되면 EU운영조약 제108조 제3항이 거의 공동화될 우려가 있다는－ 異議는 다음의 세 가지 이유에서 유효하지 않다.[379)]

ⅰ) 승인되지 않는 보조금의 잠정적 중지를 명할 권리가 EU집행이사회에게 인정된다.

ⅱ) EU운영조약 제108조 제3항에 대한 위반은 EU최고재판소의 판결에 의하면 신뢰보호의 분쇄를 통해서 가혹한 제재를 띄었다(후술).

ⅲ) EU최고재판소의 판례에 의하면, 잠정적 권리보호를 구한 경쟁자에 의해서 간청을 받은 회원국 국내법원은, －통보가 이례적 사정에서 사물적합하지 않는 경우가 아니라면－ EU집행이사회가 보조금을 통보받지 않은 경우엔, 보조금의 (잠정적) 반환을 요구하여야 한다.[380)] 이런 중간 국면에서 회원국의 권능은 EU최고재판소의 판결에 따라 EU집행이사회의 권능보다 더 널리 미친다. 더해서 경쟁자권리보호에 우호적인 자신의 입장이, 개인을 EU법관철의 도구로 만드는 일반적 경향과 상통한다.[381)]

나) 위법성의 성립요건적 징표를 위한 EU집행이사회결정의 의의

이에 따라 EU집행이사회의 결정을 위한 심사규준은 보조금의 실체적

S.555f.), ⅱ) 보조금계약이 무효이고, 나중에 집행이사회가 보조금지급이 문제없다고 결정하였다면 보조금계약을 새로이 체결해야 한다는 견해(*Maurer/Waldhoff*, Allg. VerwR, §14 Rn.53), ⅲ) 시행금지위반이 경쟁의 질을 저하시키는 경우에만 그 보조금계약은 무효가 된다는 견해(*Oldiges*, NVwZ 2001, 634f.).

379) *Suerbaum*, VerwArch. 91(2000), S.169(183f.).

380) EuGH, Slg. 1996, Ⅰ-3547(3598 Tz.71) EuGH(Fn.64), EuZW 1999, 530(532 Tz.31)는, "국내법원은, -EU집행이사회에 보조금을 통보할- 구 공동체조약 제88조(현행 EU운영조약 제108조) 제3항에 따른 의무(화)를 위반할 때, 개인의 권리의 보장에 관해 감시한다."고 판시하였다.

381) 주관적 공권의 인정에 대한 EU법적 영향미침에 관해서는 vgl. *Classen*, Der Einzelne als Instrument zur Durchsetzung des Gemeinschaftsrechts?, VerwArch. 88(1997), 645ff.; *Schoch*, Die europäische Perspektive des Verwaltungsverfahrens- und Verwaltungsprozessrechts, in: SchmidtAßmann/Hoffmann-Riem, Strukturen des Europäischen Verwaltungsrechts, S.279(311 Fn.187).

EU위법성이다. EU집행이사회는 부정적인 출발의 경우에, EU운영조약 제107조에 위반이 존재한다고 결정을 통해서 확인한다. 동 결정에 존속력이 발생하면, 보조금의 EU위법성은 궁극적으로 확정되고, 그 결과 모든 회원국의 기관(부처)은 특히 승인결정의 폐지와 배상(반환)결정을 관할하는 행정청은 동 결정에 구속된다. 설령 동 결정의 수범자가 아니긴 해도, −그에게 가능한 권리구제방도를 취하지 않았거나 별효과를 얻지 못한− 보조금수령자로서도 동 보조금결정이 EU법적으로 합치한다는 점을 더 이상 주장할 수가 없다.[382)] 왜냐하면 EU집행이사회의 결정이 구성(성립)요건적 효과(Tatbestandswirkung)를 발휘하기 때문이다.[383)]

이런 구성요건적 효과는 찬동을 얻는다. 왜냐하면 그것은 회원국의 행정청과의 관계에서 EU운영조약 제108조 제2항에 따른 −보조금의 EU운영조약 제107조와의 일치성을 결정해야 하는− 일의적인 제1차적 권한에 바탕을 두기 때문이다. 보조금수령자의 관점에서도 그것은 받아들여져야 한다. 왜냐하면 종국적인 보조금반환과 관련해서, 무효화(취소)소송을 위한 원고적격(제소권)이 보조금수령자에게 인정되기 때문이다.[384)]

2) 재 량

독일 행정절차법 제48조 제1항 제1문은 행정행위의 취소를 행정청의 재량에 둔다. 부당하게 제공된 보조금은 반환되어야 한다는 것이 여러 차례 규범화되지만, 독일 행정절차법 제48조와 특히 동조 제2항을 배척하는 규율은 발해지지 않는다. 따라서 합당한 특별 규율이 없으면, 독일 행정절차법 제48조 제1항 제1문에서 인정된 취소권행사의 재량은 EU법의 규준과 관련해서 영으로 축소된다.[385)] 그렇지만 기속적인 취소결정의

---

382) EuGH, Slg. 1994, Ⅰ-833(853ff. Tz.17,26).

383) BVerwGE 92, 81(83) *Hoppe*, Zur innerstaatlichen Wirkung von Beihifentscheidungen gem. Art.93 Ⅱ EWGV, NVwZ 1993, S.32(34).

384) EuGH, Slg. 1987, 921ff.; Slg. 1994, Ⅰ-833(852 Tz.14). BVerwGE 74, 357ff.; 88, 278(282f.); 95, 213(223, 225).

인정이, 보조금수령과의 관계에서 EU집행이사회의 EU결정의 효과로부터 도출될 수가 없다. 즉, 그것의 내용은 처음에는 보조금의 EU법위법성의 －전술한 것처럼 기속적인－ 확인에 한정된다. 두 번째로 EU집행이사회는 －보조금이 이미 제공되어 버린 한에 있어서－ 회원국에 대해 반환요구를 명할 수 있다. 보조금절차를 위한 새로운 EU절차명령은 기속적 결정으로써 종전의 재량을 대체한다. 이에 따르면, 단지 회원국의 반환요구의무가 성립하지, 보조금수령자가 반환할 직접적인 의무가 성립하는 것은 아니다.

EU최고재판소는 그 자신이 반환요구를 EU법위반성의 확인의 "논리적 결과"로 여긴다는 점을 반복하여 강조하였다.[386] 따라서 EU과 회원국과의 관계에서 반환요구의무에 대한 異議는 별반 관철되지 않는다. 동 법원은 반환요구결정의 바른 집행(시행)이 "절대적으로 불가능한" 경우에만 예외를 인정한다.[387] 그러나 시행상의 불가능이 회원국 국내법의 법적 장애(지장)를 의미하지는 않는다. EU최고재판소의 지속적 판례에 의하면, 회원국은 EU법으로부터 비롯된 의무를 간과하는 것을 정당화하기 위하여, 그 자신의 내부적 법질서의 규정, 관례나 상황을 주장할 수가 없다. 그리하여 반환요구가 절대적 불가능한 경우는, 실무상으로 관련 기업의 완전한 파산의 경우[388]에만 생각할 수 있다.

---

385) BVerwGE 92, 81(87); OVG NW NVwZ 1993, 79(81); *Fischer*, Zur Rückforderung von unter Verstoß gegen Art. 92, 93 EWGV gewährten nationalen Beihilfen, DVBI. 1990, S.1089(1094); *Pache*, Rechtsfragen der Aufhebung gemeinschaftsrechtswidriger nationaler Beihilfebescheide, NVwZ 1994, S.318 (326). 재량의 영으로의 축소에 관해서는, 김중권, 행정법기본연구 I, 2008, 212면 이하 참조.

386) EuGH, Slg. 1997, I-135(162 Tz.47); Slg. 1993, I-3131(3150 Tz.16); Slg. 1990, I-959(1020 Tz.66).

387) 회원국은 조약위반절차에서의 방어권을 위하여, 결정을 바르게 시행하기란 완전히 불가능하였다고만 주장할 수 있다.

388) 원칙적으로 파산의 경우에도 반환요구는 생길 수 있다. EuGH, Slg. 1994, I-4103 (4170 Tz.80).

회원국에 대해 실제로 예외 없이 부과되는 반환요구의무(화)는 EU법의 관통효로 인해 회원국의 모든 기관(부처)에 미치며, 또한 시민과의 관계에서 취소재량의 영으로의 축소를 야기한다. 이것은 독일 행정절차법 제48조의 EU법합치적 해석으로부터 도출된다. 왜냐하면 가능한 한, 회원국 국내법은 EU과의 관계에서 성립한 의무가 이행될 수 있도록 해석되어야 하기 때문이다.

(3) 신뢰보호

따라서 반환요구의무의 이행을 위한 장애물로서, 취소가능성의 한계만을 들 수 있을 것이다. 독일 행정절차법 제48조 제1항 제2문, 제2항－제4항은 폐지가능성의 신뢰보호와 기간과 관련하여 취소가능성의 한계를 설정한다. 이에 의하면, 사물급부행정행위와 금전급부행정행위로서의 보조금결정을 위해서는, 기간이후에는 제2항에 의한 한계가 통용된다. 독일 행정절차법 제48조 제2항에 제1문에 의하면 위법한 금전급부/사물급부의 행정행위는, 수익자가 행정행위의 존속을 신뢰하고 그 신뢰가 취소상의 공익을 형량한, 즉 보호가치가 있는 한 취소되어선 아니 된다.

1) 국내의 신뢰보호규율의 원칙적인 고려가능성과 부당이득반환에 대한 항변

한정공식(Soweit-Formel)에 맞춰서, 금전급부나 사물급부의 반환은 EU법규율이 없는 한, 회원국 국내법에 의한다. 이미 Deutsche Milchkontor-판결에서 EU최고재판소는 이에 관해 다음과 같이 명시적으로 확인하였다. 즉, 이런 것(한정공식)이 원칙적으로 반환요구의 배제를 위하여 신뢰보호, 부당한 이득의 소멸, 기한의 경과 혹은 (행정이 의문스런 보조금을 부당하게 제공하였다는 점을 의식하였거나 중과실로 의식하지 못하였던) 상황과 같은 기준을 목표로 삼는 회원국 국내규정에 대해서도 통용된다고 판시하였다.[389] 회원국 국내규정의 적용에서 동종의 순전히 국내적인 절차와의 차이가 결코 만들어져선 아니 되고, EU의 이익이 완전한 범위에서 고려될 것을 요건으로 한다.[390] EU최고재판소는 그 이유로, EU법 스스로 신뢰보호와 법적 안정성의 원칙을 담고 있으며, 그리하여 합당한 회원국 국내법의 적용에 원칙적으로 배치되지 않는다고 지적하였다.[391]

2) 신뢰보호의 EU법적 결정인자

하지만 EU최고재판소의 판례는 보조금감독의 분야에서, 회원국 국내의 신뢰보호적 관점을 가능한 광범하게 배제하는 것과 EU법적 규준을 결정적 기준으로서 대체하는 것을 목표로 한다.

가) 일반적 법원칙의 경우

그렇지만 이런 목표는 일반적 법원칙의 동원을 통해서는 달성될 수가 없다. 일부에서는 일반적 법원칙이 회원국의 집행에 대저 적용되지 않는다고 보는 반면, 다수의 견해에 의하면 최소수준의 결정(규정)을 위한 의의가 일반적 법원칙에 부여된다.[392] 따라서 EU법의 법적 안정성과 신뢰보호이란 일반적 법원칙에 원용하면, 무엇 때문에 회원국 국내규정의 적용이 별다른 의문이 없는지를 밝힐 수 있다. 그러나 그것(일반적 법원칙)은 회원국 국내의 신뢰보호기준을 저하시키기 위한 유용한 근거로서 고려되지는 않는다.[393]

---

389) EuGH, Slg. 1983, 2633(2669f. Tz.33).

390) EuGH, Slg. 1983, 2633(2669 Tz.32).

391) EuGH, Slg. 1983, 2633(2669 Tz.30); Slg. 1990, Ⅰ-3437(3456f. Tz.13); Slg. 1997, Ⅰ-1591(1617 Tz.25).

392) *Kadelbach*, Allgemeines Verwaltungsrecht unter europäischem Einfluss, S.417.

393) *Papier*, Die Einwirkungen des Europäischen Gemeinschaftsrechts auf das nationale Verwaltungs- und Verfahrensrecht, in: Kloepfer/Merten/Papier/Skouris(Hrsg.), Die Bedeutung der Europäischen Gemeinschaften für das deutsche Recht und die deutsche Gerichtsbarkeit, 1989, S.51(57f.); *E. Klein*, Der Einfluss des Europäischen Gemeinschaftsrechts auf das Verwaltungsrecht der Mitgliedstaaten, Der Staat 33(1994), S.39(45). (차별금지와 효과성의 원칙에

나) EU집행이사회의 반환요구결정의 경우

EU법적 규준에 의해서 회원국 국내의 신뢰보호규율을 배척하는 것은 EU집행이사회결정의 법효과로부터 생겨날 수 있다. 그래서 반환요구결정이 보조금수령자와의 관계에서도 직접적으로 효력을 발휘한다는 테제가 주장되었다. EU집행이사회가 반환요구를 조건 없이 하명하면, 결정의 존속력의 발생과 동시에 확정되는 사항이, "보조금수령자가 행정절차법 제48조 제2항 제1문의 의미상으로 보호가치가 있지 않고, 승인결정의 취소가 신의성실의 원칙에 배치되지 않고, 수익자가 부당이득의 소멸을 주장할 수 없다."는 것이다. 따라서 EU집행이사회는 보조금수령자와의 관계에서도 신뢰보호의 제공에 관하여 최종적으로 결정을 내리는 셈이다.

그런데 이런 식의 논증은 EU법위반의 보조금의 반환청산에서의 집행구조와는 일치하지 않는다. 왜냐하면 그것은 한편으로는 EU/회원국, 다른 한편으로는 회원국/보조금수령자인 법관계의 필요한 분리를 견지하지 않기 때문이다. EU집행이사회의 결정은 보조금의 위법성의 확인 이외에 회원국을 위한 반환요구의무만을 규정할 수 있다.[394] 보조금수령자에 대한 보조금의 반환청산－승인결정의 취소, 상환청구권의 주장－을 위하여, EU집행이사회는 권한(관할)도 없고, 필요한 수권근거를 행사할 수도 없다.[395] 이 점은 특히 "소관 회원국 행정청과 국내법의 인정된 원칙적인 규준성에 의한 EU집행이사회의 결정의 "시행필요성"에 표현된다. 이에 맞춰 EU집행이사회는 EU운영조약 제108조 제2항에 따른 결정의 범주내에서 반환요구를 위한 EU법적 요건이[396] 회원국에 존재하는지 여부도

의해 제한받은) 국내법의 적용가능성의 문제점이 제기되지 않았을 것이라는 이유에서, EU최고재판소 역시 일반적 법원칙에 의거한 국내법의 배척을 실행하지 않았다.

394) *Niedobitek*, Rezension Sinnaeve, Die Rückforderung gemeinschaftsrechtswidriger nationaler Beihilfen, DVBI. 1998, S.410(411).

395) 그리하여 "반환요구결정을 직접 집행이사회의 결정에 의거하게 하는"식의 Sommermann의 제안(DVBl. 1996, S.889(894))으로부터도 아무런 것이 도출될 수 없다.

396) EU절차명령 제14조 제1항 제2문이 명시적으로 입증하듯이, EU법의 일반적 법원칙

심사하지만, 회원국 국내규정은 EU집행이사회의 심사권한 밖에 놓인다.[397] 이를 인정하면서, EU최고재판소는 -예외적으로- 보호할 만한 신뢰의 고려를 판단하는 (회원국 국내기관의) 권한을 명시적으로 강조한다. 요컨대 회원국을 수범자로 한, 존속력있는 보조금반환요구의 하명으로부터는, 회원국 국내의 신뢰보호규율의 배제가 도출될 수 없다.[398]

다) EU운영조약 제108조 제3항의 경우

따라서 회원국 국내법에 대해 EU법적 신뢰보호제한을 통용시키기 위한 결정적인 규범적 착안점이, 바로 EU운영조약 제108조(보조금감독) 제3항이다.[399] 동조 제3항 제1문에 의하면, 회원국만이 통보할 수 있다. 그러나 EU최고재판소는 직접적용이 가능한 EU운영조약 제108조 제3항 제3문의 현상유지적(standstill) 의무화로부터, 보조금수령자가 제공 이전에 통보요청의 준수를 확인할 책무(Obliegenheit)를 도출한다.[400] 그러나 사려가 깊은 경영자로선 규정된 절차의 준수를 확인하기란 통상적으로 가능하기에, 그는 원칙적으로 EU운영조약 제108조 제3항의 준수에서의 규정합치성을 전적으로 믿을 수 있다.[401]

비록 EU운영조약 제108조 제3항의 위반의 효과(보호가치가 있는 신뢰의 배제효과)가 원칙으로 통용되어야 한다 하더라도, 이로써 열려진 예외

의 준수가 이에 들어간다.

397) 이에 맞춰 EU최고재판소는 회원국 국내법원에 대해서 사법적 심사권한을 부여한다. EuGH, Slg. 1990, I-3437(3457 Tz.16).

398) Streinz 역시 이런 바탕에 선다.

399) EU운영조약 제108조(구 공동체조약 제88조) ③ 보조금의 의도된 도입이나 전환 일체가 집행이사회로 하여금 그에 관해 의견을 표명할 수 있게 집행이사회에 즉시 통보된다. 집행이사회가 그런 계획이 제107조에 따라 역내시장과 불일치하다는 견해를 가지면, 집행이사회는 지체 없이 제2항에 규정된 절차를 개시한다. 관련 회원국은 집행이사회가 완결적 결정을 발하기 전에는 의도한 조치를 시행해서는 아니 된다.

400) EuGH, Slg. 1964, 1251(1273); Slg. 1973, 1471(1483 Tz.8); Slg. 1991, I-5505(5528 Tz.14).

401) EuGH, Slg. 1990, I-3437(3457 Tz.14); Slg. 1997, I-135(163 Tz.51); Slg. 1997, I-1591(1617 Tz.25).

의 가능성은 −회원국에 의해 만들어진 신뢰성립요건이 문제되는 한에 있어서− 여지껏 이론적 성격에 머물렀다.[402] 가령 독일 연방행정법원은 Alcan-재판에서 EU최고재판소에 대해, 다음의 물음을 제청하였다. 소관 행정청이 위법성(취소원인)과 관련해서 수익자에게 신의성실의 위반으로 여겨질 정도로 책임이 있다 하더라도, 존속력이 발생한 EU집행이사회의 반환요구결정으로 때문에 소관 행정청으로서는 취소하여야 할 의무가 성립하는지 여부가 그것이다. 즉, 1983년 Rheinland−Pfalz에서의 주의회 선거가 있는 해에, 사업주가 현저한 전기요금인상이후에 알루미늄공장을 폐쇄하고 종업원을 해고하겠다고 알린 다음에, 보조금수령자인 그 사업주에 대해서 연방정부의 동의하에 교부한 임시원조금이 거의 강요되다시피 하였다.

EU최고재판소는 보조금수령자의 이런 이의도 EU운영조약 제108조 제3항을 통해서 차단하였다. 즉, 통보요청의 준수를 확인할 의무를 과하는 것은 행정청의 행위에 좌우될 수 없기에, 보조금수령자는 EU운영조약 제108조 제3항을 위반한 경우에는 결코 보조금의 규정합치성에 대한 정당한 신뢰를 향유하지 못한다고 판시하였다. EU최고재판소는 보조금수령자의 책무를 흡사 공리적으로 행정청의 행위와 무관하게 설정하여, 회원국 국내보조금의 제공에서 회원국과 수익자가 하나의 상황에 놓인 것으로 간주된다. 즉, 회원국 국내행정청이 EU법을 의식적으로 위반하였을 때, 보조금을 수령자에게 맡기는 것이 행정청에게 유리하다. 반면 독일 행정절차법 제48조는 대립된 이익의 조응을 목표로 한다. 그리하여 한편으로 회원국과 보조금수령자간의 충돌의 가능성이 처음부터 배제되리라는 점을 분명히 목도하면, (신뢰보호상의) 엄격한 요청은 공감할 만하다.

---

402) 이에 반해 EU최고재판소는 구 공동체조약 구 제93조 제3항 제3문을 위반하여 제공된 보조금의 반환요구가 배제된 것으로 판시하였다. 이유인즉, 결정이 현저하게 지연되게 발해졌다는 것이다.

다른 한편으로 신뢰보호의 고려와 관련해서 반환요구가 행해질 수 없는 사례는 적게 여겨진다고 한다.

총체적으로 고찰하면, EU법은 반환요구와 관련해서 EU과 회원국의 관계를 지배할 뿐만 아니라, 내용상으로 EU최고재판소의 판례에 의해 회원국 국내행정청과 보조금수령자의 관계에서의 신뢰보호심사를 위한 중요한 규준을 담고 있다. EU법의 집행구조와 결여된 수권규범을 고려한즉, 존속력이 발생한 EU집행이사회의 결정과 관련해서 국내의 신뢰보호 관점이 보조금수령자에게 차단된다고 해서, 이런 법관계의 분리가 따돌려져선 아니 된다. 그러나 회원국 국내행정청으로서는 취소와 (경우에 따라선) 반환의 적법성요건을 심사함에 있어서, 직접적용이 가능한 EU운영조약 제108조 제3항의 규준을 맨 처음에 유의하여야 한다. EU최고재판소는 보호가치가 있는 신뢰의 광범한 배제로 귀결되는 이런 해석을 통해서, 취소를 제지하는 상황의 고려가능성에 대해서 간접적으로 지속적인 영향을 미친다. 두 번째로 회원국 국내법은 효과성의 원칙으로 통해서 그어진 한계를 지켜야 한다. 이에 따라 회원국 국내(절차법상의) 신뢰보호규율의 적용이 반환요구를 실제적으로 불가능하게 만들어선 아니 되고, 그리고 그것(국내 신뢰보호규율)은 특히 EU이익이 완전한 범위에서 고려되는 것을 확고히 해야 한다.[403)]

3) 독일 행정절차법 제48조 제2항에 따른 신뢰보호심사에서의 EU법적 규준의 이식

독일 행정절차법 제48조 제2항에 대해 EU법합치적 해석에서 접근하기 위해서는, EU운영조약 제108조 제3항과 효과성의 원칙의 규준을 규범적용에 이식시킬 수밖에 없다.[404)] 독일 행정절차법 제48조 제2항 제1

403) EuGH, Slg. 1989, 175(192 Tz.12); Slg. 1997, Ⅰ-1591(1616 Tz.24).

404) 유의할 점은 이런 모색은 EU법위반인 행정행위에 대해서만 강구되어야 하고, 단지 독일 국내법을 위반한 데 그치는 행정행위에 대해서는 강구될 수 없다.

문에 의하면, 수익자가 행정행위의 존속을 신뢰하고 그의 신뢰가 취소상의 공익을 형량하여 보호가치가 있는 한, 위법한 사물급부/금전급부의 행정행위는 취소되어선 아니 된다. 동조 동항 제3문에 의하면, 수익자는 제1호-제3호에 해당하면 신뢰를 주장할 수 없다. 이에 반해 동조 동항 제2문에 따른 신뢰는 수익자가 받은 급부를 소비하거나 재산처분을 행하였던 경우엔 통상적으로 보호가치가 있다. EU운영조약 제108조 제3항에 따른 통보요청의 위반이 보호가치가 있는 신뢰를 통상적으로 배제한다는 EU법적 평가가, 이에 따라 심사의 여러 위치(장소)에서 고려될 수 있다.

독일 행정절차법 제48조 제2항 제3문과 관련해서 맨 처음으로 숙고하여야 할 것이, 제3문의 소극적 요건이 (EU운영조약 제108조 제3항의 위반에 바탕을 둔) 제4호로 확대되어야 할지 여부이다.[405] 독일 행정절차법 제48조 제2항 제3문은 보호가치가 있는 신뢰를 강제적으로(필연적으로) 배제하기 때문에, 이것은 수익자에 대해서 통보가 결여된 모든 경우에 신뢰보호의 제공을 차단할 것이다. 하지만 본문에 반하여, 제3문의 범주를 확대하는 식의 엄격한 해결책은, EU법상으로 요구되는 정도를 초과한다. 왜냐하면 EU운영조약 제108조 제3항에 관한 EU최고재판소의 엄격한 판례조차도, 통보하지 않았음에도 불구하고 예외적으로 신뢰보호가 제공될 수 있다는 점을 인정하기 때문이다. 그리하여 현존한 배제요건의 EU법합치적 해석이 우선시될 만하다. 그래서 제3호에 의해 요구된, 행정행위의 위법성을 안다거나 중대과실로 모른다거나 하는 점이, 수령자가 통보절차의 준수를 확인하지 않은 경우에는 광범한 견해에 의하면 항상 받아들여져야 한다고 한다.[406]

---

405) *Fastenrath*, Anmerkung(zu OVG NW, JZ 1992, 1080), JZ 1992, S.1082(1084).

406) Ehlers 교수는 EuGH의 AlcanⅡ-판결이 결코 수령자의 일반적인 불순한 신뢰를 인정한 것이 아니라, 이유에서 결정적으로 EU운영조약 제108조 제3항의 위반으로 인한 보호가치 있는 신뢰의 결여를 목표로 삼는다는 것을 지적하였다. Ders., GewArch. 1999, S.305(317).

EU법으로 인해 EU운영조약 제108조 제3항의 직접적 효과에 의거하여, (규정에 맞는 통보를 심사할) 책무가 성립한다. 그러나 실은 주의위반의 인정이 곧바로 관련인이 주의의무를 특히 심대할 정도로 위반하였다는 인정을 정당화시키지 않는다(가령 독일 사회법전 제45조 제2항 제3문). 단지 관보를 읽지 않은 것만으로 그런 가중된 의무위반을 성립시킬 수 없을 것이며, 그리하여 보조금수령자의 불손한 신뢰(Bösgläubigkeit)가 EU집행이사회의 일반적인 경고통지의 공포로부터 도출될 수 없다. 이에 반해서 결정적인 기준은 기업체의 규모와 보조금의 액수이다. 기업체가 보조금법상으로 −보조금수령자이든, 권리보호를 구하는 경쟁자이든− 경합된다고 여겨져야 할 경우엔, 특히 중대한 주의의무위반이 인정되어야 한다.

그럼에도 불구하고, 보조금수령자의 주의의무의 위반이 중과실로 여겨질 수 없는 경우는 일체의 기준이 여전히 동원된다. 그러나 그 경우 단순한 과실의 주의의무위반은 (EU법합치적으로 해석된 독일 행정절차법 제48조 제2항 제1문, 제2문에 따라 행해져야 할) 형량결정의 범위안에서 고려될 수 있다. 형량결정을 위하여 독일 행정절차법 제48조 제2항 제2문의 원칙적 추정을 출발점으로 삼아야 할지 여부는 의문스럽다. Alcan의 사건에서 OVG NW는, “규범은 전체적으로 배척되는데, 왜냐하면 그렇지 않으면 제공된 지불의 취소와 그로 인한 반환은 불순한 신뢰의 경우에만 일어날 수 있을 것이고, 나머지의 경우엔 EU법의 실현이 허용되지 않게 실제적으로 불가능하게 되는 일이 생기기 때문이다.”고 주장하였다.[407] 그렇지만 이런 착안점에 대해서는 많은 문헌들이 동조하지 않는다. 특히 EU법의 규준을 독일 행정절차법 제48조 제2항 제3문의 해석의 범위에서 고려할 전술한 가능성과 관련해서 그렇다.

비록 독일 행정절차법 제48조 제2항 제2문의 규율효과를 출발점으로

407) OVG NW, NVwZ 1993, 79(80).

삼더라도, －EU최고재판소가 EU운영조약 제107조, 제108조로부터 전개한 규준을 토대로 삼는 한에 있어서－ 이익형량은 급부의 소비나 불가역적 처분의 경우에도 대부분 수령자에게 불리하게 끝날 것이다. 왜냐하면 통보요청의 준수를 문의하지 않았던 보조금수령자의 행위가 중과실로 평가될 수 없는 경우에도, EU운영조약 제108조 제3항에서 비롯된 책무의 위반은 여전히 성립하기 때문이다. 그리하여 한편으로는 형량에서 취소를 저지하는 (수익자의) 사적 현존이익이 회원국 국내의 통상의 경우에 비하면 저하되어 있고, 다른 한편으로는 취소상의 공익의 범주에 EU이익이 고려되어야 한다. －EU최고재판소가 EU법의 효과성과 관련해서 필수적이라 여기는－ EU이익의 완전한 고려가 결정적인 기준을 의미하지는 않는다.

보조금이 EU운영조약 제107조에 위반하여 제공되었던 한에 있어서, 순전히 회원국 국내영역에서의 금전급부/사물급부의 행정행위에서와는 달리, －입법자의 유형화 의사에 의하면 독일 행정절차법 제48조 제2항 제2문의 요건하에 예외적으로만 관철되는－ 공적 재원의 잘못된 급부를 피하는 소위 재정적 이익만이 존재하는 것은 아니다. 오히려 EU시장안에서의 경쟁의 계속적인 질의 저하를 종결하는 이익이 취소를 위하여 다투어진다.[408] 그리하여 형량토포스의 비중이 EU운영조약 제107조, 제108조의 규준에 의해서 바뀌면, (실체적으로 EU시장과 일치하지 않는) 규정에 맞춰 통보되지 않은 보조금의 수령자의 존속이익은 극히 드물게 관철될 수 있다. 그리하여 결과적으로 EU운영조약 제107조, 제108조의 적용영역에서는 원칙이 예외가 되어버리고, 독일 행정절차법 제48조 제2항 제2문의 효력은 구멍이 나는 결과가 빚어진다.[409]

408) BVerwGE 92, 81(86).
409) *Suerbaum*, VerwArch 91(2000), S.169(193f.).

(4) 1년 기간

수익적 행정행위의 취소는 독일 행정절차법 제48조 제1항 제2문과 결합한 제4항에 의해 1년 기간에 구속된다. 1984년 독일 연방행정법원 전원합의체(Großer Senat)가, 여기서의 기간은 처리기간이 아닌, 결정기간에 해당한다고 판시하였다.[410] 그것은 재량행위를 포함한 취소결정을 위해 관련이 있는 모든 사실을 알게 됨과 함께, 비로소 개시한다. 이런 점을 바탕에 두면, 독일 행정절차법 제48조 제4항의 EU법적으로 중요한 사안에의 적용과, 특히 EU법위반인 보조금결정의 취소는 별다른 어려움 없이 가능한 것 같다. 독일 행정절차법 제48조 제4항상의 사실에 행정행위의 위법성도 들어가고 그래서 규범이 법적용상의 하자도 포함하면,[411] 보조금의 EU법위반 역시 중요한 사정에 들어간다.[412] EU집행이사회의 EU결정이 EU법위반의 확실한 숙지를 －취소를 관할하는－ 행정청에게 전달한다. 그러나 행정의 재량을 축소하는, 보조금의 반환을 요구할 회원국의 의무는 궁극적으로 EU집행이사회의 결정의 존속력과 함께 확정되기 때문에, 1년 기간은 일러야[413] 이 시점부터 진행한다.[414] 따라서 EU 최고재판소에서의 회원국이나 보조금수령자의 소송의 경우에도, 1년 기간은 취소와 그리하여 상환청구권에 배치되지 않는다.

독일 행정절차법 제48조 제4항이 EU법의 실현을 일반적으로 실제적으로 불가능하게 만들지는 않는다. 회원국에 대한 EU집행이사회의 일체

---

410) BVerwGE 70, 356ff.

411) BVerwGE 70, 356(362).

412) OVG NW, NVwZ 1993, 79(81).

413) 이로써 EU집행이사회의 반환요구에 대해서 회원국으로서는 시행이 예외적인 방법으로 절대적으로 불가능하다고 주장할 수 있는 사정이 고려된다. OVG BW, NVwZ 1998, S.87(89).

414) 반대로 Stober 교수는 독일 행정절차법 제48조 제4항의 적용을 이익형량에 좌우되게 한다. Ders., Anmerkung: Probleme bei der Rücknahme gemeinschaftswidrig gewährter Beihilfen, JZ 1992, S.1087(1088).

의 반환요구명령과 관련해서도 폐지가 가능한데, 다만 시간적으로 무한적이지 않을 뿐이다.[415] 이런 점에서 독일 행정절차법 제48조 제4항은, 그 적용에서 회원국 국내법과 유럽법간의 맞물림이 고려될 수 있는 규범의 전형적 예로 여겨진다.[416]

그런데 독일 연방행정법원의 제청에 의거하여 EU최고재판소는 Alcan II－판결에서, 비록 회원국 국내행정청이 국내법에 의해 성립한 배제기간(독일 행정절차법 제48조 제4항)을 흘러가게 만들었다 하더라도, 회원국 국내행정청은 EU집행이사회의 존속력있는 반환요구결정이후에 (보조금결정을) 취소할 의무를 진다고 판시하였다.[417] 그렇지만 EU최고재판소는 실제적 불가능의 금지에 대해서 어떠한 범위가 주어져야 할지 기본입장에 대해서는 관심을 보이지 않는다. 그 대신 EU최고재판소는 1년 기간의 적용불가를 보조금의 특수성으로써 근거를 지우고자 한다. 법적 안정성의 원칙은 반환요구에 배치되지 않는다고 한다. 왜냐하면 EU법위반인 보조금의 수령자는 (기한이 경과한 후엔 법적 안정성을 위하여 종료될 필요가 있는) 취소의 결과에 관해서 잘 알지 못하는 상태에 있기 때문이라고 한다.[418] 이 점은, EU집행이사회의 반환요구결정이후엔 회원국에게 재량이 인정되지 않는 사실에서도 도출된다.[419] 이에 더해서 1년 기간의 중요함과 관련해서도 지적되는 것이, 보조금수령자가 통보의 결여로 정당한 신뢰를 갖지 않는다고 한다.[420] 그런데 이런 논증은 여러 이유에서 문제점

---

415) 회원국이 그의 반환요구의무를 따르지 않는 한에 있어서 생길 기간저지는 회원국 국내법과 EU법의 연결점이 없더라도 무방하다.

416) Hoppe 교수는 －독일 행정절차법 제48조 제4항을 내용상으로 바꾸지 않으면서－ 실제적인 관철에 대한 EU최고재판소의 요청을 고려할 좋은 가능성을 연방행정법원의 판례에서 보았다. Ders., NVwZ 1993, S.32(34).

417) EuGH, Slg. 1997, I-1591(1619 Tz.38).

418) EuGH, Slg. 1997, I-1591(1619 Tz.35f.).

419) EuGH, Slg. 1997, I-1591(1619 Tz.34).

420) EuGH, Slg. 1997, I-1591(1618 T1 mit 1617 Tz.25); *Zuleeg*, Deutsches und europäisches Verwaltungsrecht-wechselseitige Einwirkungen, VVDStRL 53(1994), S.154(186).

이 지적된다. 보조금의 반환요구가 EU법적 일반적 법원칙인 법적 안정성의 원칙과 일치한다는 것을 입증하고자 하는 EU최고재판소의 착안점에 대해서는, 그런 식의 입증은 독일 행정절차법 제48조 제4항의 적용불가를 근거지우는 데 유용하지 않다는 이의제기에 봉착할 수밖에 없다. 문제가 되는 것은, 독일 행정절차법 제48조 제4항의 규율이 최소기준으로서의 법적 안정성을 유지하기 위한 취소제한으로 요구되는지(필수적인지) 여부가 아니라, 현존 규범의 적용이 EU법상으로 수용가능한지 여부이다. 두 번째로 EU최고재판소가 만든, 기간구속성과 재량의 동시조항(Junktim)은 존재하지 않는다고 한다. 이 점은 이미 －행정행위의 폐지가능성을 기속결정의 경우에도 기간준수에 연계시킨－ 독일 행정절차법 제48조, 제49조가 증명한다. 입법자가 맨 먼저 위법한 결정을 수정할 행위의무를 성립시킨 곳에서도, 입법자는 그에 맞춰 일정한 시점이 지난 후에 법적 안정성의 이익에 우위를 부여할 수 있다. 세 번째로 취소의 기간구속은, －비록 일반적으로 통보요청의 위반[421] 및 결여된 취소재량과 관련해서 반환청산을 하지 않음에 대해서 보호가치가 있는 신뢰가 배제된다 하더라도－ 극복될 수가 없다.[422] 왜냐하면 독일 행정절차법 제48조 제4항은, 법적 안정성의 보호에 이바지하고 그리하여 아무튼 궁극적으로 신뢰보호까지도 가져다주긴 하지만, －성립요건으로서 보호가치가 있는 신뢰의 존재를 규율함이 없이－ 기간의 통용을 일반적으로 명하기 때문이다. 이것이 입법적 과오가 아님을, 독일 행정절차법 제48조 제4항 제2문[423]이 입증한다. 이에 반해 다른 모든 경우에는, 입법자가 보호가치가 있는 신뢰를 강제적으로 배제하는 한(동조 제2항 제3문 제2호, 제3호), 1년 기간의 적용은 여전히 견지된다. 그리하여 이와 동시에, EU법의 관점에서 존재

421) EuGH, Slg. 1997, I-1591(1617f. Tz.25, 30f.).
422) EuGH, Slg. 1997, I-1591 (1619 Tz.34ff.).
423) 이는 단지 동조 제2항 제3문 제1호의 경우를 1년 기간의 통용에서 제외한다.

하는 보조금수령자의 신뢰보호가치성을 EU법합치적 해석으로 통해서 독일 행정절차법 제48조 제4항에 있다고 해석할 가능성이 사라진다.

그리하여 문헌상으로, 독일 행정절차법 제48조 제4항을 배척하는 것이 직접 적용이 가능한 EU법규정에 의해 정당화될 수 있는지 여부의 물음이 던져진다. EU운영조약 제108조 제2항은 연결점으로 논외이다. 왜냐하면 동 조항은 중간에 개재하는 EU집행이사회의 EU결정을 감안한즉, 직접적으로 효과를 발생시키지 않기 때문이다.[424] 이에 반해 다툼의 여지없이 직접적용이 가능한 것이 EU운영조약 제108조 제3항 제3문이지만, 동 규범은 현상유지적(stand–still) 의무를 준수하지 않은 행정활동의 위법성을 성립시키고, EU법위반인 보조금제공의 결과를 규율하지 않는다. 특히 그것은 결코 –보조금수령자에 대한 반환청산의 요건을 규범화한– 직접적용이 가능한 규정을 담고 있지 않다.

독일 행정절차법 제48조 제4항의 부분폐지를 위한 구체적인 착안점으로서 EU집행이사회의 결정의 존재가 여전히 견지된다. 이따금 EU결정에 대해서는, –그것이 EU운영조약 제108조 제3항 제3문의 (직접적용이 가능한) 규정을 대신한다는 이유로– 회원국 국내의 반환청산법의 배척을 위한 의의가 부여된다. 그러나 현상유지적(stand–still) 의무가 심사종료까지 임시조치금지(Interiumsverbot)를 규범화하면서 전적으로 형식적 측면에 연계시키는 것은, 이런 移轉에 배치된다. 이에 반해 EU집행이사회의 EU결정은 특히 오로지 절차위반에만 의존하는 것이 아니라, 전술한 바대로, 실체적 EU법위반성을 전제로 한다. EU집행이사회의 EU결정의 직접적 효과(효력)와 그래서 EU운영조약 제108조 제3항 제3문의 효력으로부터 도출될 수가 없다. EU집행이사회가 이미 제공된 보조금에 대한

424) 반면 König 교수는 심사절차중에 잠정적인 반환요구의 가능성과 관련한 EU최고재판소의 판례로부터, –규정에 맞게 신고된 보조금의 경우와는 달리– EU집행이사회의 재량이 성립하지 않는다는 점을 도출할 수 있다고 주장한. Ders., JZ 1997, S.941 (941).

－절차명령의 발효이후엔 명하여야 하는－ 반환요구는 오로지 관련 회원국만을 향한다. 그래서 한편으로는 EU와 회원국의 관계에서 반환을 요구할 의무와. 다른 한편으로는 이 의무를 －경우에 따라서는 EU법합치적으로 해석된－ 회원국 국내법에 따라 승인결정의 취소와 반환청구권의 주장을 통하여 이행할 可能性 간에는 구별을 하여야 한다. EU적 보조금법과 보조금절차의 특수성 역시 독일 행정절차법 제48조 제4항의 배척을 정연하게 설명할 순 없다.

끝으로 기간규정의 EU법위반성은 1년 기간이 개별경우에 행정청 쪽에서 의식적으로 경과조치를 마련하는 것을 외면함으로써 남용될 수 있다는 고찰에서 도출될 수 없다. 이에 더해 이런 남용논거는 전적으로 EU에 대한 회원국의 관계 －EU에 대해서 회원국은 EU조약 제4조에 따라 규정에 맞는 집행을 할 의무를 진다－ 와 관련이 있다. 이런 의무위반의 제재 가령 소위 효과성원칙의 위반으로 인한 독일 행정절차법 제48조 제4항의 비적용은 전적으로 시민에 대해서만 관련이 있을 것이다. 따라서 논증은 EU지침의 직접효에 관한 EU최고재판소의 판례와 분명히 모순된다. 판례상으로 동 법원은 규정에 맞게 전환되지 않은 EU지침의 예외적인 직접효를 지연하는 회원국의 의무위반에서 도출한다(EU운영조약 제288조 제3항).[425] 그리하여 시민에게 부담적인 (그것의) 직접적 적용과[426] 비전환EU지침의 사인간의 수평적 직접효를 거부한다.[427] 따라서 1년 기간의 비적용은, EU법의 실현을 실제적으로 불가능하게 만드는 일반적 금지를 개별사건과 관련하여 이해할 필요가 있다. 이 점을 받아들이면, “마

425) EU운영조약 제288조 ③ 지침은 그것이 향하는 모든 회원국에 대해 달성할 목표와 관련하여 구속력이 있다. 하지만 형식과 수단의 선택이 (회원국의) 국내 부처에 맡겨진다. EU지침의 직접효의 규범적 근거에 관해서는 vgl. EuGH, Slg. 1998, 4689 (4722 Tz.22).

426) EuGH, Slg. 1987, 3969(3985f. Tz.9f); Slg. 1986, 723(749 Tz.48); Slg. 1987, 2545 (2570 Tz.19); Slg. 1996, I-4705(4729 Tz.36f.).

427) EuGH, Slg. 1986, 723(749 Tz48); Slg. 1994, I-3325(3356 Tz.24); Slg. 1996, I-1281(1303 Tz.17).

술공식"인 효과성의 원칙의 범위는 잠재적으로 무한적이다.

(5) 부당이득반환에 대한 抗辯(Entreicherungseinwand)

끝으로 마지막 항변으로 부당이득의 소멸이 견지된다.[428] 행정행위가 소급적으로 취소되면, 제공된 급부의 반환(상환)은 독일 행정절차법 제49조의a[429] 제2항 제1문－이는 종전의 제48조 제2항 제5문－제8문을 대신하였다－을 따른다. 독일 행정절차법 제49조의a 제2항 제1문에 의하면, 이자를 예외로 한 상환의 범위에 대해서 (부당이득반환에 관한) 민법의 규정이 준용된다. 독일법상으로 꼭 필요한 것이, 승인결정의 취소와 독일 행정절차법 제49조의a에 따른 반환청구권의 분리이다. 하지만 EU최고재판소는 모든 반환청산상의 장애를 극복하기 위한 공통된 해결책을 강구한다. 여기서도 관건은 신뢰보호원칙인데, 부당이득의 소멸에 관한 독일적 규율이 다름 아닌 동 원칙의 발현으로 여겨진다.[430] 그리하여 EU최고재판소는 국내 신뢰보호관점의 고려와 관련해서 취하는 기조에 맞춰, －수익자가 보조금을 통보요청에 대한 위반으로 받은 한－ 수익자에 대해서 부당이득반환의 항변 역시 원칙적으로 차단하였다.[431]

---

428) 이를 통해서 보조금수령자로서는 급박한 반환급부의무를 면하길 기대된다.

429) 독일 행정절차법 제49조의a(변상, 이자의 부과) ① 행정행위가 소급적으로 취소되거나 철회되거나 해제조건의 성취로 효력이 없게 된 경우, 이미 제공된 급부는 변상되어야 한다. 변상되어야 하는 급부는 서면의 행정행위에 의해 확정되어야 한다. ② 이자를 제외한 변상의 범위에 대하여는 부당이득반환에 관한 민법전의 규정이 준용된다. 수익을 받은 자가 행정행위의 취소, 철회 또는 실효를 초래하였던 사정을 알았거나 중대한 과실로 알 수 없었던 경우에는, 그는 부당이득의 소멸을 주장할 수 없다. ③ 변상금액은 행정행위의 실효가 발생한 시점부터 기준금리(Basiszinssatz)에 연리 100분의 5의 이자를 부과되어야 한다. 수익을 받은 자가 행정행위의 취소, 철회 또는 실효를 초래하였던 사정에 책임을 질 필요가 없고, 변상금액을 행정청이 확정한 기간 내에 납부한 경우에는, 이자부과가 면해질 수 있다. ④ 급부가 지불 즉시 지정목적에 사용되지 아니한 경우에는, 비록 다른 수단이 비례적으로나 우월적으로 취해져야 하더라도, 목적에 부합하게 사용하는 시점까지의 기간에 대해 제3항 제1문에 따른 이자가 요구될 수 있다. 제49조 제3항 제1문 제1호는 무관하다.

430) EuGH, Slg. 1997, I-1591(1622 Tz.48).

431) EuGH, Slg. 1997, I-1591(1622 Tz.49f. mit 1617 Tz.25).

규정상의 보조금통보를 알지 못한 수령자의 행위가 EU운영조약 제108조 제3항과 관련해서 전술한 기준에 따르면 (적어도) 중과실로 보아야 하는 한, EU법적 규준은 별다른 문제없이 고려되어야 한다. 독일 행정절차법 제49조의a 제2항 제2문에 의하면, 수익자로서는 －그가 (행정행위의 취소로 귀결되었던) 사정을 알았거나 중과실로 알지 못하였던 한에 있어서－ 부당이득의 소멸을 어차피 주장할 수가 없다. 양방이 아는 경우에는 독일 민법 제817조[432] 제2문이 반환청구권에 배치될 수 있으며, 그리하여 동 청구권은 EU법적으로 배척될 수밖에 없다는 우려가 표명되지만, 이런 우려 역시 이 점에서 근거가 없다.

민법규정을 대상으로 한, 독일 행정절차법 제49조의a 제2항 제1문에서의 법효과의 적용지시(Verweisung)는 명시적으로 반환(상환)의 범위의 결정에 국한된다. 반면 수령자가 엄격한 EU법적 요청을 고려하더라도 선의자로 여겨져야 하나, 독일 행정절차법 제48조 제2항에 따른 형량이 취소의 공익에 유리하게 행해지는 매우 드문 경우, 부당이득반환에 대한 抗辯의 거부는 의문스럽다. 독일 민법 제818조 이하와 결합하여 독일 행정절차법 제49조의a 제2항 제1문은 부당이득의 소멸 주장을 합당한 규범요건을 통해 보호가치가 있는 신뢰의 존재에 실정법적으로 연계시키지 않고 있다. 따라서 EU법적 신뢰보호가 도출될 수 있는 연결점이 존재하지 않는다. EU최고재판소가 요구하는 부당이득반환의 통상적인 불고려는 (EU법의 실현을 실제적으로 불가능하게 만드는) 일반적 금지에만 의거할 수 있다.[433]

---

432) 독일 민법 제817조(법률 또는 선량한 풍속의 위반) 급부가 수령자가 이를 수령함으로써 법률상의 금지 또는 선량한 풍속에 위반하게 되는 목적을 가지는 때에는, 수령자는 반환의 의무를 진다. 급부자도 역시 이러한 위반을 범하게 되는 때에는 반환청구를 할 수 없다. 그러나 급부가 채무의 부담을 내용으로 하는 경우에는 그러하지 아니 한다; 그러한 채무의 변제를 위하여 급부된 것은 그 반환을 청구할 수 없다.

433) 타당하게도 EuGH, Slg. 1997, I-1591(1622f. Tz.50ff.).

제5절 회원국, 특히 독일 행정소송법에 대한 EU행정법의 영향[434]

Ⅰ. 처음에

EU행정법은 더 한층 회원국의 행정법질서에 영향을 미치고 있어서, 일반행정법과 특별행정법 이외에 특히 권리보호시스템은 그것의 유럽화를 심대하게 경험하고 있다. 회원국의 행정이 EU법을 집행하는 한, 권리보호를 강구하는 것은 이들 회원국 법원의 임무이다. 원고가 회원국의 행정활동을 공격할 때 부수적으로 바탕이 된 제2차적 EU법상의 위법을 문제삼는 경우에도 회원국 국내법원에서의 권리보호가 강구되어야 한다. EU법을 회원국이 집행하는 데 있어서 노정되는 결함을 피하기 위해, 그리고 경쟁상의 평등에 맞춰 유럽전역에서의 통일적 관철을 보장하기 위해, EU최고재판소는 직접적, 간접적 효력을 갖는 제1차법과 제2차법의 준수를 효과적인 사법통제에 의해 확고히 하는 것을 강조한다.

EU최고재판소가 EU조약 제4조 제3항에[435] 규정된 EU에 대한 충성의 원칙으로부터 등가성의 원칙(Äquivalenzprinzip)과 효과성의 원칙(Effektivitätsgebot)을 도출하였는데, 양 원칙은 EU법의 집행은 물론 EU법의 사법적 관철과 관련해서 회원국의 조직상의, 절차상의 자율을 제한하는 데 이바지한다.[436] 회원국법에 대한 EU법의 관계와 관련해서 특징적인 법질서의

434) 이하는 주로 *Ehlers*, Die Europäisierung des Verwaltungsprozessrechts, DVBl. 2004, 1441ff.를 참조하여 전개한다.

435) EU조약 제4조 ③ 충실한 협력의 원칙에 의해 EU과 회원국은 조약으로부터 비롯된 임무를 이행하는 데 있어서 상호 존중하고 지원한다. 회원국은 조약이나 연합의 기관의 활동으로부터 비롯된 의무를 이행하는 데 적합한 －일반적이거나 특별한 종류의－ 모든 조치를 취한다. 회원국은 연합임무의 이행에서 EU을 지원하고, EU의 목표의 실현을 위태롭게 할 수 있는 모든 조치를 취하지 않는다.

436) 여기서 회원국 국내법원이 제기된 물음을 어느 정도로 스스로 판단할 수 있는지 혹

교차가 권리보호에도 통용된다. 이하에서는 유럽화로 인해 그들 공법학이 두 번째 국면을 맞이하고 있다는 독일에서의 논의를 중심으로 살펴보고자 한다.

Ⅱ. 기초적 논의

1. 권리보호의 유럽화의 국면에 관한 개괄적 이해

권리보호의 유럽화의 국면은 기능의 유럽화, 판결프로그램의 유럽화 그리고 소송법의 유럽화로 접근할 수 있다.[437] 기능의 유럽화와 관련해서 보면, 독일 행정법원은 유럽사법권의 기능적 일부분에 속한다. 즉, 독일 행정법원은 독일에서의 EU법의 적용에 관해서 EU최고재판소와 공동으로 판결을 내린다. 이런 이원적 권리보호시스템은 EU에서의 이원적 집행시스템에 합치한다.[438]

재판프로그램의 유럽화와 관련해서 보면, EU법이 독일에서 직접적으로 유효하는 한, EU법은 독일 행정법원에 의해 적용되어야 한다. EU법은 독일 기본법 제20조 제3항상의[439] '법과 법률'에 속하고, 회원국 국내법과의 충돌시에 적용의 우위를 갖는다. 소송법의 유럽화와 관련해서 보면, EU법은 회원국 국내법원의 절차에 관한 직접적으로 유효한 규율을 포함하고 있지 않다. 오히려 규준이 되는 것은 대체적으로 회원국 국내법이

은 EU최고재판소에 제청하여야 하는지는 EU운영조약 제267조(구 공동체조약 제234조)에 의해 가늠된다. 동조상의 예비판정절차(Vorabentscheidungsverfahren)가 통합의 핵심역할을 한다. *Berkemann*, Der slowakische Braunbär im deutschen Prozessrecht – Eine Analyse von EuGHE 2011 I–1255, DVBl 2013, S.1137(1143).

437) *Steinbeiß-Winkelmann*, Europäisierung des Verwaltungsrechtsschutzes - Anmerkungen zu einer „unendlichen Geschichte", NJW 2010, S.1233.

438) Vgl. *Dörr/Lenz*, Europäischer Verwaltungsrechtsschutz, Rn.360f.; *Schoch*, in: FG 50 Jahre BVerwG, S.514f.

439) 독일 기본법 제20조 ③ 입법은 헌법적 질서에 구속되고, 행정과 사법은 법률과 법에 구속된다.

다. 그러나 회원국 국내법이 유럽적 권리보호임무를 충족하여야 한다.

2. 유럽화과정의 결정인자

EU법의 두 기둥인 유럽인권조약(EMRK)과 EU운영조약은 분명 기껏해야 가장자리에서 행정법적 권리보호를 다루고 있다. 가령 공평한 절차에 관한 권리(Recht auf ein faires Verfahren)에 관한 유럽인권조약(EMRK) 제6조의[440] 권리보호의 보장은 민사적 청구권과 의무화에 관한 다툼 및 형사소추 대해서만 관련이 있다.[441] 효과적인 소원에 관한 권리(Recht auf wirksame Beschwerde)에 관한 유럽인권조약(EMRK) 제13조의 소원(Beschwerde) 규정은[442] 법원에 대해서는 아무런 언급이 없다. 공동체법

---

440) 유럽인권조약 제6조 ① 모든 사람은 자신의 민사법적 청구권과 의무와 관련한 분쟁이나 자신에 대한 형사소추에 관해서 독립적이고 공정하며 법률에 의해 성립한 법원에 의해 공평한 절차에서 공개적으로 상당한 기간내에 심리를 받을 권리를 가진다. 판결은 공표되어야 한다; 그러나 비공개가 민주사회에서의 도덕, 공공질서나 안보에 속하는 경우, 청소년의 이익이나 소송당사자의 사적 삶의 보호가 비공개를 요구하는 경우 또는 - 법원이 무조건 필요하다고 여기는 것을 전제로 하여- 특별한 사정하에서 공개심리가 권리구제의 이익을 훼손할 경우소송절차의 전체나 일부에서 언론과 일반공중은 배제될 수 있다. ② 형사소추된 모든 사람은 자신의 유죄가 법률에 의해 증명될 때까지 무죄로 여겨진다. ③ 피고에 해당하는 모든 사람은 적어도 다음의 권리를 가진다: a) 가능한 짧은 기간내에 알아들을 수 있는 언어로 자신에 대한 고소의 종류와 이유에 관한 모든 상세에 관해 통보를 받는 것. b) 자신을 방어하기 위한 충분한 시간과 기회를 가지는 것. c) 자기 스스로 방어하는 것, 선정한 변호인에 의해 보호를 받는 것, 또는 -자력이 부족할 때 권리구제를 위하여 필요한 경우에 - 무상으로 변호인의 조력을 받는 것. d) 원고측 증인에 문제를 제기하거나 제기하게 하는 것과 원고측 증인에 통용되는 것과 동일한 조건하에 피고측 증인(면책증인)의 소환과 심문을 성취하는 것. e) 법원의 심리용어를 이해하지 못하거나 말하지 못하는 경우에 통역사에 의한 무상의 도움을 받는 것.

441) 재판절차를 위한 유럽인권조약 제6조의 의의에 관해서는 Vgl. *Meyer-Ladewig/Nettesheim/v. Raumer*, Europäische Menschenrechtskonvention, 4.Aufl., 2017, §6 Rn.5; 기본법적으로 보장된, 상당한 기간에서의 권리보호의 문제에 관해서는 BVerfG(K) NJW 1992, 2472; *Schmidt-Aßmann/Schenk*, in: Schoch/Schneider/Bier(Hrsg.), VwGO, 2017, Einl Rn.141f.; *Sachs*, in: Sachs, GG, Art.19 Rn.144; *Stelkens/Bonk/Sachs*, VwVfG, §10 Rn.5f.; §24 Rn.75f.

442) 유럽인권조약 제13조 이 조약에서 인정된 권리나 자유를 침해받은 모든 사람은, 그 침해가 직무적 속성에서 활동을 하였던 사람에서 비롯되었다 하더라도, 국가내의 주무관청에 효과적인 소원을 제기할 권리를 가진다.

적 규율의 부재로 소관 법원의 결정과 사법절차의 형성은 개개 회원국의 자국 법질서의 사항이다.[443] 그러나 규준적인 영어와 불어의 용례에 따르면,[444] 독일에서 비헌법적 성격의 공법적 분쟁(다툼)에 속하는 것도 유럽인권조약(EMRK) 제6조상의 분쟁에 속한다. 나아가 유럽인권조약 제13조상의 소원의 보장은 충분한 심사결정권능을 가진 독립된 주체를 전제로 한다.[445] 여기에 법원도 해당할 수 있다. EU법은 더욱 강력한 효력을 발휘한다. 가령 관세법과 공공발주법과 같은 상이한 영역에서,[446] 회원국에서의 사법적 권리보호를 위한 규준이 제2차법으로부터 이미 성립한다. 이 밖에 EU최고재판소는 공동체법의 집행에서의 효과적인 권리보호의 원칙을 제2차법으로부터 도출하였다.[447] 이 원칙은 다음의 두 가지, 즉 법관법적으로 전개된, EU법의 일반적 법원칙과, 구 유럽공동체조약(EGV) 제10조상의 회원국의 협력의무에 그 토대를 두었다.

효과적인 권리보호의 EU법적 원칙은 절차자율을 회원국에게 맡긴다.[448] 그러나 이런 맡김은 실은 두 가지 측면에서 제한된다. 한편으로 공동체법적 관련(연계)와의 사례형성에서 해당 내국적 소송에서보다 덜 유리하게 형성되어선 아니 된다(등가성의 원칙). 다른 한편으로 회원국은 공동체법질서에 의해 부여된 권리의 행사를 사실상 불가능하게 만들거나 과도하게 어렵게 만들어선 아니 된다(효과성의 원칙).[449] 등가성의 원칙의

443) EuGH, Slg. 1976, 1989, Rn.5 - REWE; Slg. 1991, I-4269, Rn.16 - Emmott; Slg. 1995, I-4599, Rn.12 - Peterbroeck.

444) Vgl. Schlusssatz der Konvention. Art.6 I 1 EMRK stellt auf »civil rights and obligations« bzw. »droits et obligations de caractère civil« ab.

445) EGMR, RJD 1998-I, 298, Rn.106 - Kaya; *Dörr*, Europäischer Verwaltungsrechtsschutz, in: Sodan/Ziekow, Verwaltungsgerichtsordnung, 4.Aufl., 2014, Rn.596.

446) Vgl. *Schoch*, in: FG 50 Jahre BVerwG, S.507(509f).

447) EuGH, Slg. 1986, 1651, Rn.19 - Johnston; Slg. 1987, 4097, Rn.14 - Heylens; Slg. 2001, I-9517, Rn.39 - Pequeños Agricultores.

448) *Schmidt-Aßmann*, Die Europäisierung des Verwaltungsverfahrensrechts, in: FG 50 Jahre BVerwG, S.487(489).

449) EuGH, Slg. 1999, I-579, Rn.25 - Dilexport; EuGH, Slg. 1976, 1989, Rn.5f. - REWE.

고려가 그다지 문제를 제기하지 않는 반면에, 효과성의 원칙은 중대한 파급효과를 시킨다. EU최고재판소가 케이스바이케이스로 결정을 내리기 때문에, 후속적 진행을 예측할 수 없다. 그러나 법원으로서는 회원국에서의 권리보호가 적어도 개략적으로는 상호관련이 될 것으로 생각할 것이다.[450)]

아무튼 회원국의 국내소송법이 EU법에 의해 도구화되고, 경우에 따라서는 수정되거나 배척되며 또한 제휴협식으로 보충된다.[451)] 여기서 도구화란 소송법이 EU법의 실현에 이바지한다는 것을 의미한다. 회원국 국내법원은 기능적으로 보면 EU법원의 일환으로 활동하며,[452)] 반면 EU최고재판소 역시 독일 기본법 제101조 제1항 제2문에서 규정하고 있는 법률에서 정한 법관으로 여겨져야 한다.[453)] 그렇지만 권리보호의 임무가 EU법의 실현은 물론, 방어와도 관련이 있을 수 있다는 점을 간과해서는 아니 된다. 내국 소송법의 수정은 그것이 EU법과 갈등관계에 처할 때 고려된다. '효과적인 권리보호'라는 EU법적 원칙이 직접적인 효과를 발생하고 EU법의 우위가 견지되기 때문에, 내국법은 EU합치적으로, 즉 경우에 따라서는 순전히 내국 사안에서와는 다르게 해석되고 집행될 수 있다. EU법과 회원국 국내법이 충돌한 경우에 EU합치적인 해석이 불가능하면, 그 회원국 내국법은 적용되어서는 아니 된다.[454)] 그리하여 EU법에 대해서

---

450) 그들 내국법을 유럽적으로 가득 채우는 것을 독일 행정법원은 오래 전부터 인식하였다. 그렇지만 이런 인식이 유럽화과정의 완전한 효력범위가 모든 관련인에게 실현된다는 것을 의미하지는 않는다.

451) *Schmidt-Aßmann*, in: FG 50 Jahre BVerwG, S.488ff.; *Schoch*, in: FG 50 Jahre BVerwG, S.507(513).

452) *Burgi*, Deutsche Verwaltungsgerichte als Gemeinschaftsrechtsgerichte , DVBl, 1995, 772ff.; *Hirsch*, Kompetenzverteilung zwischen EuGH und nationaler Gerichtsbarkeit, NVwZ 1998, S.907(910).

453) BVerfGE 73, 339(366ff.); 75, 223(233f.); 82, 159(192); BVerfG, NJW 2001, 1267(1268).

454) EuGH, Slg. 1991, I-297, Rn.17 - Nimz; BVerfGE 75, 223(244); 85, 191(204). EuGH, Slg. 1990, I-2433, Rn.25 - Factortame.

(국내법)배척의 효과가 부여된다. EU법적으로 요구된, 쟁송적 관철가능성이 결여되면, 우선적으로 입법자에 대해 그에 대한 대처가 요구된다. 입법적 대처가 기대될 수 없을 때, 회원국 국내법원은 법률적 근거가 없더라도 필요한 규준을 보장하여야 한다. 끝으로 EU법은 EU의 재판권(경우에 따라서는 다른 회원국의 법원과의)과의 제휴를 요구한다. 여기서 EU운영조약 제267조(구 공동체조약 제234조)에 의한 예비판정절차(Vorabentscheidungsverfahren)가 회원국의 권리보호시스템과 EU권리보호시스템을 맞물려 돌아가게 하는 역할을 함으로써, 동조화의 핵심적인 의의를 갖는다.[455)]

한편 일부 문헌은 EU최고재판소가 행정(소송)법을 위한 EU(EG)의 결여된 단체권한을 전혀 (충분히) 고려하지 않는다고 비판하였다.[456)] 이에 덧붙여 일반적 법원칙(allgemeine Rechtsgrundsätze)은 그것의 원리적 성격으로 인해 −법칙(Regeln)과는 대조적으로− 법효과의 설정을 목표로 하지 않는다고 한다. 그런데 법칙 역시 원칙으로부터 도출될 수 있다는 점이 배제되지는 않지만, 법칙은 EU법과 회원국 국내법의 공동작용에서 비로소 형량의 방법에 존재할 수밖에 없을 것이다.[457)] 이에 대해서 제기되어야 할 반론은 다음과 같다: ⅰ) 일반적 법원칙의 형성은 EU의 단체권한에 속한다. ⅱ) EU법은 그 자체로부터 해석되어야 하며, 회원국 국내법에 의거해서나 회원국 국내법과의 형량에서 해석될 수는 없다. 따라서 효과성의 원칙의 효력범위 역시 EU법에 의해 자율적으로 정해진다.

---

455) 상론은 본서 172면 이하 참조.

456) *Schoch*, in: FG 50 Jahre BVerwG, S.507(512f.).

457) *Kadelbach*, Allgemeines Verwaltungsrecht unter Europäischem Einfluss, S.47f., 486ff.

Ⅲ. 소송상의 본안요건에 대한 EU법의 영향

1. 행정재판에 대한 접근

독일 재판권 및 국제적 권한(관할)이 주어지고 행정재판의 방도가 열려진 경우에만, 행정법원의 소관이 된다. 전자의 두 요건은 과거에는 행정소송법상으로는 그다지 중요하지 않다. 그런데 현행법의 유럽화와 국제화의 진행과정에서 근본적으로 바뀌었다. 왜냐하면 국가가 자국영토에서 유일한 주권을 상실하였기 때문이다. 이에 따라 종종 고유한 자국의 영역에서 EU, 기타 국제기구나 다른 국가에 의한 고권행사가 존재한다. EU이외에 그 회원국 역시 모든 회원국에 대해서 더욱더 빈번히 영향을 미치면서 활동한다. 그래서 회원국들은 공동체법적 근거에서 광범한 범위에서 월경적(transnational) 행정행위를 발한다. 이를 넘어서 EU와 다른 회원국은 내국에서의 특별한 활동권한을 행사할 수 있다(가령 은행보험법에서의 회원국을 위한 통제권능이 존재한다). 여기서 회원국 내국 행정청과의 협력과 내국법의 유의가 요구된다(필요하다).

정반대로 자국 행정청은 종종 다른 회원국의 위원회나 행정청을 먼저 참여시킨 다음에 비로소 규제적으로 활동한다. EU운영조약 제108조에 따라 동 조약 제107조상의 보조금은 EU집행이사회의 통고와 허용(승인) 이후에 비로소 부여될 수 있다.[458] 그래서 이런 메커니즘을 조직상 그리고 구조적으로는 월경적 다차원적 행정으로, 절차와 작용관련해서는 월

458) 그래서 이런 메커니즘을 조직상 그리고 구조적으로는 월경적 다차원적 행정으로, 절차와 작용관련해서는 월경적 다단계행정이라고 부른다. 이때 제휴관계가 일부는 (EU와 회원국 간의 관계에서는) 수직적으로, 일부는 (회원국 상호관계에서는) 수평적으로 만들어진다. 행정의 이런 나눔은 권리보호에 현저한 영향을 미치는데, 그 복잡성은 EU차원에서 상이한 행정단위가 포함될 수 있으며(평의회, 위원회, 행정청), EU법이 광범한 범위에서 (가령 인증전문가에 의한 기술규격(표준)화와 인증에서) 사인과의 공동작업(협력)을 규정하고 있다는 점에 의해 증가한다.

경적 다단계적 행정이라고 부른다. 이때 제휴관계가 일부는 수직적으로(공동체와 회원국 간의 관계에선) 일부는 수평적으로(회원국 상호관계에서는) 만들어진다.[459] 행정의 이런 나눔(구별)은 권리보호에 현저한 영향을 미친다. 그런데 그것의 복잡성은 공동체차원에서 상이한 행정단위가 포함될 수 있으며(평의회, 위원회, 행정청), EU법이 광범한 범위에서 사인과의 공동작업(협력)을 규정하고 있다(가령 인증전문가에 의한 기술규격(표준)화와 인증에서)는 점에 의해 증가한다.

EU와 다른 국가가 면책특권을 누리면, 회원국의 재판권은 결여된다. 권리보호가 고권적 활동에 대해 강구될 때가 그런 경우이다.[460] 그래서 외부법의 유효성에 관해 본원적으로(직접적으로) 판정내리는 것이 회원국 국내법원에게는 인정되지 않는다. EU법을 위해 이 점을 EU최고재판소는 기초가 된 자신의 Foto－Frost판결에서 분명히 확인하였다.[461] EU운영조약 제274조(개별국가의 법원의 관할)에[462] 의하면, EU가 당사자인 분쟁의 경우 그에 관한 EU최고재판소의 관할이 조약상으로 존재하는 때에만 개별국가의 사법권이 적용되지 않는데, 이는 일정 범위에서 EU의 면책특권 포기를 허용하는 셈이 된다.[463]

독일 (행정)법원의 권한(관할)은, 권리보호가 독일 국가권력의 주체에 대해 강구되는 경우에는 항상 주어진다. 그래서 가령 연방과 주에 대한

---

459) *Schmidt-Aßmann*, Verwaltungskooperation und Verwaltungskooperationsrecht in der Europäischen Gemeinschaft, EuR 1996, 270ff.; *Benz*, Verwaltungskooperation im Mehrebenensystem der Europäischen Union – Das Beispiel der regionalen Strukturpolitik, in: Schmidt-Aßmann/Hoffmann-Riem(Hrsg.), Strukturen des Europäischen Verwaltungsrechts, 1999, 45ff.

460) *Ehlers*, in: Schoch/Schneider/Bier(Hrsg.), VwGO, Vorb. §40 Rn.41ff., 47ff.; BVerfG-K, DVBl.2001, 1130f.; EuGH, Slg. 2000, I-11307, Rn.32ff. - Parfums Christian Dior SA.

461) EuGH, Slg. 1987, 4199, Rn.15 - Foto Frost.

462) EU운영조약 제274조(구 공동체조약 제240조) 조약에 의거하여 EU최고재판소의 관할(권한)이 성립하지 않는 한, 유럽연합이 당사자가 되는 분쟁은 개별국가의 법원의 관할에 속한다.

463) *Ehricke*, in: Streinz(Hrsg.), EUV/AEUV, Art.270 AEUV Rn.4.

소로써 EU명령으로부터 아무런 의무가 생겨나지 않는다고 확인할 수 있다. 행정법원이 제2차법의 위법성을 출발점으로 삼을 경우, 동 법원은 – 비록 EU제1심법원에 해당할 지라도– EU운영조약 제267조(구 공동체조약 제234조)에 따라 EU최고재판소에 대해 유효성(통용)의 물음을 제청한다. EU명령과 EU지침에 대한 EU특유한 권리보호의 광범한 결여가 이런 방법으로 보완될 수 있다.[464)]

회원국의 행정이 상호 제휴하면, 원칙적으로 분리원칙이 통용된다. 이는, 회원국의 내국적 권리보호는 오로지 내국(자국) 활동부분을 대상으로 해서만 얻어져야 한다는 것을 의미한다.[465)] 그 밖의 경우에는 EU나 다른 회원국의 사법권이 동원되어야 한다. 이것이 권리보호를 곤란하게 만들지는 않는다. 가령 독일 행정소송법에 의할 때[466)]와는 달리, (독일의) 허가행정청을 제소하는 것과 (EU집행이사회나 외국 국가의) 필요한 동의를 법원으로 대체케 하는 것은 불가능하다.[467)] Schengen 정보시스템상의 정보저장과 관련하여 Schengen 조약은 완전히 다른 권리보호구상을 추구한다. 즉, 모든 이는 모든 조약당사자의 고권영역에서 자신과 관련한 언급을 이유로 소를 제기할 권리를 갖는다.[468)] 이로 인해 여러 상이한 국가에서 많은 과정이 집행될 필요가 없고, 회원국 국내법원이 외국의 활동도 심사할 수 있다는 장점이 있다.

현존 재판권에도 불구하고 외국과의 관련성으로 독일법에 따른 내국(국내) 권리보호가 부여되지 않을 때는 국제적 관할이 결여된다. 해석의 방법으로 독일 행정법원법 제40조 제1항 제1문으로부터[469)] 도출될 수 있

464) EuGH, Slg. 2002, I-6677, Rn.1ff. - Unión de Pequñeos Agricultores; EuZW 2004, 343, Rn.29f. - Jégo-Quéré.

465) BVerfGE 63, 343(375ff.); *Groß*, Die administrative Föderalisierung der EG, JZ 1994, S.596(604); *Schmidt-Aßmann*, EuR 1996, S.270(296).

466) BVerwG, NVwZ 1986, 556f.; NVwZ-RR 2003, 719f.

467) *Kadelbach*, Allgemeines Verwaltungsrecht unter Europäischem Einfluss, S.337.

468) Art.111 des Schengen-Durchführungsübereinkommens(BGBl. 1993 II S.1013).

469) 독일 행정법원법 제40조(행정구제방도의 허용성) ① 분쟁이 연방법률에 의해 명시적

듯이, 공법적 다툼은 독일에 적용가능한 공법과 관련하지 않으면 아니 된다. 그런데 국내의 법적용명령을 통해서 외국공법의 적용이 가능하다고 한 다음에 비로소 그 외국공법이 통용된다. 하지만 이런 경우란 원칙적으로 허용되지 않아서, 가령 외국의 조세청구권은 독일 재정법원이나 행정법원에 대해 제기할 수는 없다. 외국의 채무명의(Titel)가 독일에서도 관철될 수 있는지 여부는 국제적인 사법부조와 집행부조의 원칙에 따라 결정된다. 독일 행정청이 다른 나라의 행정법을 적용해야 할 경우에는 그렇지 않다.[470] 특히 직접적용이 가능한 EU법의 경우 －고유한 법질서에 해당한다는 점에 상관없이－ 독일 사법권이 존재하고 EU최고재판소나 EU1심법원(EuG)의 전속적 관할이 존재하지 않으면, 독일에서 제소가 능하다. OVG NRW는 심지어 내국 행정청이 EU의 이름과 계산으로 농부와 체결한 계약을 독일 행정법원법 제40조 제1항 제1문의 재판방도조항(Rechtswegklausel)에 속한 공법상의 계약으로 분류하였다.[471] 이는 결과적으로 EU에게 유리하게 독일 공법을 빌려준 셈이 될 수 있다.

한편 권리보호를 구하는 자가 외국의 공권력 주체일 수도 있다. 그래서 불법적으로 판매된 문화재에 관한 반환청구권과 관련해서, 외국의 국가 당국은 EU지침에[472] 바탕을 둔, 문화재반환법률(Kulturgüterrückgabegesetz) 제12조의 규율에 따라, 독일 행정법원에서 관철시킬 수 있다.

결론적으로 독일에서의 재판방도의 구분은 국내법에 따라 판단된다. 시민이 EU명령으로부터의 청구권을 다투면, －공법과 사법의 구분에서 논의하는－ 주체설에 의해 법규의 귀속주체가 전적으로 국내(자국) 국가

으로 다른 법원의 관할에 속하지 않는 한, 비헌법적 성격을 지닌 모든 공법상의 분쟁에서 행정구제방도가 주어진다. 州법의 영역에 있어서의 공법상의 분쟁은 州법률에 의해서도 다른 법원의 관할에 속할 수 있다.

470) *Rennert*, Grenznachbarschaftliche Zusammenarbeit, in: FS Böckenförde, 1995, S.199(211).

471) OVG NRW, NVwZ 2001, 691.

472) Art.5 RL 93/7 EWG.

권력인지 아니면 누구든 권리/의무자가 되는지 여부에 좌우된다. 전자의 경우에는 독일 행정법원법 제40조 제1항 제1문상의 공법적 다툼이, 후자의 경우에는 법원법(GVG) 제13조에 따른 민사법적 다툼이 강구된다.

2. 권리보호형식의 결정

EU법적으로 연관된 분쟁을 위해 어떤 권리보호형식이 규준이 되는지를 확정하는 것과 관련해서, EU법은 원칙적으로 회원국 국내소송법에 맡긴다.[473] 그렇지만 EU법은 권리보호형식의 정하는 데 영향을 미친다. 독일법에서의 정보제공행위는 그 자체 규율적 성격이 결여되기에 행정행위로 여겨지지 않는다. 하지만 EU법은 달리 규정할 수 있으며,[474] 그렇다면 정보제공은 이행소송이 아닌 의무이행소송으로써 획득되어야 한다. 그러나 이런 것은 실체법으로부터 생겨나고, 의도적으로 회원국 국내소송법에 영향을 미치려는 EU법의 노력으로부터는 생겨나지 않는다. 州입법자가 독일 행정법원법 제47조[475] 제1항 제2호의 수권을 행사하였을

473) *Götz*, Europarechtliche Vorgaben für das Verwaltungsprozessrecht, DVBl. 2002, S.1(2).

474) Art.12 i. V. mit Art.4 Nr.5 Zollkodex (VO Nr. 213/92).

475) 독일 행정법원법 제47조(규범통제에 있어서 고등행정법원의 관할) ① 고등행정법원은 재판권의 범위 내에서 신청이 있는 경우 다음 각호의 1에 해당하는 법규범의 유효성(통용력)에 관하여 재판한다. 1. (연방)건설법전의 규정에 의하여 제정된 조례 및 건설법전 제246조 제2항을 근거로 한 법규명령. 2. 州의 법률보다 하위에 속하는 다른 법규정. 다만, 이는 州법이 규정하는 경우에 한한다. ② 법규정 또는 그의 적용에 의하여 자기의 권리가 침해되었거나 가까운 장래에 침해될 것이라고 주장하는 모든 자연인 또는 법인 및 모든 행정관청이 법규정의 공포 후 1년 이내에 규범통제를 신청할 수 있다. 규범통제는 법규정을 제정한 단체, 영조물 또는 재단을 상대방으로 하여 신청한다. 고등행정법원은 법규정으로 관할에 영향을 받는 州와 다른 공법상 법인에게 일정기간 내에 견해표명의 기회를 부여할 수 있다. 제65조 제1항과 제4항과 제66조가 준용되어야 한다. ②a 건설법전 제34조 제4항 제1문 제2호와 제3호 또는 제35조 제6항에 따른 건축상세계획 또는 조례를 대상으로 한 자연인 또는 법인의 신청은, 공람(건설법전 제3조 제2항)또는 관련 公衆의 참여(건설법전 제13조 제2항 제2호와 제13조a 제2항 제1호)의 범주에서 주장할 수 있었음에도 불구하고 주장하지 아니하였거나 기간 도과하여 주장한 異議만을 신청자가 주장할 때 그리고 참가의 범주에서 이런 법적 결과가 지적된 때에는 허용되지 아니 한다. ③ 법규정이 전적으로

때, 행정법원법 제47조의 추상적 규범통제로써 법률하위규칙의 EU법과의 합치성을 심사할 수 있는지 여부는 상반되게 판단이 내려지는데, 이는 시인되어야 한다.[476] EU법은 (원칙적으로) 적용의 우위만을 누리기 때문에, 독일 고등행정법원은 EU법적 관련성을 지닌 사안에 대한 법률하위규범의 통용(유효성)은 판결할 수 없고, 단지 적용가능성만을 판결할 수 있다. 적용불가의 판시는 무효판시에 대한 저감(마이너스)를 의미한다.

3. 원고적격의 물음–법적 지위의 제소가능성

(1) 보호규범설

법률상으로 달리 규정하지 않는 한, 독일 행정법원법 제42조 제2항에[477] 따른 취소소송과 의무이행소송(의무화소송)은, 원고가 권리침해를 주장하는 경우에만 허용된다. (행정법원법 제47조 제2항 제1문인) 규범통제 및 기타의 소송종류도 역시 마찬가지이다. 언제 권리 및 권리침해가 존재하는지 여부는 우리나 독일에서는 보호규범설(Schutznormtheorie)에 의해 결정된다. 독일법처럼 주관적 권리보호절차의 일관된 시행이 유럽내에

주의 헌법재판소에 의하여 심사된다고 법률에서 규정하고 있는 경우에는, 고등행정법원은 당해 법규정의 州법과의 일치성을 심사할 수가 없다. ④ 법규정의 유효성에 대한 심사절차가 헌법재판소에 계속 중인 경우에는, 고등행정법원은 헌법재판소의 절차가 종료될 때까지 심리의 중지를 명할 수 있다. ⑤ 고등행정법원은 판결로 재판하거나, 또는 변론이 필요하지 않다고 판단하는 경우에는 결정으로 재판한다. 고등행정법원은 해당 법규정이 유효하지 않다(통용력이 없다)고 확신한다면 그 법규정을 무효라고 선언한다; 이 경우 재판은 일반적인 구속력이 있으며, 또한 재판의 주문은 피신청인에 의하여 해당 법규정이 공포되었던 것과 동일한 방법으로 공고되어야 한다. 재판의 효력에 대하여는 제183조가 준용되어야 한다. ⑥ 법원은 중대한 손해를 피하기 위하여 또는 다른 중대한 사유에 의거하여 긴급히 필요한 경우에는 신청에 의하여 假명령을 발할 수 있다.

476) *Burgi*, Verwaltungsprozess- und Europarecht, S.34f.; *Pache/Burmeister*, Gemeinschaftsrecht im verwaltungsgerichtlichen Normenkontrollverfahren, NVwZ 1996, S.979 (980).

477) 독일 행정법원법 제42조(취소소송 및 의무이행소송) ② 법률상 별도의 규정이 없는 한, 원고가 행정행위 또는 행정행위의 거부나 부작위로 인하여 자기의 권리가 침해되었음을 주장하는 경우에 한하여 소를 제기할 수 있다.

서는 유일한 모델이 아니다. 오히려 유럽법적 권리보호에서는 독일식의 피침소송적 구조가 아니라, 프랑스식의 이익관련자소송(Interessentenklage)적 구조를 모델로 삼았다.[478] 그리하여 일부 문헌상으로 EU최고재판소의 판결을 원용하면서, 보호규범설이 EU법에는 맞지 않는다고 주장된다.[479] 가령 EU최고재판소는 환경법에서 보건을 위한 한계치규정을 제소가능한 권리(법)로 분류한 반면에,[480] 그런 규정은 독일에선 전통적으로 종종 제3자보호성이 부인되는 사전배려규정에 속한다.[481] 그렇지만 판례의 자세한 분석을 통해 드러난 점은, 일종의 공습경보해제가 주어질 수 있다.

취소소송을 비롯한 행정소송의 경우 독일에서의 행정법적 권리보호는 행정법원법 제42조 제2항과 제113조 제1항 제1문에[482] 의해 원고의 주

478) 여기서 비교법적 이해가 필요하다. 프랑스시스템의 토대는 객관적인 합법성원칙과 이익관련자소송이다. 최고 행정재판권을 갖는 Conseil d'Etat는 이중적 성격을 갖는다: 최고행정법원으로서의 성격과 법적 물음에서 정부의 자문위원회로서의 성격. 당연히 그 구성 역시 법관만이 아니라 행정공무원으로도 이루어지고 있다. 행정부에 속하고, 그것의 최고책임자가 수상인 것처럼 행정의 감시자로서 Conseil d'Etat의 기능은 직무감독의 차원에서 행정이 좋게 기능하는 것을 심사하는 데 있다. 프랑스식 행정소송메커니즘이 객관적인 합법성통제를 상정하는 것은 자연스럽다.

479) *Ehlers*, Die Europäisierung des Verwaltungsprozessrechts, 1999, S.48ff.

480) EuGH, Slg. 1991, I-825, Rn.3ff. - Kommission/Deutschland; Slg. 1991, I-2567, Rn.15ff. - Kommission/Deutschland; Slg. 1991, I-4983, Rn.13ff. - Kommission/Deutschland.

481) 이런 사정을 결정적으로 바꾼 것이 2006.12.15.자로 발효한 독일 환경권리구제법(Umwelt-Rechtsbehelfsgesetz)이다. 동법 제4조 제1항 제1문에 의해 필수적 환경영향평가나 사전심사의 불실시(결여)는 -주관적인 실체적 권리침해를 주장할 것 없이 제소가능성이 전적으로 인정되는- 절대적 절차하자(absoluter Verfahrensfehler)가 되어 버렸다. 그런데 독일의 이런 변화는 개개의 隣人이 환경영향평가시행에 관한 청구권을 갖는다는 것을 시사한 EU최고재판소의 2004.1.7. 판결(EuGH, NVwZ 2004, 593.)에서 비롯되었다. 상론은 김중권, 환경영향평가가 결여된 행정행위의 효력에 관한 소고(K-110), 저스티스 제114호, 2009.12.1., 363면 이하.

482) 독일 행정법원법 제113조(취소소송과 의무이행소송에서의 판결) ① 행정행위가 위법하고 원고가 그로 인해(dadurch) 자기의 권리를 침해받은 경우에, 법원은 행정행위 및 행정심판재결을 취소한다. 행정행위가 이미 집행된 경우, 신청에 의하여 법원은 행정청이 그 집행을 되돌려야 할 것과 그 방법을 선고할 수 있다. 이러한 선고는 행정청이 그렇게 할 수 있고, 또한 이런 물음이 사건성숙성이 있어야만 허용된다. 행정행위가 그 이전에 이미 취소되었거나 또는 다른 방법으로 실효된 경우, 원고가 위법확인에 관한 정당한 이익이 있으면, 신청에 의하여 법원은 판결로써 행정행위가 위법이었다는 점을 선고한다.

관적 권리의 침해에 연계된다(위법성의 권리침해 견련성(견련관계); Rechtswidrigkeitszusammenhang). 이로 인해 민중소송과 이익소송이 배제된다. EU최고재판소 역시 비록 이익관련자소송(Interessentenklage)적 구조를 취하지만, 객관적 EU법의 제소가능성을 위한 민중소송은 물론, －단순한 사실상의 관련성으로 충분한－ 이익소송(Interessenklagen)은 허용되지 않는다.[483] EU최고재판소의 판례에 의하면, 원고적격에서의 개인적 관련성은 당사자의 현재 상태를 위협하는 (법적 행위의) 결과에 의해 매개된다는[484] Plaumann 공식이 확고하다. 보기에 따라서는 원고적격의 인정에서 EU최고재판소의 이런 입장은 이익관련자소송에 관한 일반적인 느낌과는 달리 매우 엄격하게 여겨진다.[485] 나아가 명문으로 달리 규정하지 않는 한, 제소가능한 법적 지위를 －제1차적 권리보호의 영역은 물론 제2차적 권리보호의 영역에서도－[486] 개인에게 개인적 보호를 목적으로 한 의도된 행위를 관철하는 권능을 부여한 경우에만 인정한다. 그리하여 독일 보호규범설의 착안점 역시 EU법의 바탕을 이룬다고 하겠다.

그렇지만 EU최고재판소는 주관적 권리의 인정에서 독일법보다 상대적으로 관대한 경향을 보인다.[487] 법규범의 유효성(효력)이 특히 제소가

483) Vgl. *Schoch*, in: FG 50 Jahre BVerwG, S.507(516f.).

484) EuGH, Slg. 1991, Ⅰ-2501 Rn.17; Slg. 1994 Ⅱ-121 Rn.79-82, Ⅱ-323 Rn.44-47.

485) EU최고재판소는 보통 원고적격규정을 확대해석하는 것을 외면하지 않지만, 이상의 관련성을 완화하려는 착안점에는 동조하지 않는다(EuGH, Slg. 2002, Ⅰ-6719, Rn.36ff; Slg. 2004, Ⅰ-3425, Rn.29ff.). EU최고재판소는 개별적 관련성 요구에 관해 본문이 명백하다고 여기고, 개별적 관련성의 기준이 소멸하게 될 것 같으면, EU조약에 의해 부여된 자신의 권한을 일탈한 것이 된다고 본다(이에 대한 평가에서 독일 문헌상 찬반이 나뉜다. 논의전반에 관해선 *Röhl*, Rechtsschutz gegen EG-Verordnungen, JURA 2003, 830ff.

486) EuGH, Slg. 1996, I-1029, Rn.49ff. - Brasserie du Pêcheur.

487) EU최고재판소는 가능한 사실상의 관련성을 목표로 하는 경향이다. 독일식의 피침적 구조와는 달리 관련성구조를 띠고, 이익관련자소송(Interessentenklage)에 해당하여, 프랑스법의 시스템과 약간 근접한 것으로 평가한다. 이는 －입증에 결코 높은 요청이 주효하지 않는－ 이익의 주장에 대해 행정구제가능성을 개방하는 것인데, 행정소송을 －시민을 '행정의 파수꾼'(Wächter der Verwaltung)으로서 작동시키는－ 객관적 행정통제를 위한 도구로 이해하는 것을 바탕으로 한다. 하지만 그것의 관련성, 직접성,

능성에 좌우된다는 점이 독일에서보다 더 강하게 강조되기 때문이다.[488] 이에 따라 EU법의 적용과 관련해서 EU법이 개입된 보호규범설이라 말할 수 있다.[489] 가령 독일법이 유럽적 규준에 의해 개인보호적 의의를 지닌 규범을 국내법에 의해 전환하면, 독일 법관은 국내 규율의 해석에서 이런 EU법적 당초가치를 원고적격의 물음과 본안에서의 이유여부의 물음에서도 고려해야 한다. 그래서 보호규범이론이 EU법적으로 '변형'되거나[490] '중첩'된[491] 버전으로 적용될 수 있다. 한편 2015.10.25. EU최고재판소는 위법성의 권리침해 견련성(견련관계)(Rechtswidrigkeitszusammenhang)을 명시적으로 인정하고 있는 독일 행정법원법 제113조 제1항 제1문이 EU법에[492] 위반하지 않는다고 판시하였다.[493]

개별성에 관해 EU최고재판소가 비교적 엄격한 입장(Plaumann공식)을 견지하는 한, 결과적으로 독일의 보호규범론에 닿아 있다고 하겠다. 그리고 유럽법제가 그런 종류의 시스템적 변화를 찬동하는 경향을 보인다는 점은 입증될 수 없다. Vgl. *Danwitz*, Aarhus-Konvention: Umweltinformation, Öffentlichkeitsbeteiligung, Zugang zu den Gerichten, NVwZ 2004, S.272(281f.); *Ruthig*, Die Konzeption des subjektiven öffentlichen Rechts im Gemeinschaftsrecht, in: Kluth/Rennert(Hrsg.), Entwicklungen im Verwaltungsprozessrecht, 2008, S.35ff., 49f.

488) 그리고 현행 EU운영조약 제263조(무효화소송) 제4항은 구 공동체조약 제230조 제4항보다는 더 나아 갔다. 왜냐하면 자연인등이 자신을 상대로 하거나 자신을 직접적 개별적으로 관련시킨 작용을 대상으로 제기한 무효화(취소)소송만이 아니라, -자신을 직접적으로 관련시키고 결코 집행조치를 유발하지 않는- 명령적 성질의 법적 행위에 대한 무효화(취소)소송 역시 허용한다.

489) *Dörr*, Europäischer Verwaltungsrechtsschutz, in Sodan/Ziekow, VwGO, Rn.453; *Schoch*, Individualrechtsschutz im deutschen Umweltrecht unter dem Einfluß des Gemeinschaftsrechts, NVwZ 1999, S.457(459).

490) *Dörr/Lenz*, Europäischer Verwaltungsrechtsschutz, Rn.430.

491) *Ehlers*, DVBl. 2004, S.1441(1445); *Gärditz*, Europäisches Verwaltungsprozessrecht, JuS 2009, S.385(389).

492) Art.11 Richtlinie 2011/92/EU über die Umweltverträglichkeitsprüfung (UVP-RL), Art.25 Richtlinie 2010/75/EU über Industrieemissionen (IE-RL).

493) EuGH, ECLI:EU:C:2015:683 - NVwZ 2015, 1665ff. 법률자문관(Generalanwalt) Wathelet이 연합법위법이라 주장하였지만, EU최고재판소는 UVP-RL 제11조 제1항과 IE-RL 제25조 제1항에 의해 일정한 소의 허용성을 주관적 권리의 침해에 연계시킬 수 있으며, 이것은 행정결정의 폐지를 위해 그런 침해를 요건으로 할 가능성을 포함한다는 점을 분명히 하였다. 다만 어떤 권리가 주관적 관련성이 있는지는 명확히 하지는 않았다. EU최고재판소의 이런 입장은 위법성 견련성과 관련한 우리의 논의에서 매우 의미롭게 참작할 수 있는 점이다.

EU법 자체가 주관적 법적 지위의 허용(인정)을 요구하지는 않더라도, 차별금지는 준수되어야 한다. 따라서 기본법상의 기본권을 독일인에게 국한하는 것 또는 외국법인을 제외하는 것(기본법 제19조 제3항)은 EU법의 적용영역에서 최소한 원칙적으로 EU－외국인에 대해서는 적용될 수 없을 것이다. EU법이 개인에게 독일법보다 광범한 법적 지위를 부여하고 그래서 후자가 EU에 맞게 축적되어야 하면, 독일 행정법원법 제42조 제2항상의 권리에 해당하고, 규정의 다른 법률상의 규정이 문제되지는 않는다.[494)]

결론적으로 EU법의 주관적 권리는 독일법의 그것과 마찬가지로 다루어져야 한다. 다른 한편 그런 경우에도 원칙적으로 객관적 권리보호는 강구될 수가 없다.[495)] 따라서 원고가 자신의 권리상으로 침해를 받아야만 무효화(취소)소송은 이유가 있다. 고유한 권리침해의 주장 없이도 소송을 가능하게 하는 식으로 EU법을 단지 소송적으로 규범화한 것(가령 단체소송[496)])은 행정법원법 제42조 제2항상의 다른 규정에 해당한다.[497)]

(2) 보호규범으로서의 절차권

1) 독일 행정법원법 제44조의 a와[498)] 관련해서

EU최고재판소의 이런 태도는 독일 행정법원과 관련해서는 소송이 권리범위의 확대와 주관적 권리의 증가로 증가된다는 것을 의미한다. 특히 EU법은 독일법보다 더 큰 범위에서 (독립되게 주장될 수 있는) 절차권을

494) *Ehlers*, Die Europäisierung des Verwaltungsprozessrechts, S.61ff.

495) 유의할 점은 독일과는 달리 EU법에서의 주관적 권리와 권리보호수단은 수익자의 기본권적인 고유한 이익에서 성립하기보다는 객관적 법의 관철을 위하여 성립한다. *Wolff/Bachof/Stober/Kluth*, Verwaltungsrecht Ⅰ, 13.Aufl., 2017, §13 Rn.7.

496) *Epiney*, Gemeinschaftsrecht und Verbandsklage, NVwZ 1999, S.485(488ff.); Art.7 Abs.2 RL 2000/43/EG.

497) 이타적 단체소송의 허용성 물음은 궁극적으로 특별법에 의한 허용성의 문제이다. 가령 소비자단체소송제도가 도입되어 2008.1.1.부터 시행되고 있다.

498) 독일 행정법원법 제44조의a(행정관청의 절차행위에 대한 권리구제): 행정청의 절차작용에 대한 권리구제는 실체결정에 대한 허용된 권리구제와 동시적으로만 주장될

인정한다.[499] 그래서 EU환경정보지침은[500] 원칙적으로 모든 이에게, 행정청이 수집한 환경정보에 관한 자유로운 접근에 관한 (절차와 무관한) 청구권을 부여한다. 독일 행정법원법 제44조의 a는[501] 이런 경우에 아무런 차단효를 발휘하지 못한다. 월경적으로 다단계적 행정절차가 실행되어야 하면, 행정청의 발한 절차활동에 대한 권리구제의 허용성은 행정의 공동작용의 상황에 좌우된다. 가령 EU집행이사회가 결정을 발하고, 준비활동을 하는 회원국 국내행정청의 절차활동(가령 조사의 실행, 관계자의 청문, 서류전달)이 그 EU집행이사회에 귀속되어야 하면, 권리보호는 EU1심법원(EuG)에서 강구될 수 있다.[502]

독일 행정청의 절차하자를 독일 법원에서 독립하여 주장하는 것은 독일 행정법원법 제44조의 a로 인해 무위로 돌아간다. 결여된 재판권으로 말미암아 독일에서는 실체결정에 대한 권리보호 역시 고려되지 않는다. 이에 반해 회원국 국내행정청의 절차활동이 내용상의 구속효에 의거하여 EU집행이사회의 종국결정을 선결하는 경우에는, EU최고재판소는 회원국 국내절차규정을 배척하면서 효과적인 권리보호를 보장하기 위하여 회원국 국내법원을 상대로 한 직접적인 소송가능성을 요구한다.[503]

수 있다. 다만, 행정청의 절차작용이 집행될 수 있거나 관계인 이외의 자에 대하여 행해질 수 있는 경우에는 그러하지 아니 한다.

499) 그런데 EU법원은 독일 행정법원법 제44조의 a(행정관청의 절차행위에 대한 권리구제)와 같은 명문의 규정이 없음에도, 행정청의 절차작용상의 위법을 실체결정상의 위법과 연동시켜 권리구제를 강구하게 한다(EuG Slg. 1992, Ⅱ-2181 Rn.31-NBV) 결과적으로 독일과 동일한 입장을 취한다.

500) RL 90/313/EWG.

501) 동조는 절차봉사설에 입각한 그들 행정절차법 제45조, 제46조와 상관관계가 있다. 독일 행정절차법 제97조에 의해 1977.1.1.에 도입된 동조에 대해서는 기본법 제19조 제4항의 효과적인 권리보호의 보장과 절차를 통한 기본권보호가 보장될 수 없다는 점에서 많은 비판이 있다.

502) EuG, Slg. 1995, Ⅱ-2841, Rn.28ff. - France aviation; Slg. 1999, Ⅱ-2403, Rn.38ff. - New Europe Consulting

503) EuGH, Slg. 1992, I-6313, Rn.10ff. - Borelli.

2) 독일 행정절차법 제45조 및 제46조와 관련해서

행정행위의 발함에서의 절차하자의 효과가 어떠한지와 관련해서도 독일구상과 유럽구상간의 차이점이 종종 일괄적으로 거칠게 표현된다. 독일 행정절차법제45조와 제46조에 규정된 예외의 많은 경우가 독일에서의 행정절차의 낮은 가치(소위 절차의 봉사적 기능)의[504] 정체를 밝힌다. (그것에) 절차하자가 없었다면 원고의 실체적 법적 지위와 관련해서 다르게, 즉 그에게 더 유리하게 본안결정을 행해졌을 경우에만 그 본안결정을 취소하고자 하는 독일 연방행정법원의 인과관계와 관련한 판례는[505] 이런 독일식의 기본착안점을 결정적으로 엄격하게 하였다. 이 밖에 소위 행정신속화입법(특히 1996.9.12.자 허가절차신속화법 Beschleunigungsgesetzgebung)이 통용된다. 하지만 다음의 두 가지 측면을 간과해서는 아니 된다. 먼저 독일에서도 엄격한 과정화를 지지하는 상이한 반대의 흐름이[506] 존재한다. 다른 한편 독일이 아닌 다른 회원국의 법질서는 물론, EU고유행정법은, 절차하자가 실체결정에 대해 아무런 영향이 없는 경우에도 절차하자를 예외 없이 고려해야 한다는 것에 대해서 공히 부정적인 입장을 취한다.[507]

따라서 독일 행정절차법 제45조와 제46조 그 자체가 EU법위반은 아니다. 특히 효과성의 원칙(Effektivitätsgebot)에 반하지 않는다.[508] EU고유

---

504) 상세는 *Grünewald*, Die Betonung des Verfahrensgedankens im deutschen Verwaltungsrecht durch das Gemeinschaftsrecht, 2010, S.123ff.; *Quabeck*, Dienende Funktion des Verwaltungsverfahrens und Prozeduralisierung, 2010, S.116ff.

505) BVerwGE 69, 256(269f.) - NVwZ 1984, 718; BVerwGE 78, 347(356) - NVwZ 1988, 527; BVerwGE 100, 238(250) - NVwZ 1996, 788; BVerwGE 100, 370(376) - NVwZ 1996, NVWZ 1016; BVerwGE 130, 83(94f.) - NVwZ 2008, 563.

506) *Quabeck*, Dienende Funktion des Verwaltungsverfahrens und Prozeduralisierung, S.173ff., 190ff.

507) *Kahl*, NVwZ 2011, S.449(451).

508) *Kleesiek*, Zur Problematik der unterlassenen Umweltverträglichkeitsprüfung, 2010, S.120ff., 123f.; *Schmidt-Aßmann*, in: Hoffmann-Riem/Schmidt-Aßmann/

행정법과 독일법의 심각한 相違는 회원국 국내법이 EU법의 효과적 집행 역시 저해할 수 있다는 것을 위한 부정적인 증빙일 수 있다.[509] 이런 의미에서 회원국 국내법이 중요한 EU법상의 절차적 위상을 저지할 것 같으면 회원국 국내법을 개별조항적으로 EU법합치적으로 제한적 해석할 것이 요구된다.

(3) 법률상 인정된 원고적격의 문제

개인적 권리보호를 지향하지 않는 객관소송은 개인적 권리침해를 전제로 하지 않는다. 객관소송은 주관소송의 원칙의 예외로서 특별히 입법자가 그것을 허용해야지, 즉 그것을 허용하는 법률에 의거하여 비로소 인정될 수 있다. 이는 두 가지 경우로 나눌 수 있다. 첫 번째 유형은 다른 행정부처의 결정에 대해 공공기관의 제소가능성을 규정한 경우이다.[510] 이것은 실체적 이익상황에서 보자면, 기관소송과 인정된 자기소송에 근사(近似)하다. 여기서 관건은 법률상으로 독립된 공익을 사법적 해명절차를 이용하여 종국적으로 다시 구속적으로 결정과정에 통합시키는 것이다.

두 번째 유형은 환경법에 규정된 이타적 단체소송(altruistische Verbandsklagen)이다.[511] 이 소송은 환경법에서의 집행부전(Vollzugsdefizit)에 대응하는 데 이바지한다. 독일 연방자연보호법(BNatSchG) 제64조에 따른 자연보호법상의 단체소송은 주법상의 규율에 바탕을 둔다.[512] 또한 독일 입

Voßkuhle(Hrsg.), Grundlagen des Verwaltungsrechts, Ⅱ, §27 Rn.110; *U. Stelkens*, Der Eigenwert des Verfahrens im Verwaltungsrecht, DVBl. 2010, S.1078(1081).

509) *Gundel*, in: Schulze/Zuleeg/Kadelbach, Europarecht, §3 Rn.178f.

510) 독일의 예: §8 Abs.4 HandwO, §6 Abs.2 S.3 AsylVfG a. F. oder §35 Abs. 2 WPflG a. F.

511) *Schmidt/Zschiesche/Tryanowski*, Die Entwicklung der Verbandsklage im Natur- und Umweltschutzrecht von 2007 bis 2010-Ergebnisse neuer empirischer Untersuchungen, NuR 2012, 77ff.

512) 독일에서의 이런 변화를 기화로 우리의 경우에도 도입에 관한 논의가 매우 활발하

법자는 EG지침(Richtlinie 2003/35/EG)을[513] 전환하기 위해 환경구제법(UmwRG) 제2조에 따른 권리구제를 창설하였다. 자연보호법상의 단체소송을 통해서는 단지 일정한 자연보호법상의 규정의 준수에 대해서만 영향을 미칠 수 있을 뿐인 반면, 제소권이 있는 단체는 환경구제법(UmwRG) 제2조에 따른 권리구제를 이용해서 환경보호에 이바지하는 제 법규정의 위반을 일반적으로 주장할 수 있다. 위반규정이 개인의 권리를 성립시켜야 한다는 것(소위 보호규범부종성; Schutznormakzessorietät)을 요구함으로써 환경단체의 제소권을 현저히 제한한 과거 2006년의 환경권리구제법 제2조 제1항 제1호에 대해, EU최고재판소는 EU법위반이라 판결하였다('Trianel-판결'). 즉, 동규정은 관련 공중(公衆)에 대해 확대된 對司法的 접근권을 부여한 (오르후스 Århus협약의) 목표에[514] 배치되고, 또한 관련 단체가 EU환경법상의 법규정의 위반도 일반공중의 이익을 보호한다는 이유로 주장할 수 없다면 이는 효과성의 원칙에 위반된다고 판시하였다.[515] 그리하여 동 규정은 더 이상 적용될 수 없게 되었고, 조건 없는 단체소송의 가능성이 제공될 수 있게 되었다.

4. 권리보호기한의 준수

독일 행정소송에서 취소소송과 －거부대응소송의 형식의－ 의무이행소송은 원칙적으로 1개월 이내에 제기되어야 하고, 규범통제의 신청은 1년 이내에 제기되어야 한다(행정법원법 제74조, 제47조). 이런 제소기간의

다. 관건은 어떻게 체계정합성이 있게 기존 공법질서에 편입시킬 것인지의 물음이다.

513) 동 지침을 통해 EU법의 입법자는 EU법을 오르후스(Århus)협약의 규준에 상응하도록 하였다.

514) 환경적 물음을 지닌 결정에 대한 사법심사를 가능케 하기 위해, 오르후스(Århus)협약 제9조 제3항은 사법심사절차에 대한 접근을 일반공중에 대해 제공할 것을 국가에 대해 요구하였다.

515) EuGH NJW 2011, 2779(2780 Tz.46). Vgl. *Schwerdtfeger*, Erweiterte Klagerechte für Umweltverbände - Anmerkung zum Urteil des EuGH v. 12.5.2011 in der Rechtssache Trianel, EuR 2012, 80ff.

규정은 EU법의 관철에 대해 촉진적이거나 방해적일 수 있다. EU최고재판소의 소위 Emmott-판결은 커다란 동요를 사전에 배려하였다. 개인이 EU지침에 따른 보호를 주장하면, 제소기간은 EU지침이 규정에 따라 회원국 내국법으로 전환되었을 때 비로소 개시한다.[516] EU법에 대한 모든 위반에도 불구하고 제소기간의 저지를 받아들이고자 하면, 제소기간의 규정은 광범한 범위에서 낡아빠진 것이 될 것이다. 그러나 EU최고재판소는 일련의 판결에서 Emmott-판결이 개별사건의 특수성에 바탕을 두고 있기에 일반화될 수 없다는 점을 분명히 하였다.[517] 나아가 여러 절차에서 1개월의 제소기간은 물론 연장기간도 법원에 의해 받아들여졌다.[518]

따라서 독일 행정법원법의 제소기간의 규정은 원칙적으로 EU법과 유럽인권조약(EMRK)의 규준에 적합하다는 것을 출발점으로 삼을 수 있다. 해서 항소와 상고를 위한 기간이 빠듯하다고 하여 그것이 유럽인권조약 제6조나 EU법의 효과성의 원칙에 배치되는 것은 아니다. 따라서 EU법에 대한 위반을 나중에 주장하는 것은 허용되지 않는다.[519] 그렇지만 제소기간의 규정은 이전 단계에서의 재개에 관한 규정과 마찬가지로 EU에 적합하게 동시에 친EU적으로 해석되어야 한다.

Ⅳ. 재판절차에 대한 EU법의 영향

EU법은 나아가 행정재판절차에 대해 다양한 방법으로 영향을 미친다. 유럽인권조약(EMRK) 제6조 제1항은 특히 공개심리와 불편부당한 법원 앞에서의 공정한 절차를 요구한다. 독일 행정소송법은 재판공개의 원칙

516) EuGH, Slg. 1991, I-4269(4299)-Emmott.

517) EuGH, Slg. 1994, I-5483, Rn.26f. - Johnson; Slg. 1997, I-4085, Rn.52 - Haahr Petroleum; Slg. 1997, I-6783, Rn.51 - Fantask.

518) EuGH, Slg. 1976, 1989, Rn.5 - REWE; Slg. 1976, 2043, Rn.17f. - Comet; Slg. 1997, I-4025, Rn.28f. - Palmisani.

519) EuGH, Slg. 1995, I-4599, Rn.21.; Slg. 1995, I-4705, Rn.19ff. - Van Schijndel.

에 대한 여러 가지의 예외를 인정한다. 가령 행정법원은 관계자의 합의가 있으면 구술심리 없이도 판결을 내릴 수 있으며(행정법원법 제101조 제2항),[520] 판결을 공표하기보다는 송달할 수 있다(행정법원법 제116조 제2항). 유럽인권조약 제6조 제1항 역시 모든 경우에 대해 재판절차의 공개가 관철될 것을 요구하지는 않는다. 그러나 유럽인권조약 제6조 제1항 제2문상으로 허용된 예외가 구술변론의 원칙에 대해서는 통용되지 않는다. 공익에 배치되지 않는 경우에만, 유럽인권조약상의 권리가 (설사 추정적이긴 해도) 포기될 수 있다.[521] 이런 점을 독일 행정법원법 제101조 제2항의 해석에서 유의해야 한다. 규범통제절차를 위해서, 독일 연방행정법원은 유럽인권조약 제6조 제1항의 적용가능성의 사건에서 결정이 아니라 공개적인 구술심리에 의거한 판결에 의해서만 판결을 할 수 있다고 판시하였다.[522]

독일 행정법원법 제84조에 따른 구술변론이 없는 법원의 결정에 의한 재판은 원칙적으로 별 의문이 없다. 이유인즉, 그런 재판절차에 대해서는 구술변론이 신청될 수 있기 때문이다. 상고가 허용되면(독일 행정법원법 제84조 제2항 제3호), －구술변론이 행해질 수 있도록－ 상고법원은 절차책문(독일 행정법원법 제132조 제2항 제3호)에[523] 기하여 계쟁물을 사실심법원으로 환송하여야 한다.[524] 문제가 되는 것은, 법원판결의 송달이 충분한지(독일 행정법원법 제116조 제2항)[525] 여부이다. 사법통제를 좋게 가

520) 독일 행정법원법 제101조(구술변론의 원칙) ② 소송참여자의 동의로써 법원은 구술변론 없이 재판할 수 있다.

521) EGMR, EuGRZ 1992, 5 (10f.) - Håkansson u. Sturesson.

522) BVerwGE 110, 203(206); *Lenz/Klose*, Der menschenrechtliche Anspruch auf mündliche Verhandlung über Normenkontrollanträge, NVwZ 2000, 1004ff.

523) 독일 행정법원법 제132조(상고의 허가) ② 상고는 다음 각호의 어느 하나에 해당하는 경우에만 허용된다. 1. 계쟁사건이 원칙적인 의의를 가질 경우, 2. 판결이 연방행정법원, 연방최고법원의 합의부 또는 연방헌법재판소의 판결에서 벗어나고, 이런 상위함에 바탕을 둔 경우, 3. 절차흠결이 주장되고 그것이 존재하며, 재판이 그 절차흠결에 바탕을 둘 수 있는 경우.

524) *Ehlers*, Die Europäisierung des Verwaltungsprozessrechts, S.98f.

능하게 하는 방식으로 판결이 공중에 대해 접근되어질 경우에만 유럽인권재판소는 공표의 포기를 허용하였다.[526] 구술심리가 포기될 수 있음에도 불구하고, 공표의 포기는 다툴 여지가 있다고 여겨진다.

독일 행정소송의 특징으로 자주 지적되는 것이 소송이 지나치게 장기간 진행된다는 점이다. 독일의 경우 망명 사건을 제외하고선 1심판결의 평균소요기간이 10.6개월이다.[527] 유럽인권조약(EMRK) 제6조 제1항은 상당한 기간내의 심리 및 판결을 요구한다. 동 규정이 얼마나 엄격히 해석되는지를 잘 보여주는 것이, 두 건의 사건에서 독일 연방헌법재판소의 지나치게 긴 재판절차기간으로 비난이 제기된 사례이다.[528]

행정법원이 상당한 기간 안에 판결을 내리지 않으면, 이에 대해 어떻게 반응하여야 할지 문제가 된다. Kudla사건에서 유럽인권재판소는 유럽인권조약 제13조에 의해 회원국의 국내적 소원제기가능성이 존재해야 한다고 판시하였다.[529] 독일 행정법원법이 불행사(직무해태)소원이나 신속화소원을 허용하는지 여부가 다투어졌는데, 독일 연방행정법원은 2003년의 두 판결에서 이를 부인하였다.[530] 독일 연방헌법재판소의 견해에 의하면, 헌법소원은 법원에 의한 절차기본권의 일회적 위반(침해)에 대해서도 보충적이지만, 동시에 전문법원에 의한 권리보호가 성문의 법질서상으로 규정되어야 한다.[531] 그리하여 독일의 입법자는 법관의 직무해태에 대한

---

525) 독일 행정법원법 제116조(판결의 선고·송달) ② 선고에 갈음하여 판결의 송달은 허용된다; 이 경우 판결은 구술변론의 종결 후 2주일 이내에 사무처에 송부되어야 한다.

526) EGMR, EuGRZ 1985, 548(550) - Pretto.

527) Statistisches Bundesamt, Fachserie 10 Reihe 2.4 2015, 22. 우리 역시 2017년 사법연감에 의하면, 1심사건 19883건 가운데 1398건이 1개월 이내에 처리되며, 행정소송에서 1심판결의 평균처리기간이 270.1일이다(2017년 사법연감 596면 표76).

528) EGMR, NJW 1997, 2809ff. - Probstmeier; EuGRZ 1997, 310ff. - Pammel.

529) EGMR, NJW 2001, 2694ff.; *Meyer-Ladewig*, NJW 2001, 2679f.

530) NVwZ 2003, 869; BayVGH, NVwZ 2000, 693.

531) BVerfG, NJW 2003, 1924ff.; NVwZ 2003, 858; BVerfG-K, NVwZ-RR 2001, 73; BVerfG, NVwZ 2004, 471.

권리보호의 장치를 가능한 빨리 성문화하여야 할 책무를 진다.

회원국 국내 권리보호와 EU고유한 권리보호는 EU운영조약 제267조에 의한 예비판정절차(Vorabentscheidungsverfahren)에 의해 함께 연계된다. 예비판정절차는 EU법질서의 통일성과 연관성은 물론, 개인적 권리보호에도 기여한다. 그리하여 예비판정절차는 특별히 중요하다. 왜냐하면 EU법은 제한적인 개인적 권리보호만을 인정하기 때문이다.

EU법적 활동(작용)의 통용이 부인되어야 하면, 모든 법원은 유럽법원에 제청하여야 한다.[532] 또한 회원국 국내법원이 EU법을 잠정적으로 배척할 수 있는 권한을 갖는 것으로 하면, EU법질서의 통일성이 문제될 것이다. EU법의 해석이 문제되면, 국내 수소법원은 EU최고재판소의 예비판정을 구할 수 있는 반면, 최종심(행정사건에서는 연방행정법원)의 경우 −EU최고재판소가 해석물음을 이미 답을 했거나 EU법의 바른 해석이 명백한 경우가 아니라면−[533] EU최고재판소에 대해 제청할 의무를 진다.[534] 그런데 업무의 과중한 부담을 고려한, 즉 EU최고재판소는 이런 예외경우를 더 이상 과거처럼 엄격히 한정하지 않으려 한다.

회원국 국내법원이 EU운영조약 제267조(예비판정절차)로부터의 제청의무를 이행하지 않으면, 법률상 규정된 법관에 의해 재판을 받을 권리를 가진다는 헌법적 명령(독일 기본법 제101조 제1항)을 위반한 셈이 된다.[535] 독일 연방헌법재판소는 이런 경우에 자의성의 심사에 국한된다.[536] 최근의 EU운영조약 제267조(구 공동체조약 제234조)의 위반사범을 통상적으로 그다지 성기지 않게, 즉 엄격하게 다루어져야 한다고 여겨진다. 해서 일각에서 독일 연방행정법원에 대해 EU최고재판소에 대한

532) EuGH, Slg. 1987, 4199, Rn.15ff. - Foto Frost; *Pache/Knauff*, NVwZ 2004, 16ff.
533) EuGH, Slg. 1982, 3415, Rn.14ff. - C.I.L.F.I.T.
534) BVerwG, NVwZ 1993, 770; OVG NRW, NVwZ-RR 2003, 616; *Ehricke*, in: Streinz(Hrsg.), EUV/AEUV, Art.267 AEUV Rn.41ff.
535) BVerfGE 73, 339(366ff.); 82, 159 (194f.).
536) BVerfGE 19, 38(42f.); 75, 223 (245); 82, 159(195f.)

제청의무를 명백히 견지될 수 없는 방법으로 위반하였다고 질책이 가해진다.[537] 그럼에도 불구하고 독일 연방헌법재판소 역시 EU최고재판소에 대한 제청을 여전히 그다지 잘 활용하지 않고 있다.[538]

V. 본안심리에 대한 EU법의 영향

회원국 국내 행정법원이 본안에서 소가 이유 있는지 여부를 심사할 경우, 즉 본안판단을 함에 있어서 회원국 국내법원은 유럽인권조약(EMRK) 및 EU법을 직권으로 고려에 넣어야 한다. 원칙적으로 회원국 국내법을 조약합치적으로, EU합치적으로 해석하는 것이 문제될 것이다. 그런데 유럽인권조약과 EU법 역시 그 자체로 청구권적 근거가 될 수 있다. EU법과 회원국 회원국 국내법의 충돌사건에서 회원국 국내 행정법원은 EU법을 위반한 국내법을 적용해서는 아니 된다.[539] 유럽인권조약은 단지 개별 법률의 우위만을 갖는다. 그럼에도 불구하고, 회원국 개별법과[540] 국내 기본권규정을 친국제법적으로 해석함으로 인해 신법우선의 원칙은 무제한적으로 통용되지는 않는다. 그래서 간접적으로 유럽인권조약은 개별적 법률보다 우선하는 준헌법적 의의를 갖는 셈이 된다.[541]

사법적 권리보호의 효력범위를 위해 통제의 정도가 결정적이다. 독일 행정법원의 권리보호는 유럽의 그것과의 비교에서 유일무이한 통제(심사)밀도를 특징으로 한다.[542] 유럽인권재판소(EGMR)와 EU최고재판소는 공

537) *Sensburg*, Die Vorlagepflicht an den EuGH: Eine einheitliche Rechtsprechung des BVerfG, NJW 2001, 1259f.

538) BVerfG 37, 271(281f.); 52, 187(201).

539) EuGH, Slg. 1989, 175, Rn.1ff. - Alcan I; Slg. 1997, I-1591, Rn.24 - Alcan II; BVerwGE 106, 328ff.; BVerfG-K, NJW 2000, 2015f.

540) BVerfGE 74, 358(370).

541) *Grabenwater*, VVDStRL 60(2001), 290(306f.); *Ehlers*, in: Ehlers(Hrsg.), Europäische Grundrechte und Grundfreiheiten, 2003, §2 Rn.3.

542) *Classen*, Europäisierung der Verwaltungsgerichtsbarkeit, 1996, S.119ff.; *Schoch*, Die Europäisierung des Verwaltungsgerichtlichen Rechtsschutzes, S.40.

히 –비록 개념이 종종 언급되긴 하지만– 판단여지를 지닌 불확정법개념, 재량여지 그리고 기타의 법구속을 구별하지 않았다.[543] 하지만 동시에 행정에 대해서 독일법에서보다 더 광범한 형성여지가 주어진다. 이를 위한 증빙이, EU법에서의 비례성심사가 독일과 비교해서 상대적으로 성기게 진행된다는 점이다. 즉, 행정의 광범한 평가특권을 인정하며, 종종 상당성심사를[544] 포기하였다.[545] 또한 사안에 복잡한 법률개념을 적용하는 데 있어서의 사실에 관한 평가가 대개 행정재량에 맡겨져 있다.[546]

완화된 사법통제의 밀도는 회원국 국내 권리보호에 대한 요청에 대해 영향을 미친다.[547] Upjohn 사건에서[548] EU최고재판소의 판결이 보여주듯이, EU법원은 회원국 국내법원에 대해 그 자신의 사법권의 바탕이 되는 것보다 더 광범한 통제밀도를 요구하지는 않았다. 역으로 EU법의 해당성의 사건에서 EU와 회원국 국내의 차원에서 통일적인 통제밀도가 요구된다고 도출되지 않는다. EU법의 해석 및 EU법의 통용에 관한 결정은 최종적으로 EU법원에 과해진다. 하지만 실체법의 규준이 사범심사의 정도를 정하기 때문에, EU법의 완결적 규율의 사건에서는 회원국 국내차원

---

543) *Rubel*, Die Gewährung von Entscheidungsfreiräumen in der Rechtsprechung des Europäischen Gerichtshofs für Menschenrechte und des Europäischen Gerichtshofs, 2004, S.26ff., 189ff.

544) EuGH, Slg. 1998, I-6349, Rn.33 - Kellinghusen; EuGH, Slg. 1989, I-2237, Rn.21 - Schräde

545) *Kischel*, EuR 2000, S.380(390ff.).

546) *Götz*, DVBl. 2002, S.1(4). 그런데 독일의 제외한 다른 유럽국가나 미국의 경우 이미 제한적 사법심사를 전제로 하기에, 기본적으로 행정에 대한 사법적 통제가 독일에 비하면 매우 약하다는 점을 유의하여야 한다. 따라서 재량과 판단여지의 단순한 구별차원의 문제가 아니다. 외국에서의 논의상황과 관련해서는 그 맥락을 항상 유의하여야 한다.

547) 독일 시스템의 특징은 포괄적인 권리보호의 보장이다. 권리침해를 주장할 수 있는 자는 법위반의 사실성의 존재가 모든 생각가능한 측면에서 심리되는– 사법통제를 받는다. 반면 프랑스모델의 객관적 행정통제의 경우 제한적 법통제만이 행해진다. 원고가 제시한 법위반만이 심사된다. 따라서 프랑스식 객관법적 행정통제 모델이 유럽차원에서 독일 시스템보다 분명히 우위에 있는 것으로 보이지 않는다고 지적된다. *Steinbeiß-Winkelmann*, NJW 2010, S.1233(1237).

548) EuGH, Rs. C-120/97, Slg. 1999, I-223 (251; Rn.32ff.) - Upjohn.

의 사법심사와 EU차원의 사법심사는 동일해져야 한다. 그렇지만 EU법은 통상 최소요청의 수립에 만족한다.

EU법이 회원국 국내행정에 대해 형성여지를 부여할 경우, 대개 동법은 행정활동이 회원국 국내법원에 의해 어느 정도로 강하게 심사되어야 할지에 대해 관심을 갖지 않는다. 다만 EU적 관심사가 관계되는 경우에는 사정이 다르다. 해서 회원국 국내행정청은 기업에 대한 카르텔법적 심사(압수수색 등)에서 EU집행이사회를 지원할 의무가 있다. 이런 지원이 회원국 국내법원의 허가를 요건으로 하면, 회원국 국내법원은 EU집행이사회의 결정이 진정인지 여부 강제조치가 자의적이지 않는지 또는 지나치지 않는지 여부만을 심사할 수 있다. 여기서 긴밀한 통제척도가 바탕이 된다.[549] 결론적으로 EU법은 원칙적으로 독일법과 동일한 범위의 통제밀도를 결코 요구하지는 않지만, 대개 그것을 금지하지도 않는다는 점을 확인할 수 있다.

Ⅵ. 잠정적 권리보호에 대한 영향

본안심리절차가 오래 걸리기에, 효과적인 권리보호는 전적으로 잠정적 권리보호에 의해서 실현될 수 있다. 이것은 회원국 국내의 권리보호와 마찬가지로 EU법의 관철이나 방어에 이바지할 수 있다. 관철이 문제되는 한,[550] 논할 문제점은 결코 없다. 왜냐하면 독일 행정소송법은 필요한 잠정적 권리보호를 행정법원법 제80조, 제80조 a, 제123조에 따라 실현하기 때문이다. EU기관의 활동이 잠정적 권리보호에 의해 저지되어야 할 경우, EU법의 실현에 관한 EU적 이익을 고려해야 한다. 이로 인해 잠정적 권리보호가 EU법과 관련한 사안에서 순전히 회원국 국내적 사안에서

549) EuGH, Slg. 2002, I-9011, Rn.39ff. - Roquette Frères SA.
550) EuGH, Slg. 1990, I-2879, Rn.21 - Factortame; Slg. 2001, I-207, Rn.48 - Kofisa Italia.

보다 더 빈번히 거부되는 결과가 빚어질 수 있다.

따라서 와인증류판결(Weindestillationsentscheidung)에서 EU최고재판소는 독일 행정법원법 제80조 제2항[551] 제1문 제4호가 EU합치적으로 해석되어야 한다는 점과 국내적 사안에서 달리 판결이 내려져야 할 경우라면 행정행위의 즉시집행도 필요할 수 있다는 점을 확인하였다.[552]

EU활동의 무효가 주장되는 경우에는, 회원국 국내 행정법원은 EU최고재판소 판례에 의해 다음의 경우에 국내 행정행위의 집행가능성을 단지 정지할 수 있거나 가명령을 발할 수 있다－EU활동의 통용(효력)에 관한 현저한 의문이 존재하고, EU최고재판소에 대해 효력물음이 제기되고, 신청자에게 중대한 원상회복될 수 없는 손해가 임박하고, EU의 이익이 합당하게 고려되고, EU최고재판소 및 EU1심법원(EuG)의 해당 모든 판결에 주의를 기울인 경우.[553] 그럼으로써 EU최고재판소는 회원국 국내 행정법원이 －최종결정법을 폐지하지 않은 채－ 2차적 EU법을 잠정적으로 적용하지 않는 것을 허용한다.

결론적으로 효과적인 권리보호의 원칙과 배척독점의 원칙이 EU최고재판소에 대해 독일 연방헌법재판소보다 더 설득력이 있게 귀속된다. 독일 연방헌법재판소는 종국적인 재판결정이 널리 선취되거나 본안절차가 더 이상 행해지지 않은 경우에는 잠정적 권리보호의 절차에서 기본법 제100조 제1항에[554] 따른 제청이 필요하다고 여긴다.[555] EU기관이 직무를

---

551) 독일 행정법원법 제80조(집행정지효) ② 집행정지효는 다음 각호의 어느 하나에 해당하는 경우에만 고려되지 않는다. 1. 공과금과 공적 비용의 요구의 경우, 2. 경찰집행관의 유예할 수 없는 하명과 조치의 경우, 3. 연방법률에 의해 또는 州법상으로는 州법률에 의해 규정된, 그 밖의 경우, 특히 투자나 일자리의 제공과 관련한 행정행위에 대한 제3자의 행정심판청구와 소송의 경우, 4. 공익 또는 관계인의 중요한 이익을 위하여 －행정행위를 하였거나 또는 행정심판청구에 대하여 결정해야 하는－ 행정청에 의해 즉시 집행이 특별히 하명된 경우. 州가 연방법에 따라 행정집행을 하면서 발한 조치에 대해 정지효(의 인정)가 반하는 경우에는, 州는 법률상의 구제(쟁송제기)가 집행정지효를 발생시키지 않다고도 규정할 수 있다.

552) EuGH, Slg. 1990, I-2879, Rn.34 - Kommission/Bundesrepublik Deutschland.

553) EuGH, Slg. 1995, I-3761, Rn.51 - Atlanta.

불행사(직무태만)한 경우, 회원국 국내 행정법원은 잠정적 권리보호의 절차에서 그 스스로 아무런 잠정적 조치를 취할 수는 없다. 불행사의 통제는 EU운영조약 제265조(부작위위법확인소송) 제1항에[556] 따라 전적으로 EU사법권의 관할에 들어간다.[557] 그런데 이 경우 신속성의 요청을 고려하기 위해, －본안절차에 대한 잠정적 권리보호의 부종성에도 불구하고－ EU운영조약 제265조 제2항에[558] 의해 본안절차에서 기다려야 할 사전절차기간인 2개월이 통용되지 않는다는 점을 받아들여야 한다.

Ⅶ. 회원국 국내법원에 의한 EU법위반의 법효과

회원국 국내법원이 EU법을 위반한 경우, 이는 －EU법과 관련해서 위반이 명확한 경우－ 국가의 조약위반으로 여겨져야 한다.[559] 회원국 법원의 최종심이 판결을 내렸다 하더라도, EU최고재판소는 위반된 EU법규범이 개인에게 권리를 부여할 것을 목적으로 하고, 그 위반이 충분하다

554) 독일 기본법 제100조(법률의 위헌성) ① 법원이 유효 여부가 재판에 중요한 법률을 위헌으로 판단하는 때에는, 절차를 중지하고, 주헌법의 침해가 문제될 때에는 헌법쟁송을 관할하는 주법원에 심판을 제청하여야 하고, 기본법의 침해가 문제될 때에는 연방헌법재판소에 심판을 제청하여야 한다. 이는, 주법에 의한 기본법의 침해가 문제되거나 주법률의 연방법률과의 불합치성이 문제되는 경우에도 적용된다.

555) BVerfGE 63, 131 (141f.); 86, 382(389).

556) EU운영조약 제265조(구 공동체조약 제232조) ① 유럽의회, 유럽이사회, EU각료이사회, 집행위위원회나 유럽중앙은행이 조약에 위반하여 결정을 내리는 것을 부작위하는 경우, 회원국이나 EU의 다른 기관은 EU최고재판소에 이런 조약위반의 위법을 확인하는 소를 제기할 수 있다. 동조는 (직무를) 해태하는 EU의 기구나 기타 부처에 대해서 준용된다.

557) EuGH, Slg. 1996, I-6065, Rn.53 - T. Port.

558) EU운영조약 제265조(구 공동체조약 제232조) ② 이 소송(부작위위법확인소송)은 문제되는 기관, 기구나 기타 부처가 그 이전에 행위하도록 요구를 받은 경우에만 허용된다. 이들이 이런 요구를 받은 후 2개월 이내에 견해를 나타내지 않으면, 소송은 그로부터 2개월 이내에는 제기될 수 있다.

559) EuGH, EuZW 2004, 151 Rn.29 - Kommission/Italien; *Meier*, Rechtsfolgen eines Verstoßes gegen Gemeinschaftsrecht durch nationale Gerichte, EuZW 2004, S.335.

고 여겨지고, 법위반과 성립한 손해 사이에 직접적인 인과관계가 존재하는 경우, 침해받은 자에 대해 손해배상청구권을 인정하였다.[560] 재판상의 불법의 경우 판결이 명백히 현행 EU법에 반해야만 그 위반이 충분한 것으로 된다.[561] EU최고재판소의 관점에서는 EU운영조약 제267조(예비판정절차) 제2문에[562] 따른 제청의무의 위반만으로 위반이 충분하다고 여겨지는 것으로 도출될 수 없다.[563] 손해배상책임의 요건이 존재하면, 독일 민법 제839조 제2항과[564] 같은 법관의 재판상의 특권은 주효하지 않는다.[565] 이것은 EU법의 위반이 국가에 대해 나쁜 결과를 가져 올 수 있다는 것을 시사한다.

한편 유럽인권재판소(EGMR)가 EU법위반을 확인하고, 회원국 국내 형사법원의 기판력이 발생한 판결이 그 EU법위반에 바탕을 두면, 독일 형사소송법 제359조 제6호는[566] 절차의 재개를 허용한다. 하지만 상응한 규율이 독일 행정소송법과 민사소송법에는 없다. 유럽인권조약(EMRK)에 반하거나 EU법위반인 판결의 폐지를 목적으로 하는 재개(재심사)의 원칙이 현행법에서는 도출될 수가 없다.[567] 그러므로 행정법에서는 우선적으

---

560) EuGH, NVwZ 2004, 79, Rn.51ff.- Köbler; *Danwitz*, JZ 2004, 301ff.; *Wegener/Held*, Die Haftung der Mitgliedstaaten für die Verletzung von EG–Recht durch nationale Gerichte, JURA 2004, 479ff.

561) EuGH, NVwZ 2004, 79, Rn.53 - Köbler.

562) EU운영조약 제267조(구 공동체조약 제234조)… 동일한 물음이 회원국 법원에 제기되고 동 법원이 자신의 판결을 면하기 위해 그에 관한 판결이 필요하다고 여길 경우, 동 법원은 이런 물음을 EU최고재판소에 대해 제청할 수 있다.

563) EuGH, NVwZ 2004, 79, Rn.123f. - Köbler.

564) 독일 민법 제839조 ② 판결을 행함에 있어서의 공무원의 직무위반은 당해 직무위반이 형법상의 죄를 구성하는 경우에 한하여 배상책임을 진다.

565) 한편 우리 판례는 재판상의 불법의 문제와 관련해서 배상책임요건인 위법성과 유책성의 정도를 일반적인 경우보다 상향시켜 설정하고 또한 재판에 대하여 따로 불복절차 또는 시정절차가 마련되어 있는 경우에는 그 같은 구제절차가 국가배상의 구제에 대해 원칙적으로 우선함을 판시하였다(대법원 2003.7.11. 선고 99다24218판결).

566) 독일 형사소송법 제359조(유죄판결을 받은 자에게 유리한 절차재개) 기판력이 발생한 판결에 의해 종결된 절차를 유죄판결을 받은 자에게 유리하게 재개하는 것은 다음의 경우에 허용된다. 1. …. 6. 유럽인권재판소가 유럽인권조약이나 그것의 규약을 위반한 것을 확인하고 해당 판결이 이런 위반에 바탕을 둔 경우.

로 독일 행정절차법 제48조와 결합하여 동법 제51조 제5항에 따른 행정절차의 재개(재심사)를 상기해야 한다.[568)]

그리하여 EU최고재판소는, -그 사이에 EU최고재판소에 의한 당해규정에 관한 해석을 고려하기 위하여- 구 유럽공동체 제10조(협력의무)에 따라 행정청이 상응한 신청에 기하여 -일정한 요건하에- 존속력이 발생한 행정행위를 심사할 의무가 있다고 판시하였다.[569)] 회원국 국내법원이 내린 EU법위반인 판결이 아직 집행되지 않은 경우에는, 당연히 EU법에 따라 그 집행이 저지된다.[570)]

Ⅷ. 기판력과 EU법: 기판력의 원칙적 인정

기판력이 발생한 판결이 EU최고재판소의 판결에 기하여 더 이상 EU법과 일치하지 않은 것으로 판명될 때, 어떻게 절차가 진행되어야 할지 명문으로 규정되어 있지 않다. 이 물음에 대한 확고한 구상을 EU최고재판소의 임기응변적 판례로부터도 여태 도출할 수가 없다.[571)] 회원국의 국

567) BVerfG(Dreierausschuss) EuGRZ 1985, 654; BVerwG, NVwZ 1995, 1097f.

568) 독일의 경우 행정행위의 재심사를 행정절차법상의 재심사규정(제51조)에 의거한 것에 국한하지 않고 광의로 새겨 행정행위의 폐지(직권취소와 철회)까지도 포함하여 논의를 전개하고 있다. 우리의 경우 행정절차법상 재심사의 명문규정이 없는 이상, 독일에서의 광의의 재심사에 착안하여 행정행위의 취소와 철회의 일반론에 의거하여 접근할 필요가 있다. 문제는 폐지·변경의 신청인 재심사신청을 거부(또는 부작위)할 때 이를 소송을 통해 다툴 수 있느냐이다. 우리의 경우 거부처분을 본안에서 다투기 위해서는 신청권이 먼저 인정되어야 한다. 하지만 판례는 시종 법규상 또는 조리상으로 행정행위의 폐지(취소·철회) 및 변경에 관한 신청권이 국민에게 인정되지 않음을 들어 소극적이다. 상론은 김중권, 행정법, 343면 이하 참조.

569) EuGH, DVBl. 2004, 373ff. - Kühne.

570) 이것은 유럽인권조약 제46조로부터 비롯된다.

571) 기판력과 EU법의 관계에 관한 상론: *Kremer*, Gemeinschaftsrechtliche Grenzen der Rechtskraft, EuR 2007, 470ff.; *Poelzig*, Die Aufhebung rechtskräftiger zivilgerichtlicher Urteile unter dem Einfluss des Europäischen Gemeinschaftsrechts, JZ 2007, 858ff.; *Schmahl/Köber*, Durchbrechung der Rechtskraft nationaler Gerichtsentscheidungen zu Gunsten der Effektivität des Unionsrechts?, EuZW 2010, 927ff.

내 행정활동이 행정행위로서의 작용형식의 특징을 지니기 때문에, 판결의 기판력 및 그것의 중단의 문제는 EU법위반인 행정행위가 사법적으로 확인되거나 판결을 통해 행정청이 그런 행정행위를 발할 의무를 지게 된 경우에 비로소 제기된다.

존속력과 기판력은 공히 EU최고재판소의 판례에서 법적 안정성에 이바지하는 법제도로서 고찰된다. EU최고재판소는 명시적으로 기판력의 원칙이 EU법질서만이 아니라 국내 법질서에서도 통용된다는 입장을 취한다. 법적 평화, 법적 관계의 지속성과 판시된 권리구제를 보장하기 위해 권리구제방도를 모두 거친 다음이나 상응한 제소기간이 경과된 다음에는 불가쟁력이 발생한 판결은 더 이상 문제될 수 없게 된다.[572] 행정행위의 존속력과 비슷한 안정화기능이 인정된다.[573]

그리하여 회원국 국내의 절차자율(Verfahrensautonomie)을[574] 고려하여, EU최고재판소는 회원국 내국 절차질서가 EU법의 우위를 이유로 기판력이 발생한(존속력이 발생한) 판결의 수정가능성을 무제한적으로 열어주는 것을 요구하지는 않는다.[575] 그러나 회원국 국내법에 의해 동원할 수 있는 기판력수정의 메커니즘은 EU법적 사안에 대해 적어도 동일한 방법으로 적용될 수 있어야 한다(등가성의 원칙). 나아가 회원국의 권리보호시스템은 EU법의 관철을 과도하게 곤란하게 하거나 심지어 불가능하

---

572) EuGH, Slg. I 2003, 10239("Köbler") Tz.38 - NJW 2003, 3539; Slg. I 2006, 2585("Kapferer") Tz.20 - NJW 2006, 1577; Slg. I 2008, 411("Kempter") Tz.37 - EuZW 2008, 148; Slg. I 2009, 7501("Fallimento Olimpiclub") Tz.22 - EuZW 2009, 739; Slg. I 2009, 9579("Asturcom") Tz.36 - EuZW 2009, 852.

573) EuGH, Slg. I 2004, 837("Kühne & Heitz") Tz.24 - NVwZ 2004, 459.

574) Z. B. EuGH, Slg. I 2006, 8559("i-21 Germany und Arcor") Tz.57 - NVwZ 2006, 1277; *Ludwigs*, NVwZ 2007, 549.

575) EuGH, Slg. I 2004, 837("Kühne & Heitz") Tz.24 - NVwZ 2004, 459; Slg. I 2006, 2585("Kapferer") Tz.21, 24 - NJW 2006, 1577; Slg. I 2006, 8559("i-21 Germany und Arcor") Tz.51 - NVwZ 2006, 1277; Slg. I 2009, 7501("Fallimento Olimpiclub") Tz.23 - EuZW 2009, 739; Slg. I 2009, 9579("Asturcom") Tz.37 - EuZW 2009, 852.

게 만들지 않게 형성되어야 한다(효과성의 원칙).[576] 여기서 소송법은 아무런 장애를 설정하지 않고 있다. 그런데 EU법위반인 판결이 시민에게 유리하게 되면, 기판력의 구속효는 행정청의 작용여지를 현저히 제한한다. 이는 궁극적으로 EU법의 실체법적 우위가 기판력에 대한 개입을 정당화하는지 혹은 요구하는지 여부 및 경우에 따라서는 어떤 조건에서 그러한 것이 가능한지의 물음을 야기하는데, 이 물음은 회원국 국내의 절차자율의 원칙에 의해 적어도 명시적으로 규정되어 있지 않다.

Ⅸ. 전　　망

회원국 행정소송법의 유럽화는 현실적인 것이 되어 버렸다. EU법이 회원국 행정소송법에 침투하는 강도는 더욱더 강해지고 있다. 그럼에도 불구하고 회원국의 절차자율의 원칙이 그저 규정상으로 존재한다고 말할 수는 없다. EU 회원국 국내의 모든 권리보호보장을 엄격히 동일시하는 것은 가까운 장래에도 시사되지 아니 한다. 그럼에도 불구하고 EU법의 영향미침은 압도적으로 긍정적으로 평가되어야 한다. 그것은 행정적 권리보호를 시대의 요청에 상응하게 하는 데 이바지한다.

제소가능한 권리를 광범하게 인정하는 것과 행정절차를 평가절상시키는 것이 특히 중요하다. 행정절차적 통제의 확대가 내용적 통제의 완화를 가져다줄 필요는 없다. 많은 이들은 회원국 행정법원이 내용적 통제를 조심스럽게 약화시킴으로써 더 강화된 절차적 통제에 대응할 것이라는 점에 찬동한다. 그러나 EU법으로부터 과잉반응(역풍 spillp-over-effect)이 생겨날 수 있다. 이유인즉, 회원국이 의무를 지지 않을 경우 가

576) EuGH, Slg. I 2006, 2585("Kapferer") Tz.22 - NJW 2006, 1577; Slg. I 2006, 8559 ("i-21 Germany und Arcor") Tz.57 - NVwZ 2006, 1277; Slg. I 2009, 7501 ("Fallimento Olimpiclub") Tz.24 - EuZW 2009, 739; Slg. I 2009, 9579 ("Asturcom") Tz.38 - EuZW 2009, 852.

능한 한 EU법의 기준을 목표로 삼으려는 경향이 있기 때문이다. 권리보호의 시스템이 복잡하게 되는 한, 이는 원칙적으로 내용적인 조종착오가 아니라, EU법적 다차원시스템으로 귀착되어야 한다. 불행사의 소원이나 신속화소원이 행정법원법에 들어가야 하는 한, 입법자가 적극적으로 활동에 나설 필요성이 존재한다.

독일 법질서의 관심사는 유럽화과정을 EU법에서 독일법에로의 일방통로로 파악하는 것만 아니라. 이런 과정에 독일법의 발달되고 믿을 만한 해결책을 삽입하는 것에도 존재한다. 학자들 이외에 행정법원이 이에 이바지하는데, 예비판정(Vorabentscheidung)의 제청에서 이유를 제시하는 것이 나름의 효과적인 수단으로 역할을 한다.

제 6 절 EU법에 의한 회원국의 배상책임

Ⅰ. 논의의 기초

회원국의 기관이나 공무원이 EU법의 직접적 구속력이 있는 규정을 위반한 경우에 관한 명시적 규율을 EU조약은 물론, EU운영조약도 규정하고 있지 않다. EU운영조약 제340조(연합의 직무배상책임) 제2항은[577] EU의 배상책임을 규정하고 있기에, 회원국에 대해서는 적용될 수 없다.[578] 결국 자신의 기관이나 공무원이 EU법을 위반함에 따라 발생한 손해에 대해 그 회원국이 책임을 지는 것은 －EU최고재판소의 판례의 의

577) EU운영조약 제340조(구 공동체조약 제288조) ② 조약외적 책임의 범주에서 EU은 자신의 기관이나 직원이 직무행사에서 발생시킨 손해를 회원국의 법질서에 대해 공통된 일반적 법원칙에 따라 배상한다.

578) 그러나 최근 판례에서 EU운영조약 제340조 제2항가 준용되었다. 이유인즉, EU의 기관이든, 회원국 국내기관이든 EU법위반을 차별적으로 취급하는 것은 정당화될 수 없다는 것이다.

하면– "조약에 의해 형성된 법질서의 본질"에서 비롯된다. 1991년에 EU최고재판소가 내린 'Francovich-판결'에서[579] 처음으로 회원국의 배상책임이 시인되었다.

EU최고재판소에 의한 판례(법관)법으로 국가배상청구권이 시인된 데 대해서 처음에는 독일 문헌에서 비판이 비등했다. 특히 회원국에 대해 광범하게 인정된 EU법적 형성과 관련해서 EU최고재판소의 권한이 다투어졌다.[580] 하지만 EU최고재판소는 이에 아랑곳하지 않고 일련의 후속판결에서 국가배상청구권의 법리를 더욱더 구체화시키고 발전시켰다.[581] 특히 EU최고재판소가 'Brasserie du Pêcheur–판결'을 통해 세심하게 판시한 이후에 문헌상 다수가 찬동하는 입장으로 바뀌었고,[582] 결국 독일연방대법원(BGH)도 동 청구권의 법리를 받아들였다.[583] 그럼에도 불구하고 동 청구권은 여전히 법학적 논의의 대상인데, 쟁점거리는 동 청구권의 근거이다. 하지만 일반대법원에서 그것이 수용된 이상 동 청구권의 존재적 정당성은 더 이상 문제가 되지 않고, 국내법에서의 그것의 형성 및 전환에 관심이 모아진다.[584]

---

579) EuGH, Slg. 1991, I-5357ff, - Francovich.

580) 문헌현황: *Grezeszick*, in: Ehlers/Pünder(Hrsg.), Allg. VerwR, §47 Rn.11. Fn.34.

581) EuGH, Slg. 1993, I-6911ff, - Miret; Slg. 1994, I-3325ff. - Faccini Dori; Slg. 1996, I-1029ff, - Brasserie du Pêcheur; Slg. 1996, I-1631ff, - The Queen/H.M Treasury, ex parte Britisch Telecommunications; Slg. 1996, I-2535ff, - The Quenn/Ministry of Agriculture, Fischeries and Food, ex parte Hedley Lomas; Slg. 1996, I-4845ff, - Dillenkofer; Slg. 1996, I-5063ff, - Denkavit Internationaal ua/Bundesamt für Finazen; Slg. 1997, I-2163ff, - The Queen/Secretary of State for Social Security, ex parte Sutton; Slg. 1997, I-3969ff, - Bonifaci ua/NPS; Slg. 1997, I-4025ff, - Palmisani/INPS; Slg. 1997, I-4051ff,; Slg. 1998, I-1531ff,; EuGH EuZW 1999, 635ff–Konle/Österreich; NJW 1999, 3181ff.-Rechberger.

582) 문헌현황: *Grezeszick*, in: Ehlers/Pünder(Hrsg.), Allg. VerwR, §47 Rn.11. Fn.37.

583) BGHZ 134, 30(33ff.); 161, 224(236.): "공동체법적 국가배상청구권은 공동체최고재판소의 판결에 의거하여 국내 법실무에 들어왔다."

584) 그런데 일부의 조사에 의하면 배상책임이 EU법의 관철을 위한 효과적인 수단이 결코 아니라고 한다(*Lock*, CMLRev2012(49), 1675).

Ⅱ. 근거 문제

이미 공인되었다 하더라도, 그것의 근거 문제는 나름의 의의를 가진다. 왜냐하면 EU법위반에 대한 국가배상청구권(Staatshaftungsanspruch)의 내용과 형성과 관련해서 제기되는 물음에서 중요하기 때문이다. 어떤 법위반이 책임을 성립시키는지? 어떤 결과가 보전되어야 하는지? 다른 권리보호수단에 대해 배상청구권이 어떤 관계에 있는지? 회원국의 법이 EU법상의 배상책임을 어느 정도로 제한할 수 있는지? 이런 물음은 적어도 배상청구권의 근거에 의해 함께 결정이 내려진다. 특히 국내법과의 관계에 관한 물음이 중요하다. 즉, EU법적 배상책임의 원칙이 독립된 청구권을 성립시키는지 여부, 또는 동 원칙이 경우에 따라선 국내법에 의해 형성되어야 할 청구권에 대해 단순한 규준에 불과한지 여부의 물음은 동 청구권의 근거에 좌우된다.

배상책임을 성립시키기 위해 EU최고재판소는 특히, 그런 종류의 법위반에 대해 회원국의 배상책임을 요구하는 'EU법의 완전한 유효성의 원칙'(Grundsatz der vollen Wirksamkeit des Unionsrechts)에 의거하였다.[585] 하지만 동 원칙은 EU법의 규율의 어떤 효력 및 어떤 내용이 자세히 성립하는지에 관해 아무런 언급을 하지 않는다. 왜냐하면 동 원칙으로부터는 효력의 최소한을 넘어서 그 효력이 어떻게 실현되어야 할지를 도출할 수 없기 때문이다. 따라서 EU법의 완전한 유효성의 요청만으로는 규범위반의 효과를 정하는 데 충분한 근거가 된다고 보기 어렵다고 한다.[586]

추가적 근거로 EU조약 제4조 제3항에[587] 규정된 회원국의 EU충성의

585) EuGH, Slg. 1991, I-5357ff, Rn.33 - Francovich.

586) *Danwitz*, Verwaltungsrechliches System und Europäische Integration, S.313f.

587) EU조약 제4조 ③ 충실한 협력의 원칙에 의해 연합과 회원국은 조약으로부터 비롯된

원칙(Grundsatz der Unionstreue)이 더해진다.[588] 하지만 동 조항에 의거한 회원국의 적극적인 활동의무는 원칙적으로 EU충성의 원칙 그 자체로부터 생겨나지 않고, 의무부과의 성립을 전제로 한다. 즉, 일정한 조치를 취할 회원국의 의무는, 그것이 이미 성립한 의무부과의 이행을 위하여 꼭 필요하거나 다른 규정에서 이미 비롯된 임무의 이행을 쉽게 하는 경우에만, EU충성의 원칙으로부터 생겨날 수 있다. 따라서 EU충성의 원칙은 EU법위반의행위의 법효과를 충분하게 도출하기 위한 고유하고 독립적인 근거로 삼기에는 충분하지 않다.[589] EU법위반을 효과적인 제재를 통해 대처해야 할 회원국의 의무에 의해서도 EU법위반에 대한 국가배상청구권은 성립할 수 없다. 왜냐하면 EU법위반한 회원국에 대한 제재는 EU운영조약 제260조 제1항에 의해 EU법원을 통해서 행해지는 것과 배치되기 때문이다. 그리고 EU충성의 원칙으로부터도 이런 식의 제재메커니즘은 도출될 수 없다.

하지만 다수 문헌은 'EU법의 완전한 유효성의 원칙'이 시민의 권리보호와 결합하여 여전히 개인의 EU법적 배상청구권을 위한 충분한 근거가 된다고 본다.[590] EU최고재판소는 EU법적 배상청구권을 위한 근거로 '효과적인 권리보호의 원칙'을 언급하였다.[591] 더해서 충분히 중대한 법위반의 배상책임요건의 존재는, 배상책임이란 시민의 권리보호에 의해 정당화될 뿐만 아니라, 적어도 개별 회원국에서의 EU법의 관철을 목표로 한

임무를 이행하는 데 있어서 상호 존중하고 지원한다. 회원국은 조약이나 연합의 기관의 활동으로부터 비롯된 의무를 이행하는 데 적합한 －일반적이거나 특별한 종류의－ 모든 조치를 취한다. 회원국은 연합임무의 이행에서 연합을 지원하고, 연합의 목표의 실현을 위태롭게 할 수 있는 모든 조치를 취하지 않는다.

588) EuGH, Slg. 1991, I-5357ff, Rn.32ff. - Francovich.

589) *Grezeszick*, in: Ehlers/Pünder(Hrsg.), Allg. VerwR, §47 Rn.14.

590) 문헌현황: *Grezeszick*, in: Ehlers/Pünder(Hrsg.), Allg. VerwR, §47 Rn.16. Fn.58.

591) EuGH, Slg. 1991, I-5357ff, Rn.36 - Francovich; 개인이 -회원국에 귀속될- EU법위반으로 권리침해가 발생한 경우에 손해배상을 요청할 수단을 갖지 못한다면, EU법규정에 의해 성립한 권리의 보호가 저하된다.

다는 점을 시사한다. 그리하여 개인이 EU법의 관철을 위한 원동력인 셈이다.

결국 전체적으로 EU법의 완전한 유효성의 원칙, EU시민의 효과적인 권리보호, EU조약 제4조 제3항에 따른 회원국의 충성스런 협력의무가 손해배상청구권의 근거가 될 수 있다.

Ⅲ. EU법적 국가배상청구권의 성립요건

EU최고재판소의 판례에 의하면, EU법적 국가배상청구권은 ⅰ) EU법상의 보호규범을 회원국 국가기관이나 공무원이 위반하고, ⅱ) 그 위반이 충분히 중대한 법위반(hinreichend qualifizierte Verletzung)이고, ⅲ) 법위반과 손해발생 사이에 인과관계가 있어야 한다.

그런데 EU최고재판소는 자신의 판례에서 EU법적 국가배상청구권을 위한 요건을 완결적으로 규정하지 않고, 단지 최소한의 요건을 수립하였다. 그리하여 동 배상청구권은 보완이 필요하고, 회원국 국내법원에 의한 구체화가 강구되어야 한다. 그렇지만 이런 보완이 국내법상의 손해배상청구권보다 더 불리하게 되어서는 아니 되며(차별금지), 손해배상의 실현을 불가능하거나 과도하게 곤란하게 만들어선 아니 된다(효과성의 원칙).

1. EU법상의 보호규범에 대한 위반

회원국이 개인에게 권리를 부여하는 것을 목적으로 하는 EU법을 위반하여야 한다. 여기서 위반한 EU법규범에는 EU의 제1차법적 규율은 물론, EU운영조약 제340조 제2항상의 명령과 지침 역시 해당한다. 배상책임은 회원국의 위반 전반에 성립하기에, 그 위반은 작용형식과 작용기관에 관계없이 일체의 국가적 활동에 의해 성립한다. 그리하여 입법부, 사법부 및 행정부의 작위 및 부작위를 망라하여 가능한 위반행위의 범위는 상당히 넓다. 가령 EU지침을 전환하지 않거나, 뒤늦게 전환하거나 또는 내용적으로 불충분하게 전환한 경우, EU법에 위반된 법률을 공포하거나 EU법적으로 요구되는 법률을 부작위한 경우(소위 규범적 불법), EU법에 위반된 행정조치를 발한 경우(소위 행정적 불법), EU법에 위반된 재판을 내린 경우(소위 재판상의 불법),[592] 또는 EU법에 위반되게 EU법을 해석한 경우가 이에 해당한다. EU최고재판소는 EU법적 국가배상청구권을 지속적으로 확대하고 있다.[593]

위반된 EU법규범은 개인적인 권리의 성립을 목적으로 하여야 한다(보호규범). 여기서의 주관적 권리 개념은 EU최고재판소의 판례에 의해 EU운영조약 제340조 제2항에 의거하여 정해진다.[594] 이 기준은 매우 넓게 이해되어 독일식의 보호규범론에 비견할 수 없다. 결론적으로 규율상황이 다름에도 불구하고 EU운영조약 제340조에서와 동일한 기준이 통용된다. 그리하여 위반 규범에 의한 개인적 이익의 인정이 관건이다. 그런데 유의할 점은 배상청구권을 위해서는 EU법적 주관적 공권이 위반법규범에 의해 주어질 필요는 없다는 점이다. 규범이 권리부여를 목적으로 하면, 즉 충분히 명확한 주관적 권리를 장차 부여하는 것을 목표로 하면, 충분하다.[595] 이 점은 EU지침과 관련해서 특별한 의의를 갖는다. -그 자체로는 제소가능한 (시민의) 주관적 권리를 성립시키지는 않지만, 그런 권리를 성립시키는 것을 지향하는- EU지침과 관련해서 규정에 맞게 전환하여야 할 원칙을 위반한 것 역시 국가의 배상책임을 낳을 수 있다.

그렇지만 집행행위의 위법성이 독일 기관에 맡겨질 수 있는 것이 회

592) EuGH, Slg. 2003, I-3539 – Köbler.

593) 예: EU법에 위반된 입법, EU지침의 비전환, EU지침의 늦장 전환, 입법자가 국내 법규범을 상응하게 하지 않은 것, EU법에 위반된 개별조치, EU법에 위반된 재판.

594) EuGH, Slg. 1991, I-5357 Rn.40 - Francovichi; Slg. 1996, I-1029 Rn.40f. - Brasserie du Pêcheur; Slg. 1996, I-2535 Rn.25 - The Quenn/Ministry of Agriculture, Fischeries and Food, ex parte Hedley Lomas.

595) EuGH, Slg. 1991, I-5357 Rn.40 - Francovichi; Slg. 1996, I-4845 Rn.30ff. - Dillenkofer.

원국 배상책임의 요건이다. 즉, 일종의 귀책사유가 있어야 한다. 따라서 행정청이 EU규범을 집행할 의무가 있고, 집행행위의 위법성이 전적으로 EU법규범에서 비롯된 경우에는 회원국 국가에 대해 책임을 문을 수가 없다.[596)]

2. 충분히 중대한 법위반의 존재

EU최고재판소의 판례에 의하면, 보호규범의 위반 모두가 손해배상청구권을 성립시키는 것은 아니며, 그 위반이 충분히 중대해야 한다. 이 요청은 일종의 책임제한적 기능을 하는데, 특히 입법적 불법에서 그렇다. 하지만 개별판례를 상대로 확정하기란 쉽지 않다. EU최고재판소는 나름 가이드라인으로 기능하는 일련의 관점을 들었는데, 그에 의하면 위반규범의 명확성, 재량여지의 범위, 유책성의 정도, 가능한 착오의 면책가능성, EU기관의 행위방식이 회원국의 법위반에 어느 정도로 영향을 미쳤는지의 상황 등이 중요하다.[597)] 이들 기준의 적용은 회원국 법원의 법관의 판단권한에 맡겨져 있기에, '중대한 법위반'(qualifizierter Rechtsverstoß)의 기준은 다양한 상황에서 탄력적인 책임인정을 가져다준다. 재량여지가, 특히 입법형성의 여지가 존재하면, 중대한 법위반은 그 재량의 한계를 '명백히 그리고 현저히 일탈한 경우'에만 원칙적으로 인정된다.[598)] 이런 엄격한 기준으로 인해 입법자가 특히, 경제법의 영역에서 매우 위축되는 것이 저지된다.

재판상의 불법의 경우에도 마찬가지로 재판상의 위반이 충분히 중대하여야 한다. 적어도 최종심의 재판상 불법에 따른 배상책임을 광범하게 배제하는 것은 EU법의 완전한 유효성의 원칙과 EU법에 의거하여 개인

596) EuGH NVwZ 1992, 1077(Mulder); BGHZ 125, 27(37f.)(Irak－Embargo).
597) EuGH, Slg. 1996, I-1029ff, - Brasserie du Pêcheur. 이들 기준에 관한 상론은 *Ossenbühl/Cornils*, StHR, S.607.
598) EuGH RS. C－424/97－ Haim.

에게 부여된 권리의 보호와는 어울리지 않는다. 하지만 판결의 기판력에 따른 법적 안정성과 법관의 독립성에 반영된 재판기능의 특별함을 고려해야 한다. 그래서 회원국 최종심이 현행 EU법을 '명백하게' 위반하여야 한다. 회원국 법원이 명백하게 EU법원의 재판을 간과한 경우가 그러하다.[599] 반면 법적 물음이 EU법규범에 의해서도 EU법원의 기왕의 판례에 의해서도 의문 없이 명료하게 답이 내려질 수 없는 경우에는, 명백한 충분히 중대한 법위반이 존재한다고 할 수 없다.

3. 인과관계의 존재, 기타의 기준

EU법위반이 법적으로 보호되는 이익의 감소에 해당하는 손해를 유발하여야 한다. 국내 국가배상책임제도에서 요구되듯이, EU법위반이 손해발생에 대해 직접적으로 원인이 되어야 한다. 여기서 직접적인 인과관계는 평가적 귀속을 요구하는데, 특히 손해와 －개인보호적 규범을 위반한 것의 의미에서의－ 행위의 위법성 간의 상관관계를 고려해야 한다. 구체적인 경우에 직접적 인관관계가 존재하는지 여부의 심사는 EU최고재판소의 판례에 의하면, 회원국 법원과[600] 행정청의 임무이다.

국가배상책임의 상세한 형성은 －실체법적 축소를 야기하지 않는 한－ 회원국 국내법에 의한다. 따라서 독일의 경우 전통적인 제1차 권리보호의 우위가 견지된다.[601] 반면 유책성은 필요하지 않고, 단지 하나의 사실로서 법위반이 충분히 중대한지 여부의 물음의 범주에서 심사되어야 한다.

599) EuGH, Slg. 2003, I-3539 Rn.54-56 - Köbler; Slg. 2006, I-5177 Rn.43ff - Traghetti del Meditterneo.

600) EuGH, Slg. 1996, I-1029 Rn.65 - Brasserie du Pêcheur.

601) BGHZ 156, 294(297f.); 181, 199(211ff.).

Ⅳ. 관련 검토사항

1. 공동책임

피해자가 손해유발행위의 효과적인 저지나 손해완화를 가져다줄 수 있는 기대가능한 권리구제를 활용하지 않는 한, 회원국에 대한 EU법적 배상청구권은 소멸한다.[602] 피해자는 우선(제1차적으로) 위반조치에 대한 권리보호의 테두리에서 자신의 권리의 유지를 강구하여야 한다; 이에 반해 손해배상청구권은 자신의 권리보호를 위한 후위의 수단이다.[603] 제1차적 권리보호와 제2차적 권리보호의 이런 관계에서 문제되는 것이 제1차적 권리보호를 강구하는 데 대한 기대가능성이 있는지 여부이다. 그것은 권리구제가 EU운영조약 제267조상의 예비판정절차로 귀결될 고도의 개연성을 갖는지 여부에 좌우되지는 아니 한다.[604] 이미 계쟁중인 EU운영조약 제258조상의 조약위반절차 역시 국내절차에 대한 독자성으로 인해 기대가능성을 낳는다.[605] 궁극적으로 피해자의 공동책임의 문제는 민법 규정(독일 민법 제254조)을 준용하여 고려되어야 한다.

2. 국내법과의 관계

EU법적 국가배상청구권은 EU최고재판소 판례에 의해 완결적으로 규정되어 있지 않다. 오히려 EU법적 규준은 그때그때의 국내법에 의해 전환과 보충에 열려진 충분한 기본성립요건을 단지 서술할 뿐이다. 'Francovich-판결'에서 제시된 공식 – 회원국은 유발된 손해의 결과를 국

602) EuGH, Slg. 1996, I-1029 Rn.84 - Brasserie du Pêcheur; GHZ 156, 294(297f.).
603) EuGH, Slg. 1993, I-6911Rn.23 - Miret.
604) EuGH NVwZ 2009, 771(775).
605) EuGH NVwZ 2009, 771(776).

내 배상책임법의 테두리에서 제거해야 한다－은,[606] Brasserie du Pêcheur-판결에서 더욱 자세하게 되었다. Brasserie du Pêcheur-판결에 의하면, 국가배상청구권의 성립을 위해 EU법적 손해배상청구권의 요건이 필요하고 충분하다. 그리하여 동 청구권의 근거가 직접적으로 EU법에 있으며, 회원국의 배상책임은 직접적으로 EU법에 의해 정해진다. 반면 결과를 제거하기 위해서는 국내 배상책임법이 적용지시된다.[607] EU법에서의 배상책임의 성립이 국내법에 대한 EU법의 소송법적, 실체적 영향을 위하여 의의를 갖는다. 국내법이 EU법적으로 성립한 배상책임을 무력화하는 것은 허용되지 아니 한다.

EU법적 국가배상청구권은 순전히 EU법의 청구권이어서 직접적으로 통용되고, 회원국의 국가배상청구제도와 병존하게 된다. 그리하여 구체적인 사건에서 EU법적 국가배상청구권은 물론, 위법한 직무행위상의 손해배상청구권과 준공용개입(enteignungsgleicher Eingriff)상의[608] 손실보상청구권이 함께 심사되어야 한다.[609]

3. 차별금지와 무력화금지

EU법적으로 제시된 손해배상책임의 최소기준을 정함에 있어서 EU최고재판소의 판례에 의하면 특히 차별금지와 무력화금지를 준수해야 한다. 한편으로는 －EU법적 국가배상책임을 위해－ 국내법적으로 확정된 실체적, 소송적 요건이 유사한 국내소송의 경우보다 더 곤란해서는 아니 된다.[610] 가령 EU법적 국가배상청구권을 위한 제척기간이 비견가능한 국내 청구권의 기간보다 분명히 짧게 하는 것은 이와 일치하지 않는다. 다

606) EuGH, Slg. 1991, I-5357 Rn.42 - Francovichi.
607) EuGH, Slg. 1996, I-1029 Rn.67 - Brasserie du Pêcheur.
608) 일반적으로 '수용유사적 침해'라고 표현하는데, 여기서는 준공용개입이란 용어를 사용한다.
609) BGHZ 134, 30(32ff.); BGHZ 146, 153(158ff.); BGHZ 156, 294(297ff.).
610) EuGH, Slg. 1997, I-4025 Rn.28 - Palmisani/INPS.

른 한편 국내법이 배상을 받는 것을 지나치게 어렵게 하거나 실제적으로 불가능하게 해서는 아니 된다.[611] 일반적인 법적 행위를 이유로 배상책임을 전적으로 예외적으로 허용하는 것은 이와 일치하지 않는다.[612] 그렇지만 EU법적인 이런 한계를 넘지 않으면서 EU법적 국가배상청구권을 제한하거나 배제하는 국내규율은 허용될 수 있다. 특히 원고의 공동책임이나 (권리침해적 조치에 대해) 기대가능한 효과적인 권리보호를 강구하지 않은 것이 배상청구권을 제한할 수 있다는 것은 허용된다.[613]

4. 배상책임의 종류 및 배상책임자

배상책임의 범위를 정하는 것은 회원국에 맡겨져 있지만, 배상이 입은 손해의 보전에 상당하여야 한다. 기본적으로 손해배상책임에서 견지되는 완전배상의 원칙이 그대로 통용된다. 따라서 손해배상은 손해를 완전히 보전해야 하고, 받은 이득까지 배상하여야 한다. 관련인은 금전배상만이 아니라, 경우에 따라서는 통상의 직무책임(Amtshaftung)과 구분되게 원상회복까지 요구할 수 있다.[614] 즉, 결과제거청구권의 일환으로 영업상 피해를 끼친 공적 견해표명의 철회를 요구할 수 있다.

EU최고재판소가 회원국의 배상책임에 관해서 언급하지만, 회원국내에서 누가 책임을 지는지는 정해져 있지 않다. 위반을 저지르는 것에 연계하여 고권주체가 배상책임을 진다. 부분적인 배상책임주체를 회원국이

611) EuGH, Slg. 1991, I-5357 Rn.42f. - Francovich; Slg. 1997, I-4025 Rn.27 - Palmisani/INPS.

612) EuGH, Slg. 1996, I-1029 Rn.71 - Brasserie du Pêcheur.

613) EuGH, Slg. 1996, I-1029 Rn.84 - Brasserie du Pêcheur; Slg. 1996, I-4845 Rn.72 - Dillenkofer; NVwZ 2009, 771(775).

614) 금전배상으로 제한하는 것을 두고서 독일 문헌에서 다툼이 있다. 일부 문헌은 허용된다고 여겨나, 일부 문헌은 반대의 입장이다. 그리하여 일부는 원상회복을 선호하기도 한다. 기본적으로 회원국의 형성의 자유에 속하는 문제로 보기도 한다(*Ossenbühl/Cornils*, StHR, S.624f.). EU최고재판소는 단지 EU지침의 비전환에 따른 손해는 소급적 전환으로 제거될 수 있다는 식으로 언급하였을 뿐이다(EuGH, Slg. 1997, I-3969 Rn.51 - Bonifaci ua/NPS).

정하는 것은 허용된다. 이것은 특히 연방국가에서 중요한데, 따라서 국내 헌법에 의하여 州를 배상책임의 주체로 하는 것이나[615] 공공단체에 대해 책임을 넘기는 것도[616] 허용된다. 그러나 여기서도 확실해야 할 점은 자력이 있는 배상책임주체를 설정해야 한다. 만약 그렇지 않다면 회원국 자체가 보충적으로 책임을 진다.

5. 소멸시효

오랫동안 다투어진 물음이 EU법적 국가배상청구권의 소멸시효가 EU법에 －EU최고재판소규칙 제46조 제1항에 규정된 손해배상청구권의 5년 소멸시효기간－ 따르는지 아니면 국내법에 따르는지 여부이다. 후자의 경우 종전까지 내국법으로서 독일 민법 구 제852조가 준용되었는데, 소멸시효기간이 3년이었다. 제청결정에 즈음하여 EU최고재판소는 EU법적 규율이 부재함을 이유로 회원국 국내의 소멸시효규정의 적용을 인정하였다.[617] 독일 민법 구 제852조상의 3년 기간을 EU최고재판소는 상당하다고 보았다. 그렇지만 EU최고재판소는 동조항의 유추적용의 충분한 예측가능성의 물음을 국내법원에 맡겼다. 그런데 독일 일반대법원(BGH)은 동조항의 유추적용을 거부하였는데, 이유인즉, 이런 점이 제청결정시까지 충분히 확실하게 조사될 수 없다는 것이다. 이로 말미암아 채권법개혁의 발효시점인 2002년 1월 1일 이전에 계류중인 사건에 대해서는 독일 민법 구 제195조상의 30년의 기간이 통용되고, 그 이후에는 경과규정에 따라 민법 제195조와 제199조의 새로운 규율에 의거하여 3년의 기간이 통용된다.

615) EuGH C－302/97 - Konle.
616) EuGH C－424/97 - Haim Ⅱ.
617) EuGH NVwZ 2009, 771(773).

제 5 장

EU협력행정법과 EU결합행정법

제5장

EU협력행정법과 EU결합행정법

EU법의 타자집행과 자기집행을 구분하면 다음과 같은 이중적 분리의 상황이 드러난다: EU행정의 차원과 회원국행정의 차원을 분리하는 것과 －EU법을 자신의 고유한 고권영역에서만에서 집행하는－ 개별 회원국들의 행정영역을 분리하는 것.[1] 그러나 제1차법(EU조약 제4조 제3항)[2]으로부터 EU집행이사회와 회원국 행정간의 관계에서 협력의무와 정보제공의무가 도출되는데, 이들 의무는 경우에 따라서는 더 자세하게 제2차법적으로 형성되거나 응축될 수 있다(수직적 행정협력: vertikale Verwaltungskooperation).[3]

EU가 통일적 행정영역으로 더욱더 응축됨과 함께, 또한 상이한 회원국의 행정청에 대해 상호간에 직접적인 협력을 하도록 의무를 지움으로

1) 참고문헌: *Danwitz*, Europäisches Verwaltungsrecht, S.609f.; *Hermes*, Grundrechtliche Wettbewerbsfreiheit - Ein Exempel für die Debatte um den Gewährleistungsgehalt der Grundrechtein, in: Appel/Hermes(Hrsg.), Öffentliches Recht im offenen Staat, FS Wahl zum 70. Geburtstag, S.689(695ff.); Schmidt-Aßmann, Das allgemeine Verwaltungsrecht als Ordnungsidee, Kap.7 Rn.6ff.

2) EU조약 제4조 ③ 충실한 협력의 원칙에 의해 연합과 회원국은 조약으로부터 비롯된 임무를 이행하는 데 있어서 상호 존중하고 지원한다. 회원국은 조약이나 연합의 기관의 활동으로부터 비롯된 의무를 이행하는 데 적합한 －일반적이거나 특별한 종류의－ 모든 조치를 취한다. 회원국은 연합임무의 이행에서 연합을 지원하고, 연합의 목표의 실현을 위태롭게 할 수 있는 모든 조치를 취하지 않는다.

3) 감독수단이 대표적이다.

써, EU법은 이들 회원국의 행정청을 분리하는 것을 극복하게 한다(수평적 행정협력: horizontale Verwaltungskooperation). 수직적 행정협력은 EU결합행정법의 토대가 되고, 수평적 행정협력은 EU협력행정법의 토대가 된다.

제 1 절 회원국간의 행정협력

Ⅰ. 상호인정의 제1차법적 원리

행정협력법의 출발점이 −EU운영조약 제34조 이하의 무역자유(Warenverkehrsfreiheit)에서 도출된− 상품을 위한 회원국 국내의 제조·판매규율을 상호 인정할 일반적인 의무이다.[4] 이런 의무는 원산지국가가 발한 허용결정에 연계되지 않는데,[5] 그로 인해 무역자유의 회원국의 국내제한에 대한 EU법적 요청에 적합한 정반대의 규율이 발해지지 않는 한, 회원국은 다른 회원국에서 적법하게 제조한 다른 회원국 상품에 대해 자신의 국내시장에 들어오는 것을 막지 않아야 할, 즉 국내시장을 폐쇄하지 않아야 할 의무를 진다.

회원국 국내규율이 이런 요청에 일치하지 않을 경우에는 그 규율은 적용될 수 없으며, 관련인에 대해 이의가 제기될 수 없다. 이런 일반적 제1차법적 의무가 관련된 회원국 상호간에 정보를 공유하는 관계를[6] 만들어낸다. EU집행이사회는 추가로 'SOLVIT'("solve it")라는 무료의 문제해결네트워크를 창설하였다. 재판에 의거하지 않고 가능한 신속하게 문제해결하는 것을 목표로 하는, 이 문제해결네트워크는 상호인정의 원리

4) EuGH, Rs. 120/78, EuGHE 1979, 649 - Cassis de Dijon.
5) *Michaels*, Anerkennungspflichten im Wirtschaftsverwaltungsrecht, 2004, S.279ff.
6) 이 정보관계는 VO (EG) Nr. 764/2008에 의해 자세히 형성되어 있다.

와 결합하여 非司法的 분쟁조정을 강구한다.[7)]

EU최고재판소에 의하면, 제2차법적 일치화가 없더라도 채용국가는 자유왕래를 보장하기 위해 다른 회원국이 교부한 학위를 고려할 의무가 있다.[8)] 그럼에도 불구하고, 접근요건에 관한 제1차법적 상호인정의무가 바로 다른 기본적 자유/자유왕래권으로 확장되지는 않는다.

Ⅱ. 다른 회원국 행정결정의 인정(범국가적 행정행위)[9)]

1. 범국가적 행정행위의 개념

(1) 범국가적 행정행위의 의의

범국가적 행정행위(Der transnationale Verwaltungsakt)에 관한 문헌상의 논의에서[10)] 범국가적 행정행위이란 국내행정청이 발한 행정행위로서 그 효과가 전체 EU내에 미치는 것을 말한다. 즉, 행정행위의 효과가 국내적으로만이 아니라 국경을 넘어, 즉 범국가적으로(transnational) 발생하는 것을 말한다.[11)] 그것의 인정근거로서 EU법의 지침법상의 인정의 원칙(Anerkennungsprinzip)이 언급된다.

인정의 원칙에 의하면 개개 회원국의 행정은 다른 회원국의 행정결정

7) 'SOLVIT'부서는 EU의 모든 회원국은 물론, 유럽경제공동체의 모든 회원국의 국내행정의 일부로서 설치되었다. 개인이나 기업의 질의가 원칙적으로 온라인의 방식으로 행해지고 유럽역내정보시스템(das Binnenmarkt－Informationssystem)을 활용하여 운용된다. http://ec.europa.eu/solvit/; Salgado, EuZW 2011, 422ff.

8) EuGH Rs. C-340/89, EuGHE 1991, I-2357 Rn.16ff. - Vlassopoulou; Rs. C-238/98, EuGHE 2000, I-6623 Rn.36ff - Hocsman.

9) 이하는 김중권, 행정의 국제화에 따른 범국가적 행정작용, 법조 통권 722호(2017.4.28.), 193면 이하에 게제된 것을 바탕으로 수정한 것이다.

10) 처음 등장한 문헌으로 *Schmidt－Aßmann*, Deutsches und Europäisches Verwaltungsrecht, DVBl. 1993, S.924(935).

11) *Neßler*, Der transnationale Verwaltungsakt - Zur Dogmatik eines neuen Rechtsinstituts, NVwZ 1995, S.863(864); *Becker*, Der transnationale Verwaltungsakt, DVBl. 2001, S.855(866); *Kemper*, Der transnationale Verwaltungsakt im Kulturgüterschutzrecht, NuR 2012, S.751(752).

을 마치 그 자신이 발한 것처럼 인정할 의무를 진다.[12] 하지만 이것이 다른 회원국의 행정결정이 회원국의 국내행정청의 그것으로 의제된다는 것을 의미하지 않고, 발한 다른 회원국의 행위라는 점은 변함이 없다(상론은 후술).[13]

한편 범국가적 행정행위가 국외의 고권행위의 월경적 효과의 두드러진 구성요건으로서의 규율로[14] 혹은 그 효과가 처분청의 국가영역에 국한하지 않는 행정행위로[15] 정의됨으로써, 범국가적 행정행위의 의의는 EU법의 차원을 넘는다.[16] 유의할 점은 외국의 행정청이 발한 행정행위의 경우 어떤 경우에도 독일 행정절차법 제35조상의 행정행위에는 해당하지 않는다는 것이다. 왜냐하면 동법상의 행정행위는 독일 행정청에 의해서 발해진 것만을 전제로 하기 때문이다.[17] 이런 사정은 우리 행정절차법상의 처분개념에도 그대로 통용될 수 있다.

한편 자신이 발한 것과 같은 인정이란, 다른 회원국의 행정청의 결정이 회원국의 국내행정청에 대해 그 스스로가 발한 것과 같은 방법으로 구속력을 갖는다는 것을 의미한다.[18] 여기서는 다른 행정청을 위한 행정결정의 구속효가 문제되는데, 권한존중의 차원에서 접근할 수 있는 이런 현상은 독일 행정법에서의 행정행위의 구성요건적 효력의 문제로 표현할 수 있다.[19]

---

12) 따라서 원전발전소와 같은 입지와 관련한 설비의 승인결정처럼 비록 그 자체로 월경적 효과를 발생시키며, 또한 유럽환경영향평가지침(UVP-RL)에 의해 인접영향을 지닌 설비의 경우 월경적인 행정청과 一般公衆의 참가가 규정되어 있다 하더라도, 그것은 여기서 논하는 범국가적 행정행위에 속하지 않는다.

13) *Schmidt-Aßmann*, Verwaltungskooperation und Verwaltungskooperationsrecht in der Europäschen Gemeinschaft, EuR 1996, S.270(300f.).

14) *Schmidt-Aßmann*, DVBl. 1993, S.924(935).

15) *Fastenrath*, Die veränderte Stellung der Verwaltung und ihr Verhältnis zum Bürger unter dem Einfluss des europäischen Gemeinschaftsrecht, DV 31(1998), S.277(302).

16) *Ruffert*, Der transnationale Verwaltungsakt, DV 34(2001), S.453(457).

17) *Ruffert*, DV 34(2001), S.453(470).

18) *Becker*, DVBl. 2001, S.855(867).

(2) 개념적 징표로서의 범국가성

범국가성(월국가성: Transnationalität)은 초국가성(Supranationalität)처럼 '국가를 넘어선 상태'(Überstaatlichkeit)를 의미한다. 초국가성 개념은 정치적 분야에서 비롯된 것이고, 범국가성 개념은 경제적 분야에서 비롯된 것이다.[20] 법의 측면에서 범국가성은 고권적 행위의 영토외적 성격(Extraterritorialität)과 상관관계가 있다. 사안의 규율이 그것을 발한 국가의 고권영역의 이외에 대해서 그리고 관련국가의 동의가 없이도 그 효력을 발생시킬 때 영토외적 영향, 즉 월경적 효력(grenzüberschreitende Wirkung)이 존재한다고 할 수 있다.[21]

(범국가적 행정행위에서) 행정행위의 범국가성의 특징은, −발급국가(처분국가)의 통용영역을 넘어 법효과를 전개하는 식으로− 그 행정행위가 국경을 넘는 효과를 발생시키는 메커니즘(Überwirkungsmechanismus)을 전개하는 데 있다. 범국가성(월국가성)과 영토외적 성격은 상치된 행정행위의 고유한 특징이 아니라. 월경적인 고권적 활동의 특징이다.[22] 발급국가에서 행정행위가 발급되었다는 것이 관련 국가에서 동종의 행정행위가 발해질 필요가 없는, 즉 동종의 행정행위의 발급의 면제의 성립요건에 해당한다.

한편 범국가적 행정행위는 행정양도(Verwaltungszession)와는 구별되어야 한다. 행정양도의 경우 외국국가가 협정에 의거해서 일정한 사안과

19) 가령 행정행위의 존재가 처분청은 물론, 다른 행정기관의 판단과 결정에 영향을 미치는 양상은 구성요건적 효력의 차원에서 다음과 같이 접근할 수 있다: 행정행위의 합법화효과로 인해 행정행위가 내려져 그것이 존속하는 한, 그 행정행위와 관련한 법상황은 적법한 것이 되어, 다른 행정당국으로선 다른 결정에서 판단의 기초를 삼아야 하거니와(타자구속효적 양상), 나아가 그 수범자에 대해 질서법적 책임을 과할 수 없다(합법화효적 양상). 행정행위의 구속효 및 구성요건적 효력에 관한 상세는 김중권, 행정법, 276면 이하.

20) *Bergmann*, Handlexikon der Europäischen Union, 2012, S.143.

21) Vgl. *Meng*, Exterritoriale Jurisdiktion im öffentlichen Wirtschaftsrecht, 1994, S.73.

22) *Ruffert*, DV 34(2001), S.453(455).

관련한 관할권을 행사할 수 있을 때 존재한다.[23)]

2. 범국가적 행정행위의 목적과 발전역사

(1) 범국가적 행정행위의 목적[24)]

범국가적 행정행위는 최근 정치, 경제 그리고 법의 유럽화와 글로벌화로 인해 점차 중요성을 갖는다. 회원국의 법질서가 천차만별인 상황은 EU조약상의 기본적 자유의 실현에 대해 장애를 유발한다. 제2차법인 EU 지침법(Richtlinienrecht)상의 범국가적 행정행위는 －회원국의 국내질서를 세세히 균질적이고 동화시키지 않으면서－ 이런 장애를 제거하는 것을 목표로 한다.[25)] EU시민이 EU조약상의 기본적 자유를 실현하는 셈인 일련의 활동은 비단 독일에서만이 아니라 모든 회원국에서 허가를 필요로 한다(genehmigungspflichtig). 가령 EU시민이 전체 유럽전역에서 어떤 활동에 나서기 위해서는 개개의 모든 회원국에서 관련 허가를 신청하여야 하는 결과를 낳는다.

그런데 이런 상황은 공동시장과 하나의 역내시장(Binnenmarkt)을 목표로 하는 EU조약상의 경제적 자유와는 당연히 일치하지 않는다. 즉, EU 전역에서 경제활동에 나서기 위해서는 하나의 허가로도 충분하게 하는 것처럼, 범국가적 행정행위를 통해 이런 곤란한 상황을 해소할 수 있다. 왜냐하면 이런 허가는 발급국가의 국내만이 아니라 범국가적으로, 즉 EU의 모든 회원국에서 효력을 발생시키기 때문이다.[26)]

---

23) Vertrag vom 23.11.1996, BGBl. 1967, S.2029.

24) *Neßler*, NVwZ 1995, S.863(865f.).

25) 한편 EU운영조약 제34조 이하에 규정된 무역의 자유로부터, 상품의 제조시판에 관한 (회원국) 국내규율을 상호 인정할 의무가 도출되는데, 이런 상호인정의무는 제1차법적 원칙(Primärrechtliches Prinzip)에 해당한다.

26) 한편 월경적 개별적 규율의 문제는 독일과 같은 연방국가에서도 생긴다. 참고로 미국 1787년 헌법 제4조는 미국 전역에서의 개별주의 법적 행위 일체에 대해 충분한 신뢰와 신용을 부여하도록 규정하고 있다.

(2) 발전역사(전개역사)

범국가적 행정행위의 법제도는 법의 유럽화를 통해서 중요성이 대폭 증대되었다. 이를 위한 결정적인 것이 1979년에 내린 EU최고재판소의 'Cassis-de-Dijon'-판결이다. 사안의 내용은 독일 연방주세국(Bundesmonopol-verwaltung für Branntwein)이 수입허가거부를 통해 자유로운 상품거래를 저지한 데 대해서 증류주제조자가 제소한 것이다.[27] 여기서 EU최고재판소는, 회원국에서 적법하게 제조되고 시판되는 주류가 다른 회원국에 수입되는 것을 (수입 회원국이) 저지하는 것은 아무런 분명한(stichhaltigen) 근거가 없다고 판시하였다.[28] 전적으로 법질서의 상이한 데서 비롯된 그런 식의 행위저지 방식은 'Cassis-de-Dijon 원칙'에 의거하여 원칙적으로 수용되어서는 아니 된다.[29] 오히려 원산지국가가 당해 주류음료의 시판을 허용하였다면, 별다른 제약 없이 그것은 받아들여져야 한다. 즉, 각 회원국에서 해당 제품의 수입은 아무런 별도의 허가절차 없이 그 자체로 허용되어야 한다는 것이다. 일종의 당연인정의 논리이다.

EU최고재판소는 'Cassis-de-Dijon 원칙'을 그 뒤에 지속적으로 확대함으로써, 동 원칙은 상품판매의 자유의 분야만이 아니라 서비스제공의 자유의 분야에까지 확대되었다.[30] 이런 일련의 판결을 기화로 상호인정의 원칙(Anerkennungsprinzip)이 파생하였다. 동 원칙은 EU집행이사회가 EU에서의 법질서의 동화라는 '새로운 구상'을 위한 근거가 되었으며,[31] 범국가적 행정행위를 위한 중핵적 근거(기초)가 된다(후술).

---

27) EuGH, Urt. v. 20.2.1979 - 120/78, Slg. 1979, S.649, Rn.5 - Cassis de Dijon.

28) EuGH, Slg. 1979, 649(664) - NJW 1979, 1766 - Rewe-Zentral-AG.

29) *Haratsch/König/Pechstein*, Europarecht, Rn.878.

30) EuGH, Slg. 1979, 35(54) - van Wesemael; Slg. I 1981, 3305 (3326) - NJW 1982, 1203 - Webb.

31) *Neßler*, NVwZ 1995, S.863(864). EU집행이사회의 입장은 회원국의 법질서가 모든 세부적 사항에서 균일할 수 있다는 것은 아니고, 회원국의 국내법질서상의 차이가 유럽공동체조약의 자유의 실현을 더 이상 방해하지 않아야 한다는 것이다.

(3) 범국가적 행정행위의 제도적 의의(장단점)

범국가적 행정행위는 그것의 존재를 다른 국가의 국가기관이 존중하여야 한다는 의미의 일종의 구성요건적 효력이 인정됨으로 인해, 수범자인 시민에게 행정절차상으로 현저한 간편함과 함께 높은 법적 안정성을 가져다준다. 왜냐하면 범국가적 행정행위의 대표적인 예에 해당하는 운전면허, 학위증, 제품승인 등의 사례가 보여주듯이, 자신에게 수익적 행정행위를 인정받기 위해 동종의 절차를 다시 반복하여 밟을 노력을 할 필요가 없기 때문이다.

그런데 범국가적 행정행위가 항상 긍정적인 측면만을 갖는 것은 아니고, 무시할 수 없는 반대의 측면도 있다. 2000년 10월 31일에 프랑스의 노르망드 해안에서 이탈리아 선적의 유독 화학물 운반선(Ievoli Sun)이 침몰한 엄청난 환경사고가 발생하였는데, 운반선에 대한 감독과 통제를 관할하는 이탈리아의 담당 행정청(Registri Italiano Navale)에 대해 프랑스의 비판이 집중되었다. 그 사건 10 개월 전에 프랑스의 대서양 연안에서 동 부처가 승인한 석유운반선이 침몰하여 심각한 환경재난을 발생하였기 때문이다. 회원국의 법질서 및 그것의 운영의 실태가 다소간 차이가 있을 수밖에 없는 현실에서, 어떤 회원국에서의 조치가 다른 회원국에서의 사고발생의 원인이 될 수 있다는 점을 여실히 보여준다. 이런 사고의 발생은 발급국가의 제 조치의 적실성의 문제를 회원국과 EU의 관계가 아니라 회원국간의 협력 및 그 상호관계에서 바라보게 하였다.[32] 이 점에서 범국가적 행정행위는 EU의 회원국간의 행정협력(Verwaltungs-kooperation)의 문제이기도 하다.[33]

---

32) *Becker*, DVBl. 2001, S.855(855).

33) *U. Stelkens*, Europäisches Verwaltungsrecht, Europäisierung des Verwaltungsrechts und Internationales Verwaltungsrecht, in: Stelkens/Bonk/Sachs, VwVfG, Rn.179ff.

3. 범국가적 행정행위의 법적 근거로서의 인정원칙

(1) 인정원칙의 의의

원칙적으로 행정행위의 범국가적 효력을 위해서는 국제법적 조약과 같은 형식적 법적 근거(독일 기본법 제25조) 또는 −특히 EU의 경우에− 행정행위를 위한 일정한 규율영역을 위한 인정원칙(Anerkennungsprinzip)을 성립시키는 EU지침(Richtlinie)을 필요로 한다. 범국가적 행정행위의 효력은 대체적으로 인정원칙에 그 바탕을 둔다. 인정원칙이란, 그것이 지침에 의해 규정된 곳에서는 관련된 회원국의 그때그때의 행정이 발급국가의 행정결정을 그 자신이 발했던 것과 같은 방식으로 인정해야 한다는 것을 말한다.[34] 그리하여 EU법의 적용영역에서 관련 국가는 행정행위의 전환과 관련해서 통제(심사)조치를 수인해야 한다.[35]

인정원칙은 EU(공동체)조약상의 자유행사를 용이하게 하는 경제정책적 결과를 낳을 뿐만 아니라, 이를 넘어 법도그마틱적으로 흥미로운 결과를 가져다주었다. 즉, 회원국 국내행정청의 결정에 대해서 국경을 넘어서는 효력을 부여한 것이다. 범국가적 효력이 개별사건에서 인정에 의해 성립되는 것은 아니고, EU지침은 사전에 일반적 인정을 요구한다.[36] 회원국 국내 행정행위는 인정지침의 분야에서 자동적으로 다른 모든 회원국에서 통용되고, 그리하여 그 행정행위는 국내 행정행위일 뿐만 아니라, 범국가적 행정행위에 해당한다.

(2) 인정원칙에 따른 법효과

인정원칙과 관련해서 유의할 점은, 인정의 법효과로서 범국가적 행정

34) *Peine*, Allgemeines Verwaltungsrecht, 10.Aufl., 2011, §7 Rn.478.

35) *Pernice/Kadelbach*, Verfahren und Sanktionen im Wirtschaftsverwaltungsrecht, DVBl. 1996, S.1100(1109).

36) *Neßler*, NVwZ 1995, S.863(865); *Schmidt-Aßmann*, DVBl. 1993, S.924(935).

행위에 해당하는 그것이 관련 회원국 국내행정청의 그것으로 의제되는 것인지 여부이다. 인정에 따른 법효과의 발생을 의제의 차원에서 그것을 의제적 행정행위로 접근하면,[37] 그 행정행위가 법효과의 차원에서 마치 관련 회원국 국내행정청이 직접 발한 것과 마찬가지로 된다는 것을 의미한다. 자연스럽게 범국가적 행정행위에 대한 권리구제는 전적으로 발급국가가 아니라, 관련 국가의 차원에서 강구될 수밖에 없다.

그러나 이런 의제적 접근은 허용되지 않고, 범국가적 행정행위는 여전히 발급(처분)국가의 그것에 해당한다. 그리하여 다음의 결과를 낳는다: ⅰ) 이런 행위에 대해 회원국의 국내법원을 통한 사법구제는 허용되지 않는다. ⅱ) 회원국은 자신이 발하지 않은 행위에 대해 책임을 지지 않는다. ⅲ) 이런 행위의 폐지는 전적으로 그것을 발한 국가(발급국가)의 국내행정청이 할 수 있고, 다른 회원국의 행정청은 할 수가 없다.[38] 하지만 EU법의 규율이 규정하지 않고 정당화되지 않은, 다른 회원국의 주권에 대한 개입의 경우에는 완전히 다를 것이다.

(3) 인정원칙의 적용요건

행정행위의 효력을 인정하는 데 있어서 이 상호인정의 원칙은, 당해 행정행위가 적법하고, 그와 관련한 입법적 기준은 물론 행정기준이 관련 국가와 발급국가에서 공히 비견될 수 있다는 점을 요건으로 한다. 이 점을 행정행위의 상호인정에 관한 EU최고재판소의 판결은 항상 강조한다.[39] 왜냐하면 만약 그렇지 않다면, 인정원칙이 역내시장에서의 경쟁을

---

37) 법학에서 의제(Fiktion)라 함은 실제로 존재하지 않는 사안을 인정하도록 법률상으로 확정되어 있는 것을 의미한다. 법률이 행정행위의 발급을 결정주체의 의사와 무관한 상황의 발생으로 대체하는 경우에 그 행정행위는 의제적 행정행위가 된다. 의제적 행정행위에 관해서는 김중권, 의제적 행정행위에 관한 소고, 법제 제520호(2001.4.), 55면 이하 참조.

38) 이것은 원칙이 그렇다는 것이고, 예외적으로 회원국은 행정행위의 범국가적 효력을 제한(박탈)하는 조치를 취할 수 있다. *Schmidt-Aßmann*, EuR 1996, S.270(301).

39) EuGH, Slg. 1976, 1871(1887) - Simmenthal; Slg. 1979, 35(54) - van Wesemael;

왜곡시키는 결과를 낳기 때문인데, 이런 결과는 EU조약의 의도와 일치하지 않을뿐더러 정치적으로 관철될 수 없는 일이다. 비견가능한 규율과 행정의 기준은 인정원칙을 담은 EU 지침에 의해 받아들여지고 있다.[40] 만약 그렇지 않다면 법영역은 인정지침이 발해지기 전에 정렬지침에 의해서 비로소 동화되어 진다. 이런 식의 대처방식의 예가 의료직업의 행사의 규율(Regelung der Ausübung medizinischer Berufe)이고, 정렬규율은 종종 인정원칙도 함께 규정하고 있는 정렬지침(Koordinierungsrichtlinie)에 존재한다.[41]

한편 적어도 EU법의 적용영역에서 인정되고 있는 점은, 일정한 법적 정당화근거가 존재하는 경우에는 범국가적 행정행위가 인정될 필요가 없다는 것이다. 공공목리의 강행적 근거에서 필요한 경우에 인정거부는 용납된다. 해서 가령 공동체법상으로 상품거래의 자유가 확고하게 인정됨에도 불구하고, 독일 기본법 제2조 제2항에 따른 신체불훼손의 보호를 위해 꼭 필요하다고 여겨지는 경우에는 해당제품의 제조승인의 인정 및 수입은 거부될 수 있다.[42]

Slg. 1981, 3305(3325f.) - Webb; Slg. 1986, 419(436) - Kommission/Frankreich.

40) 지침을 통해 학위와 시험증명서(Richtlinie 89/48/EWG, ABlEG 1989 Nr. L 19, S.16), 선박증명서(Richtlinie 76/135/EWG, ABlEG 1976 Nr. L 21, S.10.), 각종 제품 승인결정(Richtlinie 87/540/EWG, ABlEG 1987 Nr. L 1322, S.20; Richtlinie 87/404/EWG, ABlEG 1987 Nr. L 220, S.48; Richtlinie 88/344/EWG, ABlEG 1988 Nr. L 157, S.28; Richtlinie 88/378/EWG, ABlEG 1988 Nr. L 187, S.1; Richtlinie 89/392/EWG, ABlEG 1989 Nr. L 183, S.9; Richtlinie 89/686/EWG, ABlEG 1989 Nr. L 399, S.18; Richtlinie 89/106/EWG, ABlEG 1989 Nr. L 40, S.12)에 관한 상호 인정이 요구한다. 유전공학법, 은행법 및 보험법상의 각종 승인제도와 관련해서도 마찬가지이다.

41) 적절한 예로 Direktversicherungsrichtlinie, Richtlinie 92/49/EWG, ABlEG 1992. Nr. L 228, S.1.

42) *Pernice/Kadelbach*, DVBl. 1996, S.1100(1109).

4. 범국가적 행정행위의 인정과 관련한 헌법상의 문제점

범국가적 행정행위의 인정은 그것의 헌법상의 정렬과 같은 헌법적 물음을 제기한다. 민주주의의 원리에 따라 국가권력의 정당성은 민주적 정당성에서 비롯되는데, －외국의 행정청이 발한－ 범국가적 행정행위의 법적 효력을 인정하여 그것의 국내적 효력을 승인함으로써 "국민과 국가권력"간의 정당성사슬이 두절되기 때문이다. 범국가적 행정행위의 법효과가 독일 기본법 제20조 제2항[43] 제1문상의 민주주의 원리와 갈등관계에 있다는 점은 분명하다. 왜냐하면 관련 법적 행위가 독일 국민에 의해 정당화되지 않은 국가권력에서 비롯되었기 때문이다. 또한 마찬가지로 국제법상의 국가면책(Staatenimmunität)의 원칙과도 갈등관계에 있다. 그리고 명문으로 독일 기본법 제23조 제1항[44] 제2문은 EU에 대한 高權(Hochheitsrecht)의 이양을 허용하고, 독일 기본법 제24조 제1항 및 제1항 a는[45] 국가의 고권의 국제기구와 국경인접한 기구(grenznachbarschaftliche Einrichtungen)에 대한 이양을 허용한다. 하지만 다른 국가에 대한 고권의 이양은 기본법은 언급하지 않고 있다. 지배적 입장은 고권의 다른 국가에 대한 이양을 부인하는데,[46] 이에 의하면, 독일 기본법의 적용영역에

---

43) 독일 기본법 제20조 ② 모든 국가권력은 국민으로부터 나온다. 그것은 국민에 의해 선거와 투표로 행사되고, 입법부, 행정부 그리고 사법부의 특별한 기관을 통해 행사된다.

44) 독일 기본법 제23조 ① 통합유럽을 실현하기 위하여 독일연방공화국은, 민주적·법치국가적·사회적 및 연방주의적 원칙들과 보충성의 원칙을 존중하고 기본법과 본질적으로 같은 기본권보호를 보장하는 유럽연합이 발전하는 데에 협력한다. 연방은 이를 위해 연방참사원의 동의를 얻어 법률에 의하여 고권을 이양할 수 있다. 유럽연합의 설립에 관하여, 그리고 기본법을 내용상 개정 또는 보충하거나 그러한 개정 및 보충을 가능하게 하는 조약상 근거 및 이에 준하는 규정의 개정에 관하여는 제79조 제2항과 제3항이 적용된다.

45) 독일 기본법 제24조 ① 연방은 법률에 의해서 고권을 국제기구에 이양할 수 있다. ① a 주가 국가적 권능의 행사와 국가적 임무의 이행을 관할하는 한, 주는 연방정부의 동의를 얻어 고권을 국경인접기구에 이양할 수 있다.

46) 다른 입장으로 *Schmidt-Aßmann*, Verwaltungslegitimation als Rechtsbegriff, AöR 116(1991), S.329(340f.).

서 외국에 의한 고권적 개입의 행사는 배제된다.[47)]

국가면책은 국외 법적 행위의 감수(수인)할 의무를 배제하는 보호메커니즘에 불과하다. 더해서 범국가적 행정행위는 고유한 고권주체에 의한 전환을 필요로 한다. 범국가성(Transnationalität)이란 자동적 과정이 아니다. 오히려 -행정행위가 터 잡아 취하는- 공동체법적, 국제법적 근본규범의 효력통제에서 기본법의 정당화한계가 발생하여야 한다. 동시에 대저 독일 기본법 제23조 제1항 제1문과 제24조 제1항에 의거하여 고권이 다른 법주체에게 이양될 수 있다.

그러나 여기서 다음의 점이 문제된다. 양 규정은 語義에 의하면 고권을 국가간의 기구 내지 조직(기관)에 대한 이양만을 허용한다. 따라서 이들 규정을 엄격히 해석하면, 다른 국가의 범국가적 행정행위는 여기에 포함되지 않는다. 어의에 의거하여 범국가적 행정행위의 헌법적 가능성을 부인하고 그것을 위헌으로 여길 경우, 독일국가는 -다수의 국제간, 초국가적 합의상의 회원국자격에서 비롯된- 의무와 임무를 준수할 수 없을 것이다.[48)] 또한 특히 유럽통합의 과정과 -증대된- 국제간의 규율화 역시 봉쇄될 것이다. 결과적으로 규율의 의미와 목적을 참조하고, 개발된 국가적 상태의 원칙에 기하여, 독일 기본법 제24조 제1항상의 "국제기구"(zwischenstaatliche Einrichtungen) 개념을 광의로 해석하여야 한다. 그렇게 광의로 해석하여만 과거의 기구개념의 광범한 의의로의 변화가 고려될 수 있다.[49)] 이런 넓은 해석에 의거할 때, 다른 국가의 범국가적 행정행위 역시 독일 기본법상으로 허용되는 것으로 논증할 수 있게 된다.[50)]

---

47) *Papier/Olschewski*, Vollziehung ausländischer Verwaltungsakte, DVBl. 1976, S.476 (477).

48) Vgl. *Ruffert*, DV 34(2001), S.453(482).

49) *Ruffert*, DV 34(2001), S.453(482).

50) *Kemper*, NuR 2012, S.751(754).

전술한 대로 원칙적으로 발급국가의 법상황이 행정행위의 적법성 판단을 위해 규준이 되기 때문에, 범국가성의 헌법적 판단과 관련해서 외국에 영향을 발휘하는 독일의 행정행위의 경우에만 독일 기본법 제20조 제3항이[51] 중요하다.[52]

5. 범국가적 행정행위의 유형

범국가적 행정행위는 그 발현형식에 따라 크게 진정한 범국가적 행정행위와 매개적 범국가적 행정행위로 나눌 수 있다. 진정한 범국가적 행정행위는 그것이 관련된 국가에서 효력을 직접적으로 당연히(ipso iure) 발생시키는 행정행위를 말한다.[53] 가령 국적의 인정의 경우처럼 범국가성이 국제관습법에 의해 인정되거나 관세법상의 결정이나 Schengen-Visum처럼 EU명령에 의해 규율의 내용과 효과가 규정되기도 한다. 여기서는 원산국가의 원칙(Herkunftsland-Prinzip)에 따라 EU차원의 효력을 위해서는 규율과 관련한 원산(발급)국가에서의 행정결정이 규준이 된다.[54] 반면 매개적 범국가적 행정행위는 관련 국가에서의 효력을 위해서는 −가령 EU지침에 의거한 전환처럼− 특별한 인정행위를 필요로 하는 행정행위를 말한다. 이하에서는 Ruffert가 전개한 것에 따라 세 유형을 나누고자 한다.[55]

(1) 효력과 관련한 범국가적 행정행위

이것은 어떤 국가에서 그 국가에 거주하는 수범자에 대해 발해진 행정행위가 그 국가의 국경을 넘어서 법적 효력을 발휘하는 것을 말한다.

---

51) 독일 기본법 제20조 ③ 입법은 헌법적 질서에 구속되고, 행정과 사법은 법률과 법에 구속된다.

52) *Neßler*, NVwZ 1995, S.855(864).

53) 국적인정이 된다고 할 수 있다.

54) *Peine*, Allg. VerwR, §7 Rn.481.

55) *Ruffert*, DV 34(2001), S.453(457).

그 예로 거주의 자유와 서비스제공의 자유의 영약에서의 승인결정, 직업자격시험의 인정을 들 수 있다. 효력과 관련한 범국가적 행정행위는 EU역내시장에서 가장 빈번하게 발생하는 범국가적 행정행위의 형식인 동시에 다툼의 여지가 가장 적다. 이것의 특징은 －매개적 범국가적 행정행위처럼－ 그 범국가적 효력이 법적 행위에 의거하여 발현된다. 행정이 －외국의 기본행위와 구분된－ 인정행위를 발하지 않더라도, 효력과 관련한 범국가성은 개별경우에서 자동적으로 일어날 수 있다(Automatismus). 가령 독일 행정청이 아닌 다른 회원국의 행정청이 발급한 유효한 운전면허 역시 독일 '자동차교통에 관한 명령'(Verordnung über den nationalen Kraftfahrzeug-Verkehr)에 의거하여 인정된다. 그런데 이런 행정행위의 범국가성은 다른 (국가의) 법질서의 실체법적 규율에 대한 최소한의 믿음이 있다는 것을 조건으로 한다는 점을 유의하여야 한다.

(2) 수범자와 관련한 범국가적 행정행위

이것은 수범자와 처분청이 각기 다른 국가에 있을 때 존재한다. 이런 '일치행정행위'(Korrespondenzverwaltungsakte)의 바탕, 즉 그것의 구속효는 법질서의 동조화에 의해서가 아니라, 행정청의 구속적, 월경적 참여에 의해서 성립한다.[56] 예로 유럽공동체명령(EG-VO) 제259/93에 의한 폐기물이송허가의 경우를 들 수 있다. 이것은 수송국가의 신청자에 대해 결정국가(수령국가)의 관할 행정청이 발급하는 식으로 진행된다(동 명령 제4조 제2항). 허가의 바탕이 되는 결정에 대해 사전에 －경우에 따라서는 하나 또는 다수의 통과국가와 더불어－ 수송국가는 절차상의 동의(결정)의 방법으로 참여하여야 한다. 그리고 발급권한을 가진 수령국가는 다른 국가의 이의제기에 구속되고, 그것을 허가결정에 포함시켜야 한다.[57] 통

56) *Peine*, Allg. VerwR, §7 Rn.486.
57) *Ruffert*, DV 34(2001), S.453(465). Ruffert는 이를 '집중효'("Konzentrationswirkung")라 표현하였다.

일적인 법국가적 행정절차의 결과로서의 범국가적 행정행위의 존재는 고도의 통합된 EU법질서의 이례적인 현상인데, 그것은 기존의 EU법질서를 넘어서는 것이고, 아직 출현하지 않았다.

(3) 행정청과 관련한 범국가적 행정행위

이것의 징표인 행정청관련성은, 가령 행정청의 소속직원이 외국에서 행정행위를 발하기 위해 국경을 물리적으로 월경하여 그 행정행위를 발한 경우에 존재할 수 있다. 이 경우 그 행정행위는 흡사 그 자체로 효력이 국경을 넘기보다는 처분청에 의해 외국으로 "전달되는 데"서 존재한다.[58] 예로 독일과 스위스간의 양자 협정에 의거하여 행해지듯이, 조사자의 은밀한 투입과 예방적 위험방지의 조치가 거론될 수 있다. 그리고 동조화된 EU역내시장법에서도 행정청과 관련한 범국가적 행정행위의 예가 있다. 원산국가에 의한 은행 · 보험의 감독의 범주에서 감독청은 외국에서의 지점승인 역시 심사하거나 심사하게 할 수 있다. 그리고 외국에서의 독일인 검사자 및 국내의 외국인 검사자는 직접적 강제를 예외로 한 강제조치까지도 할 수 있다. 하지만 유의할 점은 현재 여기서 범국가적 행정행위를 상정하기란 힘들다.

6. 범국가적 행정행위의 적법성 요청

(1) 행정행위의 적법성

인정원칙은 대상이 되는 결정이 적법한 경우에만 통용된다. 이 때 적법성의 척도는 인정하는 관련 국가의 법이 아니라, 행정결정을 발하였던 행정청의 국가(발급국가)의 법이다.[59] 즉, 범국가적 행정행위의 적법성 여

58) Vgl. *Ruffert*, DV 34(2001), 453(467).
59) 'Cassis-de-Dijon' 판결에 관한 EU집행이사회의 결론이다. ABlEG 1980 Nr. C 256, S.2.

부의 물음은 전적으로 발급국가(처분국가)의 법을 목표로 삼아야 한다. 행정행위의 효력이 관련 국가의 법상황에 좌우될 수 없다.[60] 왜냐하면 그렇지 않다면, 당해 행정행위가 포괄적이고 직접적으로 범국가적으로 통용되어야 한다거나 EU차원의 효력을 발생시켜야 한다는 범국가적 행정행위의 목표가 저지될 것이기 때문이다. 그리고 통일적이고 EU차원에서 유효한 회원국행정청의 조치란 생각할 수 없기 때문이다.

그런데 적법성의 유효요건과 관련해서 독일 행정절차법 제45조에 따라 치유가능한 절차나 형식상의 하자로 인해 행정행위가 －취소사유에 해당하는－ 단순 위법인 경우에 어떻게 판단하여야 할지의 물음이 제기된다. (발급국가가 아닌) 관련 국가가 나름의 고려에서 그 범국가적 행정행위를 위법하다고 생각하여 그것의 적용과 통용을 거부할 수 있는지 여부가 문제된다. 고찰의 출발점은 EU지침법의 원칙인데, 그것은 적법한 행정행위만이 범국가적 효과를 발생시킬 수 있으며, 이때 발급국가의 법질서가 결정적인 가늠잣대이다. 그리하여 행정행위의 적법성과 관련해서 관련 국가는 판단권한 및 배척권한을 가지지 않는다. 결론적으로 －발급국가의 법원이 행정행위를 확정력 있게 취소하지 않는 한－ 행정행위는 설령 위법하더라도 그 자체로 범국가적 효력을 발생시킨다.

(2) 비견가능한 입법기준과 행정기준

EU 회원국의 법이 그사이 많이 동조화되었다는 점을 전제로 하면, 이런 요건은 대부분 시인되어야 한다. 만약 그렇지 않을 경우에는, 기준상의 차이점은 소위 조정지침에 의해 보족적으로 제거될 수 있다. 이 조정지침은 인정지침이 조정지침에 내재하지 않을 경우에는 그 인정지침을 따른다. 이런 효력요건의 필수성은 경쟁난맥을 저지하는 인정원칙의 목

60) 유의할 점은 국제사법의 경우 적용법질서의 선택의 물음이 제기되나 국제적 행정법에서는 그런 문제가 생기지 않는다. 영토주의(속지주의)의 원칙상 국내행정법의 규범은 그 국가의 고유한 행정청만을 지향하기 때문이다. *Ruffert*, DV 34(2001), S.453(473).

적에서 비롯된다.[61] 동시에 그것은 인정원칙이 근거를 둔 상응한 지침이 존재하는 경우에는 이미 주어진 것으로 여겨진다.

(3) EU(공동체)법

행정행위의 적법성의 판단을 위해서는 전적으로 발급국가의 법질서에 좌우된다는 사실에도 불구하고, －공서양속이나 독일법의 목적에 반하는 회원국의 사법의 적용여부와 같이－ 관련 국가쪽에서 적용을 위해 존재할 수 있거나 설정될 수 있는 (행정행위의 범국가성을 위한) 한계가 존재하지 않는지 여부가 다투어진다.

공서양속(ordre public) 법제도 역시 다수 문헌에 의해 관련이 있다. 공서양속의 규준에 의거하여 범국가성을 심사하고자 할 경우, 고권적 행위 그 자체를 목표로 삼아서는 아니 되고, －고권적 행위의 정당성이 도출될 수 있는－ 공동체법상의 수권근거 그 자체를 목표로 삼을 수 있다.[62] 그런 공서양속의 존재는 전적으로 유럽적일 것일 수 있어서 EU최고재판소에 제청을 하여 조사되어야 한다. 왜냐하면 만약 각 회원국의 국내적 공서양속을 목표로 할 경우에는 범국가성의 메커니즘 그 자체가 붕괴될 수 있기 때문이다. 이런 결과는 EU법의 일반원칙인 효과성(유효성)의 원칙(*effet utile*)에도 배치될 것이다. 그래서 EU법적 기본자유를 위하여 가장 적합한 방안이 공서양속을 초국가적 차원으로 이전시키는 것이다. 하지만 여전히 해소되지 않는 의문스러운 점은, 공서양속과 최후수단이 되어야 한다는 보충성의 원칙(Subsidiaritätsprinzip)과의 관계이다.

(4) 국제법

한편 공동체법에 속할 수 없는 법적 행위의 인정과 관련해서, 행정행

61) *Neßler*, NVwZ 1995, S.855(864).
62) *Pernice/Kadelbach*, DVBl. 1996, S.1100(1111).

위의 유효성 인정이 발급국가의 국제법적 인정에 좌우되는지 여부가 문헌상으로 강하게 다투어진다. 프랑스와 미국의 판례는 국제법적 정당성이 결여된 행정행위의 효력을 부인한다.[63] 반면 스위스, 오스트리아, 독일의 법원은 인정상황의 분리의 차원에서 국제법적으로 인정되지 않은 정부가 행한 법적 행위에 대해서 그 효력을 인정한다.[64] 독일 문헌상의 통설 역시 법적 안정성의 견지에서 동일한 입장을 취한다. 즉, 국제법적으로 인정받지 못한 국가의 행정행위라 하더라도 관련된 국가에서 그 효력을 발휘한다고 본다.

7. 범국가적 행정행위의 내국적 효력[65]

외국 행정청이 발한 범국가적 행정행위는 후속 결정을 내리는 독일 행정청에 대해서 구속효를 발생시킬 수 있다. 그리하여 독일 행정청은 범국가적 행정행위의 존재와 규율내용에 구속된다. 이런 행정행위의 구성요건적 효력은 비단 행정청에 국한되지 않고, 법원에 대해서도 미치는데, 심지어 행정사건만이 아니라 민사사건과 형사사건의 경우에도 그러하다. 구성요건적 효력의 하위경우인 합법화효과(Legalisierungswirkung)에[66] 의거하여 범국가적 허가는 질서행정청의 행위제한적 개입 및 허가상대방의 민사법적 사용을 제한한다. 왜냐하면 그것의 법효과가 회원국 국내법의 통용범위를 넘기 때문이다. 행정행위에서 존속력이 발생한 사실확인에 대해서도 원칙적으로 구속력이 인정된다. 특히 월경적인 감독

63) *König*, Anerkennung ausländischer Verwaltungsakte, 1965, S.36.
64) Z. B. RG, Urt. v.16.10.1925 – VI 182/25, JW 1926, 1986ff.
65) *Ruffert*, DV 34(2001), S.453(472).
66) 행정행위의 합법화효과로 인해 행정행위가 내려져 그것이 존속하는 한, 그 행정행위와 관련한 법상황은 적법한 것이 되어, 다른 행정당국으로선 다른 결정에서 판단의 기초를 삼아야 하거니와(타자구속효적 양상), 나아가 그 수범자에 대해 질서법적 책임을 과할 수 없다(합법화효적 양상). 가령 도로법상 도로점용허가가 내려지면 도로교통법상의 조치를 취하는 것은 제한된다.

권능과 위험방지권능에서 집행명의로서 범국가적 행정행위를 행사하는 것 역시 원칙적으로 생각할 수 있다.

8. 위법한 범국가적 행정행위의 문제[67)]

적법한 행정행위만이 범국가적 효력을 발생시킨다는 EU지침법의 원칙에 비추어, 위법한 행정행위에 대해서는 범국가적 효력이 인정되지 않는다고 결론이 도출될 수 있다. 여기서는 만약 국내의 행정청이 범국가적 행정행위가 위법하다고 여길 경우에는 그 사실만으로 그 행정행위의 존재를 무시할 수 있는지 여부의 물음이 제기된다. 인정의무의 존재를 전제로 이 물음에 대해서는 부인되어야 한다. 관련 국가의 개개의 국내행정청이 (범국가적) 행정행위의 범국가적 효력을 결정할 권능을 가진다면, EU조약에 규정된 자유가 용이하게 행사되도록 한다는 범국가적 행정행위의 법제도적 목적이 실현될 수가 없다. 따라서 관련 국가의 국내행정청은 이런 배제권한(Verwerfungskompetenz)을 행사할 수 없다고 보아야 한다.

유효성(효과성)의 원칙(effet utile)의 관점에서 배제권한은 범국가적 행정행위를 발한 회원국의 법원에 대해서 전적으로 부여되어야 한다. 이들 회원국의 법질서가 적법성의 판단규준이 되기 때문이다. 만약 모든 회원국의 법원이 심사권을 갖는다면, 범국가적 행정행위의 적법성을 둘러싸고 각국에 따라 천차만별의 판결이 내려질 가능성을 피할 수 없다. 또한 실제로 발급국가의 법원이 문제되는 행정행위의 위법 여부에 관한 판단기준이 되는 법령을 가장 잘 안다는 점도 고려해야 한다. 따라서 위법한 범국가적 행정행위 역시 원산국(발급국가)의 법원이 취소판결을 내리거나 원산국의 행정청이 직권취소하지 않는 한, 유효한 것으로 범국가적 효력

67) *Peine*, Allg. VerwR, §7 Rn.482.

을 지니며, 모든 국내 행정청 역시 존중하여야 한다(일종의 행정행위의 구성요건적 효력). 물론 비상시에는 회원국은 자기 영토에서의 (다른 회원국의 행정청이 발한) 범국가적 행정행위의 효력을 폐지할 수 있다.[68)]

그런데 전혀 범국가적 효력을 발생시킬 수 없는 무효인 행정행위는 다르다. 당연무효의 법리에 따라 독일 국내행정청은 그런 행정행위를 무시할 수 있다. 하지만 당해 행정행위의 무효 또는 단순 위법 여부를 판단하는 척도는 독일 국내법이 아니라 발급국가의 법질서이라는 점은 변함이 없다. 또한 범국가적 효력의 구상은 관련 국가의 행정청에 의한 새로운 적법성 심사를 일반적으로 금지한다. 따라서 범국가적 행정행위의 무효는 극히 이례적인 상황에 인정될 수 있는데, 가령 사실상 불능인 경우나 공서양속에 반하는 경우에는 범국가성의 구상에서 벗어날 수 있다.[69)]

한편 범국가적 행정행위가 EU법을 위반하더라도 이상의 논의가 그래도 통용되어 단순위법에 그치면 다른 회원국은 그것을 인정하여야 한다. 그런데 EU법상의 행정행위 하자론에 의하면, 특별히 중대한 하자가 명백한, EU기관의 법적 행위는 무효로 판단한다. 이 경우 EU법적 행위는 법적으로 존재하지 않는 셈이 된다. EU최고재판소는 기본적이고 종종 충돌하는 요청인 법적 안정성과 적법성의 요청을 균형을 잡기 위해 지속적인 판례를[70)] 통해 우리나 독일에서 주창된 하자의 중대명백성에 의한 논의와 동일하게 중대명맥성설을 취한다. 따라서 범국가적 행정행위의 경우에도 중요한 발급요건의 결여가 행정행위 그 자체에서 바로 드러난 경우처럼[71)] 그 위반이 명백한 경우에는 인정의무에 대한 예외가 인정될 수 있다.[72)]

---

68) *Becker*, DVBl. 2001, S.855(861).

69) *Ruffert*, DV 34(2001), S.453(475).

70) EuGH, Slg. 1999, I-4643(4690; Rn.94) - Chemie Linz/Kommission; Slg. 1994, I-2555(2647; Rn.49) - Kommission/BASF.

71) 이 경우 행정행위의 수범자는 아무런 신뢰보호를 주장할 수 없다. Vgl. EuGH, Rs. C-329 und C-343/06, EuGHE 2008, I-4635 Rn.67ff.

9. 범국가적 행정행위에 대한 권리보호와 통제

독일 기본법 제19조 제4항은 자세한 형식을 정함이 없이 원칙적으로 모든 시민에 대해 사법적 권리구제방도가 열려져 있다는 것만을 확인한다.[73] 이처럼 일반적인 권리보호가 보장되고 있기에, 범국가적 행정행위에 대한 권리구제 역시 존재하여야 한다. 독일 연방헌법재판소에 의하면, 동조는 독일 국내의 공권력의 활동에 대해서만 통용되고, 외국에서의 그것에 대해서는 통용되지 않는다.[74] 따라서 특히 EU이나 다른 국제기구의 법적 행위는 동조상의 공권력에 포함되지 않는다.[75] 일부 문헌 역시 같은 맥락에서 동조해석과 관련해서 독일적 사법적 구제만을 대상으로 하는 해석만이 허용되는 것으로 본다.[76]

그런데 외국에서 행해진 행정행위에 대해 그것이 국내적으로 효력을 발생시킴에도 불구하고 내국 법원이 아무런 심사권한을 가지지 않는다는 것은 분명 문제이다. 하지만 앞에서 본 대로, 인정원칙의 의의에 따라 범국가적 행정행위의 경우 그것의 적법성 여부와 관련해서 발급국가의 법상황이 전적으로 규준이 되기에, 독일 법원은 그것의 적법성 여부를 판단할 수 없다.[77] 범국가적 행정행위, 비독일적 행정행위가 독일 사법통제의 대상이 되지 않는 것은 상위의 법, 인정지침에 의한 국내 법질서에 의해 인정된다.[78] 그리하여 국내 행정기관으로서는 그 행정행위를 법적 심사 없이 그리고 독일법에 대해 우위인 것으로 전환할 의무를 진다. 이런

72) *U. Stelkens*, Europäisches Verwaltungsrecht, Europäisierung des Verwaltungsrechts und Internationales Verwaltungsrecht, in: Stelkens/Bonk/Sachs, VwVfG, Rn.184.
73) *Jarass/Pieroth*, GG, Art.19 Rn.29ff.; *Papier/Olschewski*, DVBl. 1976, S.475(479).
74) BVerfGE 59, 36(88).
75) BVerfGE 58, 1(26); 59, 33(88); 91, 126(129).
76) Vgl. *Papier/Olschewski*, DVBl. 1976, S.475(481).
77) Vgl. *Ruffert*, DV 34(2001), S.453(474).
78) *Ruffert*, DV 34(2001), S.453(474).

원칙에 따르면, 범국가적 행정행위의 수범자에 해당하는 시민은 독일 국내의 사법절차가 아니라, 발급국가에서의 권리구제방도에 의해서만 다툴 수 있다. 나아가 관련 국가 역시 범국가적 행정행위가 자신의 직접 발한 것이 아니어서 책임을 지지 않는다.[79)]

요컨대 범국가적 행정행위의 메커니즘으로 인해 권리구제절차에서 결정적인 장애가 존재하는 것은 불가피하다. 왜냐하면 실제로 수범자는 자신의 국내 사법절차를 밟을 수 없고, 전적으로 발급국가에서의 권리구제방도를 밟아야 하기 때문이다. 위법한 공권력에 대한 권리보호메커니즘이 국가마다 다르기에, 자칫 권리보호상의 심각한 차이가 있을 수 있다.

Ⅲ. 직무협조, 정보시스템, 월경적 조사권한

특히 교호적인 인정의무는 회원국 행정청간의 정보제공조치와 직무협조(응원)조치(Amtshilfemaßnahmen)를 요구한다.[80)] 그럼에도 불구하고 이제껏 EU최고재판소는 EU법적용의 영역에서 회원국간에 직무협조를 해야 할, 일반적 제1차법적 원칙을 EU조약 제4조 제3항으로부터[81)] 전개하지는 않고, 단지 회원국은 다른 회원국에 대해 월경적 사안을 판단하는 데 필요한 정보제공을 요구할 수 있을 뿐이라고 판시하였다.[82)] 제

---

79) *Becker*, DVBl. 2001, S.855(857).

80) *Danwitz*, Verwaltungsrechtliches System und Europäische Integration, S.199f.; *Kahl*, in: Calliess/Ruffert, EUV/AEUV, Art.4 EUV Rn.112; *Kobor*, Kooperative Amtsermittlung im Verwaltungsrecht, 2009, S.390f., 394; *Sommer*, Verwaltungskooperation am Beispiel administrativer Informationsverfahren im Europäischen Umweltrecht, 2003, S.460ff.; *Weyeneth*, Grundsätze der Amtshilfe im europäischen Kontext, in: *Debus/Kruse/Peters/Schröder/Seifert/Sicko/Stirn*(Hrsg.), Verwaltungsrechtsraum Europa, 2011, S.79, 84ff.

81) EU조약 제4조 ③ 충실한 협력의 원칙에 의해 연합과 회원국은 조약으로부터 비롯된 임무를 이행하는 데 있어서 상호 존중하고 지원한다. 회원국은 조약이나 연합의 기관의 활동으로부터 비롯된 의무를 이행하는 데 적합한 －일반적이거나 특별한 종류의－ 모든 조치를 취한다. 회원국은 연합임무의 이행에서 연합을 지원하고, 연합의 목표의 실현을 위태롭게 할 수 있는 모든 조치를 취하지 않는다.

2차법적 규율이 없으면 회원국간의 직무협조는 해당 유럽평의회협정(Europaratsabkommen)이나 양자적 국제법적 조약에 근거하여 생겨난다. 이런 곤란함 때문에 회원국간의 직무협조는 제2차법적으로 확대되며, 청구권의 관철에서의 집행협조에 관한 제2차법적 규율 역시 점차 확대된다.[83] 독일 연방대법원(BFH)에 의하면, 독일 행정청의 직무협조구함에 대한 권리보호는 －비록 그 구함이 행정행위로 간주될 수 없더라도－ 독일 법원에서 행해진다.[84] 이에 반해 독일 행정청은 다른 회원국의 조세청구에서 그것이 공서양속(ordre public)에 위반할 경우에는 집행협조를 거부하여야 한다.[85]

EU서비스지침(Dienstleistungsrichtlinie: DLR)[86] 제34조(동반조치: Begleitende Maßnahmen)에 규정된 것처럼,[87] 데이터뱅크에 기한 정보시스템, 즉 역내시장정보시스템(Binnenmarktinformationssystem: Internal Market Information System: IMI)의[88] 확대를 통해 국가간 직무협조가 제도화되고 지속되고 있다. 그런 종류의 시스템은 EU영역의 행정에 참여하는 국내부처와 EU행정청간의 구조화된, 지속적인 정보교환을 가능하게 한다. 그러나 참여회원국에서 통일적 정보통신기준을 확고히 하는 기술적 물음 이외에 특수한 데이터보호, 권리보호, 배상책임의 물음을 제기한다.[89]

---

82) EuGH, Slg. 1991, I-2797 Rn.47ff. – Athanasopoulos.

83) RL 2010/24/EU über die Amtshilfe bei der Beitreibung von Forderungen in Bezug auf bestimmte Steuern, Abgaben und sonstige Maßnahmen.

84) BFHE 226, 102ff. - NVwZ-RR 2009, 948f.

85) BFHE 231, 500, Rn.8ff. - NJW 2011, 2158ff.

86) RL 2006/123/EG des Europäischen Parlaments und des Rates vom 12. Dezember 2006 über Dienstleistungen im Binnenmarkt.

87) EU서비스지침 제34조 ① 집행이사회는 회원국과 협력하여 회원국간의 정보교환을 위한 전자시스템을 구축한다. 이때 현재의 정보시스템을 고려한다. ② 회원국은 집행이사회의 지원을 받아 직무응원을 맡은 공무원의 교환과 －어학과정과 컴퓨터과정을 포함한－ 그들의 교육을 증진하기 위한 동반조치를 취한다. ③ 집행이사회는 그런 종류의 공무원교환조치와 교육조치를 조직화하기 위한 다년프로그램의 수립의 필요성을 심사한다.

88) http://ec.europa.eu/internal_market/imi-net/about_de.html.

89) *Shirvani*, Haftungsprobleme im Europäischen Verwaltungsverbund, EuR 2011,

회원국간의 관계에서 직무협조조치와 집행협조조치의 필요성은, 제2차법적으로 규범화된 인정의무가 원산지국가의 원칙에 의해 피감 기업체가 소재한 회원국의 행정청이 다른 회원국의 영토에서 사안조사나 심사권을 행사하는 것이 허용되도록 형성되는 것으로 대체되었다.[90] 여기서도 문제되는 것은 그런 조치에 대해 행정청이 속한 국가의 법원에서만 권리보호를 강구할 수 있는지 여부이다.[91] 그 다른 회원국의 공안기관에 의한 관찰과 추적에 관한 Schengen-조약 시행합의서 제40조 이하에서도 동일한 문제가 제기된다.[92]

제 2 절 EU결합행정[93]

I. 결합형식

관련 회원국 행정청간의 행정협력(공동작업)과 EU고유행정이 제2차법에 의해 더욱 긴밀하고 지속적이고, 네트워크화되게 형성되어 있으면 있을수록, 더욱더 단순한 협력의 문제가 아니라, 행정결합의 문제가 된다. 양자의 차이점은 대저 단계적 성질에 있다. 결합행정(Verbundsverwaltung)은 긴밀한 형식의 행정협력으로 표현될 수 있다. 일반적으로 -EU행정

S.619(625ff.); *Weiß*, Der Europäische Verwaltungsverbund, 2010, S.159f.

90) Vgl. *Becker*, DVBl 2001, S.855(863f.); *Kobor*, Kooperative Amtsermittlung im Verwaltungsrecht, S.358ff.; *Ohler*, Europäisches und nationales Verwaltungsrecht, in: Terhechte(Hrsg.), Verwaltungsrecht der Europäischen Union, §9 Rn.34.

91) *Groß*, JZ 1994, S.596(604); *Hecker*, Grundgesetz und horizontale Öffnungen des Staates, AöR 127(2002), S.291(316ff.).

92) *Martínez Soria*, Die polizeiliche Zusammenarbeit in Europa und der Rechtsschutz des Bürgers, VerwArch. 89(1998), S.400(415ff.).

93) 이하의 내용은 *U. Stelkens*, Europäisches Verwaltungsrecht, Europäisierung des Verwaltungsrechts und Internationales Verwaltungsrecht, in: Stelkens/Bonk/Sachs, VwVfG, Rn.191 이하를 옮긴 것이다.

협력의 개념처럼– EU결합행정의 개념은 결코 법개념이 아니라, 집행의 섞임을 나타내는 은유이다.[94] 협력의 증대로서 동 개념을 많이 사용하는 것은 자명하지 않다. 제2차법적으로 규정된 결합밀도 역시 상이하다.[95] 즉, 후술하듯이, 단계적 행정절차의 성문화로부터 행정청네트워크의 성립까지 이른다.

EU결합행정(Europäische Verbundsverwaltung)에서 다단계적 행정절차는 회원국이 다른 회원국의 결정의 발함에 참여해야 하도록 형성되어 있을 수 있다.[96] EU행정결합에서 다단계적 행정절차는 회원국이 다른 회원국의 결정발함에 대해 참여해야 하게끔 형성될 수 있다. 어떤 회원국을 상대로 한 EU고유의 행정결정이 국내행정청의 결정을 위한 적법성요건이 된다든지 또는 이를 통해 회원국이 시민에 대한 일정한 조치를 강구할 의무를 진다든지 하는 것도 가능하다. 정반대로 다음과 같이도 가능하다. 즉, 회원국의 결정이 EU고유의 행정결정의 효력발생요건이나 적법성요건이 된다거나, 회원국이 EU고유의 행정청이 결정내릴 신청을 사전에 심사할 의무를 질 수 있다. 특히 제품승인법에서는 이런 절차요소의 결합 역시 일상적이다. 가령 한 회원국에서 제품승인을 신청한 경우 EU집행이사회든 다른 회원국이든 근거 있는 이의제기를 하지 않은 경우에만 신청을 받은 회원국이 제품승인을 할 수 있으되, 그 회원국이 제품승인을 하지 않으면 허가절차가 EU집행이사회에 넘어가는 형식이다.[97]

---

94) *Britz*, EuR 2006, S.46(47); *Kahl*, Der Europäische Verwaltungsverbund: Strukturen – Typen – Phänomene, Der Staat 50(2011), S.353(354f.).

95) Vgl. *Arnauld*, Zum Status quo des europäischen Verwaltungsrechts, in: Terhechte(Hrsg.), Verwaltungsrecht der Europäischen Union, §2 Rn.20ff.

96) 이는 마치 발급에 있어서 다수의 행정청이 함께 협력하는 다단계적 행정행위의 성립과정을 연상시킨다.

97) 이런 모델에 관해서는 *Hofmann*, in: Hofmann/Türk, Legal Challenges in EU Administrative Law, 2009, S.136, 139; *Lienhard*, Der mehrstufige gemeinschaftliche Verwaltungsakt am Beispiel der Freisetzungsrichtlinie, NuR 2002, 13ff.; *Wahl/Groß*, Die Europäisierung des Genehmigungsrechts am Beispiel der Novel Food-Verordnung, DVBl. 1998, S.2(5ff.).

다단계적 행정절차의 진행과 EU고유의 행정과 회원국간의 감독관계를 구분하는 것은 명확하지도 않고 필수적이지도 않다. 해서 보조금감독에 관한 EU조약 제107조 이하는 EU집행이사회가 회원국에 의한 보조금 교부를 통제한다는 것과 EU집행이사회와 회원국이 국내 보조금의 교부에서 상호 협력한다는 것을 시사한다.[98] 비록 후자의 의미가 정치적 상반된 이익으로 인위적으로 여겨진다고 하더라도, EU최고재판소는 다단계적 행정절차에서의 동일한 의미의 협력의 경우와 감독과 비슷한 법관계의 경우를 궁극적으로 동일하게 취급한다. 그에 맞춰 EU최고재판소는 절차, 권리보호, 배상책임의 문제에서 타자집행의 여러 형상을 일반적으로 구분하지 않았다.

제2차법에 의해 월경적 행정청네트워크가 수립된 경우, 참여 회원국 행정청과 EU고유의 행정간의 협력은 궁극적으로 구체적 행정절차의 도입과 무관하게 다음과 같이 제도화되었다:[99] 통신법과[100] 다른 규율법영역에서의 규율결합,[101] 카르텔법에서의 행정청네트워크, 화공품을 위한 리치통제시스템(*REACH-Kontollsystem*),[102] 유럽금융감독시스템(*ESFS*).[103]

---

98) *Hermes*, in: FS Wahl, S.689(696); *Schneider*, Strukturen des Europäischen Verwaltungsverbunds, in: Schneider/Francisco(Hrsg.), Strukturen des Europäischen Verwaltungsverbunds, DV Beih. 8(2009), S.9(13f.).

99) *Hofmann/Türk*, ELJ 13(2007), S.252(258ff.).

100) Art.7ff., Art.15ff. der RL 2002/21/EG über einen gemeinsamen Rechtsrahmen für elektronische Kommunikationsnetze und -dienste (Rahmenrichtlinie) sowie die VO (EG) Nr. 1211/2009 zur Einrichtung des Gremiums Europäischer Regulierungsstellen für elektronische Kommunikation(GEREK) und des Büros.

101) 통신법에서의 규율결합에 관해서는 *Britz*, EuR 2006, S.46(53ff.); *Kahl*, Der Staat 50(2011), S.353(377ff.); *Ladeur/Möllers*, Der europäische Regulierungsverbund der Telekommunikation im deutschen Verwaltungsrecht, DVBl. 2005, S.525 (527); *Schaller*, Die Intensivierung des Emopäischen Verwaltungsverbundes in der Regulierung des Telekommunikations- und Energiesektors, in: FS Scheuing, S.415(417ff.); *Schramm*, Der europäische Verwaltungsverbund in der Telekommunikationsregulierung(§§10ff. TKG) aus dem Blickwinkel des Rechtsschutzes, DÖV 2010, 387ff.

102) *Siegel*, Entscheidungsfindung im Verwaltungsverbund, 2009, S.349ff.; ders. Europäisierung des Öffentlichen Rechts, 2012, Rn.281ff.; *Tiedemann*,

여기서 행정결합은 분명한 조직상의 요소를 제공받고, -발해진 결정이 완전히 집중화되지 않은 채- 회원국 국내행정청과 EU고유의 행정(EU집행이사회 또는 경우에 따라서는 EU행정청)간의 진정한 월경적 혼합행정이 되어 버린다. 그런 식의 규율은 EU범위에서 통일적인 법적용을 보장하는 데 이바지한다. 또한 결정권한을 EU차원으로 완전히 이양시키는 데 대한 대안으로 여겨진다. 참여행정청의 교호적 자문 · 고려의 의무와 조정포럼에 의해 조직상으로 보장되는 점은, 회원국에서의 규준적인 제2차법적 결정이 통일적으로 이해되는 것이다. 그래서 참여하는 회원국 국내행정청 역시 국내행정의 위계에 사로잡히지 아니 한다.[104] 그리하여 네트워크에 편입된 회원국 국내행정청의 사실상의 자주성은 민주적 정당성의 문제를 제기하기도 한다.[105]

Ⅱ. 행정결합에서의 권리보호와 행정절차

회원국 국내행정청과 EU고유의 행정간의 모든 형식의 결합행정은 -배상책임의 물음[106] 이외에- 특수한 권리보호의 문제를 제기한다. 왜냐

Unionsrechtlicher Rechtsschutz gegen Eingriffe im Rahmen der Chemikalienregulierung nach der REACH-VO (EG), DVBl. 2011, 993ff.

103) *Kämmerer*, Das neue Europäische Finanzaufsichtssystem(ESFS) - Modell für eine europäisierte Verwaltungsarchitektur?, NVwZ 2011, 1281ff.

104) *Franzius*, Warum Governance?, KJ 2009, S.25(30f.); ders., Gewährleistung im Recht, 2009, S.174ff., 447ff.; *Röhl*, Verantwortung und Effizienz in der Mehrebenenverwaltung, DVBl. 2006, S.1070(1078); *Ruffert*, Die neue Unabhängigkeit: Zm demokratischen Legitimation von Agenturen im europäischen Verwaltungsrecht, in: FS Scheuing, S.399(406f.).

105) *Frenz*, Verwaltungskooperation mit der Union im Lichte von Art. 197 AEUV und des Lissabon-Urteils, DÖV 2010, S.66(68ff.); *Gärditz*, Europäisches Regulierungsverwaltungsrecht auf Abwegen, AöR 135(2010), S.251(275ff.); *Ludwigs*, Das veränderte Machtgefüge der Institutionen nach dem Dritten EU-Binnenmarktpaket, DVBl. 2011, S.61(67ff.); *Weiß*, Der Europäische Verwaltungsverbund, S.165ff.

106) *Shirvani*, EuR 2011, 619ff.

하면 EU법의 권리보호의 구상이 참여행정청의 긴밀한 내적 결합을 충분히 고려하지 않기 때문이다. 특히 회원국과 EU사이에 재판소의 결합은 행정결합과 대립되지 않으며,[107] 권리보호가 분리원칙에 의해 구상되어 있는데,[108] 이 점이 행정절차에서의 절차참여자의 권리에 대해 소급효를 발휘한다.

EU고유의 행정결정(Eigenverwaltungsentscheidung)이 회원국 국내결정을 위한 구속효를 발생시키면, 다단계적 행정절차에서의 특별한 권리보호상의 불충분이 존재한다. 여기서 EU고유의 행정결정이 관련인에 대해 직접으로 행해지고, 관련인이 EU결정의 수범자에 해당하면, 관련인은 EU운영조약 제263조(무효화소송) 제4항에[109] 따라 그 EU결정에 대해 무효화(취소)소송을 제기하여야 하고, －그 EU결정에 대해 사법적 조치를 강구하고 부수적으로(경우에 따라서는 EU운영조약 제267조(예비판정절차)에 따른 절차에서) EU고유의 행정결정의 적법성을 심사하게 할 수 있기 위하여－ 회원국에 의한 전환을 기다릴 수 없다.[110] 그래서 직접적 관련인은 EU고유의 행정결정은 물론, 회원국결정의 존속력을 회피하기 위해서 양자를 상대로 상이한 법원에서 대처하여야 한다.[111] EU고유의 행정결정이 전적으로 회원국을 상대로 발해지고, 그 회원국은 직접적으로 개인적으로 관련이 되는 사람에 대해서 일정한 활동을 할 의무를 지는 경우에도 마찬가지이다. 그러면 동인(同人)은 EU운영조약 제263조(무효화소송)

107) *Schramm*, DÖV 2010, S.387(393); *Weiß*, Der Europäische Verwaltungsverbund, S.169f.

108) *Ruffert*, Von der Europäisierung des Verwaltungsrechts zum Europäischen Verwaltungsverbund, DÖV 2007, S.761(768f.); *Schneider*, DV Beih. 8(2009), S.9 (20ff.).

109) EU운영조약 제263조(구 공동체조약 제230조) ④ 모든 자연인 또는 법인은 제1항과 2항에 따른 조건하에서 자신들을 향하거나 자신들과 직접적 그리고 개별적으로 관련되는 행위(작용) 및 －그들과 직접적으로 관련 되고 시행조치를 수반하지 않는(시행조치를 필요로 하지 않는)－ 명령적 성질의 법적 행위에 대해 소를 제기할 수 있다.

110) EuGH, Slg. 1997, I-585 Rn.19ff. - Wiljo.

111) *Röhl*, ZaöRV 60(2000), S.331(357).

제4항에 따른 이런 관련성으로 인해 원고적격이 있으며, 그래서 EU고유의 행정결정에 대해 동조 제6항상의[112] 기간안에 취소소송을 제기할 수 있을 뿐만 아니라,[113] 또한 그 결정이 존속력을 갖는 것을 저지하기 위해 무효화(취소)소송을 제기하여야 한다.

관련인이 국내법원에서 회원국결정만을 다툰 경우, EU고유의 행정결정의 유효성에 관한 －EU운영조약 제267조(예비판정절차) 제1항 b호에 의거한－ 제청방식의 부수적 심사는 원고는 물론 회원국을 상대로 존속력이 발생하였기에 고려되지 않는다.[114] 이런 권리보호모델이 효과적인 권리보호의 요청에 덜 적합하다는 점이 더욱더 부각되고,[115] 의문도 존재한다. 왜냐하면 －프랑스식 권리보호모델에[116] 맞춰서－ 관련인을 상대로 한, EU운영조약 제263조 제6항의 제소기간은, 설령 회원국을 상대로 한 EU결정이 EU고유의 행정이나 제3자에 의해서 정식의 방식이 아닌 형태로 단지 관련인에게 통지되었다 하더라도 개시되기 때문이다.[117]

EU고유의 행정결정과 개인적, 직접적으로 무관하여 원고적격이 없는 자를 위해서는 법상황이 더 유리할 것 같다. EU운영조약 제263조에 따른 직접적 무효화(취소)소송을 개시할 가능성이 없어서, EU운영조약 제277조(부수적 규범통제)와 대비하여 EU운영조약 제263조(무효화(취소)소송)의 차단효가 그 자에 대해서는 주효하지 않는다. EU고유의 행정결정

112) EU운영조약 제263조(구 공동체조약 제230조) ⑥ 본조에 규정된 소송은 2개월 이내에 제기되어야 한다. 이 기간은 사정에 따라, 관련 작용의 통지시점, 원고에 대한 통보시점 또는 －이것이 없을 때는－ 원고가 이런 행위(작용)를 알게 된 시점에 진행한다.

113) EuGH, Rs. C-463/10 P, EuZW 2012, 148 Rn.65ff. - Deutsche Post AG.

114) EuGH, Slg. 1994, I-833 Rn.12ff - TWD Deggendorf; EuGH, Rs. C-370/12, NVwZ 2013, 49 Rn.39ff. - Pringle; BGH EuZW 2004, 254, 255.

115) *Röhl*, ZaöRV 60(2000), S.331(357); ders., DVBl. 2006, S.1070(1074); *Schneider*, DV Beih. 8(2009), S.9(22f.); *Sydow*, Verwaltungskooperation in der EU, S.284ff.

116) Vgl. *Chapus*, Droit du contentieux administratif, 13.Aufl. 2008, Rn.712, 714, 725; *Vedel/Delvolvé*, Droit administratif - Tome 2, 12.Aufl., 1992, S.158.

117) *Röhl*, ZaöRV 60(2000), S.331(358); *Schroeder*, Bindungswirkungen von Entscheidungen nach Art. 249 EG, 2006, S.65f.

은 그 자에 대해 존속력이 발생할 수 없다. 해서 그런 관련인은 회원국의 완결적 조치에 대해서만 대처할 수 있고, 그러면 회원국 국내법원은 EU운영조약 제267조 제1항 b호에 따른 제청의 범주에서 EU최고재판소로 하여금 EU고유의 행정결정의 유효성에 관해 심사하게 할 수 있다.[118)]

이 소송절차에서 EU고유의 행정결정이 무효로 판시되면, 이는 EU운영조약 제263조에 따른 무효화(취소)소송의 인용판결과 같은 효과를 갖는다.[119)] EU고유의 행정결정은 萬人에 대해 소급효적으로 제거된다(EU운영조약 제264조).[120)] 해서 회원국 국내법원은 회원국의 조치를 마찬가지로 −EU고유의 행정의 구속적 협력활동의 결여로 인해− 위법한 것으로 폐지할 수 있다. 그리하여 결론적으로 EU고유의 행정결정과 직접적으로나 개인적으로나 관련이 없는 자는 EU운영조약 제263조 제4항에 의해 원고적격이 있는 자에 비해 더 낫다고 하겠다. 왜냐하면 이들은 상이한 법원을 상대로 한 두 절차를 시행할 필요가 없기 때문이다. 그렇지만 이들은 EU운영조약 제263조 제4항에 따른 −간단히 결정내릴 수 없는− 원고적격의 인정여부를 잘못 판단할 리스크를 부담한다.[121)]

비록 선도적 행정청으로서의 EU고유의 행정이 회원국결정에 구속된다 하더라도, EU최고재판소는 분리원칙에 일치하는 권리보호모델을 출발점으로 한다. EU최고재판소의 견해에 의하면, EU고유의 행정결정에 대한 −EU운영조약 제263조에 따른− 무효화(취소)소송의 범주에서 회원국의 협력조치의 EU법적합성이 부수적으로 심사될 수 없다.[122)] 오히려 회원국 국내법원을 상대로 권리보호가 강구되어야 하는데, 그 전제조건

118) Vgl. *Krämer*, Individualrechtsschutz gegen die Versagung der Vornahme nicht-klägergerichteter Hoheitsakte im System des Gemeinschaftsprozessrechts, EuR 2008, S.104(123); *Schroeder*, Bindungswirkungen von Entscheidungen nach Art. 249 EG, S.170ff.

119) EuGH, Slg. 2008, I-10807 Rn.124 - Société Régie Networks.

120) EuGH, Slg. 2008, I-468 Rn.63f. - CELF I; Slg. 2010, I-2099 Rn.24 - CELF II.

121) EuG, Rs T-221/10, EuZW 2012, 556 Rn.22ff. - Iberdrola.

122) EuGH, Slg. 1992, I-313 Rn.9ff.

은 회원국 국내법원이 협력활동을 단순한 준비활동으로 평가하기보다는 실제로 권리보호를 제공하여야 한다. 그런데 회원국 국내법원을 상대로 한 이런 장애가 제거된다 하더라도, 국내 협력활동의 폐지가 EU고유의 행정결정에 대해 어떤 영향을 미치는지(소급효가 인정되는지)? 이런 것이 EU최고재판소에서 강구되어야 하는지 여부가 문제로 제기된다.[123)]

EU최고재판소의 새로운 판결은 ―구 공동체조약 255조(현행 EU운영조약 제15조 제3항)[124)]에 따른 정보접근권에 관한 EU집행이사회의 EU결정과 결합해서― 회원국의 비토의 EU법적합성을 부수적으로 심사하는 것을 가능하다고 여기는데, 이상의 복잡한 권리보호의 구조가 지속적으로 견지되는지 여부가 EU최고재판소의 이런 새로운 판결로 인해 의문스럽다. 하지만 이것은 특별한 경우에 해당한다는 것으로 정당화된다.[125)] 월경적 행정청네트워크를 설립하는 데 있어서 추가적으로 제기되는 물음이, 법관에 의한 통제밀도이다. 회원국 국내행정청의 통제를 관할하는 회원국 국내법원이 이런 행정청네트워크에 편입되지 않기 때문에, 동법원은 네트워크에 의해 전개된 작용규준을 더 이상 포괄적으로 추체험할 수 없다. 그래서 법관에 의한 통제는 광범한 판단여지의 인정을 통해 축소될 수밖에 없다.[126)]

행정결합에서의 권리보호의 문제는 행정절차에서의 관련된 시민과 기

---

123) Vgl. *Nebl*, Europäisches Verwaltungsverfahren und Gemeinschaftsverfassung, S.437f.

124) EU운영조약 제15조 ③ 모든 유럽연합시민 및 회원국에 주소나 정관상의 주소를 둔 모든 자연인이나 법인은, 형식이나 문서의 주체에 상관없이, 그리고 본항에 의해 확정되어야 할 원칙과 조건의 유보하에, EU의 기관, 기구 그리고 기타 부처의 문서에 대한 접근권을 가진다.

125) EuGH, Slg. 2007, I-11389 Rn.43ff., 85ff. - IFAW; *Boysen*, Transparenz im europäischen Verwaltungsverbund - Das Recht auf Zugang zu Dokumenten der Gemeinschaftsorgane und Mitgliedstaaten in der Rechtsprechung der europäischen Gerichte, DV 42(2009), S.215(231ff.).

126) Vgl. BVerwG NVwZ 2009, 653 Rn.16ff.; *Ladeur/Möllers*, DVBl. 2005, S.525 (531f.).

업체가 어떤 절차단계에서 그리고 어떤 행정청에 참여하여야 할지의 물음을 제기한다.[127] 이중적 절차참여(가령 이중적 청문의 필요성)가 권리보호에 통용되는 분리원칙에 부합할 것인 반면, 법상황은 다르다. 가령 보조금감독절차에서 EU집행이사회가 보조금의 상환의무의 여부에 관해 구속적으로 결정을 내렸다 하더라도, EU명령(VO) Nr. 659/1999는 회원국을 상대로 한 상환결정을 내리는 행정절차에서 보조금수령자의 참여권을 규정하고 있지 않다.[128] 단계적 절차에서의 －EU고유의 행정결정의 선도하에 있는－ 독일 행정청의 협력활동이 행정행위가 아니라, 행정내부사로 다루어질 때도 마찬가지로 문제가 된다. 왜냐하면 이것이 독일 행정절차법 제9조 이하의 불적용성을 초래하여 행정절차에서의 절차권의 배제를 야기하기 때문이다. 그렇지만 변함이 없는 사실은 회원국 국내행정청이 그런 종류의 절차에서 EU법의 일반적인 불문의 －시민보호적인－ 절차원칙을 준수하여야 한다는 점이다.

127) *Hermes*, in: FS Wahl, S.689(696); *Kahl*, Lücken und Ineffektivitäten im Europäischen Verfahrensverbund am Beispiel des Rechts auf Anhörung, DVBl. 2012, S.602(603ff.); *Schaller*, in: FS Scheuing, S.415(426ff.); *Schneider*, DV Beih. 8(2009), S.9(26f.); *Shirvani*, DVBl. 2011, S.674(675ff.).

128) *Bartosch*, 5 Jahre Verfahrensverordnung in Beihilfesachen, eine Zwischenbilanz, EuZW 2004, S.43(46ff.); *Gundel*, Der Schutz des Wettbewerbers im EU－Beihilfenrecht, WiVerw 2011, S.242(243); *Kahl*, DVBl. 2012, S.602(604).

제 6 장

맺으면서

제6장

맺으면서

행정법은 중요한 분야에서 유럽통합의 과정으로 인하여 동요를 겪는다. 환경법, 의약품법, 경제법처럼 특별행정법의 일정한 부분영역은 결정적으로 유럽적 규준에 의하여 특징이 지워진다. 그리고 행정법의 일반이론은 물론, 행정절차법, 행정소송법 역시 EU법의 강력한 영향력 아래에 놓여있다. 규율시스템이 EU법적으로 정해져 있는지 여하에 따라 상이한 규율시스템이 성립하게 된다. 이런 규율시스템상의 투트랙 현상이 지속적으로 견지될 수는 없다. 설령 법적으로가 아니라 사실적으로이긴 해도 통일성을 위하여, 회원국 입법자로서는 EU법적으로 포착되지 않는 영역까지도 EU법에 기인한 새로운 규율에 넣을 수밖에 없을 것이다. 이런 상응의 노력은 회원국에서의 법일치화만이 아니라, 전체적으로 유럽에서의 법일치화 및 유럽통합에도 이바지할 것이다. 결국 EU법은 법적 영향을 미칠 뿐만 아니라 주목할 만한 사실적 파급효과까지도 발생시킨다.

작금의 유럽화가 이렇게 적극적으로 진전됨에 따라 각 회원국의 행정법영역은 EU법적 침투로 인해 상대적으로 안정적인 헌법적 상황과 비교해서 그 고유함을 상실할 정도이다. 그리하여 일찍이 Otto Mayer가 1924년에 "헌법은 사라져도, 행정법은 남는다."(Vefassungsrecht vergeht,

Verwaltungsrecht besteht)고 확언하였던, 행정법의 독자성 명제는 다른 차원에서 도전을 받고 있다. 오히려 Otto Mayer의 언명은 이젠 역전된 감이 든다: "행정법은 사라지고, 헌법은 남는다."

행정법의 유럽화 문제는 시대적 화두인 동시에, 행정법을 위한 새로운 개혁의 動因이 된다. Schmidt-Aßmann 교수는 유럽화를 대함에 있어서 (비록 의당 그렇다 하더라도) 오로지 회원국법의 변경과 국내적 해결책의 배격만으로 여겨선 아니 되고, 그 대신 공동발전의 기회로 삼아야 한다고 강변한다.[1] 낙후된 것으로 여겨지는 그들의 국가책임법 분야에서는 EU법적 접근이 혁신적이기도 한다. 회원국 국내법질서와 유럽법질서는 일종의 交互關係에 있으며, 유럽법적 자극과 계기가 실은 잠재적으로 국내법에서도 존재하는 발전흐름과 항상 조우한다는 것이다.[2] 이 점에서 유럽화는 內因的 통일화의 잠재성을 지니며, 그 결과물인 EU행정법은 다름 아닌 글로벌 행정법의 표준모델이 된다.

Schmidt-Aßmann 교수의 이상의 지적은 독일 공법학에서 치열하게 논의되는 유럽화의 문제가 비단 유럽에 국한된 것이 아님을 분명히 인식하게 한다. 유럽화로 독일 공법학이 새로운 도전에 처해 있듯이, EU 행정법은 우리 행정법학의 지반을 拔本的으로 변화시킬 수 있는 결정적인 외생인자가 된다. 바람직한지 여부와 같은 가치판단의 물음은 차치하고, 우리 공법학이 독일 공법학의 강한 영향 하에 있는 것은 분명한 사실이다. 유럽화로 인해 독일 공법학이 제2의 국면에 처해 있을 정도로 나날이 변화하는 양상을 보이는 데도 불구하고, 유럽화를 국외적 현상으로 바라보는 것은 지양되어야 한다.

작가 崔仁勳의 「원시인이 되기 위한 문명한 의식」에서의 지적: "외국

---

1) ders., Die Europäisierung des Verwaltungsverfahrensrecht, in: FG 50 Jahre BVerwG, S.487(488).

2) 좋은 예로, 수익적 행정행위의 거부에 대해서, 독일 통설은 그들 판례와는 달리 청문의무를 주장한다.

문화는 어떤 것이든지 받아들여도 좋다. 다만 原物形으로 받아들일 것이 아니라, 그것을 요소로 분해해서 구조식을 알아내고, 다음에는 소재는 국산자재든 수입자재든 간에 완제품을 국내생산을 하여 저렴한 가격으로 (즉 정신적 낭비-외국숭배 · 물신숭배를 줄이고) 지식시장에 내놓는 일이 바른 태도일 것이다."를 상기할 때, 유럽화와 관련한 행정법적 제 논의를 하루바삐 우리의 학문적 자산 및 제도개혁의 착안점으로 승화시켜야 한다.

본문인용규정

■ EU(창설)조약

제2조 [연합의 가치] 인간존엄성의 존중, 자유, 민주주의, 평등, 법치국가적 상태(Rechtsstaatlichkeit), −소수에 속하는 사람의 권리를 포함한− 인권의 보장이 연합이 성립하는 데 토대가 된 가치이다. 이들 가치는 모든 회원국에 대해 −다원주의, 비차별, 관용, 정의, 연대성, 남녀평등을 특징으로 하는− 사회에서 공통된다.

제4조 [연합의 관할, 국가적 정체성, 충성스런 공동협력] ① 조약상으로 연합에 이전되지 않은 권한은 제5항에 따라 회원국에 남는다. ② 연합은 조약 앞에서 회원국의 평등 및 −지역과 지역의 자치를 포함한 기본적인 정치적, 헌법적 구조에 표현된− 국가적 정체성을 유의한다. 연합은 국가의 기본적인 기능, 영토의 불가침성의 견지, 특히 공공질서와 국가안보의 유지를 유의한다. 특히 국가안보는 개별 회원국의 전속적인 책임에 들어간다. ③ 충실한 협력의 원칙에 의해 연합과 회원국은 조약으로부터 비롯된 임무를 이행하는 데 있어서 상호 존중하고 지원한다. 회원국은 조약이나 연합의 기관의 활동으로부터 비롯된 의무를 이행하는 데 적합한 −일반적이거나 특별한 종류의− 모든 조치를 취한다. 회원국은 연합임무의 이행에서 연합을 지원하고, 연합의 목표의 실현을 위태롭게 할 수 있는 모든 조치를 취하지 않는다.

※ 구 유럽공동체조약(EGV) 제10조 ① 회원국은 동 조약이나 공동체기관의 활동에서 비롯된 의무를 이행하기 위해 적합한 일반적, 특별한 성질의 모든 조치를 발한다. ② 회원국은 공동체기관이 자신의 임무를 이행하는 것을 용이하게 한다. ③ 회원국은 동 조약의 목표의 실현을 저해할 수 있을 모든 조치를 취하지 않는다.

제5조(구 공동체조약 제5조) [제한적 수권의 원칙, 보충성의 원칙과 비례의 원칙] ① 연합의 권한의 경계를 나누기 위해 제한적 수권의 원칙(Grundsatz der begrenzten Einzelermächtigung)이 통용된다. 연합의 권한행사를 위해

보충성의 원칙과 비례의 원칙(die Grundsätze der Subsidiarität und der Verhältnismäßigkeit)이 통용된다. ② 제한적 수권의 원칙에 의하면, 연합은 회원국이 조약에서 조약상의 목표를 실현하기 위해 이전한 권한의 한계 내에서만 활동한다. 조약에서 이전되지 않은 모든 권한은 회원국에 여전히 남아 있다. ③ 보충성의 원칙에 의해, 연합은 그에게 전속적인 관할에 속하지 아니 하는 분야에서는 다음의 경우에만 활동한다: 고려되는 회원국의 조치의 목표가 핵심적인 차원에서는 물론 지역적, 지방적 차원에서 충분하게 실현될 수 없고 오히려 그 범위나 효력으로 인해 연합의 차원에서 더 좋게 실현되어야 할 경우. 연합의 기관은 보충성의 원칙 및 비례성의 원칙의 적용에 관한 프로토콜에 따라 보충성의 원칙을 적용한다. 국내 의회는 프로토콜에 규정된 절차에 따른 보충성의 원칙의 준수를 유의한다. ④ 비례성의 원칙에 의해, 연합의 조치는 내용상으로 그리고 형식상으로 연합헌법의 목표의 달성을 위해 필요한 정도를 초과하지 아니 한다. 연합의 기관은 보충성의 원칙 및 비례성의 원칙의 적용에 관한 프로토콜에 따라 비례성의 원칙을 적용한다.

제6조 [기본권헌장과 유럽인권조약] ① 연합은 2000.12.7.의 유럽연합기본권헌장(GrCh)에 규정된 권리, 자유 그리고 원칙을 인정한다; 기본권헌장과 제 조약은 법적으로 동등하다. 조약에서 확정된 연합의 관할(권한)은 기본권헌장 규정에 의해 결코 확대되지 아니 한다. 기본권헌장에 규정된 권리, 자유 그리고 원칙은 －그것의 해석과 적용을 규율하는－ 기본권헌장 제7장의 일반 규정에 맞춰 그리고 기본권헌장에서 적시된 －이들 규정의 연원이 표시된－ 설명서를 적절하게 고려하면서 해석된다. ② 연합은 인권과 기본적 자유를 보호하기 위한 유럽조약(유럽인권조약)에 가입한다. 이 가입이 조약에서 확정된 연합의 관할을 변화시키지는 아니 한다. ③ 인권과 기본적 자유를 보호하기 위한 유럽조약(유럽인권조약)에서 보장되어 있는 것과 회원국의 공동의 헌법전통에서 비롯된 것과 같은 기본권은 일반적 원칙으로 연합법의 일부에 해당한다.

제19조 [연합의 사법부] ① 연합의 사법부는 최고재판소, 유럽1심법원(EuG) 그리고 전문법원을 포함한다. 사법부는 제 조약의 해석과 적용에서 법의 유지를 확고히 한다. 연합법에 의해 파악된 영역에서의 효과적인 권리보호가 보장되도록, 회원국은 필요한 권리구제를 마련한다. ② 최고재판소는 각 회

원국의 법관으로 구성된다. 법관은 법률자문관(Generalanwalt)의 도움을 받는다. 유럽1심법원은 각 회원국의 적어도 일인의 법관으로 구성된다. 최고재판소의 법관과 법률자문관과 유럽1심법원의 법관으로서 - 독립성의 보장을 제공하고, 유럽운영조약 제253조와 제254조의 요건을 충족한- 인격자가 선임되어야 한다. 최고재판소의 법관과 법률자문관과 유럽1심법원의 법관은 회원국의 정부에 의해 상호 합의의 방식으로 6년 임기로 임명된다. 퇴임한 법관과 법률자문관의 재임명은 허용된다. ③ 최고재판소는 조약의 규준에 의하여 다음을 재판한다. a) 회원국, 그 기관, 자연인이나 법인이 제기한 소, b) 예비판정의 방식으로 개별회원국 법원의 신청에 기하여 연합법의 해석이나 기관의 활동의 효력, c) 조약에 규정된 다른 모든 경우.

제51조(구 공동체조약 제311조) [프로토콜, 부록] 제 조약의 프로토콜과 부록은 제 조약의 구성요소이다.

■ 유럽인권조약(EMRK)

제6조 [공평한 절차에 관한 권리] ① 모든 사람은 자신의 민사법적 청구권과 의무와 관련한 분쟁이나 자신에 대한 형사소추에 관해서 독립적이고 공정하며 법률에 의해 성립한 법원에 의해 공평한 절차에서 공개적으로 상당한 기간내에 심리를 받을 권리를 가진다. 판결은 공표되어야 한다; 그러나 비공개가 민주사회에서의 도덕, 공공질서나 안보에 속하는 경우, 청소년의 이익이나 소송당사자의 사적 삶의 보호가 비공개를 요구하는 경우 또는 - 법원이 무조건 필요하다고 여기는 것을 전제로 하여- 특별한 사정하에서 공개심리가 권리구제의 이익을 훼손할 경우소송절차의 전체나 일부에서 언론과 일반공중은 배제될 수 있다. ② 형사소추된 모든 사람은 자신의 유죄가 법률에 의해 증명될 때까지 무죄로 여겨진다. ③ 피고에 해당하는 모든 사람은 적어도 다음의 권리를 가진다: a) 가능한 짧은 기간내에 알아들을 수 있는 언어로 자신에 대한 고소의 종류와 이유에 관한 모든 상세에 관해 통보를 받는 것. b) 자신을 방어하기 위한 충분한 시간과 기회를 가지는 것. c) 자기 스스로 방어하는 것, 선정한 변호인에 의해 보호를 받는 것, 또는 -자력이 부족할 때 권리구제를 위하여 필요한 경우에- 무상으로 변호인의 조력을 받는 것. d) 원고측 증인에 문제를 제기하거나 제기하게 하는 것과 원고측 증인에 통용되는 것과 동일한 조건하에 피고측 증인(면책증인)의

소환과 심문을 성취하는 것. e) 법원의 심리용어를 이해하지 못하거나 말하지 못하는 경우에 통역사에 의한 무상의 도움을 받는 것.

제13조 [효과적인 소원에 관한 권리] 이 조약에서 인정된 권리나 자유를 침해받은 모든 사람은, 그 침해가 직무적 속성에서 활동을 하였던 사람에서 비롯되었다 하더라도, 국가내의 주무관청에 효과적인 소원을 제기할 권리를 가진다.

■ 유럽기본권헌장(GRCh)

제41조 [좋은 행정에 관한 권리] ① 모든 사람은 자신의 용무가 연합의 기관, 기구, 그리고 기타 부처에 의해 공평하고, 적합하게 그리고 상당한 기간 내에 처리되는 데 대한 권리를 갖는다. ② 이상의 권리에는 특히 다음의 권리를 포함한다: a) 자신에 대해 불리한 개별적 조치가 발해지기 전에 청문을 받을 권리, b) 은밀성과 직업・업무상의 비밀의 정당한 이익을 유지하면서 자신과 관련한 문서에 접근할 권리. ③ 모든 사람은 EU이 그 조직과 직원이 직무활동을 하면서 야기한 손해를 −회원국의 법질서에 공통되는− 일반적 법원칙에 따라 배상하는 데 대해 청구권을 갖는다. ④ 모든 사람은 EU의 조직에 대해 조약상의 어느 하나의 언어로 이의를 제기할 수 있으며, 동일한 언어로 대답을 받아야 한다.

제42조 [문서접근권] 연합시민 및 회원국에 거주하는 모든 자연인과 법인은, −문서를 사용한 주체의 형식에 상관 없이− 연합의 기관, 기구 그리고 기타 부처의 문서에 대한 접근권을 가진다.

제47조 [효과적인 권리구제와 불편부당한 법원에 대한 권리] 연합법에 의해 보장된 권리나 자유가 침해된 모든 사람은 동조에서 규정된 조건에 따라 법원에 효과적인 권리구제를 제기할 권리를 가진다. 모든 사람은, 자신의 사건이 독립적이고 불편부당하며, 법률에 의해 사전에 설립된 법원에 의해 공평한 절차에서 공개적으로 그리고 상당한 기간안에서 심리되는 데 대해 권리를 가진다. 모든 사람은 조언을 받을 수 있으며, 방어를 할 수 있고, 대리를 할 수 있다. 사법접근을 효과적으로 보장하는 데 필요하는 한, 충분한 수단을 행사할 수 없는 사람에 대해서는 소송부조(Prozesskostenhilfe)가 승인된다.

제51조 [적용범위] ① 이 헌장은 연합의 기관, 기구 그리고 기타 부처에 대해서는 보충성의 원칙을 견지하면서 통용되고, 회원국에 대해서는 전적으로 연합법을 시행할 때 통용된다. ② 이 헌장은 연합의 관할의 넘어서 연합법의 통용범위를 확장하지 않으며, 연합의 새로운 관할 및 임무를 성립시키지도 않는다. 그리고 조약에서 확정된 관할과 임무를 바꾸지도 않는다.

제52조 [권리와 원칙의 효력범위와 해석] ① 이 헌장에서 인정된 권리와 자유의 행사에 대한 모든 제한은 법률상으로 규정되어 있어야 하며, 이들 권리와 자유의 본질(본지)을 유의하여야 한다. 제한은, 그것이 필요하고 연합에 의해 인정된 공공복리에 이바지하는 목표나 다른 사람의 권리와 자유의 보호의 필요성에 실제로 일치하는 경우에만 비례원칙을 준수하면서 행해질 수 있다. ② 이 헌장에 의해 인정되고, 조약에서 규정된 권리의 행사는 조약에서 확정된 조건과 한계의 테두리안에서 행해진다. ③ 유럽인권조약에 의해 보장된 권리에 일치하는 권리를 이 헌장이 담고 있는 한, 그 권리는 인권조약에서 부여한 것과 동일한 의의와 효력범위를 가진다. ④ 기본권이 회원국의 공통적인 헌법전승에서 생겨나는 것처럼, 이 헌장에서 기본권이 인정되는 한, 그 기본권은 이런 전승과 일치되게 해석된다. ⑤ 제 원칙이 확정된 이 헌장의 규정은 입법의 행위에 의해, 연합의 기관, 기구 및 기타 부처의 시행에 의해 그리고 자국 관할권의 행사에서 연합법을 시행하기 위한 회원국의 행위에 의해 전환될 수 있다. 이 규정은 법원에서 이들 행위의 해석과 그것의 적법성에 관한 재판에서만 동원될 수 있다. ⑥ 이 헌장에 규정되어 있는 것처럼 개별국가의 법규정과 관행(Gepflogenheiten)은 완전한 범위에서 고려되어야 한다. ⑦ 이 헌장의 해석을 위해 작성된 설명서는 연합의 법원과 회원국법원에 의해 적절하게 고려되어야 한다.

■ EU운영조약(AEUV)

제15조 (구 공동체조약 제255조) [문서접근권] ① 책임행정을 증진하고 시민사회의 참여를 공고히 하기 위하여 연합의 기관, 기구 그리고 기타 부처는 공개원칙(Grundsatz der Offenheit)을 널리 준수하면서 활동한다. ② 유럽의회는 공개적으로 개최된다; 이는 EU각료이사회(Rat)가 입법적 행위의 초안에 관해 조언하거나 표결할 경우에도 그러하다. ③ 모든 연합시민 및 회원

국에 주소나 정관상의 주소를 둔 모든 자연인이나 법인은, 형식이나 문서의 주체에 상관없이, 그리고 본항에 의해 확정되어야 할 원칙과 조건의 유보하에, EU의 기관, 기구 그리고 기타 부처의 문서에 대한 접근권을 가진다.

문서접근권의 행사를 위한 일반적 원칙과 —공익과 사익에 기인하여— 통용되는 제한은 유럽의회와 EU각료이사회(Rat)에 의해 정식의 입법절차에 따른 명령을 통해 확정된다.

(EU의) 기관, 기구 그리고 기타 부처는 자신의 활동의 투명성을 보장하고, 직무령(Geschäftsordnung)에서의 이상의 명령에 따라 문서접근권과 관련한 특별규정을 확정한다.

본항은 유럽재판소, 유럽중앙은행, 유럽투자은행에 대해서 이들이 행정임무를 수행하는 경우에만 통용된다.

유럽의회와 EU각료이사회(Rat)는 입법절차와 관련이 있는 문서가 이상의 명령에 의해 일반 공중에 접근가능하도록 배려한다.

第18조(구 공동체조약 제12조) [국적에 의거한 차별] ① 조약의 특별규정에 관계없이 조약의 적용영역에서는 국적을 이유로 한 차별은 금지된다. ② 유럽의회와 EU각료이사회(Rat)는 정식의 입법절차에 따라 그런 차별의 금지를 위한 규율을 발할 수 있다.

第56조(구 공동체조약 제49조) [서비스제공의 자유] ① 다른 회원국에 서비스 수급자로서 거주하는 회원국민을 위하여 유럽연합내의 자유로운 서비스거래를 제한하는 것은 이하 규정에 따라 금지된다. ② 유럽의회와 EU각료이사회(Rat)는 정식입법절차에 따라 이 장이 제3국의 국적을 가지고 연합에 거주하는 서비스제공자에도 적용되도록 결정을 내릴 수 있다.

第67조(구 공동체조약 제61조, 제29조) [자유, 안전 그리고 법의 영역] ① 연합은 자유와 안전과 법의 영역에 해당하는데, 여기서 기본권과 회원국의 다양한 법질서와 법적 전통이 고려된다. ② 연합은 역내국경에서 사람이 통제를 받지 않는 것을 확고히 하고, 망명, 이주 그리고 역외국경에서의 통제의 분야에서 -회원국의 연대에 바탕을 두고서 제3국 국민에 대해 알맞은— 공동의 정책을 전개한다. 이런 명의의 목적을 위하여 국가가 없는 자는 제3국 국민과 동일하게 놓인다. ③ 연합은 범죄, 인종차별주의, 외국인혐오에 대한 방지와 대처를 위한 조치를 통해, 경찰, 형사구제기관 그리고 다른 소관 행정청의 정렬과 협력을 통해, 형사법적 결정의 상호인정을 통해, 필요한 경우에는 형사법규정의 균일화를 통해 고도의 안전을 보장하는 데 영향을 미친다. ④ 연합은 특히 민사사건에서의 司法的 결정과 非司法的 결정의 상호인정의 원칙을 통해 법에 대한 접근을 완화시킨다.

제108조(구 공동체조약 제88조) [보조금감독] ① 집행이사회는 회원국과 협력하여 회원국의 보조금규율을 지속적으로 심사한다. 진전된 발전과 역내시장의 활성화를 요구하는 목적기여적 조치를 제안한다. ③ 보조금의 의도된 도입이나 전환 일체가 집행이사회로 하여금 그에 관해 의견을 표명할 수 있게 집행이사회에 즉시 통보된다. 집행이사회가 그런 계획이 제107조에 따라 역내시장과 불일치하다는 견해를 가지면, 집행이사회는 지체 없이 제2항에 규정된 절차를 개시한다. 관련 회원국은 집행이사회가 완결적 결정을 발하기 전에는 의도한 조치를 시행해서는 아니 된다.

제109조(구 공동체조약 제89조) [시행명령의 발함] EU각료이사회(Rat)는 EU집행이사회의 제안에 의거하여 유럽의회의 청문을 한 다음에 제10조와 제108조를 위한 목적에 이바지하는 일체의 시행명령을 발할 수 있으며, 제108조 제3항의 적용을 위한 조건 및 동 절차가 제외되는 보조금의 종류를 확정할 수 있다.

제131조 [국내법규정의 적응] 모든 회원국은 국내 중앙은행의 정관을 포함하여 자신의 국내 법규정이 조약 및 유럽중앙은행시스템(ESZB)과 유럽중앙은행(EZB)의 정관과 일치하도록 확고히 한다.

제197조 [행정협력] ① -연합의 규정에 맞는 기능을 위해 결정적인- 회원국에 의한 연합법의 효과적인 시행이 공통적 이익의 물음으로 여겨져야 한다. ② 연합은 연합법의 시행을 위한 회원국 행정의 능력을 향상하기 위한 노력에서 회원국을 지원할 수 있다. 이것은 특히 정보와 공무원의 교환을 용이하게 하는 것과 교육·계속교육의 프로그램을 지원하는 것을 포함할 수 있다. 회원국은 이런 지원을 요구할 필요는 없다. 유럽의회와 EU각료이사회(Rat)는 -정식의 입법절차에 따른 명령에 의해 회원국 법규정을 균일화하는 것은 배제하면서- 필요한 조치를 발한다. ③ 동조는 연합법을 시행하도록 회원국에 대해 의무를 과하는 것과는 관련이 없고, 또한 집행이사회의 권능과 의무와도 관련이 없다. 회원국간의, 회원국과 연합간의 행정협

력이 규정되어 있는 기타의 조약규정과도 관련이 없다.

제216조 **[조약체결권]** ① (협정체결이) 조약에 규정되어 있거나 협정체결이 연합의 정책의 범주에서 조약상의 목표의 실현을 위하여 필요한 경우, 연합의 구속적 법적 행위에 규정되어 있는 경우 또는 공동 규정을 훼손하거나 그것의 적용영역을 변경시킬 수 있는 경우에는, 연합은 하나 또는 복수의 제3국이나 하나 또는 복수의 국제기구와 협정을 체결할 수 있다. ② 연합이 체결한 협정은 연합의 기관과 회원국을 구속한다.

제220조(구 공동체조약 제302조부터 제304조) **[국제조직과의 관계]** ① 연합은 유엔의 기관 및 유엔특별기구, 유럽평의회, 유럽안보협력기구(OSZE), 경제개발협력기구(OECD)와 목적에 이바지하는 공동협력을 수행한다. 나아가 연합은 목적에 이바지하는 한, 다른 국제조직과의 관계를 유지한다. ② 외교안보정책을 위한 연합의 고위대표와 집행이사회의 고위대표는 본조를 시행할 책무를 진다.

제228조(구 공동체조약 제195조) **[호민관]** ① 유럽의회에 의해 선출된 EU호민관(Europäischer Bürgerbeauftragter)은 연합의 기관, 기구 그리고 기타 부처의 활동에서(유럽최고재판소의 사법권행사는 예외로 한다) 연합의 모든 시민이나 회원국에 거주하는 모든 자연인·법인이 제기하는 소원을 받아들일 수 있다. 호민관은 위임의 범주에서 −자신에게 직접 제기되거나 유럽의회의 의원을 통해 제기된− 소원으로부터 또는 소원에 의거하여 정당한 조사를 한다; (그러나) 주장된 사안이 재판절차의 대상이거나 대상이었던 경우에는 그러하지 아니 한다. 호민관이 폐해를 확인하면 관련 기관, 기구나 기타 부처에 대해 자신에게 3개월 이내에 그들의 견해표명을 전달할 것을 부여한다. 그 다음 호민관은 유럽의회와 관련 기관, 기구나 기타 부처에 보고서를 제출한다. 소원제기자는 이 조사의 결론에 대해 통지를 받는다. 호민관은 유럽의회에 매년 자신의 조사의 결과에 관한 보고서를 제출한다.

제258조(구 공동체조약 제226조) [조약위반절차; 집행이사회에 의한 신청] ① 집행이사회의 견해에 따라 회원국이 조약으로부터의 의무를 위반하였다면, 집행이사회는 이에 대해 근거를 갖추어서 입장을 표명한다; 먼저 집행이사회는 해당 국가에 의견표명의 기회를 주어야 한다. ② 해당 국가가 집행이사회가 정한 기한 이내에 이러한 입장표명을 하지 않으면, 집행이사회는

EU최고재판소에 제소할 수 있다.

제259조(구 공동체조약 제227조) [조약위반절차; 회원국에 의한 제소] ① 모든 회원국은 다른 회원국이 조약에서 도출되는 의무를 위반하였다는 견해를 가질 때 EU최고재판소에 제소할 수 있다. ② 조약에서 도출되는 의무의 현저한 위반 때문에 다른 국가를 상대로 소송을 제기하기에 앞서, 회원국은 이를 집행이사회에 위임해야 한다. ③ 집행이사회는 근거를 갖추어서 입장을 표명한다: 집행이사회는 참가 국가들에게 대심절차에서 사전에 서면으로 그리고 구두로 의견 표명할 기회를 준다.

제260조(구 공동체조약 제228조) [판결의 효력과 관철: 강제금] ① EU최고재판소가 회원국이 조약상의 의무를 위반하였다고 확인할 경우, 해당 회원국은 EU최고재판소의 판결에서 비롯된 조치를 취해야 한다. ② EU최고재판소의 판결에서 비롯된 조치를 집행이사회의 견해에 맞춰 취하지 않은 경우, 집행이사회는 해당 회원국에 사전에 견해표명의 기회를 준 다음에 EU최고재판소에 대해 소를 제기할 수 있다. 이 경우 집행이사회는 해당 회원국이 지불해야 할 －사정에 비추어 알맞게 여겨지는－ 일괄금액이나 강제금의 최고액을 언급한다. EU최고재판소가 해당 회원국이 자신의 판결을 따르지 않았다고 확인할 경우, EU최고재판소는 EU최고재판소는 일괄금액이나 강제금의 지급을 판결한다. 이 절차는 제259조와는 무관하다. ③ 집행이사회가 해당 회원국이 입법절차에 의거하여 발해진 지침을 전환하기 위한 조치를 통지할 의무를 위반했다는 견해를 가져서 제258조에 따라 EU최고재판소에 제소할 경우, 집행이사회는 해당 회원국이 지불해야 할 －사정에 비추어 알맞게 여겨지는－ 일괄금액이나 강제금의 최고액을 언급한다. EU최고재판소가 위반을 확인한 경우, EU최고재판소는 해당 회원국에 대해 집행이사회가 언급한 금액을 최고액으로 하여 일괄금액이나 강제금의 지급을 판결한다.

제261조(구 공동체조약 제229조) [강제조치에서의 재량심사] 유럽의회와 EU각료이사회(Rat)가 공동체결한 협정에 의거하여 EU각료이사회(Rat)가 발한 명령은 그것에 규정된 강제조치와 관련해서, 무제한적 재량심사와 강제조치의 변경·부과를 위한 권능을 포함한 권한을 EU최고재판소에 대해 이전시킬 수 있다.

제263조(구 공동체조약 제230조) [무효화소송] ① EU최고재판소는 －권고 또는 입장표명에 해당하지 않는 한－ EU각료이사회(Rat)・집행이사회・유럽중앙은행의 입법행위와 행위(작용)의 적법성을 감시한다. EU최고재판소는 제3자에 대한 법효과를 지닌, 유럽의회와 유럽이사회(Europäischer Rat)의 행위(작용)의 적법성을 감시한다. EU최고재판소는 또한 제3자에 대한 법효과를 지닌, EU의 기구나 기타 부처의 작용의 적법성을 심사한다. ② 이런 목적에 대해 EU최고재판소는, 회원국, 유럽의회, EU각료이사회(Rat), 또는 집행이사회가 무권한, 본질적인 절차규정의 위반, 조약이나 시행상 적용 법규범의 위반 또는 재량남용을 이유로 제기하는 소송에 대해 권한을 가진다. ③ EU최고재판소는 동일한 조건하에서 심계원, 유럽중앙은행 그리고 －자신의 권리 유지(보존)를 목표로 하는 －지역의 위원회가 제기하는 소송에 대해 권한을 가진다. ④ 모든 자연인 또는 법인은 제1항과 2항에 따른 조건하에서 자신들을 향하거나 자신들과 직접적 그리고 개별적으로 관련 되는 행위(작용) 및 －그들과 직접적으로 관련 되고 시행조치를 수반하지 않는(시행조치를 필요로 하지 않는)－ 명령적 성질의 법적 행위에 대해 소를 제기할 수 있다. ⑤ EU의 기구나 기타 부처의 설립을 위한 법적 행위에서, 이들 기구나 부처의 －자연인이나 법인에 대해 법효과를 지닌－ 작용(활동)에 대해 그 자연인이나 법인이 소를 제기하기 위한 특별한 조건이나 상세가 규정될 수 있다. ⑥ 본조에 규정된 소송은 2개월 이내에 제기되어야 한다. 이 기간은 사정에 따라, 관련 작용의 통지시점, 원고에 대한 통보시점 또는 －이것이 없을 때는－ 원고가 이런 행위(작용)를 알게 된 시점에 진행한다.

제264조(구 공동체조약 제231조) [무효화소송; 판결의 효력] ① 소송이 이유가 있으면, EU최고재판소는 쟁송제기된 행위(작용)가 무효라고 판시한다. ② 행위(작용)를 무효(nichtig)라고 판시할 때, EU최고재판소는 필요하다고 여기면 계속 통용되는 것으로 간주되어 할 효력을 나타낸다.

제265조(구 공동체조약 제232조) [부작위위법확인소송] ① 유럽의회, 유럽이사회, EU각료이사회, 집행위위원회나 유럽중앙은행이 조약에 위반하여 결정을 내리는 것을 부작위하는 경우, 회원국이나 EU의 다른 기관은 EU최고재판소에 이런 조약위반의 위법을 확인하는 소를 제기할 수 있다. 동조는 (직

무를) 해태하는 EU의 기구나 기타 부처에 대해서 준용된다. ② 이 소송은 문제되는 기관, 기구나 기타 부처가 그 이전에 행위를 하도록 요구를 받은 경우에만 허용된다. 이들이 이런 요구를 받은 후 2개월 이내에 견해를 나타내지 않으면, 소송은 그로부터 2개월 이내에는 제기될 수 있다. ③ 모든 자연인이나 법인은 제1항과 제2항에 의해 EU최고재판소에 EU의 기관, 기구나 기타 부처가 권고나 견해표명과는 다른 행위를 자신에 대해 하는 것을 부작위한다고 소원을 청구할 수 있다.

제266조(구 공동체조약 제233조) [판결로부터의 의무] ① 무효로 판시된 행위가 부담이 되거나(무효로 판시된 행위를 하거나) 자신의 불행위(부작위)가 조약위반으로 판시된 조직, 기관 또는 그 밖의 부처는 EU최고재판소의 판결에서 도출되는 조치를 취해야 한다. ② 이러한 의무는 －제340조 제2항의 적용에서 도출되는－ 의무와 상관없이 이루어진다.

제267조(구 공동체조약 제234조) [예비판정절차] EU최고재판소는 예비판정절차의 방법으로 다음에 관해서 판결을 내린다: a) 조약의 해석, b) 연합의 기관, 기구 또는 그 밖의 부처의 행위의 유효성과 해석. 동일한 물음이 회원국 법원에 제기되고 동 법원이 자신의 판결을 면하기 위해 그에 관한 판결이 필요하다고 여길 경우, 동 법원은 이런 물음을 EU최고재판소에 대해 제청할 수 있다. －판결에 대해 내국법의 법적 수단에 의해 더 이상 다툴 수 없는－ 개별국의 법원에서의 계류된 절차에서 이런 물음이 제기될 경우, 동 법원은 EU최고재판소에 대해 소를 제기하여야 한다. 구금된 자와 관련해서 개별국의 법원에서의 계류된 절차에서 이런 물음이 제기될 경우, EU최고재판소는 가장 이른 시간에 판결을 내린다.

제272조(구 공동체조약 제238조) [중재조항에 의거한 관할] EU최고재판소는 연합이 체결하거나 연합의 계산으로 체결된 공법계약이나 사법계약에 담겨진 중재조항에 의한 재판에 대해 관할권이 있다.

제273조(구 공동체조약 제239조) [중재조약에 의거한 관할] EU최고재판소는 －중재조약에 의거하여 동 재판소에 계류하는 한－ 회원국들 간에 조약의 대상과 상관관계가 있는 모든 분쟁에 대해 관할권이 있다.

제274조(구 공동체조약 제240조) [개별국가의 법원의 관할] 조약에 의거하여

EU최고재판소의 관할(권한)이 성립하지 않는 한, 연합이 당사자가 되는 분쟁은 개별국가의 법원의 관할에 속한다.

제276조(구 유럽연합조약 제35조 제5항) [형사법에서의 경찰과 사법의 공조] 자유, 안전 그리고 법의 영역에 관한 제3편 제5장 제4절과 제5절의 규정의 범위에서 자신의 권능을 행사함에 있어서 EU최고재판소는 회원국의 경찰이나 형사소추기관의 조치의 통용이나 비례성의 심사 또는 공공질서와 안보를 유지하기 위한 회원국의 권한의 행사에 관해서는 권한이 없다.

제277조(구 공동체조약 제241조) [부수적 규범통제] −연합의 기관, 기구 또는 그 밖의 부처에 의해 발해진, 일반적으로 통용되는 법적 행위의 적법성에 대해 취소소송이 제기된− 법적 분쟁에서, 모든 사람은 제263조 제6항에서 언급한 기간(무효화소송의 제소기간)의 경과에 상관없이 EU최고재판소에 대해 이런 법적 행위의 적용불가를 제26조 제2항에 언급된 근거에서 주장할 수 있다.

제278조(구 공동체조약 제242조) [부정지효, 연기] EU최고재판소에 대한 소송은 어떠한 정지효도 가지지 않는다. 그러나 EU최고재판소는 계쟁 행위의 집행을 연기(정지)시키는 것이 사정상 필요하다고 볼 경우에는 그렇게 할 수 있다.

제279조(구 공동체조약 제243조) [가명령] EU최고재판소는 계쟁 사건에서 필요한 가명령(임시명령)을 발할 수 있다.

제280조(구 공동체조약 제244조) [판결의 집행가능성] EU최고재판소의 판결은 제299조에 따라 집행가능할 수 있다.

제288조(구 공동체조약 제249조) [연합법의 법적 행위] ① EU의 권한행사를 위해 기관은 명령, 지침, 결정, 권고 그리고 견해표명을 취한다. ② 명령은 일반적으로 통용된다. 그것은 모든 부분에서 구속력이 있으며 직접 모든 회원국에 직접 통용된다. ③ 지침은 그것이 향하는 모든 회원국에 대해 달성할 목표와 관련하여 구속력이 있다. 하지만 형식과 수단의 선택이 (회원국의) 국내 부처에 맡겨진다. ④ 결정은 모든 부분에서 구속력이 있다. 그것이 일정한 수범자를 상대로 하면 이들에 대해서만 구속력이 있다. ⑤ 권고

와 견해표명은 구속력이 없다.

제289조 [입법행위] ① 정식의 입법절차는 집행이사회의 제안으로 유럽의회와 각료이사회가 명령, 지침이나 결정을 함께 채택할 때 존재한다. 이 절차는 제294조에 규정되어 있다. ② 조약에 규정된 일정한 경우, 유럽의회가 각료이사회의 참여하에 또는 각료이사회가 유럽의회의 참여하에 명령, 지침이나 결정을 채택하는 것은 특별한 입법절차로서 행해진다. ③ 입법절차에 따라 채택한 법적 행위는 입법행위에 해당한다. ④ 조약에 규정된 일정한 경우, 입법행위는 회원국이나 유럽의회의 주도에 의거하여, 유럽중앙은행의 권고에 의거하여 또는 EU최고재판소나 유럽투자은행의 신청에 의거하여 발해질 수 있다.

제291조 [연합법의 시행] ① 회원국은 EU의 구속적인 법적 행위를 시행하기 위해 필요한 제 조치를 내국법에 따라 취한다. ② EU의 구속적인 법적 행위를 시행하기 위한 통일적인 조건을 필요로 하면, 시행권능이 이런 법적 행위로써 집행이사회에 대해 또는 상응한 이유있는 특별한 경우와 EU조약 제24조와 제26조에 규정된 경우에는 EU각료이사회(Rat)에 대해 이전된다. ③ 제2항의 목적을 위하여 유럽의회와 EU각료이사회(Rat)는 정식의 입법절차에 의거하여 사전에 일반적인 규칙과 원칙(allgemeine Regeln und Grundsätze)을 명령에 의해 확정하는데, 회원국은 이에 따라 집행이사회에 의한 시행권능의 행사를 심사한다. ④ 시행의 법적 행위의 표제에서는 "시행"을 접두사로 붙인다.

제292조 [권고] EU각료이사회(Rat)는 권고를 발한다. EU각료이사회(Rat)는 집행이사회의 제안에 기하여 조약에 따라 법적 행위를 발하는 모든 경우에 집행이사회의 제안에 기하여 결의한다. EU의 법적 행위를 하는 데 만장일치가 규정되어 있는 영역에서는 EU각료이사회(Rat)는 만장일치로 결의한다. 집행이사회와 -조약에 규정된 일정한 경우에는- EU중앙은행은 권고를 발한다.

제296조(구 공동체조약 제253조) [연합의 법적 행위의 공통된 원칙] ① 발해야 할 법적 행위의 종류가 조약에서 주어지지 않으면, 기관은 현행 절차와 비례원칙을 준수하면서 사안별로 그에 관해 결정을 내린다. ② 법적 행위는 이유가 부기되어야 하고, 조약에 규정된 제안, 제안권, 권고, 신청 또는 견

해표명이 언급되어야 한다. ③ 유럽의회와 EU각료이사회(Rat)가 입법행위의 초안을 다루게 될 경우, 이들은 관련 영역에 통용되는 입법절차에 따라 사전에 규정되지 않은 법적 행위를 받아들이지 않는다.

제297조(구 공동체조약 제254조) [공포와 발효] ① 정식입법절차에 의해 발한 입법행위는 유럽의회의장과 EU각료이사회(Rat)가 서명을 한다. 특별한 입법절차에 의해 발한 입법행위는 그것을 발한 기관의 장이 서명을 한다. 입법행위는 연합의 관보에 공포된다. 입법행위는 그것에 의해 확정된 시점이나 −확정되지 않은 경우에는− 공포이후 20일에 발효한다. ② 명령이나 지침 또는 −불특정한 수범자를 상대로 한− 결정으로 발해진 비입법적 성격의 법적 행위는 그것을 발한 기관의 장이 서명을 한다. −모든 회원국을 상대로 한− 명령, 지침 및 −불특정한 수범자를 상대로 한− 결정은 연합의 관보에 공포된다. 이들은 그것에 의해 확정된 시점이나 −확정되지 않은 경우에는− 공포이후 20일에 발효한다. 다른 지침 및 −특정한 수범자를 상대로 한− 결정은 수범자에 대해 통지되고, 통지됨으로써 발효한다.

제299조(구 공동체조약 제256조) [집행가능한 명의로서의 결정; 강제집행] ① 금전지급의무를 과하는 EU각료이사회, 집행이사회 또는 유럽중앙은행의 법적 행위는 집행가능한 명의에 해당한다: 이런 점은 국가에 대해서는 통용되지 아니 한다. ② 강제집행은 그것이 행해지는 국가의 민사소송법의 규정에 의해 행해진다. 집행명령서는 명의의 진정성에만 미칠 수 있는 심사를 한 다음 국가행정청에 의해 발부되는데, 모든 회원국의 정부는 이런 목적을 위해 그 행정청을 정하고 집행이사회와 EU최고재판소에 대해 그 행정청을 지정한다. ③ 집행을 강구하는 당사자의 신청에 기하여 형식규정이 충족되면, 그 당사자는 관할 부처에 대해 직접 도움을 구하는 식으로 국내법에 따라 강제집행을 할 수 있다. ④ 강제집행은 오로지 EU최고재판소의 판결에 의하여 연기(정지)될 수 있다. 그러나 집행조치가 규정에 합치하는지의 심사에 대해서는 개별국가의 사법기관이 관할한다.

제340조(구 공동체조약 제288조) [연합의 직무배상책임] ① EU의 조약상 책임은 관련 조약에 적용될 수 있는 법에 따라 정해진다. ② 조약외적 책임의 범주에서 EU은 자신의 기관이나 직원이 직무행사에서 발생시킨 손해를 회원국의 법질서에 대해 공통된 일반적 법원칙에 따라 배상한다. ③ 제2항에

서 벗어나서 유럽중앙은행은 자신 또는 자신의 직원이 직무행사에서 발생시킨 손해를 회원국의 법질서에 대해 공통된 일반적 법원칙에 따라 배상한다. ④ EU에 대한 직원의 개인적 책임은 직원의 지위나 직원에 통용되는 직무조건의 규정에 따라 정해진다.

■ 독일 행정절차법

제8조의 a [지원의 원칙] ① 유럽공동체의 법적 행위에 따라 요구되는 경우, 모든 행정청은 유럽연합의 다른 회원국의 행정청에 대해 요청이 있으면 도움을 준다. ② 유럽공동체의 법적 행위에 따라 허용되는 경우, 유럽연합의 다른 회원국의 행정청에 대해 도움을 요청할 수 있다. 유럽공동체의 법적 행위에 따라 요구되는 경우, 도움을 요청해야 한다. ③ 유럽공동체의 법적 행위에 배치되지 않는 한, 제5조, 제7조 그리고 제8조 제2항의 규정은 준용되어야 한다.

제13조 [참여자] ① 다음의 각호에 어느 하나에 해당하는 자가 참여자이다. 1. 신청인과 피신청인, 2. 행정청이 발하고자 하거나 발한 행정행위의 수범자(상대방), 3. 행정청이 체결하고자 하거나 체결한 공법상 계약의 상대방, 4. 제2항에 따라 행정청에 의해 절차에 참여하게 된 자. ② 행정청은 절차의 결과로 말미암아 자신의 법적 이익이 관련이 있을 수 있는 자를 직권으로 또는 신청에 의거하여 참여자로 참여시킬 수 있다. 절차의 결과가 제3자에게 권리형성적 효과를 가질 경우에는 이 제3자는 신청에 의하여 참여자로서 당해 절차에 참여하게 되어야 한다; 행정청이 이런 제3자를 안 경우에는 행정청은 그에게 절차개시를 통지하여야 한다. ③ 제1항의 요건이 존재하지 않음에도 청문의 대상이 되는 자는 그로써 참여자가 되지는 않는다.

제24조 [직권조사원칙] ① 행정청은 직권으로 사안(사실관계)를 조사한다. 행정청은 조사의 방법 및 범위를 결정한다 ; 참여자가 제출한 것과 증거를 신청한 것에 구속되지 아니한다. ② 행정청은 －참여자에게 유리한 상황을 포함하여－ 개별경우를 위하여 중요한 모든 사정을 고려해야 한다. ③ 행정청은 의사표사나 신청의 －자신의 소관에 해당하는－ 수령을 그 의사표시나 신청이 본질적으로(실체적으로) 허용되지 아니하거나 정당하지 않다는 이유로 수령하는 것을 거부해서는 아니 된다.

제28조 [참여자의 청문] ①참여자의 권리를 개입(제약)하는 행정행위가 발동되기에 앞서서, 결정에 중요한 영향을 미치는 사실에 관하여 의견을 표시할 수 있는 기회가 참여자에게 부여되어야 한다. ② 개개의 사정에 따라 필요하지 아니한 경우 특히, 다음의 경우에는 의견청취를 아니할 수 있다. 1. 즉시결정이 목전의 위험으로 또는 공익을 위하여 꼭 필요하다고(불가피하다고) 여겨지는 경우, 2. 의견청취로 인해 결정에 중요한 기간의 준수가 의문시 될 경우, 3. 참여자가 신청 또는 의사표시에서 행한 사실적 기재사항으로부터 참여자에게 불리하도록 벗어나서는 아니 될 경우, 4. 행정청이 일반처분이나 다수인에 대한 동종의 행정행위 또는 자동장치를 이용한 행정행위를 발하고자 하는 경우, 5. 행정강제의 조치를 발해져야 할 경우. ③ 강한 공익과 배치되는 때에는(ihr ein zwingendes öffentliches Intresse entgegensteht) 의견청취를 행하지 아니한다.

제29조 [참여자에 의한 문건열람] ① 행정청은 문건을 아는 것이 참여자의 법적 이익을 주장하거나 방어하기 위하여 필요한 경우에는 참여자에게 절차와 관련한 문건의 열람을 허용하여야 한다. 제1문의 규정은 행정절차의 종결시까지 적용되나, 결정의 초안이나 결정초안의 직접적 준비를 위한 서면에 대하여는 그러하지 아니하다. 제17조와 제18조의 규정에 따라 대리가 행해질 경우에는 대리인만이 문건열람청구권을 가진다. ② 문건열람의 허용으로 인해 행정청임무의 규정에 맞는 이행이 저해될 경우, 문건내용이 알려지면 연방과 주의 공개가 연방이나 주의 공공복리에 불이익을 야기할 경우, 법률에 따라 혹은 그 본질에 비추어 즉, 참여자나 제3자의 정당한 이익 때문에 경과가 비밀유지되어야 할 경우에는, 행정청은 문건열람의 의무를 지지 않는다. ③ 문건열람은 당해 문건을 관리하는 행정청에서 행해진다. 개개의 경우에 다른 행정청이나 외국에 있는 독일연방공화국의 외교대표부나 영사대표부에서도 열람이 행해질 수 있다; 문건관리 행정청은 다른 예외를 허용할 수 있다.

제39조 [행정행위의 이유제시] ① 문서에 의한 행정행위, 전자적 행정행위 및 서면이나 전자적으로 확인된 행정행위는 그 이유가 부기되어야 한다. 이유제시를 함에 있어서 행정청이 결정을 내린 중요한 사실적, 법률적 근거가 이유가 통지되어야 한다. 재량결정의 이유제시는 행정청이 재량권을 행사할

때 출발점으로 삼은 관점 역시 인식할 수 있게 하여야 한다. ② 다음 각호의 어느 하나에 해당하는 경우에는 이유제시를 필요로 하지 아니한다: 1. 행정청이 신청을 인용하거나 의사표시를 따른 경우나 행정행위가 타인의 권리를 개입하지 아니한 경우, 2. 행정행위에서 규정되거나 관련을 갖게 된 자가 사실상태와 법상태에 관한 행정청의 견해를 이미 알고 있거나 이유제시가 없더라도 곧바로 알 수 있을 경우, 3. 행정청이 일반처분이나 다수인에 대한 동종의 행정행위 또는 자동장치를 이용한 행정행위를 발하고, 개별경우의 사정에 비추어 이유제시가 필요하지 않은 경우, 4. 법규상 이유제시의 불필요가 규정에서 비롯된 경우, 5. 일반처분이 공고된 경우.

第44조 [행정행위의 무효] ① 행정행위가 특별히 중대한 하자가 있고, 또한 그 하자가 관련한 제반사정으로 판단하여 명백한 경우에는 무효이다. ② 다음 각호의 어느 하나에 해당하는 행정행위는 제1항의 조건의 존재여부를 불문하고 무효로 한다: 1. 문서로 한 처분으로서 처분청을 알 수 없을 때, 2. 법규상 일정한 증서의 교부(수여)를 통하여만 발하여질 수 있는 행위인데, 그 형식이 충족되지 못한 때, 3. 행정청이 제3조 제1항 제1호의 규정에 의한 관할범위 밖에서 아무런 수권을 받지 아니하고 행한 행정행위, 4. 사실상의 이유로 누구라도 행할 수 없는 행정행위, 5. 형벌 또는 과태료의 구성요건을 실현하는 것을 요구하는 행정행위, 6. 미풍양속에 어긋나는 행정행위. ③ 행정행위는 다음 각호 만을 이유로는 무효로 되지 아니한다: 1. 토지관할권에 관한 규정을 준수하지 아니한 경우, 단 제2항 제3호의 경우를 제외한다. 2. 제20조 제1항 제1문 제2호 내지 제6호에 의하여 제척되는 자를 참여시킨 경우. 3. 법규에 의하여 협력이 요구되는 위원회가 행정행위의 발동을 위하여 규정된 의결을 하지 아니하였거나 의결능력을 가지지 못한 경우. 4. 법규에 의하여 요구되는 다른 행정청의 협력이 이루어지지 아니한 경우. ④ 행정행위의 일부만이 무효인 경우, 무효인 부분이 없었던들 행정청이 그 행정행위를 하지 아니하였을 만큼 무효인 부분이 본질적인 때에는. 행정행위의 전부가 무효이다. ⑤ 행정청은 언제든지 직권으로 무효를 선언할 수 있다, 신청인이 이에 관하여 정당한 이익을 가지는 경우에 신청이 있으면 그 무효를 선언하여야 한다.

第45조 [하자의 치유] ① 절차 또는 형식법규의 위반은, 그 위반사항이 제44조의 규정에 따라 행정행위를 무효로 만드는 경우를 제외하고는, 다음 각호의 어느 하나에 해당될 때 이를 문제로 삼지 아니한다: 1. 행정행위의 발동에 필요한 신청을 사후에 제출한 경우, 2. 요구되는 근거제시가 사후에 이루어진 경우, 3. 요구되는 참여자의 의견청취가 사후에 보완된 경우, 4. 행정행위의 발동을 위하여 참여하여야 할 위원회의 의결를 사후에 행한 경우, 5. 필요로 하는 다른 행정청의 협력이 사후에 보완된 경우. ② 제1항에 따른 행위는 행정소송절차의 종결시점까지 추후에 보완될 수 있다. ③행정행위에 요구되는 이유의 제시가 이루어지지 아니하였거나 행정행위의 발령전에 요구되는 참여자의 의견청취가 이루어지지 아니하였고 이로 인하여 행정행위의 취소청구를 제시간 내에 할 수 없었던 경우에는, 법적구조기간 지체의 책임이 없다. 제32조제2항에 따른 절차의 재개기간에 표준이 되는 사항은 흠결된 절차적 행위가 보완된 시점에 발생한다.

제46조 [절차 및 형식상의 하자의 효과] 제44조의 규정에 의하여 무효로 되지 아니하는 행정행위는, 위법사실이 결정에 실체적으로 영향을 미치지 아니하였는 점이 명백하면, 절차나 형식 또는 토지관할권에 관한 규정을 위반하여 성립되었다는 이유만으로 그것의 폐지를 요구할 수 없다.

제48조 [위법한 행정행위의 취소] ① 위법한 행정행위는 불가쟁력이 발생했더라도, 장래효적으로 또는 소급효적으로 전부 또는 일부를 취소될 수 있다. 권리 또는 중요한 법률상의 이익을 성립시키거나 확인한 행정행위는 제2항부터 제4항의 제한에서만 취소될 수 있다. ② 1회 또는 계속적인 금전급부 또는 분할가능한 물적 급부를 제공하거나 또는 그것를 위한 요건이 되는 위법한 행정행위의 경우, 수익자가 행정행위의 존속을 신뢰하고 있고, 그의 이런 신뢰가 취소의 공익과 형량하여 보호가치가 있다고 인정되는 때에는, 취소해서는 아니 된다. 원칙적으로 신뢰는 다음의 경우에는 보호 가치가 있다. 즉, 수익자가 지급받은 급부를 사용했거나 수익자가 더 이상 되돌릴 수 없는 재산처분을 하였거나 또는 되돌리면 도저히 수인불가능한 불이익이 발생할 재산처분을 했을 경우가 그러하다. 수익자는 다음 각호의 어느 하나에 해당하는 경우에는 신뢰를 주장할 수 없다: 1. 악의적인 의한 사기 또는 강박이나 뇌물에 의하여 행정행위를 하게끔 한 경우, 2. 중요한 관계상으로 부정 또는 부실한 기재를 함으로써 행정행위를 하게끔 한 경우, 3. 행정행위의 위법성을 인식하였거나 중대한 과실로 인하여 그 위법성을 인식할 수 없었던 경우. 제3문의 각호에 해당하는 경우 행정행위는 원칙적으로 과거에

소급하여 취소된다. ③ 제2항에 해당하지 않는 위법한 행정행위가 취소될 경우, 당사자가 행정행위의 존속을 신뢰하였고, 그 신뢰가 공익과 비교할 때 보호가치가 있으면, 당해 행정청은 신청에 따라 그 재산상의 불이익을 보전하여야 한다. (이 경우) 제2항 제3문은 적용되어야 한다. 재산상의 불이익은 당사자가 행정행위의 존속으로 받게 되는 이익에 상당하는 금액을 초과하여 지급될 수 없다. 보전되어야 할 재산의 불이익은 행정청에 의하여 확정된다. 청구권은 1년내에만 주장할 수 있다; 기간은 당해 행정청이 당사자에게 이에 관하여 고지한 때로부터 진행된다. ④ 행정청이 위법한 행정행위의 취소를 정당화하는 사실을 알게 된 경우, 그 취소는 알게 된 때로부터 1년 이내에만 허용된다. 제2항 제3문 제1호에 해당하는 경우에는 그러하지 아니한다. ⑤행정행위의 불가쟁력이 발생한 이후에는 제3조의 규정에 의한 관할행정청이 취소에 관해 결정을 내린다; 취소되어야 할 행정행위가 다른 행정청에 의하여 발해진 경우에도 또한 그러하다.

제49a조 [변상, 이자의 부과] ① 행정행위가 소급적으로 취소되거나 철회되거나 해제조건의 성취로 효력이 없게 된 경우, 이미 제공된 급부는 변상되어야 한다. 변상되어야 하는 급부는 서면의 행정행위에 의해 확정되어야 한다. ② 이자를 제외한 변상의 범위에 대하여는 부당이득반환에 관한 민법전의 규정이 준용된다. 수익을 받은 자가 행정행위의 취소, 철회 또는 실효를 초래하였던 사정을 알았거나 중대한 과실로 알 수 없었던 경우에는, 그는 부당이득의 소멸을 주장할 수 없다. ③ 변상금액은 행정행위의 실효가 발생한 시점부터 기준금리(Basiszinssatz)에 연리 100분의 5의 이자를 부과되어야 한다. 수익을 받은 자가 행정행위의 취소, 철회 또는 실효를 초래하였던 사정에 책임을 질 필요가 없고, 변상금액을 행정청이 확정한 기간 내에 납부한 경우에는, 이자부과가 면해질 수 있다. ④ 급부가 지불 즉시 지정목적에 사용되지 아니한 경우에는, 비록 다른 수단이 비례적으로나 우월적으로 취해져야 하더라도, 목적에 부합하게 사용하는 시점까지의 기간에 대해 제3항 제1문에 따른 이자가 요구될 수 있다. 제49조 제3항 제1문 제1호는 무관하다.

제51조 [절차의 재개] ①행정청은 다음 각호의 어느 하나에 해당하는 경우 이해관계인의 신청에 따라 불가쟁력이 발생한 행정행위의 취소 또는 변경에 관하여 결정을 내려야 한다: 1. 행정행위의 근거가 되는 사실상황 또는 법

상황이 사후에 이해관계인에게 유리하도록 바뀐 경우, 2. 관련인에게 유리한 결정을 가져다줄 수 있는 새로운 증거가 존재하는 경우, 3. 민사소송법 제508조에 준하는 재심의 사유가 발생한 경우. ② 신청은 이해관계인이 절차재개사유를, 종전의 절차에서 특히 법적 구제절차에 의해 중대한 과실없이 주장할 수 없었던 경우에 한하여 허용된다. ③ 신청은 3월내에 제기하여야 한다. 이 기간은 관련인이 절차재개사유를 안 날로부터 개시한다. ④ 제3조의 규정에 의한 관할행정청이 신청에 관해 결정을 내린다; 폐지 또는 변경이 요구된 행정행위가 다른 행정청에 의하여 발하여진 경우에도 역시 그러하다. ⑤ 제48조제1항 제1호와 제49조제1항의 규정은 관계가 없다.

제54조 [공법상 계약의 허용성] 공법역역에 있어서의 법률관계는, 법규에 위반되지 아니하는 한, 계약에 의하여 성립, 변경 또는 취소될 수 있다 (공법상 계약). 특히 행정청은, 행정행위를 발하는 것에 갈음하여 -행정행위를 발했을 때의- 수범자와 공법상의 계약을 체결할 수 있다.

■ 독일 행정법원법

제40조 [행정구제방도의 허용성] ① 분쟁이 연방법률에 의해 명시적으로 다른 법원의 관할에 속하지 않는 한, 비헌법적 성격을 지닌 모든 공법상의 분쟁에서 행정구제방도가 주어진다. 州법의 영역에 있어서의 공법상의 분쟁은 州법률에 의해서도 다른 법원의 관할에 속할 수 있다. ② 공공복리를 위한 희생보상 및 공법상의 임치로 인한 재산권적 청구권, -공법상 계약에 기초하지 않은- 공법상의 의무위반으로 인한 손해배상청구권에 대하여는 통상의 권리구제방도가 주어진다; 기본법 제14조 제1항 제2문의 범주에서의 보전(조절보상)청구권(Ausgleichsanspruch)의 성립과 금액에 관한 분쟁에 대해서는 그러하지 아니 한다. 공무원법상의 특별규정 및 위법한 행정행위의 취소로 인한 재산적 불이익의 보전에 관한 특별규정은 상관이 없다.

제42조 [취소소송 및 의무이행소송] ① 소송을 통해 행정행위의 취소(취소소송) 및 거부되거나 방치된 행정행위의 발급을 명하는 것을 구할 수 있다. ② 법률상 별도의 규정이 없는 한, 원고가 행정행위 또는 행정행위의 거부나 부작위로 인하여 자기의 권리가 침해되었음을 주장하는 경우에 한하여 소를 제기할 수 있다.

제44조의 a [행정관청의 절차행위에 대한 권리구제] 행정청의 절차작용에 대한 권리구제는 실체결정에 대한 허용된 권리구제와 동시적으로만 주장될 수 있다. 다만, 행정청의 절차작용이 집행될 수 있거나 소송참여자이외의 자에 대하여 행해질 수 있는 경우에는 그러하지 아니 한다.

제47조 [규범통제에 있어서 고등행정법원의 관할] ① 고등행정법원은 재판권의 범위 내에서 신청이 있는 경우 다음 각호의 어느 하나에 해당하는 법규범의 유효성(통용력)에 관하여 재판한다: 1. (연방)건설법전의 규정에 의하여 제정된 조례 및 건설법전 제246조 제2항을 근거로 한 법규명령, 2. 州의 법률보다 하위에 속하는 다른 법규정. 다만, 이는 州법이 규정하는 경우에 한한다. ② 법규정 또는 그의 적용에 의하여 자기의 권리가 침해되었거나 가까운 장래에 침해될 것이라고 주장하는 모든 자연인 또는 법인 및 모든 행정관청이 법규정의 공포 후 1년 이내에 규범통제를 신청할 수 있다. 규범통제는 법규정을 제정한 단체, 영조물 또는 재단을 상대방으로 하여 신청한다. 고등행정법원은 법규정으로 관할에 영향을 받는 州와 다른 공법상 법인에게 일정기간 내에 견해표명의 기회를 부여할 수 있다. 제65조 제1항과 제4항과 제66조가 준용되어야 한다. ②a 건설법전 제34조 제4항 제1문 제2호와 제3호 또는 제35조 제6항에 따른 건축상세계획 또는 조례를 대상으로 한 자연인 또는 법인의 신청은, 공람(건설법전 제3조 제2항) 또는 관련 公衆의 참여(건설법전 제13조 제2항 제2호와 제13조a 제2항 제1호)의 범주에서 주장할 수 있었음에도 불구하고 주장하지 아니하였거나 기간 도과하여 주장한 異議만을 신청자가 주장할 때 그리고 참가의 범주에서 이런 법적 결과가 지적된 때에는 허용되지 아니 한다. ③ 법규정이 전적으로 주의 헌법재판소에 의하여 심사된다고 법률에서 규정하고 있는 경우에는, 고등행정법원은 당해 법규정의 州법과의 일치성을 심사할 수가 없다. ④ 법규정의 유효성에 대한 심사절차가 헌법재판소에 계속 중인 경우에는, 고등행정법원은 헌법재판소의 절차가 종료될 때까지 심리의 중지를 명할 수 있다. ⑤ 고등행정법원은 판결로 재판하거나, 또는 변론이 필요하지 않다고 판단하는 경우에는 결정으로 재판한다. 고등행정법원은 해당 법규정이 유효하지 않다(통용력이 없다)고 확신한다면 그 법규정을 무효라고 선언한다; 이 경우 재판은 일반적인 구속력이 있으며, 또한 재판의 주문은 피신청인에 의하여 해당 법규정이 공포되었던 것과 동일한 방법으로 공고되어야 한다. 재판의 효

력에 대하여는 제183조가 준용되어야 한다. ⑥ 법원은 중대한 손해를 피하기 위하여 또는 다른 중대한 사유에 의거하여 긴급히 필요한 경우에는 신청에 의하여 假명령(einstweilige Anordnung)을 발할 수 있다.

제58조 [불복고지] ① 소송(Rechtsmittel)이나 그 밖의 권리구제를 위한 기간은 소송참여자가 권리구제, 권리구제를 제기하여야 할 행정관청이나 법원, 그 소재지 및 준수기간에 관해서 서면이나 전자적으로 고지를 받은 경우에만 진행한다. ② 불고지나 오고지가 있으면, 송달, 개봉 또는 고지 이후 1년 이내에만 권리구제를 제기할 수 있다; 불가항력으로 인하여 1년 기간의 경과 전에 권리구제를 제기할 수 없었거나 또는 권리구제가 주어지지 않는 식으로 서면적 고지나 전자적 고지가 행해진 경우에는 그러하지 아니하다. 불가항력의 경우에는 제60조 제2항이 준용된다.

제80조 [집행정지효] ① 행정심판청구 및 취소소송은 집행정지효를 갖는다. 이는 형성적·확인적 행정행위 및 복효적 행정행위(제80a조)의 경우에도 마찬가지이다. ② 집행정지효는 다음 각호의 어느 하나에 해당하는 경우에만 고려되지 않는다: 1. 공과금과 공적 비용의 요구의 경우, 2. 경찰집행관의 유예할 수 없는 하명과 조치의 경우, 3. 연방법률에 의해 또는 州법상으로는 州법률에 의해 규정된, 그 밖의 경우, 특히 투자나 일자리의 제공과 관련한 행정행위에 대한 제3자의 행정심판청구와 소송의 경우, 4. 공익 또는 관계인의 중요한 이익을 위하여 −행정행위를 하였거나 또는 행정심판청구에 대하여 결정해야 하는− 행정청에 의해 즉시 집행이 특별히 하명된 경우. 州가 연방법에 따라 행정집행을 하면서 발한 조치에 대해 정지효(의 인정)가 반하는 경우에는, 州는 법률상의 구제(쟁송제기)가 집행정지효를 발생시키지 않다고도 규정할 수 있다. ③ 제2항 제4호의 경우에 행정행위의 즉시집행의 특별한 이익에 대해서는 서면으로 이유를 제시하여야 한다. 목전의 위험의 경우, 특히 생명·건강 또는 재산에 대한 절박한 불이익의 경우에 행정청이 공익을 위하여 그 자체로 표현된 긴급조치를 예방적으로 발한 때에는 특별한 이유제시가 필요하지 않다. ③ 제2항 제4호의 경우에 행정행위의 즉시집행의 특별한 이익에 대해서는 서면으로 이유를 제시하여야 한다. 목전의 위험의 경우, 특히 생명·건강 또는 재산에 대한 절박한 불이익의 경우에 행정청이 공익을 위하여 그 자체로 표현된 긴급조치를 예방적으로 발한 때에는 특별한 이유제시가 필요하지 않다. ④ 제2항의 경우

에 연방법률에 달리 규정하고 있지 않는 한, 행정행위를 발했거나 행정심판에 대 결정해야 하는 행정청은 (행정행위의) 집행을 정지할 수 있다. 공과금 및 공적 비용의 요청의 경우에도 행정청은 담보를 받고 집행을 정지할 수 있다. 공과금 및 공적 비용의 경우에, 계쟁 행정행위의 적법성에 대한 현저한 의심이 있거나, 그 집행이 공과금·비용의 의무자에 대해 우월한 공익에 의하여 요구되지 않는 부당한 곤란함을 초래할 수 있는 때에는 그 집행이 -원칙적으로- 정지되어야 한다. ⑤ 법원은 신청에 의하여 제2항 제1호부터 제3호의 경우에 정지효의 전부 또는 일부를 명할 수 있으며, 제2항 제4호의 경우에는 정지효의 전부 또는 일부를 원상회복시킬 수 있다. 신청은 취소소송을 제기하기 전에도 허용된다. 행정행위가 재판의 시점에 이미 집행된 경우에는 법원은 집행의 폐지를 명할 수 있다. 정지효의 원상회복은 담보제공이나 그 밖의 부담을 조건으로 할 수 있다. 그것은 또한 기한부로도 행해질 수 있다. ⑥ 제2항 제1호의 경우에 제5항에 의한 신청은 행정청이 집행정지신청을 전부 또는 일부 거부한 경우에만 허용된다. 이는 다음 각호의 어느 하나에 해당하는 경우에는 그러하지 아니한다: 1. 행정청이 신청에 대하여 충분한 이유를 통지하지 않고 상당한 기간 내에 본안결정을 내리지 않았거나 또는 2. 집행이 임박한 경우. ⑦ 본안법원은 제5항에 따른 신청에 관한 결정을 언제든지 변경 또는 취소할 수 있다. 모든 소송참여자는 변경된 사정이나 원래의 소송절차에서 과실 없이 주장하지 못한 사정을 이유로 변경이나 폐지를 신청할 수 있다. ⑧ 긴급한 경우에는 재판장이 결정내릴 수 있다.

제113조 [취소소송과 의무이행소송에서의 판결] ① 행정행위가 위법하고 원고가 그로 인해(dadurch) 자기의 권리를 침해받은 경우에, 법원은 행정행위 및 행정심판재결을 취소한다. 행정행위가 이미 집행된 경우, 신청에 의하여 법원은 행정청이 그 집행을 되돌려야 할 것과 그 방법을 선고할 수 있다. 이러한 선고는 행정청이 그렇게 할 수 있고, 또한 이런 물음이 사건성숙성이 있어야만 허용된다. 행정행위가 그 이전에 이미 취소되었거나 또는 다른 방법으로 실효된 경우, 원고가 위법확인에 관한 정당한 이익이 있으면, 신청에 의하여 법원은 판결로써 행정행위가 위법이었다는 점을 선고한다.

제116조 [판결의 선고·송달] ① 판결은 구술변론이 행하여진 때에는 통상적으로 구술변론이 종결된 기일이 선고되며, 특별한 경우에는 원칙적으로 2주

일 이내에 즉시 정해진 기일에 선고된다. 판결은 소송참여자(Beteiligter)에게 송달되어야 한다. ② 선고에 갈음하여 판결의 송달은 허용된다; 이 경우 판결은 구술변론의 종결 후 2주일 이내에 사무처에 송부되어야 한다. ③ 법원이 구술변론 없이 재판하는 경우, 선고는 소송참여자에 대한 송달로 대체된다.

제132조 [상고의 허가] ① 고등행정법원이 상고를 허가한 경우 또는 불허가에 대한 항고에서 연방행정법원이 상고를 허가한 경우, 고등행정법원의 판결(제49조 제1호) 및 제47조 제5항 제1문에 의한 결정에 대하여 소송참여자는 연방행정법원에 대해 상고를 제기할 수 있다. ② 상고는 다음 각호의 어느 하나에 해당하는 경우에만 허용된다: 1. 계쟁사건이 원칙적인 의의를 가질 경우, 2. 판결이 연방행정법원, 연방최고법원의 합의부 또는 연방헌법재판소의 판결에서 벗어나고, 이런 상위함에 바탕을 둔 경우, 3. 절차흠결이 주장되고 그것이 존재하며, 재판이 그 절차흠결에 바탕을 둘 수 있는 경우. ③ 연방행정법원은 상고의 허가에 구속된다.

참고문헌

[국내문헌]

김남진, 행정법의 기본문제, 1994.
김남진/김연태, 행정법Ⅰ, Ⅱ, 2017.
김대순/김민서, EU법론, 2015.
김두수, EU법, 2014.
김동희, 행정법Ⅰ, Ⅱ, 2017.
김상겸외, 유럽연합정부론, 2002.
김성수, 일반행정법, 2014.
김용훈, 유럽연합의 규범통제제도, 2012.
김유환, 현대행정법강의, 2017.
______, 행정법과 규제정책, 2017.
김중권, 행정법, 2016.
______, 行政法基本硏究 Ⅰ, 2008; Ⅱ, 2009; Ⅲ, 2010; Ⅳ, 2013.
______, 유럽화된 독일행정절차법에 관한 연구, 2008.
김철용, 행정법, 2017.
______, 행정절차와 행정소송, 2017.
박균성, 행정법론(상)(하), 2017.
박덕영(외), EU법강의, 2015.
박윤흔, 최신행정법강의(상)(하), 2009.
박정훈, 행정법의 체계와 방법론, 2005; 행정소송의 구조와 기능, 2006.
서정범/박병욱(역), EU경찰법, 2017.
석종현/송동수, 일반행정법(상), 2015.
유지태/박종수, 행정법신론, 2017.
이상규, 신행정법론(상)(하), 1997.
이원우, 경제규제법론, 2012.
이호선, 유럽연합(EU)의 법과 제도, 2006.
정남철, 행정구제의 기본원리, 2015; 현대행정의 작용형식, 2016.
정하중, 행정법개론, 2017.

______, 행정법의 이론과 실제, 2012.
최송화, 공익론, 2013.
함인선(옮김), EU법입문, 2014.
홍정선, 행정법원론(상)(하), 2017.
홍준형, 행정법, 2017.

■ 논문

권순형, 미국 행정소송의 기본이론들과 관련 문제들, 재판자료 제105집(2004. 12.), 371면 이하.
김남진, EU행정법개관, 대한민국학술원통신 제248호(2014.3.1.), 2면 이하.
______, Good Governance: 관념과 상황, 대한민국학술원통신 제294호(2018. 1.1.), 4면 이하.
김중권, 의제적 행정행위에 관한 소고, 법제 제520호(2001.4.), 55면 이하 참조.
______, 행정의 작용형식의 체계에 관한 소고, 공법연구 제30집 제4호(2002. 6.20.), 297면 이하.
______, 독일 행정절차법의 유럽화에 관한 소고, 법조 제626호(2008.11.), 154면 이하.
______, 規範執行에 관한 權利로서의 行政法上의 主觀的 公權論에관한 小考, 공법연구 제40집 제4호(2012.6.20.), 159면 이하.
______, 유럽행정법상 행정소송을 통한 권리보호시스템에 관한 연구", 공법연구 제41집 제1호(2012.10.31.), 311면 이하.
______, 이른바 處分的 行政立法의 問題點에 관한 小考, 공법연구 제42집 제4호(2014.6.20.). 285면 이하.
______, 取消訴訟에서 係爭處分의 違法性의 權利侵害 牽聯性에 관한 小考, 행정판례연구 제20집 제2호(2015.12.31.), 83면 이하.
______, 유럽행정법의 작용형식에 관한 小考, 지방자치와 행정법(홍정선 교수 정년 기념논문집), 2016.2., 624면 이하.
______, 독일 행정소송법에 대한 EU행정법의 영향에 관한 小考, 공법학연구 제17권 제2호(2016.5.31.), 3면 이하.
______, 행정의 국제화에 따른 범국가적 행정작용, 법조 통권 722호(2017.4. 28.), 193면 이하.
______, 집회금지처분에 대한 잠정적 권리구제에 관한 소고, 법조 통권 725호

(2017.10.28.), 541면 이하.

김현준, 환경인권으로서의 환경행정절차 참여권: 오르후스협약 제2기둥의 내용과 시사점, 토지공법연구 제38집(2007.11.), 337면 이하.

문병효, 최근 독일행정법의 변화와 시사점: 유럽화, 민영화, 규제완화를 중심으로, 고려법학 제52호(2008.4.), 213면 이하.

박정원, 유럽연합과 유럽평의회의 관계: 유럽 인권보호의 맥락에서, 한양법학 제31집(2010.8.), 233면 이하.

이지희, 독일 행정절차법 35주년: 유럽지침과의 관계와 법정책학적 시각에서 본 독일행정절차법, 최신외국법제정보 2011년 제4호, 한국법제연구원, 47면 이하.

장경원, 독일 맥주순수령 판결을 통해 본 유럽과 독일의 경제행정법, 행정판례연구 제12집(2007.6.), 304면 이하.

______, EU 행정법상 비례원칙: 그 적용과 기능을 중심으로, 행정법연구 제34호(2012.12.), 27면 이하.

______, EU법상 좋은 행정의 의미, 행정법연구 제25호(2010.12.), 273면 이하; EU 행정법상의 재량에 관한 연구, 행정법연구 제23호(2009.4.), 41면 이하.

______, EU 행정법상 정보공개제도: EU 옴부즈맨의 역할을 중심으로, 행정법연구 제21호(2008.8.), 75면 이하.

______, EU행정법의 작동원리로서 보충성의 원칙, 행정법연구 제17호(2007.5.), 313면 이하.

정남철, EU계획법의 현황 및 법적 쟁점, 토지공법연구 제37집 제1호(2007.8.), 439면 이하.

______, 대체적 분쟁해결수단으로서 행정소송에서의 조정, 안암법학 21호(2005.11.), 60면 이하.

______, EU법에 있어서 재산권보장의 의미와 한계: 유럽연합(EU) 기본권헌장 및 유럽헌법 초안의 해석을 중심으로, 토지공법연구 제43집 제1호(2009.2.), 379면 이하.

정호경/선지원, EU의 보조금 규율 정책, 공법연구 제43집 제2호(2014.10.), 243면 이하.

홍준형, 유럽통합과 독일행정법의 변화, 행정법연구 제12호(2004. 10.), 215면 이하.

[외국문헌]

Abromeit, Der ReNEUAL-Musterentwurf für ein Europäisches Verwaltungsverfahrensrecht, DÖV 2016, 345ff.

Adam, Die Mitteilungen der Kommission: Verwaltungsvorschriften des Europäischen Gemeinschaftsrechts?, 1999, 13ff.

Albers, "Inländerdiskriminierung" am Beispiel des Handwerksrechts, JZ 2008, 708ff.

Arnauld, Theorie und Methode des Grundrechtsschutzes in Europa-am Beispiel des Grundsatzes der Verhältnismäßigkeit, EuR Beih.1/2008, 41ff.

______, Zum Status quo des europäischen Verwaltungsrechts, in: Terhechte(Hrsg.), Verwaltungsrecht der Europäischen Union, 2011, §2.

Axer/Grzeszick/Kahl/Mager/Reimer(Hrsg.), Das Europäische Verwaltungsrecht in der Konsolidierungsphase, DV Beih.10, 2010.

Badura/Scholz(Hrsg.), Wege und Verfahren des Verfassungslebens, FS Lerche zum 65. Geburtstag, 1993.

Bartosch, 5 Jahre Verfahrensverordnung in Beihilfesachen, eine Zwischenbilanz, EuZW 2004, 43ff.

Battis, Verwaltungsrecht als konkretisiertes Gemeinschaftsrecht, DÖV 2001, 988ff.

Bauer, Recht auf eine gute Verwaltung, 2002.

Becker, Der transnationale Verwaltungsakt, DVBl. 2001, 855ff.

Becker-Schwarze/Köck/Kupka/v. Schwanenflügel(Hrsg.), Wandel der Handlungsformen im Öffentlichen Recht, 1991.

Beljin, Die Zusammenhänge zwischen dem Vorrang, den Instituten der innerstaatlichen Beachtlichkeit und der Durchführung des Gemeinschaftsrechts, EuR 2002, 351ff.

______, EG-Recht in der Fallbearbeitung, JuS 2002, 993ff.

Benoît-Rohmer/Klebes, Recht des Europarates, 2006.

Benz, Verwaltungskooperation im Mehrebenensystem der Europäischen Union - Das Beispiel der regionalen Strukturpolitik, in: Schmidt-Aßmann/Hoffmann-Riem(Hrsg.), Strukturen des Europäischen Verwaltungsrechts, 1999, 45ff.

Benz/Dose(Hrsg.), Governance-Regieren in komplexen Regelsystemen, 2.Aufl., 2004.

Bergmann, Handlexikon der Europäischen Union, 2012.

Bergner, Grundrechtschutz durch Verfahren, 1998.

Berkemann, Die unionsrechtliche Umweltverbandsklage des EuGH-Der deutsche Gesetzgeber ist belehrt "so nicht" und in Bedrängnis, DVBl. 2011, 1253ff.

______, Der slowakische Braunbär im deutschen Prozessrecht-Eine Analyse von EuGHE 2011 I-1255, DVBl. 2013, 1137ff.

Boehme-Neßler, Von der Euro-Krise zur globalen Demokratie, ZRP 2012, 237ff.

Bogdandy(Hrsg.), Europäisches Verfassungsrecht, 2003.

Bogdandy/Bast, Die vertikale Kompetenzordnung der Europäischen Union, EuGRZ 2001, 441ff.

Bogdandy/Bast/Arndt, Handlungsformen im Unionsrecht-Empirische Analysen und dogmatische Strukturen in einem vermeintlichen Dschungel, ZaöRV 62(2002), 77ff.

Bogdandy/Dann/Goldmann, Völkerrecht als öffent;ches Recht: Konturen eines rechtlichen Rahmens für Grobal Governance. Der Staat 49(2010), 23ff.

Borries, Verwaltungskompetenzen der Europäischen Gemeinschaft, in: Due/Lutter/Schwarze(Hrsg.), FS Everling I, 1995, 127ff.

Bourquain, Die Förderung guten Verwaltungshandelns durch Kodizes, DVBl. 2008, 1224ff.

Boysen, Transparenz im europäischen Verwaltungsverbund-Das Recht auf Zugang zu Dokumenten der Gemeinschaftsorgane und Mitgliedstaaten in der Rechtsprechung der europäischen Gerichte, DV 42(2009), 215ff.

Britz, Vom Europäischen Verwaltungsverbund zum Regulierungsverbund? -Europäische Verwaltungsentwicklung am Beispiel der Netzzugangsregulierung bei Telekommunikation, Energie und Bahn-, EuR 2006, 46ff.

Buchholtz, Entterritorialisierung des Öffentlichen Rechts Legitimation "anerkennungsbasierter" Transnationalität in der EU, NVwZ 2016, 1353ff.

Buhren, Der gerichtliche Rechtsschutz gegen Verwaltungskate mit drittbelastender Doppelwirkung, 1973.

Bunge, Die Klagemöglichkeiten anerkannter Umweltverbände aufgrund des Umwelt-Rechtsbehelfsgesetzes nach dem Trianel-Urteil des Europäischen Gerichtshofs, NuR 2011, 605ff.

Burgi, Deutsche Verwaltungsgerichte als Gemeinschaftsrechtsgerichte, DVBl. 1995, 772ff.

_____, Verwaltungsprozeß und Europarecht, 1996.

_____, Rechtsregime in: Hoffmann-Riem/Schmidt-Aßmann/Voßkuhle (Hrsg.), Grundlagen des Verwaltungsrechts, Ⅰ, 2012, §18.

Calliess/Ruffert(Hrsg.), EUV/AEUV, 5.Aufl., 2016.

Calliess, Europäischer Binnenmarkt und europäische Demokratie: Von der Dienstleistungsfreiheit zur Dienstleistungsrichtlinie-und wieder Retour?, DVBl. 2007, 336ff.

Classen, Europäisierung der Verwaltungsgerichtsbarkeit, 1996.

_____, Der Einzelne als Instrument zur Durchsetzung des Gemeinschaftsrechts?, VerwArch 88(1997), 645ff.

_____, Das nationale Verwaltungsverfahren im Kraftfeld des Europäischen Gemeinschaftrechts, DV 31(1998), 307ff.

_____, Effektive und kohärente Justizgewährleistung im europäischen Rechtsschutzverbund, JZ 2006, 157ff.

_____, Gute Verwaltung im Recht der Europäischen Union, 2008.

Craig, Administrative Law, 2012.

v. Danwitz, Die Garantie effektiven Rechtsschutzes im Recht der Europäischen Gemeinschaft, NJW 1993, 1108ff.

_____, Verwaltungsrechtliches System und europäische Integration, 1996.

_____, Umweltrechtliche Präklusionsnormen zwischen Verwaltungseffizienz und Rechtsschutzgarantie, UPR 1996, 323ff.

_____, Die Eigenverantwortung der Mitgliedstaaten für die Durchführung von Gemeinschaftsrecht, DVBl. 1998, 421ff.

_____, Verwaltungsrechtsschutz zwischen subjektiver und objektiver

Rechtsgewährleistung, in: Magiera/Sommermann(Hrsg.), Verwaltung in der Europäischen Union, 2001, 121ff.

______, Verfassungsfragen staatlicher Produktempfehlungen, 2003.

______, Aarhus-Konvention: Umweltinformation, Öffentlichkeitsbeteiligung, Zugang zu den Gerichten, NVwZ 2004, 272ff.

______, Europäisches Verwaltungsrecht, 2008.

v. Danwitz(Hrsg.), Auf dem Wege zu einer europäischen Staatlichkeit, 1993.

Dederer, Die Architektonik des europäischen Grundrechtsraums, ZaöRV 2006, 575ff.

Debus/Kruse/Peters/Schröder/Seifert/Sicko/Stirn(Hrsg.), Verwaltungsrechtsraum Europa, 2011.

Di Fabio, System der Handlungsformen und Fehlerfolgenlehre, in: Becker- Schwarze/Köck/Kupka/v. Schwanenflügel(Hrsg.), Wandel der Handlungsformen im Öffentlichen Recht, 1991, 47ff.

______, Risikoentscheidungen im Rechtsstaat, 1994.

______, Nationales Arbeitsrecht im Spannungsfeld von Grundgesetz und Grundrechtecharta, RdA 2012, 262ff.

Dauses(Hrsg.), Handbuch des EU-Wirtschaftsrechts, 2007.

Detterbeck, Haftung der Europäischen Gemeinschaft und gemeinschaftsrechtlicher Staatshaftungsanspruch, AöR 125(2000), 202ff.

Dolde, Verwaltungsvefahren und Deregulierung, NVwZ 2006, 857ff.

Dolzer, Good Governance: Neues transnationales Leitbild der Staatlichkeit?, ZaöRV 2004, 535ff.

Dörr, Europäischer Verwaltungsrechtsschutz, in: Sodan/Ziekow, Verwaltungsgerichtsordnung, 4.Aufl., 2014.

Dörr/Lenz, Europäischer Verwaltungsrechtsschutz, 2006.

Durner/Paus, Erweiterung der Klagerechte von Umweltverbänden, DVBl. 2011, 759ff.

Ehlers, Die Einwirkungen des Rechts der Europäischen Gemeinschaften auf das Verwaltungsrecht, DVBl. 1991, 605ff.

______, Rechtsprobleme der Rückforderung von Subventione, GewArch. 1995, 305ff.

______, Die Europäisierung des Verwaltungsprozessrechts, 1999.

______, Die Europäisierung des Verwaltungsprozessrechts, DVBl. 2004, 1441ff.

Ehlers(Hrsg.), Europäische Grundrechte und Grundfreiheiten, 2003.

Ehlers/Schoch, Rechtsschutz im Öffentlichen Recht, 2009.

Ehlers/Pünder(Hrsg.), Allgemeines Verwaltungsrecht, 15.Aufl., 2015.

Epiney, Gemeinschaftsrecht und Verbandsklage, NVwZ 1999, 485ff.

______, Primär-und Sekundärrechtsschutz im Öffentlichen Recht, VVDStRL 61(2002), 362ff.

Erichsen, Das Recht auf freien Zugang zu Informationen über die Umwelt-Gemeinschaftsrechtliche Vorgaben und nationales Recht, NVwZ 1992, 409ff.

Erichsen/Ehlers(Hrsg.), Allgemeines Verwaltungsrecht, 12.Aufl., 2002.

Fastenrath, Die veränderte Stellung der Verwaltung und ihr Verhältnis zum Bürger unter dem Einfluss des europäischen Gemeinschaftsrecht, DV 31(1998), 277ff.

Fehling, Perspektiven des Öffentlichen Wirtschaftsrechts, JZ 2016, 540ff.

______, Europäisches Verwaltungsverfahren und Verwaltungsprozessrecht, in: Terhechte(Hrsg.), Verwaltungsrecht der Europäischen Union, 2011, §12.

Finkelnburg/Dombert/Külpmann, Vorläufiger Rechtsschutz im Verwaltungsstreitverfahren, 6.Aufl., 2011.

Fischer, Zur Rückforderung von unter Verstoß gegen Art.92, 93 EWGV gewährten nationalen Beihilfen, DVBI. 1990, 1089ff.

Frenz, Verwaltungskooperation mit der Union im Lichte von Art.197 AEUV und des Lissabon-Urteils, DÖV 2010, 66ff.

Frenzel, Herkunft und Entwicklung des rechtstaatlichen Verfahrensgedankens am Beispiel des Enteignungsrechts, Der Staat 18 (1979), 592ff.

Franzius, Warum Governance?, KJ 2009, 25ff.

______, Gewährleistung im Recht, 2009.

Fromont, Die Annäherung der Verwaltungsgerichtsbarkeiten in Europa, in: Schmidt-Aßmann/Sellner/Hirsch/Kemper/Lehmann-Grube (Hrsg.), Festgabe 50 Jahre Bundesverwaltungsgericht, 2003, 93ff.

Frowein(Hrsg.), Die Kontrolldichte bei der richtlichen Überpüfung von

Handlungen der Verwaltung, 1993.
Funke, Umsetzungsrecht, 2010.
Gärditz, Europäisches Verwaltungsprozessrecht, JuS 2009, 385ff.
_____, Europäisches Regulierungsverwaltungsrecht auf Abwegen, AöR 135(2010), 251ff.
Goerlich, Good Governance und Gute Verwaltung, DÖV 2006, 313ff.
Gornig/Trüe, Die Rechtsprechung des EuGH und des EuG zum Europäischen Verwaltungsrecht, JZ 2000, 395ff,
Götz, Europarechtliche Vorgaben für das Verwaltungsprozessrecht, DVBl. 2002, 1ff.
Groß, Exekutive Vollzugsprogrammierung durch tertiäres Gemeinschaftsrechts?, DÖV 2004, S.20ff.
Grabitz, Die Verwaltungsdimension des Lissabon-Vertrags, DÖV 2010, 453ff.
Grabitz/Hilf/Nettesheim(Hrsg.), Das Recht der Europäischen Union, 2015.
Grimm, Verfahrensfehler als Grundrechtsverstöße, NVwZ 1985, 865ff.
Groeben/Schwarze(Hrsg.), EUV/EGV, 6.Aufl., 2003.
Groeben/Schwarze/Hatje(Hrsg.), Europäisches Unionsrecht 7.Aufl., 2015.
Groß, Die administrative Föderalisierung der EG, JZ 1994, 596ff.
_____, Exekutive Vollzugsprogrammierung durch tertiäres Gemeinschaftsrechts?, DÖV 2004, 20ff.
Grünewald, Die Betonung des Verfahrensgedankens im deutschen Verwaltungsrecht durch das Gemeinschaftsrecht, 2010.
Grzeszick, Das Grundrecht auf eine gute Verwaltung-Strukturen und Perspektiven des Charta-Grundrechts auf eine gute Verwaltung, EuR 2006, 161ff.
Guckelberger, Der Europäische Bürgerbeauftragte, 2003.
Gundel, Der Schutz des Wettbewerbers im EU-Beihilfenrecht, WiVerw 2011, 242ff.
Haas, Der Ombudsmann als Institution des Europäischen Verwaltungsrechts, 2012.
Häfner, Aspekte einer Normierung von Public Private Partnerships, LKV 2005, 340ff.
Halfmann, Entwicklungen des Verwaltungsrechtsschutzes in Deutschland,

Frankreich und Europa, VerwArch 91(2000), 74ff.

Happe, Rückforderung von Zuwendungen nach negativer Kommissionsentscheidung im Beihilfeverfahren, NVwZ 1998, 26ff.

Haratsch/Koenig/Pechstein, Europarecht, 10.Aufl., 2016.

Hatje, Die gemeinschaftsrechtliche Steuerung der Wirtschaftsverwaltung, 1998.

Hecker, Grundgesetz und horizontale Öffnungen des Staates, AöR 127 (2002), 291ff.

Hegels, EG-eigenverwaltungsrecht und Gemeinschaftsverwaltungsrecht, 2001. *Herdegen*, Europarecht, 15.Aufl., 2013.

Hermes, Grundrechtliche Wettbewerbsfreiheit - Ein Exempel für die Debatte um den Gewährleistungsgehalt der Grundrechtein, in: Appel/Hermes(Hrsg.), Öffentliches Recht im offenen Staat, FS Wahl zum 70. Geburtstag, 2011, 689ff.

Herrmann/Michl, Wirkungen von EU-Richtlinien, JuS 2009, 1065ff.

Hill/Pitschas(Hrsg.), Europäisches Verwaltungsverfahrensrecht, 2004.

Hill/Schliesky(Hrsg.), Innovationen im und durch Recht, 2010.

Hirsch, Kompetenzverteilung zwischen EuGH und nationaler Gerichtsbarkeit, NVwZ 1998, 907ff.

______, Europarechtliche Perspektiven der Verwaltungsgerichtsbarkeit, VBlBW 2000, 71ff.

Hofmann/Türk, Legal Challenges in EU Administrative Law, 2009.

Hoffmann-Riem/Schmidt-Aßman(Hrsg.), Innovation und Flexibilität des Verwaltungshandelns, 1994.

Hoffmann-Riem/Schmidt-Aßman/Voßkuhle(Hrsg.), Grundlagen des Verwaltungsrechts, 2.Aufl., Ⅰ, 2012; Ⅱ, 2012; Ⅲ, 2013.

Hofmann/Rowe/Türk, Administrative Law and Policy of the European Union, 2011.

Hoppe, Zur innerstaatlichen Wirkung von Beihifentscheidungen gem. Art.93 Ⅱ EWGV, NVwZ 1993, 32ff.

H.P. Ipsen, Europäisches Gemeinschaftsrecht, 1972.

______, Über Supranationalität, in: Ehmke/Kaiser/Kewenig/Meessen/Rüfner (Hrsg.), FS U. Scheuner zum 70. Geburtstag, 1973, 211ff.

J. Ipsen, Allgemeines Verwaltungsrecht, 2005.

Isensee/Kirchhof(Hrsg.), Handbuch des Staatsrechts, Bd. VII, 1992.

Jarass, Grundfragen der innerstaatlichen Bedeutung des EG-Rechts, 1994.

______, Konflikte zwischen EG-Recht und nationalem Recht vor den Gerichten der Mitgliedstaaten, DVBl. 1995, 954ff.

______, Zum Verhältnis von Grundrechtecharta und sonstigem Recht, EuR 2013, 29ff.

Jarass/Beljin, Die Bedeutung von Vorrang und Durchführung des EG-Rechts für die nationale Rechtsetzung und Rechtsanwendung, NVwZ 2004, 1ff.

H. Jellinek, Veröffentlichung von verwaltungsinternen Ermessensrichtlinien, NJW 1981, 2235ff.

______, Die Europaischen Übereinkommen über Amts- und Rechtshilfe, NVwZ 1982, 535ff.

Jestaedt, Das Rückzahlungsrisiko bei 《formell rechtswidrugen》 Beihilfen, EuZW 1993, 49ff.

Junker, Der Verwaltungsakt im Deutschen und Französischen Recht und die Entscheidung im Recht der Europäischen Gemeinschaften, 1990.

Kadelbach, Der Einfluß des EG-Rechts auf das nationale Allgemeine Verwaltungsrecht, in: Danwitz(Hrsg.), Auf dem Wege zu einer europäischen Staatlichkeit, 1993, 131ff.

______, Allgemeines Verwaltungsrecht unter europäischem Einfluss, 1999.

______, Verwaltungskontrollen im Mehrebenen System der Europäischen Gemeinschaft, in: Schmidt-Aßmann/Hoffmann-Riem(Hrsg.), Verwaltungskontrollen, 2001, 205ff.

Kahl, Europäisches und nationales Verwaltungsorganisationsrechts, DV 29(1996), 341ff.

______, Grundrechtschutz durch Verfahren in Deutschland und in der EU, VerwArch 95(2004), 1ff.

______, Die Europäisierung des Verwaltungsrechts als Herausforderung an Systembildung und Kodifi-kationsidee, in: Axer/Grzeszick/Kahl/Mager/Reimer(Hrsg.), Das Europäische Verwaltungsrecht in der Konsolidierungsphase, DV Beih.10(2010), 39ff.

______, 35 Jahre Verwaltungsverfahrensgesetz-35 Jahre Europäisierung des Verwaltungsverfahrensrechts, NVwZ 2011, 449ff.

______, Der Europäische Verwaltungsverbund: Strukturen-Typen-Phänomene, Der Staat 50(2011), 353ff.

______, Lücken und Ineffektivitäten im Europäischen Verfahrensverbund am Beispiel des Rechts auf Anhörung, DVBl. 2012, 602ff.

Kemper, Der transnationale Verwaltungsakt im Kulturgüterschutzrecht, NuR 2012, 751ff.

F. Kirchhof, Deutsches Verfassungsrecht und Europäisches Gemeinschaftsrecht, EuR Beih. 1/1991, 11ff.

______, Kooperation zwischen nationalen und europäischen Gerichten, EuR 2014, 267ff.

Kleesiek, Zur Problematik der unterlassenen Umweltverträglichkeitsprüfung, 2010.

E. Klein, Der Einfluss des Europäischen Gemeinschaftsrechts auf das Verwaltungsrecht der Mitgliedstaaten, Der Staat 33(1994), 39ff.

Klepper, Vollzugskompetenzen der EG aus abgeleitetem Recht, 2001.

Kloepfer/Merten/Papier/Skouris(Hrsg.), Die Bedeutung der Europäischen Gemeinschaften für das deutsche Recht und die deutsche Gerichtsbarkeit, 1989.

Kluth/Rennert(Hrsg.), Entwicklungen im Verwaltungsprozessrecht, 2008.

Knack/Henneke, Verwaltungsverfahrensgesetz, 9.Aufl., 2010.

Knauff, Konstitutionalisierung im inner-und überstaatlichen Recht - Konvergenz oder Divergenz?, ZaöRV 2008, 453ff.

______, Ungeschriebenes Primärrecht, in: Müller-Graff/Schmahl/Skouris (Hrsg.), Europäisches Recht zwischen Bewährung und Wandel, FS Scheuing, 2011, 127ff.

Kobor, Kooperative Amtsermittlung im Verwaltungsrecht, 2009.

Kokott, Nationales Subventionsrecht im Schatten der EG, DVBl. 1993, 1235ff.

______, Der Grundrechtsschutz im europäischen Gemeinschaftsrecht, AöR 121(1996), 600ff.

______, Europäisierung des Verwaltungsprozessrechts, DV 31(1998), 335 ff.

Kopp/Ramsauer, VwVfG, 17.Aufl., 2016.

Krämer, Individualrechtsschutz gegen die Versagung der Vornahme nicht-klägergerichteter Hoheitsakte im System des Gemeinschaftsprozessrechts, EuR 2008, 104ff.

Kremer, Gemeinschaftsrechtliche Grenzen der Rechtskraft, EuR 2007, 470ff.

Kruse, Die Rechtsstellung Dritter im Beihilfekontrollverfahren, EuR 1999, 119ff.

Ladeur, Die Zukunft des Verwaltungsakts, VerwArch 86(1995), 511ff.

______, Konflikt und Kooperation Zwischen dem europäischen Umweltrecht und dem allgemeinen Verwaltungsrecht der Mitgliedstaaten, JbUTR 2001, 221ff.

Ladeur/Möllers, Der europäische Regulierungsverbund der Telekommunikation im deutschen Verwaltungsrecht, DVBl. 2005, 525ff.

Landenburger, Verfahrensfehlerfolgen im deutschen und französischen Verwaltungsrecht, 1999.

Leisner, Nichtigkeit eines Verwaltungsakts (nur) bei Offensichtlichkeit der besonders schweren Fehlerhaftigkeit?-Kritik an der Evidenzlehre zu § 44 Abs. 1 VwVfG, DÖV 2007, 669ff.

Lenaerts/Desomer, Simplification of the Union's Instruments, in: de Witte (Hrsg.), Ten Reflections on the Constitutional Treaty for Europe, 2003, 107ff.

Lenz/Klose, Der menschenrechtliche Anspruch auf mündliche Verhandlung über Normenkontrollanträge, NVwZ 2000, 1004ff.

Lerche/Schmitt Glaeser/Schmidt-Aßmann, Verfahren als Staats- und verwaltungsrechtliche Kategories, 1984.

Lienhard, Der mehrstufige gemeinschaftliche Verwaltungsakt am Beispiel der Freisetzungsrichtlinie, NuR 2002, 13ff.

Lippold, Der Richter auf Probe im Lichte der Europäischen Menschenrechtskonvention, NJW 1991, 2383ff.

Lücke, Begründungszwang und Verfassung, 1987.

Ludwigs, Das veränderte Machtgefüge der Institutionen nach dem Dritten EU-Binnenmarktpaket, DVBl. 2011, 61ff.

Luhmann, Die Weltgesellschaft, Archiv für Rechts-und Sozialphilosophie, 1971, 27ff.

Magiera/Sommermann(Hrsg.), Verwaltung in der Europäischen Union, 2001.

Manthey/Unseld/Arbor, Der Mythos vom contra-legem-Verbot: Vom Umgang des EuGH mit einem Verfassungsprinzip, DÖV 2011, 921ff.

Martínez Soria, Die polizeiliche Zusammenarbeit in Europa und der Rechtsschutz des Bürgers, VerwArch 89(1998), 400ff.

Masing, Die Mobilisierung des Burgers fur die Durchsetzung des Rechts, 1997.

Mayer, Deutsches Verwaltungsrecht, I, 3.Aufl., 1924.

Mayer/Heinig/Lothar(Hrsg.), Verfassung als Ordnungskonzept, VVDStRL 75, 2016.

Maurer/Waldhoff, Allgemeines. Verwaltungsrecht, 19.Aufl., 2017.

Menzel, Internationales Öffentliches Recht, 2011.

Meier, Rechtsfolgen eines Verstoßes gegen Gemeinschaftsrecht durch nationale Gerichte, EuZW 2004, 335ff.

Meng, Exterritoriale Jurisdiktion im öffentlichen Wirtschaftsrecht, 1994.

Meyer-Ladewig/Nettesheim/v. Raumer, Europäische Menschenrechts-konvention, 4.Aufl., 2017.

Michaels, Anerkennungspflichten im Wirtschaftsverwaltungsrecht, 2004.

Mincke, Einführung in das niederländische Recht, 2002.

Mir Puigpelat, Das Verwaltungsverfahren in Spanien: Eine Einführung, DÖV 2006, 841ff.

Möllers, Transnationale Behördenkooperation-Verfassungs-und völkerrechtliche Probleme transnationaler administrativer Standardsetzung, ZaöRV 2005, 351ff.

Müller-Ibold, Die Begründungsplicht im europäischen Gemeinschaftsrecht und im deutschen Recht, 1990.

Müller-Graff/Schmahl/Skouris(Hg.), Europäisches Recht zwischen Bewährung und Wandel, FS Scheuing, 2011.

Nehl, Europäisches Verwaltungsverfahren und Gemeinschaftsverfassung, 2002.

Neßler, Der transnationale Verwaltungsakt-Zur Dogmatik eines neuen

Rechtsinstituts, NVwZ 1995, 863ff.

Nettesheim, Der Grundsatz der einheitlichen Wirsamkeit des Gemeinschaftsrechts, in: Randelzhofer/Scholz/Wilke(Hrsg.), GS für Grabitz, 1995, S.447ff.

______, Normenhierarchien im EU-Recht, EuR 2006, 737ff.

______, Die Zulässigkeit von Verfassungsbeschwerden und Richtervorlagen nach Art. 23 GG, NVwZ 2002, 932ff.

______, Normenhierarchien im EU-Recht, EuR 2006, 737ff.

Neumeyer, Internationales Verwaltungsrecht, Bd.4., 1936.

Niedobitek, Rezension Sinnaeve: Die Rückforderung gemeinschaftsrechtswidriger nationaler Beihilfen, DVBI. 1998, 410ff.

______, Kollision zwischen EG-Recht und nationalem Recht, VerwArch 92(2001), 58ff.

Obwexer, Der Beitritt der EU zur EMRK: Rechtsgrundlagen, Rechtsfragen und Rechtsfolgen, EuR 2012, 115ff.

Ohler, Herrschaft, Legitimation und Recht in der Europäischen Union, AöR 135(2010), 153ff.

______, Europäisches und nationales Verwaltungsrecht, in: Terhechte (Hrsg.), Verwaltungsrecht der Europäischen Union, 2011, §9.

Oppermann/Classen/Nettesheim, Europarecht, 6.Aufl., 2014.

Ossenbühl, Die Handlungsformen der Verwaltung, JuS 1979, 681ff.

______, Eine Fehlerlehre für untergesetzliche Normen, NJW 1986, 2805ff.

______, Maßhalten mit dem Übermaßverbot, in: Badura/Scholz(Hrsg.), Wege und Verfahren des Verfassungslebens, FS Lerche zum 65. Geburtstag, 1993, 151ff.

______, Staatshaftung zwischen Europarecht und nationalem Recht, in: Due/Lutter/Schwarze(Hrsg.), FS Everling I, 1995, 1041ff.

______, Europarechtliche Beihilfenaufsicht und nationales Gesetzgebungsverfahren, DÖV 1998, 811ff.

Ossenbühl/Cornils, Staatshaftungsrecht, 6.Aufl., 2013.

Oexle, Einwirkungen des EG-Vorabentscheidungsverfahrens auf das nationale Verfahrensrecht, NVwZ 2002, 1328ff.

Pache, Rechtsfragen der Aufhebung gemeinschaftsrechtswidriger nationaler Beihilfebescheide, NVwZ 1994, 318ff.

Pache/Burmeister, Gemeinschaftsrecht im verwaltungsgerichtlichen Normenkontrollverfahren, NVwZ 1996, 979ff.

Pache/Rösch, Die neue Grundrechtsordnung der EU nach dem Vertrag von Lissabon, EuR 2009, 769ff.

Papier, Die Einwirkungen des Europäischen Gemeinschaftsrechts auf das nationale Verwaltungs- und Verfahrensrecht, in: Kloepfer/Merten/Papier/Skouris(Hrsg.), Die Bedeutung der Europäischen Gemeinschaften für das deutsche Recht und die deutsche Gerichtsbarkeit, 1989, 51ff.

______, Direkte Wirkung von Richtlinien der EG im Umwelt- und Technikrecht, DVBl. 1993, 809ff.

Papier/Olschewski, Vollziehung ausländischer Verwaltungsakte, DVBl. 1976, 475ff.

Pauly, Grundlagen einer Handlungsformenlehre im Verwaltungsrecht, in: Becker- Schwarze/Köck/Kupka/v. Schwanenflügel(Hrsg.), Wandel der Handlungsformen im Öffentlichen Recht, 1991, 25ff.

Payandeh, Die Nichtigkeit von EG-Richtlinien: Konsequenzen für den mitgliedstaatlichen Umsetzungsakt im Lichte des Demokratie-prinzips, DVBl. 2007, 741ff.

Pechstein, EU-/EG-Prozessrecht, 3.Aufl., 2007.

Pechstein/Kubicki, Gültigkeitskontrolle und Bestandskraft von EG-Rechtsakten, NJW 2005, 1825ff.

Peine, Allgemeines Verwaltungsrecht, 10.Aufl., 2011.

Pernice/Kadelbach, Verfahren und Sanktionen im Wirtschaftsverwal-tungsrecht, DVBl. 1996, 1100ff.

Poelzig, Die Aufhebung rechtskräftiger zivilgerichtlicher Urteile unter dem Einfluss des Europäischen Gemeinschaftsrechts, JZ 2007, 858ff

Potacs, Bestandskraft staatlicher Verwaltungsakte oder Effektivität des Gemeinschaftsrechts?, EuR 2004, 595ff.

Quabeck, Dienende Funktion des Verwaltungsverfahrens und Proze-duralisierung, 2010.

Rabe, Zur Metamorphose des Europäischen Verfassungsvertrags, NJW 2007, 3153ff.

Randelzhofer/Wilke, Die Duldung als Form flexiblen Verwaltungshandlens, 1981, 58ff.

Reich, Brauchen wir eine Diskussion um ein Europäisches Kompetenzgericht?, EuZW 2002, 257ff.

Reicherzer, Die gesetzliche Verankerung von Public-Private-Partnership, DÖV 2005, 603ff.

Rengeling/Middeke/Gellermann(Hrsg.), Handbuch des Rechtsschutzes in der Europäischen Union, 3.Aufl., 2014.

Rennert, Grenznachbarschaftliche Zusammenarbeit, in: Grawert(Hrsg.), Offene Staatlichkeit, FS Böckenförde zum 65. Geburtstag, 1995, 199ff.

Richter, Rückforderung gemeinschaftrechtswidriger Subventionen nach §48 VwVfG, DÖV 1995, 846ff.

Rieckhoff, Vorbehalt des Gesetzes im Europarecht, 2007.

Ritter, Europarechtsneutralität mitgliedstaatlicher Generalklauseln?, NJW 2012, 1549ff.

Röhl, Die anfechtbare Entscheidung nach Art.230 Abs.4 EGV, ZaöRV 69(2000), 331ff.

______, Rechtsschutz gegen EG-Verordnungen, JURA 2003, 830ff.

______, Ausgewählte Verwaltungsverfaren, in: Hoffmann-Riem/Schmidt-Aßman/Voßkuhle(Hrsg.), Grundlagen des Verwaltungsrechts, II, 2012, §30.

______, Verantwortung und Effizienz in der Mehrebenenverwaltung, DVBl. 2006, 1070ff.

Rubel, Die Gewährung von Entscheidungsfreiräumen in der Rechtsprechung des Europäischen Gerichtshofs für Menschenrechte und des Europäischen Gerichtshofs, 2004.

Ruffert, Dogmatik und Praxis des subjektiv-öffentlichen Rechts unter Einfluß des Gemeinschaftsrechts, DVBl. 1998, 69ff.

______, Der transnationale Verwaltungsakt, DV 34(2001), 453ff.

______, Die Globalisierung als Herausforderung an das Öffentliche Recht, 2004.

______, Von der Europäisierung des Verwaltungsrechts zum Europäischen Verwaltungsverbund, DÖV 2007, 761ff.

______, Hat die Europäisierung des Verwaltungsrechts Methode?, in: Axer/Grzeszick/Kahl/Mager/Reimer(Hrsg.), Das Europäische Verwaltungsrecht in der Konsolidierungsphase, DV Beih.10, 2010, 205ff.

______, Die neue Unabhängigkeit: Zm demokratischen Legitimation von Agenturen im europäischen Verwaltungsrecht, in: Müller-Graff/Schmahl/Skouris(Hrsg.), Europäisches Recht zwischen Bewährung und Wandel, FS Scheuing, 2011, 399ff.

Ruthig, Die Konzeption des subjektiven öffentlichen Rechts im Gemeinschaftsrecht, in: Kluth/Rennert(Hrsg.), Entwicklungen im Verwaltungsprozessrecht, 2008, 35ff.

Sachs, Verfahrensfehler im Verwaltungsverfahren, in: Hoffmann-Riem/Schmidt-Aßmann/Voßkuhle(Hrsg.), Grundlagen des Verwaltungsrechts Ⅱ, 2012, §31.

Sachs/Siekmann/Blanke/Dietlein/Nierhaus/Püttner(Hrsg.), Der grundrechtsgeprägte Verfassungsstaat, FS Stern II, 2012.

Sauer, Der Einzelne im europäischen Verwaltungsrecht, 2014.

Schaller, Die Intensivierung des Emopäischen Verwaltungsverbundes in der Regulierung des Telekommunikations-und Energiesektors, in: Müller-Graff/Schmahl/Skouris(Hrsg.), Europäisches Recht zwischen Bewährung und Wandel, FS Scheuing, 2011, 415ff.

Schenke, Von der unmittelbaren Geltung von Richtlinien zur richtlinienkonformen Rechtsfortbildung: Die steuerrechtliche Perspektive, in: Müller-Graff/Schmahl/Skouris(Hrsg.), Europäisches Recht zwischen Bewährung und Wandel, FS Scheuing, 2011, 149ff.

Scheuing, Europarechtliche Impluse für innovative Ansätze im deutschen Verwaltungsrecht, in: Hoffmann-Riem/Schmidt-Aßman(Hrsg.), Innovation und Flexibilität des Verwaltungshandelns, 1994, 289ff.

______, Europäisierung des Verwaltungsrechts, DV 34(2001), 107ff.

Schilling, Deutscher Grundrechtsschutz, 2010.

Shirvani, Haftungsprobleme im Europäischen Verwaltungsverbund, EuR 2011, 619ff.

Schmahl/Köber, Durchbrechung der Rechtskraft nationaler Gerichtsentscheidungen zu Gunsten der Effektivität des Unionsrechts?,

EuZW 2010, 927ff.

Schmidt, Neuere höchstrichterliche Rechtsprechung zum Umweltrecht, JZ 1997, 1042ff.

Schmidt-De Caluwe, Der Verwaltungsakt in der Lehre Otto Mayers, 1999.

Schmidt-Aßmann, Die Lehre von den Rechtsformen des Verwaltungshandelns, DVBl. 1989, 533ff.

______, Verwaltungslegitimation als Rechtsbegriff, AöR 116(1991), S.329ff.

______, Deutsches und Europäisches Verwaltungsrecht, DVBl. 1993, 924ff.

______, Zur Europäisierung des allgemeinen Verwaltungsrechts, in: Badura/Scholz(Hrsg.), Wege und Verfahren des Verfassungslebens, FS Lerche zum 65. Geburtstag 1993, 513ff. ,

______, Verwaltungskooperation und Verwaltungskooperationsrecht in der Europäischen Gemeinschaft, EuR 1996, 270ff.

______, Die Europäisierung des Verwaltungsverfahrens, in: Schmidt-Aßmann/Sellner/Hirsch/Kemper/Lehmann-Grube(Hrsg.), Festgabe 50 Jahre Bundesverwaltungsgericht, 2003, 487ff.

______, Das allgemeine Verwaltungsrecht als Ordnungsidee, 2.Aufl., 2004.

______, Verwaltungsverfahren und Verwaltungskultur, NVwZ 2007, 40ff.

______, Verfassungsprinzipien für den Europäischen Verwaltungsverbund, in: Hoffmann-Riem/Schmidt-Aßmann/Voßkuhle(Hrsg.), Grundlagen des Verwaltungsrechts I, 2012, §5.

______, Der Verfahrensgedanke im deutschen und europäischen Verwaltungsrecht, in: Hoffmann-Riem/Schmidt-Aßman/Voßkuhle(Hrsg.), Grundlagen des Verwaltungsrechts II, 2012, §27.

Schmidt-Aßmann/Hoffmann-Riem(Hrsg.), Verwaltungskontrollen, 2001.

Schmidt-Aßmann/Hoffmann-Riem(Hrsg.), Strukturen des Europäischen Verwaltungsrechts, 1999, 279ff.

Schmidt-Aßmann/Schöndorf-Haubold, Der Europäische Verwaltungsverbund, 2005.

Schmidt-Aßmann/Sellner/Hirsch/Kemper/Lehmann-Grube(Hrsg.), Festgabe 50 Jahre Bundesverwaltungsgericht, 2003.

Schmidt-Preuß, Gegenwart und Zukunft des Verfahrensrechts, NVwZ 2005, 489ff.

Schmidt/Zschiesche/Tryanowski, Die Entwicklung der Verbandsklage im Natur-und Umweltschutzrecht von 2007 bis 2010-Ergebnisse neuer empirischer Untersuchungen, NuR 2012, 77ff.

Schneider/Francisco(Hrsg.), Strukturen des Europäischen Verwaltungsverbunds, DV Beih. 8, 2009.

Schoch, Vorläufiger Rechtsschutz und Risikoverteilung im Verwaltungsrecht, 1988.

______, Der Verwaltungsakt zwischen Stabilität und Flexibilität, in: Hoffmann-Riem/Schmidt-Aßmann(Hrsg.), Innovation und Flexibilität des Verwaltungshandelens, 1994, 199ff.

______, Die Europäisierung des vorläufigen Rechtsschutzes, DVBl. 1997, 289ff.

______, Die europäische Perspektive des Verwaltungsverfahrens-und Verwaltungsprozessrechts, in: Schmidt-Aßmann/Hoffmann-Riem (Hrsg.), Strukturen des Europäischen Verwaltungsrechts, 1999, 279ff.

______, Individualrechtsschutz im deutschen Umweltrecht unter dem Einfluß des Gemeinschaftsrechts, NVwZ 1999, 457ff.

______, Die Europäisierung des verwaltungsgerichtlichen Rechtsschutzes, 2000.

______, Die Verwaltungsgerichtsbarkeit vor den Herausforderungen der jüngeren Rechtsentwicklung, VBlBW 2000, 41ff.

______, Die Europäisierung des Verwaltungsprozessrechts, in: Schmidt-Aßmann/Sellner/Hirsch/Kemper/Lehmann-Grube(Hrsg.), Festgabe 50 Jahre Bundesverwaltungsgericht, 2003, 507ff.

Schoch/Schneider/Bier(Hrsg.), Verwaltungsgerichtsordnung, 2017.

Schöndorf-Haubold, Gemeinsame europäische Verwaltung, in: Schmidt-Aßmann/Schöndorf-Haubold, Der Europäische Verwaltungsverbund, 2005. 25ff.

Scholz, Zum Verhältnis von europäischem Gemeinschaftsrecht und nationalem Verwaltungsverfahrensrecht, DÖV 1998, 261ff.

Schramm, Der europäische Verwaltungsverbund in der Telekommunikationsregulierung(§§10ff. TKG) aus dem Blickwinkel des Rechtsschutzes, DÖV 2010, 387ff.

Schroeder, Rechtsprobleme der Beihilfenkontroll durch die EU-Kommission, ZIP 1996, 2097ff.

_____, Bindungswirkungen von Entscheidungen nach Art. 249 EG, 2006.

_____, Nationale Maßnahmen zur Durchführung von EG-Recht und das Gebot der einheitlichen Wirkung, AöR 129(2004), 3ff.

Schröder, Das Recht auf gute Verwaltung bei mitgliedstaatlicher Durchführung des Unionsrechts, in: Sachs/Siekmann/Blanke/Dietlein/Nierhaus/Püttner(Hrsg.), Der grundrechtsgeprägte Verfassungsstaat, FS Stern II, 2012, 933ff.

Schulze/Zuleeg/Kadelbach(Hrsg.), Europarecht, Handbuch für die deutsche Rechtspraxis, 3.Aufl., 2014.

Schwarze, Europäisches Verwaltungsrecht im Werden, 1982.

_____, Europäisches Verwaltungsrecht, I, II, 1988.

_____, Der Beitrag des Europarates zur Entwicklung von Rechtsschutz und Verfahrensgarantien im Verwaltungsrecht, EuGRZ 1993, 377ff.

_____, Konvergenz im Verwaltungsrecht der EU-Mitgliedstaaten, DVBl. 1996, 881ff.

_____, Europäische Rahmenbedingungen für die Verwaltungsgerichtsbarkeit, NVwZ 2000, 241ff.

_____, Europäisches Verwaltungsrecht, 2.Aufl., 2005.

_____, Verfahren und Rechtsschutz im europäischen Wirtschaftsrecht, DVBl. 2010, 1325ff.

_____, Zwischen Tradition und Zukunft: Die Rolle allgemeiner Rechtsgrundsätze im Recht der Europäischen Union, DVBl. 2011, 721ff.

_____, Grundlinien der Anerkennung im Raum der Freiheit, der Sicherheit und des Rechts, 2016.

Schwarze(Hrsg.), Der EuGH als Verfassungsgericht und Rechtsshutzrecht, 1983.

_____(Hrsg.), Das Verwaltungsrecht unter europäischem Einfluß, 1996.

_____(Hrsg.), Globalisierung und Entstaatlichung des Rechts I, 2008.

_____(Hrsg.), Bestand und Strukturen des Europäischen Verwaltungsrechts, 2008.

Schwerdtfeger, Erweiterte Klagerechte für Umweltverbände-Anmerkung zum Urteil des EuGH v. 12.5.2011 in der Rechtssache Trianel, EuR 2012, 80ff.

Sensburg, Die Vorlagepflicht an den EuGH: Eine einheitliche Rechtsprechung des BVerfG, NJW 2001, 1259ff.

Siegel, Entscheidungsfindung im Verwaltungsverbund, 2009.

_____, Europäisierung des Öffentlichen Rechts, 2012.

Sodan/Ziekow, Verwaltungsgerichtsordnung, 4.Aufl., 2014.

Sommer, Verwaltungskooperation am Beispiel administrativer Informationsverfahren im Europäischen Umweltrecht, 2003.

Sommermann, Konvergenzen im Verwaltungsverfahrens- und Verwaltungsprozessrecht europäischer Staaten, DÖV 2002, 133ff.

Sonnenberger/Autexier, Einführung in das französischen Recht, 3.Aufl., 2000.

Stadie, Unmittelbare Wirkung von EG-Richtlinien und Bestandskraft von Verwaltungsakten, NVwZ 1994, 435ff.

Steinbeiß-Winkelmann, Europäisierung des Verwaltungsrechtsschutzes-Anmerkungen zu einer „unendlichen Geschichte", NJW 2010, 1233ff.

Stelkens/Bonk/Sachs(Hrsg.), Verwaltungsverfahrensgesetz, Kommentar, 2015.

U. Stelkens, Europäische Rechtsakte als "Fundgruben" für allgemeine Grundsätze des deutschen Verwaltungsverfahrensrechts, ZEuS 2004, 129ff.

_____, Probleme des Europäischen Verwaltungsvertrags nach dem Vertrag zur Gründung der Europäischen Gemeinschaft und dem Vertrag über eine Verfassung für Europa, EuZW 2005, 299ff.

_____, Staatshaftungsreform im Mehrebenensystem, DÖV 2005, 770ff.

_____, Sicherung guter elektronischer Verwaltung durch "E-Citizen-Charters, in: Hill/Schliesky(Hrsg.), Innovationen im und durch Recht, 2010, 127ff.

_____, Der Eigenwert des Verfahrens im Verwaltungsrecht, DVBl. 2010, 1078ff.

_____, Europäisches Verwaltungsrecht, Europäisierung des Verwaltungsrechts und Internationales Verwaltungsrecht, in: Stelkens/Bonk/Sachs, VwVfG Kommentar. 9.Aufl., 2018.

Stern, Das Staatsrecht der Bundesrepublik Deutschland, Bd. I, 2.Aufl., 1984.

______, Zur Entstehung und Ableitung des Übermaßverbotes, in: Badura/Scholz(Hrsg.), Wege und Verfahren des Verfassungslebens, FS Lerche zum 65. Geburtstag, 1993, 165ff.

______, Die Einwirkung des europäischen Gemeinschafts auf die Verwaltungsgerichtsbarkeit, JuS 1998, 769ff.

Stoye, Die Entwicklung des europäischen Verwaltungsrechts durch das Gericht erster Instanz, 2005.

Streinz(Hrsg.), EUV/AEUV, 2.Aufl., 2012.

Suerbaum, Widerruf und Erstattung bei Geldund Sachleistungsverwaltungsakten nach der Novellierung des Verwaltungsverfahrensrecht, VerwArch 90(1999), 361ff.

______, Die Europäisierung des nationalen verwaltungsverfahrensrechts am Beispiel der Rückabwicklung gemeinschaftsrechtswidriger staatlicher Beihilfen, VerwArch 91(2000), 169ff.

Suviranta, Das "richtige" Gemeinschaftsrecht und seine Verwirklichung in der mitgliedstaatlichen Verwaltung, VerwArch 87(1996), 439ff.

Sydow, Verwaltungskooperation in der Europäischen Union, 2004.

______, Europäisierte Verwaltungsverfahren, JuS 2005, 97ff.

______, Informationsgesetzbuch häppchenweise, NVwZ 2008, 481ff.

______, Die Richtlinie als Instrument zur Entlastung des europäischen Gesetzgebers, JZ 2009, 373ff.

Terhechte(Hrsg.), Verwaltungsrecht der Europäischen Union, 2011.

Tettinger/Stern, Grundrechte-Charta, 2006.

Tiedemann, Unionsrechtlicher Rechtsschutz gegen Eingriffe im Rahmen der Chemikalienregulierung nach der REACH-VO (EG), DVBl. 2011, 993ff.

Tomuschat, Möglichkeiten und Grenzen der Globalisierung, in: Schwarze (Hrsg.), Globalisierung und Entstaatlichung des Rechts I, 2008, 21ff.

Tridimas, General Principles of EU Law, 2.Aufl., 2006.

Vesting, Die Bedeutung von Information und Kommunikation für die verwaltungsrechtliche Systembildung, in: Hoffmann-Riem/Schmidt-Aßman/Voßkuhle(Hrsg.), Grundlagen des Verwaltungsrechts, Ⅱ, 2012, §20.

Vogt, Die Entscheidung als Handlungsform des Europäischen Gemeinschaftsrechts, 2007.

Walter, Rechtsfortbildung durch den EuGH, 2009.

Wahl, Verwaltungsverfahren zwischen Verwaltungseffizienz und Rechtsschutzauftrag, VVDStRL 41(1983), 151ff.

______, Die zweite Phase des Öffentlichen Rechts in Deutschland, Der Staat, 1999, 495ff.

______, Das Verhältnis von Verwaltungsverfahren und Verwaltungsprozessrecht in europäischer Sicht, DVBl. 2003, 1285ff.

Wahl/Groß, Die Europäisierung des Genehmigungsrechts am Beispiel der Novel Food-Verordnung, DVBl. 1998, 2ff.

Weber, Verwaltungskollisionsrecht der Europäischen Gemeinschaften im Lichte neuerer Rechtsentwicklungen, EuR 1986, 1ff.

______, Die Rechtsbildung in Europa als Entwicklungslabor, JZ 2012, 861ff.

Weber/Hellmann, Das Gesetz über die Umweltverträglichkeitsprufung (UVP-Gesetz), NJW 1990, 1625ff.

Wegener/Held, Die Haftung der Mitgliedstaaten für die Verletzung von EG-Recht durch nationale Gerichte, JURA 2004, 479ff.

Weiß, Der Europäische Verwaltungsverbund, 2010.

______, Zur Haftung der EG für die Verletzung des WTO-Rechts, EuR, 2005, 277ff.

______, Grundrechtsschutz durch den EuGH: Tendenzen seit Lissabon, EuZW 2013, 287ff.

Weiss, Gespalten oder einheitlich? EuZW 2012, 733ff.

Weyeneth, Grundsätze der Amtshilfe im europäischen Kontext, in: Debus/Kruse/Peters/Schröder/Seifert/Sicko/Stirn(Hrsg.), Verwaltungsrechtsraum Europa, 2011, 79ff.

Winkler, Das 《Alcan》-Urteil des EuGH-eine Katastrophe für den Rechtsstaat?, DÖV 1999, 148ff.

de Witte(Hrsg.), Ten Reflections on the Constitutional Treaty for Europe, 2003.

Wittinger, Der Europarat: Die Entwicklung seines Rechts und der “europäischen Verfassungswerte”, 2005.

Wolff/Bachof/Stober/Kluth, Verwaltungsrecht Ⅰ, 13.Aufl., 2017.

Wolker, Die Normenhierarchie im Unionsrecht in der Praxis, EuR 2007, 32ff.

Zivier, Grundzüge und aktuelle Probleme des EU-Beihilfenrechts unter Berücksichtiggung der Bezüge zum deutschen Verwaltungsrecht, Jura 1997, 116ff.

Zuleeg, Die Europaische Gemeinschaft als Rechtsgemeinschaft, NJW 1994, 545ff.

______, Deutsches und europäisches Verwaltungsrecht-wechselseitige Einwirkungen, VVDStRL 53(1994), 154ff.

사항색인

ㅅ

ㅇ

저자약력

■ 김중권(金重權)

부산 출생
고려대학교 법과대학 졸업
고려대학교 대학원 수료(법학박사)
충북대학교 법과대학 조교수, 부교수
독일 München 대학교 법과대학 방문연구
미국 Indiana 대학교(Bloomington) 법과대학원 방문연구
헌법재판소 헌법연구위원, 법무부 행정소송법개정위원회 위원
대법원 행정재판발전위원회 위원
한국공법학회 (신진)학술장려상 수상, 2002; 충북대학교 학술연구상 수상, 2002
중앙대학교 교원학술상 수상, 2007; 제1회 KFDC법제연구상 수상, 2009
제14회 법학논문상 수상(한국법학원), 2010
헌법논총 제29집 최우수논문상 수상(헌법재판소), 2017
중앙대학교 법학전문대학원장 · 법과대학장
(사)한국공법학회 제35대(2016년) 회장
현재 중앙대학교 법학전문대학원 교수
　　(사)한국공법학회 고문, (사)한국행정법학회 법정이사
　　(사)한국행정판례연구회 부회장, 사학분쟁조정위원회 위원

››› 저 서

행정자동절차에 관한 법적 고찰, 고려대학교 대학원, 1993
주관식 행정법(공저), 경세원, 1994
세법(공저), 법문사, 1998
지방자치법주해(공저), 박영사, 2004
조선시대의 규범이론과 규범체계(공저), 한국학술정보, 2006
행정소송(Ⅰ)(Ⅱ)(공저), 한국사법행정학회, 2008
부동산법제(공저), 한국방송통신대학교 출판부, 2012
유럽화된 독일행정절차법에 관한 연구, 한국법제연구원, 2008
행정법기본연구Ⅰ, 법문사, 2008
행정법기본연구Ⅱ, 법문사, 2009
행정법기본연구Ⅲ, 법문사, 2010(대한민국 학술원 선정 우수학술도서)
행정법기본연구Ⅳ, 법문사, 2013(대한민국 학술원 선정 우수학술도서)
행정법 제2판, 법문사, 2016
공법사례형(공저), 법문사, 2016

EU행정법연구

2018년 2월 15일 초판 인쇄
2018년 2월 20일 초판 1쇄 발행

저 자 김 중 권
발행인 배 효 선
발행처 도서출판 法 文 社

주 소 10881 경기도 파주시 회동길 37-29
등 록 1957년 12월 12일/제2-76호(윤)
전 화 (031)955-6500~6 FAX (031)955-6525
E-mail (영업) bms@bobmunsa.co.kr
(편집) edit66@bobmunsa.co.kr
홈페이지 http://www.bobmunsa.co.kr

조 판 법 문 사 전 산 실

정가 30,000원 ISBN 978-89-18-09127-3